U0942712

本丛书系国家社科基金“一带一路”建设研究专项“‘一带一路’沿线国别研究报告”（批准号：17VDL002）成果，并得到上海社会科学院“一带一路”建设专项经费资助

中社智库

总主编　王振

副总主编　王健　李开盛

“一带一路”国别研究报告

（土耳其卷）

主编　王健　罗爱玲

The Belt and Road Country Studies

(The Republic of Turkey)

中国社会科学出版社

图书在版编目（CIP）数据

“一带一路”国别研究报告．土耳其卷／王健，罗爱玲主编．—北京：中国社会科学出版社，2022.1

ISBN 978－7－5203－9640－0

Ⅰ.①一…　Ⅱ.①王…②罗…　Ⅲ.①政治—研究报告—世界②政治—研究报告—土耳其　Ⅳ.①D52②D737.4

中国版本图书馆 CIP 数据核字（2022）第 018455 号

出 版 人　赵剑英
责任编辑　赵　丽
责任校对　王佳玉
责任印制　王　超

出　　版　中国社会科学出版社
社　　址　北京鼓楼西大街甲 158 号
邮　　编　100720
网　　址　http://www.csspw.cn
发 行 部　010－84083685
门 市 部　010－84029450
经　　销　新华书店及其他书店

印　　刷　北京明恒达印务有限公司
装　　订　廊坊市广阳区广增装订厂
版　　次　2022 年 1 月第 1 版
印　　次　2022 年 1 月第 1 次印刷

开　　本　710×1000　1/16
印　　张　37
插　　页　2
字　　数　607 千字
定　　价　179.00 元

凡购买中国社会科学出版社图书，如有质量问题请与本社营销中心联系调换
电话：010－84083683

总　　序

自习近平总书记于2013年分别在哈萨克斯坦和印度尼西亚提出建设“丝绸之路经济带”和“21世纪海上丝绸之路”以来，“一带一路”倡议得到了沿线国家的积极呼应，以政策沟通、设施联通、贸易畅通、资金融通、民心相通为合作框架的“五通”成为连接中国与世界的新桥梁、新通道。习近平总书记在第二届“一带一路”国际合作高峰论坛开幕式上的主旨演讲中特别提出，共建“一带一路”，顺应经济全球化的历史潮流，顺应全球治理体系变革的时代要求，顺应各国人民过上更好日子的强烈愿望。面向未来，我们要聚焦重点、深耕细作，共同绘制精谨细腻的“工笔画”，推动共建“一带一路”沿着高质量发展方向不断前进。

上海社会科学院自2014年以来积极推进“一带一路”倡议研究和国别数据库建设。2017年4月第一届“一带一路”国际合作高峰论坛召开之际，我们与中国国际经济交流中心紧密合作，联合推出了智库型的“丝路信息网”。在创建“一带一路”数据库过程中，我们深感学术界、智库对“一带一路”沿线国家的国情研究，明显存在广度、深度不足问题。传统的区域国别研究或以历史、语言为背景，或主要局限于国际问题研究领域，往往缺乏国情研究的多学科特点和专业性调研范式，对于“一带一路”建设的实际需求，也考虑较少。“一带一路”沿线国家各有其不同的历史文化和国情特征。只有深入了解和认识这些国家之间的国情特征，才能为“一带一路”建设和相关决策提供较为扎实的智力保障和知识依托。

全国哲学与社会科学工作办公室为推进“一带一路”国情研究，于2017年专门设立了“一带一路”国别与数据库建设研究专项，并组织上海社会科学院、中国人民大学国家发展与战略研究院、兰州大学中亚研究所三家智库组成联合课题组，系统开展“一带一路”国别研究。2018年正式启动第一期研究，三家智库根据各自专业优势各选择6个国家开展国别研究，并在合作交流中逐步形成了体现国情研究特征的国别研究框架体系。

上海社会科学院高度重视“一带一路”研究，在张道根院长、于信汇书记的支持下，由副院长王振研究员牵头，组成了跨所跨院的研究团队。既集中了本院国际问题研究所、世界经济研究所、应用经济研究所、城市与人口研究所、宗教研究所、社会学研究所、“一带一路”信息研究中心等相关研究所的科研骨干，还特邀上海外国语大学、同济大学、上海对外经贸大学等上海高校的国别研究权威学者加盟，并担任国别研究的首席专家。在各位首席专家的牵头下，不仅有我院各个领域的科研骨干加入各国别研究小组，还组织国内外的各路专家学者参与国别研究，真正形成了多学科、社会化的合作研究格局。

为深化“一带一路”国别研究，有力推动“一带一路”国情数据库建设，我们在充分评判和总结已有各类研究文献的基础上，特别强调，要突出国情研究的特定类型和方式，要考虑国情数据库内容需要的全面性、积累性、长期性特点。一是内容的相对全面性。即除了研究各个国家的资源禀赋、对外开放、经济成长、地域政治外，还要研究各个国家的中长期战略、产业结构、市场需求、投资政策、劳动政策、科教文化、政党生态、宗教影响等，还要研究重点城市、产业园区等。二是调研的一线性。要收集、整理来自各个国家政府部门、智库的最新报告，同时动员这些国家的专家参与其中的部分研究，增强客观性和实地性；要收集、整理国际组织、发达国家智库最新的各类国别研究报告，增强多角度判断。三是观察的纵向时序性。要有发展轨迹的纵向梳理和评价，同时还要对未来的发展有个基本的展望和把握。四是数据库建设内容更新的可持续性。要研究国情信息来源渠道的权威性、多样性和长期性，确保国情研究和数据库建设的基础内容需要；研究如何把汇集起来的大量国情内容，经过专业人员的分析研究，形成更加符合政府需要、企业需要和学者需要的国情产品。

在国别研究过程中，课题组多次开会讨论、反复推敲，最终形成了包括基本国情、重大专题和双边关系三篇的基本研究框架，并致力于在以下三方面形成研究特色。

一是通过跨学科协作，突出基本国情研究的综合性。在第一篇基本国情，我们组织了来自经济学、地理学、人口学、政治学、国际关系学、宗教学等学科和领域的专家，分别从综合国力、人口结构、资源禀赋、基础设施、产业结构、政治生态、民族宗教、对外关系等方面对“一带一路”沿线国家的基本国情进行深度剖析。

二是结合“一带一路”建设需要，突出重大专题研究的专业性。本书第二篇重大专题，采取“3 + X”模式。“3”即为各国别均须研究的内容，包括国家中长期战略、投资与营商环境、中心城市及其区域影响力。“X”即为基于各国特定国情以及“一带一路”建设在该国的特定需要而设置的主题。例如，关于以色列，我们就比较关注科技体制及其创新战略、巴以冲突和海外离散犹太人等问题。

三是着眼于务实合作，突出双边关系研究的纵深度。第三篇双边关系，同样采取“3 + X”模式。“3”即为各国别均须研究的内容，包括：历史与前瞻、中国观、“一带一路”与投资贸易关系。我们认为，这三部分对了解中国与“一带一路”沿线国家双边关系的历史与现实有着重要的意义。“X”则是着眼于具体双边关系的特色，突出每对双边关系中不同优先领域，如匈牙利卷我们关注金融合作、波兰卷关注物流合作、土耳其卷关注反恐合作、希腊卷关注人文交流、摩洛哥卷关注港口合作等。

根据上述研究框架，从 2017 年底开始，到 2019 年初，用了一年多一点的时间，我们完成首批六个“一带一路”沿线国家的国别研究报告，它们是：波兰、匈牙利、希腊、土耳其、以色列和摩洛哥。在全国哲学与社会科学工作办公室的支持下，我们正总结经验、推广布局，着手开始第二批“一带一路”沿线国家国别报告的研究工作。我们期待，在不长时间里，我们能够完成主要“一带一路”沿线国家的国别研究报告，为政府和企业决策提供相关的基础性信息，为促进我们对“一带一路”沿线国家的了解添砖加瓦，为推动“一带一路”建设尽绵薄之力。

在此首批成果推出之际，要特别感谢全国哲学与社会科学工作办公室智库处。“一带一路”建设研究专项是国家社科基金重大专项之一，有幸入选这一专项并得到持续支持，是我们研究不断推进的根本动力。还要特别感谢各个国别研究小组的首席专家，在他们的组织和专业背景支持下，形成了具有开创性价值的国别研究成果；感谢各个领域的专家们，有了他们深厚的专业造诣和齐心协力，才能确保研究的顺利完成。另外还要感谢跟我们一起入选这一专项的中国人民大学和兰州大学研究团队，我们在各自擅长的领域共同研究、分别推进，这种同侪间的交流拓展了我们的视野，让我们获益良多。最后，要感谢中国社会出版社给我们提供权威的出版平台，他们的努力是让这套丛书能够尽早与读者见面的直接保证。

王 振

上海社会科学院副院长

2019 年 5 月 30 日

本卷序言

土耳其位于亚洲大陆板块的最西端。由于身处欧亚大陆接合部，所以对中东地区、巴尔干地区、中亚地区、俄罗斯、欧洲和非洲等地都有辐射和联通作用，加之扼黑海海峡的咽喉，又成为黑海和地中海之间唯一的交通要道，战略位置十分重要。优越的地理位置让拿破仑不得不由衷地感叹："如果世界是一个国家，伊斯坦布尔必定是它的首都"，足见土耳其不可或缺的枢纽地位。

便利的交通使土耳其成为历史上文明交汇的十字路口，其所处的安纳托利亚高原有着6500年的悠久历史，被称为"文明的摇篮"，这里不仅孕育了古老的赫梯文明，其第一大城市伊斯坦布尔还先后成为罗马帝国、拜占庭帝国和奥斯曼帝国的首都。作为一个穆斯林群体占人口主体的世俗化国家，土耳其是一个典型的伊斯兰文明国家，但同时又有着浓郁的基督教文明和希腊—罗马文明的影响。

土耳其有过辉煌的历史，自1299年奥斯曼帝国在安纳托利亚建立后，疆域不断扩大，横跨欧亚非三大洲，其疆域面积之广堪比古罗马帝国和古波斯帝国。存续了600多年的奥斯曼帝国因疆域之广而容纳了具有不同宗教信仰和不同文化传统的多民族族群，其多元而治的宽容政策使境内各民数族群得以保留自己的文化传统，也使得今天的土耳其成为一个多元文明共存的现代化国家。东方与西方、传统与现代、宗教与世俗，多重文明的叠加，造就了土耳其的浪漫气息和神秘气质，也成就了游走于东西和古今之双重十字路口的"呼愁"作家——奥尔罕·帕慕克。

历史上将中国与土耳其两大民族联系起来的主要大动脉是有名的丝绸之路。早在汉代，土耳其人的祖先突厥人就和中原存在友好往来。近代以来，中土两国在西方列强的眼中被视为"东亚病夫"和"西亚病夫"。在民族危难时刻，两国都各自开展了救亡图存的技术革新运动，在追求民族复兴的现代化道路上都有着非常相似和曲折的经历。由于毗邻欧洲，今日现代土耳其共和国的前身——奥斯曼帝国比中国较早受到西方工业化浪潮的冲击。奥斯曼帝国自 18 世纪就走上了学习西方先进技术的近代化道路。土耳其近代化改革的实践曾极大鼓舞了中国，1898 年力倡戊戌变法的康有为在上书光绪皇帝陈情改制之由时，便以奥斯曼帝国的改革为例来佐证变法的必要性和可能性。在凯末尔的领导下，1923 年 10 月 29 日，现代土耳其共和国在奥斯曼帝国的废墟上成立，并坚定走上了现代化和世俗化的道路。

建国后，百废待兴的土耳其为加快经济建设，早日实现民族复兴，开始以举国之力制订五年经济建设计划，1933 年第一个五年计划正式实施，重点发展轻工业，同时通过赎买等方式，将外国工矿企业悉数收归国有，第一个五年计划为土耳其建立起了相对完善的工业体系，使土耳其成为当时世界上工业增长速度最快的国家之一。1938 年，土耳其政府又批准了第二个五年经济计划，可惜由于第二次世界大战的爆发，计划搁浅。1963 年，土耳其重新启动第一个“新五年计划”，此后制订并实施“五年计划”就成为土耳其政府的一项重要国家发展战略。

1971 年中土建交后，两国先后走上了改革开放的经济发展道路。中国自 1978 年党的十一届三中全会后，开始全面启动改革开放的对外战略，努力从发达国家招商引资。20 世纪 80 年代，土耳其在有着“经济改革总设计师”之称的厄扎尔总理的领导下，也走上了改革开放的道路。经济上，改变建国后国有经济占主导的发展模式，重点对国有企业进行私有化改革，同时以出口导向型战略取代了之前的进口替代政策；外交上，一改过去向西方一边倒的外交政策，放弃冷战期间对自身“边疆国家”的定位，转而将土耳其定义为一个连接东西方和亚欧大陆两端的“桥梁国家”，实行东、西方并重的多边外交战略，开始强调外交自主性和独立性，积极发展同中东阿拉伯国家和其他亚洲国家的紧密关系。

厄扎尔时代的经济发展模式改革为土耳其 21 世纪的经济腾飞奠定了基础，也为“土耳其模式”的形成构建了雏形。1998 年，土耳其跻身世界中等偏上收入国家的行列。2013 年，土耳其人均国民收入跨过一万美元大关，国内生产总值也位居世界第 17 位，一跃成为经济实力最强的中东伊斯兰国家。而在2002年赢得全国大选上台执政至今的正义与发展党，也在总体继承厄扎尔时代的经济、政治与外交路线的基础上进一步创新，决心将土耳其从一个“桥梁国家”升级为一个联通四方的“枢纽国家”，并于2011年提出了《2023年愿景》规划，力争在2023年现代土耳其建国100周年时，能够跻身世界前十大经济体行列，成为一个具有影响力的全球性力量。

进入21世纪后，中土双边关系开始驶入加速发展的快车道，双方建立了新型伙伴关系。两国领导人定期互访，政治互信不断加强，经济互利步伐加快、文化交流不断扩大。2000年4月，中土领导人签署了有关政治、经济和能源内容的协议，商谈重建丝绸之路，决定加强在安全领域的合作，共同打击“恐怖主义、分裂主义和极端主义”三股势力。中土双方在坚持维护各自主权、领土完整、民族团结统一等方面均达成重要共识，双方决定在相互尊重、互信互利、平等和共同发展的基础上建立更加密切的伙伴关系。2010年10月，中土宣布正式建立和发展“战略合作伙伴关系”，两国的高层互访进一步增多，政治互信进一步增强。

2013年中国提出并实施“一带一路”倡议后，中土两国的经贸合作迎来了重要合作机遇期。中国与土耳其同为古丝绸之路上的重要国家，古丝绸之路的一个重要的中心就在今天土耳其美丽的海滨城市伊兹密尔。一方面，土耳其作为衔接欧亚大陆的地理与文化桥梁，是中国—中亚—西亚国际经济走廊上的重要国家，更是中国通往欧洲的重要门户以及中国“一带一路”建设中不可或缺的合作伙伴和重要支点国家，中国的首条海外高铁项目就是在土耳其顺利建成并正式投入运营；另一方面，由于“一带一路”倡议与土耳其的国家复兴战略交相辉映，因此两国在政治互信、经贸合作、安全反恐、人文交流全面启动的基础上，很快实现了战略上的对接，使两国的合作外交呈现出互利共赢、独立务实的鲜明特征。

土耳其扼守黑海通往地中海、爱琴海的咽喉要道，并辐射巴尔干、高加索和中东地区，是开展国际产能合作的枢纽和文明交流互鉴的节点，其很早就有复兴丝绸之路的计划。20世纪90年代末，土耳其政府利用其“桥梁和中枢国家”的地缘优势，制订了“当代丝绸之路计划”，希望利用其与乌兹别克斯坦、哈萨克斯坦、土库曼斯坦、吉尔吉斯斯坦这四个中亚国家在地缘与历史文化方面的联系来实现国家复兴的强国梦。2008年，土耳其政府又发起“新丝绸之路”倡议并举办了首届国际“丝绸之路论坛”，力图通过加强交通基础设施建设、打造能源运输走廊等方式带动欧亚核心板块的贸易流量，使这条联通欧亚的丝绸之路成为全球经济系统的主要通道之一。土耳其还邀请中国参加了2013年召开的第六届“国际丝绸之路”论坛。随后，土耳其又推出主要服务于交通基础设施建设的“中间走廊计划”。“中间走廊”计划是一个连接亚洲和欧洲的交通网络，通过打通从里海经过土耳其、阿塞拜疆到中亚乃至中国的通道，来构建一个连接亚洲和欧洲的交通网络。

2013年中国提出“一带一路”倡议后，立即得到土耳其政府的热烈响应。2015年7月29日，土耳其总统埃尔多安访华期间明确表示要将中国提出的“丝绸之路经济带”与土耳其的“中间走廊”计划相对接，认为中国提出的建设“丝绸之路经济带”的倡议与土耳其的“中间走廊”计划是相辅相成的。2015年10月，在安塔利亚二十国集团峰会期间，中国政府与土耳其政府签署了关于将“一带一路”倡议与“中间走廊”计划相衔接的谅解备忘录，为双方的相关合作提供了明确指南。2020年12月4日，首列从土耳其伊斯坦布尔出发的货运列车，历时15天，在横跨土耳其、格鲁吉亚、阿塞拜疆、里海和哈萨克斯坦5国后，终于在12月19日抵达西安，这是中国与土耳其之间建立的首条跨境合作货运班列，堪称中国的“一带一路”倡议与土耳其的“中间走廊计划”顺利对接的成功案例。

在当前受新冠肺炎疫情冲击、全球经济下行的情况下，中土经贸合作更是逆流而上、愈加深化。2020年，中国中车株机公司为伊斯坦布尔新机场研制的首列地铁列车成功下线，目前国内智能手机品牌小米、OPPO均已开始在土耳其投资设厂。OPPO在其位于伊斯坦布尔图兹拉的工厂是土耳其第一家生产此类产品的工厂。合作共赢的经贸互惠模式为两国经济发展提供了有力支撑，2020年，中国和土耳其成为二十国集团中仅有的实现正增长的两个国家，经济增长率分别为3.8%和1.8%。

尤其值得一提的是，在新冠肺炎疫情暴发后，中土两国基于夯实的政治互信基础和互利合作理念，在医疗物资援助、抗疫经验分享和新冠疫苗研发方面加强协作，成为全球抗疫外交的典范，为两国外交合作注入了新的内涵。2020年初新冠肺炎疫情在武汉首次出现后，土耳其是最早一批向中国提供医疗卫生物资的国家之一。2020年1月30日，土耳其合作与协调局支援中国的紧急医疗防护援助物资就抵达武汉。2020 年 3 月 24 日，来自中国的新冠肺炎治疗药物运达土耳其的 40 个城市，3 月 26 日，土耳其卫生部新型冠状病毒委员会成员与中国专家举行了第一次新冠肺炎防治视频交流会，4 月 10 日，两国卫生部门相关专家举行了第二次新冠肺炎防治视频交流会。2021 年 1 月 13 号，土耳其卫生部药品和医疗设备局批准紧急使用中国科兴公司的新冠肺炎疫苗，这也是到目前为止土耳其唯一批准使用的新冠肺炎疫苗。总统埃尔多安带头接种了中国科兴公司的新冠肺炎疫苗，用实际行动向世界展示了中国疫苗的安全性和有效性。

在当前百年未有之大变局背景下，中土两国在“一带一路”沿线不仅有着广阔的合作空间，还可在互相搭台、实现共赢的基础上，带动沿线相关国家的经济增长，进而推动亚欧大陆的整体繁荣。

有鉴于此，进一步加深我们对土耳其的认识与了解，尤显必要。作为上海社会科学院副院长王振研究员主持的国家社科基金“一带一路”战略研究专项《“一带一路”沿线国别研究报告》子课题，由上海社会科学院国际问题研究所王健研究员、罗爱玲副研究员具体负责完成的《土耳其卷》，汇集了来自上海社会科学院相关研究所、中国社会科学院西亚非洲研究所、上海大学土耳其研究中心、复旦大学中东研究中心等单位的相关学者力量，体现了我国土耳其研究的最新研究成果。《土耳其卷》结合该国独特的国情，在全面梳理和分析了土耳其的综合国力、人口发展、资源禀赋、基础设施、产业发展、政治生态、民族与宗教概况以及对外关系的基础上，又对土耳其的国家中长期发展战略、投资政策和营商环境、重点城市的经济与区域影响、正义与发展党的发展趋势、库尔德问题、土耳其与欧盟和希腊的外交关系以及旅游发展等做了深入的专题研究。同时，围绕为“一带一路”建设服务的核心宗旨，重点考察了中土关系的历史与发展前景、中土双边投资与产能合作、中土贸易及摩擦问题、土耳其与上合组织等重要议题，视角新颖、观点独到，不失为一部兼具学术性和实用性的集体智慧结晶。

宫小生

中华人民共和国前驻土耳其大使、中国前中东问题特使

2021 年 4 月 23 日

本卷作者

第一篇

第一章　周　琢　上海社会科学院世界经济研究所副研究员

第二章　周海旺　上海社会科学院城市与人口发展研究所副所长、研究员

　　　　葛　佳　中共上海市嘉定区委党校

第三章　叶　琴　上海师范大学环境与地理科学学院讲师

第四章　马　双　上海社会科学院信息研究所助理研究员

第五章　卢晓菲　江苏省社会科学院世界经济研究所助理研究员

　　　　刘子琦　复旦大学国际贸易学博士

第六章　来庆立　上海社会科学院中国马克思主义研究所助理研究员

第七章　田艺琼　上海社会科学院宗教研究所助理研究员

第八章　王佳尼　上海大学文学院历史系、土耳其研究中心讲师

第二篇

第一章　李鑫均　上海思博职业技术学院讲师

第二章　李鑫均　上海思博职业技术学院讲师

第三章　廖邦固　上海师范大学环境与地理科学学院城市科学与区域规划系副教授

　　　　徐惠妍　上海师范大学环境与地理科学学院城市科学与区域规划系硕士研究生

第四章　杨　晨　上海大学土耳其研究中心执行主任、讲师

第五章　王佳尼　上海大学文学院历史系、土耳其研究中心讲师

第六章　王佳尼　上海大学文学院历史系、土耳其研究中心讲师
第七章　魏　敏　中国社会科学院西亚非洲研究所研究员

第三篇

第一章　罗爱玲　上海社会科学院国际问题研究所副研究员
　　　　王　健　上海社会科学院国际问题研究所所长、研究员
第二章　邹志强　复旦大学中东研究中心研究员
第三章　李鑫均　上海思博职业技术学院讲师
第四章　李鑫均　上海思博职业技术学院讲师

附　录　张予新　上海社会科学院国际问题研究所硕士研究生

目　　录

第一篇　基本国情研究

第三篇 双边关系研究

附　录

第一篇

基本国情研究

第一章　综合国力评估

本章分为两个部分。第一部分介绍了土耳其的基本国情，本章从历史、政治、经济、军属、旅游和文化六个方面对土耳其的基本国情进行概括，试图为读者了解土耳其的基本国情提供一个大致的框架。本章的第二部分为综合国力评价，本章介绍了指标体系的构建原则和构建内容，进而对土耳其的基础国力、消费能力、贸易能力、创新能力和营商环境等进行评价。

第一节　基本国情

土耳其共和国是一个横贯欧亚大陆的国家，国土面积 783562 平方千米，主要位于西亚的安纳托利亚高原，达 755688 平方千米，另一部分位于南欧巴尔干半岛的东色雷斯地区，约 23764 平方千米，占国土面积的3%。土耳其三面环海，西临爱琴海，北接黑海，南靠地中海。土耳其与八个国家接壤：西北部的希腊和保加利亚、东北部的格鲁吉亚、东部的亚美尼亚、阿塞拜疆和伊朗，以及南部的伊拉克和叙利亚。博斯普鲁斯海峡、马尔马拉海峡和达达尼尔海峡共同组成了土耳其海峡，这是将安纳托利亚和东色雷斯分开，并且连接黑海和地中海的唯一航道。

土耳其拥有壮丽的自然景观，它们都是数千年来地球运动的产物，如今仍然存在着相当频繁的地震和偶尔的火山爆发。北安纳托利亚断层线从西向东贯穿土耳其北部，是地震活跃地带。最近的一次是 1999 年 8 月 17 日发生在伊兹米特的大地震，造成 17118 人丧生，经济损失约 100 亿美元。与爱琴海和地中海接壤的土耳其沿海地区属于温带地中海气候，夏季炎热干燥，冬季温和干爽。与黑海接壤的沿海地区则属温带海洋性气候，夏季温暖湿润，冬季寒冷潮湿。靠近海岸的山脉阻止地中海的影响扩展到内陆，使土耳其内陆的安纳托利亚中部高原成为大陆性气候，四季鲜明。

地处欧亚大陆的土耳其在不同历史时期经历了不同的文明，由于继承并吸纳了东罗马帝国的文化和伊斯兰文化，因而东西方文明在此得以融合互鉴。人口的迁徙与流动十分频繁，亚述人、希腊人、色雷斯人、弗里吉亚人和亚美尼亚人等各族群均在安纳托利亚高原定居生活过。土耳其主要城市包括首都安卡拉、最大城市伊斯坦布尔以及伊兹密尔。国民构成中，70%—80%的人口为土耳其人，最大的少数族群是库尔德人，约占全国总人口的20%。官方语言是土耳其语。

土耳其是联合国的创始国、第一个加入北约的伊斯兰国家，也是国际货币基金组织、世界银行以及经合组织、欧安组织、黑海经合组织、伊斯兰会议组织和20国集团的创始成员。土耳其于1963年成为欧洲经济共同体的准成员，于1995年加入欧盟关税同盟，并于2005年开始与欧盟进行入盟谈判。

一　历史

11世纪下半叶，塞尔柱王朝的土耳其人开始渗透到中世纪的亚美尼亚和安纳托利亚的东部地区。1071年，塞尔柱王朝在曼齐科特战役中击败拜占庭帝国，进而开始了该地区的土耳其化进程，土耳其语和伊斯兰教也被引入亚美尼亚和安纳托利亚地区，并逐渐使该地区从一个主要是信仰基督教和讲希腊语的地区过渡到以信仰伊斯兰教和说土耳其语为主导。1243年，塞尔柱军队被蒙古人击败，塞尔柱王朝统治力量被慢慢瓦解。与此同时，由奥斯曼一世统治的奥斯曼帝国逐渐强大。1453年，奥斯曼帝国占领了首都君士坦丁堡，征服拜占庭帝国。奥斯曼帝国的权力和威望在16—17世纪达到顶峰，其领土包括今天的东南欧、西亚和北非的大部分地区。16—18世纪，奥斯曼帝国经常与萨法维波斯王朝因领土争端或宗教分歧引发冲突①。直到19世纪上半叶，奥斯曼帝国与波斯的战争仍然持续。从16世纪至20世纪初，奥斯曼帝国还与沙皇俄国进行了多次战争，沙皇俄国想获得黑海控制权，以打通南下通道，而奥斯曼帝国则想在

① 盛睿：《土耳其世俗化发展道路研究》，博士学位论文，上海外国语大学，2014年，第50—65页。

巩固既有的南欧和东欧领土的基础上进一步扩展版图，双方由此发生长期冲突，结果导致从 18 世纪下半叶开始，国力日衰的奥斯曼帝国丧失其在黑海北部海岸的大片战略领土，帝国的存亡也命悬一线。

为挽救日渐衰落的国力，奥斯曼帝国一些开明君主和有识之士为了富国强兵、救亡御辱，对帝国的军事与行政体制、法律与财政制度、教育及社会生活等方面进行了一系列自上而下的改革，其中有代表性的是谢利姆三世改革（1789—1806）、马赫穆德二世改革（1808—1839）、坦齐马特改革（1839—1876）和阿卜杜勒·哈米德二世改革（1876—1909）。1839 年 11 月 3 日，奥斯曼帝国新苏丹阿卜杜勒·迈吉德一世颁布著名的“御园敕令”，从而启动了以制定法律为中心的一系列宪政与近代化改革运动。

1876 年上台的苏丹阿卜杜·哈米德二世虽然也推动近代化改革和宪政运动，但这些努力亦未能阻止帝国的解体。随着帝国的规模、军事力量和财力逐渐减弱，特别是在 1875 年奥斯曼帝国发生经济危机和 1877—1878 年由巴尔干起义导致的俄土战争爆发后，许多巴尔干地区的穆斯林迁移到安纳托利亚高原的中心地带。奥斯曼帝国的衰落导致其辖内各族群的民族主义情绪上升，族群冲突加剧。1914 年 8 月，奥斯曼帝国在第一次世界大战中加入同盟国作战，并于 1918 年战败，帝国由此丧失大片领土，进而分崩离析。1922 年，由穆斯塔法·凯末尔及其同僚发起土耳其独立战争，废除君主制，次年，现代土耳其共和国成立，凯末尔成为土耳其第一任总统。甫一上任，凯末尔就推行了一系列改革措施，旨在将古老的以宗教为基础的奥斯曼帝国体制转变为以宪法为基础的实行议会共和制的现代土耳其民族国家。为此，改革内容主要是学习西方宪政思想，将西方的政制、文化和习俗等世俗化内容引入土耳其，并强力推行。1934 年土耳其议会赋予穆斯塔法·凯末尔尊敬的姓氏“阿塔图尔克”，意为“土耳其之父”。

1938 年 11 月 10 日，凯末尔去世。1939 年，土耳其吞并了哈塔伊共和国。在第二次世界大战最后阶段，即 1945 年 2 月 23 日，土耳其加入同盟国进行最后的战争。1945 年 6 月 26 日，土耳其成为联合国的特许成员。1949 年，土耳其加入欧洲委员会。

土耳其民主党连续赢得了 1950 年、1954 年和 1957 年的大选，并执政十余年。在与联合国部队共同参加朝鲜战争后①，土耳其于1952年加入北约，成为抵抗苏联向地中海扩张的堡垒。土耳其随后于1961年成为经合组织的创始成员，并于1963年成为欧洲经济共同体的准成员。自1980年土耳其经济实现自由化以来，经济增速加快，政治稳定性更强。土耳其于1987年申请成为欧洲经济共同体的正式成员，于1995年加入欧盟关税同盟，并于2005年申请加入欧盟。

二 政治

自1923年现代土耳其共和国成立始，土耳其便成为一个实行议会代议制的民主国家。2017年在时任总统埃尔多安的主导下，土耳其全民公投通过总统制，从而使土耳其从议会制国家转型为总统制国家。新的总统制在2018年总统大选中生效，总统是国家元首，拥有完全的行政控制权力，包括颁布法令，任命内阁，制定预算，解散议会，以及指定行政机构和司法机构。总理办公室及其权力移交给总统，总统任期五年。雷杰普·塔伊普·埃尔多安也由此成为第一位通过直接投票选出的总统。土耳其的宪法统领全国的法律框架，阐述了政府的主要原则，并将土耳其建立为统一的中央集权国家。

国家立法权属于一院制议会②，即土耳其大国民议会。司法机构名义上独立于行政和立法机关，但2017年全民公投通过的宪法修改案却赋予了总统和执政党任命或解雇法官和检察官的权力。宪法法院负责裁定法律和法令是否符合宪法。国务委员会是行政案件的最高审判庭，最高法院则对所有其他案件拥有最高审判权力。

自1933年以来，土耳其各地普遍适用男女普选权，每个年满18周岁的土耳其公民都享有投票权。大国民议会由600名议员组成，每位议员任期四年，由85个选区按照比例代表制选出。宪法法院可以剥夺任何其认为反世俗或具有分裂性质的政党的公开经济资助，或判定其非法性。

建国以来，虽然在政府主导下，土耳其一直坚持走世俗化道路，但伊

① 昝涛：《“土耳其模式”：历史与现实》，《新疆师范大学学报》（哲学社会科学版）2012年第2期。

② 李明明：《包容与排斥：土耳其加入欧盟的认同问题》，《世界经济与政治》2005年第12期。

斯兰和世俗主义之间的矛盾依然长期存在，并在土耳其引发多次军事政变，这已成为土耳其政治结构中的一个基本问题。阿塔图尔克改革的支持者被称为凯末尔主义者，他们和伊斯兰主义者关于宗教在立法，教育和公共生活中的作用拥有两种不同的观点。伊斯兰主义者认为伊斯兰教应该在政府决策中发挥更大作用，支持威权统治。凯末尔主义者则认同西方议会民主制，主张世俗化，同时坚持国家有着主导经济、教育和其他公共服务领域的必要性。坚决主张世俗与共和原则的凯末尔不仅废除了哈里发制度和伊斯兰教法庭，还专门成立了宗教事务委员会以管理全国的清真寺。1928 年，伊斯兰教作为国教的宪法条款被废除。1937 年，世俗主义作为新的条款被写入宪法。然而，自 20 世纪 80 年代以来，土耳其国内多次发生军事政变并引发军事行动，主要原因在于受 1979 年伊朗伊斯兰革命的冲击，中东地区兴起了一股伊斯兰复兴思潮，受此潮流的裹挟，土耳其国内的社会政治环境也悄然发生变化：一是民主党为争取民众支持取消了诸多关于伊斯兰教的限制[①]；二是 1960 年军事政变后出台的宪法赋予了民众自由集会和成立党派的权利；三是加入欧盟的倡议为宗教自由等基本人权的赋予提供了保障。1974 年 7 月 15 日，塞浦路斯发生政变，与希腊联盟的塞浦路斯进步党领袖、持极端观点的尼克斯·桑普斯（Nikos Sampson）推翻了总统马卡里奥斯。1983 年，在土耳其支持下的北塞浦路斯土耳其共和国成立。如今，土族塞人和希族塞人领导人之间仍在进行解决塞浦路斯争端的谈判。1984 年，库尔德工人党（即库尔德分离主义组织，被土耳其及北约视为恐怖组织）开始对土耳其展开武装叛乱活动，迄今为止，冲突共夺去了 40000 多人的生命。2016 年 7 月 15 日，土耳其发生一场“未遂的军事政变”，造成 200 多人死亡，2000 多人受伤。

三 经济

按照名义 GDP 计算，土耳其位列世界第 17，按购买力平价计算则位列世界第 13。土耳其是经合组织（1961 年）和 20 国集团（1999 年）的创始成员国。1995 年，土耳其作为欧盟—土耳其关税同盟的缔约国，被美国中央

① 毕健康：《土耳其国家与宗教——凯末尔世俗主义改革之反思》，《西亚非洲》2009 年第 2 期。

情报局列为发达国家，被经济学家和政治家视为新兴工业化国家，而美林证券、世界银行和《经济学家》则将土耳其归为新兴市场经济国家。根据2007年的人均国内生产总值，世界银行将土耳其列为中上等收入国家。2010年，土耳其毕业生平均工资为每人每小时10.02美元。土耳其的劳动力参与率为56.1%，在经合组织国家中是最低的。根据2014年《福布斯》杂志的一项调查，在土耳其伊斯坦布尔共有37位亿万富翁，排名世界第五。

土耳其的经济特征是长期低储蓄率。自埃尔多安上任以来，土耳其经常账户赤字不断增长，到2018年1月达到71亿美元，近12个月滚动赤字升至516亿美元，是世界上经常账户赤字最大的国家之一。由于土耳其私营部门过剩，经济发展极其依赖资本流入，银行和大公司通常大量使用外币债务。在这种情况下，土耳其每年必须借贷大约2000亿美元，以解决其庞大的经常账户赤字和到期债务，而外汇储备总额仅为850亿美元，面临着资金流入枯竭的风险。

自2004年以来，土耳其一直符合公共债务存量的“欧盟马斯特里赫特标准60%”。同样，从2002年到2011年，预算赤字从10%以上降至不到3%，这也是欧盟马斯特里赫特标准对预算余额的要求之一。2012年，信用评级机构惠誉十八年来第一次将土耳其的信用评级提升到投资级别，随后穆迪于2013年5月对其进行二十年来首次评级升级，穆迪在官方声明中表示，由于该国“近期关键经济和公共财政指标改善和对未来良好的预期”，将土耳其的政府债券评级提升至最低投资等级。

2009年以来，土耳其股价几乎翻了一番。2017年5月10日，土耳其股票市场基准指数BIST100指数创下95735点新高。2018年1月5日，该指数更是达到116638点。然而，在接下来的土耳其货币和债务危机期间，该指数在5月份回落至100000以下。6月初，以美元计算的BIST100指数跌至最低水平。2018年3月，穆迪将土耳其的主权债务降级为垃圾级。2018年5月，信用评级机构标准普尔将土耳其的债务评级同样降至垃圾级别，理由是土耳其货币里拉遭遇抛售，通货膨胀预期增大。2018年5月，穆迪将2018年土耳其经济增长预期从4%下调至2.5%，2019年从3.5%下调至2%。2018年8月10日，美国总统特朗普表示将提高从土耳其进口钢铁和铝制品的关税，土耳其货币里拉汇率应声下跌17%。

2018年8月，土耳其遭遇货币危机，里拉汇率暴跌，引发投资和消费放缓，日常消费品和能源价格大涨。土耳其政府随后收紧财政和货币政策，大幅提高基准利率。里拉的崩溃给欧元施加了压力，并增加了投资者对新兴市场货币的风险厌恶程度。8 月 13 日，南非股价下跌近 10%，创下自 2016 年 6 月以来的最大单日跌幅。里拉危机不仅引发了人们对土耳其经济的深层担忧，还引发了全球市场的连锁反应。

土耳其经济在 2018 年底出现萎缩，并将有进一步萎缩的趋势。根据土耳其国家统计局的数据显示，2018 年第四季度土耳其的经济产出萎缩了 3%，而在 2017 年同期，土耳其经济则增长了 7.3%。土耳其政府预测，2019 年和 2020 年土耳其经济将温和增长，目前的经济需要一段时间的降温，以降低土耳其对外国资金的依赖。为此，土耳其央行于 2018 年 9 月开始收紧信贷，并将利率维持在 24% 的水平。与此同时，在西方政治势力的压迫下，大型跨国公司开始纷纷撤离土耳其，本田土耳其公司在 2019 年 4 月 8 日宣布，其将于 2021 年结束在土耳其的汽车生产，计划关闭在土耳其境内的工厂并为约 1100 名员工提供再就业援助等。随着全球汽车业逐渐推进电动化，本田认为有必要谋求产能优化。日本共同社报道说，本田公司于 2019 年 2 月宣布将结束在英国的四轮车生产，2021 年终止在土耳其的“思域轿车”生产，随着思域轿车的生产终止，本田在土耳其的汽车生产也行将结束。本田在英国的工厂也拟在 2022 年后关闭。由于欧洲汽车生产的竞争加剧导致销售业绩低迷，本田认为在欧洲生产电动汽车也有难度，今后将把主要精力用到美中两大市场。不过公司表示包括两轮车在内，本田在土耳其的销售业务仍将维持。

四　军事

作为北约的南方屏障，土耳其的战略位置非常重要。土耳其军事部队由正规军和准军事力量组成，正规军由陆军，海军和空军组成，现役部队 63.9 万人。宪兵队和海岸警卫队属于准军事力量，在和平时期受内政部的统一领导，在战争时期，它们则分别隶属于陆军和海军司令部。准军事部队 18.22 万人，其中宪兵队 18 万人，装备装甲输送车 560 辆，直升机 65 架。海岸警卫队 2200 人，装备近岸巡逻艇 64 艘（另外还有一些小艇）、运输机 2 架。总参谋长由总统任命。内政部长理事会对议会负责，组织武装部队以确保国家安全。但是，议会负责宣布战争、将土耳其武装部队部署到外国，或者允许外国武装部队驻扎在土耳其。每名适龄男性土耳其公民必须在军队服役三周至一年，除非他们在上学或者已经参加工作。

根据2011年北约的估计，土耳其拥有北约第二大常备军事力量，数量仅次于美国。在北约组织中，土耳其与比利时、德国、意大利和荷兰一起参与该联盟的核共享政策。土耳其空军基地共有90枚B61核弹，其中40枚是在发生核冲突时，在北约的批准下，由土耳其空军分配使用的。

自朝鲜战争以来，土耳其一直在联合国和北约的国际任务中维持部队，包括在索马里，南斯拉夫和非洲之角的维和行动。土耳其支持第一次海湾战争中的联军。土耳其武装部队向国际安全援助部队，驻科索沃部队，欧洲军队和欧盟战斗群提供军事人员。自1974年以来，土耳其在北塞浦路斯维持着36000人的部队。近年来，土耳其在伊拉克北部和索马里武装部队进行安全和军事训练。

据福布斯报道，在2016年全球和平指数中，土耳其在全球163个国家中排名第145位，主要是因为其“与邻国关系日益紧张”。

2017年，在俄罗斯总统普京的帮助下，土耳其总统埃尔多安挫败了一起未遂军事政变，至此，俄土关系进入蜜月。2017年，土耳其与俄罗斯签订协议，购买4套S－400防空导弹系统。美国等北约国家多次警告土耳其不要购买这一俄制系统，认为该系统无法与北约武器系统兼容，且可能有助于俄方今后定位及追踪美国及盟国的F－35战机。2019年，美国国防部称已暂停向土方提供F－35战机零部件，直到土方放弃装备S－400防空导弹系统。根据新华社安卡拉2019年4月10日的消息，据土耳其媒体10日报道，土耳其总统埃尔多安表示，土耳其从俄罗斯购买S－400防空导弹系统的交付时间可能提前。埃尔多安日前在访俄回国的专机上接受随行媒体采访时说，土俄正在落实S－400系统的采购协议，该防空系统有可能早于此前计划的今年7月交付。他重申，土耳其购买该系统是土耳其主权范围内的事，关乎土国家安全，其他国家无权干涉。土耳其外长恰武什奥卢10日在接受土耳其NTV电视台采访时说，如果美国不向土耳其提供F－35战机，土耳其会向其他国家购买战机，可能是俄罗斯苏－34、苏－57战机①。如果

---

① 李秉忠：《土耳其的不确定性及对世界的影响》，《人民论坛·学术前沿》2018年10月30日。

美国拒绝向土出售“爱国者”导弹系统，土耳其会向俄罗斯购买更多的 S－400 或其他防空导弹系统。

五 旅游

土耳其的旅游业主要集中在各种历史遗迹，以及爱琴海和地中海沿岸的海滨度假胜地。土耳其也成为文化，水疗和医疗保健的热门目的地。土耳其地处亚非欧三大洲结合处，并跨越欧亚两州，国内分为马尔马拉海、爱琴海、黑海、安纳托利亚中部、安纳托利亚东部、安纳托利亚东南部和地中海七大地理区域。优越的地理位置、丰富的历史文化资源和相对发达便利的水、陆、空交通条件，对国际游客构成了巨大的吸引力。大批世界著名旅游跨国集团纷纷在土耳其投资、兴建饭店、度假村和其他休闲娱乐设施。适宜的气候条件也为旅游业发展提供了基础，地中海沿岸地区一直是世界著名的旅游目的地，吸引着世界各地的游客。黑海海滨现已成为中东欧国家居民旅游度假的首选之地。

在远离中心城市的地区，土耳其也有很多值得一游的地方，如亚罗瓦温泉、特洛伊城遗址、观鸟胜地库什湖、世界奇景棉花堡和卡帕多西亚地区等。土耳其还设有 37 个国家公园，18 个自然公园，33 个严格保护区，123 处野生动物保护区和 102 处自然遗迹景区，共计 906 个保护区，面积约 390 万公顷，约占全国领土面积的 5%。这些保护区大部分位于土耳其西部和北部地区，每年接待大约 15 万游客，并提供游乐设施及服务。保护区的设立不仅保护了当地的自然资源和生物多样性，同时，这些保护区在促进国家和农村经济发展方面也发挥了重要作用。

伊斯坦布尔历史上是拜占庭帝国和奥斯曼帝国的首都，如今是土耳其最大城市和港口，它不仅是土耳其最重要的旅游景点之一和世界闻名的旅游景点之一，也是土耳其经济、文化、金融、新闻、贸易、交通中心，世界著名的旅游胜地，繁华的国际大都市之一。这个城市有数量众多的酒店和其他旅游服务，迎合度假人士和专业旅游团队，还拥有众多主要景点，其中包括苏丹艾哈迈德清真寺（即著名的“蓝色清真寺”）、圣索非亚大教堂、托普卡珀宫、大教堂蓄水池、加拉塔桥、大市集、香料市集和佩拉宫酒店。近年来，伊斯坦布尔建了众多商场和购物中心，如 Metrocity，Akmerkez 和 Cevahir Mall。

2000 年至 2005 年期间，土耳其的外国游客人数大幅增加，从 800 万增加到 2120 万，这使得土耳其成为世界游客十大目的地之一。根据联合国世界旅游组织的世界旅游晴雨表，2011 年土耳其的旅游热度在世界上排名第六，在欧洲排名第四。在 2014 年的高峰期，土耳其吸引了大约 4200 万外国游客，成为世界上最受欢迎的旅游目的地之一。但从 2015 年开始，由于国内政治暴力的普遍增加、土耳其与俄罗斯政治局势的紧张关系、恐怖主义袭击以及对总统埃尔多安越来越多专制形象的不满，导致土耳其旅游业急剧下滑。

越来越多的中国游客的主要土耳其目的地是棉花堡、贝尔加马、艾菲斯和卡帕多西亚。根据国内多家媒体的报道，由于土耳其里拉汇率大跌导致赴土耳其旅游的价格大幅降低的影响，2018 年下半年赴土耳其的中国游客更是有所增加。根据携程出境游平台的监控数据显示，2018 年 8 月 12 日开始到 14 日，在携程旅游板块“土耳其”关键词的流量猛增了 150%。2018 年 4 月 17 日，中国和土耳其在北京举行“土耳其旅游年”的活动上，土耳其文化旅游部部长努曼·库图姆斯表示：“我们很高兴在 2018 年将接待近 40 万名中国游客。”而据土耳其的统计，近年来中国去往土耳其的游客人数稳步增长。2017 年中国去往土耳其的游客人数是 247000 人次，相比于 2016 年增长了 47. 57%。而这首在中国流行的歌曲《带你去旅行》借助“土耳其旅游年”和“土耳其里拉暴跌”等多种有利因素影响，将助推 2018 年到访土耳其的中国游客人数再创历史新高。①

六　文化

土耳其拥有非常多元化的文化，融合了突厥文化、安纳托利亚文化、奥斯曼帝国文化（其本身就是希腊罗马和伊斯兰文化的延续）以及西方文化的众多传统元素。这种融合最初是由于土耳其人和他们的文化都是从中亚向西方迁移过程中慢慢演变产生的。土耳其保持了自己独特的传统宗教和历史文化，同时受到了“现代化西方国家”的影响②。

---

①　王勇、［土耳其］希望、罗洋：《“一带一路”倡议下中国与土耳其的战略合作》，《西亚非洲》2015 年第 6 期。

②　吴长青：《土耳其文化中的西方特征与东方本源》，《中国社会科学报》2018 年 8 月 6 日。

西方绘画艺术于 19 世纪被引入土耳其，并逐渐在这里生根开花。20 世纪初期，一些画家如纳米克·伊斯梅尔、伊布拉姆·卡利、阿芙尼·丽飞、费赫曼·杜兰以及伊克梅特·奥纳特纷纷去欧洲接受了艺术教育，成为印象派画家。这些以“1914 一代”著称的画家，影响了共和年代早期的绘画艺术发展。20 世纪 30 年代，由若干公立研究中心（哈尔凯夫勒利）开展的有关安纳特里民族艺术文化的大规模研究影响了众多的艺术家，并促使他们接着去探讨在此次研究成果基础上提出来的一些新课题。

最初的绘画课程安排在 1793 年的伊斯坦布尔技术大学（当时的帝国军事工程学院），主要目的是用于军事技术的开发。在 19 世纪后期，西方意义上的人物形象在土耳其绘画中建立起来，特别是奥斯曼·哈姆迪·贝（Osman Hamdi Bey）的绘画作品。1926 年在欧洲学习深造的年轻土耳其艺术家，从欧洲当时富有影响力的如野兽派、立体派甚至表现主义等当代潮流中获取灵感，以几位年轻艺术家共同建立的名为“D 组”的艺术团体向土耳其国内引进介绍了在西方持续了三十多年的一些现代艺术趋势，获得了相当大的反响。

艺术和文化发展纲要在 20 世纪 30 年代以后加大了实施力度，其中包括对坐落在伊斯坦布尔的国立美术学院（1936 年以前被称作“沙娜依·奈菲塞·梅克特比”）的改组。在国家教育部的规划下，1949 年至 1950 年期间，法国艺术家雷欧珀尔德·利维被任命为该学院绘画系的系主任。接着他的学生创办了一个雅号为“叶妮乐·格露布”的新绘画团体，它是继“D 团体”之后绘画界最为重要的一支团体，他们使用清新明快的风格和新颖独到的技巧开展绘画实验。直至 1955 年之前，这支团体仍举办了不少画展。早期，该团体的画家主要关注社会问题，但是此后不久就离这种社会现实主义的艺术表达方式越来越远。

20 世纪 50 年代，随着一波接一波艺术运动的兴起，第一批抽象派画家在土耳其也孕育而生，其中包括阿德南·库克、鹿特芙·古纳伊、塞姆西·阿雷尔、阿比定·艾尔德鲁鲁以及萨布利·贝尔克。他们试图通过使用书法来给抽象艺术形式增添一抹传统的和本土的笔触。内塞特·古纳尔关于社会题材的画作，德弗利姆·艾尔比尔的袖珍绘画，西哈特·布拉克从民间艺术中汲取养分的画作和奥尔汗·佩克用晕染技巧创作的动物形体画及安纳特里风俗画，都是 20 世纪六七十年代风格多样的象征派绘画发展趋势的代表作品。直到20世纪70年代，许多艺术家都试图在一些相互排斥的趋势间如抽象—象征派与综合—传统派之间进行融合。与此同时，一些先锋类画作和实验类画作则受到每年举办的“新趋势”画展的追捧。该画展在首建于1977年的伊斯坦布尔艺术节中举行。此外，1980年以来，概念类绘画同传统绘画一样开始在油画中流行开来。

从奥斯曼时代后期开始的文化“西学东渐”浪潮中，雕刻艺术同其他艺术领域一样得到复兴。这些活动一直延续到了共和时代，使得雕刻艺术得以进一步发展。为了发掘出先前文明的雕塑遗产，人们进行了一系列被称作“民族性文物出土”的考古挖掘活动。一方面，本领域的一些国外大师被请进国内来指导青年才俊；另一方面，年轻有为的学生则被送到国外接受艺术教育。1937年，德国雕塑家鲁道夫·贝林被任命为国立美术学院雕塑系的系主任。直至1954年，鲁道夫·贝林历任该学院的教授，在培养学生的同时，还继续进行雕塑艺术创作。位于伊斯坦布尔的塔什里克公园和安卡拉大学农学院校园中的伊诺努纪念碑即为贝林教授的作品。土耳其史上最重要的雕塑展之一就是由贝林主持，在伊斯坦布尔技术大学的塔斯克斯拉大楼里成功举办的。①

在雕塑艺术的发展早期，艺术家主要进行着纪念碑和阿塔图尔克雕塑的创作，而在此期间，一些外国大师如科里佩尔、卡诺尼卡、哈纳克、托拉克和贝林等占据着主流地位，这种现象一直持续到20世纪50年代。然而，随着成立于1937年的纪念碑雕塑比赛的开展，土耳其雕塑家的地位与影响开始上升，例如在厄尔珠鲁姆纪念碑的设计比赛中，阿里·哈迪·巴拉摘得桂冠，而祖赫图·穆利多鲁位居第二。此外，在同时有外国雕塑家参加的玛尼撒纪念碑的设计比赛中，内加特·西若尔列居第一。许多在20世纪50年代开始从事职业艺术创作的雕塑家，例如哈克·阿塔姆鲁、亚弗兹·格勒夫、卡米尔·索纳德、伊汉·克曼、许瑟因·格泽和图尔古特·普拉，都是贝林的门徒，甚至那些主要以象征派作品为代表的雕塑家也曾进行过象征—抽象雕像的实验创作。但也有一部分雕塑家，如伊汉·克曼、萨蒂·卡利克和图尔古特·普拉等，他们的作品主要是抽象派雕塑作品，其中，伊汉·克曼多次在国外举办雕塑展，并且在许多比赛中赢得荣誉。

---

①　张学昆：《土耳其的欧洲身份认同与入盟问题》，《欧洲研究》2006年第4期。

哈迪·巴拉和祖赫图·穆利多鲁从20世纪50年代以后影响了美术学院雕塑系的发展。该时期的主要特征在于抽象派雕塑方法以及种类繁多的当代雕刻工具和雕刻技巧的使用。一些雕塑家如塔默·巴塞歌鲁、库兹冈·阿卡、古尔达·杜亚和纳米克·德尼兹汉都是这一学派的代表性人物。在1961年举行的巴黎青年赛中摘得桂冠的库兹冈·阿卡就创作了一系列趣味横生的抽象派雕塑作品。例如，位于伊斯坦布尔的玛尼法图拉茨拉·卡西西（伊斯坦布尔纺织品市场）前边的钢铁浮雕——“库斯拉”（飞鸟群）就是他的作品。此外，将新维度引进象征派雕塑的梅赫梅特·阿科索夫，用金属材料和石头材料创作抽象派雕塑作品的费力特·欧兹森，用木质雕塑吸引人们注意力的塞姆·布加伊、哈伊·卡拉伊以及梅汀·哈瑟克等，都是当代一些引人注目的出色雕塑家。①

土耳其的地毯编织代表了一种传统艺术，可追溯到伊斯兰时代之前。在其悠久的历史中，编织地毯的艺术和工艺融合了不同的文化传统。在土耳其地毯中，可以发现拜占庭设计的痕迹，还有代表了从中亚迁移而来的突厥人、生活在安纳托利亚的亚美尼亚人、高加索人和库尔德人部落等传统设计图案。伊斯兰宗教发展和伊斯兰艺术发展也影响了土耳其地毯的设计。因此，土耳其地毯的设计、图案和装饰风格均深深反映了其民族与历史文化的多样性和融合性。

土耳其文学是一系列文化传统的混合体。奥斯曼帝国与伊斯兰世界以及欧洲之间的互动促成了土耳其文学艺术的多样性融合。在奥斯曼时代的大部分时间里，土耳其文学受波斯文学和阿拉伯文学的影响很大。现代土耳其文学大部分植根于1896—1923年文学运动中。从广义上讲，这一时期有三个主要的文学运动：Edebiyat-ıCedîde（新文学）运动、Fecr-iÂt（未来的黎明）运动、MillîEdebiyat（国家文学）运动。2006年10月12日，瑞典皇家科学院诺贝尔奖委员会宣布将本年度诺贝尔文学奖授予土耳其作家奥尔罕·帕慕克。瑞典文学院在颁奖公告中说，授予贝尔文学奖的理由是“在追求他故乡忧郁的灵魂时发现了文明之间的冲突和交错的新象征”。文学评论家把帕慕克和普鲁斯特、托马斯·曼、卡尔维诺、博尔赫

① 张俊芳：《14—16世纪拜占庭学者与意大利文艺复兴关系研究》，博士学位论文，南开大学，2007年，第24—39页。

斯、安伯托·艾柯等大师相提并论，称他是“当代欧洲最核心的三位文学家之一”、享誉国际的土耳其文坛巨擘。其作品被译成40多种语言出版，在众多国家和地区广泛流传。

充满生活气息的土耳其民间音乐起源于亚洲大草原，它和出自奥斯曼宫廷的土耳其古典音乐形成了鲜明的对比。在相当长的一段时间内土耳其民间音乐都没有记谱，而是按照传统的方式由被称为“阿斯克拉尔”（asiklar）的民谣歌手口头传唱。和民间音乐截然不同的还有奥斯曼军乐，现在经常由伊斯坦布尔的禁卫军军乐队演奏，这种音乐起源于中亚地区，由壶形鼓（kettle drums）、竖笛、铙钹和铃铛演奏。这种神秘的土耳其回旋德尔维什乐曲从头到尾都萦绕着簧管和“奈伊笛”（ney）的乐声。每年12月的梅乌拉那节期间可以在科尼亚（Konya）欣赏到这种音乐。

土耳其传统音乐的发端可以追溯到11世纪塞尔柱土耳其人迁移到安纳托利亚和波斯时期，具有丰富多彩的地方特色。土耳其音乐主要受到突厥元素以及周边地区的影响，包括中亚民间音乐、阿拉伯音乐、希腊音乐、奥斯曼音乐、波斯音乐、巴尔干音乐，以及现代欧洲和美国流行音乐。随着来自不同地区的移民族群多样性增加，土耳其音乐流派和音乐乐器的多样性也在扩大。许多土耳其城镇都有着独特而充满活力的具有当地音乐风格的音乐作品。土耳其最具代表性的乐器是萨斯琴，它代表了土耳其和中亚文化的关联，在历史上它来自中亚的游牧部落，而土耳其的国际大都市——伊斯坦布尔、安卡拉、伊兹密尔——又带来了丰富的欧洲文化元素。萨斯琴十分多变，可以演奏出希腊布祖奇琴的音色、斯拉夫音乐的节奏以及地中海的小调。

正如在世界其他地方一样，戏剧艺术在土耳其的产生和发展得益于两大因素：一是史前流传下来的民俗庆典及宗教仪式，二是日常生活中发生的故事、传奇及事件。上述种种活动往往需要借助舞台表演，于是便产生了最早的戏剧。在土耳其农村地区，这种民间戏剧至今仍然存在。木偶戏、卡拉戈兹（Karagoz）皮影戏、麦达（说书人）以及奥塔奥因（Orta oyun）（一种奥斯曼风格的舞蹈）等民间戏剧艺术形式，在西方戏剧艺术全面进入之前，都曾在土耳其民间广泛流传。1839年，坦齐马特（Tanzimat）敕令的发布宣告了土耳其国家及社会一系列变革的开始，变革之一便是土耳其国家大剧院的建立。就在这一时期，在皇室和政府高层的支持下，西方戏剧叩开了土耳其的大门。Karagoz-hacivat 皇室对戏剧的密切关注促使整个社会对戏剧采取较为宽容的接纳态度。穆赫穆特二世图书馆收藏了大量的戏剧作品。政府高层则鼎力支持西方戏剧在土耳其的开花结果。土耳其知识界及土耳其驻外使馆也为此做出了许多贡献。在观摩各国戏剧方面，土耳其驻外使馆可谓是近水楼台，并由此对西方戏剧艺术产生了深刻的了解和关注。阿赫迈特·维菲克·帕萨（Ahmet Vefik Pasa）对莫里哀的剧作进行了翻译和改编，使其展现在土耳其的戏剧舞台上，他还在布尔萨建立了一座剧院，让戏剧艺术为这个城市的人们带来丰富多彩的生活。

土耳其知识界在引进西方戏剧艺术的同时，也在一定程度上冷落了土耳其土生土长的传统戏剧，这导致了早期土耳其戏剧艺术中民族性的缺失，传统戏剧的传承和发展往往仅靠言传身教。为改变此种现状，赛米尔·帕萨（Cemil Pasa）于 1913 年至 1914 年担任伊斯坦布尔市长期间，创办了第一所戏剧学院。学院的戏剧和音乐系被命名为“Darulbedayaii Osmani 剧团”，首任总监是安德·安东尼（Andre Antoine）。安德鲁·安东尼在第一次世界大战爆发后返回到自己的祖国，其继任者是穆辛·埃尔图格鲁尔（Mushin Ertugrul）。1916 年，“Darulbedayii 剧团”举行了首次公演。此后的 9 年里，其一直在跌跌撞撞中寻觅着自己的立足点，直到 1926—1931 年获得伊斯坦布尔市政府的财政支持后，才开始跨入正轨。1931 年，剧团粗具市立剧院的雏形，并于 1947—1958 年间获得长足发展。1940 年 6 月 10 日，国立剧院管理局依法成立，其一开始隶属于国家教育部，中间曾归属于首相府，后来又归属于文化部。

土耳其现代流行音乐则可以追溯到 20 世纪 30 年代早期西方化运动的推动。由于日益开放的经济和社会，以流行音乐为代表的西方音乐风格在 20 世纪 90 年代初再次流行起来。20 世纪 90 年代后期，出现了大量的地下音乐，涵盖了摇滚、电子乐、嘻哈、说唱和舞蹈音乐等多种现代音乐形式，与土耳其主流音乐和阿拉伯风格音乐分庭抗礼。

根据土耳其官方媒体阿纳多卢通讯社的报道显示，2018 年上半年访问土耳其的中国游客人数达到了 191000 人，同比增长 91%。根据阿纳多卢通讯社对中国游客的采访，许多中国游客都是受到了一首中国流行歌曲

《带你去旅行》中的歌词影响，歌词中“我想要带你去浪漫的土耳其，然后一起去东京和巴黎”描述了一名男性要带着自己的女友开展一场浪漫的旅行，而他们的旅行第一站就是“浪漫的土耳其”。

土耳其美食以传统的奥斯曼美食为主。奥斯曼美食受到巴尔干、阿拉伯、拜占庭、库尔德、波斯和亚美尼亚菜肴的影响。土耳其优越的地理位置和自然环境使得植物和动物得以蓬勃发展。土耳其美食出现于15世纪中叶，这是奥斯曼帝国六百年统治时期的开始，得益于当时的奥斯曼帝国控制了主要的贸易路线，利用其陆路和水路从世界各地进口具有异国情调的食材。16世纪末，奥斯曼法院就制定通过了规范食品新鲜度的法律。酸奶沙拉、橄榄油鱼、果子露和填馅蔬菜成为土耳其的主食，配料和做工都非常的独特、精致。牛、羊、鸡为其主菜，基本的烹饪方式为烤、煮，肉品需要精心挑选，经过大厨的特殊烹调，牛羊肉毫无腥味且味道独特。在土耳其还有一种叫做“多内尔 Kebap”（Doner Kebap）的食物，意思是转的烤肉。地道的多内尔 Kebap 是以片状的牛羊肉或鸡肉以大型的铁条直立串起来烤熟，再用刀削下肉片，就着松脆的面饼佐以洋葱及各式蔬菜，配上酸奶汁便是一顿最平民化的土耳其便餐了。自第一次世界大战奥斯曼帝国瓦解以及1923年土耳其共和国成立以来，法式食物和西式快餐等外国食品才慢慢进入现代土耳其饮食。

第二节 综合国力评价

综合国力评价是对一个国家基本国情的总体判断，也是我们进行国与国之间比较的基础。在本节中，我们拟通过数量化的指标体系对土耳其的综合国力进行评价。

一 指标体系构建原则

指标体系构建的原则是为了反映一个国家在一个时期内的综合国力。在参考国际上的指标体系和竞争力指标的基础上，立足于“一带一路”沿线国家的特点，提出“一带一路”沿线国家的综合国力指数，有利于在揭示“一带一路”沿线国家综合国力和基本国情的基础上，更好地判断“一带一路”沿线国家的现状。

合理地选取指标和构建“一带一路”沿线国家综合国力指数评价体系，有利于真实、客观地反映“一带一路”沿线国家的质量与综合水平。本章节在回顾既有研究成果的基础上，聚焦“国情”和“综合”，结合“一带一路”沿线国家发展实践，提出“一带一路”沿线国家综合国力指数的构建原则，并据此构建一套系统、科学、可操作的评价指标体系。

构建方法。第一步，将原始数据进行标准化处理；第二步，按照各级指标进行算术加权平均；第三步，得出相应数值并进行排名。

本指数的基础数据主要来源于世界银行数据库、世界竞争力报告数据和欧洲统计局。

（一）指标体系构建内容

拟构建一个三级指标体系对一个国家的综合国力进行评估。

1. 一级指标

一级指标体系包括四个“力”和一个“环境”，分别为基础国力、消费能力、贸易能力、创新能力和营商环境。

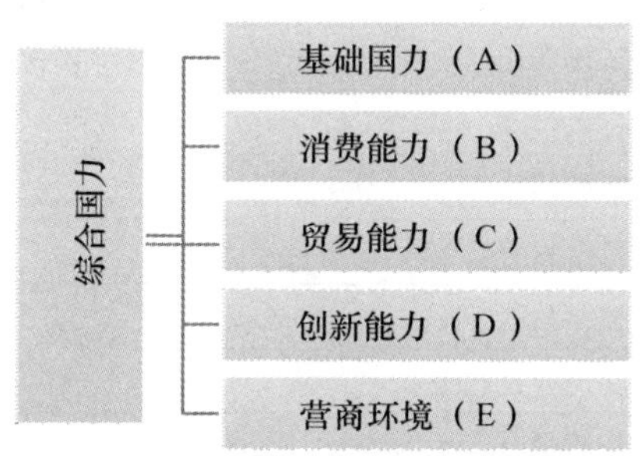

图Ⅰ-1-1 “一带一路”国家综合国力的一级指标

2. 二级指标

在基础国力（A）中间，设置了四个二级指标，分别是资源禀赋（A1）、人口状况（A2）、教育水平（A3）和基础设施（A4）。

在消费能力（B）中间，设置了两个二级指标，分别是消费总量（B1）和消费结构（B2）。

在贸易能力（C）中间，设置了两个二级指标，分别是进口能力（B1）和出口能力（C2）。

在创新能力（D）中间，设置了三个二级指标，分别是创新人才

（D1）、研发投入（D2）和创新成果（D3）。

在营商环境（E）中间，设置了四个二级指标，分别是制度环境（E1）、投资安全（E2）、外商政策（E3）和公共服务（E4）。

3. 三级指标

本文的三级指标共有139个，具体见表Ⅰ-1-1。

表Ⅰ-1-1　　"一带一路"国家综合国力指标

一级指标	二级指标	三级指标	三级指标代码
基础国力	资源禀赋	地表面积	A101
		可再生内陆淡水资源总量	A102
		耕地面积	A103
	人口状况	总人口数	A201
		城市人口数	A202
		农村人口数	A203
		少儿人口抚养比	A204
		老龄人口抚养比	A205
	教育水平	中学教育入学率	A301
		教育体系的质量	A302
		数学和科学教育质量	A303
		管理类教育质量	A304
		学校互联网普及程度	A305
		基础教育质量	A306
		基础教育入学率	A307
	基础设施	总体基建水平	A401
		公路长度	A402
		铁路长度	A403
		港口效率	A404
		空中运输	A405
		航线客座千米（百万/每周）	A406
		电力供应	A407
		手机普及程度（每百人）	A408
		固定电话数（每百人）	A409

续表

一级指标	二级指标	三级指标	三级指标代码
消费能力	消费总量	GDP（PPP）百万美元	B101
		国内市场规模指数	B102
	消费结构	人均消费（底层40%的人口）（美元/天）	B201
		人均消费（总人口）（美元/天）	B202
		人均实际消费年化增长率（底层40%的人口）（%）	B203
		人均实际消费年化增长率（总人口）（%）	B204
贸易能力	进口能力	保险和金融服务（占商业服务进口的比例）（%）	C101
		商业服务进口［美元（现价）］	C102
		运输服务（占商业服务进口的比例）（%）	C103
		旅游服务（占商业服务进口的比例）（%）	C104
		货物进口［美元（现价）］	C105
		农业原料进口（占货物进口总额的比例）（%）	C106
		食品进口（占货物进口的比例）（%）	C107
		燃料进口（占货物出口的比例）（%）	C108
		制成品进口（占货物进口的比例）（%）	C109
		矿石和金属进口（占货物进口的比例）（%）	C110
		通信、计算机和其他服务（占商业服务进口的比例）（%）	C111
	出口能力	保险和金融服务（占商业服务出口的比例）（%）	C201
		商业服务出口［美元（现价）］	C202
		运输服务（占商业服务出口的比例）（%）	C203
		旅游服务（占商业服务出口的比例）（%）	C204
		货物出口［美元（现价）］	C205
		农业原料出口（占货物出口总额的比例）（%）	C206
		食品出口（占货物出口的比例）（%）	C207
		燃料出口（占货物出口的比例）（%）	C208
		制成品出口（占货物出口的比例）（%）	C209
		矿石和金属出口（占货物出口的比例）（%）	C210
		通信、计算机和其他服务（占商业服务出口的比例）（%）	C211

续表

一级指标	二级指标	三级指标	三级指标代码
创新能力	创新人才	高等教育入学率	D101
		留住人才能力	D102
		吸引人才能力	D103
		科学家和工程师水平	D104
		每百万人中 R&D 研究人员（人）	D105
		每百万人中 R&D 技术人员（人）	D106
	研发投入	研发支出占 GDP 比例（%）	D201
		最新技术有效利用程度	D202
		企业的科技运用能力	D203
		科学研究机构的质量	D204
		企业研发投入	D205
		产学研一体化程度	D206
		政府对高科技产品的采购	D207
		FDI 和技术转化	D208
		互联网使用者（占总人口比例）（%）	D209
		固定宽带用户（每百人）	D210
		互联网带宽	D211
		移动互联网用户（每百人）	D212
	创新成果	非居民专利申请数（个）	D301
		居民专利申请数（个）	D302
		商标申请（直接申请，非居民）（个）	D303
		商标申请（直接申请，居民）（个）	D304
		商标申请合计（个）	D305
		高科技产品出口［美元（现价）］	D306
		在科学和技术学术期刊上发表的论文数（篇）	D307
		高科技产品出口占制成品出口的比例（%）	D308
		工业设计应用数量，非居民（个）	D309
		工业设计应用数量，居民（个）	D310
		非居民商标申请（个）	D311
		居民商标申请（个）	D312
		中高技术产品出口占制成品出口的比例（%）	D313

续表

一级指标	二级指标	三级指标	三级指标代码
营商环境	制度环境	有形产权保护	E101
		知识产权保护	E102
		公共基金的多样性	E103
		政府公信力	E104
		政府的廉政性	E105
		公正裁决	E106
		政府决策偏袒性	E107
		政府支出效率	E108
		政府管制负担	E109
		争端解决机制的法律效率	E110
		改变陈规的法律效率	E111
		政府政策制定透明程度	E112
		审计和披露标准力度	E113
		公司董事会效能	E114
		金融服务便利程度	E115
		金融服务价格合理程度	E116
		股票市场融资能力	E117
		贷款便利程度	E118
		风险资本便利程度	E119
		公安机关的信任度	E201
	投资安全	恐怖事件的商业成本	E202
		犯罪和暴力的商业成本	E203
		有组织的犯罪	E204
		中小股东利益保护	E205
		投资者保护（0—10 分）	E206
		银行的安全性	E207

续表

一级指标	二级指标	三级指标	三级指标代码
营商环境	外商政策	当地竞争充分程度	E301
		市场的主导地位	E302
		反垄断政策力度	E303
		税率对投资刺激的有效性	E304
		总体税率（占利润的比例）（%）	E305
		开办企业的步骤	E306
		开办企业的耗时天数	E307
		农业政策成本	E308
		非关税壁垒的广泛程度	E309
		关税	E310
		外资企业产权保护	E311
	公共服务	当地供应商数量	E401
		当地供应商质量	E402
		产业集群发展	E403
		自然竞争优势	E404
		价值链宽度	E405
		国际分销控制能力	E406
		生产流程成熟度	E407
		营销的能力	E408
		授权的意愿	E409
		劳动和社会保障计划的覆盖率（占总人口的百分比）	E410
		劳动和社会保障计划的充分性（占受益家庭总福利的百分比）	E411
		20%的最贫困人群的劳动和社会保障计划的受益归属（占总劳动和社会保障计划受益归属的百分比）	E412
		失业救济和积极劳动力市场计划的覆盖率（占总人口的百分比）	E413
		20%的最贫困人群的失业救济和积极劳动力市场计划的受益归属（占总失业救济和积极劳动力市场计划受益归属的百分比）	E414
		社会安全网计划的覆盖率（占总人口的百分比）	E415
		社会安全网计划的充分性（占受益家庭总福利的百分比）	E416
		20%的最贫困人群的社会安全网计划的受益归属（占总安全网受益归属的百分比）	E417
		社会保险计划的覆盖率（占总人口的百分比）	E418
		社会保险计划的充分性（占受益家庭总福利的百分比）	E419

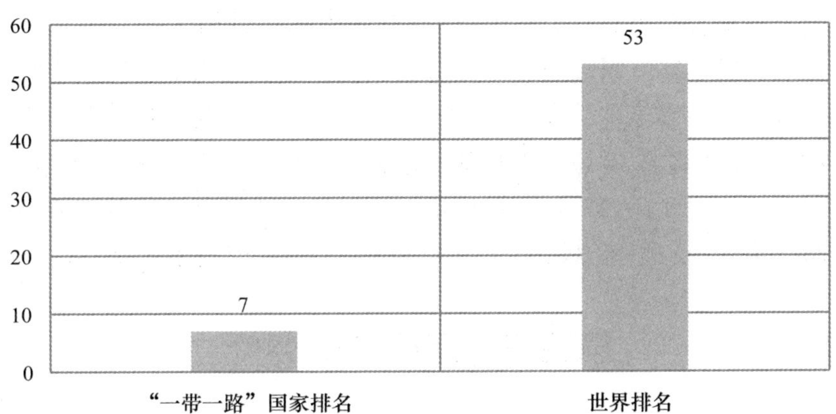

图Ⅰ-1-2　土耳其的综合国力排名

从图Ⅰ-1-2中，我们可以发现，土耳其的综合国力在"一带一路"沿线国家中排名第7位，在世界137个国家中排名第53位。从横向比较上分析，2017年美国的GDP水平是193906亿美元，中国的GDP水平是122377亿美元，土耳其的GDP水平8511.0亿美元，土耳其的GDP水平为美国GDP的4.38%；中国GDP的6.95%。

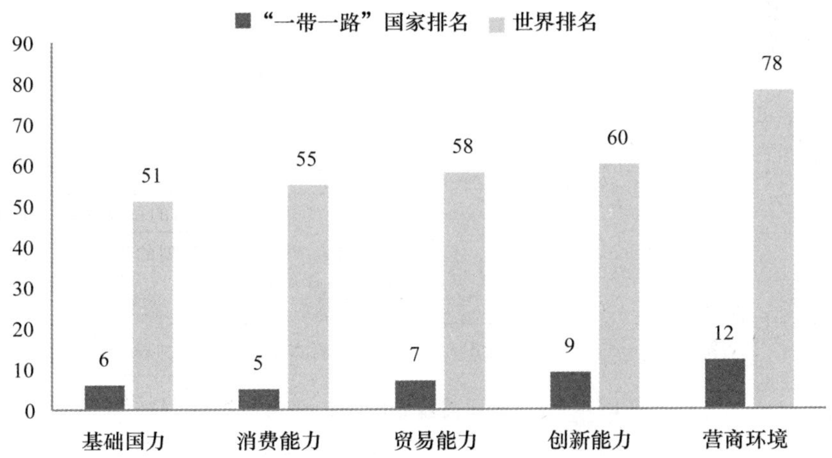

图Ⅰ-1-3　土耳其综合国力一级指标排名

从图Ⅰ-1-3中，我们可以发现，土耳其的基础国力在“一带一路”沿线国家中排名第6位，在世界137个国家中排名第51位。土耳其的消费能力在“一带一路”沿线国家中排名第5位，在世界137个国家中排名第55位。土耳其的贸易能力在“一带一路”沿线国家中排名第7位，在世界137个国家中排名第58位。土耳其的创新能力在“一带一路”沿线国家中排名第9位，在世界137个国家中排名第60位。土耳其的营商环境在“一带一路”沿线国家中排名第12位，在世界137个国家中排名第78位。

第三节　指标分类评价

一　基础国力评价

从图Ⅰ-1-4中，我们可以发现，土耳其的资源禀赋在“一带一路”国家中排名第5位，在世界137个国家中排名第30位。以土地面积为例，2017年美国的土地面积为9147.42千平方千米，中国的土地面积为9388.21千平方千米，土耳其的土地面积为769.63千平方千米，土耳其的土地面积为美国土地面积的8.41%，为中国土地面积的8.19%。

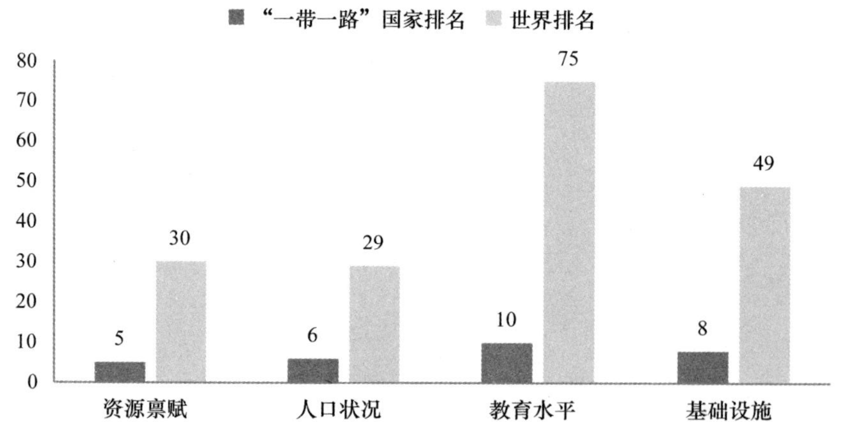

图Ⅰ-1-4　土耳其基础国力二级指标排名

土耳其的人口状况在“一带一路”国家中排名第6位，在世界137个国家中排名第29位。以人口总数为例，2017年美国的人口总数为3.26亿人，中国的人口总数为13.86亿人，土耳其的人口总数为0.80亿人，土耳其的人口为美国人口总数的24.54%，为中国人口总数的5.77%。

土耳其的教育水平在“一带一路”国家中排名第10位，在世界137个国家中排名第75位。在我们的计算样本中，美国、中国和土耳其在教育培训分指标上的得分为别是6.3、4.8和4.05。

土耳其的基础设施在“一带一路”国家中排名第8位，在世界137个国家中排名第49位。在我们的计算样本中，美国、中国和土耳其在基础设施分指标上的得分为别是6.0、4.7和4.58。

表I-1-2　　土耳其基础国力三级指标排名

三级指标	“一带一路”国家排名	世界排名	三级指标	“一带一路”国家排名	世界排名
地表面积	7	32	管理类教育质量	9	69
可再生内陆淡水资源总量	6	39	学校互联网普及程度	10	50
耕地面积	6	25	基础教育质量	7	34
总人口数	6	36	基础教育入学率	6	33
城市人口数	4	40	总体基建水平	8	49
农村人口数	4	69	公路长度	8	39
少儿人口抚养比	5	51	铁路长度	9	68
老龄人口抚养比	5	62	港口效率	7	30
中学教育入学率	6	52	空中运输	6	22
教育体系的质量	9	48	航线客座千米（百万/每周）	8	42
数学和科学教育质量	10	66	电力供应	6	42
固定电话数（每百人）	8	40	手机普及程度（每百人）	10	41

二　消费能力评价

从图I-1-5中，我们可以发现，土耳其的消费总量在“一带一路”

国家中排名第5位，在世界137个国家中排名第36位。土耳其的消费结构在“一带一路”国家中排名第6位，在世界137个国家中排名第32位。2017年，美国、中国和土耳其的人均GDP水平分别是59531.6美元、8826.9美元和10540.6美元。

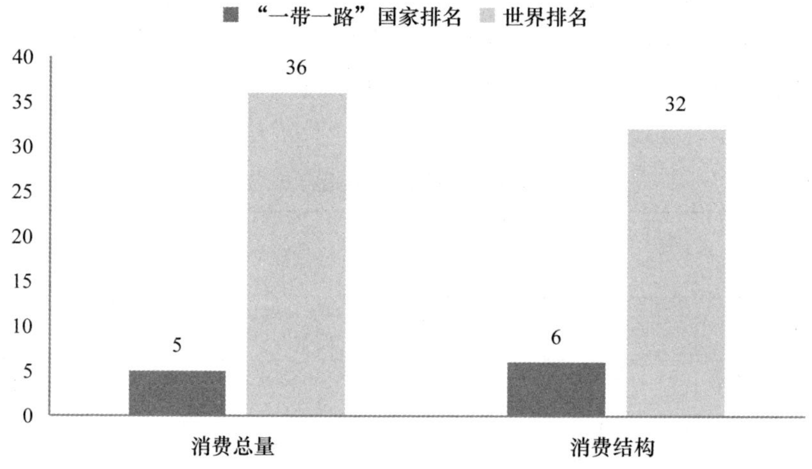

图Ⅰ-1-5　土耳其消费能力二级指标排名

表Ⅰ-1-3　**土耳其消费国力三级指标排名**

三级指标	“一带一路”国家排名	世界排名
GDP（PPP）百万美元	5	45
国内市场规模指数	6	53
人均消费（底层40%的人口）（美元/天）	4	49
人均消费（总人口）（美元/天）	5	48
人均实际消费年化增长率（底层40%的人口）（%）	7	53
人均实际消费年化增长率（总人口）（%）	9	45

三　贸易能力评价

从图Ⅰ-1-6中，我们可以发现，土耳其的进口能力在“一带一路”国家中排名第8位，在世界137个国家中排名第55位。土耳其的出口能力在“一带一路”国家中排名第9位，在世界137个国家中排名第54位。2017年，中国和土耳其在商品和服务出口占GDP的比重分别为19.76%

和24.84%，中国和土耳其在商品和服务进口占GDP的比重分别为18.05%和29.33%。这说明土耳其是一个高度依赖于别国的外向型国家。

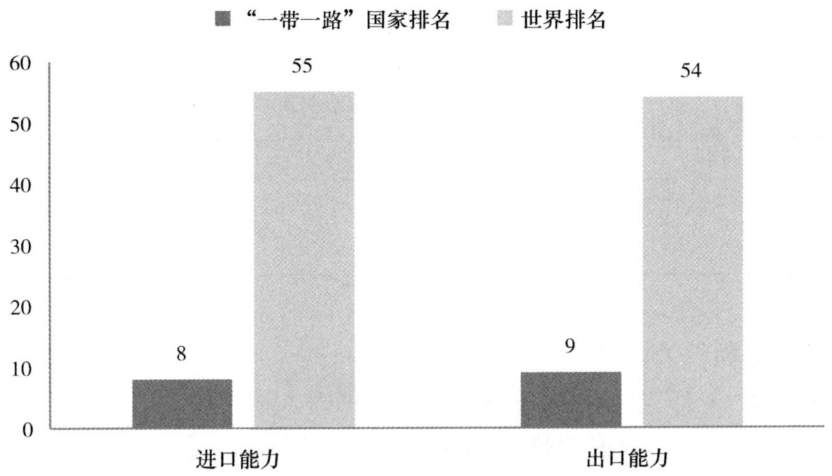

图Ⅰ-1-6　土耳其贸易能力二级指标排名

表Ⅰ-1-4　　土耳其贸易能力三级指标排名

三级指标	"一带一路"国家排名	世界排名	三级指标	"一带一路"国家排名	世界排名
保险和金融服务（占商业服务进口的比例）（%）	8	57	保险和金融服务（占商业服务出口的比例）（%）	9	53
商业服务进口［美元（现价）］	8	55	商业服务出口［美元（现价）］	10	55
运输服务（占商业服务进口的比例）（%）	8	48	运输服务（占商业服务出口的比例）（%）	11	49
旅游服务（占商业服务进口的比例）（%）	7	48	旅游服务（占商业服务出口的比例）（%）	9	55
货物进口［美元（现价）］	7	47	货物出口［美元（现价）］	10	56
农业原料进口（占货物进口总额的比例）（%）	9	52	农业原料出口（占货物出口总额的比例）（%）	9	60
食品进口（占货物进口的比例）（%）	7	44	食品出口（占货物出口的比例）（%）	8	48
燃料进口（占货物出口的比例）（%）	8	55	燃料出口（占货物出口的比例）（%）	9	55

续表

三级指标	“一带一路”国家排名	世界排名	三级指标	“一带一路”国家排名	世界排名
制成品进口（占货物进口的比例）（%）	7	51	制成品出口（占货物出口的比例）（%）	8	51
矿石和金属进口（占货物进口的比例）（%）	6	48	矿石和金属出口（占货物出口的比例）（%）	9	50
通信、计算机和其他服务（占商业服务进口的比例）（%）	7	50	通信、计算机和其他服务（占商业服务出口的比例）（%）	9	53

四 创新能力评价

从图Ⅰ-1-7中，我们可以发现，在创新人才方面，土耳其的创新人才在“一带一路”国家中排名第10位，在世界137个国家中排名第66位。在我们的计算样本中，美国的创新人才得分为6.4，中国的创新人才得分为3.5，土耳其的创新人才得分为2.23。在研发投入方面，土耳其的研发投入在“一带一路”国家中排名第12位，在世界137个国家中排名第66位。在我们的计算样本中，美国的研发投入得分为8.1，中国的研发投入得分为5.9，土耳其的研发投入得分为3.4。在创新成果方面，土耳其的

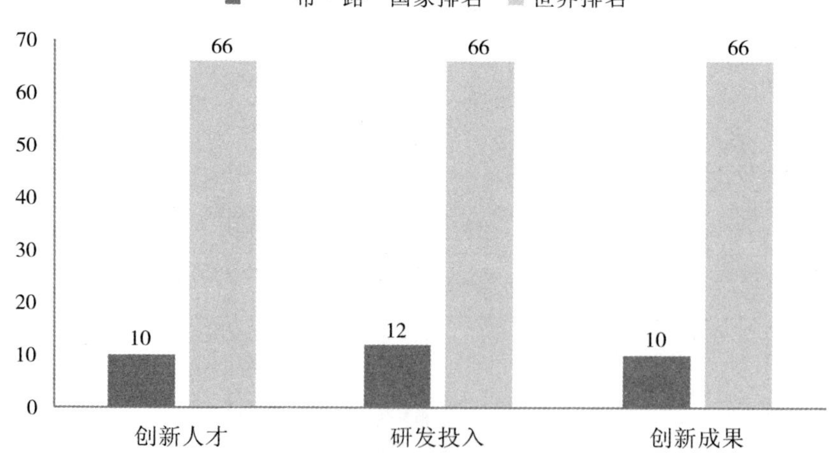

图Ⅰ-1-7 土耳其创新能力二级指标排名

创新成果在“一带一路”国家中排名第10位，在世界137个国家中排名第66位。在我们的样本中，美国的创新成果得分为7.6，中国的创新成果得分为3.2，土耳其的创新成果得分为2.96。

表Ⅰ-1-5 土耳其创新能力三级指标排名

三级指标	“一带一路”国家排名	世界排名	三级指标	“一带一路”国家排名	世界排名
高等教育入学率	10	42	固定宽带用户（每百人）	14	62
留住人才能力	12	82	互联网带宽	13	63
吸引人才能力	11	65	移动互联网用户（每百人）	15	78
科学家和工程师水平	7	68	非居民专利申请数	11	63
每百万人中R&D研究人员（人）	8	68	居民专利申请数	12	68
每百万人中R&D技术人员（人）	9	69	商标申请（直接申请，非居民）	8	65
研发支出占GDP比例	11	65	商标申请（直接申请，居民）	8	70
最新技术有效利用程度	9	63	商标申请合计	11	64
企业的科技运用能力	9	68	高科技产品出口［美元（现价）］	12	62
科学研究机构的质量	9	72	在科学和技术学术期刊上发表的论文数（篇）	12	63
企业研发投入	14	70	高科技产品出口占制成品出口的比例（%）	11	58
产学研一体化程度	13	66	工业设计应用数量，非居民	8	59
政府对高科技产品的采购	14	63	工业设计应用数量，居民	11	65
FDI和技术转化	12	68	非居民商标申请	15	77
互联网使用者（占总人口比例）（%）	10	72	居民商标申请	10	73
中高技术产品出口占制成品出口的比例（%）	10	65			

五　营商环境评价

从图Ⅰ-1-8中，我们可以发现，土耳其的制度环境在“一带一路”国家中排名第13位，在世界137个国家中排名第77位。在我们的样本国家中，美国制度环境的得分为9.6，中国制度环境的得分为6.5，土耳其制度环境的得分为5.9。

土耳其的投资安全在“一带一路”国家中排名第12位，在世界137个国家中排名第80位。在我们的样本国家中，美国投资安全的得分为9.6，中国投资安全的得分为6.5，土耳其投资安全的得分为6.05。

土耳其的外商政策在“一带一路”国家中排名第11位，在世界137个国家中排名第71位。在我们的样本国家中，美国外商政策的得分为8.6，中国外商政策的得分为7.5，土耳其外商政策的得分为6.5。

土耳其的公共服务在“一带一路”国家中排名第13位，在世界137个国家中排名第82位。在我们的样本国家中，美国公共服务的得分为7.6，中国公共服务的得分为7.0，土耳其公共服务的得分为5.6。

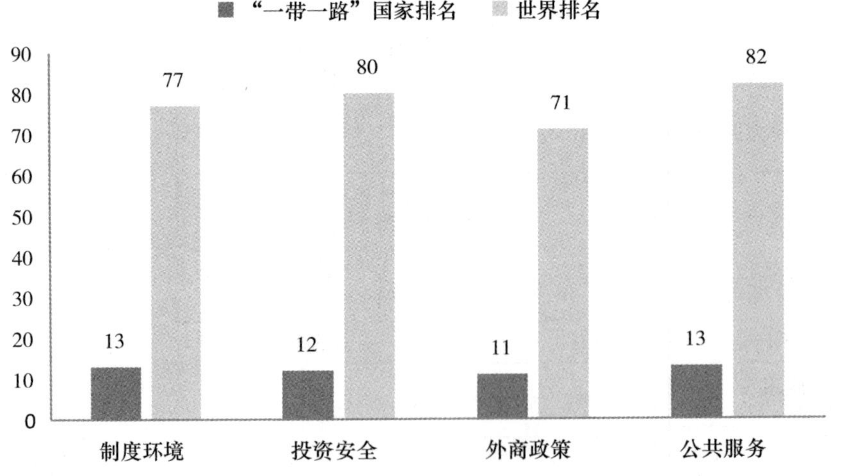

图Ⅰ-1-8　土耳其营商环境二级指标排名

表Ⅰ-1-6　　土耳其营商环境三级指标排名

三级指标	"一带一路"国家排名	世界排名	三级指标	"一带一路"国家排名	世界排名
有形产权保护	12	80	公司董事会效能	12	83
知识产权保护	12	78	金融服务便利程度	11	85
公共基金的多样性	8	76	金融服务价格合理程度	10	83
政府公信力	14	80	股票市场融资能力	10	85
政府的廉政性	16	85	贷款便利程度	9	80
公正裁决	10	82	风险资本便利程度	9	85
政府决策偏袒性	12	85	公安机关的信任度	8	74
政府支出效率	12	86	恐怖事件的商业成本	7	89
政府管制负担	14	75	犯罪和暴力的商业成本	9	88
争端解决机制的法律效率	10	79	有组织的犯罪	8	95
改变陈规的法律效率	19	81	中小股东利益保护	9	76
政府政策制定透明程度	10	88	投资者保护（0—10分）	8	80
审计和披露标准力度	11	74	银行的安全性	7	77
当地竞争充分程度	10	66	劳动和社会保障计划的充分性（占受益家庭总福利的百分比）	8	72
市场的主导地位	10	75	20%的最贫困人群的劳动和社会保障计划的受益归属（占总劳动和社会保障计划受益归属的百分比）	9	71
反垄断政策力度	10	72	失业救济和积极劳动力市场计划的覆盖率（占总人口的百分比）	10	69
税率对投资刺激的有效性	11	72	20%的最贫困人群的失业救济和积极劳动力市场计划的受益归属（占总失业救济和积极劳动力市场计划受益归属的百分比）	8	68
总体税率（占利润的比例）（%）	9	65	社会安全网计划的覆盖率（占总人口的百分比）	11	60
开办企业的步骤	11	72	社会安全网计划的充分性（占受益家庭总福利的百分比）	10	63

续表

三级指标	“一带一路”国家排名	世界排名	三级指标	“一带一路”国家排名	世界排名
开办企业的耗时天数	13	70	20%的最贫困人群的社会安全网计划的受益归属（占总安全网受益归属的百分比）	7	60
农业政策成本	10	75	社会保险计划的覆盖率（占总人口的百分比）	6	61
非关税壁垒的广泛程度	10	77	社会保险计划的充分性（占受益家庭总福利的百分比）	6	65
关税	10	66	自然竞争优势	9	71
外资企业产权保护	11	59	价值链宽度	12	62
当地供应商数量	11	59	国际分销控制能力	11	70
当地供应商质量	11	54	生产流程成熟度	12	62
产业集群发展	12	60	营销的能力	8	69
劳动和社会保障计划的覆盖率（占总人口的百分比）	8	53	授权的意愿	10	63

第二章　人口结构研究

现代土耳其共和国的人口主体为土耳其人。土耳其人史称“突厥”，8世纪起由阿尔泰山一带迁入小亚细亚，13世纪末建立奥斯曼帝国，20世纪初奥斯曼帝国沦为英、法、德等国的半殖民地。1923年10月29日，现代土耳其之父凯末尔领导土耳其人民在奥斯曼帝国的废墟上建立了土耳其共和国。20世纪80年代实行对外开放政策以来，土耳其经济实现跨越式发展，由经济基础较为落后的传统农业国向现代化的工业国快速转变。与此同时，土耳其的全国人口总量也呈现平稳增长的态势，从1950年的2140.8万人增至2017年的8074.5万人，且男女性别比例比较均衡，人口结构相对合理。

第一节　人口发展状况

一　人口总量及发展变化趋势

（一）人口总量发展变化趋势

联合国人口司的统计数据显示，截至2015年，土耳其总人口数量为7827.15万人，其中男性人口数量为3850.31万人，占总人口比例为49.19%，女性人口数量为3976.84万人，占总人口比例为50.81%。可见土耳其男女性别比例均衡，性别结构合理。

从2000—2015年人口总量的变化趋势来看，土耳其总人口数保持上升趋势，人口总量逐年增加，年增长速度较为平缓，并未出现大幅度人口增长的情况。2000—2015年，土耳其总人口数由6324.01万人增至7827.15万人，共增加1503.14万人。

图Ⅰ-2-1是根据联合国人口司数据资料整理而成的1950—2015年土耳其性别比变动趋势图。可见土耳其性别比总体上呈现出下降趋势，最高值是1950年的101.1，最低值是2010年的96.7。1950—1970年，土耳其性别比从101.1下降至98.7，1965—1970年性别比保持不变，1970—2010年保持下降趋势。2015年又出现稍许回升至96.8。

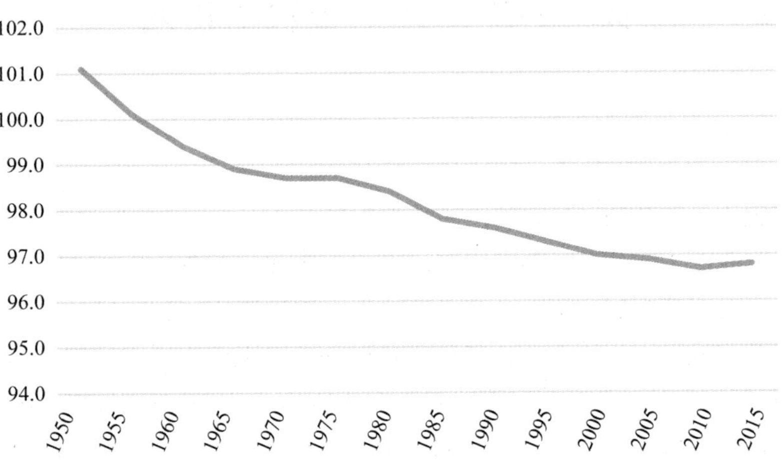

图Ⅰ-2-1　1950—2015年土耳其人口性别比变动（单位：人）

说明：性别比：女性100人对应的男性人数。

资料来源：联合国人口司，https：//esa. un. org/unpd/wpp/Download/Standard/Fertility/。

（二）人口发展前景预测

联合国人口司统计数据显示，从1950年至2015年，土耳其人口总量保持上升趋势，1950年人口总量为2140.84万人，截至2015年人口已达7827.15万人，人口增加了5686.31万人。在这65年间，土耳其人口实现了快速增长。由上文可知，2000—2015年，土耳其人口虽然仍处于上升趋势，但增长速度十分平缓。联合国人口司的数据预测，2020年土耳其人口数量为8383.58万人，2060年土耳其将达到人口数量峰值9622.10万人，随后便开始出现人口数量的小幅度回落，预测2100年土耳其人口数量为8577.63万人。由图Ⅰ-2-3可见，土耳其人口总量在1950—2060年一直呈现上升趋势，而在2060年到达顶端后开始出现缓慢回落。

由图Ⅰ-2-3可见，1950—1985年，土耳其的人口总量呈现出快速增长的状态，1950—1955年是人口增长率的最高峰，增长率达到2.51%，随后增长率出现一定回落，1970—1975年又出现新的增长率峰值2.38%。

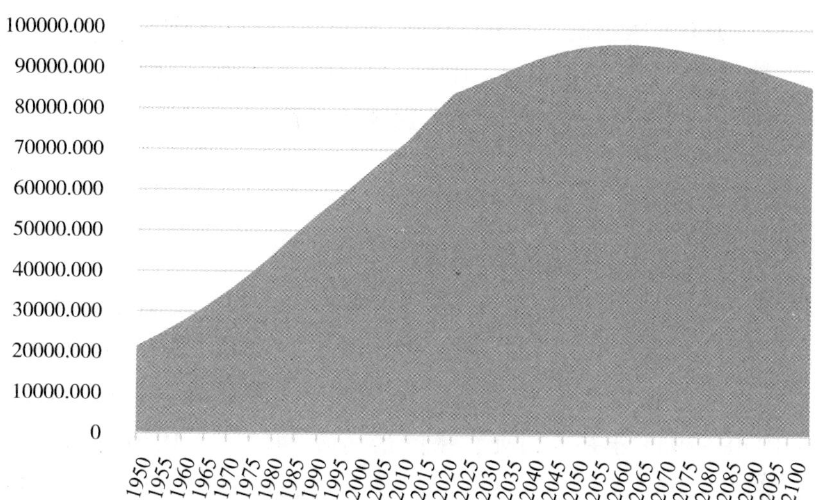

图Ⅰ-2-2　1950—2100 年土耳其人口变动及预测（单位：人）

资料来源：联合国人口司，https：//esa. un. org/unpd/wpp/Download/Standard/Population/。

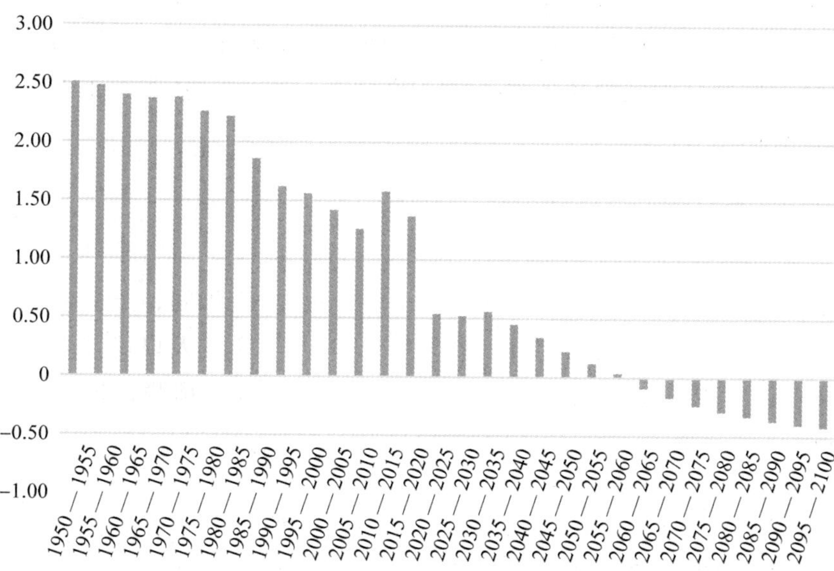

图Ⅰ-2-3　1950—2100 年土耳其人口年平均增长率（单位:%）

资料来源：联合国人口司，https：// esa. un. org/unpd/wpp/Download/Standard/Population/1。

1985—2010 年人口增长率不断下降，2010—2015 年出现一个增长率小高峰 1.58%。联合国人口司数据预测土耳其人口增长率于 2015 年之后一直趋于下降趋势，2060—2065 年将会出现负增长，2095—2100 年的增长率为 -0.42%。

二　人口自然变动情况

（一）人口自然变化趋势与特点

联合国人口司统计数据显示，1950—1955 年，土耳其人口出生率（每千人）达到峰值 49.3‰，随后人口出生率不断下降，至 2010—2015 年人口出生率达到最低值 17.3‰。从人口死亡率来看，整体呈连续下降趋势，1950—1955 年是人口死亡率的最高峰 24.1‰，1955 年之后便是不断下降，至 2010—2015 年，人口死亡率达到最低点 5.8‰。从人口自然增长率来看，整体呈连续下降趋势，1950—1960 年为 25.2‰，截至 2010—2015 年已下降至 11.5‰。

（二）生育水平变化趋势

由图 I-2-5 可见，1950—2015 年，土耳其的总和生育率的变化趋势总体上呈现出连续下降的趋势，1950—1955 年，总和生育率达到最高值 6.69 个，之后总和生育率便呈连续下降趋势，2010—2015 年生育率达到最低值 2.12 个。

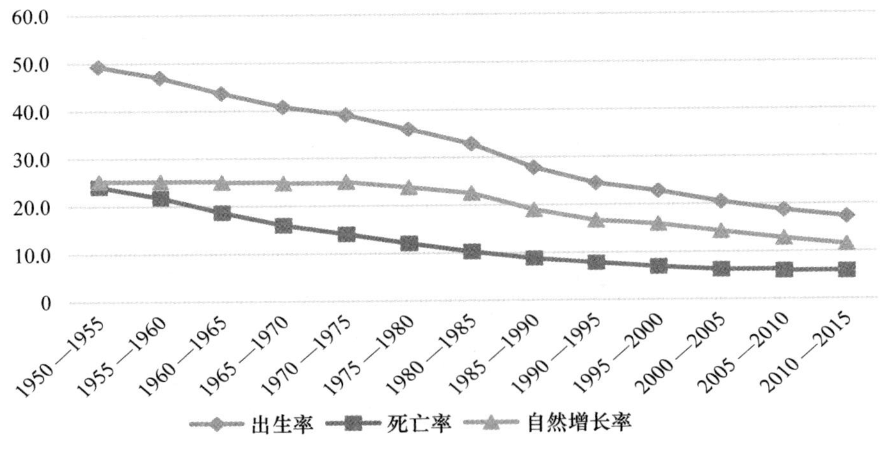

图 I-2-4　1950—2015 年土耳其人口自然变动情况（单位：‰）

资料来源：联合国人口司，https：//esa.un.org/unpd/wpp/Download/Standard/Population/。

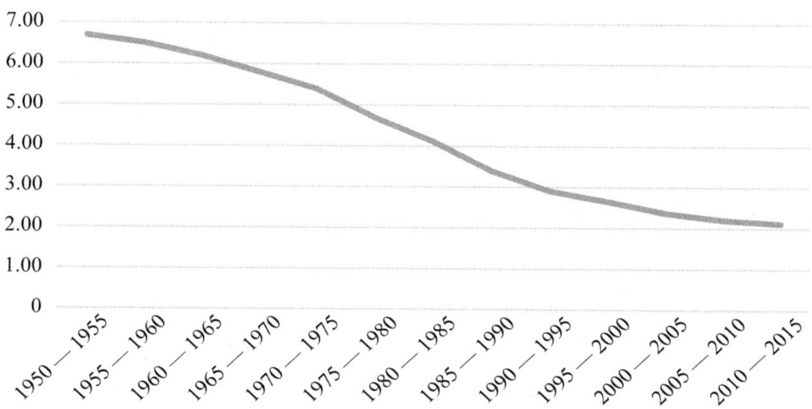

图Ⅰ-2-5 1950—2015年土耳其总和生育率变动（单位：个）

资料来源：联合国人口司，https：//esa. un. org/unpd/wpp/Download/Standard/Fertility/。

（三）预期寿命变化趋势

由图Ⅰ-2-6可见，土耳其的预期寿命呈连续上升趋势，其中女性人口预期寿命和男性人口预期寿命均呈上升趋势，且女性预期寿命高于男性预期寿命。1950—1955年的人口预期寿命最低，总人口预期寿命为41.01

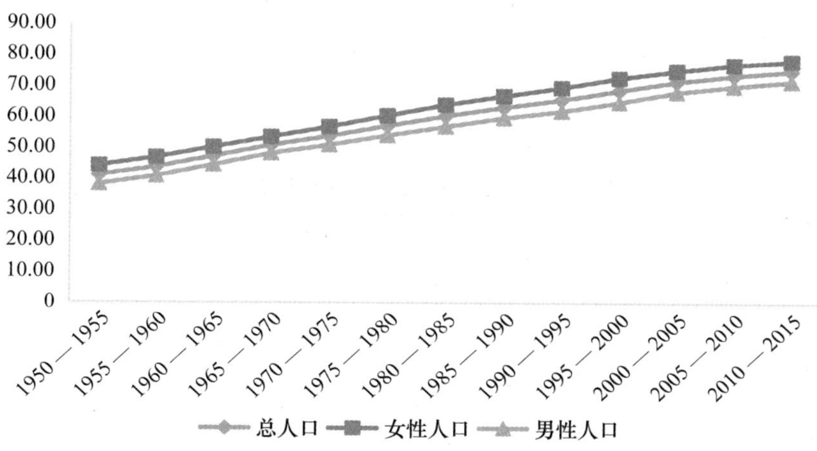

图Ⅰ-2-6 1950—2015年土耳其人口预期寿命变动（单位：岁）

资料来源：联合国人口司统计数据，https：//esa. un. org/unpd/wpp/Download/Standard/Mortality/。

岁，女性预期寿命为44.15岁，男性预期寿命为38.05岁。2010—2015年总人口预期寿命增长到74.83岁，其中女性预期寿命为78.12岁，男性预期寿命为71.53岁。

三 人口城乡分布情况

（一）城镇人口规模变化趋势

联合国人口司统计数据显示，土耳其2017年人口总数为8074.5万人，其中城市人口6027.1万人，约占总人口的74.64%；农村人口2047.4万人，占比约25.36%。

1990—2017年的土耳其城乡人口数据显示，土耳其的农村人口的变化趋势呈先升后降的特点，1990年农村人口为2199.9万人，至2000年农村人口增长至2229.8万人，共增长29.9万人。2000年之后，土耳其农村人口不断下降，至2017年，已降至2047.4万人。从城市人口数量变化来看，1990—2017年土耳其城市人口呈相对快速的连续增长趋势，1990年城市人口为3192.3万人，2017年城市人口上升至6027.1万人，共增长2834.8万人。由此可见，城市人口增长较为迅速，在总人口中的比重也从1990年的59.2%上升至2017年的74.6%，而乡村人口在总人口中的比重也由1990年的41.8%下降至2017年的26.4%。综上所述，土耳其的城市人口数量不断上升，在总人口中的比例不断增加，城市化水平不断提高。

表Ⅰ-2-1 1990—2017年土耳其城乡人口数量变动情况 （单位：千人）

年份	城市人口	农村人口
1990	31923	21999
1991	32891	21949
1992	33738	22011
1993	34590	22064
1994	35454	22110
1995	36333	22153
1996	37231	22193
1997	38143	22230

续表

年份	城市人口	农村人口
1998	39069	22261
1999	40003	22284
2000	40942	22298
2001	41943	22249
2002	42977	22166
2003	44014	22072
2004	45046	21962
2005	46066	21838
2006	47068	21695
2007	48059	21538
2008	49063	21378
2009	50110	21230
2010	51226	21101
2011	52416	20993
2012	53671	20899
2013	54969	20818
2014	56292	20739
2015	57617	20655
2016	58946	20567
2017	60271	20474

资料来源：联合国人口司统计数据，https：//esa. un. org/unpd/wpp/Download/Standard/Population/。

（二）人口城市化水平变化趋势

联合国人口司统计数据显示，土耳其城市化水平呈现出连续上升趋势，城市化水平不断提高。1990 年城市化水平为 59. 2%，2000 年城市化水平上升至 64. 7%，2017 年上升至 74. 6%。

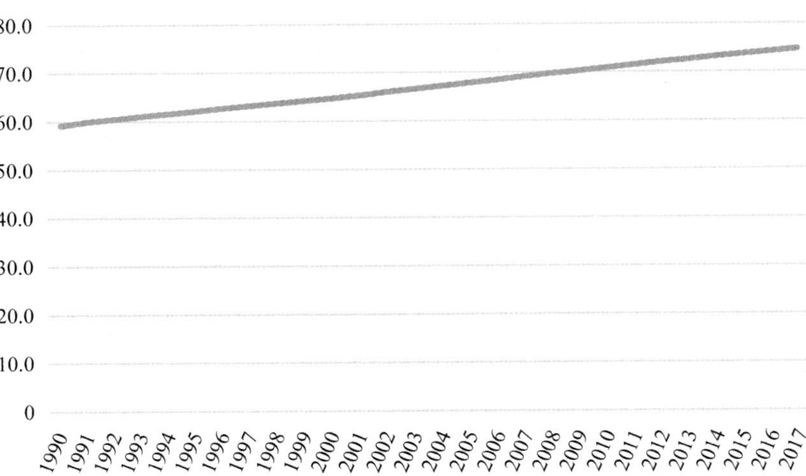

图Ⅰ-2-7　1990—2017 年土耳其人口城市化水平变动情况（单位:%）

资料来源：联合国人口司统计数据，https：//esa. un. org/unpd/wpp/Download/Standard/Population/。

四　人口空间分布情况

表Ⅰ-2-2 反映的是土耳其各地区的人口分布情况，总体上看，各地区的人口均呈现出上升趋势，但增长率较低。伊斯坦布尔是土耳其人口聚集的最重要城市，人口数量最多，2016 年人口数量为 14804116 人，2017 年人口数量为 15029231 人。土耳其的首都安卡拉人口数量位居第二，2016 年人口数量为 5346518 人，2017 年人口数量为 5445026 人。

表Ⅰ-2-2　　**1990—2017 年土耳其人口空间分布情况**　　（单位：人）

	2016	2017
Adana	2201670	2216475
Adıyaman	610484	615076
Afyonkarahisar	714523	715693
Ağrı	542255	536285
Amasya	326351	329888
Ankara	5346518	5445026
Antalya	2328555	2364396

续表

	2016	2017
Artvin	168068	166143
Aydın	1068260	1080839
Balıkesir	1196176	1204824
Bilecik	218297	221693
Bingöl	269560	273354
Bitlis	341225	341474
Bolu	299896	303184
Burdur	261401	264779
Bursa	2901396	2936803
Çanakkale	519793	530417
Çankırı	183880	186074
Çorum	527863	528422
Denizli	1005687	1018735
Diyarbakır	1673119	1699901
Edirne	401701	406855
Elazığ	578789	583671
Erzincan	226032	231511
Erzurum	762021	760476
Eskişehir	844842	860620
Gaziantep	1974244	2005515
Giresun	444467	437393
Gümüşhane	172034	170173
Hakkari	267813	275761
Hatay	1555165	1575226
Isparta	427324	433830
Mersin	1773852	1793931
İstanbul	14804116	15029231
İzmir	4223545	4279677
Kars	289786	287654
Kastamonu	376945	372373
Kayseri	1358980	1376722

续表

	2016	2017
Kırklareli	351684	356050
Kırşehir	229975	234529
Kocaeli	1830772	1883270
Konya	2161303	2180149
Kütahya	573642	572256
Malatya	781305	786676
Manisa	1396945	1413041
Kahramanmaraş	1112634	1127623
Mardin	796237	809719
Muğ la	923773	938751
Muş	406501	404544
Nevşehir	290895	292365
Niğ de	351468	352727
Ordu	750588	742341
Rize	331048	331041
Sakarya	976948	990214
Samsun	1295927	1312990
Siirt	322664	324394
Sinop	205478	207427
Sivas	621224	621301
Tekirdağ	972875	1005463
Tokat	602662	602086
Trabzon	779379	786326
Tunceli	82193	82498
Şanlıurfa	1940627	1985753
Uşak	358736	364971
Van	1100190	1106891
Yozgat	421041	418650
Zonguldak	597524	596892
Aksaray	396673	402404
Bayburt	90154	80417

续表

	2016	2017
Karaman	245610	246672
Kırıkkale	277984	278749
Batman	576899	585252
Şırnak	483788	503236
Bartın	192389	193577
Ardahan	98335	97096
Iğdır	192785	194775
Yalova	241665	251203
Karabük	242347	244453
Kilis	130825	136319
Osmaniye	522175	527724
Düzce	370371	377610
总人数	79814871	80810525

资料来源：土耳其国家统计局，https：//www. tuik. gov. tr/en/。

第二节　人口结构变化

一　人口年龄构成及变化情况

（一）人口年龄构成

从联合国人口司的统计数据来看，截至 2017 年，土耳其 0—14 岁人口数量为 2015. 17 万人，15—64 岁的劳动年龄人口数量为 5401. 05 万人，65 岁及以上的老年人口为 658. 27 万人。

1990 年以来土耳其 0—14 岁人口的变动趋势较为平缓，总体上呈现出上升态势，1990 年 0—14 岁的人口数量为 1930. 04 万人，1990—2009 年 0—14 岁的人口数量基本上保持平稳，2010 年之后出现了小幅度上升的情况，2017 年 0—14 岁的人口数量增至 2015. 17 万人。

1990 年以来土耳其 15—64 岁人口的变动趋势呈现出直线上升的特点，1990 年 15—64 岁的人口数量为 3213. 75 万人，1990—2017 年 15—64 岁的人口数量不断上升，2017 年后劳动年龄人口达到 5401. 05 万人。

1990 年以来土耳其 65 岁及以上人口的变动趋势同样呈现出直线上升

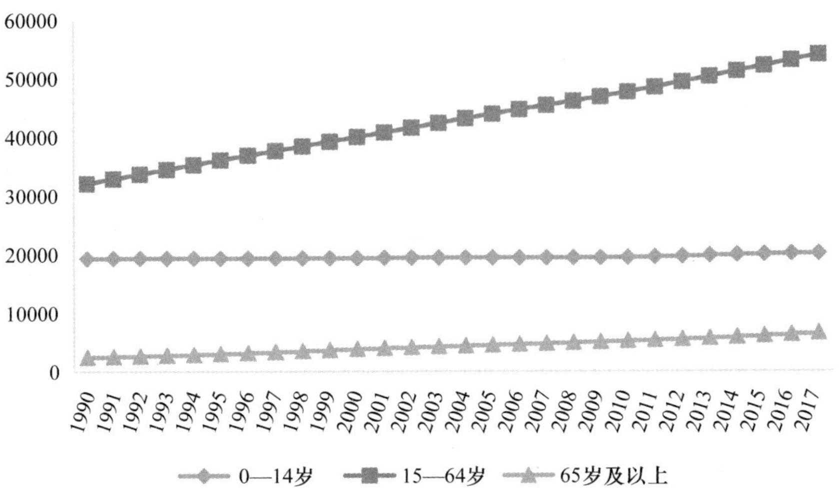

图Ⅰ-2-8　1990—2017 年土耳其不同年龄段人口数量（单位：千人）

资料来源：联合国人口司，https：//esa. un. org/unpd/wpp/Download/Standard/Population/。

的特征，1990 年 65 岁及以上老年人口的数量为 248. 38 万人，2017 年后 65 岁及以上老年人口达到 658. 27 万人。

（二）抚（扶）养比

从联合国人口司的统计数据来看，土耳其少儿抚养比的变化趋势呈现出先上升后快速下降的特点，1950—1965 年，少儿抚养比不断上升，由 1950 年的 68. 5% 上升至 1965 年的 79. 0%；1965—2015 年，土耳其少儿抚养比出现快速下降的趋势，2015 年少儿抚养比降至 38. 4%。

土耳其老年负担系数的变化趋势整体上呈现出波动式上升的趋势。1950—1980 年，老年负担系数不断上升，1980 年达到峰值 8. 5%，1980 年以后出现小幅度下降，1985 年降至 7. 7%，1990 年之后不断上升，2015 年上升至最高值 11. 7%。

土耳其总抚（扶）养系数的变化呈现出先升后降的趋势，1950—1965 年，总抚（扶）养系数不断上升，由 1950 年的 73. 7% 上升至 1970 年的 85. 9%，1970—2015 年，土耳其总抚（扶）养系数快速下降，2015 年少儿抚养比降至 50. 1%。

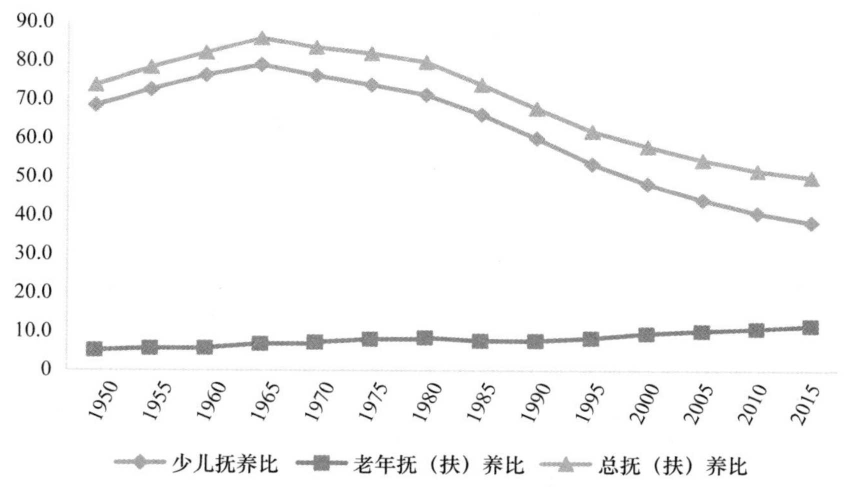

图Ⅰ-2-9　1950—2015年土耳其抚养比（单位:%）

资料来源：联合国人口司，https：//esa. un. org/unpd/wpp/Download/Standard/Population/。

二　人口文化程度构成情况

（一）初等教育入学率

从联合国教科文组织数据统计的情况来看，1971—2014年土耳其初等教育入学率情况如下：1971—1997年呈下降趋势，1997—1999年急速上升，1999—2015年整体上呈现缓慢上升趋势。1997年是初等教育入学率的最低值，出现急速下降，入学率低至82.86%，之后又是急速上升。从性别上看，2008年之前，男性入学率明显高于女性入学率，2008年之后，两性入学率越加接近，差异越来越小。

（二）中等教育入学率

从联合国教科文组织数据统计的情况来看，1971—2007年土耳其中等教育总入学率、女性入学率和男性入学率总体上均呈现出波动式上升趋势，分别于1997年和2004年出现小幅度回落。2003年，土耳其中等教育总入学率、女性入学率和男性入学率达到峰值后，出现波动式下降，2013年之后又出现较大幅度的上升。2015年，土耳其中等教育总入学率、女性入学率和男性入学率分别达到最高值101.66%、104.39%和103.05%。从性别上看，2007年之前，男性的中等教育入学率明显高于女性入学率；2007年之后，两性之间在中等入学率上的差异越来越小。

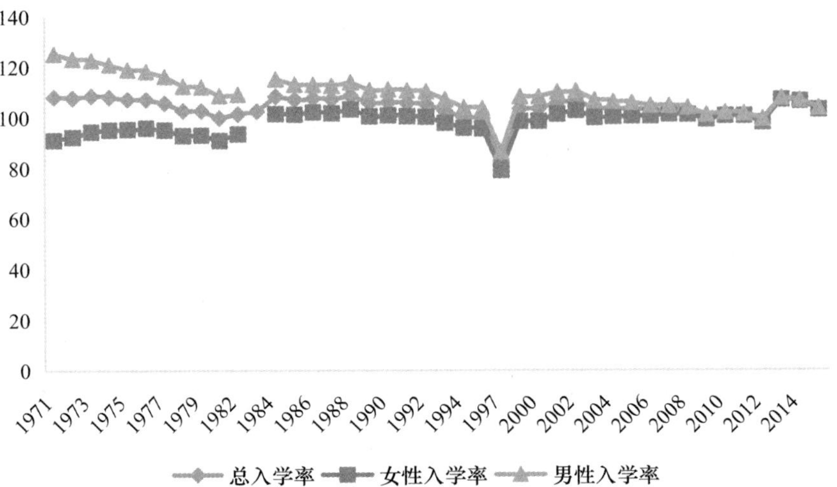

图Ⅰ-2-10 1990—2015 年土耳其初等教育入学率（单位:%）

说明：总入学率可能超过 100%，因为包含了较早或较晚入学，以及复读的超龄学生。

资料来源：联合国教科文组织，http：//www. unesco. org。

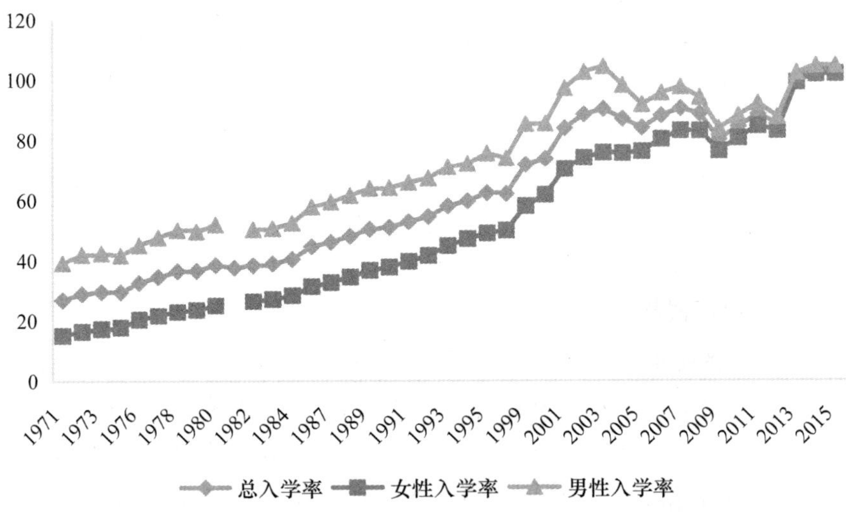

图Ⅰ-2-11 1971—2011 年土耳其中等教育入学率（单位:%）

资料来源：联合国教科文组织，http：//www. unesco. org。

（三）高等教育入学率

从联合国教科文组织数据统计的情况来看，1971—2015 年土耳其高等教育总入学率、女性入学率和男性入学率总体上均呈现出快速波动式上升趋势。1971 年土耳其高等教育总入学率、女性入学率和男性入学率分别为 5.13%、1.91% 和 8.45%。截至 2015 年，土耳其高等教育总入学率、女性入学率和男性入学率分别上升至为 95.43%、88.89%、101.80%。从性别上看，男性的高等教育入学率高于女性入学率。

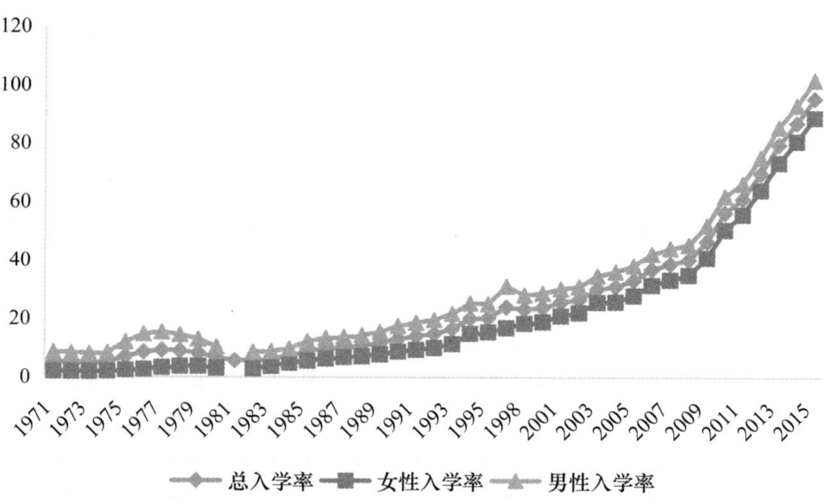

图 I-2-12　1971—2016 年土耳其高等教育入学率（单位:%）

资料来源：联合国教科文组织，http：//www. unesco. org。

三　国际移民构成情况

（一）净移民率

土耳其不是一个传统上的移民输入国，而是典型的移民输出国或移民过境国，土耳其主要向欧洲国家进行劳动力移民输出，因此联合国人口司的国际移民数据显示，1950—2010 年，土耳其的净移民率为负，即在这段时间，土耳其是移民输出国，2010—2015 年净移民率发生较大变化，呈正向发展。1975—1980 年，土耳其的净移民率最低，值为 -1.2‰，即这段时间的移民输出比例最高。但 2010—2015 年土耳其的净移民率变成了正值，达到最高峰值 4.3‰，这也意味着在这段时间有移民输入土耳其，主要原因是2010年底中东地区发生了大规模政治动荡，尤其是2011年初叙利亚发生危机以来，大量叙利亚难民逃往欧洲避难受阻而滞留在土耳其境内，这批难民数量高达近400万。

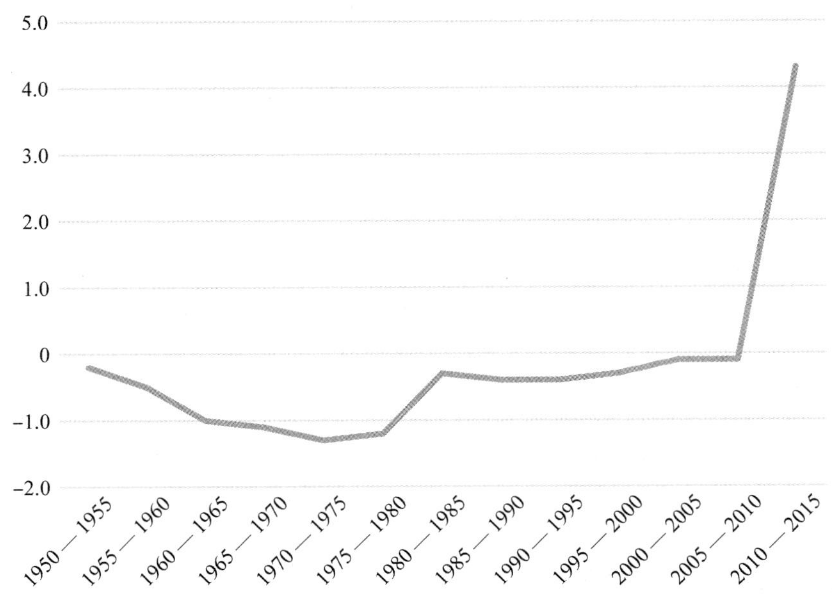

图 I-2-13 1950—2015 土耳其人口净迁移率（单位:‰）

资料来源：联合国人口司统计数据，https：//population. un. org/wpp/Download/Standard/Migration/。

（二）净移民数量

1950—2010年，土耳其的净移民率一直为负数，这说明土耳其是移民输出国家。1950—1955年，土耳其的净移民数量为-1.9万人，1975—1980年，土耳其的净移民数量达到-26万人，即输出移民26万人。1980—2010年，土耳其的移民输出数量不断下降。2010—2015年，土耳其的净移民数量变为正值，移民数量为162.7万人。可以预计的是，随着欧洲将接纳难民的大门关小，在中东地区政治动荡尚未停息的情况下，土耳其作为中东地区主要的移民过境国，其接纳难民的压力不会减小，部分滞留其境内的难民最终会选择长期定居下来，从而在一定程度上改变其人口结构比例。

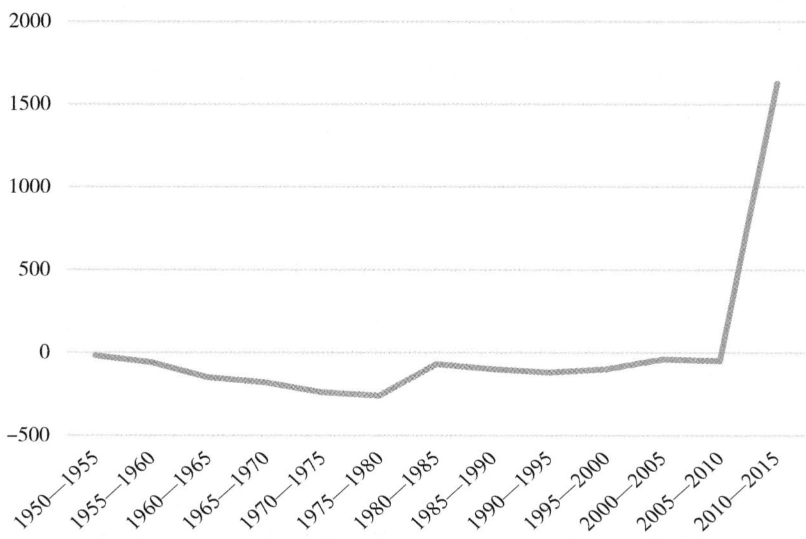

图Ⅰ-2-14　1950—2015 年土耳其人口净迁移数量（单位：千人）

资料来源：联合国人口司统计数据，2018 年，https：//population. un. org/wpp/Download/Standard/Migration/。

第三节　人口就业状况

一　就业人口规模及变化情况

（一）15 岁以上就业人口比率

世界银行的就业数据显示，1991—2017 年，土耳其 15 岁以上总就业人口比率、15 岁以上男性就业人口比率和 15 岁以上女性就业人口比率均呈现出波动式连续下降趋势。1991 年，土耳其 15 岁以上就业人口比率处于最高值，15 岁以上总就业人口比率为 51.81%，15 岁以上男性就业人口比率为 73.11%，15 岁以上女性就业人口比率为 31.57%。2004—2009 年，15 岁以上总就业人口比率、15 岁以上男性就业人口比率和 15 岁以上女性就业人口比率均处于最低值。2010 年之后有所回升。总体上说，1991—2017 年，土耳其 15 岁以上总就业人口比率保持在 40%—52%之间，15 岁以上男性就业人口比率徘徊在 60%—74%之间，15 岁以上女性就业人口比率则保持在 20%—32%之间。从性别上看，男性 15 岁以上就业人口比率明显高于 15 岁以上女性就业人口比率，也比 15 岁以上总就业人口比率高出许多，土耳其就业人口的性别差异非常大。

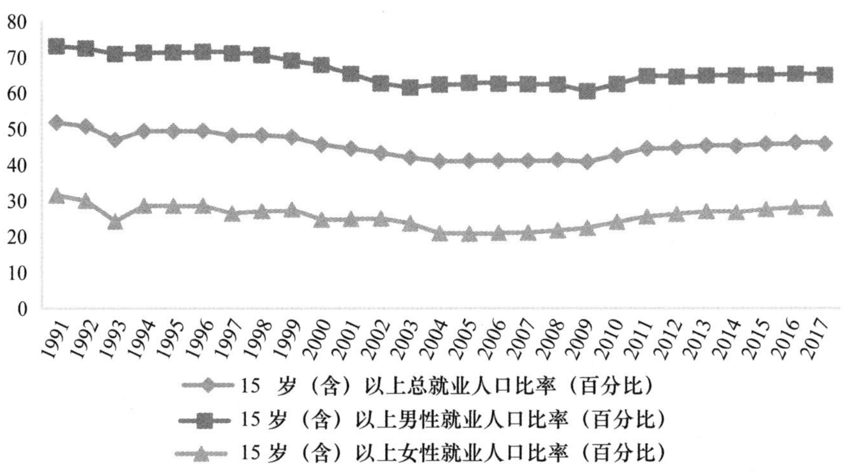

图 I－2－15　1991—2017 年土耳其 15 岁以上就业人口比率（单位:%）

资料来源：世界银行，https：//data. worldbank. org。

（二）失业率

从世界银行提供的失业数据来看，1990—2017 年，土耳其的失业率波动较大。2000 年，土耳其的失业率最低，失业率为 6. 49%。2009 年，土耳其的失业率达到最高峰，失业率为 12. 55%。2009—2013 年土耳其失业率有所下降，2013 年之后失业率又出现回升趋势。

男性失业人数占男性劳动力比例与总失业率的波动趋势类似。2000 年，土耳其男性失业人数占男性劳动力的比例最低，失业率为 6. 63%。2009 年，土耳其男性失业人数占男性劳动力比例达到最高峰，失业率为 12. 59%。2009—2013 年土耳其失业率有所下降，2013 年之后失业率又出现回升趋势。

1990—2017 年，土耳其的女性失业率波动很大。1996 年，土耳其女性失业人数占女性劳动力的比例最低，失业率为 5. 81%。2009 年，土耳其的女性失业率达到一个峰值，失业率为 12. 44%。2009—2012 年土耳其失业率有所下降，2012 年之后失业率又出现回升趋势，2017 年土耳其的女性失业率达到最高值 14. 40%。

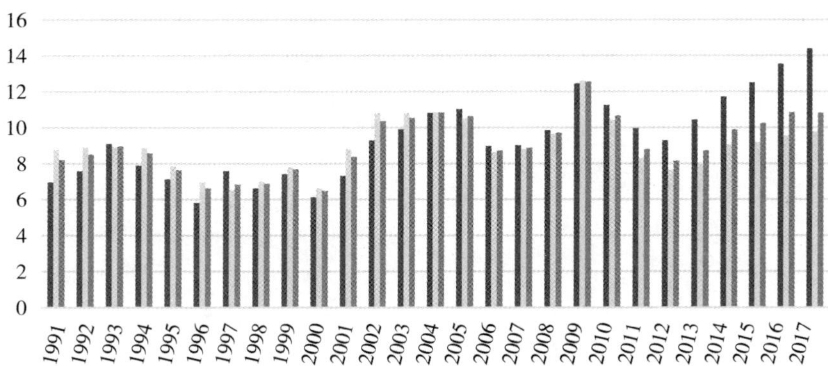

图 I－2－16　1990—2016 年土耳其失业率（单位:%）

资料来源：世界银行，https：//data. worldbank. org。

二　就业人口的主要行业及变化特点

从世界银行提供的就业数据来看，1991—2017 年，土耳其的服务业就业人员占就业总人数的比例呈现出平缓波动式上升状态。1991 年土耳其服务业就业人员所占比例处于最低值 32. 04%，1991 年之后土耳其的服务业就业人员所占比例不断攀升，截至 2017 年达到最高峰值 53. 84%。

1991—2017 年，土耳其的农业就业人员占就业总人数的比例呈现出快速波动式下降趋势。1991 年土耳其农业就业人员所占比例处于最高值 47. 80%，1991 年之后土耳其的农业就业人员所占比例不断下降，截至 2017 年达到最低值 19. 39%。

1991—2017 年，土耳其的工业就业人员占就业总人数的比较平稳，总体呈上升趋势。1991 年土耳其工业就业人员所占比例处于最低值 20. 15%，1991 年之后土耳其的工业就业人员所占比例有所上升，2014 年达到最高值 27. 86%，2014 年之后比例呈现下降趋势，截至 2017 年比例为 26. 77%。

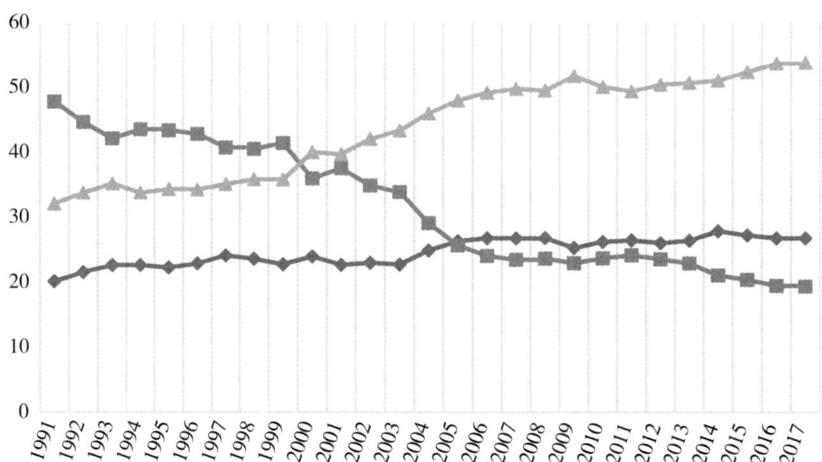

图Ⅰ-2-17　1991—2017年土耳其主要行业就业人员占就业总数比例（单位：%）

资料来源：世界银行，https：//data. worldbank. org

第四节　首都人口情况

一　人口数量变化

首都安卡拉（Ankara）位于小亚细亚半岛上安纳托利亚高原的西北部，是土耳其第二大城市以及仅次于伊斯坦布尔的全国第二大工业中心，也是安卡拉省的省会。现代土耳其共和国成立以前，安卡拉不过是个小城，而到2009年已发展为约有500万人口的现代化都市，人口规模仅次于全国第一大经济中心伊斯坦布尔。

作为土耳其的首都，2000—2017年间安卡拉的人口数量呈现出直线式快速上升的特点。2000年安卡拉的人口数量为3889199人，2000年以后，安卡拉人口数量不断上升，2017年人口数量已经上升至5445026人。

二　人口增长率变化

安卡拉的人口增长率呈波动式变化趋势。2007—2008年，安卡拉的人口增长率是18.2‰，2009—2010年达到人口增长率的峰值

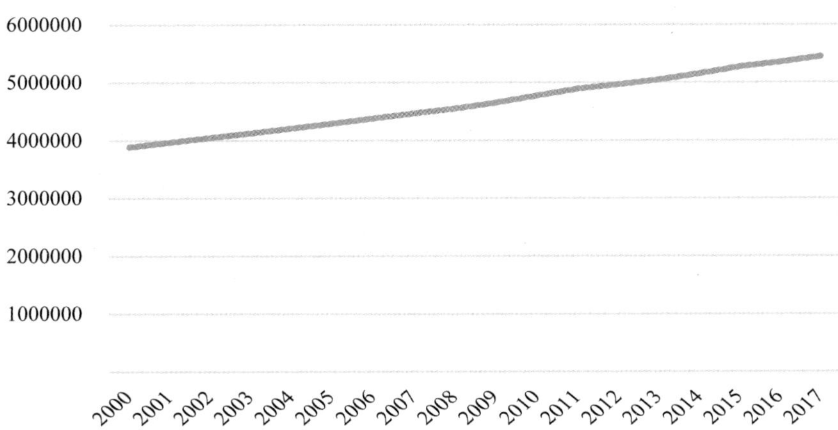

图 I-2-18　2000—2017 年安卡拉人口数量变化（单位：人）

资料来源：土耳其国家统计局，https：//www. tuik. gov. tr/en/。

25. 7‰，2011—2012 年人口增长率跌至 15. 1‰，之后开始缓慢上升，2014—2015 年上升至 23. 1‰，2015—2016 年人口增长率跌至最低点 14. 3‰。

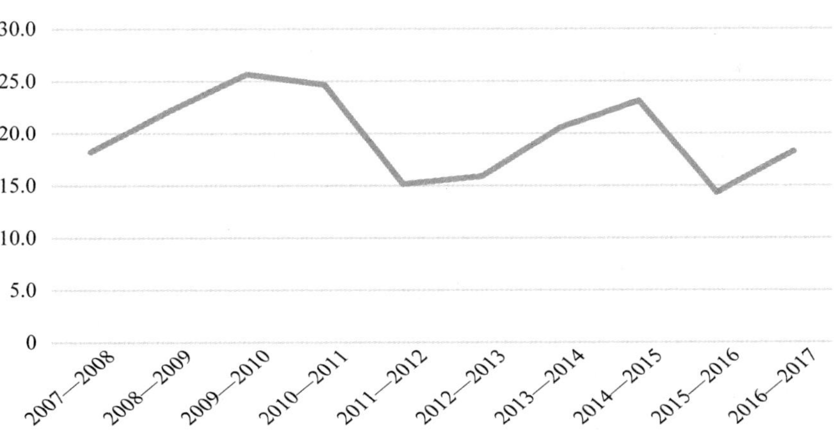

图 I-2-19　2000—2017 年安卡拉人口增长率变化（单位:‰）

资料来源：土耳其国家统计局，https：//www. tuik. gov. tr/en/。

三　人口密度变化

随着 2000 年以后安卡拉人口数量的快速增长，安卡拉的人口密度也呈现出直线上升的特点，2007 年的人口密度是 182 人/平方千米，之后人口密度不断上升，2017 年上升至 222 人/平方千米。

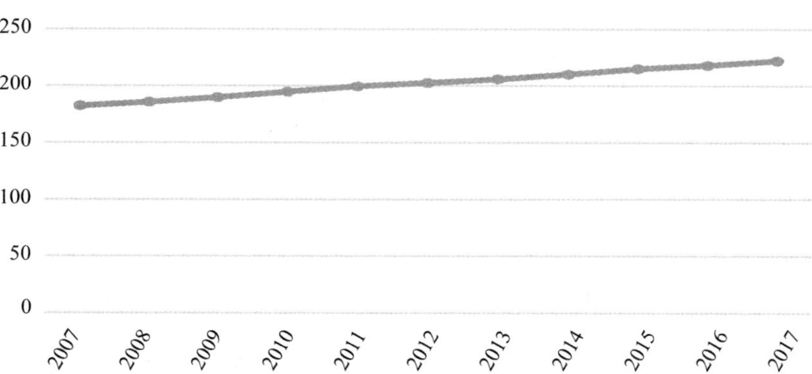

图 I－2－20　2007—2017 年安卡拉人口密度变化（单位：人/平方千米）

资料来源：土耳其国家统计局，https：//www. tuik. gov. tr/en/。

四　人口数量预测

土耳其国家统计局对安卡拉的未来人口进行了预测，数据显示，2017 年之后人口数量不断上升，2017 年安卡拉的人口数量为 5445026 人，预测至 2025 年人口数量将上升到 6263201 人。

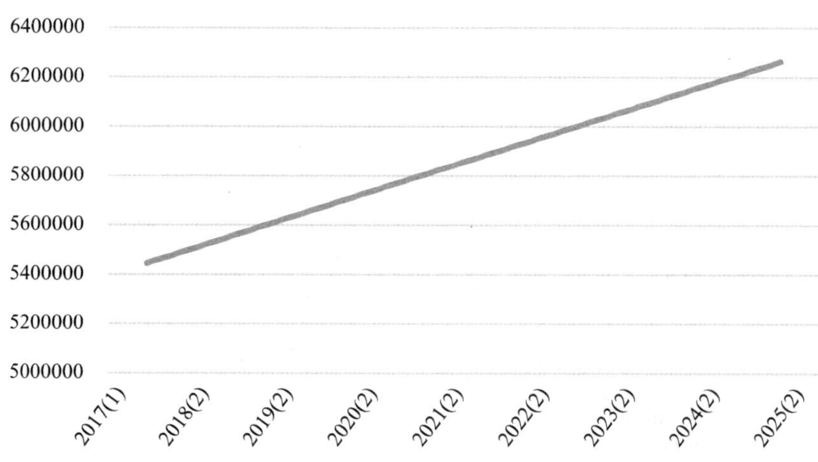

图 I－2－21　2007—2017 年安卡拉人口数量预测变化（单位：人）

资料来源：土耳其国家统计局，https：//www. tuik. gov. tr/en/。

第三章　资源禀赋研究

土耳其的资源禀赋特点是能源与水资源匮乏、矿产资源丰富。能源资源的匮乏以石油、天然气等化石燃料为最，其75%的能源消耗依赖进口，是全球重要的能源消费市场。为实现“独立的能源，强大的土耳其”的梦想，土耳其制定了一系列能源战略。首先是在2011年提出了“2023百年愿景”，计划到2023年可再生资源满足国内30%的电力需求[①]，随后土耳其又先后发布了第十个国家发展规划（2014—2018）、土耳其能源和自然资源部战略规划（2015—2019）等多项涉及本国能源发展的计划。[②] 土耳其水资源也很短缺，人均拥水量只有1430立方米，60%的国土适于农业耕种，而实际开垦的耕地只占国土的20%。[③] 土耳其矿产资源丰富，境内蕴藏多种金属、稀有金属和非金属矿脉，如铁、铜、铝、镁、铬、金、银、铅、汞、硼、石墨、煤、硫、金刚砂、天然碱、大理石、海泡石等，其中硼储量占全球73%，天然石和大理石储量占世界40%，品种数量均居世界第一，铬矿储量1亿吨，居世界前列。

第一节　能源资源

一　能源资源基本情况

土耳其能源供给严重依赖海外，能源消费总量的75%依赖进口，2015

---

① H. Salvarli & MS. Salvarli, “Trends on energy policy and sustainable development in Turkey”, *Energy Sources Part B-Economics Planning and Policy*, Vol. 12, Issue 6, 2017, pp. 512 - 518.

② 张奇：《土耳其离“世界能源贸易中心”有多远?》，《环球杂志》，http://www.xinhuanet.com/globe/2017-09/14/c_136587964.htm.

③ 中华人民共和国驻土耳其共和国大使馆经济商务处：《土耳其概况》，http://tr.mofcom.gov.cn/article/ddgk/zwdili/201004/20100406850659.shtml.

年该国89%的石油消费及98%的天然气消费需要进口。近10年来，土耳其平均每年进口的能源支出高达550亿美元，能源支出占其贸易赤字总额的三分之二以上①。21世纪初，由于人口增长和国家经济的快速发展，土耳其的能源消耗与日俱增，天然气和电力需求增长速度在全球范围内仅次于中国。2017年土耳其能源需求创历年最高，达到295TWH，2010—2017年能源需求年增长率为4.34%（见图Ⅰ-3-1）。土耳其国内的能源资源与生产量已无法满足其能源需求的增长量，能源生产和能源消耗之间的差距在加大。

土耳其是世界发展中经济体的重要能源消费国之一。2015年土耳其的一次能源供应总量（TPES）为1.297亿吨石油当量（Mtoe），比2005年的84.2 Mtoe增加了54%。土耳其以煤炭、石油、天然气作为主要能源，土耳其在很大程度上依赖于石油、天然气和煤等化石燃料，这些资源在能源消耗中的份额约为57%。土耳其国产能源的51%为化石能源，其中42%为煤炭、8%为石油、1%为天然气。国产能源的49%为可再生能源，其中生物质为10%、水电为18%、地热为15%、太阳光为3%、风电为3%②。

土耳其最重要的国内化石能源是煤炭。土耳其是继中国之后世界上最大的褐煤生产国，约占其能源需求的24%。其生产的煤炭通常用于发电、水泥和钢铁工业，主要来自西南和东南部的阿夫辛-埃尔比斯坦盆地，其经济可用量为7.339亿吨。土耳其政府计划将煤炭供应量从1999年的20.1 Mtoe增加到2020年的118.4 Mtoe③。

尽管土耳其国内生产化石能源，但产量与需求量相去甚远，石油和天然气产量非常有限，对进口的依赖性非常高。为此，土耳其政府积极发展风能、太阳能、地热能和生物质能等可再生能源，以满足国内快速增长的能源需求。在这种情况下，如何有效利用其资源变得越来越重要，综合权衡之下，土耳其政府决定将可再生能源作为土耳其清洁和可持续能源最有效的解决方案之一。土耳其56%的电力生产原料来源于进口。2015年，土

① 中华人民共和国驻土耳其共和国大使馆经济商务处：《土耳其概况》，http://tr.mofcom.gov.cn/article/ddgk/zwdili/201004/20100406850659.shtml.

② 张奇：《土耳其离“世界能源贸易中心”有多远?》，《环球杂志》，http://www.xinhuanet.com/globe/2017-09/14/c_136587964.htm.

③ O. Yüksek, M. I. Komürcu, I. Yüksel, K. Kaygusuz, "The role of hydropower in meeting Turkey's electric energy demand", *Energy Policy*, Vol. 34, Issue 17, November 2006, pp. 3093-3103.

耳其花费了大约600亿美元来满足能源需求，且能源成本不断增加。目前，土耳其拥有丰富多样的可再生能源。在电力生产方面，土耳其也在积极利用可再生能源发电。土耳其的电力需求在过去15年中显著增加，根据能源和自然资源部的统计，2018年这一需求已达到约304.2 TWh，同比增长2.2%，预计到2023年将达到375.8 TWh[①]。从表Ⅰ-3-1和表Ⅰ-3-2，可以看出，土耳其主要利用石油、天然气、煤炭这三种化石燃料发电，2002年三种能源发电量占总发电量的92%，2017年，三种能源发电量占总发电量的89%，2002—2017年，可再生能源发电量占比实现了从0到10%的飞速增长，国内煤炭发电的比例有了明显下降，从22%下降到15%，进口煤炭发电的比例有了较大提高，从3%上升到17%。

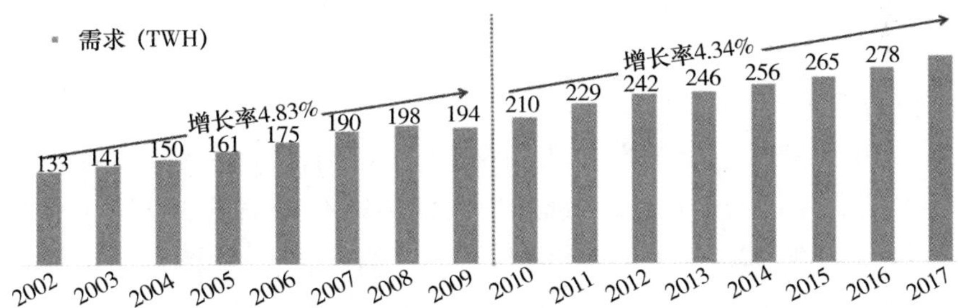

图Ⅰ-3-1　2002—2017年土耳其能源需求增长

资料来源：EPIAS Electricity Market Report，2018。

表Ⅰ-3-1　**2002年土耳其各类能源发电情况**

资源类型	装机容量（兆瓦）	比例（%）	发电（TWh）	发电占比（%）
天然气	9702	31	52.5	41
石油	12241	38	33.5	26
国内煤炭	6959	22	28.0	22
进口煤炭	480	1	4.1	3
可再生能源	34	0	2.0	0
其他	2761	8	10.9	8
总计	31846	100	129.4	100

资料来源：EPIAS Electricity Market Report，2018。

① 土耳其能源和自然资源部：《电力》，https：//enerji.gov.tr/bilgi-merkezi-enerji-elektrik。

表Ⅰ-3-2　　　　2017 年土耳其各类能源发电情况

资源类型	装机容量（兆瓦）	比例（%）	发电（TWh）	发电占比（%）
天然气	26638	31	108.1	37
石油	27273	32	58.3	20
国内煤炭	9872	11	44.0	15
进口煤炭	8794	10	51.1	17
可再生能源	11000	13	26.5	10
其他	1623	3	7.5	1
总计	85200	100	295.5	100

资料来源：EPIAS Electricity Market Report，2018。

二　石油、天然气、煤炭

（一）石油

2017 年世界探明石油储量为 1696.6 十亿桶，其中中东石油储量为 807.7 十亿桶（47.6%），南美洲和中美洲国家石油储量为 330.1 十亿桶（19.5%），北美 226.1 十亿桶（13.3%）。2017 年，世界石油产量达到 9740 万桶/日。2017 年，原油占世界能源需求的 33.7%。

世界上约 70% 的石油和天然气储量位于土耳其周边国家。土耳其与世界“能源中心”里海以及中亚、中东等地区相邻，与能源消费市场相邻，具有重要的地缘政治地位，许多重要工程和能源项目落地土耳其。2017 年，土耳其除原油进口量 2580 万吨外，还进口了 1680 万吨石油产品，出口 1010 万吨石油产品。每天，石油和天然气从黑海和地中海海域输入土耳其。近几年土耳其发展海上钻井技术，特别在近海区域，大部分在水深 1000—2000 米处发掘油气资源。

（二）天然气

中东地区的天然气储量为 791000 亿立方米，占世界探明的天然气总储量的 40.9%，欧洲和欧亚国家天然气储量为 622000 亿立方米（32.1%），非洲和亚太国家为 331000 亿立方米（17.1%）。2017 年，土耳其天然气消费量为 535 亿立方米。考虑土耳其的天然气供需平衡，在需求达到顶峰的冬季，土耳其正在努力消除能源供应国或管道经过的国家中断可能造成的定期供需失衡。北马尔马拉海拥有 28.4 十亿 Sm^3 的天然气总存储容量，德吉尔门科尼（Değirmenköy）拥有 4.6 十亿 Sm^3，天然气产量可以达到 7500 万 Sm^3/天，且日产量有望提升。另外，TuzGölü 天然气地下储存项目的第一阶段已经完成，到 2023 年，该地下仓库的总气体容量预计将增加到 54 亿 Sm^3，备用容量将达到 8000 万 Sm^3/天。为了使供应来源和路线多样化，浮动液化天然气储存和再循环厂（FSRU）在阿拉加/伊兹密尔（Aliağa/İzmir）和多尔蒂奥尔/哈泰（Dörtyol/Hatay）投入使用。萨罗斯（Saros）浮动液化天然气储存和气化装置（FSRU）的输电网络连接系统继续运行。此外，未来土耳其将重点考虑国内石油和天然气勘探和生产活动，确保土耳其在中长期内成为天然气贸易中心。

（三）煤炭

根据世界能源委员会公布的 80 个国家煤炭储量排名，美国煤炭储量全球第一，约为 2509 亿吨。其次是俄罗斯为 1604 亿吨，澳大利亚为 1448 亿吨。其他煤炭资源丰富的国家：中国（1388 亿吨），印度（977 亿吨），德国（361 亿吨），乌克兰（344 亿吨），波兰（258 亿吨），哈萨克斯坦（256 亿吨）和印度尼西亚（226 亿吨）。世界上 90% 以上的煤炭分布在这九个国家内。根据世界能源委员会的研究，经过验证的运营煤炭储量总计 892 亿吨，储备量为 4030 亿吨无烟煤和烟煤，2870 亿吨低烟煤和 201 亿吨褐煤类①。

土耳其近年来开展了多项煤炭勘探活动，使得国内褐煤储量记录数据显著增加。但是，根据国际标准对储量进行分类，确定了土耳其经济上可用储备，就储量和产量而言，土耳其褐煤质量处于中等水平和硬煤质量处于低水平。土耳其褐煤/次烟煤总储量约占世界的 3.2%，然而，由于大部分褐煤的热值很低，它在火力发电厂中的使用效率也较低。土耳其约有 46% 的褐煤储量位于阿夫辛 - 伊尔比斯坦盆地。土耳其最重要的硬煤储量位于宗古尔达克及其附近。宗古尔达克盆地的硬煤储量总量为 13 亿吨，而表观储量为 5.06 亿吨。截至 2016 年底，煤炭在土耳其一次能源消费总量中的份额为 1.362 亿吨当量油（MTEP），占一次能源消费总量的 28%。截至 2018 年上半年，燃煤电厂的装机容量为 18.666 兆瓦，相当于总装机

① 土耳其能源和自然资源部：《自然资源 · 煤炭》https://enerji.gov.tr/bilgi-merkezi-tabii-kaynaklar-komur。

容量的21.4%。基于国内煤炭的装机容量为10.570兆瓦（12.1%），基于进口煤炭的装机容量为8.794兆瓦（10.1%）。自2005年以来，在重视国内生产能源资源和减少对国外能源资源的依赖的目标框架内，新的和已发现的煤田开发已经提速。2018年，煤电厂共发电113.25亿千瓦时，占发电总量的比例为37.16%。土耳其的煤炭储量增加了超过90亿吨的储备。土耳其的褐煤储量在2005年达到83亿吨，现已达到173亿吨。

三　可再生能源

由于土耳其国内资源非常有限，可再生能源成为土耳其提高本国能源供给的重点之一。2009年到2014年，该国可再生能源的装机容量从15.5吉瓦增至2014年的28吉瓦，增长了约81%。未来，土耳其将继续大力支持可再生能源的发展。以风电为例，到2023年，该国风力发电总装机容量预计将达到2万兆瓦，是2015年的5.3倍①。

此外，土耳其多年来在可再生能源发电量情况如表I-3-3所示，可以看到，水电的发电量是最高的，水力发电是土耳其的主要可再生能源，2014年水力发电量达到23643兆瓦，占到可再生能源装机总容量的84.54%。土耳其有591座水力发电厂，其总装机容量约为26503兆瓦，发电量约为70吉瓦时。此外，安纳托利亚西部地下的地热能；安纳托利亚西部，东部和中部可获得的风能和太阳能；以及安纳托利亚各地丰富的钍和铀矿石；黑海积聚的氢潜能是土耳其其他潜在的可再生能源。目前，土耳其可再生能源研究的主要领域是水电，太阳热能，风能，地热能，光伏能源以及氢能，燃料电池等。

土耳其可再生能源的使用率在过去25年中增加了约400%。在IEA成员国中，土耳其可再生能源发电占比排在第13位（中位数）。尽管太阳能具有良好的太阳能潜力，但迄今为止土耳其的太阳能总装机容量很小，但发电量正在增长②。

---

① Kok B., Benli H., "Energy diversity and nuclear energy for sustainable development in Turkey", *Renewable Energy*, Vol. 111, October 2017, pp. 870-877.

② Kok B., Benli H., "Energy diversity and nuclear energy for sustainable development in Turkey", *Renewable Energy*, Vol. 111, October 2017, pp. 870-877.

表 I-3-3 2000—2014 年土耳其可再生电力发电量 (兆瓦，MW)

技术	2000	2005	2007	2008	2009	2010	2011	2012	2013	2014
水电	11175	12906	13395	13829	14553	15831	17137	19609	22289	23643
小水电 1 兆瓦	16	15	15	16	17	17	17	18	19	19
风（陆上）	19	21	146	364	792	1320	1729	2261	2760	3630
地热	18	15	23	30	77	94	114	162	311	405
沼气	4	9	16	33	55	71	89	132	162	204
工业废料	19	27	27	27	27	27	27	27	27	27
固体/液体生物燃料	72	72	72	69	47	47	10	10	10	17
太阳能光伏	0	0	0	0	0	0	0	0	0	40
总容量	11307	13050	13679	14352	15551	17390	19106	22201	25559	27966
太阳能集热器表面（1000m^2）	7700	1100	12000	12000	12250	12350	18000	18000	18000	19490
太阳能集热器容量（WWth）	5390	7700	8400	8400	8575	8645	12600	12600	12600	12600

资料来源：IEA（2015a），《2015 年可再生能源信息》，www. iea. org/statistics/。

土耳其适合发电的地热能潜力估计接近 4500 兆瓦。在土耳其，地热能发电的工作始于 20 世纪下半叶。在 2000 年之后，随着土耳其经济增长的加速，该国的能源需求也同时增加。过去十年，可再生能源特别是地热能发电的利用，稍微缓解了能源紧张的局面。政府立法通过对私营部门的补贴和支持，对地热发电厂的发展产生了积极影响。土耳其能源市场的增长是土耳其“2023 百年愿景”的目标之一。到 2023 年，土耳其将总装机容量提高到 120 吉瓦（GW），可再生能源的份额增加到 30%，最大限度地利用水电并达到 34 吉瓦，将风力装机容量增加到 20 GW，将太阳能装机容量提高到 10 吉瓦，安装 1 GW 地热，扩展智能电网的使用，将天然气储存量提高到 11 BCM 以上，调试核电厂（两个运行核电厂，第三个正在建设中），将燃煤装机容量提高到 30GW，然而，在 2023 远景目标中，地热能占最小份额（就装机容量而言）。这意味着地热发电厂只能提供土耳其装机容量的 0.5%，地热能的设计容量偏低。2013 年，土耳其的燃料和风力发电厂主要位于土耳其的爱琴海和地中海沿岸，东部和中部地区的电厂分布比较稀疏（见图 I-3-2）。到 2023 年，电厂分布密度将大大提高，在黑海与地中海沿岸布局两座核电站，水力和风力发电厂数量将大幅提高（见图 I－3－3）。

关于土耳其核能发电的讨论始于 20 世纪 70 年代。纵观世界，许多发展中国家和发达国家都注意到核能发电的潜力。在过去大约 35 年中，土耳其在核能发电方面并没有取得较大进展，主要原因之一是公众对土耳其附近地区发生切尔诺贝利事故的担忧，以及该国经济还没有为这么大的投资做好充分准备。目前研究建立两座核电站，一座位于梅尔辛/阿库尤（Mersin / Akkuyu），另一座位于锡诺普（Sinop）。阿库尤（Akkuyu）核电站（NPP）计划每年产生 350 亿千瓦时的电力，锡诺普（Sinop）产生 340 亿千瓦时的电力。

土耳其可再生能源行业，如水电、风能、太阳能和地热能等充满了机会。未来几年内，强有力的激励政策加上优惠的上网电价补贴，有望提高该行业在国家电网中的份额。土耳其政府已将在 2023 年前让该国总装机功率中可再生能源的份额大幅提高到 30% 列为当务之急，这将与政府对节能的承诺齐头并进，同时通过制定相关法律，为个人及公司设立节约能源的准则，且鼓励节能投资，以实现节能的理念。2016 年成为土耳其光伏行业历史上最蓬勃发展的一年，为推动可再生能源的发展，政府在 2016 年开始引入全新的可再生能源区（YEKA）模式，以可再生能源工厂通过利用本地制造的部件来供应大规模的可再生能源项目。在这种模式下，2017 年 3 月 20 日，土耳其中部科尼亚省（Konya）卡纳伯纳尔（Karapinar）太阳能园区的一个大型太阳能 1 吉光伏电站项目开始招标[①]，这是土耳其举办历史上最大规模的太阳能拍卖。2017 年 8 月，Kalyon-Turkerler-西门子 Gamesa 财团赢得了土耳其首个 1 吉瓦风电招标，打破了世界纪录，每千瓦时电力生产的报价为 3.48 美元[②]，且需符合土耳其的当地制造和研发要求。

与今后几年可再生能源对土耳其的能源战略的重要性一样，垃圾处理和温室气体减排等技术也是极为重要的补充措施，这些环保新技术常常和

① 《土耳其光伏市场》，《光伏杂志》（*PV Magazine*）中文版，2017 年 4 月刊，第 12—15 页。

② 《土耳其的可再生能力将在 2023 年增长 35%》，能源界网站，2018 年 10 月 9 日，http：//www.nengyuanjie.net/article/19522.html。

全新的发电方式被相提并论。通过借助可再生资源来保护环境也需要多项措施和法规，不管是目前还是即将实施的，这些法规均可降低碳排放、增加发电/传输效率，并推动垃圾管理技术的使用。

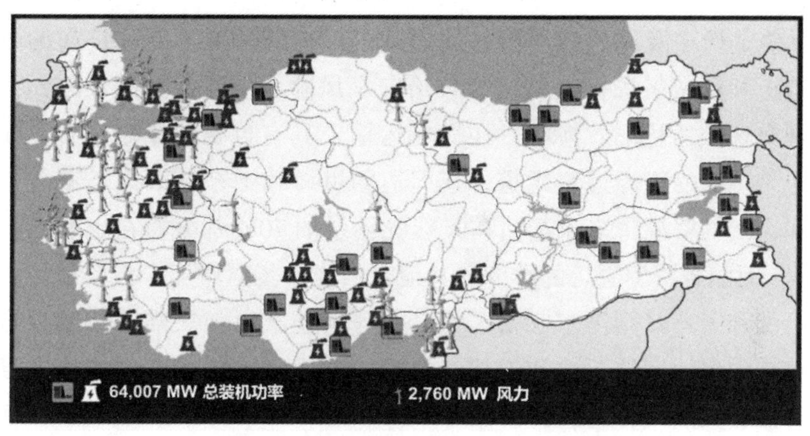

图Ⅰ-3-2 2013年土耳其发电厂分布

资料来源：Invest in Turkey（energy sector），土耳其投资促进局，http://www.invest.gov.tr/zh-CN/sectors/Pages/Energy.aspx。

图Ⅰ-3-3 2023年土耳其规划发电厂分布

资料来源：Invest in Turkey（energy sector），土耳其投资促进局，http://www.invest.gov.tr/zh-CN/sectors/Pages/Energy.aspx。

四 能源贸易

土耳其位于安纳托利亚地区，其西北面和北面分别是有“火药桶”之称的巴尔干半岛及有“火药库”之称的高加索地区，这些地区由于错综复杂的地缘、历史及民族等原因，国家间的摩擦和冲突不断，长期的政治不稳定给土耳其带来了一定的地缘政治安全风险。土耳其三面环海，扼博斯普鲁斯海峡和达达尼尔海峡，在海上运输上具有重要的战略位置。同时土耳其也是重要的能源过境通道，其周边的里海和中东地区都蕴藏着丰富的石油和天然气资源，全球石油和天然气储量的70%都分布在土耳其的邻近地区①，而能源资源匮乏的欧洲和其他大西洋市场对中亚、俄罗斯、中东地区的石油和天然气则需求旺盛。土耳其作为连接欧亚大陆的桥梁，自然成为中亚、中东地区的石油和天然气资源输往欧洲地区的必经之地，目前有多条石油和天然气管道经过土耳其，这为土耳其获得油气资源提供了条件。

土耳其作为将能源资源从中东和中亚地区运往欧洲的能源走廊，通过与邻国的管道互连和电力传输，实现跨国能源贸易。天然气现有和规划中的石油管道分别为3条和1条，现有和规划中的天然气管道分别为4条和10条。如土耳其的萨姆松原油管道工程、跨安纳托利亚天然气管道、跨里海天然气管道项目、跨亚得里亚海天然气管道项目（TAP）、土耳其—希腊—意大利天然气管道项目（ITGI／ITG）、土耳其溪天然气管道项目、蓝溪II天然气管道项目、伊拉克—土耳其天然气管道项目、卡塔尔和伊拉克—土耳其天然气管道项目、埃及—土耳其（阿拉伯）天然气管道项目等项目②。

过去15年，土耳其政府对能源行业进行了重大调整，持续鼓励私营企业参与改革，从而建立了更有竞争力的能源市场。政府实施的能源生产私有化促进政策，已经使发电行业的私有化份额不断增加，从2002年的32%增加到2017年的75%。为营建更有竞争力的能源行业，土耳其政府

---

① Oral M., Ozdemir U., “The Position of Turkey in Global Energy Geopolitics: Opportunities and Risks”, Tarih Kultur ve Sanat Arastirmalari Dergisi, *Journal of History Culture and Art Research*, Vol. 6, Issue 4, 2017, pp. 948-959.

② Oral M., Ozdemir U., “The Position of Turkey in Global Energy Geopolitics: Opportunities and Risks”, Tarih Kultur ve Sanat Arastirmalari Dergisi, *Journal of History Culture and Art Research*, Vol. 6, Issue 4, 2017, pp. 948-959.

的另一个措施是设立了能源股份公司 EXIST，该公司主要负责管理和运营能源市场，包括电力和天然气商品等。除了拥有庞大的国内消费市场，土耳其还占据了能源消费大国和能源生产大国之间的中间桥梁位置，是关键的地区性能源枢纽，其现有的和规划中的石油/天然气管线、土耳其海峡的战略重要性和境内有望发现油气资源等因素均使得土耳其在能源价格上能够起到强有力的杠杆作用，并增强了其作为能源市场关口要塞的地位。

上述综合因素对土耳其能源行业产生了深远影响，使其一跃成为全球最具吸引力的投资目的地之一。随着有利于投资者法规的实施以及能源需求的快速增加，土耳其能源行业变得更加充满活力和竞争力，吸引整个价值链中的投资者对各种能源部门增加投资。2002—2017 年，大约有 180 亿美元外资流入土耳其能源领域，2010 年土耳其能源部门外商投资额达到 18.24 亿美元，2017 年下降至 9.43 亿美元（见图 I－3－4）。据预测，土耳其 2023 年能源需求总投资将超过过去十年总投资额的两倍，约达到 1100 亿美元。

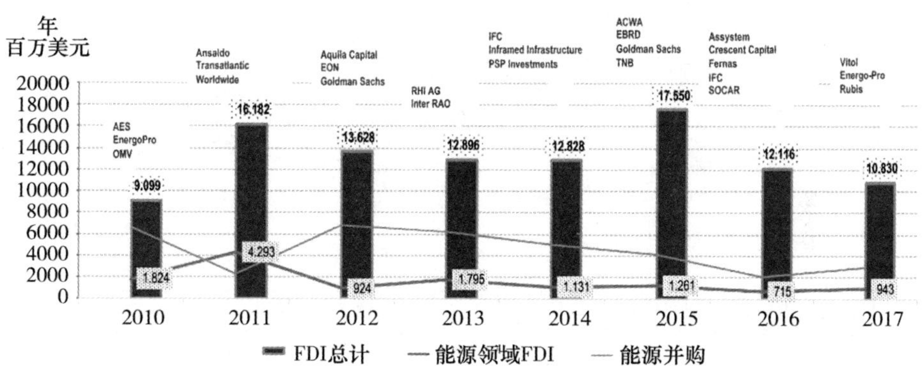

图 I－3－4 2010—2017 年土耳其能源部门接受外商投资情况

资料来源："Invest in Turkey"（energy sector），土耳其投资促进局，http://www.invest.gov.tr/zh-CN/sectors/Pages/Energy.aspx.

第二节 矿产资源

一 矿产资源基本情况

土耳其的采矿历史可以追溯到公元前 7000 年，其在安纳托利亚古代文明的发展中发挥了重要作用。今天的土耳其位于高山造山带内，在经历了强烈的构造运动后，分为许多构造板块，发展了强烈的火成活动，并发生了蛇绿岩的侵位。所有这些地质活动都使土耳其的地质条件变得既复杂，又蕴藏了丰富的矿产资源，如铜、铅、锌、铁、铬汞、海泡石、硼酸盐等。世界上约有90种矿物交易，土耳其开采的矿物就有73种，其中50种矿物和矿石具有比较优势、23种矿物储备和生产水平未达到要求。土耳其已经制成了铜、铅、锌、铁、锰、铬、镍、钨、金、银、铝、锑、汞、黄铁矿、重晶石、菱镁矿、高岭土、石棉、石墨、天然碱、钍、滑石、磷酸盐、硼酸盐、硫黄沉积物等矿物的成矿地图。将彼此接近并具有共同特征的矿化分组，可以绘制出1672个矿床或矿化。土耳其的成矿地图显示，有许多结构和岩石类型成矿时间不同（见图Ⅰ-3-5）。

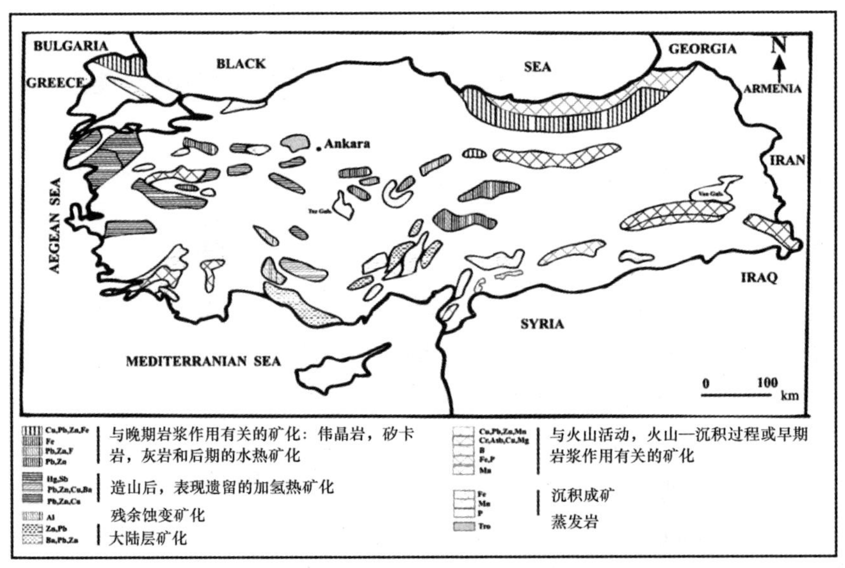

图Ⅰ-3-5　土耳其一些成矿带

资料来源：Engin T.，"Mineral Deposits of Turkey"，in Tvalchrelidze A. G.，Morizot G.（eds.）*Mineral Resource Base of the Southern Caucasus and Systems for its Management in the XXI Century*，NATO Science Series（Series Ⅳ：Earth and Environmental Sciences），Vol. 17，Springer，Dordrecht，2003.

进入21世纪后，伴随土耳其的强劲经济发展形势，其采矿和金属行业也快速发展。特提斯—欧亚成矿带西部的大片区域蕴藏蛇绿岩，这片蛇绿岩从阿尔卑斯山穿越土耳其、小高加索、伊朗和中国的喜马拉雅山脉一直延伸至东南欧地区，该成矿带目前仅开发很小部分。土耳其的采矿业长久以来主要限于表面挖掘，这意味着深钻带来的巨大潜力正等待着国际投资者。2015 年，土耳其采矿业生产总值高至 245 亿美元。土耳其 38 个城市中共有 53 个采矿工程部门。自 2005 年起，土耳其国内采矿工程师的数量增幅超过 50%，现已达到 35000 名。2016 年，约 1200 名新的采矿工程师加入该行业。对采矿行业的公司而言，土耳其的优势并不限于高质量的劳动力储备，还包括相对较低的物流和钻井成本、临近欧洲等主要市场、利润丰厚的政府激励措施和极具竞争力的税收。土耳其采矿行业吸引了 1.49 亿美元的外国直接投资，同时，2016 年该行业矿业出口总额达到 35 亿美元。到目前为止，土耳其拥有 790 家国际采矿公司，而 2004 年仅 138 家。①

二　硼

土耳其已知的硼储量占世界硼储量的 73%，主要位于埃斯基谢希尔—基尔卡（Eskişehir-Kırka），屈塔希亚—埃梅特（Kütahya-Emet），巴勒克埃西尔—班德尔马（Balıkesir-Bandırma）和比加迪奇（Bigadiç）四个地区。就储量而言，土耳其最丰富的硼矿物是硼砂和硬硼钙石。硼砂分布在埃斯基谢希尔—基尔卡，硬硼钙石分布在屈塔希亚—埃梅特（Kütahya-Emet），巴勒克埃西尔—比加迪奇（Balıkesir-Bigadiç）和布尔萨—凯斯泰莱克（Bursa-Kestelek）（见表 I－3－4）。此外，在 Balıkesir-Bigadiç（巴勒克埃西尔—比加迪奇）也有硼钠钙石储备，硼钠钙石在布尔萨—凯斯泰莱克（Bursa-Kestelek）不时被作为副产品提取。

埃蒂矿业集团（Eti Maden）负责土耳其硼和硼产品的生产、经营和销售。埃蒂矿业集团 97% 的总销售收入来自出口收入。埃蒂矿业集团下设 4 个运营理事会，主要生产硼砂五水合物、硼砂月桂酸、硼酸、Etidot－67、氧化硼、硼酸锌、煅烧硼砂、无水硼砂、磨碎的硬硼钙石和地面硼钠钙石，以供应国内和国际市场。埃蒂矿业集团在 2016 年土耳其 1000 大出口公司名单中排名第 15 位，在对大多数国家出口的 90 家公司

① 土耳其投资促进局，http：//www. invest. gov. tr/zh-CN/sectors/Pages/Mining. aspx。

中排名第 14 位，2017 年埃蒂矿业集团精炼硼的总产能约为 270 万吨。埃蒂矿业集团生产的硼产品满足所有国内需求，土耳其硼产品中，有 40%用于玻璃、34%用于陶瓷、7%用于农业、5%用于清洁剂、3%用于化学品、11%用于其他领域①。

硼矿物是含有不同比例的氧化硼的天然化合物。在土耳其常见的硼矿物质有硼砂、硬硼钙石和硼钠钙石。通过物理富集方法将矿石中的矿物浓缩，得到浓缩后的硼产品，浓缩硼产品也可通过精炼转化为各种精制硼产品。世界硼产品消费量约为 38.65 亿吨，2017 年土耳其硼产量已经达到世界硼产量的 57%。2017 年，土耳其各种成品硼产品的产量为 270 万吨，硼销售额约为 220 万吨，产值为 8.8 亿美元。2018 年，土耳其硼产品销售预计为 235 万吨，占全球市场份额的 59%。截至 2018 年 6 月底，埃蒂矿业集团销售了 110 万吨硼产品，收入 4.71 亿美元②。埃蒂在 Bandırma（Balıkesir）签署了关于碳化硼产品技术转让和生产的谅解备忘录，这项碳化硼产品技术是硼产品生产的先进技术之一。

表 I-3-4　　**土耳其硼矿分布与储量**

盆地名称	数量（百万吨）
Emet（硬硼钙石）	181.11
Kırka（硼砂）	82.47
Bigadiç（硬硼钙石—硼钠钙石）	62.84
Kestelek（硬硼钙石）	0.53
总计	326.95

资料来源：Eti Maden，http://www.etimadenapac.com/boron-in-turkey/。

三　天然石与大理石

土耳其独特的地理环境孕育了它丰富的石材资源，是世界最古老的天然石材生产和加工地之一，拥有 139 亿吨的天然石材矿仓，占世界天然石材储存量的 33%，其天然石材加工机械的生产量和出口率在土耳其经济

① 《埃蒂矿业·硼的使用范围》，https://www.etimaden.gov.tr/temizlik。

② 《埃蒂矿业·世界的硼生产》，https://www.etimaden.gov.tr/dunyada-bor。

中扮演着极其重要的角色。目前土耳其以其石料的色彩、手感、花纹和高质量一跃成为世界生产大国之一，在世界天然石市场占据9%的市场份额[①]。自1980年开始，土耳其每三年在伊斯坦布尔的CNR Expo举行一届天然石材及加工技术交易展览会（Natural Stone Products & Technologies Fair），作为中东及欧亚之间最重要的国际大理石、天然石材产品及技术展览会和出口交易会，天然石材博览会以其崭新的概念在伊斯坦布尔汇集了该行业的全球参与者。1995年起，又开始在土耳其第三大城市伊兹密尔举办了每年一届的伊兹密尔国际石材及技术展览会Marble，至今已举办了23届，已成为土耳其最大的专业石材展览会之一，参展商来自亚欧美的30多个国家的1000多个品牌，在全球石材展中占据重要的位置。

土耳其天然石材的主要类型有：结晶石灰石（大理石）、石灰石、玛瑙、砾岩和岩浆岩（花岗岩、正长岩、辉绿岩、闪长岩、蛇纹石等）的形成。其中大理石是土耳其最有名的天然石材，占世界大理石总储量的40%，其大理石生产具有4000多年的历史，目前大理石产品的出口额占到土矿产品出口额的一半以上，是全球最大的大理石出口国。土耳其的天然石材行业多年尚未在经济中发挥其实际潜力，但近年来，随着欧亚新经济区域的崛起及对石材的需求不断增加，土耳其的大理石加工能力和石材加工设施不断得到提高和改进。2011—2016年土耳其各类天然石材产量，玄武岩产量排名第一，其次是大理石。2016年，排名第一的玄武岩产量为24.88百万吨，第二的大理石产量为14.28百万吨（5.29百万立方米），第三的安山岩产量为3.23百万吨，第四的辉绿岩产量为3.13百万吨（见表Ⅰ-3-5）。

土耳其大约有2000家加工工厂和9000个车间，共有2468个大理石生产企业（包括大理石采石场），约有30万从业者。几乎所有大理石生产企业都是私营企业，2018年土耳其生产约1650万吨天然石材[②]。1992年在土耳其埃拉泽省成立的莱昂纳多大理石公司（Leonardo Marble）即为土耳其天然石材的领航贸易商和制造商之一，拥有28年的矿山贸易和开

---

① 中国物流信息中心网站，2008年11月3日，http://www.clic.org.cn/jcxxhydt/93725.jhtml。

② 土耳其能源和自然资源部：《自然资源·天然石材》，https://enerji.gov.tr/bilgi-merkezi-tabi-kaynaklar-dogal-taslar。

拓经验。如今其产品大量销往中国、美国、中东和南美等市场，尤其对中国的荒料输出方面具有特别的经验优势和掌控度[①]。

表 I-3-5 2011—2016 年土耳其各类天然石材产量

序号	类型	产量						
		2011	2012	2013	2014	2015	2016	单位
1	熔结凝灰岩	55873	14275	29380	32195	36579	39302	m^3
2	大理石	4086222	4488947	4255545	4220564	5613435	5287780	m^3
3	缟玛瑙	7678	13335	15665	10688	6905	7177	m^3
4	洞石	1685049	797915	713697	812840	1239369	1096112	m^3
总		5834822	5314472	5014287	5076287	6896288	6430371	m^3
m^3 =2.7 吨		15754019	14349074	13538575	13705974	18619978	17362002	ton
1	安山岩	2878093	2891804	3358863	6803746	2863978	3234082	ton
2	玄武岩	18860838	24013727	21870408	22887509	23060917	24883169	ton
3	花岗岩	245911	566650	183535	189364	157463	314059	ton
4	装饰石 + 马赛克 + 石板等	651932	296802	483178	857551	108155	1151162	ton
5	蛇形	2514601	1025427	14701	13112	138454	991276	ton
6	建筑石料	270270	65756	37945	33553	68302	85790	ton
7	辉绿岩	293777	94835	335958	226939	331027	3132276	ton
8	辉长岩			252463	255070	198947	540103	ton
总		25715422	28955001	26537051	31266844	26927243	34331917	ton
总计		41469441	43304075	40075626	44972818	45547221	51693919	ton

资料来源：土耳其能源和自然资源部，http：//www. enerji. gov. tr/tr-TR/Sayfalar/Dogal-Taslar。

大理石为块状，加工工序为切割或抛光，加工后出口。土耳其出口的天然石材最高附加值产品是加工大理石和加工洞石。随着外部需求量的增加，该部门的出口潜力正在迅速释放。2003 年至 2016 年，土耳其的天然石材出口量从 150 万吨增加到 650 万吨，增长了 333%（见表 I-3-6）。

2015 年土耳其天然石材出口收入从 2014 年的 21 亿美元减少到 19 亿

① https：//www. leonardomarble. com/CN/12-about-us/.

美元。2013 年天然石材出口的 53.7% 为加工产品[①]。加工大理石和洞石出口最主要的国家是美国，其后是沙特阿拉伯和伊拉克。大理石原料出口最主要的国家是中国，其后是印度。

在世界大理石出口中，土耳其仅次于中国和意大利。特别是在大理石和石灰石出口方面。直到 2011 年，中东国家还是土耳其大理石产业的重要市场，但是由于中东动荡的政治格局，中东市场的发展受限。近年，土耳其向中国、印度、美国等世界大理石生产和加工大国出口大理石，找到了新的市场。

表 I－3－6　　2014—2016 年土耳其天然石材出口值

天然石	2014		2015		2016	
天然石（原料）	数量（千克）	总计（美元）	数量（千克）	总计（美元）	数量（千克）	总计（美元）
大理石—洞石原料，大致轮廓分明或块状	5684901246	1122667120	4350560	872920320	4360083	860077715
花岗岩原料	578326661	17679606	112087	9649937	100661	10836568
岩石	4495585	566137	3041	381419	3110	376619
总计	6267723492	1140912863	4465688	882951676	4463854	871290902
天然石（加工）						
加工大理石	1573555264	760940565	1508437	752803933	1529425	694929225
加工洞石	494826424	261150998	456700	226831623	436054	199708953
其他适合建筑的机加工石材	30109570	24422101	24809	14099573	26117	14681631
瓷砖和粉末	32407415	14273956	26153	14968446	24675	10346341
铺路石和石头	13952320	1834714	13846	4094093	21089	5824952
加工花岗岩	21643647	14042286	18458	8091430	15027	5510952
加工岩石	2482660	4817638	1777	2417882	2067	3578799
总计	2168977299	1081482258	2050179	1023306980	2054455	934580855
天然石的总数	8436700792	2222395120	6515868	1906258655	6518308	1805871758

资料来源：土耳其能源和自然资源部，http：//www. enerji. gov. tr/tr-TR/Sayfalar/Dogal-Taslar。

① 土耳其能源和自然资源部：《自然资源·天然石材》，https：//enerji. gov. tr/bilgi-merkezi-tabi-kaynaklar-dogal-taslar。

四 铀、钍、天然碱

地壳中有数百种铀矿物，但是它们中的大多数不具备经济意义上的开发价值。铀和钍属于核能原料的范围。钍还是核燃料原料，但钍基核电厂在经济方面尚未投入运营。全世界约有260万吨可见铀储量，其中在土耳其共有9129吨和5个矿床探明到可见的铀储量。尽管这5个矿床的平均品位和储量看起来都只有较低的开发价值，但这些铀矿未来的经济价值依然是可观的。这是由于近年来核电厂规划发生了重大变化，高品位铀矿具有更高的生产成本，特别是在加拿大和澳大利亚。在土耳其埃斯基谢希尔—西弗里希萨尔—基济尔卡伦（Eskişehir-Sivrihisar-Kızılcaören）发现的钍矿床中，已经确定有38万吨可见储备。但是，与现场钍富集有关的技术问题尚未解决。

全球约有450亿吨可开发的天然碱储量，其中约有380亿吨位于美国，美国每年生产1600万吨天然苏打灰，销往世界各国，其中以工业化的欧洲国家为主。如今，世界纯碱市场规模约为35亿美元，产量为3500万吨。这个市场的70%是由合成生产的纯碱制成，30%是由天然苏打灰生产的。预计未来几年世界纯碱的产量和销售量将增长2.5%，这些增长将更加集中在玻璃生产行业。土耳其的安卡拉约有2.5亿吨天然碱，另外附近贝伊帕扎勒区也有天然碱储备。2007年在安卡拉的喀山和辛坎（Sincan）区检测到约有6.5亿吨天然碱，这里的天然碱储量居世界第二位。2009—2016年，土耳其天然碱产量不断增加，2016年年产量达到197.7万吨。（见表Ⅰ-3-7）

表Ⅰ-3-7 **2009—2016年土耳其天然碱产量**

年份	2009	2010	2011	2012	2013	2014	2015	2016
产量（千吨）	1581	1623	1749	1853	1665	1828	1854	1977

资料来源：土耳其能源和自然资源部：《自然资源》，https：//enerji. gov. tr/tabi-kaynaklar。

第三节 遗产资源

不同历史阶段与文明的交融，为土耳其带来了丰富多彩的多元文化遗产。土耳其共有18处世界遗产，其中16处为世界文化遗产，2处为世界混合遗产。这16处世界文化遗产分别为：

（1）阿佛洛狄特（Aphrodisias）遗址区域（2017）：该遗址位于土耳其西南部莫西努斯河（Morsynus）的上游山谷，由两部分组成：阿佛洛狄特考古遗址和城市东北部的大理石采石场。阿佛洛狄特神庙的历史可以追溯到公元前3世纪，城市建于一个世纪之后。阿佛洛狄特有雕塑家制作的丰富艺术品。城市街道围绕着几个大型城市建筑，包括寺庙、剧院、集市和两个浴场。

（2）阿尼古城（Ani）考古遗址（2016）：该遗址位于土耳其东北部一个偏僻的高原上，俯瞰着与亚美尼亚形成天然边界的峡谷，隶属于土耳其北部城市卡尔斯地区管辖。这座坐落于土耳其与亚美尼亚边境附近军事区的遗址糅合了住宅、宗教和军事结构等功能，是几个世纪以来由亚美尼亚基督教徒和穆斯林相继建立发展起来的中世纪城市主义的象征。在公元10世纪和11世纪以前，阿尼古城曾经是辉煌一时的中世纪亚美尼亚巴格拉蒂娅王国的首都，也是古丝绸之路上的一个交通要道，即使后来该古城先后处于拜占庭帝国、塞尔柱王朝和格鲁吉亚的统治之下，也依旧保持了其作为重要十字路口的地位。13世纪随着蒙古帝国的入侵和1319年一场毁灭性地震的发生，阿尼古城开始衰落。14世纪在奥斯曼帝国的统治下阿尼古城的主体民族亚美尼亚人被迫离开，该城由此逐渐被废弃。阿尼古城具有浓郁的亚美尼亚基督教特征，城内拥有多所为欧洲哥特式建筑风格注入了灵感的教堂，其中蒂格兰霍尼茨（Tigran Honents）的圣格雷戈里大教堂里受损的壁画就向世人展示了该城因战争冲突而遭受的苦难故事。2010年10月，总部设在美国旧金山的“全球遗产基金会”（Global Heritage Fund）将阿尼古城列为全球12处濒临消失的文化遗产之一。

（3）特洛伊（Troy Ruins）考古遗址（1998）：特洛伊古城于公元前16世纪前后为古希腊人所建，距今已有5000年的历史，其位于土耳其恰纳加莱南部，北临爱琴海的达达尼尔海峡，是世界上最著名的考古遗址之一，也是今天土耳其的重要旅游胜地之一。特洛伊大约于公元前13世纪或前12世纪时期遭到来自希腊的斯巴达人和亚细亚（Achaean）战士的围攻。特洛伊及其发生于此地的特洛伊战争被公元前9世纪的古希腊诗人荷马写进了其著名的史诗《伊利亚特》里，进而使得这段历史得以为世人所知，并激发了众多艺术家的创作灵感。该遗址的第一次发掘是由德国著名考古学家海因里希·施里曼（Heinrich Schliemann）于1870年进行的。从科学的角度来看，在该遗址地区发掘出的大量遗骸是安纳托利亚文明与地中海世界之间首次接触的最重要证明，也考证了荷马笔下的特洛伊文明的真实存在。

（4）布尔萨和朱马勒克兹克（Cumalıkızık）：该遗址地位于土耳其西北部马尔马拉地区的南部，由布尔萨市和附近的小村庄朱马勒克兹克组成，2014年被联合国教科文组织纳入世界文化遗产名录。布尔萨建于14世纪早期，是奥斯曼帝国的诞生地，并经历了五位苏丹王朝。作为新生的奥斯曼帝国的首都，布尔萨具备了一个都城该有的一些关键性功能，比如围绕一个城市中心点组建了一些社会和经济组织。在布尔萨，就有可汗商业区、具备清真寺功能的宗教机构库里耶斯（Kulliyes）、宗教学校、公共澡堂、为穷人提供餐食的慈善食堂，以及奥斯曼王朝的创始人奥尔罕·加齐的墓。朱马勒克兹克是布尔萨地区保存最为完整的瓦格夫（Waqf）村庄，其建筑具有典型的早期奥斯曼风格，该村庄作为外围乡村，主要为首部布尔萨的宗教机构库里耶斯（Kulliyes）提供各类收入保障，因此该遗址标志着14世纪初奥斯曼帝国的城乡体系已经建立形成。

（5）萨夫兰博卢市（City of Safranbolu，1994）：萨夫兰博卢（又称“番红花城”，因当地盛产番红花而得名）位于土耳其西北部安纳托利亚高原边缘山区的卡拉比克省，距离黑海65千米，离首都安卡拉约200千米，是古丝绸之路上将黑海沿岸与西安纳托利亚中部连接起来的一个重要节点，也是土耳其“最奥斯曼的地方”。这座建于中世纪前的城市在公元14世纪被土耳其人统治后，在13世纪至20世纪初奥斯曼帝国铁路建成之前的近700百年间一直是亚洲和欧洲之间贸易路线上的重要驿站，其位于黑海岸边的锡诺普港尤其成为联系欧洲与黑海以东地区的商队驿站和贸易中心。作为丝绸之路上的商贸重镇，萨夫兰博卢城市的发展在14—17世纪前后最为繁盛，当时主要以手工制作马鞍和皮具为核心经营活动，并出现了繁华的由众多店铺和手工艺作坊组成的集市区、具有浓郁生活气息的非穆斯林住宅区，以及带葡萄园的度夏住宅区，保存至今的老清真寺、老浴室（Turkish Bath）和苏莱曼帕夏宗教学校（Süleyman Pasha Medrese）

等建筑均建于1322年，迄今已有600多年的历史，而且许多古建筑迄今仍在继续使用，如建于1645年的金吉旅馆依旧吸引众多游客参观入住，建于17世纪的圆顶土耳其浴室至今还在对外营业，整个城市堪称一座巨大的奥斯曼风格建筑博物馆。萨夫兰博卢的建筑风格在17世纪影响了整个奥斯曼帝国大部分城市的发展。作为当今唯一一个以完整的奥斯曼风格建筑聚落方式保存下来的土耳其工业时代前最具代表性的古城，萨夫兰博卢市在1994年因其传统的城市纹理、2000多座保存完好的奥斯曼传统民居——以深褐色与白色相间为主色调的土木结构房屋和传统作坊而被联合国教科文组织列入《世界遗产名录》，并被誉为“世界名城”。

（6）迪亚巴克尔堡垒和哈维塞尔花园文化景观（Diyarbakır Fortress and Hevsel Gardens Cultural Landscape，2015）：该文化景观位于土耳其迪亚巴克尔省的省会迪亚巴克尔。迪亚巴克尔为土耳其东南部最大的城市，位于底格里斯河右岸，主要居民为库尔德人，其自古以来就是军事重镇，现今依旧是土耳其东南部的重要军事中心。该文化景观区包括被称为“艾科力”（Ikale）的阿米达高地（Amida，内城）、古罗马时期长5.8千米的带有82个望楼和4个门的迪亚巴克尔堡城墙、不同时期的63块碑文、哈维塞尔花园、一个连接城市和底格里斯河的为城市供应水源和食物的绿色走廊、著名的迪亚巴克尔大清真寺、一座建于1147年的桥梁——玛拉巴蒂桥（Malabadi Bridge）和考古博物馆等。作为历史上肥沃新月（Fertile Crescent）的一部分，位于底格里斯河上游河谷的迪亚巴克尔堡垒及其周边地区在古希腊、罗马帝国、萨珊王朝、拜占庭帝国、阿拉伯帝国和奥斯曼帝国等各个时期都是一个重要的城市中心，1995年被联合国教科文组织列入世界遗产名录。

（7）以弗所（Ephesus，2015）：大致位于今天土耳其的小镇塞尔丘克，离土耳其第三大城市伊兹密尔南边大约50千米。以弗所位于基士特河（Kaystros）注入爱琴海的河口，最早由雅典殖民者建立，当初建城的目的是向希腊神话中的丰产女神阿尔忒弥斯（Artemis）表示敬意，其曾是希腊化时代的首府及古典希腊时代爱奥尼亚（Ionia）地区的12座城市之一。后来成为罗马帝国亚细亚行省的首府及早期基督教的一个重要中心，使徒保罗就以此为基地进行传教，并撰写了《以弗所书》给以弗所的基督徒团体，另一个使徒约翰也在以弗所以100岁的高龄去世。天主教将以弗所认定为《圣经》的写作地点以及圣母玛利亚最后的终老之处，因此该地的圣母玛利亚故居（House of the Virgin Mary）成为天主教徒朝圣的主要之地，每年的8月15日都会在这里举行一次纪念仪式。以弗所教会是《启示录》里提到的亚细亚的七个教会之一。公元431年，此地还召开了基督教世界著名的以弗所会议，这场会议将聂斯托利派裁定为异端，此后聂斯托利派出走迁往叙利亚等地。自罗马共和国起，以弗所就成为小亚细亚西部亚细亚省的省会，尤其在罗马皇帝哈德良（Hadrian）时期其建筑风格由希腊特色转变为罗马特色，曾被誉为“亚洲第一个和最大的都会”，被作为罗马港口城市的杰出代表，城内有著名的世界七大奇迹之一——阿尔忒弥斯神庙（Temple of Artemis）、建于罗马时期的塞尔苏斯图书馆（The Celcus Library）和一个可以容纳24000名观众的古代剧场。在其全盛时期，以弗所人口高达20多万，是当时仅次于罗马的第二大城市，有着“东方庞贝”之称，是目前全世界规模最大、保存最完整的罗马古城，也是希腊文化和罗马时代繁荣的象征。土耳其每年冬天都会在古代以弗所的竞技场举行一年一度的骆驼摔跤冠军赛。2015年以弗所入选世界遗产名录。

（8）哥贝克力石阵（Göbekli Tepe，2018）：又名“哥贝克力山丘”，在土耳其语的意思是“大肚子”。该石阵位于土耳其东南部靠近叙利亚的尚勒乌尔法（Urfa）市郊大约十千米处的杰尔姆斯（Germuş）山区。1994年被一位库尔德族的牧羊人发现，后经德国考古学界的施密特（Klaus Schmidt）教授考古发现，该石阵由当时的狩猎者修建于公元前一万二千年到八千年之间，拥有巨大的圆形椭圆形和矩形巨石结构，最大的T形柱重达16吨，这些独特的石柱纪念碑上大多雕刻有代表狩猎时代的野猪、秃鹰、蜘蛛、蝎子和蛇等野生动物的图像，从中可以管窥一万多年前生活在上美索不达米亚的人们的生活方式和信仰，这些纪念碑可能与仪式有关，很可能是随葬品。哥贝克力石阵可以说是石器时代的一个信仰中心和宗教场所，人们在这里聚会、敬奉神灵、举办盛宴等，T形石柱代表特定的人或神祇形象，以及一种对死者的崇拜，大一点的T形石柱代表祖先，石柱上的动物形象通常是用来保护死者的。石阵所在区域属于美索不达米亚文明的一部分，2018年被联合国教科文组织列为世界文化遗产。

（9）迪夫里伊大清真寺和医院（Great Mosque and Hospital of Divrigi,

1985）：该景观位于安纳托利亚东部地区锡瓦斯省（Sivas Province）的迪夫里伊市，建于1228—1229年。锡瓦斯省是土耳其面积第二大的省，首府锡瓦斯为重要的交通中心，在11世纪初被土耳其人占领，曾经是塞尔柱王朝的古都。1228年，埃米尔艾哈迈德·沙哈（Emir Ahmet Shah）夫妇在迪夫里伊建立了一座清真寺及其毗邻的医院。迪夫里伊大清真寺和医院因其纪念建筑、六边形穹顶和独特的石雕装饰而闻名。清真寺有一个单独祈祷室，并由两个圆盖封顶。在这个由清真寺、医院和陵园构成的建筑群中，最独特的是大门与门柱上的三维立体图形和花卉图案，其高度复杂的拱顶建筑技术，富有想象力的创造性的装饰雕塑（特别是在三扇门上的），与朴实无华的内部墙壁形成了鲜明对比，是伊斯兰建筑的杰出代表。医院的中央大厅周围有6个大房间和3个小房间，既可以使病人单独住一个房间，也可以使几个病人合用一个房间。1985年被列入《世界遗产名录》，是土耳其第一个被联合国教科文组织评为世界文化遗产的建筑。

（10）哈图沙（Hattusa，1986）：哈图沙是前18—前13世纪赫梯王国（the Hittite）的首都，遗址位于今土耳其中部乔鲁姆省（Çorum）的博兹科伊村（Boğ azköy，意为“海湾”）。赫梯王国是第一个建立在现今土耳其领土上的真正意义上的国家，也是一个典型的军事王朝。公元前17世纪，在小亚细亚地区开始形成一个小国，公元前16世纪逐步以哈图沙为中心发展成了强大的赫梯王朝。公元前8世纪，赫梯王朝在“海上民族”腓尼基人的入侵威胁以及其在小亚细亚和叙利亚各臣属国的反抗浪潮的双重冲击下最终走向崩溃，并为新崛起的亚述王朝所灭。在赫梯王朝的首都哈图沙于1986年被联合国教科文组织列为世界遗产名录之前，伟大的赫梯文明还鲜为人知，世人对赫梯文明和赫梯人的了解仅限于《圣经·列王纪下》第七章中所提到的有关赫梯人（又称“赫人”）的一句话：“这必是以色列王贿买赫人的诸王和埃及人的诸王来攻击我们”，以及埃及人对前13世纪末古埃及第19王朝与赫梯王朝之间发生的那场战争的记载。

1906年始，德国考古协会在哈图沙发掘出大约三万件楔形文字泥板文书，包括契约、法律和预言等，这些泥板文字既有古代通用的阿卡德语、苏美尔语，也有早已失传的赫梯语，其中最有名的是公元1283年赫梯国王与埃及法老拉美西斯二世签署的和平条约——卡迭石和约。该条约的一份复制品如今作为最早的国际和平条约范本存放于纽约的联合国总部。现今在哈图沙的原址上保留下来的有部分城市原貌、用石材建造的王宫建筑、有宏大的铭文巨石并刻有浮雕的石窟神庙和用作防御的城墙系统。赫梯城堡里面有档案室、储藏室、接待室和祭祀圣地。古城最有名的当属丰富纹饰的皇家石门和雅兹里卡亚（Yazılıkaya）的艺术岩石群。哈图沙在公元前2世纪时对安纳托利亚和叙利亚北部都产生过相当大的影响，赫梯王朝对古代世界文明的发展做出过重要贡献，赫梯人最先发明和使用铁器，据说现今风行于欧洲各国徽章和旗帜的双头鹰标志也来源于古代赫梯王朝。大量出土的浮雕和楔形文字泥板，使哈图沙当仁不让地成为研究古代中东史的一个重要“学术圣地”。

（11）伊斯坦布尔旧城区（1985）：伊斯坦布尔位于马尔马拉海、博斯普鲁斯海峡和金角湾围绕成形成的半岛上，有着2500多年的历史，曾是古代三个帝国的首都，也是世界上唯一一个地跨亚欧两大洲的城市，1985年被联合国教科文组织列为世界文化遗产。其古城区主要由考古公园（苏丹阿赫迈特广场及周围地区）、苏莱曼（Suleymaniye）清真寺、泽伊雷克（Zeyrek）清真寺（Christ Pantokrator 教堂）及附近的保护区，以及伊斯坦布尔的古城墙四个部分组成。兼收并蓄的多元文化、丰富的历史遗产使其成为一个世界闻名的历史文化大都市，并在1985年被联合国教科文组织列为世界文化遗产。

（12）内姆鲁特山（Nemrut Dağ，1987）：位于土耳其东部的阿德亚曼省（Adiyaman）的卡赫塔（Kahta）地区，海拔2150米，以其山顶卡美琴尼王朝（Kingdom of Commagene，前163年—72年）国王安条克一世（Antiochus I）的陵墓遗址而闻名，被土耳其人称为世界第八大奇迹，也是世界最高的露天博物馆，天晴时在山顶还能看到幼发拉底河的全貌。卡美琴尼王朝最初属于波斯地区的塞琉古王国，但在公元前2世纪中叶独立出来，并受益于与叙利亚和波斯的贸易。在众多的神话中，诸神都将山顶作为传统的居住地，作为希腊人与波斯人后代的国王安条克一世（公元前62年至公元前38年期间在位）为证明自己的不朽，利用山顶的巨石雕琢了一个含雕像、祭坛和墓地的建筑群，并将自己的雕像和众神的雕像建在一起，以显示自己与神灵的平起平坐。这些巨大石像的面部是希腊式的、但头饰又具有浓郁的波斯风格，具有希腊文化与波斯文化的交融特征。同时山上的万神殿、国王墓等都用希腊语和波斯语进行注释，进一步印证了卡美琴尼王朝的双重文化起源。1987 年被联合国教科文组织列入世界遗产名录。

（13）恰塔霍裕克新石器时代遗址（又称“加泰土丘新石器时代遗址”，Neolithic Site of Çatalhöyük，2012）：由两座山丘构成，位于安纳托利亚高原南部科尼亚东南的33 千米处，存在于公元前7500 年到公元前5700 年之间，属于新石器时代和红铜时代的人类定居点遗址，也是目前已知的人类最古老的定居点之一，而且至今保存完好。该遗址占地 37 公顷，房屋遗址的堆叠达到了 13 层，是人类城市的最早雏形，此外还发掘出一尊非常古老的女神雕像。较高的东部土丘建于公元前 7400 年至公元前 6200 年之间（新石器时代），包括壁画，浮雕，雕塑和其他象征艺术。它们共同证明了人类适应久坐生活时社会组织和文化习俗的演变。西部土丘显示了从公元前 6200 年到公元前 5200 年的石炭时期文化习俗的演变。恰塔霍裕克遗址反映了同一位置的定居村落如何在两千年的时间里向城市聚居地的转变过程，它提供了人类从定居村庄向城市群过渡的重要证据。该遗址出土的许多珍贵壁画如今都存放于首都安卡拉的安纳托利亚文明史博物馆，2012 年被列为世界文化遗产。

（14）佩加蒙（又译“帕加马”）及其多层次的文化景观（Pergamon and its Multi-Layered Cultural Landscape，2014）：佩加蒙古城位于距土耳其爱琴海地区伊兹密尔市中心 77 千米的帕加马区巴克尔河（Bakirçay）北岸的一个海角上，是当时爱琴海地区最大的城市。古城始建于公元前 3 世纪，是希腊时期阿塔利德王朝的首都，也是古代世界的主要中心，公元前 133 年被纳入罗马帝国治下，并成为罗马帝国亚洲省的首都，因此古城的许多重要建筑均建于古罗马时期。古城主要由上卫城、下卫城和卫城周边区域三部分构成。城内分布着执政者的住所、雅典娜神庙、希腊式剧场、祭祀神庙、贝加马图书馆、石头门廊和圣殿广场等建筑遗迹。岩石切割而成的库贝勒神庙（Kybele Sanctuary）位于与帕加马卫城相连西北部的另一座山上，与雅典卫城视觉相连。后来，这座城市成为以阿斯克勒庇俄斯（Asclepieion）贵族疗养院而闻名的罗马帝国亚洲行省的首府。雅典卫城的景观包括罗马帝国、拜占庭帝国和奥斯曼帝国时期的遗迹与坟墓，以及位于山丘下方的现代小镇贝尔加马。2014 年帕加马古城被联合国教科文组织评选为世界文化遗产。

（15）塞利米耶清真寺（Selimiye Mosque，2011）：该清真寺位于今土耳其埃迪尔内（Edirne）市内，为奥斯曼帝国苏丹塞利姆二世委托当时的建筑师锡南（Sinan）所建，1568 年开始修建，历时多年才得以竣工。锡南是 16 世纪最著名的奥斯曼建筑师，他认为这个综合体应该包括伊斯兰学校、有盖市场、钟楼、外庭和图书馆，从建设时期开始便使用伊兹尼克瓷砖作为室内装饰。广场清真寺及其单一的大圆顶和四个细长的尖塔，占据了前奥斯曼帝国首都埃迪尔内的天际线，该建筑被认为是奥斯曼库里耶（külliye，意为“一组围绕清真寺修建起来的建筑群，并作为一个单一的机构进行管理”）有史以来最和谐的表达。

（16）桑瑟斯和莱顿古城（Xanthos-Letoon，1988）：古城位于土耳其费特希耶—喀什（Fethiye-Kaş）公路 70 千米处，在古希腊时期桑瑟斯曾是利西亚（Lichea）的首都，而距其 5 英里处的莱顿则是当时的宗教中心，莱顿神庙、阿波罗神庙和阿耳特弥斯庙都位于此地。此外，还有一处喷泉、一个修道院和一个罗马剧院。该地区所遗留下来的除了利西亚文化，还有经历战争洗礼的岩石古墓、石棺墓和直立墓碑。在该城发掘出的最古老的遗迹可追溯至公元前 8 世纪。岩石古墓及其直立的墓碑展示了利西亚传统文化与希腊文化的融合，特别是在其殡葬艺术中。书法铭文对于人们理解利西亚人及其印欧语言的历史至关重要。由于其拥有重要的考古价值而于 1988 年被列为世界文化遗产。

两处为世界混合遗产：

（1）格雷梅国家公园（Goreme National Park）和卡帕多西亚（Cappadocia）的岩石遗址：位于土耳其中部安纳托利亚高原上的卡帕多西亚省，由于此地的岩石质地较软，孔隙多，抗风化能力差，因此经过长期风化和水流侵蚀后形成了众多奇形怪状的岩洞、断岩和石笋，公园里的卡帕多西亚石林即以古老的洞穴式住房、岩穴教堂和壮观而寸草不生的火山岩群闻名于世。格雷梅山谷及其周围岩石凿成的庇护所是世界上最大的洞穴住宅区之一，在这里发现的 300 多座岩洞教堂中，卡帕多西修道院最早可追溯至 4 世纪，岩洞教堂内拜占庭式的壁画以及精美的圣像提供了基督教于 4 世纪传入土耳其中部高原的独特证据。9 世纪时，许多基督徒来到此地凿山居住，并逐渐形成了一个规模不小的宗教社区。卡帕多西亚（Cappadocia）距内夫谢希尔（Nevsehir）约 14 千米，位于阿瓦诺斯（Avanos）

和于尔居普（Urgup）之间，面积约40平方千米。格雷梅国家公园和卡帕多奇亚还是大自然的杰作，这里有琳琅满目的精灵烟囱、山谷下潺潺的流水、种类繁多的植物和数不胜数的石凿壁画教堂。1985年，格雷梅国家公园和卡帕多奇亚岩石遗址凭借其独特的自然风貌和深厚的基督教文化被联合国教科文组织（UNESCO）作为自然与文化双重遗产列入《世界遗产名录》。

（2）希拉波利斯（Hierapolis）——棉花堡（Pamukkal）（1988）：希拉波利斯古城是帕迦马王国的一座圣城，建于前190年，当年繁荣昌盛，一直是疗养中心，多有温泉浴室，境内有很多神庙和其他宗教建筑，在考古学界有“圣城”的美誉。而至今建立在古罗马建筑遗址上的帕姆卡莱温泉，又被称为“棉花堡”，其SPA在古罗马时代用于治疗心脏病、皮肤病和风湿病。罗马时期和拜占庭时期的希拉波利斯是一个重要的中心城市，从4世纪开始它成为一个重要的基督教中心。源自近200米高的悬崖上的泉水俯瞰平原，方解石水域，在棉花堡（棉花宫）创造了一个虚幻的景观，由矿物森林、石化瀑布和一系列梯田盆地组成。前2世纪末，佩尔加蒙王朝的阿塔利德王朝建立了希拉波利斯的温泉。如今客人可以在酒店内看到浴场，寺庙和其他希腊古迹遗址。

第四章　基础设施研究

土耳其人口增长稳定，海岸线绵长，基础设施建设具有较大发展空间，政府私有化运动持续推进，保证了在交通运输、工业建设和大型房屋建筑方面的发展，加上土耳其具有亚欧过境枢纽的重要区位优势，铁路、公路、桥梁、城市轨道等交通基础设施前景光明。20 世纪 80 年代实行对外开放政策以来，土耳其加大基础设施建设投入，基础设施建设取得较大成就。此外，埃尔多安 2014 年就任总统以来，曾多次表示政府将大力推进大型工程建设项目，这些都形成了土耳其建筑业发展的利好因素。

第一节　总体情况

2013—2017 年，土耳其基础设施行业产值规模持续增长，从 2013 年的 180 亿美元上升至 2017 年的 240 亿美元，年均增长率达 7.5%。其中，2013—2015 年处于持续上升阶段，2015 年后增幅开始下降。据预测，中长期至 2024 年，土耳其基础设施行业增幅会出现明显下降，年均增速保持在 4% 以上，2024 年产值规模将达到 410 亿美元（见图Ⅰ-4-1）。

细分行业来看，2017 年土耳其公路、桥梁类基础设施行业规模最大，产值为 43.1 亿美元，占比达到 46.3%；铁路基础设施行业产值 34.5 亿美元，占比达到 37.1%；港口、航道类基础设施行业产值 10.0 亿美元，占比为 10.8%，机场基础设施行业产值 5.3 亿美元，占比为 5.7%。2013—2017 年间，公路桥梁行业产值从 34.1 亿美元上升至 43.1 亿美元，占比从 46.9% 下降至 46.3%；铁路行业产值规模从 26.6 亿美元上升至 34.5 亿美元，占比从 36.5% 增加至 37.1%；港口航道行业产值从 7.9 亿美元上升至 10.0 亿美元，占比从 10.9% 下降至

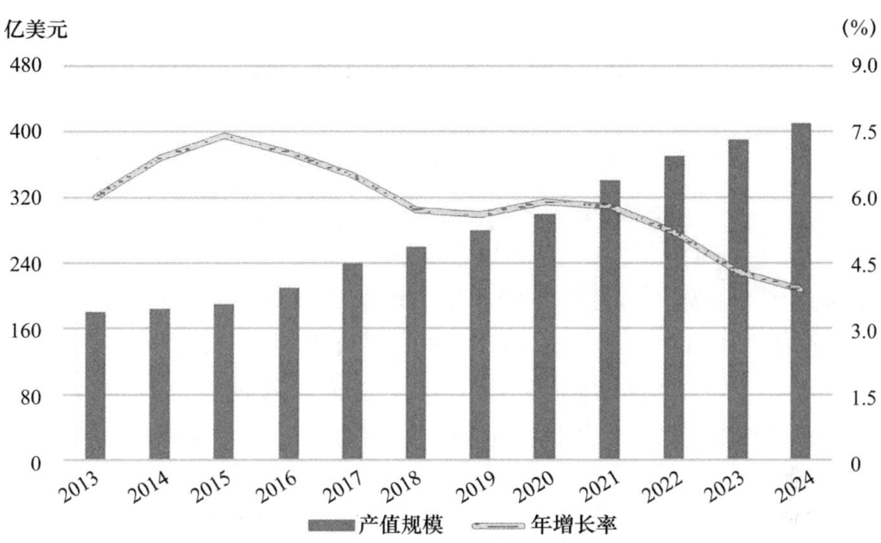

图Ⅰ-4-1　2013—2024 年土耳其基础设施产值规模和增速

资料来源：BMI 数据库，https：//www. fitchsolutions. com/；土耳其国家统计局，https：//www. tuik. gov. tr/Home/Index。

10.8%；机场基础设施行业产值从 4.0 亿美元上升至 5.3 亿美元，占比从 5.5% 增加至 5.7%。相比较而言，公路桥梁、港口航道行业的产值占比略微下降，铁路行业产值占比有较大幅度上升，机场行业产值规模占比有小幅上升（见表Ⅰ-4-1）。

表Ⅰ-4-1　2013—2017 年土耳其基础设施细分行业产值规模　（单位：亿美元）

	2013 年		2014 年		2015 年		2016 年		2017 年	
	产值	占比（%）	产值	占比（%）	产值	占比（%）	产值	占比（%）	产值	占比（%）
交通	74	41.1	75	40.5	79	40.9	82	39.0	93	38.8
能源和公共事业	101	36.6	104	56.2	112	58.0	125	59.5	140	58.3
其他	5	5.5	6	3.2	2	1.0	3	1.4	7	2.9
总计	180	100	185	100	193	100	210	100	240	100

第二节　交通基础设施

2017 年，土耳其交通基础设施产值规模约 93 亿美元，同比增长 10.7%。2013—2017 年间，交通基础设施行业产值规模的年均增幅达 6.5%，其中，2013—2015 年处于持续上升阶段，年均增幅在 6.8% 左右；2015 年后增幅有较大程度的下降，年均增幅跌至 6.2%。受制于货币里拉的大幅贬值、土耳其银行资本充足率不足、大型交通基础设施项目融资难等问题，中长期至 2024 年，预计土耳其交通基础设施行业产值将保持 5.5% 的年均增速，2024 年将达到 164 亿美元（见图 I－4－2）。

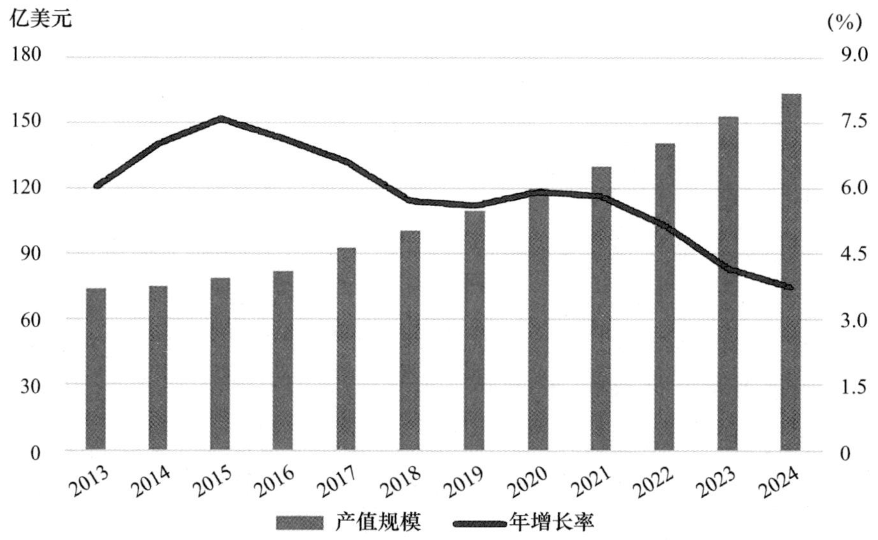

图 I－4－2　2013—2024 年土耳其交通基础设施产值规模和增速

资料来源：BMI 数据库，https：//www. fitchsolutions. com/。

细分行业来看，2017 年土耳其公路、桥梁类基础设施行业规模最大，产值为 43.1 亿美元，占比达到 46.3%；铁路基础设施行业产值 34.5 亿美元，占比达到 37.1%；港口、航道类基础设施行业产值 10.0 亿美元，占比为 10.8%，机场基础设施行业产值 5.3 亿美元，占比为 5.7%。2013—2017 年间，公路桥梁行业产值从 34.1 亿美元上升至 43.1 亿美元，占比从46.9%下降至46.3%；铁路行业产值规模从26.6亿美元上升至34.5亿美元，占比从36.5%增加至37.1%；港口航道行业产值从7.9亿美元上升至10.0亿美元，占比从10.9%下降至10.8%；机场基础设施行业产值从4.0亿美元上升至5.3亿美元，占比从5.5%增加至5.7%。相比较而言，公路桥梁、港口航道行业的产值占比略微下降，铁路行业产值占比有较大幅度上升，机场行业产值规模占比有小幅上升。预计中长期内，细分领域行业结构不会有大的变化（见表Ⅰ-4-2）。

表Ⅰ-4-2　2013—2017年土耳其交通基础设施细分行业产值规模　（单位：亿美元）

	2013年		2014年		2015年		2016年		2017年	
	产值	占比（%）	产值	占比（%）	产值	占比（%）	产值	占比（%）	产值	占比（%）
公路桥梁	34.1	46.9	34.0	46.5	37.6	46.0	42.0	46.7	43.1	46.3
铁路	26.6	36.6	26.9	36.8	29.7	37.0	33.3	37.0	34.5	37.1
港口航道	7.9	10.9	8.0	10.9	8.5	10.6	9.6	10.7	10.0	10.8
机场	4.0	5.5	4.2	5.7	4.4	5.5	5.0	5.6	5.3	5.7
总计	72.8	100	73.2	100	80.2	100	90.0	100	93.0	100

资料来源：BMI数据库，https：//www.fitchsolutions.com/。

一　公路

近年来，土耳其公路网络得到迅猛发展，多项道路工程有条不紊地持续推进，同时还组建了欧洲最大的公路运输车队。根据中国国家统计局的统计数据，截至2016年，土耳其共有公路线路长度241022千米，其中硬面公路220535千米，占比达到91.5%，高速公路里程2010千米。公路客运周转量2917.1亿人·千米，公路货运周转量2554.6亿吨·千米。目前，土耳其95%的乘客和90%的货物都是通过公路来运输的。

从发展历程来看，2000—2016年土耳其公路总里程从291810千米减少到241022千米，年均复合增长率为-1.20%，其中硬面公路总里程从103009千米增加到220535千米，年均复合增长率为4.87%，所占比重从35.3%增加至91.5%，上升了56.2个百分点。公路路网密度从2000年的37.2千米/百平方千米降低至2016年的30.8千米/百平方千米，路网密度减少了6.4千米/百平方千米，年均复合增长率为-1.19%。公路客运周转量从2000年的1779.5亿人·千米增加至2016年的2917.1亿人·千米，上升了1137.6亿人·千米，年均复合增长率3.14%；公路货运周转量从2000年的1615.5亿吨·千米增加至2016年的2554.6亿吨·千米，上升了939.1亿吨·千米，年均复合增长率为2.91%（见表Ⅰ-4-3）。总体而言，土耳其公路等级不断提升，运输能力得到长足发展。

表Ⅰ-4-3　　2000—2016年土耳其公路路网和运量情况

年份	公路总里程（千米）	硬面公路所占比重（%）	公路密度（千米/百平方千米）	公路客运周转量（亿人·千米）	公路货运周转量（亿吨·千米）
2000	291810	35.3	37.2	1779.5	1615.5
2001	290870	37.9	37.1	1706.4	1514.2
2002	289930	41.6	37.0	1633.3	1509.1
2003	349210	48.1	44.6	1643.1	1521.6
2004	349231	55.3	44.6	1743.1	1568.5
2005	349238	60.8	44.6	1821.5	1668.3
2006	349268	67.7	44.6	1876.0	1774.0
2007	353318	74.3	45.1	2091.2	1796.7
2008	357712	80.9	45.6	2061.0	1819.4
2009	362660	88.7	46.0	2269.1	1903.7
2010	370682	89.1	47.3	2477.5	1988.0
2011	386726	90.7	49.4	2533.1	2074.6
2012	394748	91.5	50.4	2588.7	2161.2
2013	388666	91.4	49.6	2681.8	2240.5
2014	236671	91.4	30.2	2760.7	2344.9
2015	238836	91.4	30.5	2838.9	2449.3
2016	241022	91.5	30.8	2917.1	2554.6

资料来源：中国国家统计局：《国际统计年鉴2000—2017》，http://www.stats.gov.cn/ztjc/ztsj/gjsj/。

从时间序列来看，2000—2016年，土耳其公路总里程呈波动下降趋势，硬面公路占比呈现持续上升的趋势。公路总里程在2000—2013年呈现持续上升态势，年均复合增长率为 2.55%，至 2012 年公路总里程的峰值 394748 千米，2014 年公路总里程陡然下降，之后三年一直处于稳定状态，数值保持在 240000 千米上下。同时期，硬面公路占比一直处于上升态势，2000—2009 年间复合增长率高达 10.78%，2009 年之后硬面公路占比几近饱和，比例一直维持在 91.5% 上下（见图 I－4－3）。总体而言，土耳其公路总里程有所下降，但硬面公路占比不断上升并趋于饱和，这可能与土耳其政府近年来注重提升公路等级和质量有关。

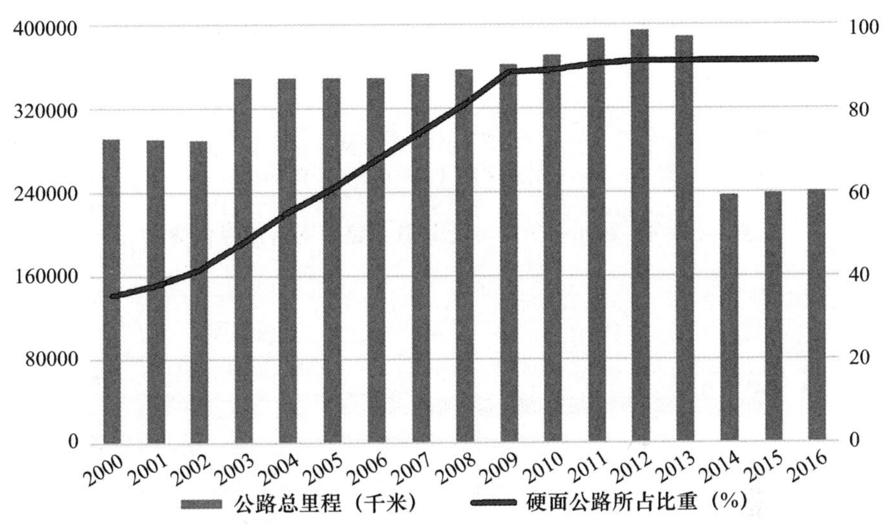

图 I－4－3　2000—2016 年土耳其公路里程和硬面公路占比变化情况

2000—2016 年，土耳其路网密度在 2000—2012 年呈现持续上升态势，至 2012 年路网密度达到峰值的 50.4 千米/百平方千米，2012—2016 年大体呈现下降态势，其中 2012—2014 年快速下降，2014 年之后土耳其公路路网密度小幅回升并总体趋于平稳，大致稳定在 30.5 千米/百平方千米上下（见图 I－4－4）。

从公路的客运和货运周转情况来看，2000—2016 年土耳其公路客运周转量和货运周转量呈现出相似的发展态势，两者先是于 2000—2003 年间出现缓慢下降趋势，之后在 2003—2016 年间呈现快速上升态势。同时期内，土耳其公路客运周转量增速明显快于货运周转量（见图 I－4－5）。

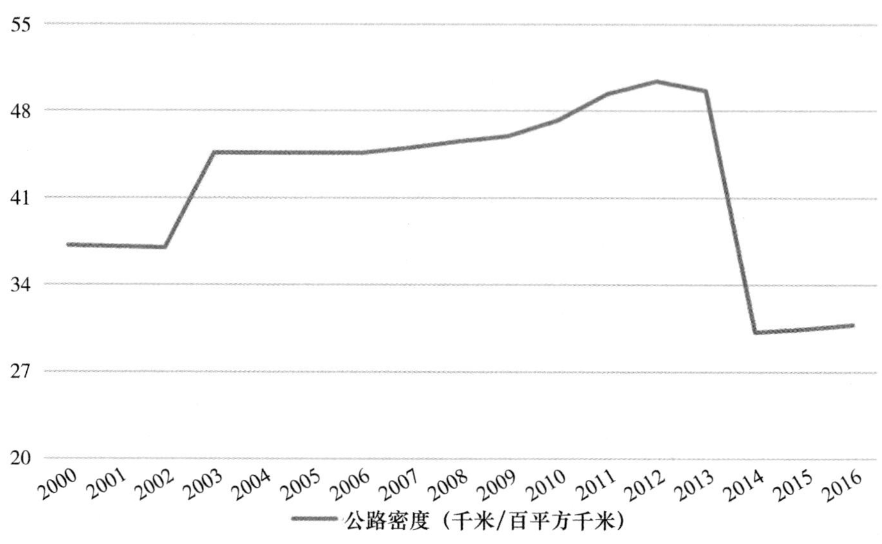

图Ⅰ-4-4　2000—2016年土耳其公路路网密度变化情况

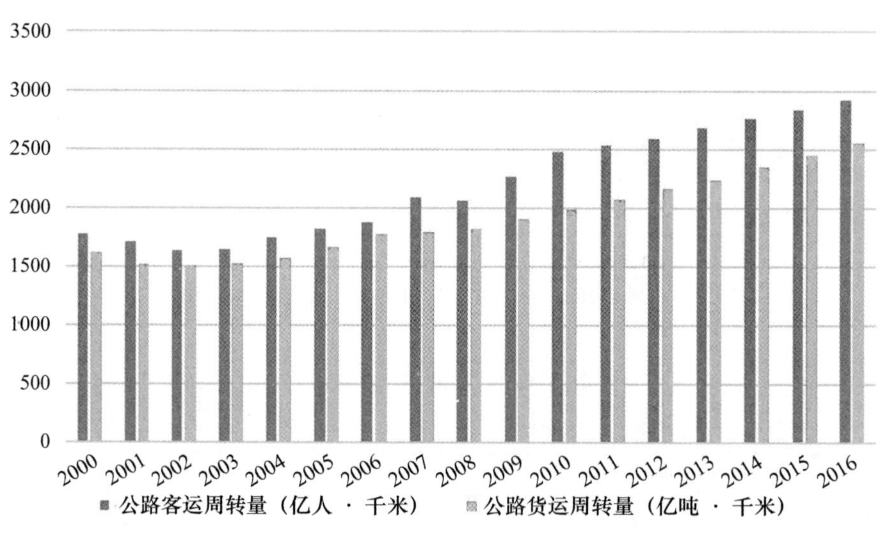

图Ⅰ-4-5　2000—2016年土耳其公路客运货运周转量变化情况

2017年，土耳其公路桥梁基础设施产值规模约43亿美元，同比增长7.5%。2013—2017年，公路桥梁基础设施行业产值规模的年均增幅达6.8%。预计2018—2020年，公路桥梁基础设施行业年均增长率将达到8%左右，预计2020年公路桥梁基础设施行业产值规模达55亿美元。中长期至2024年，预计土耳其公路桥梁基础设施行业产值将保持7%的年均增速，2024年规模将达到77亿美元（见图Ⅰ-4-6）。

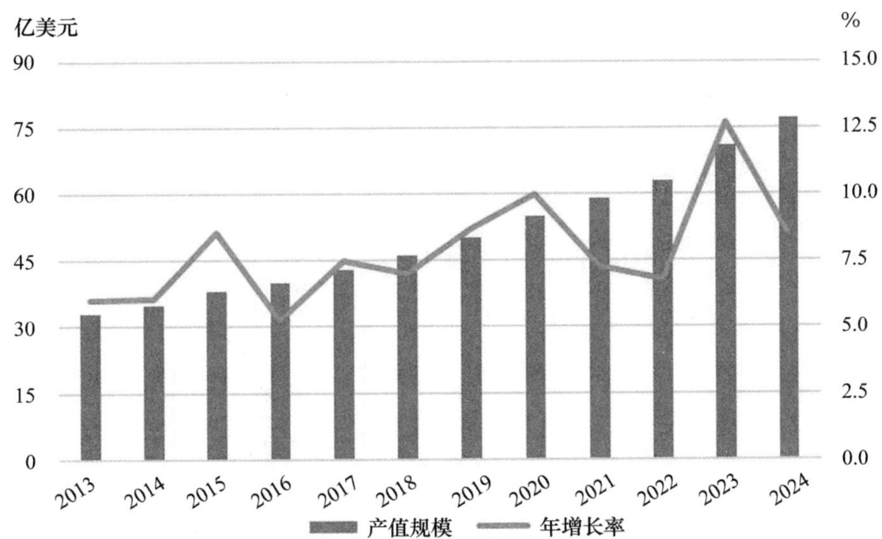

图Ⅰ-4-6　2013—2024年土耳其公路桥梁基础设施行业产值规模及预测

资料来源：BMI数据库，https：//www. fitchsolutions. com/。

二　铁路

根据世界银行的统计数据，截至2016年，土耳其共有铁路线路长度10131千米，铁路路网密度1.29千米/百平方千米。年运输旅客9532万人次，货物2588吨，铁路客运周转量4325百万人·千米，铁路货运周转量10773百万吨·千米。目前，土耳其90%的铁路线属于单行线，75%的铁路线属于非电力和无信号线。其中，30%的铁路线服务期超过27年，而且处于闲置状态，维护和更新严重不足。土耳其目前旅客运输的3%、货物运输的5%是通过铁路进行的①。

从发展历程来看，2000—2016年土耳其铁路总里程从8671千米增加到10131千米，铁路里程长度增加了1460千米，年均复合增长率为0.98%；铁路路网密度从2000年的1.11千米/百平方千米增加至2016年

① 土耳其国家铁路总局（TCDD），http：//www. tcdd. gov. tr/。

的1.29千米/百平方千米，路网密度增加了0.18千米/百平方千米，年均复合增长率为0.94%。铁路客运周转量从2000年的5832百万人·千米降至2016年的4325百万人·千米，下降了1507百万人·千米，年均复合增长率-1.89%；铁路货运周转量从2000年的9761百万吨·千米增加至2016年的10773百万吨·千米，上升了1012百万吨·千米，年均复合增长率为0.62%（见表I-4-4）。总体而言，土耳其铁路基础设施及其运输能力呈现缓慢上升态势。

表I-4-4　　2000—2016年土耳其铁路里程和运量情况

年份	铁路总里程（千米）	铁路密度（千米/百平方千米）	铁路客运周转量（百万人·千米）	铁路货运周转量（百万吨·千米）
2000	8671	1.11	5832	9761
2001	8671	1.11	5568	7486
2002	8671	1.11	5204	7169
2003	8697	1.11	5878	8615
2004	8697	1.11	5163	9334
2005	8697	1.11	5036	8939
2006	8697	1.11	5277	9544
2007	8697	1.11	5553	9680
2008	8699	1.11	5097	10104
2009	8686	1.11	5374	9681
2010	9594	1.22	5491	11030
2011	9642	1.23	5882	10735
2012	9642	1.23	4598	10691
2013	9718	1.24	3775	10244
2014	10087	1.29	4393	11145
2015	10131	1.29	4828	9618
2016	10131	1.29	4325	10773

资料来源：世界银行：《世界银行指标数据库》，https：//data. worldbank. org. cn/indicator。

从时间序列来看，2000—2016 年，土耳其铁路总里程及路网密度呈现出先稳定不变、后快速上升的发展趋势。铁路总里程在 2000—2009 年间几乎没有很大变化，总里程数在 8690 千米上下浮动，路网密度稳定在 1.11 千米/百平方千米水平。2009 年之后，铁路总里程和路网密度又在 2009—2013 年和 2013—2016 年经历了两个阶段的“先快速增长后平稳发展的”时期。总体而言，土耳其铁路里程规模不断扩大，路网密度不断提升，但发展速度较为缓慢（见图 I－4－7）。

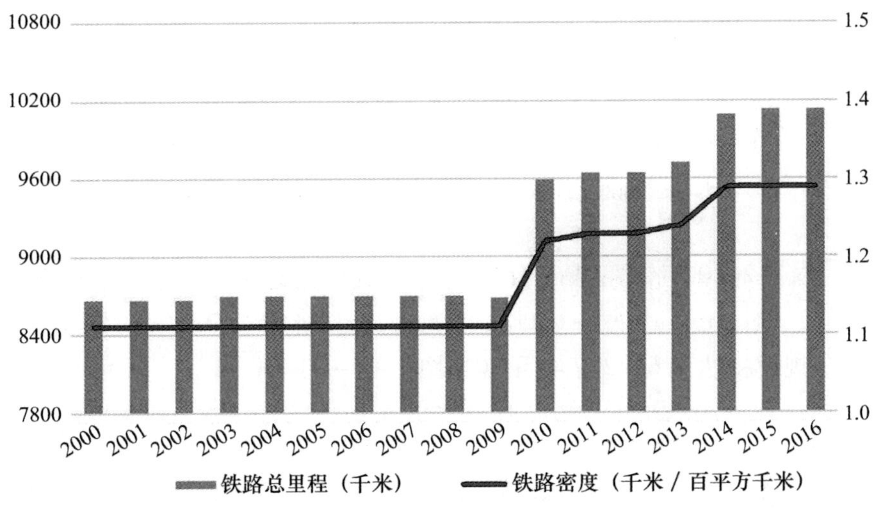

图 I－4－7 2000—2016 年土耳其铁路总里程和路网密度变化情况

从铁路的客运和货运周转情况来看，2000—2016 年土耳其公路客运周转量和货运周转量均呈现不一样的发展态势：铁路客运周转量波动下降，铁路货运周转量波动上升。铁路客运周转量曾在 2000 年、2003 年和 2011 年达到 5800 百万人 · 千米以上的高点，而在 2013 年跌至不足 4000 百万人 · 千米的低谷。铁路货运周转量呈现先下降后上升的态势，2002 年的铁路货运周转量跌至低谷的 7169 百万吨 · 千米，之后大体呈现上升态势（见图 I－4－8）。

2017 年，土耳其铁路基础设施产值规模约 35 亿美元，同比增长 9.4%。2013—2017 年间，铁路基础设施行业产值规模的年均增幅达 7.7%。预计 2018—2020 年间，铁路基础设施行业年均增长率将达到 8%

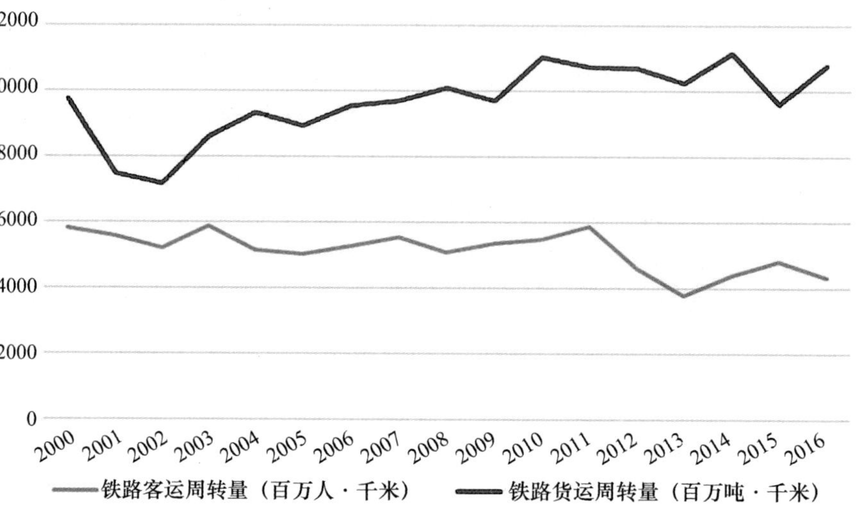

图Ⅰ-4-8　2000—2016年土耳其铁路客运货运周转量变化情况

左右，预计2020年铁路基础设施行业产值规模达44亿美元。中长期至2024年，预计土耳其铁路基础设施行业产值将保持7.5%的年均增速，2024年规模将达到60.2亿美元（见图Ⅰ-4-9）。

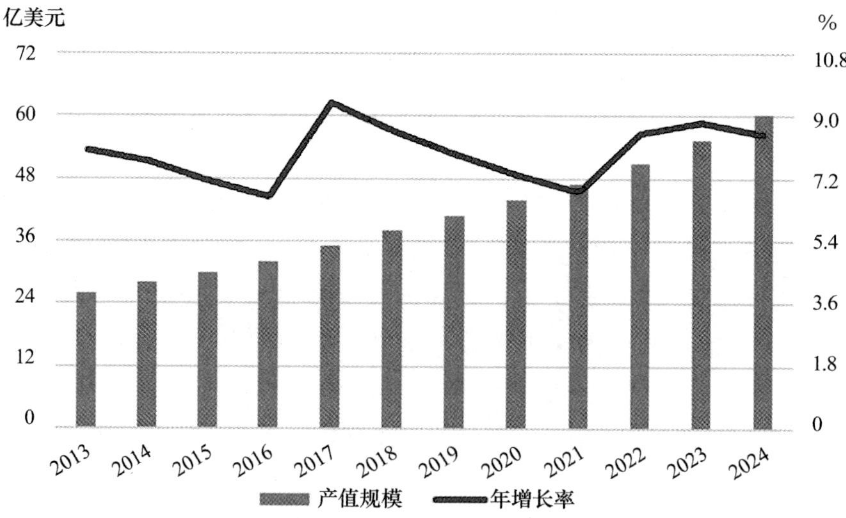

图Ⅰ-4-9　2013—2024年土耳其铁路基础设施行业产值规模及预测

资料来源：BMI数据库，https：//www.fitchsolutions.com/。

2003 年以来，土耳其政府大力开展铁路建设，计划通过铁路将沿海港口与一些重要省份连接起来。土耳其的第一条高速铁路是安卡拉至伊斯坦布尔高铁一期（安卡拉至埃斯基谢希尔），该线路于 2003 年开始建造，2009 年 3 月 13 日通车，全长 249 千米，时速 250 千米/小时，运行时间 80 分钟。第二条高铁是安卡拉至孔亚高铁，于 2011 年 8 月 23 日通车，全长 301 千米，时速 250 千米/小时，运行时间 90 分钟。2014 年 7 月 25 日，中国企业参与建设的安卡拉至伊斯坦布尔高铁二期（埃斯基谢希尔至盖伊韦）建成通车，全长 158 千米，设计时速 250 千米/小时，总投资金额 12.7 亿美元①。

三 水运港口

土耳其北、西、南三面环海，即黑海、马尔马拉海、爱琴海和地中海，还有达达尼尔海峡和博斯普鲁斯海峡，海岸线长达 7200 千米，其海上运输颇具竞争力。2017 年，土耳其港口货物吞吐量达 9927385 标准箱，共拥有大小各类港口 50 多个，主要港口有伊斯坦布尔、伊兹密尔、梅尔辛、伊斯肯德伦、安塔利亚等（见图 I－4－10）。

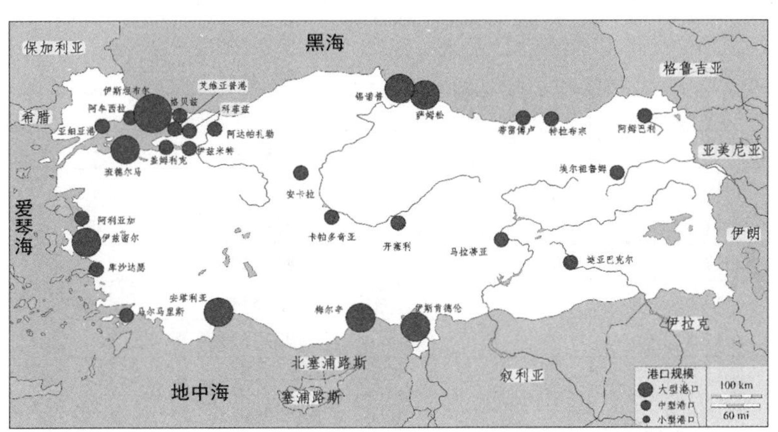

图 I－4－10 2016 年土耳其主要港口空间分布情况

资料来源：土耳其国家交通、海事和通讯部，www. udhb. gov. tr。

① 中华人民共和国商务部：《对外投资合作国别（地区）指南 · 土耳其（2017 年版）》http：//fec. mofcom. gov. cn/article/gbdqzn/upload/tuerqi. pdf。

据世界银行的统计数据，2000—2017 年，土耳其港口吞吐量从 1591739 标准箱增加到 9927385 标准箱，年均复合增长率为 11.37%（见表Ⅰ-4-5）。根据联合国贸发会（UNCTAD）数据显示，土耳其班轮运输相关指数①从 2004 年的 25.6 增加到 2016 年的 49.6，年均复合增长率 5.22%。根据世界经济论坛发布的《全球竞争力报告》显示，土耳其港口基础设施质量指数②从 2007 年的 3.4 增加到 2017 年的 4.5，年均复合增长率 2.84%。总体而言，土耳其港口基础设施发展水平较高，港口水运能力进一步提升。

表Ⅰ-4-5　　2000—2017 年土耳其港口吞吐量情况

年份	港口吞吐量（标准箱）
2000	1591739
2001	1526576
2002	2297380
2003	2377295
2004	2960746
2005	3174077
2006	3683497
2007	4678872
2008	5218316
2009	4521713
2010	6603579
2011	7392584
2012	8168693
2013	9428746
2014	9341316
2015	8832076
2016	8580942
2017	9927385

资料来源：世界银行：《世界银行指标数据库》，https://data.worldbank.org.cn/indicator。

① 该指数表明各国与全球航运网络的连通程度，是根据船舶数量、船舶集装箱承载能力、最大船舶规模、服务量、在一国港口部署集装箱船舶的公司数量五部分数据计算得到。

② 该指数用于衡量企业高管对本国港口设施的感受。

从时间序列来看，2000—2017 年，土耳其港口集装箱吞吐量呈现快速的波动上升趋势。细分时间段，在 2008—2009 年受国际金融危机影响有短暂小幅下降，2013—2016 年出现小幅持续下降趋势，其余时间段均呈现出快速上升的态势（见图 I-4-11）。据土耳其国家统计局预测，土耳其集装箱吞吐量的增速约是其 GDP 增速的两倍，但土耳其人均港口规模仍较小。2013 年，土耳其集装箱处理量 800 万标准箱，而其港口的潜在最大吞吐量可达 1200 万标准箱。总体而言，土耳其港口运输和货运吞吐量规模日益扩大，发展潜力和空间都十分广阔。

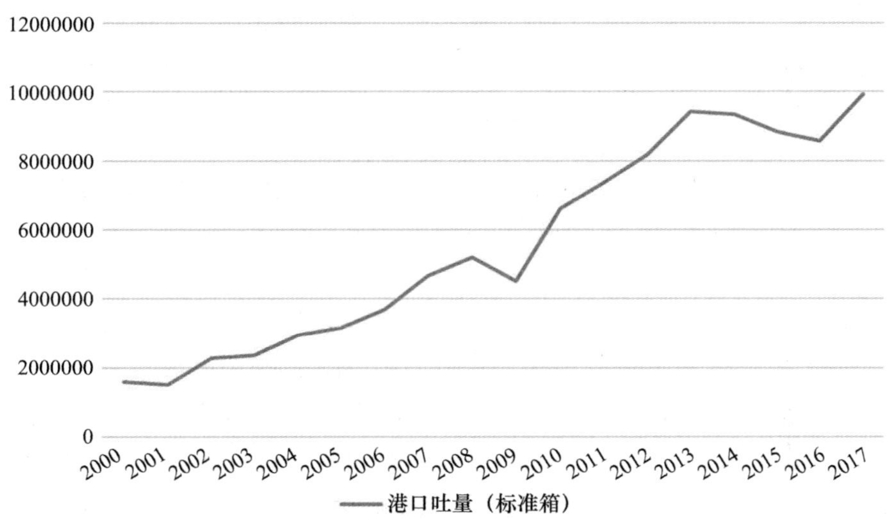

图 I-4-11　2000—2017 年土耳其港口集装箱吞吐量变化情况

2017 年，土耳其港口航道基础设施产值规模约 9.5 亿美元，同比增长 8.1%。2013—2017 年间，港口航道基础设施行业产值规模的年均增幅达 4.4%。预计 2018—2020 年间，港口航道基础设施行业年均增长率将达到 7.8% 左右，预计 2020 年港口航道基础设施行业产值规模达 11.7 亿美元。中长期至 2024 年，预计土耳其港口航道基础设施行业产值将保持 5.7% 的年均增速，2024 年规模将达到 14.6 亿美元（见图 I-4-12）。

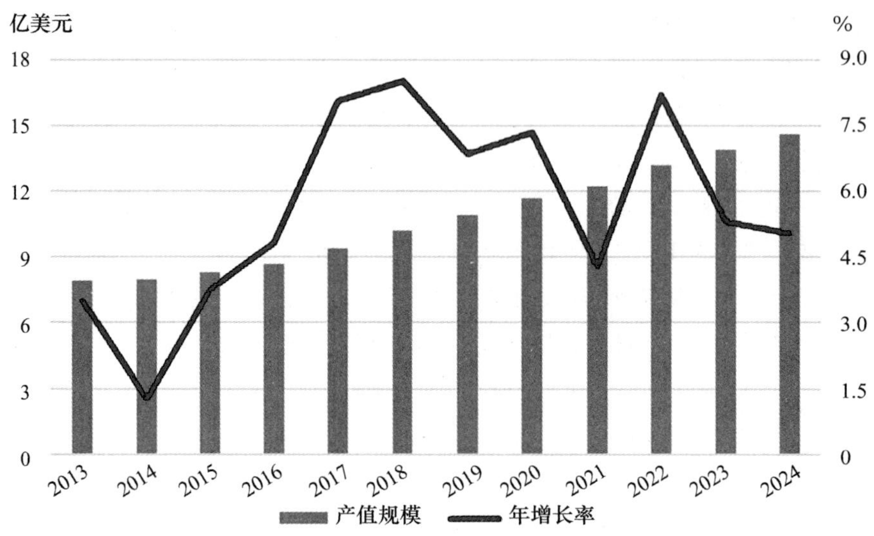

图Ⅰ-4-12　2013—2024年土耳其港口航道基础设施行业产值规模及预测

资料来源：BMI数据库，https：//www. fitchsolutions. com/。

四　航空

土耳其现有52个民用机场，其中21个向国际航班开放。土耳其航空公司是欧洲发展最快的航空公司之一，其运输量和运输能力增长在欧洲都名列前茅。截至2015年底，土耳其航空公司航班目的地283个，包括50个土耳其国内城市和遍布全球110个国家的233个国外城市，规模数量位居各全球航空公司之首①。

位于伊斯坦布尔欧洲地区的阿塔图尔克机场是土耳其最繁忙的机场，2015年全年接待旅客6130万人次，同比增长8%。位于亚洲地区的萨比哈机场全年接待旅客2800万人次，同比增长近20%。此外，土耳其安塔利亚机场、安卡拉机场和伊兹密尔机场年度接待旅客数量居第三至第五位。

目前，伊斯坦布尔第三机场已经开始建设，并于2018年10月29日土耳其建国95周年的国庆日局部启用，这是迄今为止全球最大的机场，位于土耳其欧洲地区靠近黑海的部分。第三机场全部竣工后，将拥有1.5

① 中华人民共和国商务部：《对外投资合作国别（地区）指南·土耳其（2017年版）》，http：//fec. mofcom. gov. cn/article/gbdqzn/upload/tuerqi. pdf。

亿年客流量、14 个航站楼、40 万平方米密闭空间、165 架登机桥、6 条跑道、3 座航空管制塔、8 座控制塔、能容纳 500 架飞机的停机坪以及医院等其他公共服务设施①。

据土耳其航空管理总局统计，2015 年土耳其航空旅客年运输量 1.81 亿人次，同比增长 9.38%。其中，搭乘土耳其各家航空公司的国内旅客数量同比增长 14.1%，达到 9700 万人次；国际旅客数量同比增长 4.4%，达 8400 万人次。国内航班数量增长 10.8%，达 83.57 万班次；国际航班数量增长 4.9%，达 62.08 万班次。根据世界银行的统计数据，截至 2017 年，土耳其航空运输量累计达到 742260 次，航空客运量 107917326 人·千米，航空货运量 4800.24 百万吨·千米。

表 I-4-6　　2000—2017 年土耳其航空运量情况

年份	航空运输量（次）	航空客运量（人·千米）	航空货运量（百万吨·千米）
2000	119945	12187891	385.04
2001	111342	10603908	349.98
2002	105996	10686877	380.79
2003	104377	10745444	376.66
2004	121815	14275835	370.18
2005	145952	16943828	382.95
2006	177088	19361415	463.90
2007	197132	22895275	466.10
2008	215275	25505092	480.67
2009	271835	31339441	856.03
2010	369174	45665249	1149.28
2011	420222	53500303	1544.27
2012	476115	63350312	1933.68
2013	568212	74413805	2296.04
2014	628104	84574844	2630.33

① 中华人民共和国商务部：《对外投资合作国别（地区）指南·土耳其（2017 年版）》，http：//fec.mofcom.gov.cn/article/gbdqzn/upload/tuerqi.pdf。

续表

年份	航空运输量（次）	航空客运量（人·千米）	航空货运量（百万吨·千米）
2015	706067	96604665	2882.16
2016	743673	100366461	3493.93
2017	742260	107917326	4800.24

资料来源：世界银行：《世界银行指标数据库》，https：//data.worldbank.org.cn/indicator。

从发展历程来看，2000—2017 年土耳其航空运输量从 119945 次增加到 742260 次，年均复合增长率为 11.32%。航空客运量从 2000 年的 12187891 人·千米增加至 2017 年的 107917326 人·千米，航空客运量增加了 95729435 人·千米，年均复合增长率为 13.69%；航空货运量从 2000 年的 385.04 百万吨·千米增加至 2017 年的 4800.24 百万吨·千米，增加了 4415.20 百万吨·千米，年均复合增长率为 16.00%。总体而言，土耳其航空基础设施及其运输能力发展十分迅猛，航空运输量、客运能力和货运能力均有显著提升。

从时间序列来看，2000—2017 年，土耳其航空运输量呈现指数型快速上升趋势。航空运输量在 2000—2003 年呈现小幅下降态势，从 2004 年到 2008 年，航空运输量保持平稳上升态势，年均复合增长率达 15.30%。随后从 2009 年直到 2017 年，航空运输量呈现更快的发展速度，年均复合增长率近 18%（见图 I－4－13）。总体而言，土耳其航空运输量发展迅猛，细分时间段则呈现小幅下降—快速上升—急速上升的发展态势。

从航空客运量和货运量情况来看，2000—2017 年土耳其航空客运量和货运量均呈现出快速上升的态势。其中，航空客运量在 2000—2008 年间呈现平稳发展、缓慢上升的态势，同时期的航空货运量则呈现较为稳定的发展情况，航空货运量大体保持在 380 百万吨·千米上下。2008 年之后，土耳其的航空客运量和货运量均呈现指数型的急速上升态势（见图 I－4－14）。总体而言，土耳其航空客运量和航空货运量的发展趋势基本类似，呈现先缓慢上升后快速上升的发展态势。

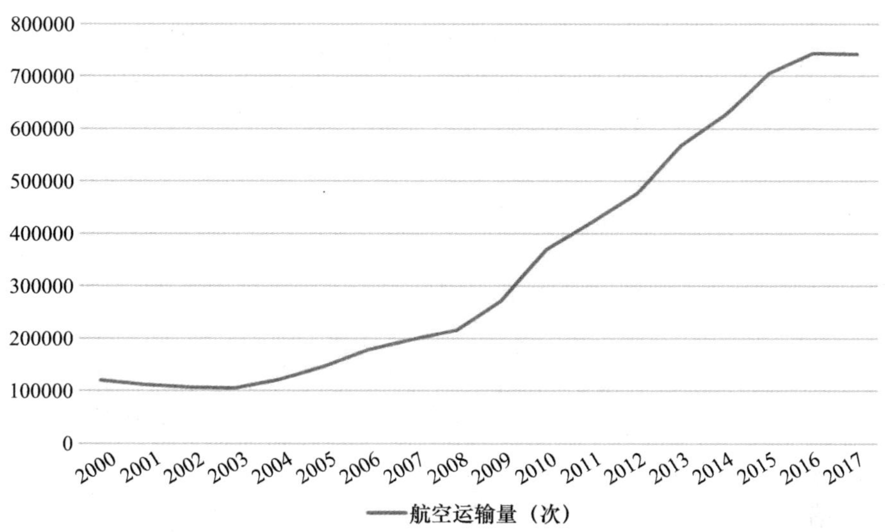

图 I－4－13　2000—2017 年土耳其航空运输量变化情况

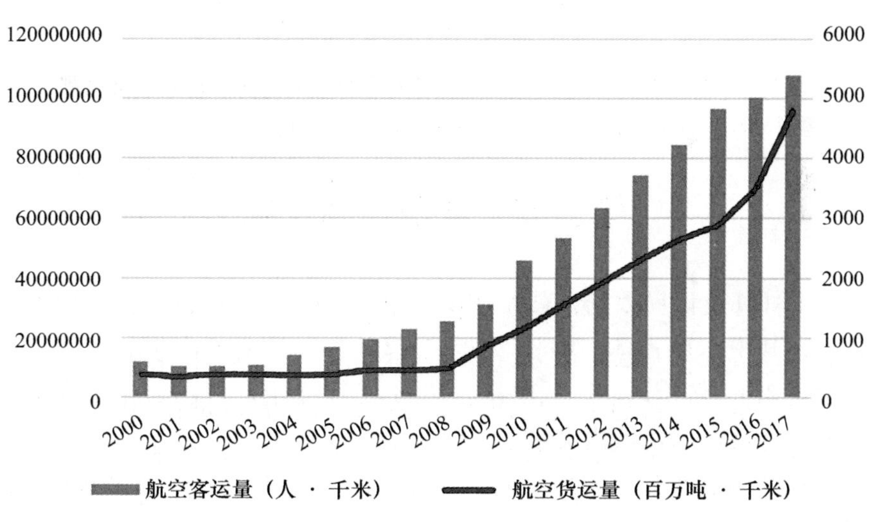

图 I－4－14　2000—2017 年土耳其航空客运货运能力变化情况

2017 年，土耳其航空基础设施产值规模约 5.3 亿美元，同比增长 13.0%。2013—2017 年间，航空基础设施行业产值规模的年均增幅达 9.7%。预计 2018—2020 年间，航空基础设施行业年均增长率将达到

12%左右，预计2020年航空基础设施行业产值规模达8.0亿美元。中长期至2024年，预计土耳其航空基础设施行业产值将保持10.4%的年均增速，2024年规模将达到11.9亿美元（见图Ⅰ-4-15）。

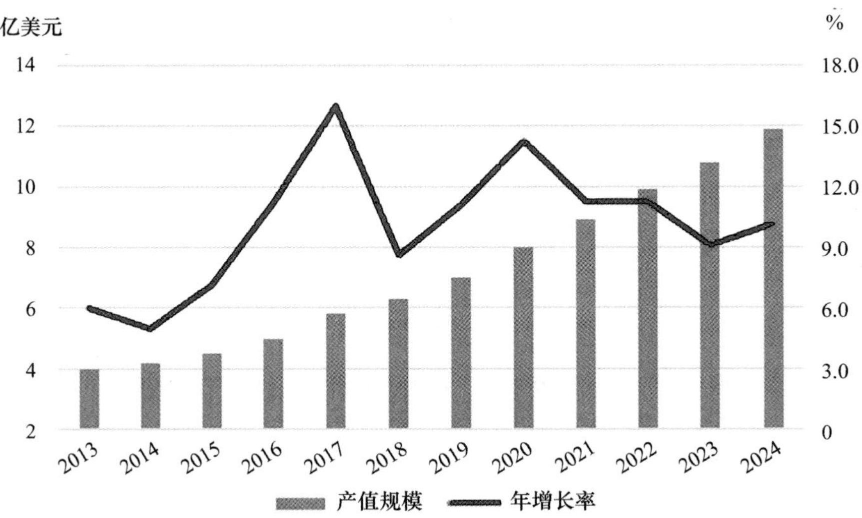

图Ⅰ-4-15　2013—2024年土耳其机场基础设施行业产值规模及预测

资料来源：BMI数据库，https：//www.fitchsolutions.com/。

第三节　能源基础设施

据土耳其统计局数据，截至2016年底，土耳其总装机容量达到7.85万兆瓦，其中水电占35.4%，火电占22.1%，其他可再生能源占36%；发电量为2617亿千瓦时，耗电量已达到2783亿千瓦时，土耳其目前生产的电力尚不足以满足国内需求。

从发展历程来看，2000—2015年土耳其煤炭发电量占比从2000年的30.57%下降到2015年的29.10%，降低了1.47个百分点；天然气发电量占比从2000年的37.00%上升到2015年的37.90%，增加了0.90个百分点；石油发电量占比从2000年的7.45%快速下降到2015年的0.85%；水力发电量占比从2000年的24.72%下降到2015年的25.65%，其他能源发电量占比从2000年的0.26%快速增加到2015年的6.50%，上升了6.24个百分点（见表Ⅰ-4-7）。总体而言，土耳其现阶段的能源基础设施的能源供应主要还是依靠煤炭、天然气和水力能源，但地热能、风能等清洁和可再生能源基础设施的增长十分迅猛。

表Ⅰ-4-7　　2000—2015 年土耳其各能源基础设施发电量情况

年份	煤炭发电量占比（%）	天然气发电量占比（%）	石油发电量占比（%）	水力发电量占比（%）	其他能源发电量占比（%）
2000	30.57	37.00	7.45	24.72	0.26
2001	31.30	40.37	8.45	19.56	0.32
2002	24.84	40.57	8.30	26.03	0.26
2003	22.94	45.20	6.54	25.13	0.19
2004	22.86	41.30	5.09	30.58	0.17
2005	26.67	45.35	3.39	24.43	0.16
2006	26.46	45.77	2.46	25.10	0.21
2007	27.89	49.61	3.41	18.72	0.37
2008	29.09	49.74	3.79	16.77	0.61
2009	28.58	49.33	2.47	18.46	1.16
2010	26.06	46.47	1.03	24.52	1.92
2011	28.87	45.36	0.39	22.82	2.56
2012	28.40	43.63	0.68	24.16	3.13
2013	26.56	43.77	0.72	24.74	4.21
2014	30.27	47.85	0.85	16.13	4.90
2015	29.10	37.90	0.85	25.65	6.50

资料来源：世界银行：《世界银行指标数据库》，https://data.worldbank.org.cn/indicator。

2017 年，土耳其能源基础设施行业产值规模约 140 亿美元，占所有基础设施产业比重为 61%，同比增长 10.7%。2013—2017 年间，能源基础设施行业产值年均增幅达 6.8%，其中，2013—2015 年处于持续上升阶段，2015 年后增幅有较大程度的下降。中长期至 2024 年，预计土耳其能源基础设施行业产值将保持 5.0% 的年均增速，2024 年产值规模将达到 246 亿美元（见图Ⅰ-4-16）。

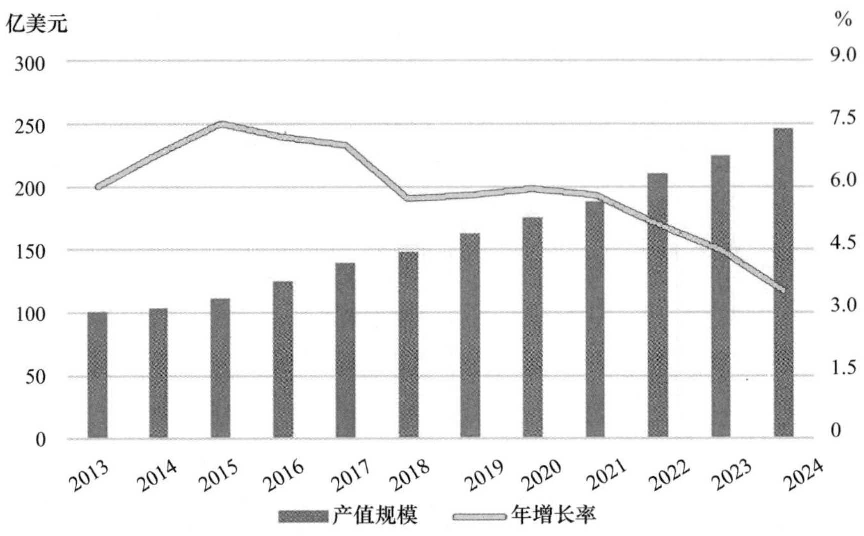

图Ⅰ-4-16　2013—2024年土耳其能源基础设施产值规模和增速

资料来源：BMI数据库，https：//www.fitchsolutions.com/。

细分行业来看，2017年土耳其电站输电网类基础设施行业规模最大，产值为99.0亿美元，占比达到74.1%；油气管道基础设施行业产值25.4亿美元，占比达到19.0%；水利基础设施行业产值9.2亿美元，占比为6.9%。2013—2017年间，电站输电网行业产值从77.0亿美元上升至99.0亿美元，占比几乎保持不变；油气管道行业产值规模从20.3亿美元上升至25.4亿美元，占比从19.5%下降至19.0%；水利设施行业产值从6.6亿美元上升至9.2亿美元，占比从6.4%上升至6.98%（见表Ⅰ-4-8）。相比较而言，电站输电网几乎不变，油气管道行业的产值占比略微下降，水利设施行业产值规模占比有小幅上升。

表Ⅰ-4-8　**2013—2017年土耳其能源基础设施细分行业产值规模**　（单位：亿美元）

	2013年		2014年		2015年		2016年		2017年	
	产值	占比（%）	产值	占比（%）	产值	占比（%）	产值	占比（%）	产值	占比（%）
电站输电网	77.0	74.1	77.8	74.3	82.4	74.1	88.8	74.1	99.0	74.1
油气管道	20.3	19.5	20.3	19.4	21.4	19.2	22.9	19.1	25.4	19.0

续表

	2013 年		2014 年		2015 年		2016 年		2017 年	
	产值	占比（%）	产值	占比（%）	产值	占比（%）	产值	占比（%）	产值	占比（%）
水利设施	6.6	6.4	6.6	6.3	7.5	6.7	8.1	6.8	9.2	6.98
总计	103.9	100	104.7	100	111.2	100	119.8	100	133.6	100

资料来源：BMI 数据库，https：//www.fitchsolutions.com/。

2013 年 10 月，土耳其配电网私有化已全部完成。电网升级改造计划稳步推进，到 2015 年底总计投资超过 50 亿美元用于发展电网设施。土耳其天然气能源严重依赖进口，其占比高达 98%，每年进口 450 亿立方米。为降低对外国天然气供应的依赖，土耳其政府致力于发展核电，总投资 200 亿美元的第二座核电站——梅尔辛核电站已于 2016 年破土动工，预计 2023 年整体投入运营[①]。

目前，土耳其正在大力发展煤电和水电等传统电力，加速发展太阳能、风能、地热能等无污染电力，开始发展核电电力。据土耳其电力公司估算，2009—2023 年，土耳其电力需求将以每年 6% 的速度增长。

此外，土耳其正加速发展可再生能源，尤其是风能、光伏、地热能等领域。在可再生能源项目中，风能项目发展潜力最大。据土耳其风能委员会的统计数据，截至 2014 年 6 月，土耳其风能总装机容量约为 7 吉瓦，风能基础设施主要分布于爱琴海地区、土耳其西北部马尔马拉地区、地中海地区东部以及部分中央山区。光伏领域，土耳其光伏发电的装机容量超过 2 吉瓦。地热能领域，土耳其目前有 6 座地热发电设备，合计输出功率达 10 万千瓦左右，主要集中于高温地热资源丰富的西部地区。

第四节　通信基础设施

土耳其邮政系统完善，各市（县）均有邮政局，服务内容包括国内外邮寄、快递、汇兑款、西联汇款、水电气和电话费等发票的代收业务、

① 中华人民共和国商务部：《对外投资合作国别（地区）指南·土耳其（2017 年版）》，http：//fec.mofcom.gov.cn/article/gbdqzn/upload/tuerqi.pdf。

电报、各类电话卡销售，此外还开通了网上邮政业务。土耳其电话设施较为发达，几乎村村通电话。目前固定电话服务业务主要由国家电信公司经营，移动通信服务商主要有 3 家，分别是 Turkcell、Turk Telekom 和 Voldafone 移动通信公司。截至 2016 年底，土耳其邮政服务覆盖率 90% 以上，电话设施基本实现 100% 覆盖，固定电话 1108 万线、移动电话 7506 万部。目前，土耳其政府力推 4.5 代通信技术（4.5G），并拟引入第四家移动通信服务商[①]。土耳其互联网络较成熟，宽带上网较普遍。截至 2016 年底，互联网用户达到 6228 万。

根据世界银行的统计数据，截至 2017 年，土耳其每百人拥有移动电话 96 部，每百人拥有固定电话 14 部。从发展历程来看，2000—2017 年土耳其每百人拥有移动电话数从 2000 年的 26 部增加到 2016 年的 96 部，增加了 70 部，年均复合增长率为 7.99%；土耳其每百人拥有固定电话数从 2000 年的 29 部减少到 2017 年的 14 部，减少了 15 部，年均复合增长率为 -4.38%。出现上述情况可能与移动通信技术的迅猛发展有关。

表Ⅰ-4-9　2000—2017 年土耳其固定/移动电话基础设施情况

年份	每百人拥有移动电话（部）	每百人拥有固定电话（部）
2000	26	29
2001	30	29
2002	36	29
2003	42	29
2004	52	29
2005	64	28
2006	77	27
2007	89	26
2008	93	25
2009	88	23
2010	85	22

① 中华人民共和国商务部：《对外投资合作国别（地区）指南·土耳其（2017 年版）》，http://fec.mofcom.gov.cn/article/gbdqzn/upload/tuerqi.pdf。

续表

年份	每百人拥有移动电话（部）	每百人拥有固定电话（部）
2011	89	21
2012	91	19
2013	92	18
2014	93	16
2015	94	15
2016	94	14
2017	96	14

资料来源：世界银行：《世界银行指标数据库》，https：//data. worldbank. org. cn/indicator。

从时间序列来看，2000—2017 年，土耳其每百人拥有移动电话和每百人拥有固定电话的发展趋势正好相反。每百人拥有移动电话部数在 2008—2010 年间有些许发展速度的波动，但整体上处于快速上升的态势。相反，每百人拥有固定电话部数一直处于缓慢下降的发展趋势（见图 I-4-17）。

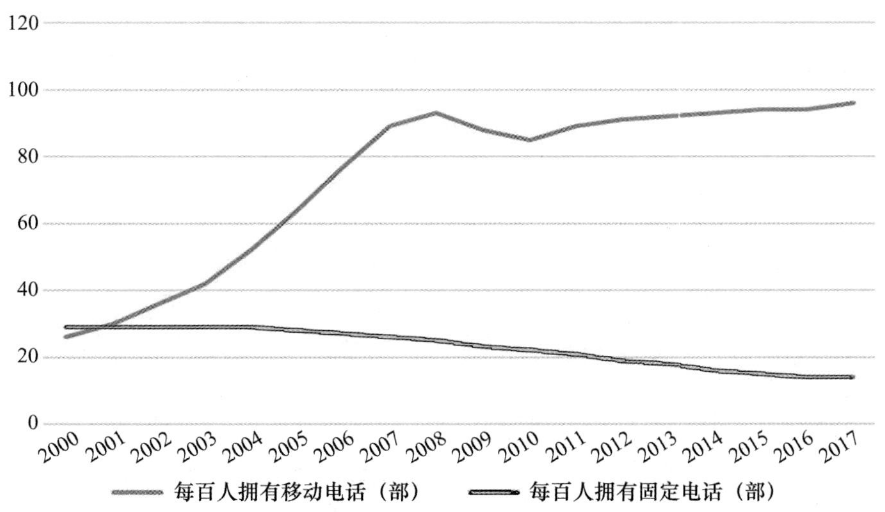

图 I-4-17　2000—2017 年土耳其每百人移动/固定电话拥有量变化情况

从互联网基础设施发展情况来看，截至 2017 年，土耳其互联网普及率 64. 48%，每百万人拥有互联网服务器数 3367 个，每百人拥有固定宽带数 14. 77 部。

从发展历程来看，2000—2017 年土耳其互联网普及率从 2000 年的 3. 76% 迅猛增加到 2017 年的 64. 48%，增加了 20 倍左右，年均复合增长率 18. 20%；每百人拥有互联网服务器数从 2000 年的 1 个快速增加到 2017 年的 3367 个，年均复合增长率 61. 24%；每百人拥有固定宽带数实现了从无到有、从小到大的进化，2000 年只有 0. 01 部，到 2017 年已经达到 14. 77 部（见表 I－4－10）。

表 I－4－10　　　2000—2017 年土耳其互联网基础设施情况

年份	互联网普及率（%）	每百万人拥有互联网服务器数（个）	每百人拥有固定宽带（部）
2000	3. 76	1	0. 01
2001	5. 19	2	0. 02
2002	11. 38	4	0. 03
2003	12. 33	5	0. 30
2004	14. 58	6	0. 86
2005	15. 46	7	2. 34
2006	18. 24	8	4. 03
2007	28. 63	14	6. 83
2008	34. 37	30	8. 17
2009	36. 40	54	9. 04
2010	39. 82	86	9. 81
2011	43. 07	118	10. 34
2012	45. 13	224	10. 55
2013	46. 25	265	11. 73
2014	51. 04	299	11. 51
2015	53. 74	365	12. 14
2016	58. 35	1306	13. 21
2017	64. 68	3367	14. 77

资料来源：世界银行：《世界银行指标数据库》，https：//data. worldbank. org. cn/indicator。

从时间序列来看，2000—2017 年，土耳其互联网普及率、每百万人拥有互联网服务器个数、每百人拥有固定宽带部数均呈现快速上升的发展态势。其中，每百万人拥有互联网服务器数增长速度最快，呈现指数型发展态势。总体而言，土耳其通信基础设施的发展速度较快，空间潜力巨大，发展前景乐观。

第五节　基础设施发展规划

土耳其交通、海事和通信部（Ministry of Transport, Maritime Affairs and Communication）与能源和自然资源部（Ministry of Energy and Natural Resources）是负责基础设施建设的主要政府部门。交通、海事和通信部下设基础设施投资总局和铁路总局（TCDD），负责具体项目的招标和组织实施。另外，土耳其国库署（Undersecretariat of Treasury）是为土耳其政府采购项目提供融资服务的机构，负责与资金提供方协商贷款条件、安排贷款偿还方案等事宜[①]。

2003 年 2 月，土耳其议会大会批准了该国第十个国民经济五年发展计划（2014—2018 年）。根据该计划，“十五”期间土耳其经济将以年均 5.5% 的速度增长，人均国民收入达到 1.6 万美元。到 2018 年通胀率降低到 4.5%，公共基础设施投资总额达到 1986 亿美元。

2009 年，土耳其政府制定《2023 发展规划》。该《规划》指出，到 2023 年（土耳其建国 100 周年），实现经济总量跻身世界前十大经济体等目标。其中，涉及基础设施发展规划的内容主要有：

一　交通基础设施规划

交通领域将发展包括公路、铁路、航空、海运等方面的建设项目。中长期至 2024 年，规划土耳其交通基础设施行业产值保持 5.5% 的年均增速，达到 125.04 亿美元。

公路方面，计划短期内建设 1775 千米高速公路和 1.5 万千米多车道公路。在 2023 年前建成 3.65 万千米双线车道、7500 千米高速公路和 7 万千米沥青公路。桥梁方面，计划 2019 年在博斯普鲁斯海峡建成海底隧道

① 土耳其交通、海事和通信部，http：//www.udhb.gov.tr；能源和自然资源部，www.enerji.gov.tr；土耳其国库署，https：//en.hmb.gov.tr/。

和第三座大桥，在达达尼尔海峡架设一座大桥。

铁路方面，规划至2018年底建设超过1500英里的高速铁路以实现14个城市的铁路连接。到2023年使铁路在现有网络基础上扩建一倍，建成总长为2.5万千米的铁路网络，将铁路承运旅客、货物比例分别提高到10%和15%，包括新建铁路1.3万千米（3500千米高速铁路、8500千米快速铁路和1000千米传统铁路），以及对现有铁路中的4400千米线路进行改造升级。每年改造500千米铁路，将铁路进一步私有化，将火车站改造并入高速列车车站。至2035年相关各项目总额达450亿美元，计划建造1万千米高铁、4000千米常铁，铁路总长将达到25940千米。重点发展以首都安卡拉为中心的高速铁路网络，包括伊斯坦布尔—安卡拉—锡瓦斯、安卡拉—阿菲永—卡拉黑塞尔—伊兹密尔、安卡拉—孔亚三条高铁线路，以公私合作的方式建设并运营。推动土耳其与高加索、中东和北非的铁路项目，并将铁路连接到全国主要港口。

港口方面，在爱琴海、地中海、马尔马拉海和黑海建设转运港，到2019年建成至少一个世界前十大港口，提供3200万标准箱运输处理能力，5亿吨固体和3.5亿吨液体的处理能力。在全国范围内建设100个码头，容量达到5万艘游艇。

航空方面，计划投资1.6亿美元在全国选址建设一个空中交通导航控制中心。计划投资9.37亿美元在5个国际机场建设6个接待能力超过5000万人次/年的航站楼。计划投资221.52亿欧元，建设全球迄今为止最大的机场——伊斯坦布尔第三机场。

二　能源和公用事业基础设施规划

2012年7月23日，土耳其经济部部长在出席土耳其—新加坡商业论坛时指出，土耳其将在未来10年内向能源和交通领域投资2400亿美元。其中，计划对交通领域投资1100亿美元，对能源领域的投资将达到1300亿美元。

土耳其政府重点发展能源和交通行业，在土耳其基础设施中占比最大。2014年，土耳其能源与公共事业基础设施产值达到了104.7亿美元，近中期至2020年，该行业预计年均增速将达6.7%，至2020年将达154.5亿美元。

土耳其政府计划在2023年前将全国总装机容量提高到12.5万兆瓦，将可再生能源份额提升到30%，将配电机组容量提高至15.85万兆伏安；将因偷漏电而损失的电量降至5%，扩大智能电网的适用范围；将天然气存储容量提高至50亿立方米；成立能源股票交易所；8个容量为1万兆瓦的核反应堆投入运行；建造4个容量为5000兆瓦的核反应堆；在国内煤田建造容量为1.85万兆瓦的电厂；全面利用水电；将风电容量提高至2万兆瓦，推广地热电厂，使地热发电容量达到600兆瓦，将太阳能发电容量提升至3000兆瓦。管道方面，将全国输送管道总长度增加至6.7万千米。

总体而言，土耳其能源领域的发展规划主要包括：（1）搞活能源领域，对国有发电、配电企业实行私有化；（2）扩大能源来源和能源种类，加强对太阳能、风能、地热能等新能源的开发和利用；（3）启动核电等新项目。2018年4月，于梅尔辛省南部破土动工的土耳其首个核电站——阿库优核电站工程造价约220亿美元，装机容量为450万千瓦时的第二个核电站也在筹建中。预计至2030年，土耳其将建成3座核电站，提供10%的国内电力供应。（4）建设大批量的煤电站和水电站；（5）加大石油和天然气的储备力度；（6）提高土耳其能源运输的国际地位。

通信业方面，土耳其政府计划促使国内产品和服务提供的ICT部门业务比例达到50%，ICT部门在GDP中的份额达到8%，跻身电子转型领域排名前十国家。规划到2019年以电子方式提供所有公共服务。

第五章　产业发展研究

土耳其地处欧亚大陆交界处，不仅是古代丝绸之路的重要门户，还是新时代“一带一路”倡议中连接欧亚的桥梁。1923 年土耳其共和国成立后，便开始积极筹划经济建设，重点发展工业部门。20 世纪 80 年代，土耳其将“脱亚入欧”提上了议程，在政治、经济以及文化等各个领域推行欧洲模式。1987 年土耳其申请加入欧盟，1999 年成为欧盟候选国，学习欧洲发达国家的发展模式，服务业的发展成为经济建设的重中之重。2003 年，总统埃尔多安执政以来，土耳其经济飞速发展，产业体系不断完善，人均收入翻了近三倍。土耳其统计研究所（Turkey Statistics Institute）显示，土耳其国民生产总值（GDP）自 2000 年以来一直保持着高速增长的态势，2018 年，以 2009 年不变价计算，土耳其 GDP 实现增长 2.6%，以现价计算，GDP 达到了 37989 亿里拉，同比增长了 19.1%。

第一节　产业结构演变

一　三大产业结构演变

土耳其建国初期是典型的农业国家，为了尽快改变经济落后的局面，保证国家经济和政治的完全独立，大力发展工业是该时期经济建设的重点，工业在国民生产总值（GDP）中所占的比重逐渐上升。1958 年欧洲共同体成立，土耳其立即于次年申请加入，并制定了加入欧盟、融入欧洲的国家战略，积极向欧美发达国家看齐，开始大力发展服务业。世界银行数据显示，土耳其的农业在国民生产总值（GDP）当中的比重逐渐下降，并于 1965 年首次下降至 50% 以下，土耳其自此成为非农业国家，该年工业和服务业在 GDP 中的占比分别为 19.34% 和 14.69%。在此之后，土耳其的农业占比仍然延续着逐年下降的趋势，工业和服务业不断发展，逐渐取代农业，在国民经济中所占比重越来越大。1983 年，土耳其第三产业在 GDP 当中的比重首次超过 50%，达到了 50.37%，第二产业在 GDP 当中的比重也上升至 26.62%，第一产业在 GDP 当中的比重继续下降至 20.91%，土耳其正式步入了以服务业为主体的发达国家式产业结构发展阶段。20 世纪 90 年代，受能源短缺的限制，土耳其工业生产成本较高，土耳其第二产业在 GDP 中的比重在经历了持续上升之后也开始呈现下降的趋势①。

虽然土耳其的农业已经得到了大幅增长，但是第一产业在国民生产总值（GDP）中的比重下降至 10% 以下，2017 年农业增加值达 1890 亿里拉，在三大产业中占比仅为 6.87%。与此同时，第二产业在 GDP 中比重缓慢提高，至 2017 年，工业增加值为 9058.19 亿里拉，同比增长了 23.21%。第三产业在 GDP 当中的占比在经历了 21 世纪初的短暂上升之后，呈现出轻微下降的态势，2017 年服务业的增加值达到了 16578.22 亿里拉，较上年增长了 18.21%。近年来，土耳其产业结构较为稳定，三大产业占比一直维持在 10% 以下、30% 以及 60% 左右的水平（见表 I－5－1）。

表 I－5－1　　1998—2017 年土耳其三大产业增加值及占比

年份	第一产业		第二产业		第三产业	
	增加值（亿里拉）	占比（%）	增加值（亿里拉）	占比（%）	增加值（亿里拉）	占比（%）
1998	89.57	13.53	223.79	33.80	348.74	52.67
1999	112.29	11.48	304.61	31.15	560.91	57.36
2000	172.06	11.26	459.14	30.05	896.93	58.69
2001	217.30	9.93	628.22	28.70	1343.29	61.37

① 世界银行“世界发展指数数据库”，http://databank.worldbank.org/data/reports.aspx?source=2&series=NY.GDP.MKTP.CD，NV.AGR.TOTL.ZS，NV.IND.TOTL.ZS，NV.IND.MANF.ZS，NV.SRV.TETC.Z。

续表

年份	第一产业		第二产业		第三产业	
	增加值（亿里拉）	占比（%）	增加值（亿里拉）	占比（%）	增加值（亿里拉）	占比（%）
2002	369.02	11.63	884.42	27.88	1918.56	60.48
2003	462.50	11.28	1162.23	28.34	2476.13	60.38
2004	543.65	10.78	1450.06	28.76	3048.87	60.46
2005	623.50	10.60	1704.60	28.97	3555.01	60.43
2006	644.16	9.33	2060.58	29.85	4197.81	60.82
2007	661.97	8.48	2329.41	29.85	4811.18	61.66
2008	744.51	8.41	2609.97	29.47	5501.91	62.12
2009	812.34	9.12	2403.65	26.97	5694.83	63.91
2010	1047.04	10.27	2853.84	27.98	6298.23	61.75
2011	1148.38	9.36	3756.14	30.62	7362.44	60.02
2012	1216.93	8.78	4202.66	30.34	8434.54	60.88
2013	1217.09	7.68	5012.21	31.62	9623.95	60.71
2014	1347.25	7.45	5764.41	31.88	10970.25	60.67
2015	1614.48	7.83	6525.83	31.67	12466.96	60.50
2016	1613.05	7.02	7351.69	31.98	14024.23	61.00
2017	1890.00	6.87	9058.19	32.91	16578.22	60.23

资料来源：根据土耳其统计研究所数据整理。

土耳其的就业结构也较为稳定，自2005年以来，服务业作为劳动密集型行业，吸收了大量的就业人员，就业人数居三大产业之最，工业次之。除了农业就业在2011年至2013年出现轻微下降之外，服务行业和工业的就业水平都稳步上升。2017年土耳其农业、工业、服务业等的就业在国民经济中所占的比重分别为6.08%、29.16%和53.36%，就业人数分别达到了557.70万人、753.20万人以及1538万人（见图Ⅰ-5-1）。

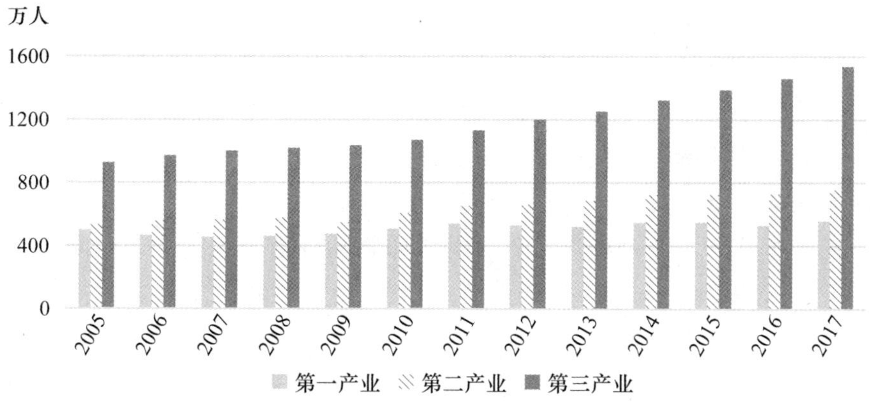

图Ⅰ-5-1 2005—2017年土耳其三大产业就业情况

资料来源：根据土耳其统计研究所数据绘制。

二 三大产业概况

（一）农业发展概况

农业作为土耳其较为发达的产业，生产规模庞大，具有显著的发展优势。作为底格里斯河和幼发拉底河的发源地，土耳其河流湖泊众多，充足的水源为土耳其的农业灌溉奠定了坚实的基础。土耳其的夏季时间长，气温较高，降水较少，而冬季寒冷，降雪和冷雨较为丰富。多样的气候使得土耳其拥有极为丰富的农作物品种。土耳其植物种类共计多达11000种，仅比欧洲植物总类少500种①。

土耳其作为全世界主要农业和食品生产国之一，是世界第七大农业产区。土耳其是无花果干、榛子、葡萄干和杏脯的主要产区之一，出口至150个国家和地区。沿海地区的典型地中海气候为干果的生产提供了便利的条件，由于夏季时间较长，经济作物在炎热干旱和阳光充足的夏季保存了足够的糖分，不仅适合直接食用，也适用于甜品制作；另一方面，先进的生产设备也保障了食品的卫生和品质。此外，土耳其作为茶叶的消费大国，同时也是世界第六大茶叶生产国，土耳其的茶树种植主要位于黑海东部地区，主产红茶，土耳其自1924年由政府牵头从格鲁吉亚引进茶籽以来，积

① 土耳其共和国总理府投资支持与促进局：《土耳其农业和食品产业报告（2018）》，http：//www. invest. gov. tr/zh-CN/sectors/Pages/Agriculture. aspx。

极建立茶叶试验园，鼓励开办茶叶厂，茶产业得到了迅速发展，茶叶产量趋于稳定。1965 年土耳其的茶叶产量已经可以自给自足后，政府决定停止从国外进口。土耳其的红茶一般在 5 月、7 月和 10 月采摘，一年里能收获 3—4 次，近年来绿茶的制作也得到了一定的发展。另外，土耳其还是世界第四大烟草生产国以及世界主要的蜂蜜生产国。

在土耳其的农业种植里，谷物等农作物的种植面积占据了一半的农业用地，2017 年，农作物的生产占总产值的 55% 左右。土耳其主要的农作物为小麦、大麦、棉花、烟草和甜菜。其中，小麦约占播种面积的一半以上。棉花作为土耳其主要的经济作物，90% 用于国内纺织业，为土耳其初期纺织品工业的生产发展奠定了基础。畜牧业占地面积次之，达到了 38%，畜牧业产值水平也不高，大概维持在 30% 左右，土耳其的畜牧业规模还有待扩张。在众多畜牧产品中，羊毛是土耳其的重要出口产品，用于制造世界闻名的土耳其地毯。水果、茶和香料作物虽然是土耳其的特色农业产品，但种植面积仅占农业用地的 9%。蔬菜及观赏植物的种植面积占比最少，为 2%（见图 I－5－2）。在土耳其的农业中，林业和渔业较不发达。尽管土耳其拥有狭长的海岸线和庞大的淡水资源，渔业仍是一个欠发达的行业，而且存在着过度捕捞的现象。

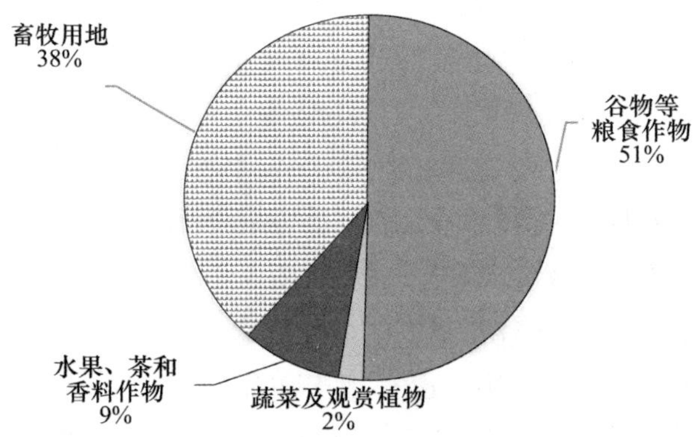

图 I－5－2　2017 年土耳其农业各项种植面积占比

资料来源：根据土耳其统计研究所数据整理。

从土耳其农业产出情况来看，土耳其的农业产出规模逐年扩大，2005—2018 年农业产值年均增长 9.4%，2018 年达 1588.71 亿里拉，农产品市场销售额年均增长9.6%，2018年达1341.35亿里拉。无论是从产值分布还是从市场销售额的分布来看，农业三大部门均较为稳定，即谷物和其他农作物占38%左右，水果、饮料和香料作物占35%左右，蔬菜占27%左右（见表I-5-2）。

表I-5-2　　1995—2018年土耳其农业产出分布　　（亿里拉/百万亿里拉）

年份	农业总产出		谷物和其他农作物		蔬菜		水果、饮料和香料作物	
	产值	销售额	产值	销售额	产值	销售额	产值	销售额
1995	10.84	8.42	5.81	4.37	2.23	1.79	2.80	2.26
2000	149.20	115.75	66.01	48.56	36.74	29.63	46.45	37.56
2005	509.40	422.07	215.23	163.88	120.28	106.26	173.88	151.93
2010	800.38	673.94	284.64	221.09	265.89	235.61	249.85	217.24
2011	889.79	741.67	357.08	278.76	255.40	223.08	277.31	239.83
2012	879.47	734.00	331.58	255.12	255.23	225.16	292.66	253.73
2013	924.53	766.24	391.24	300.93	256.03	226.17	277.26	239.14
2014	981.23	817.42	421.70	329.38	260.99	230.54	298.54	257.50
2015	1201.52	1003.64	495.20	382.13	293.19	259.04	413.13	362.46
2016	1192.38	997.57	479.85	375.82	317.11	280.19	395.41	341.56
2017	1358.85	1138.12	561.19	440.72	338.46	298.80	459.20	398.60
2018	1588.71	1341.35	619.44	488.43	413.97	366.53	555.31	486.39

注：2005年之前的货币单位为百万亿里拉，2005年及以后的货币单位为亿里拉。

资料来源：根据土耳其统计研究所农业账户数据整理。

在农业耕作方面，自1990年以来，国家就开始鼓励农民采用机械化生产。其中最重要的项目是东南安纳托利亚计划（GAP），旨在通过一系列底格里斯河和幼发拉底河的水坝建设，使国家的灌溉农田提高一倍。不过，当时并没有什么显著效果，未能实现农业的规模化生产。但是，据土耳其统计研究所农业账户的数据，近十年来，土耳其农业机械化率显著提高，土耳其拖拉机和联合收割机的使用量稳步上升，拖拉机的使用量由2003年的99.762万辆上升至2018年的133.2139万辆，2018年实现同比增长19.44%。同期，联合收割机的使用量增长了5545辆，2018年达到了17266辆（见表I-5-3）。

表Ⅰ-5-3　　2003—2018 年土耳其农业机械化程度

	拖拉机（千辆）	联合收割机（千辆）	拖车（千辆）	犁板式拖拉机犁（千辆）	农用喷雾器（千个）
2003	997.62	11.721	966.596	930.943	580.927
2004	1009.065	11.519	986.313	947.416	580.547
2005	1022.365	11.811	995.523	958.228	582.618
2006	1037.383	12.359	1011.577	983.275	586.685
2007	1056.128	12.775	1026.389	986.291	587.821
2008	1070.746	13.084	1036.613	996.013	590.590
2009	1073.538	13.360	1041.239	1002.734	588.556
2010	1096.683	13.799	1061.656	1014.188	591.373
2011	1125.001	14.313	1074.764	1025.892	597.460
2012	1178.253	14.813	1098.995	1041.903	606.366
2013	1213.56	15.486	1109.917	1045.122	612.626
2014	1243.3	15.899	1121.371	1046.048	623.190
2015	1260.358	15.998	1126.166	1050.237	628.059
2016	1273.531	16.247	1137.709	1057.870	633.598
2017	1306.736	17.199	1165.873	1071.553	641.819
2018	1332.139	17.266	1184.193	1079.396	647.442

资料来源：根据土耳其统计研究所农业账户数据整理。

农业是土耳其国民经济的重要基础和出口创汇的主要部门。2006—2016 年，土耳其一直是农产品贸易顺差国，是整个西亚地区仅有的两个粮食出口国之一。2016 年，土耳其向 190 个国家和地区出口了 1781 种农产品，出口额高达 169 亿美元①。

土耳其农业的发展总体来说具有较好的前景。首先，土耳其横跨欧亚大陆，人口增长迅速，2017 年已经达到了 8000 多万人，是该地区最大的市场之一。其次，土耳其的劳动力供应充足且具有竞争性的劳动力价格，使得其农业的发展具有巨大的潜力。2016 年，土耳其的农业和食品行业

① 土耳其共和国总理府投资支持与促进局：《土耳其农业和食品产业报告（2018）》，http://www.invest.gov.tr/zh-CN/sectors/Pages/Agriculture.aspx。

的从业人员超过土耳其劳动力人口的五分之一，与欧洲和世界其他地区相比，土耳其的劳动力成本要低70%—80%。另外，土耳其政府对于农业产业的发展给予了充分的支持。土耳其政府不仅在灌溉项目和基础设施建设方面投入巨资，还积极促进在果蔬加工、动物饲料、牲畜、家禽、奶制品、保健品、渔业和其他产业（尤其是冷链配送、温室、灌溉和肥料）方面的投资，致力于成为全球主要农业产品公司的首选区域总部和供应中心。在土耳其“2023 百年愿景”（Vision 2023）中，农业方面的产业目标是成为全球五大生产国之一①。

（二）工业发展现状

早在20世纪50年代初，土耳其就走上了工业化的道路，1980年之前的保护主义政策使得土耳其初步形成了完整的工业体系，纺织、钢铁、化工、水泥、食品加工以及汽车制造业成为其主导产业。纺织工业是该阶段土耳其出口的重要行业，在出口中占据较大比重。到了20世纪80年代，土耳其推出自由主义经济政策，旨在通过建立一个更具有前瞻性的产业政策来解决效率低下和能源短缺所带来的经济增长放缓问题。20世纪80年代中期，土耳其政府大力推行市场经济，在这一阶段私营部门以及资本技术密集型行业成为焦点，兴起了国有企业私有化的浪潮，私营经济不断壮大，实现了传统国有计划经济向自由市场经济发展模式的转变。开放的经营环境和激烈的市场竞争促成了土耳其工业的健康发展。近几年，家电、机械等产业逐渐发展起来，并跻身主导产业，尤其是土耳其品牌 Beko 和 Vestel 成为欧洲消费电子产品和家用电器的最大生产商之一。纺织业和服装业、钢铁和汽车制造业经过多年发展，已经成为土耳其工业的重要支柱。根据土耳其统计研究所数据，2016年，土耳其的汽车出口（包括卡车和公共汽车）第一次超过100万辆（148万辆），土耳其的工业结构正在进行进一步的转型升级。

根据土耳其统计研究所公布的2005—2018年工业生产指数IPI（Industrial Production Index），2009年之后，IPI一直保持着上升趋势，2018年达到114.3，同比增长了1.54%。从1986年至2018年的年均增长情况来看，工

① 土耳其共和国总理府投资支持与促进局：《土耳其农业和食品产业报告（2018）》，http：//www.invest.gov.tr/zh-CN/sectors/Pages/Agriculture.aspx。

业总体实现增长5.13%，其中水电气供应行业发展较快，年均增长6.57%，采矿业发展缓慢，仅实现增长2.95%，制造业增长速度基本和工业总体保持一致，增速为5.07%。近十年来（2009—2018），制造业发展最快，年均增长5.74%，采矿业仍是发展最慢的，仅为2.87%（见图I-5-3）。

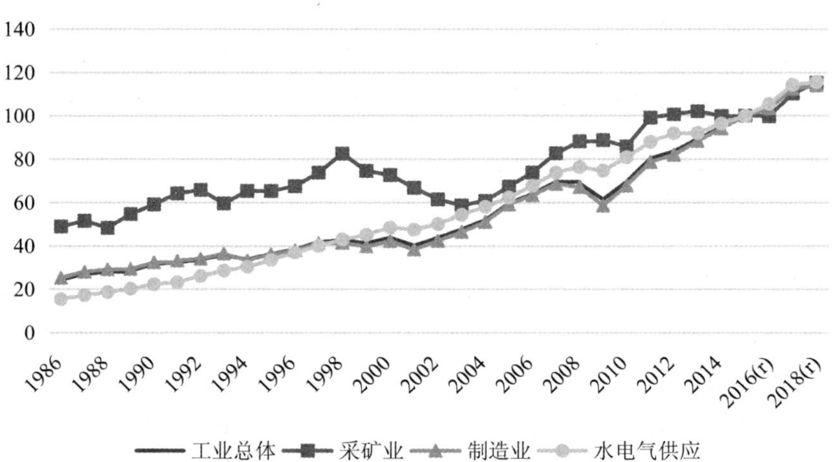

图I-5-3 1986—2018年土耳其IPI指数（2015年为基期100）

注：括号中的r表示经过季节性和年度调整。

资料来源：根据土耳其统计研究所数据整理。

制约土耳其工业发展的主要原因是能源短缺。土耳其石油和天然气资源匮乏，电力供应也严重不足，工业发展所消耗能源严重依赖进口，每年的石油、天然气以及电力的进口量庞大，2017年的进口额分别为103.8亿美元、16.5亿美元以及8.55千万美元，在总进口中的比重为4.4%、0.7%以及0.04%①。能源长期依赖于进口是造成土耳其经常项目长期赤字的主要原因，因此能源行业也是土耳其政府重点发展的行业（见图I-5-4）。

经过几十年的发展，土耳其的工业实力已经显著增强，工业体系渐趋完整。近十年来，除2009年受国际金融危机的影响外，其余各年增速都维持在10%以上，特别是2011年，同比增长28.4%。至2017年，土耳其工业生产增加值已经达到6398.42亿里拉，同比增速达25%。根据《对外投

① 联合国贸易商品统计库数据，https://comtrade.un.org/data/。

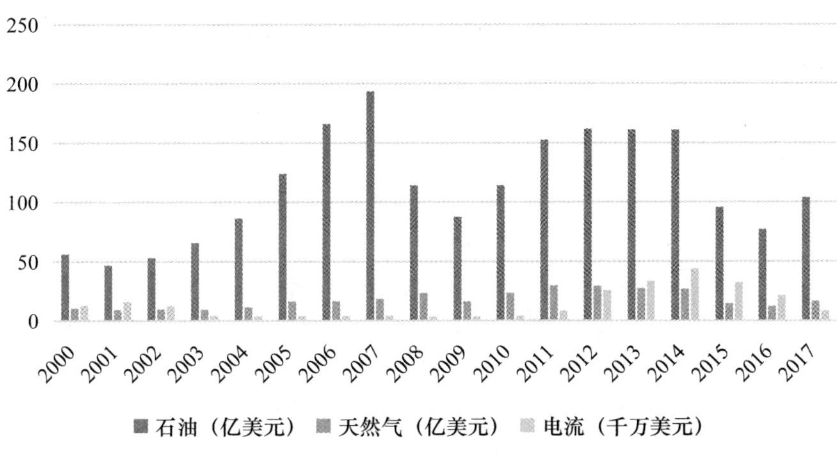

图Ⅰ-5-4　2000—2017年土耳其主要能源进口量

资料来源：根据联合国贸易数据库绘制。

资合作国别（地区）指南·土耳其》和土耳其投资支持与促进局关于行业的介绍，纺织服装业和汽车制造业较为突出，对土耳其经济发展起到了重要的推动作用。

从土耳其的工业结构来看，制造业占比较高，一直维持在81%以上，占据着主导地位。至2017年，制造业在工业占比为85.2%，同比增长0.6个百分点。其次是水电气的供应，在工业占比处在10%左右。2017年，水电气供应增加值总量上达到了674亿里拉，工业占比为10.5%。采矿业在土耳其工业中的占比较少，近几年未超过5%，2017年下降至4.2%（见图Ⅰ-5-5）。

（三）服务业发展概况

土耳其服务业发展于20世纪60年代初。至20世纪80年代，服务业在土耳其国民生产总值当中的比值就已经超过50%，由此土耳其开始迈入服务业占据主导地位的后工业化时代。土耳其的服务结构较为完整，从创造增加值的角度来看，批发零售是其最大的服务部门，近十年年均增长率为13.6%，2017年增加值达到了3681.4亿里拉，在服务业中的比重为22%。房地产业目前在土耳其充满活力，在服务业中的占比也较高，2017年达到了13%。不过，因流动性和地域性的特点，房地产业增长较为缓慢，其增长速度在土耳其服务业各行业中为最低（见图Ⅰ-5-6、表Ⅰ-5-4）。

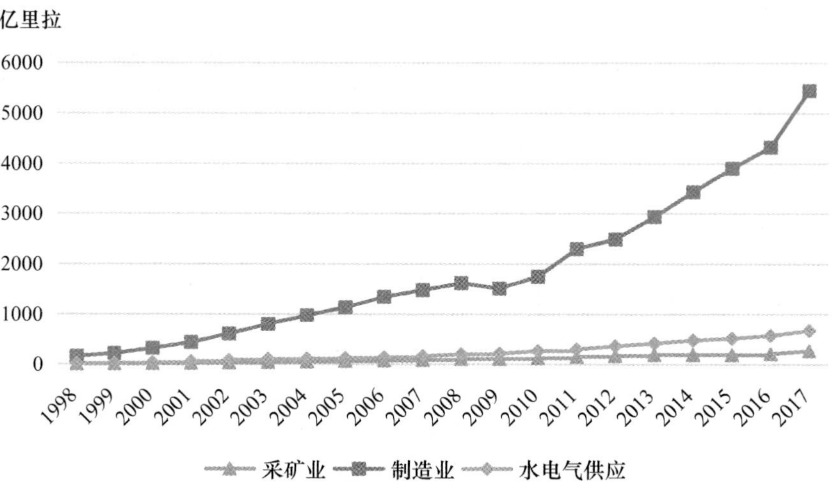

图Ⅰ-5-5　1998—2017 年土耳其主要工业发展趋势

资料来源：根据土耳其统计研究所数据整理。

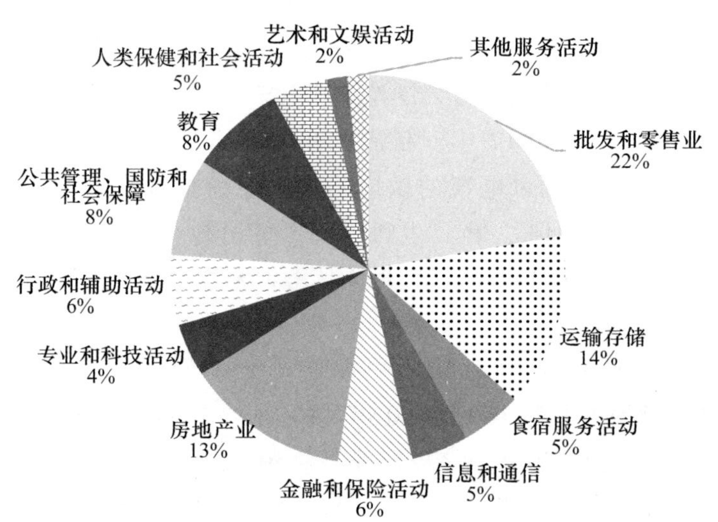

图Ⅰ-5-6　2017 年土耳其服务业结构

资料来源：根据土耳其统计研究所数据绘制。

表 I－5－4　　1998—2017 年土耳其服务业各行业增加值及增速

	1998	2000	2005	2010	2016	2017	1998—2017 年均增速（%）
批发和零售业	96.28	207.25	825.03	1282.97	2961.42	3681.44	22.2
运输存储	57.86	150.26	638.92	911.49	1972.59	2386.86	23.1
食宿服务活动	17.19	39.02	141.42	267.63	674.98	835.68	23.6
信息和通信	14.05	37.80	179.65	285.16	634.45	782.28	24.9
金融和保险活动	39.28	85.52	167.49	341.22	870.63	1006.78	21.3
房地产业	34.23	143.42	575.05	1149.41	2015.61	2227.54	27.1
专业和科技活动	8.13	19.96	108.48	248.85	598.63	731.49	27.9
行政和辅助活动	10.33	25.90	131.12	246.00	774.32	957.39	28.1
公共管理、国防和社会保障	33.46	88.72	316.12	562.04	1191.76	1345.43	22.7
教育	17.50	46.23	212.40	452.62	1141.75	1285.34	26.5
人类保健和社会活动	11.11	29.44	162.70	325.51	682.74	752.75	26.2
艺术和文娱活动	1.12	2.94	20.89	98.30	241.06	275.21	35.5
其他服务活动	7.97	19.89	72.95	121.10	251.86	294.96	22.4

资料来源：根据土耳其统计研究所数据整理。

服务业作为土耳其重点发展的经济部门，得到了政府的大力扶持。其中，金融部门是土耳其重要的服务部门，政府于 1980 年就将金融改革提上了议程，改革耗时较长，且屡败屡战。自埃尔多安上台以来，土耳其实施了监管改革和结构重组，使得土耳其的金融部门在 2008 年国际金融危机后，仍能保持相应的活力。旅游业依托着优美的自然风光成为土耳其的优势产业，政府近年来实施了多项措施来推动该产业的发展，如：降低公共设施价格和税率；制定政策消除可能会阻碍旅游业增长的官僚障碍等。土耳其的信息和通信技术与交通运输作为基础设施和公共事业的一部分，近年来不仅自身发展良好，并且与中国的国际交流与合作也十分频繁。

第二节　重点工业

一　纺织服装业

（一）纺织服装业概况

纺织服装业作为主要的出口行业，一直以来是土耳其经济发展的重要推动力。得益于充足的原材料供应、相对较低的劳动力成本以及欧亚大陆交界的地理优势，土耳其纺织服装行业发展迅速，并在经济中占据重要地位。土耳其出口协会数据显示，2017 年土耳其的纺织原料出口为 81.8 亿美元，占出口总值的 5.2%，成衣出口达到了 172.27 亿美元，较上年增长了 2%，占出口总值的 10.9%[①]。

土耳其的纺织服装业可以追溯到奥斯曼帝国时代。棉花和纱线的生产与加工曾经是奥斯曼帝国制造业的一个重要组成部分。奥斯曼帝国崩溃后，1923 年新成立的现代土耳其共和国继承了 8 家帝国时期的工厂和 10000 台织布机。新共和国把纺织服装业列为受保护的产业之一，于 1933 年土耳其建立了国有企业 Sumerbank，生产多种纺织产品，并对该产业进行了大量投资[②]。

（二）出口导向特征

在国家的保护下，土耳其纺织工业迅速繁荣起来。20 世纪 60 年代土耳其开始出口纺织品，与此同时，国家推行进口替代政策，导致土耳其纺织业的产能和技术水平迅速上升。1972 年，土耳其成为纺织品净出口国，并成立了第一个纺织工业协会。20 世纪 80 年代的经济自由化和以出口为导向的国家战略与激励措施进一步加速了纺织品和服装向全球市场的出口，至 1990 年，纺织制品在土耳其出口中所占的份额达到了 9.3%，土耳其成为对欧洲的主要纱线和未加工织物的出口国。虽然这一时期内欧洲对土耳其的纺织品出口实行配额限制，但直到 20 世纪 80 年代后期，土耳其仍然是欧洲棉纱的主要供应国。不过，在欧盟对土耳其的纱线征收

---

① 土耳其出口协会，http://tim.org.tr/EN/。

② Baris Tan，"Overview of the Turkish Textile and Apparel Industry"，Harvard Center for Textile & Apparel Research，2000.10，https://www.researchgate.net/publication/237398105_Overview_of_the_Turkish_Textile_and_Apparel_Industry.

12%的反倾销税后，土耳其纱线失去了价格优势，纺织业开始转向更多的增值产品生产，如成品棉、合成纤维织物①。

1996年土耳其与欧盟签署的关税同盟协议，进一步促进了土耳其纺织服装产品对于欧洲的出口，土耳其成为欧盟最大的纺织品供应国以及第二大服装供应国。目前，其纺织品的进口和出口都增至百亿美元级别。根据联合国贸易数据库提供的数据，土耳其纺织业出口贸易值远大于进口贸易值，自2010年以来纺织服装业的进口贸易量都维持在100亿美元以上，纺织服装业出口贸易量从1980年的7.77亿美元增加至2017年的268.3亿美元②，增加了近35倍（见图Ⅰ-5-7）。

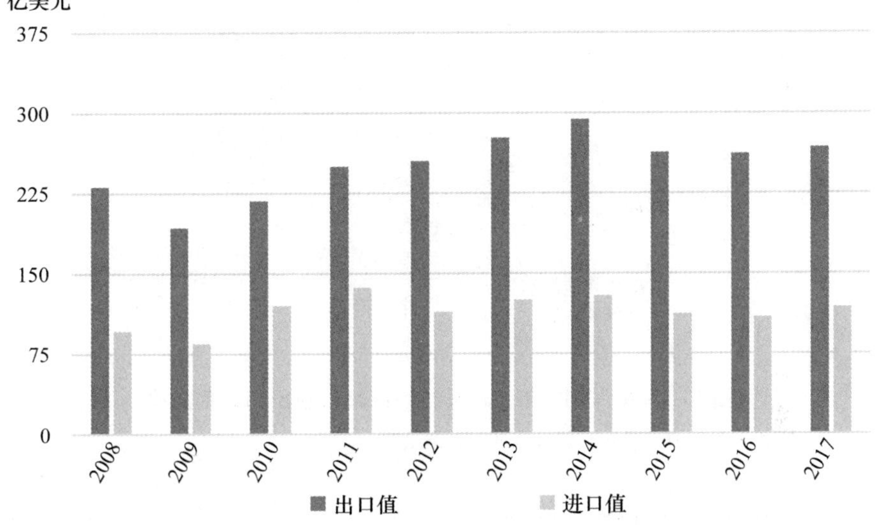

图Ⅰ-5-7　2008—2017年土耳其纺织及服装行业近十年进出口情况

资料来源：联合国贸易数据库。

2017年出口数据显示，服装和服装配饰是土耳其纺织服装业出口的主要产品，土耳其复杂成衣制造已经具有较强的市场竞争力，纺织服装业正在向高端成衣制造业转型。地毯和其他纺织地板覆盖物也是土耳其的纺

① Baris Tan, "Overview of the Turkish Textile and Apparel Industry", Harvard Center for Textile & Apparel Research, 2000.10, https://www.researchgate.net/publication/237398105_Overview_of_the_Turkish_Textile_and_Apparel_Industry.

② 根据联合国贸易商品统计库数据整理，https://comtrade.un.org/data/。

织服装行业出口的重要产品，土耳其地毯在世界范围内享誉盛名，是土耳其纺织业的特色之一。艳丽的色彩以及精致的图案是土耳其地毯的典型特点，充分体现了土耳其的伊斯兰艺术文化精华。土耳其地毯2023年的出口目标为55亿美元。棉花作为土耳其的主要经济作物，出口量较大，在土耳其纺织服装业的出口中占比达到了6%（见图Ⅰ-5-8）。

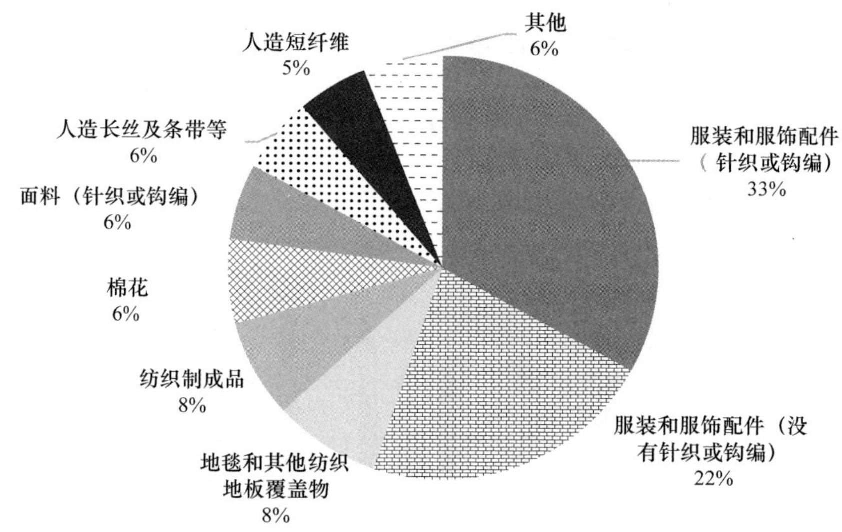

图Ⅰ-5-8　2017年土耳其纺织服装行业出口产品结构

资料来源：根据联合国贸易数据库数据绘制。

（三）纺织业的挑战

尽管土耳其的纺织服装行业已经取得了显著成就，但是这一行业在其国内目前还面临着一系列重大挑战。首先，自2005年根据世贸组织的《纺织品和服装协议》取消《多纤维协定》与所有贸易壁垒之后，远东和东欧其他低成本供应商的出现，特别是中国的纺织服装业的繁荣给土耳其的纺织服装业的发展带来了巨大的压力。另外，与大多数发展中国家的情况一致，随着本国国民经济的发展，土耳其的劳动力成本近年来不断上升，加大了服装制造的成本压力，使得该行业的竞争力不断下降。未来，土耳其的纺织服装业还需要不断调整产业结构，不断提高自身的创新与设计能力，从而提高该行业的国际竞争力。

二　汽车制造业

（一）汽车制造业概况

土耳其的汽车制造是国际 OEM（原始设备制造商，俗称“代工”）全球价值链的重要部分。近年来，在整车制造引进和本地化生产政策的双重推动下，土耳其的汽车制造业也开始从基于装备制造向设计创新的高端制造业转型，更加高效且富有竞争力。

土耳其的汽车生产总量显著增长，近十年年均增速达到了 5.4%，自 2012 年开始持续增长，2017 年达到了 169.57 万辆。其中，乘用车的生产量从 2008 年的 62 万辆增长到了 2017 年的 114.3 万辆，并且在生产当中的比重不断增大，2017 年占比达到了 67.3%。商务用车的生产数量较为稳定，增长较为缓慢，十年间增长了 27282 辆，2017 年的产量为 55.28 万辆。2017 年，土耳其成为全球第 14 大汽车生产国和欧洲第 5 大汽车生产国（见图 I－5－9）。

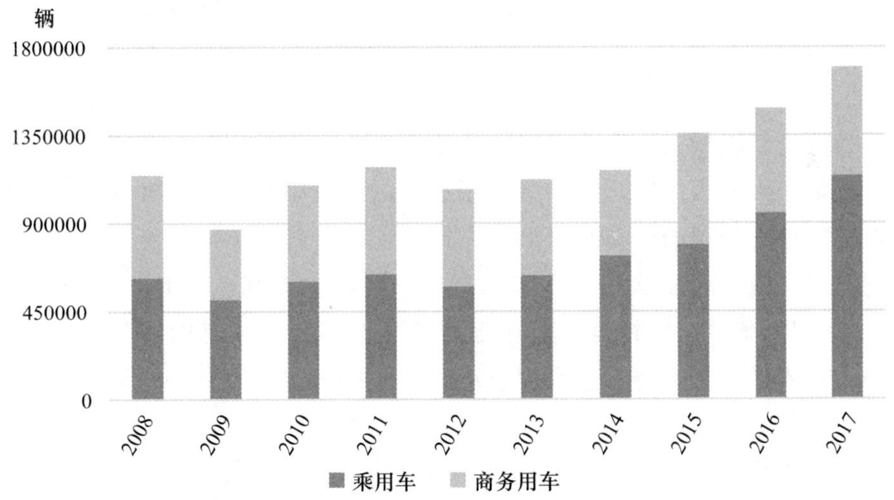

图 I－5－9　2008—2017 年土耳其汽车制造业生产量

资料来源：根据土耳其汽车制造协会（OICA）数据绘制。

（二）原始设备制造商生产属性

原始设备制造商生产（又称为“OEM 代工”）是土耳其汽车制造的主

要形式，指的是土耳其汽车制造企业为原始设备制造商代工生产他们的品牌，并直接贴上他们的品牌商标。“OEM 代工”的主要特征是技术与资本都来源于国外，销售市场也集中于国外，只有加工生产过程在土耳其。土耳其拥有优越的地理位置和充足且训练有素的劳动力，成为跨国公司最佳的投资地点，特别是那些以欧盟为目标市场的汽车制造商。许多知名大型国外汽车制造商都在土耳其设立工厂或者与土耳其零部件厂商达成长期技术合作关系，如雷诺、梅赛德斯奔驰以及福特等跨国公司。超过 250 家全球汽车制造商将土耳其作为生产基地，目前，在土耳其约有超过 1100 家的零部件供应商成为 OEM 生产的合作伙伴。外资企业给土耳其汽车行业带来了先进的技术和管理经验，极大地促进了土耳其汽车零部件工业整体水平的提高。

近年来，外资汽车生产商在土耳其的投资共计约 140 亿美元，建立了 134 个研发中心，使得土耳其汽车制造业无论从研发设计能力，还是从加工制造水平上都得到了不断提升。土耳其汽车研发投入占土耳其总研发投入的 14%，在众多研发中心中有 9 个研发中心不仅支持本地运营，而且支持其母公司其他工厂的运营，例如：福特设立在土耳其的 Otosan 研发中心不仅是福特的三大全球研发中心之一，而且与此对接的土耳其 Yeikkoy 工厂是福特新轻型商用车全球唯一的生产中心；与此同时，戴姆勒公司在土耳其第一大城市伊斯坦布尔建立了自己的研发中心，用来补充其位于德国斯图加特总公司的卡车和公共汽车制造业务；日本丰田在土耳其萨卡亚的整车厂是该公司在欧洲的汽车制造厂，目前主要制造 C-HR、Corolla 和 Verso 系列汽车；在斯特公司也在土耳其开设了其全球范围内第二大研发中心，主要任务是进行自主和混合动力汽车技术的开发①。

（三）出口导向特征

土耳其是全球众多汽车生产商的大本营。土耳其优越的地理位置为汽车的出口销售提供了极大的便利条件，土耳其汽车制造商生产的产品中 80% 是出口到国外市场。2017 年土耳其汽车出口额达到了 287.54 亿美

① 土耳其共和国总理府投资支持与促进局：《汽车工业报告（2018）》，http：//www.invest.gov.tr/zh-CN/sectors/Pages/Automotive.aspx。

元，同比增长了17.7%，在土耳其的出口总量中的比重达到了18.2%①。

土耳其与欧盟于1994年签订的关税同盟，显著推动了土耳其的汽车制造行业对于欧盟的出口。土耳其作为欧盟第一大汽车输入国，2017年对欧盟的汽车出口量为985434辆，比第二位的汽车制造大国日本多出将近一倍。在2017年土耳其的汽车行业十大出口目的国中，前5位均为欧盟国家，其中，土耳其对德国的汽车出口总额高达868百万美元，是对第二大出口目的国——法国出口额的2.5倍多（见图I-5-10）。

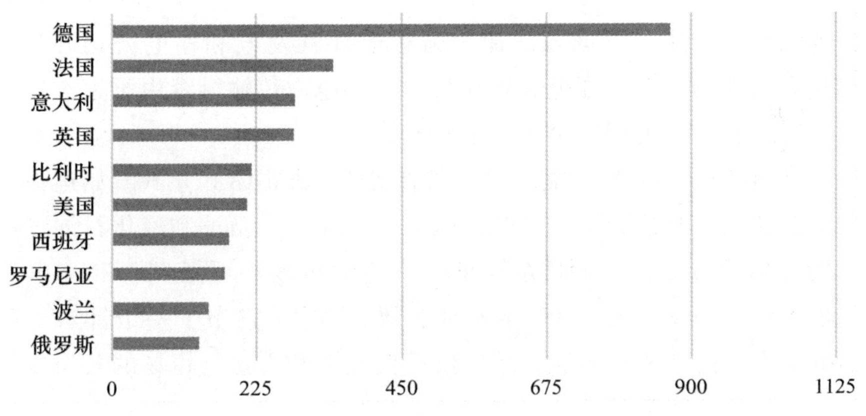

图I-5-10　2017年土耳其汽车出口分布（百万美元）

资料来源：根据土耳其出口协会数据绘制。

三　能源产业

（一）能源行业概况

土耳其紧邻占世界已探明石油和天然气储量75%以上的能源产区，独特的地理位置使得土耳其能够获取充足的能源供应，并使土耳其在其所在区域能源供应中发挥了关键作用。因此，巩固其在东西和南北能源走廊之间的地位并成为能源贸易中心是土耳其能源战略的主要内容。土耳其一直致力于利用其地理和地缘优势不断探索新的油气跨境运输项目，土耳其也是南方天然气走廊（SGC）项目的主要参与方，该项目主要将里海和中东的天然气输送到欧洲。

① 土耳其出口协会，http：//tim. org. tr/EN/。

纵观土耳其能源行业的发展历程，政府在其中起到了积极推动作用。1999 年 8 月，土耳其议会通过大多数宪法修正案，其中包括第 4446 号法律，该法旨在通过提供更便利的融资和批准环节，加快发电厂等基础设施项目建设。2001 年，土耳其议会通过立法手段，促使国有天然气公司 Botas 实现私有化，至 2009 年，政府根据该法律将 Botas 拆分为独立的天然气进口、运输、储存和分销企业。最终，除运输之外的所有能源企业都实现了私有化。

2001 年，土耳其的电力市场法生效。该法律为通向发电和配电的自由市场铺平了道路。根据该法律，国有土耳其发电和输电公司（TEAS）被拆分为单独的发电、配电和贸易公司，除电力传输继续由国家掌控、运行外，发电和贸易公司完全实现了私有化。

2001 年 11 月 19 日，能源市场监管机构（EMRA）正式开始运作，主要负责监管土耳其能源市场，包括电力、天然气、石油和液化石油气等能源市场。2002 年 5 月，EMRA 发布了“能源市场许可条例”和“电力市场关税条例”草案，于 2002 年 8 月生效。EMRA 宣布了一个针对竞争激烈的电力市场的四阶段方法：第一阶段向电力和天然气市场的公司发放许可证；第二阶段为大型工业用户提供选择电力供应商的权利；第三阶段建立市场融资调节中心，以实现平衡和结算；第四阶段使该中心全面运作。

随着土耳其经济的扩张，能源需求特别是电力和天然气方面的需求大幅增加，为此，政府鼓励外国公司投资土耳其的发电厂和天然气管道以满足不断扩大的国内需求。20 世纪 90 年代后半期，土耳其实施了新的能源项目融资和所有权方法，并提供了三种模式：“建设—运营—转移”（BOT），“建立—自营—运营”（BOO）和“转让经营权”（TOR）。

土耳其能源和自然资源部（MENR）主要负责制定能源政策，MENR 曾打算让大多数新发电厂由外国开发商以 BOT 方式建造。在这种模式下，私人投资者将建造一座发电厂并运营数年，然后最终将所有权转回给土耳其。这些项目产生的电力可以出售给国家电网、国有电力局，甚至是私人终端用户。在多数情况下，土耳其政府提供主权担保，以确保此类项目对开发商有利可图。然而，在 2000 年末，土耳其经历了几次大银行倒闭的经济危机。国际货币基金组织在危机中出手协助土耳其，但坚持要求土耳其政府进行各种改革以确保金融稳定。于是，土耳其政府宣布了一项新的政策，即不再提供主权担保和为未来的 BOT 电厂建设提供资金，并将成本回收保证期从 20 年减少到 10 年。这对当时已经获得批准的 29 个项目的财务状况构成了巨大挑战，导致这些项目最终无法实施①。

近年来，由于经济和人口增长，土耳其成为经合组织中电力需求增长最快的成员国，自 2002 年以来年增长率为 5.5%。土耳其能源行业的两个显著特征是日益增长的国内能源需求和高度的进口依赖性，政府采取的能源战略的重要目标之一就是减轻这种进口依赖性②。

（二）主要能源消耗情况

1. 电力

由于现阶段土耳其能源供应的高成本，系统的高度不可靠性以及能源的严重投资不足，土耳其政府积极推进电力部门改革和开放电力部门竞争。为促进电力部门可持续性的私人参与，政府启动了影响深远的改革计划，以创建一个竞争性的市场结构，将独立的发电资产和分销公司私有化。

土耳其在可再生能源方面具有巨大潜力，土耳其政府特别关注通过可再生能源发电，2005 年颁布了“可再生能源法”。目前在土耳其，只能从 EMRA 获得许可证才能进行发电、输配电、电力交易等业务。虽然发电、交易和分销活动是由私营实体进行的，但电力传输和市场运作仍处于国家垄断之下。

近年来，土耳其的总用电量一直在快速增长，2017 年达到 2940 亿千瓦时。根据 MENR 的预测，土耳其的电力需求预计在 2023 年达到 3874 亿千瓦时。天然气发电占总电力的 37%，煤炭发电占 33%，水力发电量占 20%。2017 年底，土耳其发电厂装机容量达 85200 兆瓦，其中水利发电装机容量占 37%，天然气发电占 27.2%，煤炭发电装机容量达 21.9%。由于其可再生能源的巨大潜力，土耳其在地热潜力方面排名世界第七。除了地热发电能力外，土耳其还重点发展风能和太阳能。MENR 发布的 2015—2019 战略计划显示，土耳其计划通过将水力发电装机容量增加到

---

① 国际能源网络研究机构：《土耳其共和国能源概况》，https：//www. geni. org/globalenergy/library/national_ energy_ grid/turkey/EnergyOverviewofTurkey. shtml。

② 土耳其外交部：《土耳其能源概况和战略》，http：//www. mfa. gov. tr/turkeys-energy-strategy. en. mfa。

32000 兆瓦，将风能增加到 10000 兆瓦，太阳能增加到 3000 兆瓦，地热能增加到 700 兆瓦来实现发电量增加 30% 的目标①。

2. 天然气

几十年来，土耳其的天然气市场一直处于土耳其 Botaş 公司的准垄断状态。2001 年，政府颁布了《天然气市场法》（NGM 法），终止了 Botaş 的大部分垄断权利，建立了更加自由化和透明的天然气市场。制定 NGM 法旨在建立一个竞争市场，并使国内法律框架与欧盟的法律框架相协调。因此，NGM 法为私人投资者进入天然气市场铺平了道路，为天然气市场的进入、退出、输送、储存、批发和分销活动引入了新的许可制度。2003 年，Botaş 在天然气市场上开始被分拆。在 2001 年 NGM 法颁布后，EMRA 开始招标，将土耳其天然气分销部门开放给 Botaş 以外的本地参与者。EMRA 从 2003 年至 2017 年进行的招标使得分销公司的数量从 6 个增加到 72 个。另一方面，2007 年，天然气批发市场开始向自由化发展，私营天然气进口公司和液化天然气进口商进入市场。

2017 年，土耳其消耗天然气 53857.14 百万立方米②，从而成为欧洲最大的天然气市场之一，其中大部分用于转换循环部门，其次是住宅和服务部门（见图 I－5－11）。限于本国天然气资源的匮乏，土耳其天然气消耗主要依赖于进口，2017 年，土耳其国内天然气消耗量的 99.36% 均来自进口。其中，俄罗斯是土耳其天然气的主要供应国，提供了土耳其天然气进口的 51.93%，其次是伊朗（16.74%）、阿塞拜疆（11.85%）和阿尔及利亚（8.36%）。

3. 石油

由于地处石油产区（中东、里海地区和中亚）与消费区（欧洲）之间，土耳其对于石油和石油产品的过境运输具有重要意义。此外，土耳其是该地区的主要石油消费国，石油需求快速增长。

2017 年，土耳其共计消耗 2820 万吨原油和 2650 万吨其他石油产品。国内生产不足以满足土耳其的国内能源需求，仅有 7% 是土耳其本国生产的。

---

① 土耳其专业从事跨境并购和国际贸易服务的法律事务所 Paksoy 发布的《土耳其能源市场报告 2018》，http：//paksoy. av. tr/Publications。

② 这里的立方米是指对照条件下（可参考条件下）（一般是 20 摄氏度 1 个标准大气压）的气体体积。

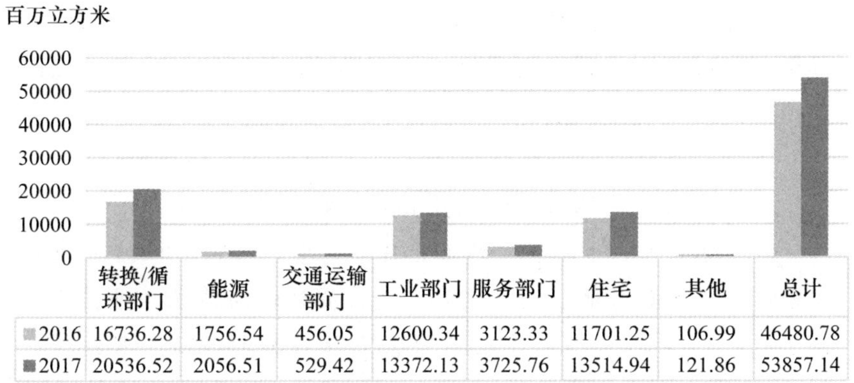

	转换/循环部门	能源	交通运输部门	工业部门	服务部门	住宅	其他	总计
2016	16736.28	1756.54	456.05	12600.34	3123.33	11701.25	106.99	46480.78
2017	20536.52	2056.51	529.42	13372.13	3725.76	13514.94	121.86	53857.14

图Ⅰ-5-11　2016—2017年土耳其天然气消耗的行业分布

资料来源：根据土耳其法律事务所Paksoy发布的《土耳其能源市场报告2018》数据绘制。

根据EMRA的统计数据，2017年土耳其进口了4265.34万吨石油产品，主要来自伊朗（16.94%）、俄罗斯（18.87%）、伊拉克（16.55%）和印度（8.23%）。进口石油中，原油和柴油占土耳其石油产品进口量的90%以上。

2017年，土耳其出口了1008.20万吨石油产品，大部分出口到沙特阿拉伯（13.55%）、马耳他（8.10%）、埃及（7.87%）和新加坡（7.10%），其中89%以上的出口是航空燃料、海运燃料和汽油[①]。

4. 液化石油气（LPG）

土耳其液化石油气（LPG）市场是由EMRA监管的自由市场。由于LPG清洁、安全和更便宜等特征，政府鼓励使用LPG，导致多年来LPG市场持续增长。LPG是土耳其运输、家庭烹饪、取暖以及工业活动的主要燃料来源之一。2017年，土耳其LPG需求量增加至440万吨，土耳其成为欧洲主要的液化石油气消费国。自2003年以来LPG需求稳定增长，土耳其的LPG产量在2017年也增加了4.43%，达到100万吨。土耳其LPG消费量的增加一直由汽车行业主导。Autogas占土耳其机动车产量的40%。根据2016年世界LPG统计报告，土耳其拥有世界第二大汽车市场和欧洲最大的汽车

① 土耳其专业从事跨境并购和国际贸易服务的法律事务所Paksoy发布的《土耳其能源市场报告2018》，http：//paksoy. av. tr/Publications。

市场。2017 年，汽车销量保持稳定增长，与上年相比增长了 47%[①]。

近年来，EMRA 对 LPG 行业的监管框架进行了积极的变革，以简化和促进获得进入 LPG 市场的许可。

案例：土耳其 Koc 控股集团

Koc 控股是土耳其最大的工业集团，也是土耳其唯一一家进入世界财富 500 强的公司，主要涉及行业领域为能源工业，总部位于土耳其伊斯坦布尔。世界财富 500 强数据显示，Koc 控股 2018 年名列第 435 位，较上年的第 463 位有所提高，资产合计 274.53 亿美元，年收入达 271.08 亿美元，净利润达 134.59 亿美元，年末员工总人数达 94111 人。该公司由土耳其最富有的家族之一 Koc 家族控制。

一　主要发展历程

Vehbi Koc 于 1926 年 5 月 31 日以自己的名字在安卡拉注册成立了他的第一家公司——Koczade Ahmet Vehbi，成为 Koc 控股最早的起源。1938 年，Vehbi Koc 成立第一家控股公司 KoçTicaretA. S. ，这家公司是 Koc 所有集团公司的基础和研发中心，也是第一家和员工分享利润的公司。1940 年，通过和通用电气合作建成一个灯泡工厂，Koc 集团开始进入制造业。

20 世纪 60 年代，Koc 集团逐渐壮大起来，开始和国际企业合作建立各种工厂，先是和意大利菲亚特公司合作成立 Tofas，随后与福特公司合资建立了 Ford-Otosan。这期间 Koc 集团开始全面发展，从汽车到家电、从农用机械到纺织品，从液化石油气到供暖设备，从食品工业零售到旅游业、金融业和保险业，Koc 集团逐渐成长为一家综合性企业。

1963 年，Koc 集团为实现快速增长和发展以及组织结构的制度化，成立了 Koc 控股 A. S. 。1970 年，Koc 集团上市。20

---

① 土耳其专业从事跨境并购和国际贸易服务的法律事务所 Paksoy 发布的《土耳其能源市场报告 2018》，http：//paksoy. av. tr/Publications。

世纪70年代，Koc集团开始致力于开拓出口市场和在国外建立外贸公司。

20世纪90年代，Koc集团通过和美国运通公司（American Express Company）合作成立Koc-American银行开始进入银行业，并于1992年买下美国运通公司股票，从而变更为Koc银行。2001年，Koc和欧洲银行的前身之一UniCredito Italiano合作成立Koc金融服务公司。2005—2006年，Koc先后投资了土耳其的先进工业企业Tupras和银行业巨头之一Yapı Kredi Bankası。2006年至2012年间，Koc开始调整其发展战略，重点关注能源、汽车、耐用消费品和金融部门。

二 经营领域

（一）能源工业

能源工业是Koc控股集团重要的主营业务，Koc控股集团2018年年报数据显示，2018年能源业务贡献Koc控股集团40.8%的营业利润、25.9%的净利润。Koc控股集团旗下的Tüpraş公司是土耳其最大的石油精炼企业，Aygaz公司是土耳其最大的液化石油气分销企业，Opet公司是土耳其第二大的燃油分销企业。2018年，Koc提供了土耳其石油燃料产品国内需求的60%，提供了土耳其石油产品存储需求的57%。

在能源工业，Koc控股集团的主要优势在于以下几个方面：精炼复杂性较强；原油加工产品范围较广；靠近中东从而靠近多家石油厂商；海上物流和铁路运输能力较强；石油存储能力较强；液化石油气和燃油分销网络较广；自有品牌价值较高；等等。

（二）汽车工业

汽车工业也是Koc的重要经营领域，Koc控股集团2018年年报数据显示，2018年汽车工业贡献Koc控股集团23.8%的营业利润、29.7%的净利润。Koc控股集团的汽车工业贡献了土耳其汽车工业产出的44%、出口的43%、国内市场的22%。

在Koc控股集团旗下，Ford Otosan是土耳其最大的商用车制造企业，Tofaş 是土耳其第二大轻型商用车制造企业，TürkTraktör是土耳其最大的拖拉机制造企业，Otokar 是土耳其最大的公共汽车制造企业，Otokoç 是土耳其最大的机动车零售企业。

Koc 控股集团在汽车工业的主要优势在于以下几点：规模经济和强大的领导力；低渗透率带来的增长潜力；知名的国际关系网络和出口合约；国内最强的销售、售后服务网络；强大的品牌价值；最大程度的汽车研发人员集聚；持续投资能力以及高效率和产品多样化。

（三）耐用品

耐用品在 Koc 控股集团内部占比相对较少，2018 年年报数据显示，2018 年耐用品仅贡献 Koc 控股集团 9.4% 的营业利润、6.6% 的净利润。Koc 控股集团提供的耐用品是满足土耳其国内耐用品消费的重要来源，2018 年，土耳其国内市场消费中，洗衣机等白色家电国内销售的 50%、白色家电出口的 40% 以及空调国内销售的 51% 均来自 Koc 控股集团①。

在 Koc 控股集团旗下，Arçelik 公司是土耳其最大的白色家电企业，是第二大电视机生产企业，是最大的空调生产企业。

Koc 控股集团在耐用品领域的主要优势在于以下几点：在土耳其、罗马尼亚、俄罗斯、中国和南非等国家设立的低成本加工中心；土耳其最广泛的销售和售后服务支持网络；强大的品牌价值；欧洲最大的白色家电加工厂而享有的规模经济；广泛的国际关系网络。

（四）金融

金融部门是 Koc 控股集团净利润最多的部门，2018 年年报数据显示，2018 年金融部门贡献 Koc 控股集团 25.5% 的营业利润、30.7% 的净利润。Koc 控股集团旗下的 Yapı Kredi 银行提供了土耳其 16.6% 的现金贷和 16.1% 的存款②。从资产角度来看，Yapı

① Koc 控股集团 2018 年年报，https：//www.koc.com.tr/en-us/investor-relations/financial-statements-and-statistics/annual-reports。

② Koc 控股集团 2018 年年报，https：//www.koc.com.tr/en-us/investor-relations/financial-statements-and-statistics/annual-reports。

Kredi 银行是土耳其第三大私人银行。

Koc 控股集团在金融部门的优势主要在于以下几点：75 年的经营经验、创新性服务和分支网络；数字解决方案的先驱者；以客户为中心的增长战略；强大而多元化的资金基础；等等。

（五）其他

Koc 控股集团 2018 年年报数据显示，2018 年以上四大部门之外的其他行业业务贡献 Koc 控股集团 0.5% 的营业利润、7.1% 的净利润。

三　经营状况

Koc 控股集团一直处于稳步发展中，2018 年，其资产同比增长 20.38% 至 1252.76 亿里拉，负债同比增长 28.11% 至 783.17 亿里拉，所有者权益增幅相对较小，为 9.38%（见图Ⅰ-5-12）。

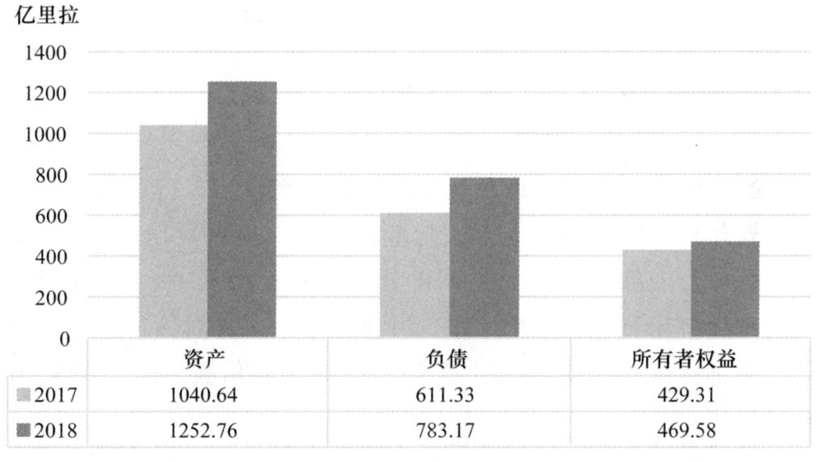

	资产	负债	所有者权益
2017	1040.64	611.33	429.31
2018	1252.76	783.17	469.58

图Ⅰ-5-12　2017—2018 年 Koc 控股集团的资产负债情况

资料来源：根据 Koc 控股集团 2018 年年报数据绘制。

从经营收入来看，2018 年，Koc 控股集团收入同比增长 44.89% 至 1432.48 亿里拉，成本同比增长 46.28% 至 1208.10 亿里拉，毛利润也实现了大幅增长，增幅达 37.85%，其中净利润增长了 6.68% 至 84.25 亿里拉（见图Ⅰ-5-13）。

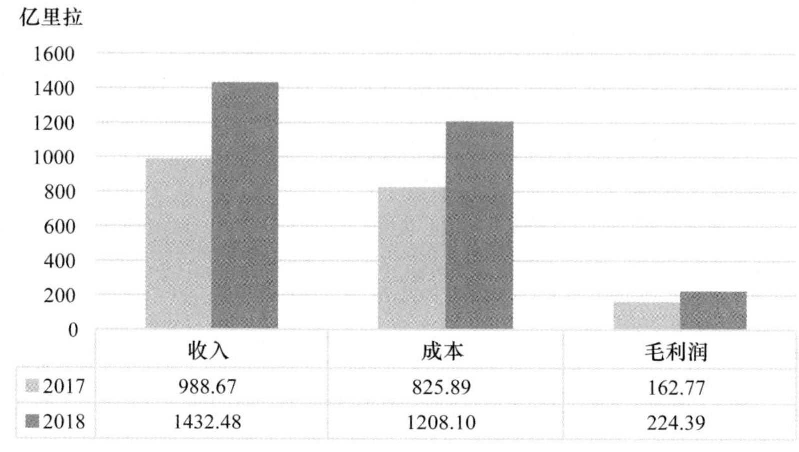

	收入	成本	毛利润
2017	988.67	825.89	162.77
2018	1432.48	1208.10	224.39

图Ⅰ-5-13　2017—2018年Koc控股集团的收入情况

资料来源：根据Koc控股集团2018年年报数据绘制。

第三节　重点服务业

一　信息通信业

（一）信息通信业概况

土耳其政府非常重视信息和通信技术这一高新技术行业对于未来国家发展的重要作用，因而积极推动该行业的发展。根据《研发法》，土耳其政府计划将该行业的研发支出在GDP当中所占比例从1%提高到3%，其增长速度预计将超过世界平均水平，并推出了诸多针对该行业国际领先企业投资的激励措施。2018年，土耳其在信息和通信技术方面的支出增长至350亿美元。

土耳其信息通信服务开展较早，自1993年开始向公众提供互联网，并于1998年开始提供有线互联网，2001年，土耳其开始向大众提供非对称数字用户电路（ADSL）。2015年土耳其入门级宽带（2Mbps）和高速宽带（24Mbps）的覆盖率就超过了当年欧盟15国的平均水平，分别达到了98%以及66%，另外，超高速宽带（70Mbps）覆盖率达到了42%[①]。

① 土耳其共和国总理府投资支持与促进局，http：//www. invest. gov. tr/ZH-CN/SECTORS/Pages/ICT. aspx。

土耳其于 2015 年启动从 3G 网络直接演进至 4.5G 网络的全面部署计划，并于 2016 年开始投入使用。2016 年，土耳其移动用户总数达到了 7500 万人，至 2017 年，土耳其每天大约有 4000 万人使用互联网。其中，企业信息技术的普及率明显高于家庭的互联网使用率。2008 年，土耳其企业信息技术的普及率就已经达到了 85% 以上，然而同年家庭电脑的使用率和网络的使用率仅达到 30% 左右，不过，家庭电脑的普及率增长迅速，2014 年入户电脑使用率就已经超过 50%。2017 年企业电脑使用率和企业网络使用率分别为 97.2% 和 95.9%，入户电脑使用率和入户网络使用率分别为 56.6% 和 66.8%（见图 I－5－14）。

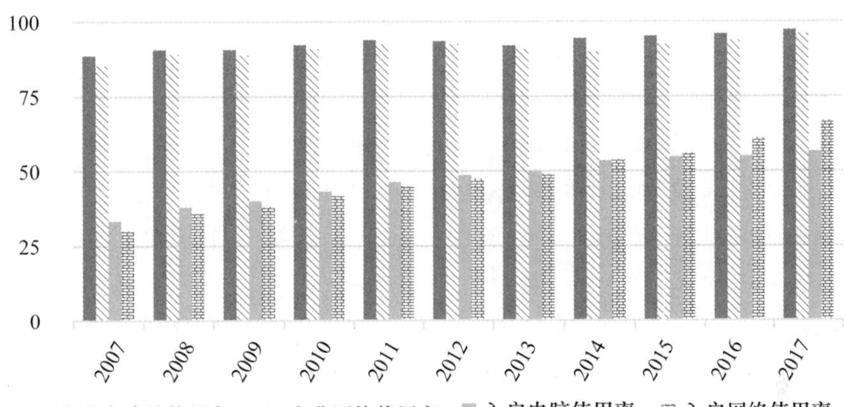

图 I－5－14　2007—2017 年土耳其信息与通信技术普及率

资料来源：根据土耳其统计研究所数据绘制。

土耳其政府在通信技术行业积极引进外资和技术。目前，土耳其信息通信业最重要的两大外资企业分别是微软和华为。其中，微软土耳其公司于 1993 年正式成立，拥有约 400 名员工，是覆盖 79 个国家的微软 MEA 的中心。该公司主要提供企业级点对点解决方案，显著促进了本土企业的生产效率及竞争力。微软土耳其公司极大地带动了土耳其国内经济的发展，国际数据公司于 2007 年的全球研究报告显示，供职于微软公司上下游企业的土耳其本地人超过了 150000 人。与此同时，微软土耳其公司还在 2011 年创办了土耳其首家公共免费的土耳其语应用开发学校，创建了 25 个信息技术学院，为土耳其青年人的就业和生产效率提供了极大的支持。华为公司进入土耳其相对较晚，但目前却是土耳其三大通信运营商的重要合作伙伴，华为不仅在土耳其国内的基础设施建设中扮演着重要的角色，还在土耳其通信技术创新和研发方面发挥着重要的作用。

（二）电信自由化进程

土耳其的电信自由化虽然正在进行中，但是进展相当缓慢。土耳其电信自由化开始于 2004 年电信局的成立，当局允许私营部门公司经营移动电话、长途电话和互联网接入等业务。土耳其共有 Turkcell、Vodaphone 和 Türk Telekom 三大通信运营商，E-Kolay、Kaynet、Superonline 和 TT-net 四家主要的互联网服务提供商（ISP）。

在运营商中，Turkcell 建立于 1994 年，目前是土耳其第一大移动运营商，最近两年主要专注于数字化业务，包括即时消息、运营服务和数字化平台等，2018 年，Turkcell 实现了由传统运营商向数字运营商的转变。Vodaphone 是土耳其最大的跨国电信运营商，其与微软和华为有着较为密切的合作，具有较强的国际竞争力。Türk Telekom 公司是公私合营企业，国家控股 30%，具有 175 年的历史，是土耳其第一个综合性电信公司，拥有近 3.4 万名员工，用户数量达到了 3800 万人。虽然 Türk Telekom 公司在移动通信方面占据的份额较少，但一直保持着其在固定电话市场中几乎垄断的地位，其固网市场占有率达到了 77%①。

随着通信行业的持续发展，企业间的竞争日渐激烈，传统电信业务市场日益达到饱和的状态。2016 年第一季度，Türk Telekom 公司在固定电话市场的份额有明显下降，由其他运营商分别进行了替代，Türk Telekom 公司只能开始寻求拓展新业务，力图在数据租赁行业寻求突破，计划新建的数据中心主机房区域超过了 20000 平方米。尽管土耳其电信自由化已经取得了较大的进展，至 2018 年，土耳其固定电话达 1149 万线，移动电话达到了 7954 万部，但是巨头运营商已经在许多领域设法限制接入以保护其现有的垄断地位，例如云业务方面。另外，土耳其电讯管理局（现在更名为 BTK），虽然在技术上是一个独立的组织，但是仍然由交通运输部控

① 华为企业业务网站，https：//e. huawei. com/cn/case-studies/cn/2017/201703100847。

制，这也对土耳其信息和通信行业的发展造成了一定的阻碍[①]。

（三）未来发展趋势

在信息通信技术方面，土耳其一直积极进行国际合作和交流。自2003年开始，土耳其每年举办国际信息通信技术展览会。2017年5月，土耳其信息通信技术管理局与中国企业华为公司联合举办了“土耳其产业峰会”。同年，土耳其还与华为在5G项目上确定了合作意向，明显加快了信息和通信技术行业的发展进程。

土耳其建国一百周年的“2023百年愿景”计划将信息通信技术行业规模扩展到1600亿美元，市场年增长率达到15%，与此同时，宽带用户达到3000万，为1400户家庭提供速度为1000Mbps的互联网连接，使该行业在GDP中所占比例提升至8%，技术开发区（TDZ）的公司数量增加至5500家，员工人数增加至65000人；出口额增加至100亿美元[②]。另外，土耳其还大力推广在互联网方面的普及教育，预计到2023年土耳其国民中精通电脑的比例将达到80%。

二　旅游业

（一）旅游业概况

旅游业是土耳其的重点发展部门。前已提及，土耳其具有丰富多彩的文化资源和旖旎的自然风光，仅申请到的世界遗产就有18处，这得益于土耳其深厚的文化积淀和多元的宗教文化。

土耳其拥有着6500年的悠久历史，又身处欧亚大陆的十字路口，曾经是罗马帝国、拜占庭帝国和奥斯曼帝国的核心区域，不仅继承了东罗马帝国的文化，还受到伊斯兰文化的熏陶，被称为“文明的摇篮”。在天然旅游资源方面，土耳其三面环海，内陆环境极其复杂，自然风光优美，有着长达7200千米的海岸线、454个蓝旗海滩和22个蓝旗码头。因此土耳其在宗教旅游和地热旅游方面都具有显著的优势，共有316个宗教遗址，其中167个属于伊斯兰教、129个属于基督教、20个属于犹

---

① Wolcott, P., & Çağiltay, K., “Telecommunications, Liberalization, and the Growth of the Internet in Turkey”, *Information Society*, Vol. 17, No. 2, 2001, pp. 133 - 141.

② 土耳其共和国总理府投资支持与促进局，http://www.invest.gov.tr/zh-CN/sectors/Pages/ICT.aspx。

太教；土耳其地热旅游在全世界排名第七，拥有 1500 个温泉、55140 个温泉疗养度假村。以卡帕多西亚为代表的土耳其热气球成为其旅游业的重要特点[①]。

旅游业作为土耳其“2023 计划”中重点发展的服务业，近年来蓬勃发展，根据世界旅游组织统计数据，土耳其每年的接待人次已超过了 3000 万，每年旅游人次已超过 2000 万，来土耳其进行商务洽谈的人次也逐年增多，旅游业的发展为土耳其创造了巨大的外汇。土耳其游客主要来自于欧洲国家，德国和英国是游客的两大重要来源地[②]。但是近年来，受恐怖袭击、政局不稳以及与部分欧洲国家龃龉不断的影响，土耳其旅游业遭受打击。2016 年，土耳其的外国游客数量和旅游收入均下滑 30%，降至 2008 年来的最低水平。不过，据土耳其统计研究所公布的数据，2017 年土耳其旅游业有所恢复，接待了入境游客共 3860 万人次，旅游收入达到了 263 亿美元，比前一年增长 18.9%（见图 I－5－15）。

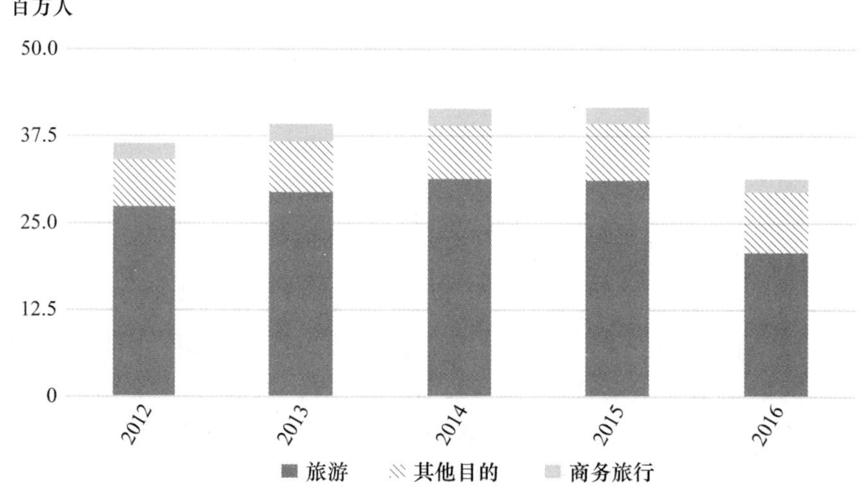

图 I－5－15　2012—2016 年土耳其旅游接待人次

资料来源：根据世界旅游组织（UNWTO）数据绘制。

---

① 《投资土耳其行业部门概况》，http://www.invest.gov.tr/zh-CN/sectors/Pages/WellnessAndTourism.aspx，登录时间：2018 年 12 月 1 日。

② 《对外投资合作国别（地区）指南·土耳其》，商务部 2018 年版，第 13 页。

截至2017年底，土耳其已注册的住宿设施已经达到了12856家，其中有9186家得到了相应市政当局的许可，3670家持有旅游经营许可证，总接待能力达到了14.82万人次。世界旅游组织的数据显示，土耳其2012—2016年旅游机构、房间数以及床位数都处于上升的趋势，2016年土耳其旅游机构、房间数以及床位数分别达到了3557个、414150间和871932张。

（二）政府扶持政策

土耳其旅游业的繁荣不仅得益于丰富的自然资源，还得益于政府的规范指导和大力扶持。早在1953年土耳其政府就意识到发展旅游业的重要性，并颁布了第一个《鼓励旅游法》（即“第6086号法”）。此后，土耳其政府不断用立法手段和财政政策规范旅游业，使其成长为新型的生产性服务业。1955年成立了土耳其旅游银行，为土耳其的国内旅游企业提供贷款、融资担保等业务，给予土耳其旅游业的发展以强大的资金支持。1961年，土耳其宪法认可了政府具有征用并转让沿海土地的权力，给予土耳其旅游业发展极大的空间。土耳其政府还于1962年积极推进土耳其开发基金会的设立，引进外资，不仅为土耳其旅游业的发展提供资金保障，还为土耳其旅游业走向国际提供了交流的机会。1963年，土耳其第一个五年经济建设计划中又确定了优先发展旅游业的战略，旨在促进国家经济发展并创造大量就业岗位。

到20世纪80、90年代，土耳其又相继修订《鼓励旅游法》（即“2634法”）并颁布了《鼓励旅游框架法令》。在土耳其政府的扶持下，土耳其旅游业一步步走上正轨，政府也越发对旅游业的发展寄予厚望。2007年，土耳其政府在实行《2007—2014年旅游发展实施条例》的同时颁布了《2023年旅游发展战略》。土耳其长期以来的政治发展也为旅游业的国际化进程提供了便利，1966年，土耳其加入欧洲关税同盟，极大促进了土耳其与欧洲国家之间的商品和人员流动，2005年土耳其正式启动加入欧盟的进程，在各个方面都努力缩小与欧洲发达国家的差距。另外，土耳其政府还投入大量的资金进行基础设施建设，政府每年将旅游收入的1%的资金用来开展国家形象宣传和推广活动，土耳其的旅游业基础设施无论是在数量上还是质量上都正向世界一流的水平看齐，为土耳其旅游业的发展注入了强劲动力。

（三）旅游业的经济贡献

土耳其旅游业的发展不仅增加了国家的收入，其作为劳动密集型产业还为土耳其创造了大量就业岗位，带动了运输、住宿、餐饮、娱乐、购物以及商务等整个产业链的发展。世界旅游数据库数据（2018 年版）显示，2016 年入境游客的消费达到了 18743 百万美元，每人每日平均消费达到了 94.9 美元，土耳其旅游业的就业岗位 4 年间（2012—2016）增加了 300 多万，其中个体经营增加了 40 万人。

三　金融业

（一）金融业概况

由于历史和制度的原因，土耳其一开始实行的是金融为国家发展政策服务的策略，其银行业一直处于政府的严格管制之下，本土银行业与政府和企业保持着密切的关系，银行业实行高准入标准，市场高度集中。截至 1980 年土耳其实行金融改革以前，土耳其共有 43 家银行，其中外资银行仅 4 家。1980 年，土耳其开始了第一次金融改革，当时改革的目标：一是解除利率管制、降低直接信贷项目；二是提高银行业的竞争水平和经营效率。土耳其政府最先开始的是利率市场化改革，取消利率管制后，各大银行开始通过提高利率来吸收存款，导致了实际利率随着名义利率的上升而迅速提高，银行业市场的混乱使得土耳其政府又恢复了原来的利率管制。直到 1988 年，土耳其利率市场化改革才得到恢复。不过，同时期的金融自由化改革相较于利率自由化改革进行得还算顺利，至 1990 年土耳其的银行数量上升至 66 家，原有的 8 家或被清算或被兼并，新增 31 家银行，其中有 19 家来自国外，但是新进入的银行大多数集中于贸易融资和批发银行领域。由于土耳其的金融体系开放具有结构不平衡性特征，导致其在 20 世纪 80 年代实施的金融改革的两大目标均未能完全实现①。

（二）土耳其金融危机

由于金融改革不彻底留下的种种隐患，1994 年底土耳其爆发了自改革以来的第一场金融危机，土耳其中央银行开始锁定实际利率，汇率按照

① 土耳其共和国总理府投资支持与促进局：《金融服务行业报告（2018）》，http://www.invest.gov.tr/zh-CN/sectors/Pages/FinancialServices.aspx。

每年的通货膨胀率进行贬值。与此同时，国内银行大量对外举债。随着土耳其银行业净外汇资产规模的增大，国际市场的恶化和资本流动对土耳其的影响力也逐渐上升。

2000 年底，土耳其爆发了第二次金融危机。土耳其根据与国际货币基金组织（IMF）签署的援助协议，进行了新一轮的改革。此次改革集中于银行业重组和对拥有巨额不良贷款的国有银行进行私有化，以解决贷款保险基金（Saving Desposit Insurance Fund）托管银行的问题，加强私有银行的竞争力，改善立法和监管环境。国际货币基金组织（IMF）2003 年报告显示，土耳其的贷款坏账、盈利能力和资本充足率指标都有所改善。2004 年，土耳其中央银行公布的通货膨胀率首次下降至 10% 以下。此后，土耳其趁热打铁逐渐建立起金融部门的监管体系，建立了银行监管机构（BRSA）、资本市场委员会（CMB）以及保险业的保险协会，颁布了《银行法》第 5411 号，《抵押法》第 26454 号公报，关于融资租赁、保理和金融机构的第 6361 号法律以及《新资本市场法》第 6362 号，2013 年 4 月成立伊斯坦布尔证交所，跟踪监管约 60% 的外资股份，伊斯坦布尔由此成为土耳其最大的贸易中心。

2017 年，土耳其支付和电子货币机构（ÖDED）还提出了对于支付和电子货币机构新的监管框架。得益于土耳其金融部门在金融崩溃后实施的监管改革和结构改革，土耳其在 2008 年国际金融危机以及随后的经济危机当中表现出了弹性，银行业和其他金融部门均未受到较大冲击。事实上，该行业的不断改革极大地提升了投资者的信心，以至于在过去 15 年里，该行业吸引了 510 亿美元的投资资金①。虽然长期的改革让土耳其的金融行业监管越来越完善，但是受政治经济形势的影响，加之外汇储备严重不足，2019 年 4 月土耳其里拉持续贬值，并爆发了里拉危机。此次土耳其里拉危机的重要推手是自 2011 年开始的第三轮美元升值周期。另外，土耳其与美国之间的关系近年来不断恶化，也成为里拉不断贬值的催化剂。

自 2019 年 3 月起，美国就开始对钢铝加征关税，土耳其作为钢铁出口大国对美国开展关税报复，美国总统特朗普于 4 月 5 日授权政府部门根据第 232 条款将从土耳其进口的钢铝关税翻倍，将铝和钢铁关税分别提高

① 土耳其共和国总理府投资支持与促进局：《金融服务行业报告（2018）》，http：//www.invest.gov.tr/zh-CN/sectors/Pages/FinancialServices.aspx。

到20%和50%，使得土耳其里拉贬值18%[①]，这是自2001年土耳其金融危机以来的最大单日跌幅，并且这种下跌的趋势在之后几天仍在持续，为防止土耳其里拉再次出现大幅贬值，土耳其央行提高了银行间拆借利率，以避免里拉做空，另外，土耳其央行于2019年3月22日宣布收紧货币政策，使得土耳其离岸隔夜利率狂飙，引起了新兴市场货币全线走低。这次里拉大幅贬值是对土耳其经济的一次重创，也显示出本国经济基本面以及宏观经济的结构性失衡。

（三）银行主导型特征

经过了长期的改革与发展，金融部门特别是银行业已经成为土耳其的优势产业。截至2017年底，土耳其有51家银行（33家存款银行、13家开发投资银行、5家参与银行）。在51家银行中，有21家持有巨额外资（总资产的30%由外国投资者持有）。土耳其金融部门总资产由2008年的11310亿里拉上升至2017年的48300亿里拉。其中，银行业2017年的总资产达到了3.3万亿里拉。土耳其银行资产规模占GDP的百分比一直保持着上升的趋势，于2013年突破了100%，达到了110%。银行业资本构成更加合理，贷款、证券、现金及其他资产占比也由2004年的32%、40%、15%、12%变为2017年的65%、12%、15%、8%。成功的风险管理也增强了银行业的稳定性和效率，2017年土耳其的坏账率仅为2.9%、资本充足率达到了16.9%。土耳其金融部门呈现出蒸蒸日上的发展趋势。但是，土耳其金融部门结构的发展还存在一些不平衡，银行业在土耳其金融业中的比重达到了70%以上。虽然土耳其已经建立了四个保险信息与监控中心，包括特拉默、萨拉默、哈默以及海默。但与其他新兴国家相比，土耳其的保险市场仍处于未渗透状态，仅占GDP的1.5%，保险服务和其他金融活动还有待发展[②]。

对于金融业，土耳其也设定了2023愿景（共和国成立一百周年）的具体经济目标，目标之一便是把伊斯坦布尔变成一个著名的金融中心。土耳其庞大的劳动力规模、快速发展的市场以及优越的战略地理位置，使伊

---

① 中央广电总台国际在线：《里拉危机揭开土美关系的深刻裂痕》，http：//news.cri.cn/20180822/13ba9595-e2e1-3b0d-15c6-c73ee7cfa0ab.html。

② 土耳其共和国总理府投资支持与促进局：《金融服务行业报告（2018）》，http：//www.invest.gov.tr/zh-CN/sectors/Pages/FinancialServices.aspx。

斯坦布尔成为国际金融中心的理想候选地。自土耳其政府启动伊斯坦布尔金融中心项目建设以来，伊斯坦布尔的发展势头十分迅猛，目前被认为是世界新兴金融中心之一。

四 交通运输业

（一）交通运输业概况

土耳其的交通运输业是目前国家积极发展的产业，土耳其航空业已经发展到全球领先的水平，铁路建设方面越来越多的国际合作使得土耳其加快了建立交通网络系统的步伐。

（二）航空运输业

土耳其是民用航空产业发展的理想场所。土耳其民用机场目前投入使用的有55个，其中，至2017年有23个向国际开放。伊斯坦布尔阿塔图尔克（ATATURK）国际机场成为世界上最繁忙的机场之一，2017年接待的旅客达到了6411万人次①。2003年至2016年，土耳其民用飞机的数量从626架增加至1417架，机队规模从162支增加至540支。同期，民航营业额从22亿美元增加至200亿美元，增长了近10倍②。土耳其航空公司的乘客数量从2004年的3400万增加至2016年的1.73亿，国内客流量和国外客流量稳步上升（见图Ⅰ-5-16）。土耳其把自己定位为国际民用航空枢纽，伊斯坦布尔市正在建造一个新机场，目前已经部分启用，该机场一旦全面建成，将成为世界上最大的机场，每年可容纳2亿人次的载客量，以及飞往近350个目的地的航班③。

土耳其于1933年在首都安卡拉成立了国家航空经营管理局，这是土耳其建国后成立的首批机构之一。第一条航线为首都安卡拉至西北部城市埃斯基谢希尔（Ekisehir）的航线。1955年，土耳其航空业进行了私有化改革，土耳其航空成为股份公司，公司更名为“土耳其航空公司”。土耳其航空公司在伊斯坦布尔交易所上市，是欧洲第五大航空公司，2008年加入星空联盟（Star Alliance），成为该联盟的第20名成员。土耳其航空

① 《对外投资合作国别（地区）指南·土耳其》，商务部2018年版，第17页。

② 投资土耳其行业部门概况，http://www.invest.gov.tr/zh-CN/sectors/Pages/DefenseAerospace.aspx。

③ 中国民航资讯网，http://news.carnoc.com/list/451/451083.html。

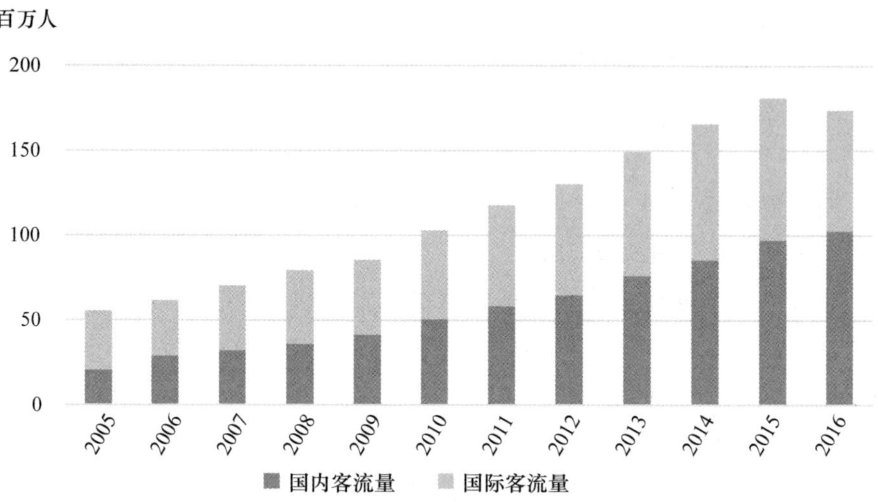

图Ⅰ-5-16　2005—2016年土耳其机场客流量

资料来源：根据土耳其统计研究所数据绘制。

公司的国际客运量全球排名第十，在全球航空业不太景气的背景下，土耳其航空持续稳定高速成长，并保持相对较高的盈利能力。土耳其航空不断扩张的飞行网络以及得到落实的巨额投资项目，强化了其在全球航空业中的领先地位。土耳其航空于2013年荣获亚太航空中心（CAPA）第11届年度最佳航空公司，并于2011—2013年连续三年被总部在英国的航空服务顾问公司Skytrax评为欧洲最佳航空公司。

目前，土耳其航空的机队是全球最年轻和现代化程度最高的机队之一，由325架飞机组成，包括215架窄体飞机、92架宽体飞机和18架货机。土耳其航空的通航国家在世界上是最多的，共飞往122个国家的304个目的地，其中国内目的地49个，国外目的地255个。2017年土耳其航空公司新增了斯洛伐克至迈阿密等度假胜地航线。2018年上半年，土耳其又相继开通了弗里敦、撒马尔罕、克拉斯诺达尔和莫罗尼航线。民航资料网公布2018年上半年的数据显示，土耳其航空上半年上座率增加了4.3%，达到了80%，客运总量增加了18%，共计接待旅客逾3500万人次，总收入达60亿美元，同比增长约30%；货运量同比增长了28%，达到了66万吨，货运收入也增长了35%，高达7.84亿美元，实现了客货收入的齐增。通过投资于最先进和最环保的新一代机型，土耳其航空力求在

2023 年前将机队规模扩大至 500 架①。

（三）铁路运输业

铁路是土耳其较为薄弱的运输方式之一。土耳其的铁路建设开始较早，在奥斯曼帝国时期共修建了 8619 千米的铁路。在 1923 年至 1950 年的共和国时期，修建了 3764 千米的铁路线，而 1951 年到 2003 年期间的铁路建设则明显滞缓，仅铺建了 945 千米②。自 2003 年起，土耳其政府优先考虑发展交通运输业，对铁路建设投资巨大，国家铁路运营商 TCDD 于 2017 年公布的报告显示，从 2003 年底至 2017 年，铁路投资总量达到 710 亿里拉，实现了许多项目的更新，如：铺设常规线路、建设物流中心、打造郊区铁路系统，以及有重大突破的高速铁路建设。

土耳其在 2003 年决定建造高速铁路，第一条线路是土耳其首都安卡拉至伊斯坦布尔的高速铁路，全长 533 千米，将原来的 10 个小时缩短到现在的 3 个半小时，2014 年全线通车，其中这条铁路的二期工程由中国铁建股份有限公司牵头并联合中国机械进出口公司以及土耳其两家公司共同组成的合包集团中标建造。目前，土耳其铁路共有 3971 千米施工总里程正在铺建的过程中，包括 1870 千米的高速铁路、1290 千米的快速铁路以及 811 千米的常规铁路线。另外，高铁和传统铁路 1637 千米的电气化工作以及信号工作建设正在进行③。

由于历史原因，土耳其铁路通信系统落后且老化严重，铁路通行能力受到很大限制。土耳其九年高铁计划主要由土耳其国家铁路公司负责，土耳其国铁由政府控股，拥有铁道线全长超过 12000 千米，当前有 8 个客运枢纽站点、7 个货运运输站点，拥有超过了 3.2 万名员工，年货运量超过了 2500 万吨，年客运量达到了 9000 万人次，占据了土耳其国内铁路市场的 72%④。目前土耳其国铁也与华为公司建立了合作关系，由华为设计并提供符合欧洲通信标准的铁路运营通信解决方案。

---

① 中国民航资讯网，http：//news. carnoc. com/list/451/451083. html。

② 土耳其铁路公司（TCDD）官网，http：//www. trainsofturkey. com/pmwiki. php/History/TC-DD。

③ 投资土耳其行业部门概况，http：//www. invest. gov. tr/zhCN/infocenter/pressrelease/Pages/PressReleases. aspx。

④ 华为企业业务网站，https：//e. huawei. com/cn/case-studies/cn/2017/201705021359。

土耳其政府计划至2023年再铺设3500千米的高铁和8500千米的普通铁路，建成总长为2.5万千米的铁路网络，并将现有常规铁路的70%升级改造为复线（约为4400千米），届时土耳其的主要城市都将通过铁路连接起来；另外，土耳其政府将进一步推进铁路运营的私有化，旨在通过自由的市场竞争来实现铁路系统的高效运营①。

（四）公路运输业

土耳其公路网络建设虽然相较于铁路来说相对发达，但是由于近年来土耳其交通运输建设的重点为铁路，因此土耳其公路网络在2007—2016年的十年间公路总长变化幅度不大，2016年土耳其公路总长达到202590千米。2007—2016年间，国道出现了轻微下降，从2007年的31333千米减少到31106千米，其中分车道增加了9403千米，其他车道不升反降了9630千米。省道以及高速公路长度均实现了明显增长，省道十年间增长了2934千米，增长了10%。高速公路长度虽然基数小，但是增长幅度较高，十年增长了33%，2016年达到2542千米（见图Ⅰ-5-17）。

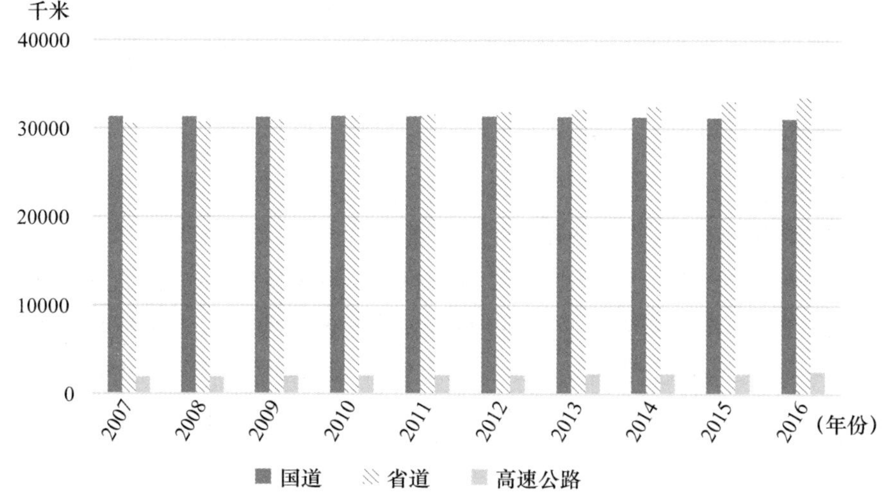

图Ⅰ-5-17　2007—2016年土耳其公路长度

资料来源：根据土耳其统计研究所数据绘制。

① 投资土耳其行业部门概况，http：//www.invest.gov.tr/zhCN/infocenter/pressrelease/Pages/PressReleases.aspx。

由于土耳其三面环海的地理位置和壮美的自然景观，沿海公路也成为其公路网络中的特色。土耳其 D44 公路是能够与美国西海岸 1 号公路相媲美的世界十大沿海公路之一，横跨土耳其“死海”、地中海以及爱琴海，沿途风光优美，成为“土耳其最美沿海公路”。土耳其计划在 2019 年建成博斯普鲁斯海峡海底隧道和第三座大桥，在达达尼尔海峡架设一座大桥，在 2023 年土耳其建国百年之际建成 3. 65 万千米双线车道、7000 千米高速公路和 7 万千米沥青公路。

第六章　政治生态研究

自1923年共和国成立以来，土耳其政治发展大体上经历了三个阶段，分别是第一共和国、第二共和国和第三共和国。在2017年修改宪法之前，土耳其的政体是议会共和制，实行“三权分立”，以世俗主义为导向，力图建立一个现代化的世俗国家，大国民议会是最高立法机构，宪法法院是最高司法机构，总理行使最高行政权。土耳其政治生态，两个较为明显的“主线”是军方和文官的关系以及宗教和世俗的关系。就前者而言，自从埃尔多安上台、2010年宪法修正案颁布以及2016年军事“政变”未遂后，军队势力基本被瓦解；就后者而言，现执政党正义与发展党属于典型的伊斯兰政党，埃尔多安是伊斯兰教逊尼派信徒①。

2017年4月，土耳其经过全民公投，通过了新的宪法修正案，政体从议会民主制转向总统制，并且在2018年选举后废除总理一职。当前，从总体上看，土耳其政治生态暗流涌动，其稳定与否在某种程度上与埃尔多安有着密切关系。从现实上看，可以从政治结构、主要政党、议会选举、政治文化、政治发展等多方面阐释土耳其的政治生态。

第一节　政治结构

土耳其共和国成立后，经过数十年发展，已经成为一个民主议会制国家，实行“三权分立”。但自埃尔多安出任土耳其总统以来，土耳其政体逐渐转向总统制，且已经废除总理一职。大体上看，在总统制基础上，可

---

① 郭长刚、杨晨、李鑫均、张正楠编著：《列国志·土耳其》，社会科学文献出版社2015年版，第44—48页。

以从宪法、大国民议会、行政权和司法机构等四个层面出发，阐释土耳其政治结构的历史演变和现状。

一　宪法

建国以来，土耳其总共颁布了三部宪法，分别是 1924 年宪法、1961 年宪法和 1982 年宪法。

1924 年宪法带有不小的"凯末尔政治"印记，规定土耳其是世俗主义和凯末尔主义为指导的国家，该宪法存续了 36 年。1960 年土耳其军事政变后，军方在 1961 年制订了新宪法，将三权分立引入土耳其，将原来的一院制改为上下两院制，大国民议会拥有立法权，增设宪法法院为最高司法机构，政府行使行政权。规定总统从议会中选举产生，限制总统权力，使之成为国家象征。

1980 年，土耳其军方再次接管政权，并于 1982 年出台新宪法。1982 年宪法也是土耳其现行宪法，主体内容沿用至今。较 1961 年宪法而言，1982 年宪法呈现出三个主要特征：一是赋予总统极大权力；二是收缩民主范围；三是将两院制改为一院制[①]。1982 年宪法自颁布以来，总共经历了 18 次修改，近年来土耳其宪法最重要的修改是 2010 年与 2017 年。

（一）现行宪法的基本原则和主要内容[②]

1982 年宪法的第一部分规定了土耳其政治的基本原则：土耳其是世俗化、民主的共和国，坚持共和主义和世俗主义；主权来自人民，属于土耳其民族，坚持平民主义和民族主义；最高权力属于宪法和法律，坚持分权制原则，坚持改革主义、国家主义、以人为本等理念。宪法将"祖国安宁和世界和平"作为重要目标。

1982 年宪法的第二部分规定了个人和社会的基本权利与义务，尤其是个人基本权利与自由。第三部分规定了国家权力，例如立法权、行政权、司法权和国家安全等种种条款。第四部分主要是经济和财政条款。第五部分主要是宗教和教育领域等条款。第五部分是临时条款，对总统、政府和

---

① 郭长刚、杨晨、李鑫均、张正楠编著：《列国志·土耳其》，社会科学文献出版社 2015 年版，第 50—51 页。

② 土耳其宪法文本参见 https：// www. tbmm. gov. tr/anayasa. htm （土耳其语）；http：// www. anayasa. gen. tr/english. htm（英语）。

议会的选举与职能范围做补充说明。第七部分对修宪程序做补充说明。

（二）2010 年与 2017 年两次修宪

自正义与发展党成为土耳其执政党、埃尔多安成为土耳其总统以来，一直试图修改宪法，调整土耳其发展的航向。

2010 年，民众以 58% 的支持率通过了修宪方案，针对原宪法的 24 个条款进行修订，内容主要涉及公民权利、议会改革、司法与行政体系改革、削弱军权等。

现有研究表明，司法改革与削弱军权是埃尔多安与正义和发展党推动修宪的主要目的。众所周知，土耳其存在“城市精英阶层和军队的世俗的、西方的土耳其，与存在于乡村和清真寺内，倡导伊斯兰的、东方的土耳其的对立”,[①] 埃尔多安和正义与发展党无疑代表后者。同时，削弱军权也是此次宪法的重要目的之一。例如，“违宪的军事人员将移送民事法庭审理，军事法庭无权审理平民”“196 名现役、退役军事人员受到‘图谋武力颠覆政权’的指控”“成立由无军方背景人员组成的新的国家安全委员会，否定 1980 年军事政变的合法性”，等等[②]。总体上看，2010 年宪法的修订，很大程度上扩大了行政权力。

2017 年 4 月 16 日，土耳其举行新的修宪公投，在 99.5% 的投票中，有 51.4% 投支持票、48.6% 投反对票。这意味着，自 2019 年总统选举和议会选举后，土耳其将结束建国以来施行近百年的议会制，正式实施总统制。这无疑是对 2010 年宪法和 2016 年未遂军事“政变”[③] 后消除大部分

---

① 王晋：《土耳其大选，新哈里发诞生?》，https：//www. guancha. cn/WangJin/2018_06_26_461426_s. shtml。

② 郭长刚、杨晨、李鑫均、张正楠编著：《列国志 · 土耳其》，社会科学文献出版社 2015 年版，第 56 页。

③ 2016 年 7 月 16 日 0 时许，位于首都安卡拉的土耳其广播电视协会（TRT）电视台被政变军人控制，女主播蒂珍 · 卡拉斯向电视观众口播了一份政变军人起草的声明。一个自称“祖国和平委员会”的军人团体在声明中宣称，军队已经接管政权，全国范围实行宵禁并实施军事管制法。2016 年 7 月 16 日凌晨，土耳其总统府网站发表声明，总统埃尔多安安然无恙，“一小撮士兵”的政变图谋没有成功。土耳其发生政变后，5 名将军和 29 名上校被解除职务；2839 人涉嫌参与政变被捕，2745 名法官被解职、拘捕。2016 年 9 月 2 日，土耳其宣布解职 8000 名安全人员、2000 多名教师、近 520 名宗教事务主管。2018 年 5 月 21 日，土耳其西部伊兹密尔省法院判处 104 名 2016 年未遂政变涉案人员终身监禁。在 104 名被告中，21 人因在政变中企图杀害总统埃尔多安而被额外判处 20 年监禁。

军方势力的后续动作，将极大扩大埃尔多安和正义与发展党的权力。

大体上看，这次修宪总共通过了 18 个条款。具体如表 I－6－1 所示：

表 I－6－1　　　　2017 年土耳其修宪涉及条款

条款 9	司法机构必须在公正的条件下进行活动
条款 75	议会席位从 550 个增加到 600 个
条款 76	议会选举候选人的年龄限制从 25 岁降至 18 岁，不要求服完兵役，与军方有关的人没有资格参加选举
条款 77	议会任期从四年延长到五年。议会和总统选举每五年在同一天举行选举，如果在第一轮选举中没有赢得简单多数，那么将举行第二轮总统选举
条款 87	议会的职能是：制定、修改、废除法律；接受国际条约；接受或否定预算；等等
条款 89	议会需要以绝对多数才能推翻总统的否决权
条款 98	取消议会质询，代之以议会调查，副总统只需要在 15 天内以书面形式回应议会调查
条款 101	成为总统候选人，个人需要在前一次议会选举中赢得 5% 以上的选票和 100000 名选民的支持。当选的总统如果有党员身份，不再需要终止党员资格
条款 104	总统兼任国家元首和政府首脑，有权任命和罢免部长与副总统。总统可以发布行政法令。如果立法制定的法律与总统发布行政命令的论题相同，则法令将失效，议会法律将生效
条款 105	议会可以绝对多数开启“议会调查”，在一个月内讨论提案。讨论结束后，有五分之三的选票赞成，“议会调查”可以开始。在调查结束后，议会可以投票起诉总统
条款 106	总统可以任命一个或多个副总统。如果总统职位空缺，则必须在 45 天内举行新的总统选举。如果议会在任期届满前还有一年多时间，那么新当选的总统将任职到议会任期结束，然后举行总统选举和议会选举。这不包括总统两届任期的限制。议会对副总统和部长可能犯下罪行的调查需要议会五分之三的赞成票。在调查结束后，议会可以投票起诉副总统或部长，并以三分之二的赞成票起诉副总统或部长
条款 116	议会绝对多数可以决定重新选举，在这一情况下，议会也将被解散
条款 119	总统宣布紧急状态要经议会批准才能生效。议会可以延长、移除或缩短。紧急状态一次最多可延长四个月，但战争期间除外，因为在战争期间不需要这种限制
条款 125	总统的行为将服从于司法审查
条款 142	除非军事法庭是为调查士兵在战争条件下的行为而设立的，否则将予以废除
条款 146	由于军事法庭将撤销，宪法法院将从 17 人减少到 15 人。因此，总统任命的人员将从 14 人减至 12 人，而议会将继续任命三名法官
条款 159	最高法官和检察官委员会改名为“法官和检察官委员会”，成员从 22 人减至 13 人，各部门从 3 人减至 2 人。4 名成员由总统任命，7 名由议会任命（司法部长和副部长保持不变，是另外 2 名成员）
条款 161	议会预算委员会可以修改行政预算，但议会成员不能提出改变公共支出的建议。如果预算未获批准，则将提出临时预算。如果临时预算也未获得批准，则将上一年的预算与其增量相比决定预算

续表

其他条款	修改"宪法"的若干条款，主要是将行政权移交给总统
临时条款 21	下任总统和议会选举定于 2019 年 11 月 3 日举行。如果议会决定提前举行选举，则两者将在同一天举行。法官和检察官委员会选举将在本法批准后 30 天内进行。一旦法律生效，军事法庭将被废除
修正案条款的适用性	修正案（2、4、7 条）将在新选举后生效，其他修正案（临时条款除外）将在新当选总统宣誓就职后生效。废除了选举产生的总统丧失政党成员资格的条款

从 2017 年的宪法修订中可以明显看到，埃尔多安若当选总统将获得极大权力，一种观点认为，"公投顺利通过，归因于现总统埃尔多安及执政的正发党不遗余力地促成修宪改制。从统计数据来看，底层民众多数赞成修宪，这主要得益于埃尔多安长于利用各种机会调动民情，同时正发党执政以来也将经济发展成果惠及民众，在底层民众中拥有较高的支持率"。[①] 另一种观点认为，埃尔多安此举是一种独裁行为，违背了土耳其原有的民主和共和制度[②]。

在伊斯坦布尔、安卡拉两大主要城市，西部沿海地区以及东南部地区，多数民众反对修宪，而其他地区均支持修宪[③]。近两年来，美欧西方国家对土未遂军事"政变"、库尔德人等问题的态度进一步激发了民族情绪，埃尔多安的强人形象迎合了部分民众渴望强硬领导人的心理。

二　大国民议会

大国民议会目前为土耳其的最高立法机构，实行一院制。自 2017 年修改宪法后，大国民议会的议席由 550 位增加到 600 位。土耳其目前有 87 个选区，根据选区按人口比例直选产生议员。选举采用洪德法基础上的比例代表制。根据新的宪法修正案，议会的职能主要是：制定、修改、废除法律；接受国际条约；接受或否定预算；任命 7 名法官和检察官委员会成员；等等。

大国民议会最高负责人是议长，议长下设议长办公室和法律服务局。

① 安峥：《修宪公投通过将改为总统制，土耳其会走向何方?》，https：//www. jfdaily. com/news/detail? id = 50392。

② 《土耳其修宪公投成功，又一个独裁国家诞生》，http：//news. 163. com/17/0417/21/CI8L2QGR00018M4D. html。

③ 参见 http：//www. ysk. gov. tr/doc/dosyalar/docs/2017Referandum/2017HO-Ornek135. pdf。

秘书长负责议会日常行政工作，下设立法监督处，行政、财务和技术服务处，信息和信息技术处，国有宫殿事务处。

议会主席团由议长、副议长、行政长官和书记处书记组成，由议会选举产生。大国民议会下设17个常设委员会，负责议会的立法和各种行政事务。

值得一提的是，根据2017年宪法修正案，总统能够解散议会。

三　行政权

2018年总统和议会选举后，土耳其行政权掌握在总统手中，埃尔多安也成为土耳其第一个增加了立法和司法权力的总统。

总统选举必须在现任总统任期届满前至少30天或总统出缺后10天开始，并必须在选举开始后30天内完成。候选人必须在此期间的头10天内向议会主席团宣布，选举必须在余下的20天内完成。总统以前是由土耳其议会议员选举产生的。根据2007年起草的一项修正案，未来的总统应由公民通过公开投票选举产生。候选人必须年满40岁，完成高等教育，可以是议会议员，也可以是符合这些要求并有资格成为议员的民众。

总统任期五年，有资格连任。现任总统的任期继续到下一任当选总统就职为止。总统职能包括：

1. 立法职能

在认为必要的情况下，可以在立法年度的第一天发表议会开幕词；必要时召集议会开会；颁布法律；把法律交还议会重新审议；在认为必要的情况下，发动全民公投，决定是否提交关于宪法修正案的立法；向宪法法院提出上诉，要求废除某些规定或全部具有法律效力的法律、法令和议会议事规则，理由是这些规定在形式上或内容上都不符合宪法；召集新的议会和总统选举；向预算委员会交付预算；等等。

2. 行政职能

任免部长；任命副总统；授权土耳其国代表访问外国，并接待被任命为土耳其共和国的外国代表；批准和颁布国际条约；代表最高军事指挥部土耳其武装部队；代表土耳其大国民议会；决定土耳其武装部队调动；委任总参谋长；调用国家安全理事会；主持国家安全委员会；宣布紧急状态，在紧急状态下，每一项总统令的发布都需要议会的批准；签署行政命令；任命国家监察委员会主席和成员；指示国家监督委员会进行调查和检查；等等。

3. 司法职能

任命宪法法院法官、四分之一国务委员会成员、高等上诉法院首席检察官和副首席检察官、军事高等上诉法院法官、最高军事行政法院法官以及法官和检察官委员会成员。

总统还履行挑选和任命司法官员的职责以及宪法和法律赋予的其他职责。

如果总统因生病、出国旅行或类似情况而暂时缺席，副总统担任代理总统，并行使总统的权力，直至总统回来。如果总统辞职或死亡，议长行使总统权力，直至45天内举行新的选举。

现任总统为埃尔多安。

土耳其行政机关可以分为两部分，一是以中央为首的地方各级政府，分为中央—省—县—乡和村。二是以各省首府为首的地方自治政府，如省级行政区、自治市和自管区。前者职权范围包括行使行政权，负责医疗、社会保险、文化教育和经济发展等事务；后者职权范围包括公共事业等基础设施建设和维护。

目前土耳其的政府构成如下：

表Ⅰ-6-2　**土耳其政府构成**

文化和旅游部部长	努曼・库尔图尔穆什（Numan Kurtulmuş）
贸易部部长	鲁赫萨尔・佩克詹（Ruhsar Pekcan）
能源和自然资源部部长	法提赫・麦兹（Fatih Dönmez）
环境和城市规划部部长	迈哈麦特・厄兹哈塞基（Mehmet Özhaseki）
财政部部长	贝拉特・阿尔巴伊拉克（Berat Albayrak）
农业和森林部部长	帕克德米尔利（Bekir Pakdemirli）
外交部部长	恰武什奥卢（Mevlüt Çavuşoğlu）
卫生部部长	法里丁・科卡（Fahrettin Koca）
工业科技部部长	穆斯塔法・瓦兰克（Mustafa Varank）
内政部部长	苏莱曼・索伊鲁（Süleyman Soylu）
劳工、社会服务和家庭部部长	塞尔丘克（Zehra Zümrüt Selçuk）
国防部部长	胡卢西・阿卡尔（Hulusi Akar）

续表

教育部部长	塞尔丘克（Ziya Selçuk）
交通部部长	图尔汗（Cahit Turan）
青年和体育部部长	卡萨坡古鲁（Mehmet Kasapoğlu）

参见https：//www. trtworld. com/turkey/erdogan-announces-first-cabinet-under-new-presidential-system－18792；https：//www. tccb. gov. tr/。

四 司法机构

土耳其的司法机构由司法部、最高法检委、国家司法学院、司法鉴定研究中心和各级法院组成，分为行政司法、法律司法和特别司法。宪法法院、上诉法院、国务会议等机构是宪法规定的最高法院。最高法检委和审计院是监督法官、检察官的机构，其裁定结果具有最高法律效力。

值得一提的是，埃尔多安在2014年和2016年对土耳其司法机构进行了大规模人员调整。2014年1月，120名法官和检察官受到调查，2016年1月，2745人因“政变”被调离职位。

第二节 总统及议会选举

2017年之前，土耳其的国体是议会共和国，施行一院制，2017年4月16日，土耳其举行全民公投，从议会制改为总统制，从宪法上赋予总统实权，取消总理职位。2018年，土耳其举行总统和议会“二合一”选举，正式改变了土耳其的现行政体。因此，这部分主要介绍2007年全民公投修宪后的大国民议会选举情况和2014年以来的总统选举情况。

一 选举体系

土耳其选举包括三个层面，一是总统选举，每5年举行一次；二是大国民议会选举，每4年举行一次；三是地方选举，每4年举行一次。

大国民议会选举主要采用洪德法基础上的政党名单比例代表制，由全国81个省共87个选区以直接选举的方式选出议员。政党进入议会的最低门槛为10%的得票率，这意味着有的政党可能在不少选区赢得多数，但由于总票数较低而未能获得议席。

近年来，土耳其各个政党都在探寻改革议会选举制度。例如，2013年7月正义与发展党提出了“狭隘选区制度”（narrow district system），将比例代表制改为“最高票者当选制度”（first-past-the-post）。根据这些建议，门槛将从10%降至7%或8%，而土耳其将被划分为129个选区，这一制度将使最大的政党和某些地区最强的政党受益，如正义与发展党、和平和民主党等，而人民共和党等将受到负面影响。2015年，人民共和党提出将门槛降至3%的提案，并建议不修改比例代表制，但正义与发展党反对在不进行更广泛的选举改革的情况下降低门槛。

具体而言，每个选区按人口比例分配一定数量的议员，土耳其最高选举委员会在选举前对每个地区进行人口审查，并可根据选民数量变化增加或减少选区的席位数目。在19—36名议员之间选举的省份分成两个选区，凡选举超过36名议员的省份都分为三个选区。此外，伊兹密尔（İzmir）、布尔萨（Bursa）、伊斯坦布尔（İstanbul）和安卡拉（Ankara）是土耳其最大的四个省，前两者分为三个选区，后两者分为两个选区。2018年，大国民议会席位从550个增加到600个。

土耳其的总统选举较为简单，采取两轮投票制，两名候选人经过两轮投票，第一轮无人获得50%以上多数时，则在两周后进行第二轮投票，票数多者获胜。

二　总统选举情况①

土耳其自1923年建国后共经历了17次总统选举，产生了9名总统。其中，凯末尔（Mustafa Kemal Atatürk）和伊斯麦特·伊诺努（İsmet İnönü）连任4次。

2014年8月举行的总统选举，是土耳其历史上第一次直接选举总统，此前均为议员选举。2007年，经过全民公投，土耳其总统改为民众直选。埃尔多安在第一轮投票中以多数票当选土耳其总统，得以继续推行总统具有实质行政权的改革议程，使总统不再单纯具有礼仪和中立职能，并又追求宪法改革，将土耳其变成一个总统或半总统制的国家。

---

①　参见 http：//www. cankaya. gov. tr/eng_ html/gorev. html。

在2014年总统选举中，总共有三位候选人，分别是正义与发展党提名的埃尔多安、人民共和党和民族主义运动党提名的伊萨诺格鲁（Ekmeleddin Mehmet İhsanoğlu）、人民民主党的德米尔塔什（Selahattin Demirtaş）。具体选举结果如表Ⅰ-6-3①所示：

表Ⅰ-6-3　　2014年土耳其总统选举结果

候选人	国家投票	得票率（%）	海外投票	得票率（%）	海关投票	得票率（%）	总得票数	得票率（%）
埃尔多安	20670826	51.65	143873	62.30	185444	62.73	21000143	51.79
伊萨诺格鲁	15434167	38.57	64483	27.92	89070	30.13	15587720	38.44
德米尔塔什	3914359	9.78	22582	9.78	21107	7.14	3958048	9.76
无效得票	734140		1857		1719		737716	

2018年6月24日，土耳其举行2017年修宪以来的第一次总统选举。人民联盟（由正义与发展党和民族运动党组成）提名埃尔多安为总统候选人，最大反对党人民共和党提名穆哈雷姆因吉（Muharremİnce）为总统候选人。总共有7名候选人参与总统竞选。此次总统竞选的背景十分复杂，例如，土耳其2016年的军事“政变”，2017年全民公投决定修宪，土耳其转向总统制背后是否违背了“自由民主”的理念与原则，土耳其与西方尤其是美国和德国②的关系，摇摇欲坠的土耳其经济、货币和债务危机以及土耳其在叙利亚的军事行动，等等。在复杂的政治背景下，埃尔

① 参见 http://www.ysk.gov.tr/ysk/content/conn/YSKUCM/path/Contribution% 20Folders/HaberDosya/2014CB-Kesin-416_a_Yurtici.pdf.

② 例如，被埃尔多安政府视为“国家公敌”的对立派别领导人费图拉·居伦（Fethullah Gülen）在德国获得政治庇护后，土德两国关系持续紧张。埃尔多安日还强调说，“在德国大选之际，给他们一个教训（意指德国三个政党：执政党基民盟、社会民主党、绿党）。这些政党在给土耳其使绊子。投票给那些对土耳其没有敌意的候选人吧”。德国联邦议院选举将于2018年9月24日举行。生活在德国的土耳其人数高达300万名，他们构成了土耳其境外最大的土耳其社区，其中近120万土耳其人拥有德国国籍，有权在即将到来的大选中投票。在过去，土耳其裔德国人往往投票给左派（主要是社会民主党SPD）。但是，埃尔多安在德国土耳其移民团体中非常受欢迎：在2015年11月的土耳其议会选举中，59%在德国参加投票的土耳其选民投给了埃尔多安的政党。参见《土总统激烈回应德外长批评》，https://baijiahao.baidu.com/s?id=15763192992232450 14&wfr=spider&for=pc。

多安成功连任，他将此次选举称为“给世界上的民主课”，但也有其他观点认为，“一个秉持‘新奥斯曼主义’的领导人，高举泛伊斯兰政治思想，也很可能会让埃尔多安成为不少伊斯兰国家穆斯林民众眼中的‘领袖’。而作为一个拥有泛伊斯兰主义政治热情的埃尔多安，似乎将加成为无冕‘哈里发’”。[①] 同时，埃尔多安的获胜，在某种程度上也是土耳其社会与政治文化撕裂的表现，一方面，这体现了“城市精英阶层和军队的世俗的、西方的土耳其，与存在于乡村和清真寺内，倡导伊斯兰的、东方的土耳其的对立”，[②] 埃尔多安代表的后者暂时占据上风；另一方面，这也是东部库尔德地区（尤其与叙利亚接壤地区，埃尔多安的支持率多在60%以上）、中部安纳托利亚和西部沿海地区的政治、社会文化分裂，埃尔多安当选后仍旧面临整合民意、团结社会的重任。

具体选举结果如下表Ⅰ-6-4：

表Ⅰ-6-4　　2018年土耳其总统选举结果

候选人	得票数	得票率（%）
埃尔多安	26330823	52.59
穆哈雷姆·因吉	15340321	30.64
德米尔塔什	4205794	8.40
阿克谢奈尔（Meral Akşener）	3649030	7.29
卡拉莫拉奥鲁（Temel Karamollaoğlu）	443704	0.89
佩林切克（Doğu Perinçek）	98955	0.20
无效票	1129275	
总数	51188524	100

资料来源：http：//world.huanqiu.com/special/2018TE/index.html。

三　大国民议会选举情况

2007年10月21日，土耳其全民公决通过宪法修正案，这项宪法修正案将现行的议会选举总统制改为两轮投票制的全民直选，将总统任期从七

① 王晋：《土耳其大选：民主课？还是新哈里发?》，https：//baijiahao.baidu.com/s?id=1604299451813417243&wfr=spider&for=pc。

② 王晋：《土耳其大选，新哈里发诞生?》，https：//www.guancha.cn/WangJin/2018_06_26_461426_s.shtml。

年减至五年；允许总统连任第二任期；每四年举行一次议会选举，而不是每五年举行一次议会选举；将议会决定所需立法者法定人数减少到 184 人。在 2007 年议会选举获胜后的埃尔多安，在 2014 年的总统直选中获胜，开启了土耳其政治发展的“新时代”。因此下文以此为时间起点，介绍 2007 年以来土耳其的议会选举情况。

（一）2007 年议会选举

2001 年，埃尔多安创建了正义与发展党并担任党主席，2002 年正义与发展党赢得议会选举，随后埃尔多安补选为议员，2003 年出任总理。

2007 年的议会选举是埃尔多安在土耳其逐渐巩固其政治地位的真实反映，在某种程度上也可以认为是土耳其政治发展的一个重要“分水岭”。同时，原定于 11 月举行的议会选举，是在 2007 年总统选举陷入僵局后提前举行的。正义与发展党已提名前总理阿卜杜拉·居尔为总统候选人，不少人强烈反对，尤其是针对其伊斯兰政治背景。一些人捍卫总统的世俗意义，认为总统应当是象征性的，而非具有实质权力。反对派人民共和党抵制了选举总统的议会进程，拒绝让政府获得批准阿卜杜拉·居尔所需的 67% 的议员法定人数。根据宪法的要求，2007 年 7 月 22 日提前举行议会选举。

另一方面，库尔德工人党在选举期间对某些选区的候选人及其政党发出了死亡威胁，被土耳其视为恐怖组织。具体选举结果如表 I－6－5 所示：

表 I－6－5　　2017 年土耳其议会选举结果

政党	席位
正义与发展党	341
人民共和党	99
民族运动党	71
民主社会党	20
民主左翼党	13
大联盟党（Great Union Party）	1
自由团结党	1
独立参选	3
总数	550

资料来源：http：//www. ysk. gov. tr/ysk/docs/2007MilletvekiliSecimi/gumrukdahil/gumrukdahil. pdf。

（二）2011 年议会选举

2011 年 6 月 12 日，土耳其举行第 17 次议会选举。此次选举也是 2007 年全民公投修改宪法后举行的第一次议会选举。埃尔多安和正义与发展党再次获得胜利，这意味着土耳其没有受到 2008 年国际金融危机的过多影响。一些措施的成功推行，如基础设施、铁路和机场等的修建，使民众对埃尔多安政府的支持率没有下降。

2010 年，议会通过了新的选举法，一些新的规则也影响了此次选举，如议会年龄资格从 30 减少到 25；竞选活动被允许持续到日落后两个小时，根据以前的法律，日落后的竞选活动是被禁止的；公民只要能提供其身份证号码，就可以在没有正式身份证明的情况下投票；任何阻止某人投票的人将被判处三至五年徒刑；居住在国外的土耳其选民无法进行电子投票，因此，海外的土耳其选民需要在海关门口投票，等等。值得一提的是，此次选举遭到了库尔德工人党的暴力破坏，埃尔多安将其视为“分离主义分子”，前者进行了武装报复。

具体选举结果如表 I－6－6 所示：①

表 I－6－6　　2011 年土耳其议会选举结果

政党	席位
正义与发展党	327
人民共和党	135
民族运动党	53
独立参选	35
总数	550

（三）2015 年议会选举

2015 年对土耳其的执政党——正义与发展党而言，是跌宕起伏的一年。6 月 7 日，正义与发展党在第一次议会选举中遭受重创，其一党单独执政的历史险些被改写。11 月 1 日，正义与发展党在第二次议会选举中大胜，成功保住一党执政地位，开启了其第四届单独执政期。2015 年的

① 参见 http：//www. ysk. gov. tr/ysk/docs/2011MilletvekiliSecimi/gumrukdahil/gumrukdahil. pdf。

议会选举对于土耳其的政治发展具有重要意义。

首先，此次议会选举是亲库尔德的人民民主党首次以政党身份参选。其次，2014 年埃尔多安在当选总统后希望扩权，抓手就是通过修改宪法将现行议会制改为总统制，但政治改制成功与否和执政党的议会席位直接挂钩。执政党席位在 367 席以上，则可直接通过议会修宪。执政党席位在 330 席以上，则需通过全民公投实现修宪。如果低于 330 个席位，那么需要联合其他政党共同推动修宪。因此，埃尔多安希望正义与发展党获得修宪所需的选票。但土耳其宪法规定，现任总统须中断与所有政党的一切关系，成为无党派人士，保持政治中立，禁止支持任何党派。埃尔多安虽脱离了正义与发展党，但对正义与发展党仍有较大影响力。为实现实行总统制的目标，埃尔多安积极参加选前活动，为正义与发展党拉票，被认为有违宪嫌疑①。

在 2015 年 6 月举行的第一次议会选举中，正义与发展党由于面临经济发展、② 埃尔多安“拉票”和修宪、人民民主党异军崛起等因素影响，得票率一落千丈。大选中，真正突破 10% 议会门槛的只有四个政党，分别是正义与发展党、人民共和党、民族行动党和人民民主党，得票率分别约为 41% 、25% 、16% 和 13% ，这意味着正义与发展党失去了单独组阁的权力。

但在此后 45 天的组阁期内，土耳其未能组成联合政府，因此不得不在 11 月 1 日举行第二轮议会选举。根据计票结果，正义与发展党赢得 49. 4% 的支持票和 316 席；主要反对党人民共和党得票率为 25. 4% ，获 134 个议席；民族行动党得票率为 12% ；亲库尔德的人民民主党得票率为 10. 7% ；其余各党派得票率不足 10% 。

此次选举影响深远，意味着埃尔多安能争取到足够的议会支持票，推动政治改革计划，把土耳其总统变成类似美国掌握行政权的总统。有观点认为，此次选举前的民调显示正义与发展党的得票率仍不会过半，可能会

---

① 王洪亮、郑东超：《土耳其第 25 届议会选举及其影响》，《当代世界》2015 年第 7 期。

② 2014 年土耳其经济增长率仅为 2. 9% ，与政府预期增长尚有差距，并且青年人的失业率居高不下。2015 年 4 月 18 日，埃尔多安总统罕见承认，土耳其经济遭遇下滑，由于里拉贬值，经济总量缩水。参见 Bulent Aliriza and Craig Bonfield，“The Turkish Economy：Temporary Crisis?”，http：//csis. org/publication/turkish-economy-temporary-crisis。

出现岌岌可危的联合政府或再一次选举，因此计票结果令人感到意外。“土耳其近来深受武装冲突及炸弹袭击的困扰，因此，安全问题成为影响此次选举的最重要因素。”① 例如，2015 年 7 月，政府和库尔德工人党的停火谈判破裂，导致分离主义冲突在该国东南部以库尔德人为主的地区不断爆发，近 150 名安全人员在冲突中丧生，使土耳其政府和库尔德民族主义者之间的关系紧张化，并引发了选民对选举能否在东南部和平举行的安全担忧。批评人士指责政府故意挑起冲突，以赢得失去的选票。自杀式袭击使在中部参加和平集会的 102 人丧生。许多政党，特别是人民共和党的费米・德米尔就在选举前六天的一起交通事故中丧生。具体选举结果如下：

表 I－6－7　　2015 年 6 月土耳其议会选举结果

政党	席位
正义与发展党	258
人民共和党	132
民族运动党	80
人民民主党	80
总数	550

资料来源：http：//www. ysk. gov. tr/ysk/content/conn/YSKUCM/path/Contribution% 20Folders/SecmenIslemleri/Secimler/2015MV/D. pdf。

表 I－6－8　　2015 年 11 月土耳其议会选举结果

政党	席位
正义与发展党	317
人民共和党	134
民族运动党	40
人民民主党	59
总数	550

资料来源：http：//www. ysk. gov. tr/ysk/content/conn/YSKUCM/path/Contribution% 20Folders/SecmenIslemleri/Secimler/2015MVES/96 － D. pdf.

① 《土耳其议会选举 执政党意外拿下多数席位》，http：//www. xinhuanet. com/world/2015－11/03/c_128388140. htm。

（四）2018 年议会选举

2017 年成功修宪后，2018 年 4 月 18 日埃尔多安宣布，决定于 6 月 24 日举行议会和总统选举，这比原定时间提前了一年半，也是土耳其转向总统制后举行的第一次议会选举，决定了土耳其未来改革方向。2018 年 7 月 4 日，土耳其最高选举委员会公布总统和议会选举正式计票结果，现任总统埃尔多安以超过 52% 的得票率连任。在议会选举中，有五个政党获得超过 10% 的选票，进入新一届土耳其大国民议会。埃尔多安领导的执政党正义与发展党和在野党民族行动党组成的“人民联盟”赢得议会多数席位。这场选举过后，土耳其正式终结了行使近百年的议会共和制，转变为总统握有更大实权的总统制政体，这也是土耳其首次同时举行总统和议会选举。据统计，此次大选的投票率高达 86%，有超过 5100 万名选民参加了投票。

此次选举体现了土耳其未来发展的方向之争：一是民主和集权之争。埃尔多安当选总统，则作为三军统帅和国家元首，权力将进一步集中，包括任命副总统和部长、兼任党魁、解散议会、制定预算、宣布国家进入紧急状态等。而穆哈雷姆·因杰则指责埃尔多安和正义与发展党长期执政，导致利益集团固化，引发民主与自由的倒退，动摇了土耳其世俗化的立国根基。二是右翼政党联盟和中左翼政党联盟之争。“此次大选，正发党、民族行动党和幸福党等右翼政党形成‘人民联盟’；人民共和党、人民民主党和好党等中左翼政党形成‘全国联盟’。前者属于保守主义阵营，后者属于世俗主义阵营。两大集团的形成进一步导致议会政治的‘极化’”。三是“新奥斯曼主义”还是“大西洋主义”之争。埃尔多安提出的“新奥斯曼主义”，执行“向东看”政策，越境打击库尔德分裂势力，在叙利亚北部阿夫林和曼比季等地区建立缓冲地带；关注巴以问题，与俄罗斯和伊朗形成“阿斯塔纳”和谈机制，在卡塔尔、索马里和苏丹建立军事基地，以扩大在西亚和非洲等传统地区的影响力。人民共和党在中左翼势力的支持下，很可能会选择修复与欧美的关系，甚至不排除重新“向西看”，与美国和欧洲大国的关系将被放在外交首位。四是经济与政治的复杂关系。埃尔多安制定了“2023”百年目标，即到土耳其共和国建国 100 周年时，国内生产总值将跻身世界前十强。“经济问题在未来或成为土耳其政党竞争的主要议题。埃尔多安提前 17 个月举行大选，主要是因经济下滑这一隐忧。中产阶层和青年群体将成为此次大选的重要‘票仓’。如果埃尔多安继续执政，其经济政策将更具延续性”。[①]

具体选举结果如下[②]：

表Ⅰ-6-9　　2018 年土耳其议会选举结果

政党	席位	联盟
正义与发展党	295	人民联盟
民族运动党	49	
人民共和党	146	全国联盟
好党（Good Party）	43	
人民民主党	67	
总数	600	

第三节　主要政党：正义与发展党

当前，正义与发展党（以下简称正发党）是土耳其的主要政党，2001 年埃尔多安创建了正发党并任主席，2003 年埃尔多安出任土耳其总理，此后，执政的正发党又赢得 2007 年和 2011 年大选，埃尔多安连任总理，2014 年 8 月 10 日，正发党主席埃尔多安在土耳其首次总统直选中获胜。在埃尔多安执政期间，正发党无疑是土耳其最大的政党，对土耳其内政外交具有很大的影响，且具有深厚的群众基础，连续多次赢得土耳其大选。

一　历史沿革

正发党（土耳其语：Adalet ve Kalkınma Partisi，AK Parti 或 AKP；英语：The Justice and Development Party of Turkey）。现为土耳其执政党，也是国内第一大党，自成立以来一直保持着执政党地位。

正发党的前身为繁荣党（Welfare Party）与美德党（Virtue Party）。

① 参见孙德刚《土耳其又站在历史的十字路口》，http：//opinion. huanqiu. com/hqpl/2018 - 06/12335895. html。

② 参见 http：//world. huanqiu. com/special/2018TE/index. html。

1998 年 1 月，土耳其宪法法院在宣布取缔伊斯兰教色彩浓厚的政党繁荣党之前，该党部分成员组建了美德党。繁荣党元老伊斯梅尔·阿尔普特金（Ismail Alptekin）被选为该党的首任主席。5 月，雷扎·库坦（Recai Kutan）接替阿尔普特金成为该党新一任主席。

1999 年，在后“二·二八”[①] 进程的总体环境下，虽然美德党开始有意识地淡化伊斯兰色彩，但依旧被军方控诉为宗教色彩浓厚的政党。与此同时，美德党内部矛盾公开化，党内现代派（改革派）和传统派分裂。

2000 年 5 月 4 日，美德党召开大会，通过公开竞争方式选举党主席。现代派推举土耳其时任总统阿卜杜拉·居尔（Abdullah Gülen）为党主席候选人，后经多方阻挠，居尔败选，库坦连任。

2001 年 6 月 22 日，美德党因被控诉是繁荣党的延续而被取缔。7 月，党内传统派组建了幸福党，雷扎·库坦成为该党首任主席。8 月 14 日，前伊斯坦布尔市市长雷杰普·塔伊普·埃尔多安（Recep Tayyip Erdogan）、居尔与前大国民议会议员布伦特·阿林奇（Bulent Arinc）共同创建了正发党。埃尔多安被选为党主席。布伦特·阿林奇被选为议会党团主席。

2002 年 11 月，土耳其提前举行大选，刚成立的正发党一举成为议会第一大党，获得单独组阁权。该党党魁埃尔多安因 1998 年入狱被禁止从政五年，副领袖居尔由此出任土耳其总理。

2003 年 3 月，该党利用议会多数席位优势修改宪法，为该党主席埃尔多安参加议会补选扫清障碍，后埃尔多安成功当选议员，居尔辞职，埃尔多安被任命为国家总理。

2007 年 4 月，埃尔多安推举居尔为总统候选人，遭到多方反对而失败。土耳其遂于 7 月举行提前选举，正发党仍保持了第一大党地位，再次获得单独组阁权。埃尔多安连任土耳其总理。8 月，正发党再次提名居尔为总统候选人，居尔击败对手，当选土耳其总统。

2011 年 6 月大选，正发党再次赢得议会多数，连续三次成为执政党，该党主席埃尔多安也再次连任国家总理。

---

① 1997 年 2 月 28 日，为加强土耳其国家的世俗特征、消除伊斯兰的威胁，同时敦促政府采取措施保护世俗主义力量，由军方司令官、参谋总长和内阁成员组成的国家安全委员会做出了一系列决定。这就是土耳其政治上著名的“二·二八”进程（February 28 Process），又被称为“软政变”或者“后现代政变”。

2012 年 9 月，人民之声党解散，加入正发党。

2014 年 8 月，正发党主席埃尔多安在土耳其历史上首次总统直选中获胜，成为土耳其总统，艾哈迈德·达武特奥卢（Ahmet Davutoglu）接任正发党主席和土耳其总理职位。

2015 年 6 月大选，正发党未能获得国会过半席位，后又组阁失败。11 月，土耳其再次举行大选，正发党获得过半席位，得以继续执政。

2016 年 5 月 22 日，达武特奥卢辞去正发党主席之职，正发党召开特别大会，选举产生新任党主席比纳利·耶尔德勒姆（Binali Yildirim）。

2017 年 4 月，关于将土耳其的政治体制从内阁制转变为总统制的修宪公投获得通过，其中允许总统兼任政党职务，正发党召开特别大会，埃尔多安总统重新当选党主席。

2018 年 6 月 24 日，土耳其举行自实行总统制后的首次国会和总统选举，埃尔多安以高票赢得连任，正发党与民族行动党组成人民联盟赢得过半席位，再次成为执政党。

二　政治主张

根据正发党于 2018 年 6 月为新一届议会选举公布的竞选纲领[①]，可以将其政治主张大致概括为以下四个方面。

（一）政治领域

其一，在基本权利和自由方面，强调基本的人权和自由是人类几个世纪努力奋斗的结果和文明社会的标志，土耳其应成为文明世界的一部分，并在基本权利和自由领域做出应有的贡献。将阿塔图尔克（Ataturk）的原则和改革视为提高土耳其当代文明水平的重要工具，并将其视为社会和平的一个要素；其二，在政治原则方面，将政治视为服务社会的工具，建立诚实和正直的政治架构，实现政治资金的透明化。修改政党法，使之符合当代民主观念的要求等；其三，在政治组织方面，通过在选举期间提高人民投票效率来加强参与式民主，使人民能够积极参与中央和地方行政当局的决策进程等；其四，在法律和公正方面，国家遵守法治是公民自由和权利的保障，应尊重法律的普遍原则，确保建立对司法制度的最大信任，

---

① 参见 Party Programme，http：//www. akparti. org. tr/english/akparti/parti-programme#bolum_ 。

根据整个社会的需求，建立社会与国家之间新的“社会契约”等；其五，在民主化和公民社会领域，强调民主国家主权在人民，民主是一种政府形式，法律规则应在公民的批准下制定，为此向省级机构传授以对话为基础的治国理念，以满足地方行政部门、地方民间团体和公民的需求等。

（二）经济领域

一、实施“可持续的经济增长战略”，以减少国内贫困和失业，同时追求更加公平的收入分配；二、把土耳其建设成为发达国家，提高公民的生活水平，提高土耳其在国际社会中的地位；三、将土耳其人作为经济发展的资源和目标；四、制定有利于市场经济运行的所有制度和规则，将国家在经济中的作用界定为一个调节者和控制者，原则上应在所有经济活动之外存在；五、将私有化视为形成更合理的经济结构的重要手段；六、支持全球化以最低的成本带来的结构性变革，最健康的方式是增强国际竞争力；七、在公共财政领域，以平衡和经济稳定为编制预算的基础，并就预算建立透明度和问责机制；八、在生产和投资政策领域，发起真正的生产和投资动员，为有效利用资源，将建立农业和工业的经济群或吸引中心。

（三）社会生活领域

一、以政府是服务公众的工具为前提，实行社会政策，以保障全体公民的福利和幸福；二、为贫困人口，需要照顾的老人、儿童、失业人员和处于困境中的公民制定特殊政策，以免其感觉被遗弃和孤独；三、在教育领域，认为教育是每个地区发展最重要的因素，将在教育领域发起一场激进改革运动，通过公司合作普及学前教育，根据时代要求修订基础教育，重新组织义务教育，由目前的 8 年提高到 11 年等；四、在公共健康领域，国家有义务在必要时与私营部门合作，向所有人提供基本卫生服务等；五、在社会保障领域，认为社会保障是宪法赋予的权利，国家有责任确保每个公民都能从这项权利中受益，应制定符合国家观念的社会保障政策，覆盖全体人民，在社会保障范围内提供的服务应当以符合人的尊严的方式提供等；六、在劳工方面，最大的目标是在由工人、雇主和政府组成的三方框架内，提高社会对话水平，通过双方协议解决问题，以实现工人的秩序，并以健康与和谐的方式维持劳动活动等。

（四）外交领域

一、土耳其的地缘政治局势有可能成为许多合作项目的引力区，为将这种潜力转化为实际效能，应在国际政治、经济和安全关系中合理利用地缘政治；二、后冷战时期带来的动态环境给外交政策选择带来空间，军事同盟和集团在国际关系中的决定性因素大大减少，合作已成为国家间关系的主旋律。因此，在这种新的环境下，土耳其必须灵活地、多角度地重新安排和建立与权力中心的关系；三、应遵循现实的外交政策，符合土耳其的历史和地理位置，不受任何偏见和强权的影响，基于共同的利益建立双方关系，尊重其他国家的领土完整和主权；四、土耳其的民主、经济和尊重人权的态度是其所处地区的稳定因素，未来土耳其将在周边地区的危机更加主动，努力为解决危机做出更具体的贡献；五、地区安全环境对经济发展具有重大影响，为此，土耳其应进一步在对话基础上与邻国保持良好关系，为区域合作的发展做出更大贡献；六、土耳其在地理和历史上都与欧洲有着密切的关系，与欧洲国家的关系将继续是土外交政策议程上的首要问题，土耳其应迅速履行其与欧盟关系所作的承诺，努力使自身在新的欧洲防务战略框架下建立的欧洲安全与防御新概念中发挥应有的作用。

从正发党的官方阐释以及实施政策上可以看出，其在政治和社会上主张保守民主主义，经济上主张偏向市场的自由主义。因此，在政治光谱上，该党总体上属于右翼型政党。

三 现有规模和影响

正发党的党员人数在 2014 年前后达到约 906 万，约占国民总人数的 11.95%。

1923 年至 2014 年期间，土耳其的政体一直是议会共和制，议会多数党领袖作为总理执掌大权，总统只是虚位的国家元首，仅履行礼仪职责，基本没有实权。但以埃尔多安为首的正发党于 2014 年 4 月凭借在议会中的多数席位修宪成功，将过去虚职的“小总统”转变为拥有实权的“大总统”，将国家的政体从议会制修改为总统制，废除了总理职位，总统可以直接组建内阁，任命各部部长。对于正发党来说，修宪成功以及在总统制下该党党首埃尔多安成功当选首届总统后，该党将会在未来很长一段时间确保自身在土耳其国内的主流地位。

根据土耳其内政部公布的历届议会选举，可以看出正发党自建立以来的规模变化。

2002 年 11 月 3 日，土耳其提前举行大选。在选举中刚成立不久的正发党一举获得 34.3% 的选票，赢得了国会总席位 550 席中的 363 个席位，成为土耳其国会第一大党，获得单独组阁权。

2007 年 7 月 22 日，土耳其举行第 23 届大选。正发党赢得了 46.7% 的选票和 341 个议席，取得了压倒性的胜利，再次证明了其强大的社会基础。

2011 年 6 月 13 日，土耳其第 24 届全国大选尘埃落定，执政党正发党再次赢得国会多数席位，获得了总席位 550 席中的 327 席和 49.9% 的选票，这是该党自 2001 年成立以来连续第三次赢得大选，这在土耳其历史上尚属首次。

2015 年 6 月 7 日，土耳其举行第 25 届全国大选，此次选举，正发党获得了 40.9% 的选票和 258 个国会席位，从而失去单独组阁权。这也标志着正发党连续 13 年一党单独执政的历史走向终结。

2015 年 11 月 1 日，由于未能成功组建政府，土耳其再次举行国会选举。在这次选举中，正发党以 49.5% 的选票和 317 个国会席位再次获得单独组阁权，从而一扫之前的阴霾。

2018 年 6 月 24 日，土耳其举行总统制后的首次国会和总统选举，在这次选举中，正发党党首埃尔多安被选为国家总统，正发党与民族行动党组成的“人民联盟”获得国会总席位 600 席中的 344 席，获得过半席位，组成了联合政府。而正发党获得了 295 个国会席位和 40.3% 的选票（见图 I－6－1）。

表 I－6－10　**正发党历届选举成绩**

大选年份	赢得议席	得票率（%）
2002	363（550）	34.3
2007	341（550）	46.7
2011	327（550）	49.9
2015（6）	258（550）	40.9
2015（11）	317（550）	49.5
2018	295（600）	40.3

注：括号内为当年国会的总席位；得票率是指以有效的选票计算的百分比。

资料来源：http：//psephos. adam-carr. net/countries/t/turkey/。

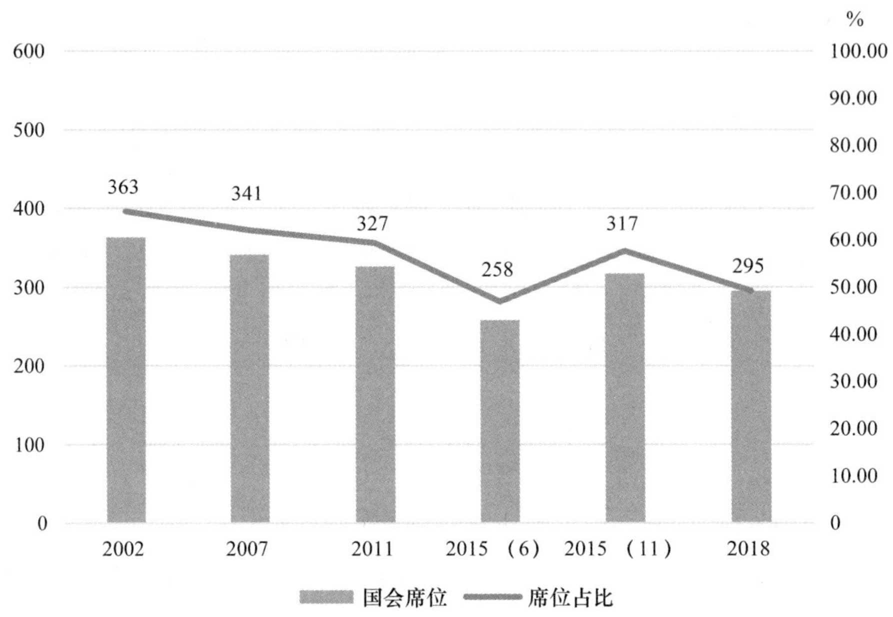

图 I-6-1　2002—2018 年正义与发展党在几次大选中的国会席位占比

第四节　当前政治生态主要特征

当前，土耳其的政治生态主要由三方面因素塑造。一是政党。正发党的崛起、选民构成、连续执政的原因和未来发展走向，在很大程度上影响了土耳其的政治生态，另一方面也应当关注新崛起的反对党；二是伊斯兰主义与世俗主义的冲突。埃尔多安和正发党在文明、宗教等视角下进行话语建构，影响了土耳其政治生态的发展；三是土耳其总统制的历史文化基础。土耳其转向总统制具有历史文化传统根基，这是分析土耳其政治生态不可避免的因素。

一　正发党的选民构成及其连续执政原因

通过观察土耳其近期的政治事态发展，或许可以说，2002 年的议会选举是土耳其政治生态发生重大转变的起点。

自 20 世纪 90 年代起，亲伊斯兰政党崛起的原因主要是：“选举选区从小型边缘省份扩展到大都市中心”，“成功获得了移民和主要城市的贫困人口的支持”。[①] 鉴于这些地区选民的保守主义背景，亲伊斯兰政党向中心扩张的任务并不艰巨。在2002年全国大选之前的地方选举中，支持伊斯兰主义政党的成功应该得到重视，因为其在地方的表现为他们在国家层面的成功奠定了坚实基础。1999年的选举证明，包括支持伊斯兰主义者在内的所有政党都在试图解决选举和组织方面的问题。从正发党本身来看，其连续执政和选民、支持者构成有着紧密联系。

第一，正发党立足农村底层群体，形成有组织、系统性的政党，逐渐向中心发展。以人民共和党为代表的土耳其主要政党往往秉持政治精英主义，与农村地区的联系相对脆弱。这类政党可以说是强大的制度政党，往往在城市中心和国家官僚机构中有良好的立足点。而外围政党往往是“农村党”，与边缘和农村地区的选民建立了牢固联系。在选举战略方面，一些土耳其政党也表现出不同的特点。[②] 地方政党的制度环境和浅薄的根基，允许党的领导者创建自己的候选人名单，完全支配党的发展。[③] 一些政党利用挨家挨户拉票、分发材料和货物等作为回报。随着时间的推移，处于中心的各党可以更加接近边缘地区，处在边缘地区的政党可以逐渐转变为有组织、系统性发展的政党。

第二，正发党吸引了伊斯兰选民。社会分裂理论可以分析教会国家、保守现代主义、经济或阶级分裂，可以在一个国家内创造群体身份。除了经济因素外，文化分裂在选民偏好中发挥着重要作用，即世俗自由主义与宗教保守分歧，以及极端民族主义与种族分化。[④] “值得注意的是，亲伊斯兰主义者与世俗主义者的分裂，在很大程度上与中心和外围形态以及‘左’‘右’方向重叠。”[⑤] 正发党很好地利用了这点。

---

① Kumbarac bas, A. C., *Turkish Politics and the Rise of the AKP: Dilemmas of Institutionalization and Leadership Strategy*, London: Routledge, 2009, p. 89.

② P. Ayan, “Authoritarian Party Structures in Turkey: A Comparison of the Republican People's Party and the Justice and Development Party”, *Turkish Studies*, Vol. 11, No. 2, 2010.

③ Elif Erisen, “The Impact of Party Identification and Socially Supplied Disagreement on Electoral Choices in Turkey”, Turkish Studies, Vol. 14, No. 1, 2013.

④ E. Kalaycoglu, “Attitudinal Orientation to Party Organizations in Turkey in the 2000s”, *Turkish Studies*, Vol. 9, No. 2, 2008.

⑤ A. Çarkoglu, “The Nature of Left-Right Ideological Self-Placement in the Turkish Context”, *Turkish Studies*, Vol. 8, No. 2, 2007.

第三，正发党十分注重意识形态的连续性。党的身份认同[①]也是土耳选举结果的主要决定因素。意识形态上相似的一些政党，在政治谱系中可能存在一致性。尽管政党消失或改变名称，但在意识形态政治方面仍然具有连续性，这意味着一直有一个政党会因其他政党的消失，而接续相同意识形态的发展。类似的政党仍然存在类似的话语、干部、政策主张和战略，选民往往在意识形态偏好方面保持一致。

总的来说，自从20世纪70年代第一次支持伊斯兰主义的政党成立以来，亲伊斯兰政党和正发党的核心支持地区和选举据点，似乎都显示出高度的连续性。正发党的历史发展表明，自2002年以来，它已明确地建立在现有选民团体的忠诚度基础上，并继续吸引以前支持伊斯兰政党的民众。这意味着正发党在其选举据点中会变得更加强大，同时进一步扩散到其他区域。

在2007年议会选举中，正发党不断扩大据点，与2002年相比，其在每个省的得票都增加了。[②] 地理分布和正发党的选民构成有着紧密联系，例如，中左翼主导的西部地区，社会经济发展程度相对较高；亲伊斯兰主义者/民族主义者主导的中部和北部地区，甚至库尔德人主导的东部省份的社会经济指标就显著落后。[③] 后两者恰恰是正发党的票仓。土耳其政党制度正在经历一场持续变革，其特点是重振党派偏好，支持右翼政党。[④]

需要警惕的是，选举门槛、领导者的“专制主义”倾向、党内民主的缺乏、缺乏合作（联盟潜力）以及政党缺乏制度化，导致了土耳其政治生态的高度分散、不稳定和波动。[⑤] 这反过来又阻碍了民主制度的正常运作，使党组织变得脆弱。土耳其尚未形成普遍稳定的两党制度，“脆弱

① Arda Can and Kumbarac bas, “An Aggregate Analysis of the AKP Vote and Electoral Continuities in the Turkish Party System”, *Turkish Studies*, Vol. 17, No. 2, 2016.

② S. Ciddi, “The Republican People’s Party and the 2007 General Elections: Politics of Perpetual Decline?”, *Turkish Studies*, Vol. 9, No. 3, 2008.

③ E. Sekercioglu and G. Arkan, “Trends in Party System Indicators for the July 2007, Turkish Elections”, *Turkish Studies*, Vol. 9, No. 2, 2008.

④ E. Sekercioglu and G. Arkan, “Trends in Party System Indicators for the July 2007, Turkish Elections”, *Turkish Studies*, Vol. 9, No. 2, 2008.

⑤ Arda Can and Kumbarac bas, “An Aggregate Analysis of the AKP Vote and Electoral Continuities in the Turkish Party System”, *Turkish Studies*, Vol. 17, No. 2, 2016.

性”不仅指向一般的政党制度，而且指向现政府。

二 正发党的崛起因素和未来发展

可以从三方面来阐释正发党的崛起。

一是美德党（Fazilet）在旧的守卫传统主义者（gelenekçiler）和新改革派（yenilikçiler）之间分裂。改革派组成了正发党，成功得到大多数人的支持。正发党的领导层建构了政党的各个领域，例如，选择有能力的领导人、建构有活力的党组织、调整党的意识形态和方向、选择明确的战略和策略，以及招募坚持不懈工作的政党活动家，不断扩大党的社会基础，似乎也满足了政党在民主运作中的主要作用，等等。新的领导层具有混合的意识形态取向，承诺进行广泛的政治和经济改革、加入欧盟、解决塞浦路斯问题，等等。它还呼吁建立一种新型政党，以吸引自由派和保守派的支持①。

二是原来的中右翼政党，如祖国党（Anavatan Partisi）已无法满足土耳其现实要求，从而给相关政治话语和议题留下了真空。20 世纪 90 年代中期，土耳其选民逐渐走向右翼。这种转变背后的一个重要因素是土耳其自 1994 年以来宗教信仰人群的日益增加。针对土耳其社会价值观的进一步研究揭示了，为什么保守的正发党能够吸引大部分土耳其选民。利用世界价值观调查（1991—2011）发现，土耳其社会比其他欧洲国家更传统，宗教信仰在政治中的作用更大，政治文化的发展趋势朝着更传统、更突出宗教价值的方向发展。②

三是 2001 年的土耳其金融危机，当时的选民要求世俗政党对此负责。经过一年糟糕的经济表现后，国际货币基金组织为土耳其制定的稳定计划于 1999 年 12 月开始实施，但在 2000 年 11 月崩溃。尽管 2000 年 12 月国际货币基金组织大规模注入了 75 亿美元的资金，但土耳其联合政府却被迫在 2001 年 2 月 22 日使土耳其里拉贬值。土耳其经济危机和经济结构调整的代价是严重的，2001 年国民生产总值下降了 8.5%，公共部门借款需

① Birol A. Yesilada, “The Future of Erdogan and the AKP”, *Turkish Studies*, Vol. 17, No. 1, 2016.

② Ersin Kalaycoglu, “Justice and Development Party at the Helm: Resurgence of Islam or Restitution of the Right-of-Center Predominant Party?”, *Turkish Studies*, Vol. 11, No. 1, 2010.

求跃升至GDP的19.6%。[①]

外界对正发党的崛起有着激烈争论。[②] 一方面，自由主义学者称赞它是土耳其历史发展的一个转折点，一群具有伊斯兰主义根源的政治家可以组成一个类似“基督教民主”式的政党，最终将结束两者之间的“拉锯战”，缩小伊斯兰主义者和世俗主义者之间的矛盾。他们还认为，由埃尔多安领导的改革派将带领土耳其走上一条打破“深层”旧势力、推动社会经济和政治进步的道路。另一方面，不少人持更加谨慎的态度，警告要快速判断正发党对土耳其社会经济和政治未来的影响，并呼吁关注该党领导人的伊斯兰主义根源以及可能隐藏的伊斯兰主义政治议程。

鉴于最近的选举结果，土耳其政治制度面临土耳其式总统制的“威权主义”与议会民主制的选择。

从个人角度看，埃尔多安通过展现强大领导者的形象，在土耳其社会中享有极大声望。无论其政治倾向如何，这一特征都能吸引土耳其大多数民众。[③] 埃尔多安能够通过频繁转介奥斯曼帝国的伟大和伊斯兰价值观来吸引下层阶级并“操纵”他们的感情。关于后者，他热衷于促进伊斯兰教的逊尼派价值观和制度，将伊斯兰原则而不是凯末尔主义作为土耳其社会的真正价值观。在不久的将来，似乎没有政党或政党联盟能够阻止埃尔多安。

三 温和派库尔德左翼兴起

2015年6月7日的土耳其大选，标志着亲库尔德的左翼——人民民主党的一次胜利，该党获得了13.1%的全国选票和80个议席。这对土耳其政治文化和国家发展有着巨大意义。在土耳其选举历史上，第一次有一个具有种族、地区和左翼起源的“反建制党”显示出成为主流政党的迹象。

---

① Yilmaz Akyuz and Korkut Boratav, “The Making of the Turkish Financial Crisis”, *World Development*, Vol. 31, No. 9, 2003.

② Ersin Kalaycoglu, “Justice and Development Party at the Helm: Resurgence of Islam or Restitution of the Right-of-Center Predominant Party?” *Turkish Studies*, Vol. 11, No. 1, 2010; Paul Kubicek, “The European Union and Grassroots Democratization in Turkey”, *Turkish Studies*, Vol. 6, 2005.

③ Birol A. Yesilada, “The Future of Erdogan and the AKP”, *Turkish Studies*, Vol. 17, No. 1, 2016.

该党目前具有如下主要特征。

第一，尽管“合法”的库尔德人在形式上脱离了传统的、较大的库尔德运动，但从未成为其“决定性因素”。合法的库尔德政党运动在很大程度上取决于“非法”和“半合法”的库尔德政治运动，如库尔德工人党，并且无法对他们的发展提出直接和持续的反思。同时，合法的库尔德左翼政党的政治言论往往是非正统的，并且对政治机构持批评态度①。

第二，人民民主党的政治话语包括批判现状的“外来”政治概念，如“民主共和国”“自决权”和“民主自治”等。国家和右翼政党往往倾向于利用这些外来概念攻击库尔德左翼，特别是指责他们是分裂主义者，破坏土耳其的国家统一和领土完整。人民民主党经常避免与国家直接对抗，在话语中保持与库尔德工人党的相对距离，并通过与政治机构的对话和谈判来支持库尔德人的发展（捍卫库尔德人的权利和自由）。

第三，人民民主党往往超脱于库尔德人的话语。在 2015 年土耳其大选中，人民民主党具有多层次的政治身份，故意不再强调库尔德人。它的话语集中于“拥抱土耳其所有被排斥的和被压迫的人民”，其中不仅包括库尔德人，还包括妇女、青年、儿童、少数民族群体、工人、穷人和 LGBT 群体。人民民主党强调它是唯一一个反映该国所有“颜色”的政治选择。“没有人民民主党的土耳其只会是灰色的”。②

第四，人民民主党强调要改革土耳其的政治制度。人民民主党的政治词汇数量最少且集中于民主议题。该党提到权力下放、赋予青年权力、妇女反对父权制和男性暴力、保护不同身份以及用母语进行科学和世俗教育，等等。此外，人民民主党宣言包括拒绝总统制、支持民主化的议会制度、保障生态和动物权利、保护同性恋权利、关闭少年监狱等，宣扬法律承认出于良心拒服兵役的权利以及通过法律废除土耳其的义务宗教教育。特别值得一提的是，人民民主党的言论经过精心策划、精心挑选，以避免出现对抗性或挑衅性的反应。该运动的主要座右铭是“伟大的人性”，强调统一，而不是分裂或极化。竞选宣言依赖于“我们所有人”（bizler）一

---

① Ödül Celep, “The Moderation of Turkey’s Kurdish Left: the Peoples’ Democratic Party (HDP)”, *Turkish Studies*, Vol. 19, No. 5, 2018.

② “Demirtas: A Parliament without the HDP Would be Grey”, *Birgün*, May 30, 2015.

词的重复但积极的使用，如“我们所有女性”“我们都是青年”“我们所有的孩子”“我们所有的工人”等。只有在特殊情况下，人民民主党才会使用极端“座右铭”且直接针对埃尔多安：“我们不会让你成为总统”。①

从选举中可以观察到，人民民主党的选民主要来自三个群体：部分原先支持伊斯兰主义和右翼的保守库尔德人；大都市区的库尔德人（居住在土耳其伊斯坦布尔、伊兹密尔、安卡拉和布尔萨等大城市的库尔德人）；对土耳其主流政党感到失望的土耳其自由派和世俗派选民。

党主席德米尔塔什的个人魅力也是人民民主党崛起的重要因素。德米尔塔什的智力和修辞技巧以及社交和沟通能力对选民产生了许多影响，能够积极地改变他们对库尔德左翼党派的偏见。最后，德米尔塔什与埃尔多安的直接对抗是一个反极化选举策略，鼓励了埃尔多安的怀疑者和反对者。

四　伊斯兰主义与世俗主义的冲突

作为一种穆斯林和本土“威权主义”的话语工具，正发党是穆斯林的民主政治力量，试图调和伊斯兰教和民主、改变西方流行的东方主义偏见，并解决土耳其的西方身份危机。就本土“威权主义”而言，正发党旨在通过使用文明话语重新定义作为伊斯兰国家的土耳其。因此，正发党的本土主义特征是试图重新设定土耳其政治的合法性，以拒绝普遍的民主规范，这自然导致了其在国内外政策上的民族主义和反建制立场。

基于这两点，正发党采用文明话语，将土耳其重新定义为“伊斯兰国家”，据说这可以摆脱数百年“西化的污染”，再现民族主义、本土主义在土耳其国内外政策领域的基本原则。事实上，正发党已将自己及其选民描绘成唯一的“本土和国家”（yerli ve milli）政治力量，将所有其他政治阶层及其选民分为“非本土人”，因为他们支持所谓的“外来”西方范式②。

在正发党的文明话语中，“非本土人”基本上代表了其声称的认同伊斯兰

---

① Ödül Celep, “The Moderation of Turkey's Kurdish Left: the Peoples' Democratic Party (HDP)”, *Turkish Studies*, Vol. 19, No. 5, 2018.

② Menderes Çınar, “Turkey's ‘Western’ or ‘Muslim’ Identity and the AKP's Civilizational Discourse”, *Turkish Studies*, Vol. 19, No. 2, 2018.

恐惧症、欧洲中心主义、精英主义等群体。因此，正发党坚持“我们的文明”概念，民族主义、本土主义为其提供了“借口”，拒绝身份和利益差异的合法性，以及与他们分享权力。它还表明缺乏对多元化、个人权利、言论自由、容忍和妥协等普遍民主规范的承诺，同时也凸显了垄断权力的坚定决心，并通过引入总统制，将所有权力赋予总统①。

同时，正发党的民族主义、本土主义和文明话语也旨在重新定义土耳其的国际身份和外交政策。正发党谴责欧盟、西方破坏土耳其崛起，要求所有公民都享有代表性、包容性和多元化的民主。正发党反对西方主义，试图与伊斯兰外交政策话语和实践相结合，旨在通过挑战西方在国际事务中的霸权来强调土耳其新的“穆斯林”身份②。

五　对土耳其总统制的政治文化和制度阐释

（一）政治历史文化阐释

在土耳其政治历史中，如古代土耳其和奥斯曼帝国，领导力是核心价值。领袖也是现代土耳其共和国政治生活的重要组成部分。“自 1923 年共和国成立以来，个别领导人在土耳其政治领域发挥了核心作用。”③ 关于土耳其政治进程和制度的叙述也是关于不同领导风格的叙述。④ 这些叙述的标志是，领导者与群众之间的关系是理解土耳其政治结构和发展核心的关键，也被政治人物和群众所内化，群众倾向于将政治领导人视为政治中心，从而形成以领袖为中心的认知视角。可以说，以领袖为中心的观点在某种程度上影响了土耳其的政治进程。

土耳其政治中救世主领袖的概念化与以领袖为中心的观点密切相关。这表明了历史的连续性，文化、社会、经济与政治是相融合的，并且形成了政治人物和群众共同的内化倾向，不断重现土耳其政治中以领袖为中心

① Menderes Çınar, “Turkey's ‘Western’ or ‘Muslim’ Identity and the AKP's Civilizational Discourse”, *Turkish Studies*, Vol. 19, No. 2, 2018.

② Michelangelo Guida, “Negotiating Values in the Islamist Press after 2013”, *Middle East Critique*, Vol. 27, No. 2, 2018.

③ Orçun Selçuk, “Strong Presidents and Weak Institutions: Populism in Turkey, Venezuela and Ecuador”, *Southeast European and Black Sea Studies*, Vol. 16, No. 4, 2016.

④ H. Bahadir Türk, “A glance at the Constitutive Elements of the Leader-centered Perspective in Turkish Politics”, *Turkish Studies*, Vol. 18, No. 4, 2017.

的政治规范。在这一点上，以领袖为中心是土耳其政治生活中不同政治人物的共性。这尤其表现在以下四方面。

一是世袭主义的遗产。奥斯曼帝国的主权只有在统治者身上才能清晰可见。这事实上已经形成了一套内化倾向和文化习惯。[①] 其后果是，现代土耳其人认为领袖的最高合法性是自然的。在这一认识框架内，世袭国家的形成不仅是一种主权形式，而且是历史上社会和文化实践相互作用的世界观与价值观。

二是父权制。世袭主义是父权制在社会不同层面的延伸。父权制为社会提供了一种微观力量模型。通过婚姻网络，社会成为一个大家庭。父权制也是土耳其现代化进程中的特征之一。尽管经典父权制在现代性和资本主义的发展中经历了转变，但其在文化层面的痕迹并不容易抹去。经典父权制的痕迹已经侵入政治话语中，并且仍然在土耳其政治领域中流传。这种修辞充满了男性代码、价值观和标志。

三是军国主义。在试图理解土耳其政治中以领袖为中心的观点时，军国主义因素也很重要。军国主义将父权制视为男性气概的表征。当土耳其国家最初建成时，军队是一个重要机构。在土耳其的多维现代化进程中，同样经历了军事现代化，这增加了军队的政治象征力量。

四是民粹主义。民粹主义是土耳其政治历史的要素之一。土耳其的政治领袖在多党制时代利用民粹主义来表达人们对当前社会和政治状况的不满，塑造了基于世袭主义和父权制的民粹主义话语。通过这种以“善、恶”二元对立为特征的务实话语，政治领袖试图与人民建立一种浪漫主义认同。例如，2013 年埃尔多安以浪漫的语调宣布，“我们爱上了我们的国家”。[②] 这种在修辞层面的理想化过程，归根结底是与之相容的民粹主义的关键特征。作为一种指向理想化形式的政治战略，民粹主义不仅使人民理想化，而且理想化了领袖。

（二）现实政治制度阐释

在总统竞选期间和之后，埃尔多安多次支持总统制，越来越多地对

---

① Orçun Selçuk, “Strong Presidents and Weak Institutions: Populism in Turkey, Venezuela and Ecuador”, *Southeast European and Black Sea Studies*, Vol. 16, No. 4, 2016.

② Orçun Selçuk, “Strong Presidents and Weak Institutions: Populism in Turkey, Venezuela and Ecuador”, *Southeast European and Black Sea Studies*, Vol. 16, No. 4, 2016.

现有宪法表示不满。最有针对性的是司法审查、权力分立和其他宪法控制机制。埃尔多安及其政党认为宪法制衡是阻碍政府发展的障碍,[①] 尽管这些特征在所有基于法治的宪法制度中都存在，包括纯粹的总统和议会民主制。然而，有一种总统制，即总统享有过多的权力，大部分都没有上述宪法限制，例如一些非洲、亚洲和拉美国家。[②] 这通常被称为“超级总统制”。

在总统制度内，根据宪法、制度或行为差异能界不同的亚型。[③] 在所有总统制中，行政权力仅授予控制政府的民选总统，但这些总统的宪法权力以及围绕他们的制衡差别很大。此外，总统制度在支持民主方面的成功取决于总统职位的权力集中程度。有观点认为“超级总统制”有两种类型：分离和委派。分离制度的基础是权力分立，而不是高度授权的总统职位，如强有力的制衡以及竞争性的行政、立法和司法部门，等等。1787年的美国宪法是一个典型例子，在一个独立的总统制中，宪法分支（行政、立法和司法）分享权力，相互制约。该制度自然符合民主治理准则。但在某些制度中，总统经常通过民粹主义、平民主义以及在不受限制的情况下积累个人权力，成功绕过立法机构或法院。由于保障民主自由和法治在这种制度中相当薄弱，因此它们对民主化产生非常不利的影响是很自然的。[④]

对于委派而言，一种过度的委派总统制，更加强调行政权力的集中和

---

① Jean-François Médard, "Patrimonialism, Patrimonialization, Neo-patrimonialism and the Study of the Post-colonial State in Sub-Saharan Africa", in *Improved Natural Resources Management: The Role of Formal Organizations and Informal Networks and Institutions*, edited by H. S. Marcussen, Denmark: Roskilde University, 1996, pp. 76 – 97.

② Niyazi Berkes, *The Development of Secularism in Turkey*, New York: Routledge, 1998, p. 13; Sule Özsoy Boyunsuz, "The AKP's Proposal for a 'Turkish Type of Presidentialism' in Comparative Context, *Turkish Studies*, Vol. 17, No. 1, 2016.

③ A. Lijphart, "Presidentialism and Majoritarian Democracy", in *The Failure of Presidential Democracy: Comparative Perspectives*, Volume 1, edited by Juan J. Linz and Arturo Valenzuela, Baltimore, MD: The Johns Hopkins University Press, 1994, pp. 91 – 105.

④ S. Mainwaring, "Presidentialism in Latin America", *In Parliamentary Versus Presidential Government, edited by Arend Lijphart*, New York: Oxford University Press, 1992, pp. 111 – 117; Sule Özsoy Boyunsuz, "The AKP's Proposal for a 'Turkish Type of Presidentialism' in Comparative Context", *Turkish Studies*, Vol. 17, No. 1, 2016, pp. 68 – 90.

制衡的弱点，这是“总统公然采取行动改变政权并集中力量的结果”。[①]总统企图并成功控制立法和司法机关。议会由总统及其所属政党控制，自愿通过所需立法授予法令权力，或通过总统发起和支持的平等主义呼吁（例如公民投票）被绕开。在这过程中，议会中有效政党的数量很重要。如果总统所属的政党是“霸权主义者”，那么该党绝不允许其他政党挑战其统治权。总统为积累权力而采取的第二个重要步骤是控制司法机构，司法独立和有效的司法审查在“超级总统制”中并不存在，因为总统采取直接行动以驯服司法机构。[②]

基于“超级总统制”的定义，以及正发党推动的修宪方案，可以提出以下三点看法：

第一，土耳其的总统权力不断增长。在制度上，立法机关和司法机构被削弱，而总统则被赋予了很大的权力。这种宪法模式与“超级总统制”有很大的相似之处。

第二，纯粹的总统制是以权力分离为基础的，但是，土耳其的修宪方案没有提供这种基础。修宪方案将议会制度与单一行政权力相结合，这在拉丁美洲国家的“超级总统制”中司空见惯。[③]

第三，修宪方案不是要建立一个纯粹的总统制或与美国模式类似的宪法制度。它合并权力，没有或很少有宪法控制。因此，有学者认为，土耳其的总统制剥夺了权力分离和宪法制衡，甚至可以说没有任何宪法限制。[④] 当这种规范性制度得到某些行为模式的支持时，例如土耳其社会中传统政治和宗教文化的支持，就会导致“超级总统制”的出现。

---

① G. O'Donnell, “Delegative Democracy?” *Kellogg Working Papers*, No. 172, Notre Dame University, 1993, p. 61.

② G. O'Donnell, “Delegative Democracy?” *Kellogg Working Papers*, No. 172, Notre Dame University, 1993, p. 60, p. 64 & p. 66.

③ A. Stepan and C. Skach, “Constitutional Frameworks and Democratic Consolidation: Parliamentarism versus Presidentialism”, *World Politics*, Vol. 46, No. 1, 1993.

④ J. A. Cheibub, *Presidentialism, Parliamentarism and Democracy*, Cambridge: Cambridge University Press, 2007, p. 74.

第七章　民族与宗教研究

横跨亚欧大陆的土耳其历来是连接东西方的交通要道，也是不同文明的交流融合之地、不同民族的生活繁衍之地。“在今天土耳其的地域上，古代曾生活过赫梯人、色雷斯人、吕底亚人、加拉特人。在这里建立过殖民地的有波斯人、希腊人、罗马人等。8 世纪阿拉伯人侵入，东南部地区曾长期是阿拉伯帝国的一部分；11—13 世纪被突厥人征服，成为塞尔柱王朝的一部分。”① 1299 年奥斯曼帝国建立后，在阿拉伯帝国时期受到压制的各种苏菲教团、新苏菲主义宗教思想等在帝国境内迅速发展，同时“米勒制”（millet system）② 的建立标志着奥斯曼帝国开始以信仰取代民族来区分不同群体。土耳其共和国成立后，对奥斯曼帝国时期的民族宗教政策进行了重大调整，国父凯末尔（Mustafa Kemal Atatürk）极力打造一种与民族、宗教无关的，纯粹的国家认同，但近年来土耳其国内民族主义、泛伊斯兰主义卷土重来，促使各方对土耳其民族、宗教问题进行了重新思考与审视。

---

① 赵锦元、戴佩丽主编：《世界民族通览》，中央民族大学出版社 2000 年版，第 436 页。

② 亦作“米勒特制度”，是奥斯曼帝国最具自身特色的一种社会制度，每个人身份的确定完全是根据宗教信仰甚至是根据教派来进行的。穆斯林与非穆斯两者之间的重大区别之一，除了穆斯林民众不需要向帝国征服交纳人头税之外，那就是非穆斯林民众都被帝国政府安排在法律承认的宗教社区内生活。帝国政府把这些非伊斯兰教的宗教团体或宗教社区，统称为“米特勒”，意思是“奥斯曼帝国内有特殊信仰的集团或民族”。在奥斯曼帝国境内，每个米特勒都有权使用自己的语言，发展自己的宗教、文化和教育机构，征收税款并上缴帝国国库，保持自己独立的法庭，以审判同族成员一切案件的各种合法权利。参见彭树智主编，黄维民著《中东国家通史・土耳其卷》，商务印书馆 2002 年版，第 90 页。

第一节　民族形成与现状

一　民族发展历史

土耳其人（Turks）是土耳其国内的主要民族，源于突厥游牧民族。历史上突厥人主要居住在中亚地区，在从迁徙到定居、从被征服到建立帝国的漫长过程中逐步实现了民族与宗教的融合，独具特色的土耳其文化也因此得以孕育和成长。此后，来自乌古斯部落联盟的塞尔柱突厥人（Seljuk Turks）和奥斯曼人（Ottomans）在11和13世纪先后建立的塞尔柱王朝和奥斯曼帝国进一步推动了土耳其民族的发展与影响，另有小批突厥人（乌斯人和佩切涅格人等）经过巴尔干来到小亚细亚[①]。

> 土耳其人的祖先原本是居住在亚洲北方草原和沙漠地带的游牧民族，在中国历史上被称之为突厥人。大约在6—7世纪，突厥人向西南大迁徙，进入中亚。8世纪在中亚的突厥人开始接受了伊斯兰教。11世纪初，在乌古思部落的领导下，不断向西南迁徙的突厥人占领了阿拉伯帝国的统治中心巴格达，建立了突厥塞尔柱人的王朝。1071年的曼齐克特之战，突厥塞尔柱人以少胜多，打败了拜占庭人的军队，拜占庭帝国被迫从小亚细亚半岛撤出，而大批突厥人不断迁徙到如今土耳其共和国所在的小亚细亚半岛。[②]

在奥斯曼人对外征服并最终建立庞大的奥斯曼帝国的过程中，其他民族也逐步成为帝国的组成部分，因而奥斯曼帝国境内既有长期居住于此的阿拉伯人、库尔德人、犹太人，又有来自高加索地区、希腊等地的移民，其中部分民族在帝国600余年的统治过程中已经几乎被完全同化。“现今土耳其人中还保留着部分游牧和半游牧生活方式的支系，其中最大的是尤鲁克人。他们分布在安纳托利亚西部、西南部和南部山区。他们可能是11—13世纪由黑海和高加索迁移来的乌古斯部落的残余部分，其中也混

---

① 赵锦元、戴佩丽主编：《世界民族通览》，中央民族大学出版社2000年版，第438页。

② 黄维民：《中东国家通史·土耳其卷》，商务印书馆2002年版，第17页。

合了先于他们在该地区游牧的部分阿拉伯人和库尔德人。另一支系是克兹尔巴什人，他们在许多文化特点上与土耳其人不同，他们信奉伊斯兰教的什叶派。此外还有所谓穆哈吉尔人（来自希腊等巴尔干国家的外侨）。"[①] 这种民族融合的过程还体现在14世纪以来的若干次"土耳其化"进程中（见表Ⅰ-7-1），尤其自塞尔柱土耳其王国时期至奥斯曼帝国晚期，通过通婚、同化等方式而形成的土耳其民族其实来源复杂、成分多元。

表Ⅰ-7-1　　"土耳其化"在不同历史阶段的主要含义

历史阶段	主要含义
14世纪前后	在早期，一个非土耳其男性被"土耳其化"往往意味着此人被土耳其阿訇实施割礼；被土耳其人征服的城市中的教堂被改造成清真寺也是"土耳其化"的一个表现
塞尔柱土耳其王国时期	"土耳其化"的过程涉及民族身份、文化、宗教信仰和语言等方面的转化，当游牧的土耳其人征服了这一地区后，他们通过与当地人通婚，使他们信奉伊斯兰教，让他们说土耳其语，从而使他们"土耳其化"
奥斯曼帝国晚期	特别是在"团结进步委员会"主政期间，"土耳其化"往往指的是一个试图构建"民族国家"的民族主义工程，"团结进步委员会"试图通过重新安置和驱逐某些少数民族的政策，把安纳托利亚地区打造成民族国家的核心
凯末尔主政时期	"土耳其化"指的是建构基于平等权利的世俗现代国家公民的工程，界定新型公民身份最重要的维度是"土耳其性"而不是宗教信仰，因为宗教信仰只是公民个人在私人空间领域的事情

资料来源：根据严天钦《"土耳其化政策"与土耳其民族认同危机》，《世界民族》2018年第2期整理而成。

二　民族发展现状

土耳其共和国成立后，政府强调一种不分宗教信仰、不分民族背景的、纯粹的国家认同，因此与大多数国家不同的是，土耳其在各类官方统计数据中并不会按照民族进行相关的人口统计或分析。"截止到1990年，土耳其人口普查中还有涉及少数民族母语的问题，但事实上从1965年开

① 赵锦元、戴佩丽主编：《世界民族通览》，中央民族大学出版社2000年版，第438—439页。

始，土耳其政府就不再披露相关数据。”① 因此国内外学界均没有关于土耳其各民族人口的确切数据，主要依靠推测和估算，仅能够作参考之用（见表Ⅰ-7-2）。另一方面，学界也有观点认为在土耳其主体民族中还有许多内容有待更进一步分支系划分，“除土耳其人外，突厥语民族中人数最多的是土库曼人（Turkmen），约有10万，他们是13—14世纪由里海海岸迁来的游牧民后裔，目前大多居住在安卡拉省、图兹湖以西地区。在东北部只有为数不多的土库曼人，主要居住在埃尔祖鲁姆省、阿尔特温和卡尔斯省境内。土库曼人到处都与土耳其人杂居，并受到他们的深刻同化，因而他们常被当作土耳其人的分支。语言上与阿塞拜疆人接近的卡拉帕帕赫人（Karapapakh）是土耳其第三大突厥民族，有5万人。他们是1826—1828年俄波（斯）战争期间由塞凡湖（Sevan Lake）地区迁来的。现在他们住在卡尔斯省（东部）的最东北角上”。②

表Ⅰ-7-2 **土耳其各民族人口比例一览**

排序	民族	占人口比例（%）
1	突厥人 Turks	72.5
2	库尔德人（不含扎扎库尔德人） Kurds（Non-Zaza）	12.7
3	扎扎库尔德人 Zaza Kurds	4.0
4	切尔克斯人 Circassians	3.3
5	波斯尼亚人 Bosniaks	2.6
6	格鲁吉亚人 Georgians	1.3
7	阿尔巴尼亚人 Albanians	1.2
8	阿拉伯人 Arabs	1.1
9	波马克人 Pomaks	0.8
10	其他 Others	0.5

资料来源：The Ethnic Groups of Turkey, Last Updated: April 25, 2017, https://www.worldatlas.com/articles/the-ethnic-groups-of-turkey.html。

① Minority Rights Group International, *Turkey*, https://minorityrights.org/country/turkey/#resources

② 赵锦元、戴佩丽主编：《世界民族通览》，中央民族大学出版社2000年版，第439—440页。

此外，在个别民族的名称和划分上也存在分歧，如部分学者将来自高加索地区的切尔克斯人（Circassians）作为土耳其的少数民族之一，但也有观点认为所谓“切尔克斯人”其实是几个来自高加索地区民族的统称，包括阿布哈兹人（Abkhazians）、车臣人（Chechens）、切尔克斯人（Circassians）、达吉斯坦人（Daghistanis）、奥塞梯人（Ossetians）以及一些突厥人。他们彼此之间既有语言上的不同，包括伊比利亚—高加索语系（the Iberian-Caucasian language family）和印欧语系（Indo-European language）；也有信仰上的不同，如部分民族信仰伊斯兰教逊尼派的哈乃斐学派，而另一部分人则深受苏菲主义影响。①

与倭马亚王朝、阿拔斯王朝两大阿拉伯帝国推行“阿拉伯化”与“伊斯兰化”相类似的是，突厥人的塞尔柱王朝和奥斯曼帝国也推行“土耳其化”与“伊斯兰化”。从历史经验来看，民族身份的构建与宗教认同的构建虽然从未同时进行，但两者会相互影响、相互强化，最终结果都是推动了民族—宗教复合认同的形成。同时，由于伊斯兰教所希望形成的“乌玛”是一种凌驾于现代民族国家之上的共同体，因此近代以来中东地区诸多热点问题既是伊斯兰教核心板块在现代化进程中的迷失与彷徨，也是该地区独具特色的民族—宗教复合认同与现代民族国家进行融合过程中出现的阵痛。

1923 年签订的《洛桑条约》中要求土耳其的少数民族享有“生活自由、宗教信仰和移民自由、法律和政治平等的权利，在法院使用母语、开办自己的学校或类似机构的权利，以及保持宗教仪式的权利”② 等各类自由，但事实上被官方承认的少数民族仅包括希腊人（Greeks）、亚美尼亚基督徒及犹太人，而库尔德人、阿拉伯人等其他世代居住在土耳其的少数民族却被政府忽视。这种超越民族、宗教的身份认同起到了“双刃剑”的作用，在强化土耳其人国家认同的同时也在一定程度上侵犯了少数族群的利益。以库尔德人为例，这一时期，“库尔德人大约占土耳其人口总数的1/3，在库尔德地区则达到人口总数的 48.5%。经过这个时期的政治局

① Minority Rights Group International, *Turkey*, https://minorityrights.org/country/turkey/#resources.

② Nigar Karimova and Edward Deverell, *Minorities in Turkey*, 2001, p. 7, http://miris.eurac.edu/mugs2/do/blob.pdf? type = pdf&serial = 1101210931437.

势激烈变动后，库尔德斯坦最终被划分到土耳其、伊拉克、伊朗、叙利亚、苏联等五个不同国家，并成为此后库尔德问题产生的根源”。[①]

就土耳其而言，这一现象在凯末尔时期，即土耳其共和国成立后得到了一定的调整与修正。凯末尔认为依托宗教合法性建立起来的帝国具有“先天不足”，因此破除政教合一的传统是土耳其共和国成立后最为重要的一项任务，凯末尔从宗教机构、语言文字等多方面入手，进行了大刀阔斧的改革，试图实现宗教与政治的全面切割，禁止宗教进入公共领域，或者说是确保宗教仅属于私人领域。对凯末尔主义者来说，建立起西方式的世俗民族国家是土耳其进入西方文明国家队列的重要标志，而种族、宗教信仰和语言文化的多样性对国家的安全构成了威胁，也是国家进步和实现现代化工程的障碍，所以土耳其共和国初期的“土耳其化”工程在很大程度上就是一个文明工程，其目的就是缔造一个更同质化的民族国家。[②] 凯末尔主义诞生于特定的历史时期和历史背景之中，但这种并不细致的民族分类标准只是一种带有理想主义色彩的民族身份构建，并不能掩盖土耳其内部的民族问题，少数民族的权益长期得不到保护，其中库尔德问题尤为突出，成为影响土耳其国内稳定及其与周边国家关系的核心症结之一。

三　主要少数民族概况

由于土耳其少数民族通常也是宗教少数群体，因此学界关于土耳其少数民族和宗教少数群体的数据通常都是相互参考、综合后的数据，如我国学者李艳枝指出：“土耳其的非穆斯林少数民族大约占国家总人口的1%，主要包括信仰基督教的希腊人、亚美尼亚人、格鲁吉亚人、阿拉伯人，信仰犹太教的犹太人，信仰巴哈伊教、耶齐德派和原始宗教的阿拉伯人以及亚述人后裔。”[③] 其中“非穆斯林少数民族”实际是民族范畴与宗教范畴的叠加。

---

① 汪波：《中东库尔德问题研究》，时事出版社 2014 年版，第 16 页。

② 严天钦：《“土耳其化政策”与土耳其的民族认同危机》，《世界民族》2018 年第 2 期。

③ 转引自李艳枝《试析土耳其现代化进程中的非穆斯林少数民族》，《世界民族》2014 年第 5 期。

表 I－7－3　　　　土耳其国内主要少数民族情况一览

民族	主要分布地区	主要宗教信仰
库尔德人	土耳其东部、东北部和东南部地区	伊斯兰教，其中有一部分为什叶派
希腊人	伊斯坦布尔、查纳卡莱省	东正教
亚美尼亚人	伊斯坦布尔，安卡拉至凡湖	基督教
格鲁吉亚人	早先居住在土耳其东北部的乔鲁和卡拉河上游，后来大多移居到了中部的布尔萨、锡诺普等地。还有约3万左右的拉兹人，与格鲁吉亚人有亲缘关系，主要在特拉布宗省、里泽省和阿尔特温省的黑海沿岸地区。	伊斯兰教
切尔克斯人	托尔特与马拉提亚之间的地区	伊斯兰教
鞑靼人	土耳其东南部的凡省和哈卡里省之间的结合区	伊斯兰教
亚述人	分布在东部和东南部，亦即由加齐安泰普到伊朗边界和伊拉克边界到凡湖的广阔地区	基督教聂斯托利派
犹太人	主要集中住在伊斯坦布尔和伊斯梅尔两大城市以及东富拉基亚的小城镇	犹太教

资料来源：黄维民：《中东国家通史·土耳其卷》，商务印书馆2002年版，第24—25页；赵锦元、戴佩丽主编：《世界民族通览》，中央民族大学出版社2000年版，第440—442页整理而成。

库尔德人是土耳其第一大少数民族，被人为分割在土耳其、伊拉克、伊朗、叙利亚四国的库尔德民族长期致力于实现民族独立与自治，其中既有温和派，也有激进派，既有希望通过政治解决争端的派别，也有希望通过武装冲突解决争端的派别，既有实现四国库尔德民族独立建国的主张，也有仅仅希望实行联邦制或者民族自治的主张。因此，库尔德问题并非土耳其一国所面临的民族问题，也不是一个单纯的民族独立或跨境民族的问题，而是一个被深刻嵌入到中东地缘政治格局变化进程中的复杂问题。

《洛桑条约》签订后，土耳其库尔德人从未放弃保护自身合法权益与地位的斗争，库尔德工人党是其中最为突出的政治力量。此外，近年来还出现了若干颇有政治影响力的库尔德政党，并在议会选举中取得一定的突破。（参见表 I－7－4）此外，土耳其加入欧盟一事也促使土耳其政府不再回避或敷衍库尔德人的诉求。“根据欧盟的‘哥本哈根规则’，所有欧盟成员国必须建立稳定的制度来确保其国内的民主、法制、人权和少数民族权利。为了强调库尔德问题在土耳其入盟谈判过程中的重要地位，欧盟下属的土耳其人权工程机构在他们提交的报告中已经明确提出要把库尔德问题的妥善处理视为衡量土耳其人权和民主进步的基本依据。"①

土耳其地处亚欧大陆核心地区，得天独厚的地理位置使其成为多元文明碰撞、不同民族融合的"天然熔炉"。在漫长的发展历史进程中，突厥—伊斯兰认同开始形成，并先后在塞尔柱王朝时期和奥斯曼帝国时期得到强化。1923 年土耳其共和国成立后，凯末尔对世俗主义的推崇既为土耳其现代化进程注入了新的活力，也在政教关系、教俗关系、少数民族地位与权利等问题上埋下隐患。近年来土耳其社会所面临的几大核心问题都与该国的民族与宗教领域有着密不可分的联系，库尔德问题反映出在《洛桑条约》基础上制定的土耳其民族政策已经不能与当前土耳其社会的现实情况相适应，2018 年 1 月和 2019 年 10 月，土耳其政府以打击恐怖主义的名义先后在叙利亚境内向库尔德武装发动了代号为"橄榄枝"和"和平喷泉"的军事行动，而一再尝试通过武力来解决库尔德问题折射出土耳其政府在这一问题上的一贯态度。

表 I－7－4　　**土耳其主要库尔德政党一览**

名称	成立时间	主要政治主张
库尔德工人党	1978 年	该党主张在库尔德斯坦地区实现库尔德人自治或实行联邦制，不再寻求从土耳其分裂出去或独立建国；在武装斗争的同时寻求以政治途径实现政治目标；消除种族歧视，赋予库尔德人应有的权利和地位，维护库尔德人的权利；提倡解放女性，维护女性权利并组建女子部队
和平民主党	2008 年	该党推行库尔德民族主义主张，倡导解放妇女运动、维护人权和少数民族权利，主张男女拥有平等的代表权（2014 年与人民民主党合并）
人民民主党	2012 年	该党强调通过谈判与对话来解决库尔德分离主义问题，支持女权主义、环境保护主义、平权主义等
权利与自由党	2002 年	该党主张实行联邦制，提倡在土耳其东南部的库尔德斯坦实行库尔德人自治
参与民主党	2006 年	该党提倡库尔德民族主义，希望可以和伊拉克的库尔德民主党建立良好关系

资料来源：肖文超、余家溪：《土耳其库尔德政党与国际泛库尔德组织》，《国际研究参考》2017 年第 4 期。

① 汪波：《中东库尔德问题研究》，时事出版社 2014 年版，第 188 页。

土耳其国内其他少数民族的来源主要分为两种：一种是在土耳其对外扩张期间被纳入版图，另一种则主要是欧洲人种在土耳其的后裔。土耳其的鞑靼人是克里米亚移民的后裔，18 世纪末克里米亚汗国被俄罗斯帝国吞并，那时迁来奥斯曼土耳其的鞑靼人特别多，如今大部分鞑靼人已经被土耳其人同化。在埃迪尔内省住有 1 万加高兹人，一些学者认为他们是佩切涅格人的后裔。[①] 此外，土耳其境内有保加利亚人 3.5 万、波斯尼亚人 3 万、塞尔维亚人 5000 和阿尔巴尼亚人 1.5 万，他们大多居住在欧洲部分的伊斯坦布尔市和富拉基亚的一些地区。那里还有西班牙人（1.2 万）、法兰西人（6000）等欧洲人。这些民族之间已经发生深刻的混合，共同使用法语，因而土耳其人称他们为法兰克人。[②] 进入 21 世纪，土耳其为了加入欧盟而对其民族政策，尤其是改善少数民族生活方面做了一系列政策层面的改变，但仍然难以令欧盟感到满意。“欧盟委员会曾在 1998 年至 2005 年发布了 8 次针对土耳其入盟进展的评估报告。在 1998 年至 2002 年发布的报告中，有关少数民族问题并不占据主导地位，但在 2003 年、2004 年和 2005 年的报告中，对少数民族文化权利以及宗教自由的评价开始占据这些报告的大量篇幅，并对生活在土耳其的亚述人、库尔德人和阿拉维派的民族身份以及宗教权利特别强调，偶尔还谈及波斯尼亚人、阿拉伯人、高加索人、天主教徒以及巴哈伊教徒等少数民族或宗教少数派的处境问题”。[③]

总体而言，土耳其少数民族对政府当前的民族政策存在诸多不满，一方面是民族身份的认定问题，其中尤以库尔德人最为不满，虽然土耳其国内近年来也出现了一些反思的声音，如认为《洛桑条约》已经不再适用于当前的形势，但土耳其官方似乎并未打算对民族身份认定问题进行重新讨论或是提出修订政策；另一方面是在法律框架内少数民族的权利并未完全得到落实，因此即使有相关政策存在，土耳其少数民族，尤其是不以伊斯兰教为主要信仰的民族仍然觉得与主流社会格格不入。

---

① 赵锦元、戴佩丽主编：《世界民族通览》，中央民族大学出版社 2000 年版，第 439—440 页。

② 赵锦元、戴佩丽主编：《世界民族通览》，中央民族大学出版社 2000 年版，第 439—440 页。

③ 李艳枝：《试析土耳其现代化进程中的非穆斯林少数民族》，《世界民族》2014 年第 5 期。

第二节 宗教发展历史与现状

与阿拉伯帝国扩张过程中先“阿拉伯化”后“伊斯兰化”不同的是，同样诞生于这片土地上的奥斯曼帝国在民族融合方面对所征服地区进行了“土耳其化”，但在面对不同宗教、不同信仰或是伊斯兰教内部的不同教派和不同思想时，奥斯曼帝国的政策比阿拉伯帝国更为宽容。因而从宗教发展的角度来看，在阿拉伯帝国时期被边缘化的苏菲主义在奥斯曼帝国时期实现了较大发展；从宗教政策的层面来看，“米特勒”制度也展示了奥斯曼帝国对多元文化、多元信仰的包容。土耳其共和国成立后，尤其是凯末尔执政时期对延续几个世纪的宗教政策进行了重大调整，禁止宗教进入公共领域，而将其宗教严格限定在私人领域。近年来，伴随土耳其国内政治局势的变化，以及宗教信仰“去私人化”的浪潮，宗教再一次回归土耳其政治。2009 年，土耳其政府明确提出“新奥斯曼主义”，此后“新泛突厥主义”“土耳其—伊斯兰合一论”[①] 等一系列口号或理论使得土耳其民族—宗教身份认同问题变得更为复杂。

一 宗教发展历史

土耳其是一个以伊斯兰教为主要信仰的国家，“土耳其伊斯兰教的一个突出特征在于土耳其人投身于新宗教的彻底性。……皈依的土耳其人将他们的民族身份沉浸于伊斯兰教中，这是阿拉伯人和波斯人从未做到的”。[②]

由于该国并没有就不同宗教信仰人数进行官方统计，目前学界的相关数据大多为综合各种资料后的结果，因此也存在较大差异。有学者提出，土耳其全国居民中 98% 信奉伊斯兰教，其中绝大部分属逊尼派，仅

---

① 随着社会转型不断深入和社会矛盾的逐渐演变，土耳其世俗党派和军队在意识形态领域做出了重大调整，催生出“土耳其—伊斯兰合一论”这一新的民族主义修正理论，从而改写了当代土耳其政治和宗教的关系，对土耳其政治和社会发展产生了巨大影响。参见敏敬《转型时期的政治与宗教：土耳其—伊斯兰合一论及其影响》，《北方民族大学学报》（哲学社会科学版）2014 年第 1 期。

② Bernard Lewis, *The Middle East: A Brief History of Last 2000 Years*, 转引自刘义《“一带一路”背景下土耳其的宗教风险研究》，《世界宗教文化》2017 年第 4 期。

有10%的人属什叶派（这里称其为阿拉维派，Alawites，属于什叶派中的少数派）。什叶派中阿里伊拉希派（‘Ali Ilahis）教徒人数最多（包括大部分尤鲁克人、部分土库曼人和库尔德人，共100多万），其次是努赛里派（Nusairiyya，为阿拉维派的学称）教徒。土耳其的基督教徒分属东正教派、亚美尼亚格列高利教派、聂斯托利派和天主教派。此外，土耳其还有7万耶稣会教徒和3万犹太教徒。[①] 据皮尤研究中心2015年发布的报告《世界宗教的未来：人口增长预测》（*The Future of World Religions: Population Growth Projections, 2010—2050*）显示，在全球十大穆斯林最多的国家中，土耳其排名第八，穆斯林人口总数约为7133万，占全球穆斯林人口的4.5%；伴随土耳其人口的自然增长，到2050年预计该国穆斯林人口将达到8932万，虽然占全球穆斯林人口比例略微下降至3.2%，但人口增长的绝对数值接近1800万人，全球排名也上升一位（见表I－7－5）。

表I－7－5　　**全球十大穆斯林人口最多的国家**

2010年			2050年		
国别	穆斯林人口总数	占全球穆斯林人口比例（%）	国别	穆斯林人口总数	占全球穆斯林人口比例（%）
印度尼西亚	209120000	13.1	印度	310660000	11.2
印度	176200000	11.0	巴基斯坦	273110000	9.9
巴基斯坦	167410000	10.5	印度尼西亚	256820000	9.3
孟加拉国	134430000	8.4	尼日利亚	230700000	8.4
尼日利亚	77300000	4.8	孟加拉国	182360000	6.6
埃及	76990000	4.8	埃及	119530000	4.3
伊朗	73570000	4.6	土耳其	89320000	3.2
土耳其	71330000	4.5	伊朗	86190000	3.1
阿尔及利亚	34730000	2.2	伊拉克	80190000	2.9
摩洛哥	31930000	2.0	阿富汗	72190000	2.6

资料来源：Pew Research Center, *The Future of World Religions: Population Growth Projections, 2010－2050*, April 2, 2015, p. 243.

① 赵锦元、戴佩丽主编：《世界民族通览》，中央民族大学出版社2000年版，第437页。

土耳其人的伊斯兰信仰较为虔诚，在皮尤研究中心2012年发布的研究报告《全球穆斯林：统一性与多样性》① 中，有43%的受访者表示“每天进行多次礼拜”，44%的受访者表示“每周至少前往清真寺一次以上”，72%的受访者表示“每年缴纳天课”，另有84%的受访者表示“在斋月会进行封斋”。

二 主要宗教的基本情况

除伊斯兰教以外，土耳其还有诸多信仰其他宗教的少数群体，包括：犹太教、天主教、东正教（希腊东正教、亚美尼亚东正教、叙利亚东正教）、佛教等。但与土耳其民族统计数据相类似的是，土耳其各宗教人口的数据也没有官方公布，我国学者李艳枝在结合国内外相关数据后认为土耳其“约有50000—65000名亚美尼亚东正教徒、23000—25000名犹太教徒、3000—5000名希腊东正教徒、15000—20000名叙利亚东正教徒、10000名巴哈伊派（Baha'is）、5000—7000名耶齐德派（Yezidis）、3300名耶和华见证会（Jehovah's Witnesses）成员、3000名基督新教徒，以及数目不详的保加利亚东正教徒、占星术派（Chaldean）、聂斯托利派（Nestorian）、格鲁吉亚东正教徒（Georgian）、罗马天主教徒和基督教马龙派（Maronite）和原始信仰派别等”。② 而皮尤研究中心则大致推算出土耳其各宗教的人口比例（见图Ⅰ-7-1），其中值得注意的是土耳其国内宣称无宗教信仰（unaffiliated）的人口近年来逐步增长。由图Ⅰ-7-2、图Ⅰ-7-3对比可见，图Ⅰ-7-3中无宗教信仰人口的增长曲线与图Ⅰ-7-2穆斯林人口增长曲线最为相似，也有研究将一些表示“有精神信仰但非宗教信仰”（spiritual but non religious）的人归入无宗教信仰的统计之中。

未来，土耳其国内各宗教人口都将保持一个较为稳定的增长速度，且总体年龄都很年轻。根据皮尤研究中心的数据显示，穆斯林人口的持续增长与该宗教的生育率和信教人口年龄密切相关，换言之，庞大的青年人

① Pew Research Center: *The World's Muslims: Unity and Diversity*, Aug 9, 2012, https://www.pewresearch.org/wp-content/uploads/sites/7/2012/08/the-worlds-muslims-full-report.pdf.

② 李艳枝：《试析土耳其现代化进程中的非穆斯林少数民族》，《世界民族》2014年第5期。

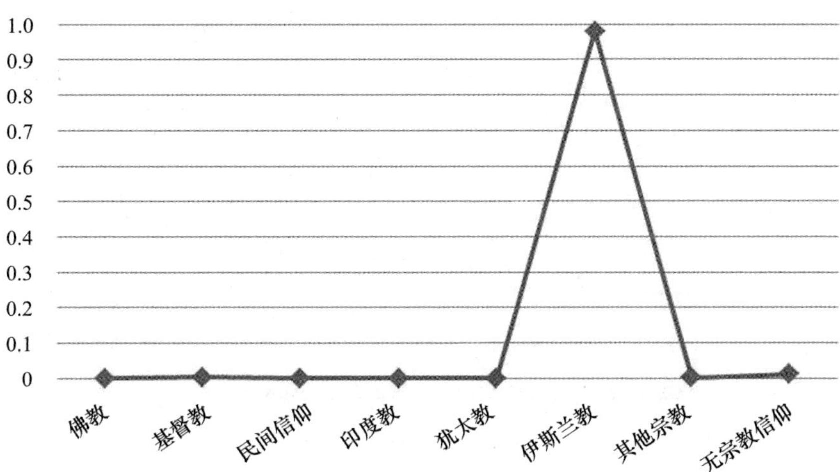

图Ⅰ-7-1　土耳其各宗教信仰人口比例

资料来源：Pew-Templeton Global Religious Futures Project，http：//www. globalreligiousfutures. org/countries/turkey/religious_ demography#/?affiliations_ religion_ id = 0&affiliations_ year = 2010.

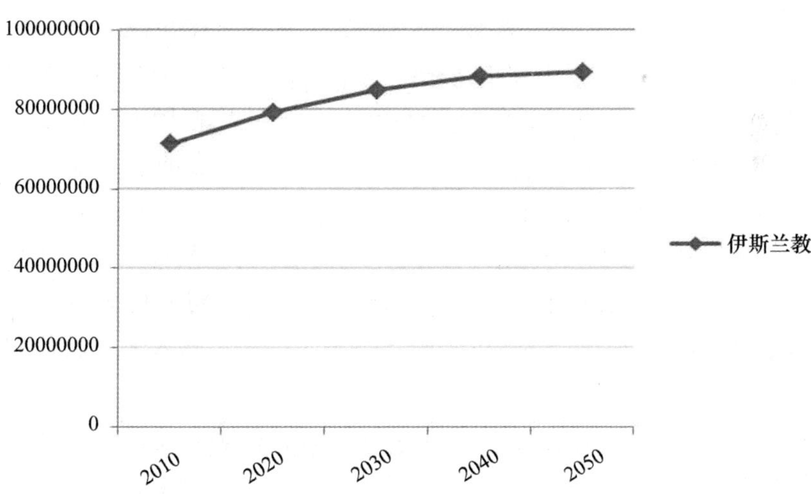

图Ⅰ-7-2　土耳其穆斯林人口增长预测

资料来源：Pew-Templeton Global Religious Futures Project，http：//www. globalreligiousfutures. org/countries/turkey/religious_ demography#/?affiliations_ religion_ id = 0&affiliations_ year = 2010.

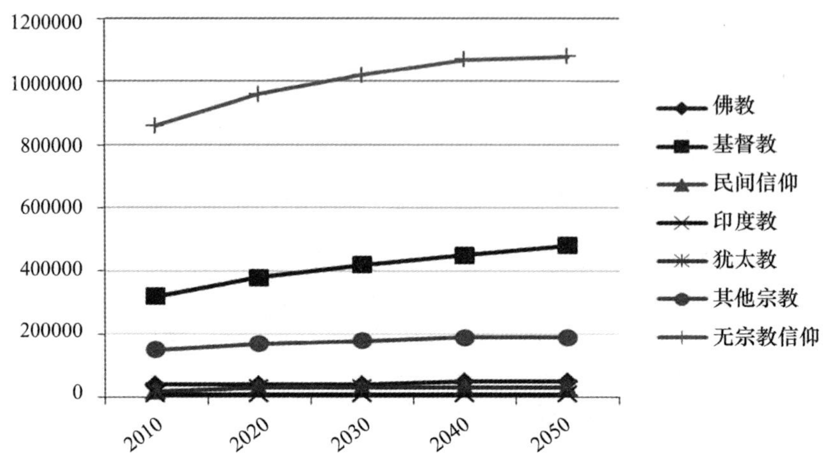

图Ⅰ-7-3　土耳其其他宗教信教人口增长预测

资料来源：Pew-Templeton Global Religious Futures Project，http：//www. globalreligiousfutures. org/countries/turkey/religious_ demography#/?affiliations_ religion_ id = 0&affiliations_ year = 2010.

口虽然是当前诸多伊斯兰热点问题的不稳定因素，但也为伊斯兰教的发展提供了源源不断的动力。需要指出的是，由于土耳其穆斯林人口占到全国总人口的98%以上，因此在相应数据指标测算的过程中，伊斯兰教的数值就决定了该国所有宗教的总体数值，如在表Ⅰ-7-6和表Ⅰ-7-7里的生育率与年龄中位数两项，伊斯兰教的数值与算上其他宗教的总体数值是完全一致的。从该国生育率、年龄中位数、各年龄段人口比例等数据来看（参见表Ⅰ-7-6、表Ⅰ-7-7和表Ⅰ-7-8），土耳其各宗教，尤其是伊斯兰教将在较长一段时间内为该国宗教发展提供持续增长的动力支撑。

表Ⅰ-7-6　　**土耳其生育率、年龄中位数数据一览**

年份	生育率	年份	年龄中位数
2010—2015	2	2010	28
2020—2025	1.8	2020	32
2030—2035	1.7	2030	36

续表

年份	生育率	年份	年龄中位数
2040—2045	1.7	2040	39
2050—2055	1.7	2050	42

资料来源：Pew-Templeton Global Religious Futures Project，http：//www.globalreligiousfutures.org/countries/turkey/religious_demography#/?affiliations_religion_id = 0&affiliations_year = 2010.

表Ⅰ-7-7　　土耳其所有宗教信徒年龄段分布　　（单位：%）

年龄段	2010年		2020年		2030年		2040年		2050年	
	男性	女性	男性	女性	男性	女性	男性	女性	男性	女性
0—14岁	27.0	25.7	23.6	22.3	20.3	19.1	18.0	16.8	16.7	15.5
15—29岁	27.2	26.4	24.3	23.3	22.3	21.1	20.3	19.1	18.4	17.2
30—44岁	22.5	22.6	23.6	23.2	22.5	21.7	21.5	20.4	20.7	19.4
45—59岁	15.1	15.4	17.4	18.0	20.1	20.2	20.9	20.5	20.6	19.8
60—74岁	6.4	7.4	9.0	10.2	11.8	13.3	14.6	16.1	17.1	18.3
75岁以上	1.8	2.5	2.0	3.0	3.1	4.7	4.7	7.1	6.5	9.8

资料来源：Pew-Templeton Global Religious Futures Project，http：//www.globalreligiousfutures.org/countries/turkey/religious_demography#/?affiliations_religion_id = 0&affiliations_year = 2010.

表Ⅰ-7-8　　土耳其穆斯林人口年龄段分布表　　（单位：%）

年龄段	2010年		2020年		2030年		2040年		2050年	
	男性	女性	男性	女性	男性	女性	男性	女性	男性	女性
0—14岁	26.9	25.8	23.5	22.4	20.2	19.1	18.0	16.8	16.7	15.5
15—29岁	27.2	26.5	24.3	23.4	22.2	21.1	20.3	19.1	18.4	17.2
30—44岁	22.5	22.6	23.7	23.2	22.5	21.7	21.5	20.4	20.6	19.4
45—59岁	15.1	15.4	17.5	17.9	20.1	20.1	20.9	20.5	20.6	19.8
60—74岁	6.4	7.4	9.0	10.1	11.8	13.3	14.6	16.1	17.2	18.3
75岁以上	1.8	2.5	2.0	3.0	3.1	4.6	4.7	7.1	6.5	9.8

资料来源：Pew-Templeton Global Religious Futures Project，http：//www.globalreligiousfutures.org/countries/turkey/religious_demography#/?affiliations_religion_id = 0&affiliations_year = 2010.

第三节 政教关系

土耳其共和国成立伊始，宗教便被政府坚决地排除在政治之外，但近年来土耳其政教关系发生了微妙的变化，土耳其政府不仅开始对外输出“泛突厥主义”意识形态，还逐步对外输出“泛伊斯兰主义”意识形态。这一现象的国内根源主要包括土耳其人的信教传统、世俗主义在实践中的矛盾与冲突、部分政党试图迎合选民的宗教热情等原因，外部原因主要包括：全球范围内的伊斯兰复兴思潮、中东地区格局变化与地缘政治动荡、土耳其外交政策转型等原因。此外，对“泛突厥主义”和“泛伊斯兰主义”的推广加剧了民族、宗教“政治化”和“工具化”的趋势，在对周边国家社会稳定造成影响的同时，也加剧了土耳其内部各种阵营之间的矛盾。尤其在当前土耳其经济发展速度放缓的背景下，被过度“政治化”“工具化”的意识形态对土耳其社会稳定所构成的潜在影响还在不断加强。

总体而言，土耳其国内民族、宗教情况较为稳定，其中土耳其库尔德问题既有国内原因也有跨国联系，与之相关的叙利亚、伊拉克、伊朗三国也都是中东地区诸多热点问题的核心国家，因此库尔德问题已经与复杂的地缘政治局势、多变的地区热点问题深刻地融合在一起，有可能成为推进“一带一路”建设中的潜在风险点。

一 建国初期的政教关系

回顾伊斯兰教发展的历史，在四大正统哈里发时代结束后，宗教信仰就成为阿拉伯帝国划分社会等级的重要依据，不论在倭马亚王朝还是在阿拔斯王朝时期，阿拉伯穆斯林的社会地位最高，其次为皈依伊斯兰教的异族人，异教徒的社会地位仅高于奴隶。此外，两大王朝对异教徒的宗教政策也存在相似之处，在王朝建立初期至鼎盛时期对基督教、犹太教等其他宗教均显示出极大的宽容，但到了王朝后期，掌权者都选择通过税收优惠等经济手段加速帝国的“伊斯兰化”进程、推动异教徒皈依伊斯兰教。奥斯曼帝国时期的总体宗教政策与社会等级划分在一定程度上也沿袭了倭马亚王朝与阿拔斯王朝的发展轨迹。

> 为了对奥斯曼帝国境内不同种族、不同宗教信仰的人进行有效的统治，奥斯曼帝国政府采用了米勒特制度。米勒特制度是奥斯曼帝国最具自己特征的一种社会制度。……帝国政府把这些非伊斯兰教的宗教团体或宗教社区统称为“米勒特”，意思是“奥斯曼帝国内具有特殊信仰的集团或民族”。在奥斯曼帝国境内，每个米勒特都有权使用自己的语言，发展自己的宗教、文化和教育机构，征收税款并上缴帝国国库，保持自己独立的法庭。……“分教而治”的米勒特制度，是奥斯曼帝国手中对广大被征服地区异族、异教实行有效统治的重要工具。[①]

土耳其共和国成立后，凯末尔的世俗主义思想一方面试图将宗教彻底从政治中剥离，这一点在历次颁布或修订的宪法中都得到坚决的贯彻与传承（参见表Ⅰ-7-9）；但另一方面，凯末尔又要确保宗教的控制权掌握在政府手中，因此有观点认为凯末尔在“世俗化”的同时实际也在进行“伊斯兰化”[②]。“在很大程度上，凯末尔继承了青年奥斯曼人和青年土耳其人的遗产，包括伊斯兰主义、泛突厥主义、民族主义、西方主义之间的意识形态矛盾。”[③] 因此凯末尔尝试在土耳其的现代化进程中塑造具有土耳其特色的伊斯兰教及政教关系。凯末尔“成立宗教事务委员会，其主要任务是按照世俗国家政权的需要实现对伊斯兰教的控制和塑造，进而割断或限制伊斯兰教的国际联系，以使伊斯兰教服务于土耳其民族国家的构建”。[④] 但进入20世纪70年代后，阿拉伯民族主义宣告失败，宗教强势回归并主导了地区热点问题的深刻变化，其中既有伊朗伊斯兰革命、苏联

---

① 黄维民：《中东国家通史·土耳其卷》，商务印书馆2002年版，第90—91页。

② “根据（土耳其与希腊）的人口交换协议，约40万名生活在希腊的穆斯林被土耳其方面接收，而约90万名东正教基督徒（包括说土耳其语的基督徒）被送往希腊。如此大规模的人口交换意味着土耳其丧失了近10%的人口，但这种人口上的变化也暗示着安纳托利亚地区变成了一个穆斯林占压倒性多数的地区。讽刺的是，（凯末尔）新政在进行‘世俗化’的同时也在进行‘伊斯兰化’”。参见 Hasan Kösebalaban, *Turkish Foreign Policy: Islam, Nationalism and Globalization*, New York: Palgrave Macmillan, 2011, p. 49。

③ 刘义：《“一带一路”背景下土耳其的宗教风险研究》，《世界宗教文化》2017年第4期。

④ 李艳枝：《市民社会视阈下的土耳其“居伦运动”述评》，《阿拉伯世界研究》2019年第1期。

入侵阿富汗等伊斯兰教内部或与外部的意识形态之争，也有激进思想、极端思想的传播扩散。而土耳其因独特的地理位置，注定无法超然于当代伊斯兰复兴运动之外。同时，在土耳其开放多党竞选后，土耳其历届政府由于维护其执政的需要，不断放宽对宗教的限制，出台了一系列有利于宗教发展的政策与法规，从而为伊斯兰教的复兴和扩大影响打开了方便之门。此外，土耳其的一些主要党派出于竞选的需要，也极力迎合社会上的宗教情绪，把赌注压在选民的宗教感情上。①

表Ⅰ-7-9　　土耳其共和国宪法中与宗教相关的内容

序号	时间	相关内容	备注
1	1924 年	宣布所有长期居住在土耳其的居民不论宗教信仰和种族如何，其公民资格一律为土耳其人	土耳其共和国第一部宪法
2	1937 年	总则第二条中规定了土耳其共和国的六项基本原则，即共和主义、民族主义、平民主义、国家主义、世俗主义和改革主义	土耳其大国民议会对宪法作了重大修改
3	1961 年	规定土耳其共和国是一个民族主义、民主主义、政教分离和实行法制的国家。	土耳其军人发动政变推翻政府，次年颁布新的宪法
4	1982 年	删除了“伊斯兰教为国教”的规定，强调土耳其是一个坚持民族团结、尊重人权、政权分离的、世俗的、社会的和民主的法制国家	土耳其共和国第三部宪法，亦是现行宪法

资料来源：参见黄维民《中东国家通史·土耳其卷》，商务印书馆 2002 年版，第 20—22 页。

二　伊斯兰政党与社会运动

事实上自伊斯兰教成立起，政治和宗教就形成了密不可分、相辅相成的关系。先知穆罕默德在传教初期，一方面致力于传播一神信仰、否定当时阿拉伯半岛较为普遍的多神教与拜物教，另一方面则致力于改变活埋女婴、买卖奴隶等社会陋习，这种政治与宗教的结合在四大哈里发时期及阿拉伯帝国不断扩张的过程中进一步得到完善。在特定的历史背景下，凯末尔曾经在土耳其实现了政教分离，但由于伊斯兰信仰自身的特点、奥斯曼帝国以来民族宗教政策的巨大惯性以及周边国家中埃及的阿拉伯民族主义、沙特的泛伊斯兰主义、伊朗伊斯兰革命、苏联共产主义等多种意识形态的“夹击”，伊斯兰教开始再度回归到土耳其政治之中。“当代土耳其

① 黄维民：《中东国家通史·土耳其卷》，商务印书馆 2002 年版，第 312 页。

伊斯兰教的复兴有两个重要的政治背景：一是20世纪50年代多党制的建立，特别是地主背景的民主党（DP）上台，颠覆了之前阿塔图克的诸项世俗主义改革；二是20世纪80年代的冷战背景下，军政府为了内部稳定而采取反共产主义政策，倡导土耳其—伊斯兰综合体（Turkish-Islamic Synthesis）。”① 因此，在20世纪20年代初至80年代初近半个世纪的时间里经历了从“私人化”到“去私人化”② 的过程。在这样的背景下，土耳其国内既出现了宗教与政治相互融合的、以宗教为旗帜推动伊斯兰政党发展的“民族观念运动”（Mill Görü Hareketi）③，也出现了宗教与政治相互联手的、以“居伦运动”（Gulen Movement）④ 为代表的社会伊斯兰运动。亦有观点将土耳其社会的政教关系视为政治伊斯兰运动与社会伊斯兰运动之间的博弈、伊斯兰精英与世俗精英之间的博弈。⑤ 自20世纪70年代伊斯兰复兴运动兴起后，土耳其就存在以市民社会组织为代表的社会伊斯兰力量和以伊斯兰政党为代表的政治伊斯兰力量。他们之间虽然彼此独立，但相互借重，尤其是在21世纪最初十年，二者的合作有效地捍卫了正发党的选举优势和政治合法性。2011年以来的政治斗争则表现了二者政治目标的歧异，“居伦运动”与以正发党的联盟破裂宣告了以“居伦运动”

---

① 刘义：《“一带一路”背景下土耳其的宗教风险研究》，《世界宗教文化》2017年第4期。

② 在20世纪80年代，宗教开始再度进入公共领域。在冷战已经结束、人们正在寻找新的敌对力量之时，宗教被完全恢复为一个正当的政治性身份，在西方将敌对原型投射到伊斯兰教上时，宗教被当成引发战争的一个潜在原因。宗教不再是私人事务，它遭到了“去私人化”（de-privitized）。参见［德］李峻石《何故为敌：族群与宗教冲突论纲》，吴秀杰译，社会科学文献出版社2017年版，第77页。

③ 民族观念运动（Mill Görü Hareketi）是一场主要由土耳其政治家和土耳其前总理纳杰梅丁·埃尔巴坎（Nemettin Erbakan）领导的，从20世纪70年代开始一直持续至今的伊斯兰政党运动。它同时也是“通过表达某种特定传统（即伊斯兰传统）以推动有宗教议程的正当产生”这一运动的统称。其主要特点是恢复伊斯兰在土耳其社会中的决定性作用，把伊斯兰视为土耳其的民族观念或民族身份特征，使其成为凝聚土耳其人的精神纽带。参见郭长刚《土耳其“民族观念运动”与伊斯兰政党的发展》，《阿拉伯世界研究》2015年第1期。

④ 居伦运动（Gülen Movement）是对费图拉·居伦（Fethullah Gülen）及其追随者所发起的一系列活动的总称。“居伦运动”在土耳其本土及中亚、南亚、东南亚、西欧、巴尔干、南非、北美等地区建立了大批学校、传媒机构和跨文化对话协会，开展消除贫困和慈善救助活动，成立了一系列的社会服务组织，其影响力已遍及全球。参见李艳枝《市民社会视阈下的土耳其“居伦运动”述评》，《阿拉伯世界研究》2019年第1期，第71页。

⑤ 王佳尼：《正义与发展党上台以来的土耳其伊斯兰运动》，载徐以骅主编《宗教与美国社会》（第十七辑），时事出版社2018年版，第222—251页。

为代表的社会伊斯兰与以正发党为代表的政治伊斯兰合流趋势的终结。[①]从某种意义上来说，2016 年土耳其的“未遂军事政变”以及被指认为幕后推手的居伦运动折射出凯末尔的世俗主义在指导和处理当前土耳其政教关系、教俗关系中所遇到的困境，也凸显出土耳其伊斯兰教内部的某种撕裂。

三　中土关系中的民族宗教因素

近年来中土两国在各领域均开展了富有成效的合作，但在民族宗教问题上，土耳其方面的两面性和反复性对中土关系造成了消极影响，不实信息与无端指责不仅严重影响了中国国家形象，还误导了有关中国民族宗教政策的国际舆论。

“泛突厥主义”和“泛伊斯兰主义”近年来成为土耳其欧亚战略中的两大支柱。基于独特的地理位置，土耳其一方面试图通过在中亚地区强化“突厥身份认同”来增强土耳其在该地区的影响，甚至期望成为中亚地区事务新的主导者；另一方面，土耳其借“阿拉伯之春”向中东地区推行“土耳其模式”（Turkish Mode）以证明伊斯兰教与现代性的调适与融合。

在官方层面，土耳其的两面性和反复性与其国内政治形势密切相关。在其国内政治出现波动的时期，如 2016 年“未遂军事政变”之后，土耳其方面会主动向中国释放善意以寻求合作、稳定政权。而在土耳其国内政局较为稳定的时期，炒作涉疆议题则成为部分政客及民间团体捞取政治资本的手段。2015 年 7 月，《人民日报》（海外版）披露了中国偷渡者欲借道土耳其赴叙利亚、伊拉克参加所谓“圣战”的情况，指出土耳其存在多个组织偷渡团伙，土耳其驻部分东南亚国家使馆工作人员也为偷渡者提供便利。[②] 2019 年 2 月，土耳其外长查武什奥卢甚至企图在联合国人权理事会高级别会议上引导涉疆问题的不实言论。土耳其这种将反恐、“去极端化”工作与民族宗教问题混为一谈、采取双重标准的做法无疑对中土两国关系的良性发展起到消极影响。

---

① 李艳枝：《市民社会视阈下的土耳其“居伦运动”述评》，《阿拉伯世界研究》2019 年第 1 期。

② 罗沙：《中国警方从东南亚遣返多批企图参加“圣战”的偷渡人员》，《人民日报》（海外版）2015 年 7 月 13 日第 4 版。

第八章　对外关系研究*

外交是内政的延续，土耳其国内政治经历了凯末尔的世俗化阶段和军人政治阶段，再到现在的埃尔多安时代，伴随着国内政治和国际形势的发展演变，土耳其对外战略的重心也经历了从“西方”到“东方”的大转移，总体外交战略的侧重点也从“脱亚入欧”转变为发展地区大国的目标。因此，土耳其在对外关系中的表现更加活跃，力求摆脱传统西方盟友和大国中东战略的限制，不断提升自身在国际事务中的协调能力。与此同时，土耳其在中东区域内通过政治、安全、军事等硬实力来捍卫国家利益，在区域外通过经济、文化和援助等软实力来提升国际地位，并在全球范围内与沙特争夺伊斯兰世界的主导权。

受国际局势和内政外交政策的影响，土耳其在政治和安全上依然注重与发达国家的合作，经济发展领域则更看重与发展中国家的合作。随着外交战略重心的不断东移，以及国际力量格局的变化，中东地区和整个东方世界在土耳其对外关系中的地位日渐上升，无论是处理与海外国家的关系、跨越国界的库尔德问题，还是确立土耳其在整个伊斯兰世界的领导地位等，都要求土耳其自身需要首先成为区域内重要的国际力量。

第一节　土耳其对外关系的演变

奥斯曼帝国曾横跨亚、欧、非三大洲，第一次世界大战后的1923年，土耳其共和国在奥斯曼帝国的废墟上成立，依然地处亚欧大陆交界处，其

---

* 本章为教育部国别和区域研究课题“土耳其中东外交政策研究”（19GBQY070）的阶段性成果。

对外战略和外交政策因此始终受到地缘政治格局的影响。土耳其共和国自成立以来，外交政策和对外关系大体经历了保卫国家独立的外交、冷战背景下的外交、战略拓展的外交、积极多元的外交和务实的外交五个主要阶段。

一 保卫国家独立的外交（1923—1945）

第一次世界大战后的1919—1923年，穆斯塔法·凯末尔·阿塔图尔克领导的土耳其民族解放战争取得胜利，同时与俄罗斯和周边国家签订协议，确定了土耳其的领土边界；法国因为在安纳托利亚半岛加济安泰普、马拉什、乌尔法、阿达纳等地的军事失败，不得不与凯末尔领导的土耳其独立运动妥协。1923年7月23日《洛桑条约》签订，基本确立了现代土耳其的独立和领土边界；1923年10月29日完全独立的土耳其共和国诞生，凯末尔成为首位土耳其总统。从土耳其共和国成立的1923年一直到第二次世界大战结束的1945年，为了与奥斯曼帝国统治下的“旧世界”脱离关系，土耳其在国内层面进行了全面的世俗化改革，在对外层面一方面努力解决《洛桑条约》未能解决的问题，另一方面最大限度地确保国家不受第一次世界大战后殖民统治和第二次世界大战的影响，保卫国家独立。

这一时期土耳其奉行凯末尔“国内和平带来世界和平”（Peace at Home, Peace in the World）的和平外交政策。虽然当时的英国首相劳合·乔治（Lloyd George）对土耳其持反对态度，并支持希腊攻打土耳其，但劳合·乔治离任后，土耳其修复了与当时的世界大国英国和法国的关系。刚刚经历了战争的希腊，在总理埃莱夫塞里奥斯·韦尼泽洛斯（Eleftherios Venizelos）的斡旋下，与土耳其建立了友好关系。韦尼泽洛斯还提出了“梅加利理念”（Megali Idea），即在拜占庭帝国的基础上建立一个大希腊，并“解救”奥斯曼帝国境内的所有希腊人。因此，韦尼泽洛斯访问土耳其，与凯末尔达成了人口交换的协议，并向诺贝尔和平奖委员会提名凯末尔。根据1923年的人口交换协议，大约有150万信奉东正教的希腊人离开了土耳其，50万信奉伊斯兰教的土耳其人离开了希腊。[①] 另外，土耳其

① 王绳祖：《国际关系史·第四卷》，世界知识出版社1995年版，第160页。

与俄罗斯1927年在巴黎签订了《中立和互不侵犯条约》，也是土耳其共和国初期奉行和平外交政策的实践。

为获得长久和平，独立后的土耳其开始解决《洛桑条约》的遗留问题。首先，为解决被《洛桑条约》搁置了的摩苏尔问题，土耳其1926年在国际联盟与英国签订协议，明确了土耳其与伊拉克的边界。其次，《洛桑条约》关于海峡制度的公约限制了土耳其在黑海海峡的设防权，特别是随着欧洲战争策源地的形成，欧洲的紧张局势不断加剧，土耳其对此问题也更加关注，1936年土耳其签署了《蒙特勒海峡公约》，恢复了土耳其博斯普鲁斯海峡和达达尼尔海峡的全部主权。第三是哈塔伊问题。法国当时在叙利亚实行委任统治，考虑到哈塔伊地区的民族构成，在当地建立了一个特殊的管理机构。但因为哈塔伊地区土耳其人口占绝对多数，再加上欧洲的紧张局势，法国最终允许哈塔伊地区实行自决权，1939年哈塔伊成为土耳其的一个省。①

随着1933年德国法西斯专政建立，欧洲战争策源地正式形成，为了避免刚刚独立的土耳其共和国卷入第二次世界大战，土耳其1934年在雅典与巴尔干半岛上的希腊、南斯拉夫、罗马尼亚签订了《巴尔干公约》，1937年在德黑兰与伊朗、伊拉克和阿富汗签订了《萨达拜德公约》，二者都属于区域安全协定。1939年第二次世界大战爆发，土耳其为保全国家独立而奉行中立的外交政策。尽管以英国为首的西方国家在阿达纳会议、开罗会议和德黑兰会议中都对土耳其施压，要求土耳其参战，但土耳其都以无法承受战争所需的军力为由拒绝了。然而，以英国和法国为首的西方国家还是对土耳其和德国的关系提出了质疑，苏联也谴责土耳其不遵守《蒙特勒海峡公约》，允许德国战舰在海峡通行。战争结束前，德国准备将占领的多德卡尼斯群岛归还给土耳其，但土耳其在此问题上非常犹豫，因为土耳其政府担心德国战败后苏联以此为借口占领土耳其，最终多德卡尼斯群岛成为希腊的领土。在战争最后阶段，土耳其迫于各方压力对德宣战，成为同盟国一方。

---

① 哈塔伊地区曾在1938年第一次实行自决权时短暂独立过，1939年又决定加入土耳其共和国。

二　冷战背景下的外交（1945—1991）

第二次世界大战后世界格局变动使得土耳其内外政策也发生调整。美国在第二次世界大战后一跃成为超级大国和西方世界的领导者；英国曾经的世界地位被美国取代，但与美国建立了特殊关系；法国因为第二次世界大战期间被德国占领而彻底失去了以往的实力；苏联则是另一个在第二次世界大战后崛起的超级大国。由于地缘位置的特殊性，土耳其成为了第二次世界大战后美欧和苏联都极力争取的对象。一方面，苏联 1945 年向土耳其提出要求，调整其与土耳其东北部的边界，将曾经奥斯曼帝国的卡尔斯和阿尔达汉两地归还苏联，并在土耳其所属的海峡设立军事基地。同时，苏联废除了 1925 年与土耳其签订的《中立与互不侵犯条约》。另一方面，美国和英国决定采取措施遏制苏联在欧洲的扩张政策。1947 年美国的杜鲁门主义出台，决定对被苏联共产主义“压迫”的土耳其和希腊提供紧急援助；1948—1951 年，美国实施了对西德和欧洲国家提供援助的“马歇尔计划”，土耳其也从中受益；1949 年，美国与加拿大、比利时、法国、卢森堡、荷兰、英国、丹麦、挪威、冰岛、葡萄牙和意大利在华盛顿签署《北大西洋公约》，成立了“北大西洋公约组织”（简称“北约”，NATO）。土耳其从 1945 年开始奉行亲西方的政策，废除了中立外交政策、在联合国反对巴勒斯坦分裂的问题上投了反对票、承认了 1948 年宣布独立的以色列，1950 年上台的土耳其民主党政府，更是亲西方政策的坚定支持者。民主党政府为了能够成为北约成员国，在 1950 年朝鲜战争爆发时，派出了一个旅作为土耳其在联合国维和部队中的分遣队前往朝鲜。1952 年土耳其正式加入北约，成为北约成员国。

20 世纪 50 年代美苏争霸时期，为抵御来自苏联的“共产主义威胁”，土耳其民主党政府不断加强与西方，特别是美国的关系。首先，1955 年召开的万隆会议，由刚刚获得独立的亚非国家积极参与，标志着不结盟国家运动的成立，但土耳其被认为是西方国家代表，并在发言中表示世界和平的主要威胁来自共产主义阵营。其次，土耳其在 1956 年的苏伊士运河问题上也支持法国和英国。当时的埃及军政府与苏联关系较近，再加上“巴格达条约组织”的形成，土耳其与埃及之间关系紧张。1955 年，土耳其与伊朗、伊拉克、巴基斯坦和英国签订《巴格达条约》，美国因为与阿拉伯国家的关系而没有参加“巴格达条约组织”，而是以观察员国的身份活动。该条约将中东划分成了美国支持和土耳其主导下的巴格达条约组织国家，以及以埃及为首的阿拉伯国家。伊拉克 1958 年军事政变后退出该条约，该组织因此更名为“中央条约组织”，总部设在土耳其首都安卡拉，1979 年伊朗伊斯兰革命后，“中央条约组织”解散。《巴格达条约》自始至终都受到阿拉伯国家的强烈批判，土耳其也因此成为西方帝国主义在中东的代表。第三，土耳其另一个棘手的问题是当时的希腊与塞浦路斯合并运动。塞浦路斯在当时是英国的殖民地，希腊塞浦路斯人主导的合并运动袭击了土耳其塞浦路斯人，为希腊和土耳其关系带来负面影响。1959 年土耳其和希腊签订《苏黎世协议》，英国、希腊和土耳其三国代表与塞浦路斯的希腊、土耳其两族代表签订了《伦敦协定》，由土耳其塞浦路斯人和希腊塞浦路斯人共同成立的塞浦路斯共和国正式独立，英国、希腊和土耳其成为塞浦路斯共和国的担保人。

1960 年 6 月，土耳其爆发了针对阿德南·曼德列斯（Adnan Menderes）和民主党政府的军事政变，尽管民主党政府一直奉行亲西方的外交政策，但美国和西方国家并没有谴责此次政变，一是因为曼德列斯个人主义行为招致了美欧国家的不满，二是因为土耳其军方表明 1961 年自由主义宪法一经通过便将行政权交予民选政府，谴责政变与美欧国家所倡导的所谓民主原则不相符。20 世纪 60 年代，受益于美苏关系的缓和，土耳其开始同时发展与东西方阵营国家的关系。首先，1961 年土耳其与德意志联邦共和国（西德）签署了一个劳工协议，大量土耳其人以劳工身份进入德国。随后，土耳其又与法国、瑞士、丹麦、比利时和荷兰签署了类似的劳工协议，土耳其人借此参与欧洲事务，但随之而来的也有排外、伊斯兰恐惧症和种族主义的威胁。其次，土耳其与欧洲经济共同体（欧盟的前身）发展伙伴关系，并愿意在政治、经济、法律和文化上采取欧洲模式，于 1963 年与欧洲经济共同体签署了《安卡拉协定》，作为加入欧盟的准备。最后，1964 年土耳其、伊朗和巴基斯坦在伊斯坦布尔成立了“区域发展合作组织”，以增进各方的经济和技术合作。① 联合国大会也通过了

① “区域发展合作组织”因为 1979 年的伊朗伊斯兰革命而中止，但因为 1977 年的《伊兹密尔条约》，“区域发展合作组织”于 1985 年更名为“经济合作组织”。

一项旨在实现所有殖民地独立的非殖民化进程决议，土耳其支持去殖民化过程，承认了当时取得独立的非洲国家，并在一些国家派驻使领馆。

另外，塞浦路斯问题的继续发酵影响了土耳其与美国和希腊的关系，使土耳其意识到应该在美国和苏联之间采取更加平衡的外交政策，并且同时与苏联阵营和阿拉伯国家开展经济、商业和政治关系。虽然 1959 年塞浦路斯获得独立，但希腊塞浦路斯人认为塞浦路斯共和国只是临时性的解决方案，最终塞浦路斯还是要并入希腊。1964 年，塞浦路斯的希腊和土耳其两族人发生冲突，土耳其空军实施了轰炸，以阻止希腊塞浦路斯人对土耳其塞浦路斯村庄的破坏，土耳其的军事行动引起了美国的注意。美国总统约翰逊给时任土耳其总理伊斯梅特·伊诺努（İsmet Inönü）写信，表示土耳其不得在针对塞浦路斯的行动中使用任何美国政府提供或者援助的武器，并警告现有的安全机制将不针对塞浦路斯问题在国际层面可能对土耳其造成的安全威胁。"约翰逊信函事件"严重破坏了土耳其对美国的信任，激起土耳其国内民众的反美情绪。土耳其随后将外交政策转向了非洲、亚洲和周边伊斯兰国家，但由于政治和经济问题的限制，土耳其并没有在这些地区找到外交突破口。

20 世纪 70 年代，塞浦路斯问题和亚美尼亚问题都给土耳其外交带来挑战。1974 年，位于雅典的希腊军政府企图将塞浦路斯岛上的希腊人和希腊裔塞浦路斯人全部并入希腊，土耳其再次对塞浦路斯岛进行了军事干预，随后土耳其裔塞浦路斯人建立了土耳其塞浦路斯自治政府。① 土耳其的军事干预引起美国的不满，美国国会以土耳其在对塞浦路斯的行动中使用了美国武器为由对土耳其实施武器禁运，直到 1978 年美国考虑到苏联的威胁才解除了这次武器禁运。另外，土耳其和希腊还在领海和大陆架问题上发生争端。希腊想要根据《联合国海洋法公约》将领海从基线的 6 海里延伸到 12 海里，这意味着希腊也可能借此对土耳其关闭爱琴海上的领空，土耳其表示，如果希腊将领海延伸到 12 海里，土耳其将采取军事行动。另一方面，爱琴海的大陆架是安纳托利亚半岛的领土延伸，土耳其在爱琴海大陆架上的石油开采活动也加剧了两国之间的紧张局势。1975

① "土耳其塞浦路斯自治政府"也就是后来的"土耳其塞浦路斯联邦"，1983 年"北塞浦路斯土耳其共和国"宣布独立。

年开始的亚美尼亚秘密解放军针对土耳其的活动一直持续到冷战结束，在此期间法国对亚美尼亚的支持破坏了土耳其与法国的关系。

20 世纪 80 年代，美国与苏联关系再度紧张，土耳其军方政变后组建了军政府，美国支持土耳其军方尽早组织选举，并默许军政府执掌政权长达 4 年时间。作为回报，土耳其同意根据北约盟军最高军事指挥官罗杰斯（Bernard W. Rogers）的计划，允许希腊重返北约军事部门。鉴于当时的土希关系，这是土耳其做出的重要让步。然而，此次政变及后 4 年的军政府执政改变了土欧关系。土耳其议员的欧洲理事会成员资格被吊销，欧洲理事会成员国向欧洲人权法院起诉了土耳其，直到土耳其过渡到民选政府这一情况才得到好转。土耳其 1987 年申请成为欧盟正式成员国，但欧盟借由民主、人权和塞浦路斯等问题拒绝了土耳其，虽然欧盟提出了一些发展关系的建议，但并没有确定具体的谈判日期。1983 年，安德烈亚斯·帕潘德里欧（Andreas Papandreou）被选为希腊总理，他认为土耳其威胁希腊安全，要求美国为希腊提供安全保护，并在美国的军事援助中保持希腊对土耳其的优势。1985 年，保加利亚国内实行民族同化政策，要求其境内的土耳其人改为保加利亚名字或者基督教名字。土耳其在欧洲安全和合作会议、联合国和伊斯兰会议组织等国际场合多次提到了这一情况，最终的解决方案是生活在保加利亚的几十万土耳其人移民到了土耳其共和国。

冷战期间，土耳其实行了过于亲西方的外交政策，反而背离了凯末尔主义的初衷。另外，英国对希腊的支持、法国对亚美尼亚的支持，以及欧盟对土耳其入盟进程的拖延和阻挠，再加上土耳其与美国的关系因为“约翰逊信函事件”、武器禁运等受到了严重影响，土耳其开始对亲西方的外交政策进行反思。

三　战略拓展的外交（1991—2002）

20 世纪 90 年代初，随着苏联解体，美国成为世界上唯一的超级大国，土耳其与此同时也要处理与更多国家的关系。第一，土耳其在美国中东战略中的地位随着苏联解体有所下降，但苏联解体后高加索和中亚地区的突厥语国家独立出来，土耳其对这些国家的影响力反而上升；第二，南斯拉夫解体后，分裂为南联盟、克罗地亚、斯洛文尼亚、北马其顿和波斯尼亚—黑塞哥维那，土耳其因为奥斯曼帝国时期的历史联系与这些国家建立了外交关系；第三，冷战结束为世界上许多国家提供了更加广阔的外交空间，土耳其借此发展了自己的外交关系，与非洲和拉丁美洲国家发展了政治、经济、商业和文化关系。冷战结束前的20世纪80年代，土耳其经济在厄扎尔政府自由化政策的带领下取得较大发展，特别是为了缩小与美欧国家在经济上的差距，厄扎尔政府积极发展与中东国家的经济关系，以使土耳其能够在东西方关系中更好地发挥“桥梁国家”的作用。

1991年海湾战争是土耳其介入地区事务的催化剂。从1990年伊拉克入侵科威特一直到1991年海湾战争期间，土耳其都允许多国部队使用因吉尔利克空军基地（Incirlik）、配合联合国关闭了基尔库克—尤穆尔塔勒克石油管道（Kirkuk-Yumurtalık），并在土耳其与伊拉克边境聚集了大约10万名士兵。[①] 土耳其认为自己在这两次危机中的作为，既能够改善同美国的关系、提升土耳其在美国中东战略中的地位，又能够促使自己早日加入欧盟，但实际上土耳其并没有从中获利，不仅为此付出了经济代价，而且1991年海湾战争和伊拉克北部问题的发展反而使困扰土耳其的库尔德问题国际化了。美国在战争中对库尔德人的全面支持再次破坏土美关系，战争后涌入土耳其的近50万库尔德难民使土耳其国内的库尔德问题更加复杂化了。[②] 欧洲也在当时掀起了支持库尔德人的运动，法国总统夫人丹尼尔·密特朗（Danielle Mitterand）就明确表示了对库尔德人的支持。[③] 土耳其的邻国叙利亚为库尔德工人党领导人厄贾兰提供庇护，使土耳其和叙利亚之间的冲突升级，1998年两国之间几乎走向战争。在这种背景下，土耳其政府一方面与以色列开展军事联系与合作，宣称需要随时为“两个半战争”做准备，即随时准备同时与希腊、叙利亚和库尔德工人党开战。[④] 另一方面与伊朗、伊拉克和叙利亚合作，防范来自库尔德人的“共同威胁”。土耳其的入盟进程在这个时期取得了突破性进展。1995年，作为《安卡拉协定附加议定书》，土耳其与欧盟成立了关税同盟；1999年，欧盟国家元首和政府首脑会

---

① T. Oğuzlu, “Middle Easternization of Turkey's Foreign Policy: Does Turkey Dissociate from the West?” *Turkish Studies*, Vol. 9, No. 1, 2008, pp. 3 – 20.

② Meliha Benli Altun ışık and Özlem Tür, *Turkey: Challenges of Continuity and Change*, New York: Routledge, 2005, p. 53.

③ Nicole and Hugh Pope, *Turkey Unveiled-Atatürk and After*, London: John Murray, 1997, p. 261.

④ Malik Mufti, “Daring and Caution in Turkish Foreign Policy”, *Middle East Journal*, Vol. 52, No. 1, 1998, p. 34.

议在赫尔辛基召开，会议确定了土耳其的欧盟正式成员候选国的身份。

因此，美苏对峙结束后，土耳其一方面认识到土美同盟关系的象征意义大于实际意义，而且美国只想让土耳其履行盟友的责任，但在对土耳其提供保护方面美国的态度极为勉强，特别是苏联解体后，土耳其在美国中东战略中的地位下降，美国对待土耳其的态度也更加敷衍。另一方面，土耳其开始发展自身的外交战略、拓展外交空间，与苏联国家和非洲、拉美国家都建立了较为有效的对外关系。土耳其对外关系中的自主性要求不断增强。

四　积极多元的外交（2002—2012）

在实现对外关系自主性的过程中，土耳其对自身的定位也在逐渐调整，一方面在全球范围内开展积极多元的外交政策，另一方面塑造土耳其的中东地区领导者地位。入盟进程受阻和与美国关系继续恶化，以及正发党对自身保守派的定位，导致土耳其对外关系在这个阶段经历了较大调整。

土耳其入盟谈判在 2005 年 10 月正式开始，但由于法国、德国、希腊、奥地利和塞浦路斯的强烈反对，再加上民众对欧盟不断扩大的担忧，使得当时的法国总统萨科齐和德国总理默克尔阻止了土耳其的入盟进程，取而代之建立了“特殊伙伴关系”①，入盟进程开始陷入僵局。实际上，土耳其一直奉行“脱亚入欧”的外交方向，并努力按照欧盟的标准进行改革，但土耳其的地缘政治地位决定了其政治文化和动荡的国内外局势总是难以满足欧盟不断调整和增加的入盟要求。土耳其与美国的关系再次遭遇挑战，2001 年“9·11”事件后，美国采取了一系列单边主义政策，小布什政府提出了包括改造伊拉克和阿富汗的“大中东计划”，并在 2003 年挑起了伊拉克战争。一方面，战争使土耳其库尔德问题更加复杂。同时美国为颠覆萨达姆政权，采取了扶植伊拉克境内库尔德人武装的政策，在北纬 36 度以上的伊拉克建立了禁飞区来保护库尔德人和什叶派穆斯林；而且，战争导致大量库尔德难民逃入土耳其境内，不利于土耳其解决库尔德问题，威胁到了土耳其的国家安全。为了支持库尔德人，美国在

① Stephen F. Larrabee, “Turkey's New Geopolitics”, *Survival*, Vol. 52, No. 2, 2010, pp. 157 – 180.

2003—2008 年都禁止土耳其对库尔德武装据点实施军事行动。另一方面，海湾战争时期，土耳其为支持美欧国家造成的损失并未得到有效补偿，因此并不想再次卷入美国对中东国家的干涉行为之中。2003 年，土耳其议会做出决定，不允许美国军队通过土耳其领土进入伊拉克开辟“北方战场”。[①] 与此同时，一项民意调查显示，土耳其国内 90% 的民众反对伊拉克战争、74% 的民众认为美国为了石油而战、60% 的民众认为美国支持在伊拉克北部建立库尔德国家。[②] 美众议院外交事务委员会将土耳其 1915 年与亚美尼亚的冲突定义为“亚美尼亚大屠杀”使土美关系雪上加霜，土耳其国内反美情绪空前高涨。

在与美国关系恶化，入盟进程受阻的现实背景下，土耳其对外关系开始致力于成为中东地区领导者，并将自己塑造为伊斯兰文化与民主兼容的地区和国际形象。与凯末尔摒弃奥斯曼帝国遗产不同的是，埃尔多安和他领导的正发党政府将伊斯兰教和奥斯曼帝国遗产看作，是与中东国家发展关系和解决库尔德问题的积极因素。为了改变跟随西方的对外政策造成的被动局面，达武特奥卢（Ahemet Davutoğ lu）2009 年出任土耳其外交部部长，成为埃尔多安的外交顾问，为土耳其对外政策注入了许多新思想。根据达武特奥卢的观点，土耳其是中东国家，也是巴尔干国家、高加索国家、中亚国家、里海国家、地中海国家、海湾国家，也是黑海国家，土耳其需要同时为自身和上述地区提供安全和稳定的环境，并从中获益。所以，转变中的土耳其对外政策表现为五个原则。第一，土耳其必须平衡国内的安全与民主；第二，土耳其必须积极开展“与周边国家零问题”的外交政策；第三，土耳其必须与中东地区，以及相邻区域国家开展外交关系；第四，土耳其应当与世界大国发展互补型，而非竞争型关系；第五，土耳其对外政策应具备可持续性和稳定性。[③] 2011 年，土耳其政府提出了“2023 愿景”的发展计划和目标，也称“百年愿景”，即在建国 100 周年

---

① Philip Robins, “Confusion at Home, Confusion Abroad: Turkey between Copenhagen and Iraq”, *International Affairs*, Vol. 79, No. 3, 2003, pp. 547 – 566.

② Nasu Usluh, Metin Toprak, Ibrahim Dalmis and Ertan Aydin, “Turkish Public Opinion Towards the United States: In the Context of Iraqi Question”, *The Middle East Review of International Affairs*, Vol. 9, No. 3, 2005, pp. 75 – 107.

③ Ahmet. Davutoğlu, “Turkey's Foreign Policy Vision: An Assessment of 2007”, *Insight Turkey*, Vol. 10, No. 1, 2008, pp. 77 – 96.

之际，土耳其要发展成为全球前十的国家。在达武特奥卢外交新思想的推动下，土耳其对中东国家事务的参与逐渐增多，并将这种通过国内发展经济和政治来积极参与地区事务的对外关系行为描述为“新土耳其”。

土耳其首先改善了与伊朗和伊拉克的关系。在伊朗问题上，土耳其与美国的政策相似，要平衡伊朗对中东地区的影响力，但土耳其一方面要在伊朗和海湾国家之间保持某种微妙的平衡关系，另一方面土耳其在能源上有赖于俄罗斯和伊朗，需要与伊朗保持良好关系。伊拉克战争导致库尔德问题进一步国际化，不仅伊拉克国内的民主秩序没有按照美国承诺的那样建立起来，反而美国扶植建立了伊拉克库尔德地方自治政府，土耳其需要与伊拉克合作打击库尔德武装。土耳其与周边国家“零问题”的外交政策也适用于库尔德人，土耳其需要与伊拉克库尔德地方政府维持关系以保证基尔库克—尤穆尔塔勒克石油管道的畅通。然而，“零问题”外交在现实中很快就遇到了阻碍。在埃尔多安和达武特奥卢的推动下，以色列和叙利亚已经开始和平谈判，但以色列 2008 年底向加沙投放了数百吨炸药，发动了闪电战役“铸铅行动”（Operation Cast Lead），导致 1400 人死亡，[①] 埃尔多安此后开始谴责以色列的巴勒斯坦政策；2010 年 5 月，载有人道主义救援物资的土耳其船队，在将这些物资运往加沙的途中遭到了以色列军队的袭击，9 名土耳其船员丧生。正义与发展党政府强烈谴责了以色列的行为，要求以色列政府道歉并为受害者家人提供赔偿，但以色列认为袭击土耳其船只是在维护国家安全，土耳其与以色列关系急转直下。叙利亚在“阿拉伯之春”的影响下，2011 年爆发内战，土耳其因担心叙利亚内战影响土叙边境上的库尔德武装，刚刚得到修复的土叙关系停滞。

五　灵活务实的外交（2012—2019）

与以色列关系的破裂和叙利亚战争的持续，表明土耳其“与周边国家零问题”对外政策的失败。首先，叙利亚内战愈演愈烈，导致美国和俄罗斯等域外大国的干涉。其次，在叙利亚内战中崛起的“伊斯兰国”（IS）势力对土叙边境库尔德人的武装打击，为美国支持库尔德武装提供了理由，同时也为库尔德民族独立运动赢得国际声援。再次，叙利亚战争自开

---

① C. Çandar, “Batı'dan Doğu'ya doğru mu?” *Radikal*, June 12, 2010.

始以来，已导致大量难民涌入土耳其，给土耳其的国内安全和经济发展带来负担。这个时期，土耳其采取了更加灵活务实的对外政策，以在对外关系中争取更多的主动性。

土耳其在叙利亚战争的立场上与美国相似，反对巴沙尔政权，支持叙利亚反对派。但是，库尔德武装整体上基本属于叙利亚反对派，土耳其同时又需要越境打击叙利亚境内的库尔德武装，但在打击“伊斯兰国”的过程中，美国为库尔德人提供了包括武器在内的支持，引起土耳其政府的极度不满。俄罗斯支持巴沙尔政府军，从而支持土耳其打击库尔德武装，但俄罗斯也支持叙利亚政府军对土库曼人居住地的空袭。与此同时，欧洲也在难民问题上不断给土耳其施压，希望土耳其能够阻止不断涌入欧洲的难民潮。从国内来看，土耳其执政党正发党和“居伦运动”（又称“葛兰运动”，因其领导人为法图拉·葛兰而得名）之间的冲突不断，直到 2016 年 7 月 15 日，土耳其国内爆发“未遂政变”，这对土耳其外交产生了深远影响。

首先，从土耳其与美国的关系来看，“未遂政变”发生后，土耳其政府立马指认该政变的幕后领导人就是法图拉·葛兰，并做出如下判断：既然法图拉·葛兰本人长期定居美国宾夕法尼亚州，那么美国情报部门一定提前得知了法图拉·葛兰预谋政变的情报，但知情后的美国并没有采取任何有利于土耳其盟友的行动，那么美国就是在变相支持这场政变。于是，土耳其媒体在 2016 年 7 月 22 日就放出消息，称北约支持并帮助法图拉·葛兰掩盖了这场政变的阴谋，土耳其司法部长也宣称奥巴马是提前知晓这次政变的，等等。然而，奥巴马和埃尔多安同年 9 月 4 日在 G20 峰会上碰面时，埃尔多安称，在奥巴马总统的领导下，土耳其和美国之间的联盟形成了一种模范伙伴关系，两国之间的特殊关系也在不断加强。两天后的 9 月 6 日，土耳其副总理又说土耳其领导人认为美国领导层与这次政变无关。土耳其政府的态度之所以会发生这样的转变，实际上是为了整合土耳其政府背后的不同观点，并通过土耳其民意给美国施加压力，让美国尽快将法图拉·葛兰引渡回土耳其。虽然土耳其媒体能够通过这种方式为政府赢得民众支持，但并不能使美国在引渡法图拉·葛兰的问题上与土耳其政府达成一致。这一系列变化之后，土耳其与美国的关系实际上变得更加常规了，因为要不要引渡葛兰在美国国会之间虽然存在分歧，但总体上是不支持的，所以美国不会再给土耳其提供更多支持，特别是在当前土耳其及其周边安全不断恶化的情况下，美国更要考虑自己对土耳其的投入了。

其次，从土耳其与俄罗斯的关系来看，“7·15 未遂政变”后的 7 月 17 日，俄罗斯总统普京便致电埃尔多安政府表达了慰问和支持，相比之下，美国总统奥巴马的慰问电话比普京晚了整整两天。土耳其和俄罗斯对两国关系的报道也都是积极和正面的，两国还签署了多个重大合作项目，包括几十亿美元的天然气管道计划，以及土耳其阿克库俞（Akkuyu）核电站项目也重回正轨，土俄双边关系开始升温。土耳其和俄罗斯关系的发展也给土耳其和伊朗关系的改善带来了希望，伊朗政府随后也表达了对这次政变的谴责。因此，在与俄罗斯和伊朗举行三方会谈之后，土耳其在叙利亚问题上的态度和行动开始有所转变。另外，这次俄罗斯和土耳其关系的发展，并没有因为土耳其人刺杀俄罗斯大使事件而受到负面影响。

另外，土耳其也要求欧洲国家引渡“居伦运动”追随者，并将“居伦运动”列为恐怖组织，但包括德国在内的欧洲国家认为还需要更多的证据来证明“居伦运动”是否为恐怖组织，因此仍为参与政变的土耳其前军官提供政治庇护。非洲国家和亚洲国家，特别是中亚国家对埃尔多安政府表示支持，并且关闭了各自境内居伦集团创办的学校。2017 年，土耳其通过全民公投，将国家政体从议会制变更为总统制国家，美欧国家一致认为这是埃尔多安进一步集权的表现，再加上“未遂政变”以来土耳其政府多次延长紧急状态令，并对国内“居伦运动”追随者进行逮捕和“大清洗”，土欧关系由此渐行渐远。

第二节　土耳其当前的总体外交战略

在地缘政治、叙利亚内战和“未遂政变”的影响下，正义与发展党对土耳其外交进行了较大调整，外交战略的重心向东转移。借助奥斯曼帝国时期的地缘政治和地缘文化影响力，强调伊斯兰世界的团结，并在各个层面追求大国地位。土耳其当前的外交战略也由此被冠以“新奥斯曼主义”。总体而言，土耳其在政治上依然与发达国家，特别是美国、欧盟和俄罗斯进行合作；经济上与发展中国家尤其是全球新兴经济体合作；文化上主要以宣扬伊斯兰文明来确立自身在伊斯兰世界的中心地位。

一　与发达国家的政治结盟

虽然当前土耳其对外战略重心东移，但维持与发达国家的盟友关系在土耳其外交中仍处于重要位置。第一，美国是土耳其的传统盟友，对土耳其的安全和稳定依然发挥重要作用。土耳其不断要求美国停止对库尔德武装的支持，但美国不仅在伊拉克扶持库尔德自治区政府，而且在叙利亚内战中继续与库尔德武装合作。土耳其本来打算通过“布伦森案”[①] 来要求美国引渡法图拉·居伦，但美国不仅拒绝了土耳其的要求，而且通过制裁土耳其、对土耳其加征钢铁关税等经济战形式，迫使土耳其释放了被扣押的美国牧师布伦森。“卡舒吉案”[②] 发生后，土耳其不断提醒美国，土耳其应当在美国中东政策中占据重要地位。尽管土耳其与美国关系挫折不断，但土耳其仍然不放弃争取美国这个最重要的盟友。

第二，土耳其与欧盟和北约之间一直都有重要合作。从地缘政治来看，土耳其是欧盟最边缘的盟友，不仅按照欧盟的标准对国内进行民主化改革，而且叙利亚战争以来，土耳其积极与欧盟合作解决难民问题，减少了进入欧洲的难民潮和大量难民带给欧洲国家的不安全因素；另外，土耳其也是北约在中东最前沿的成员国，在北约的军事技术援助和支持下，土耳其已经发展成为北约第二大军事国，其南部的因吉尔利克军事基地是北约距离中东最近的军事基地。土耳其对欧洲国家的安全具有重要意义，同时土耳其仍然需要获得欧盟的价值观认可，以及北约的军事技术支持。

第三，俄罗斯成为土耳其重要的战略选择。虽然土耳其地处中东，但国内的油气资源并不丰富，主要依靠从中东国家进口。伊拉克战争后，美国控制了该地区的石油资源，叙利亚战争过程中，土耳其与美国关系逐渐恶化，土耳其不得不从伊朗和俄罗斯获得能源支持。2018 年俄罗斯与土耳其建成跨海天然气管道“土耳其溪”（Turk Stream），并与俄罗斯签订

---

① 安德鲁·克雷格·布伦森（Andrew Craig Brunson）是一名在土耳其伊兹密尔耶稣复活堂长期从事福音派传教活动的土耳其裔美国牧师。2017 年 10 月，土耳其以布伦森从事反土耳其政府的间谍活动并协助恐怖主义团体犯罪为由将其逮捕，此后，土美双方围绕布伦森的释放展开了一系列较量活动。

② 2018 年 10 月 2 日，《华盛顿邮报》的沙特籍记者贾迈勒·卡舒吉（Jamal Khashoggi）在进入沙特驻土耳其伊斯坦布尔领事馆后突然人间蒸发，在国际社会舆论压力下，沙特政府后来承认卡舒吉在领馆内遭到谋杀，此案使沙特国际声誉大为受损。

了 S－400 导弹防空系统的购买订单。

第四，土耳其积极参与俄罗斯、中国和中亚国家倡导建立的上海合作组织，并成为上海合作组织的对话伙伴国。

埃尔多安领导下的正发党政府面对复杂多变的国内和周边局势，重新调整了土耳其的对外战略，使其在政治上能够最大限度得到以美国和欧洲为首的传统西方国家盟友的支持和理解，同时能够顺利开展与俄罗斯中东国家的合作。需要注意的是，土耳其与俄罗斯并非传统的战略盟友关系，土耳其依然是北约成员国，与俄罗斯关系的改善主要是两国的共同利益和外交处境促使了土耳其的战略调整。

二　与发展中国家的经济合作

欧盟 1999 年给予土耳其候选成员国身份后，得益于稳定的周边环境，土耳其经济从 2001 年开始步入快速增长的轨道，这也成为正义与发展党能够在 2002 年的选举中获胜的重要因素。从国内生产总值来看，土耳其经济在 2008 年超过了 1 万亿美元，成为世界第 17 大经济体，这促使土耳其寻求新的市场、建立新的贸易关系。作为正发党政府的坚定支持者，土耳其中产阶级保守派商人鼓励土耳其融入全球经济体系，并在经济上追求多元和多维外交。因此，土耳其与世界各地区都建立了经济联系，并吸引来自海湾阿拉伯国家和中国等新兴经济体的贸易与投资。

第一，土耳其拓展了与非洲和拉丁美洲国家的经贸关系。土耳其优先发展了与撒哈拉沙漠以南非洲国家的经贸关系，双边贸易总额从 2002 年的 9.98 亿美元增长到了 2015 年的 60 亿美元。① 正发党政府执政期间，土耳其与乌干达、苏丹、布基纳法索、马拉维、马达加斯加、肯尼亚、象牙海岸、安哥拉、喀麦隆、博茨瓦纳和赞比亚等国都在不同程度上进行了经贸往来与合作。2017 年 4 月，土耳其在安塔利亚召开了土耳其—非洲农业部长会议和农商论坛，强调了土耳其与非洲之间的双赢合作；② 2017 年

① “The Import-export Rates of Turkey with Sub-Saharan African States”, *Türkiye İstatistik Kurumu*, http://www.eknomi.gov.tr/index.cfm? sayfa = 7155BE01 – D8D3 – 8566 – 45208351967592CF.

② “PM Yıldırım Warns African Countries against Gülen Movement”, *Hürriyet Daily News*, April 27, 2017, http://www.hurriyetdailynews.com/pm-yildirim-warns-african-countries-against-gulen-movement – 112495.

12 月，土耳其总统埃尔多安对苏丹、乍得和突尼斯三国进行了访问，并签署了一系列加强经济伙伴关系的协议。[①] 紧接着的 2018 年 2 月，埃尔多安又对阿尔及利亚、毛里塔尼亚、塞内加尔和马里非洲四国进行了访问，议程包括安全、经贸和基础设施建设等。[②]

第二，土耳其合作与协调机构在土耳其与拉丁美洲国家关系中发挥了重要作用，为圭亚那、厄瓜多尔、智利、巴西、巴拉圭和玻利维亚等拉美国家提供了技术和发展上的援助。2017 年 5 月，土耳其合作与协调机构在哥伦比亚安提奥基亚的农村地区修建了一座学校，哥伦比亚总统桑托斯（Juan Manuel Santos）亲自参加了开幕式，并对埃尔多安的帮助表示了感谢；[③] 2017 年 10 月，委内瑞拉总统马杜洛对土耳其进行了国事访问，并签署了贸易协定，[④] 时隔一年后的 2018 年 12 月，埃尔多安回访了委内瑞拉，再次扩大了双边关系的发展。2019 年初，土耳其与委内瑞拉之间的黄金交易猛增，在委内瑞拉国内冲突的问题上，埃尔多安对马杜罗政府表示了坚定的支持。

第三，土耳其也开始寻求中东投资者，并扩大进入中东市场的渠道。土耳其对中东国家的出口额从 2004 年的 12.5% 提高到了 2009 年的 20%，相当于价值约 192 亿美元的商品。特别是土耳其与海湾国家之间的贸易，从 1999 年的 15 亿美元增加到了 2008 年的 175 亿美元，来自土耳其的进口增加了 15 倍之多。[⑤] 随着经济活力的提升和稳步增长，土耳其在战略上已经成为中东地区的一部分，而且发挥着中东区域经济发展

---

① "Erdogan Arrives in Tunisia on Last Leg of Africa Tour", *TRT World*, December 27, 2017, https: //www. trtworld. com/turkey/erdogan-arrives-in-tunisia-on-last-leg-of-africa-tour – 13652.

② "Erdogan Starts New Africa Tour in Bid to Enhance Economic, Security Ties", *TRT World*, February 26, 2018, https: //www. trtworld. com/africa/erdogan-starts-new-africa-tour-in-bid-to-enhance-economic-security-ties-15510.

③ "Turkey Opens School in Colombia", *TRT World*, May 29, 2017, http: //www. trtworld. com/americas/turkey-opens-school-in-colombia-367373.

④ "Turkey Emerging as a 'New Power' Venezuelan President Maduro Says in Ankara", *Hürriyet Daily News*, October 6, 2017, http: //www. hurriyetdailynews. com/turkey-emerging-as-a-new-power-venezuelan-president-maduro-says-in-ankara-120490.

⑤ "Turkey Hold New Round of Partnership Talks", *Daily Sabah*, October 18, 2010, https: //www. dailysabah. com/business/2010/10/18/turkey_ hold_ new_ round_ of_ partnership_ talks.

模范的作用。①

然而，近年来，土耳其国内经济发展势头下降，经济的脆弱性越来越明显，特别是对外资的高度依赖导致美国等传统发达国家盟友对土耳其经济影响严重，而土耳其与美欧国家关系的疏远使得与发展中国家的经济合作成为土耳其发展经济和增强外交自主性的必然选择。因此，土耳其积极响应中国提出的“一带一路”倡议，以“新丝绸之路”计划对接我国“一带一路”，并成为亚洲基础设施投资银行的重要股东等，这些都是土耳其积极寻求经济发展的重要举措。

三　以清真寺和教育为特色的文化外交

土耳其文化主要包含两个方面：一是伊斯兰教文明，二是土耳其的民族文化。土耳其的文化外交一方面是加深与伊斯兰国家和地区的合作，另一方面是使伊斯兰文明被更广泛地接受。所以，土耳其文化对外战略中的三大特点和方式就是修建清真寺、教育合作和人道主义援助。

在以清真寺为特色的文化外交中，土耳其宗教事务局扮演了重要角色。宗教事务局（Diyanet）是土耳其国内专门管理宗教的机构，在土耳其驻外使领馆中设有办公室，专门处理与宗教相关事宜。宗教事务局主要通过这些办公室和宗教事务基金与当地国家达成协议，提供伊玛目培训，或者是其他宗教服务。目前，土耳其宗教事务局已经在全球40多个国家设有办公室，已经用超过25种语言出版和分发了《古兰经》以及其他宗教相关书籍。② 另外，土耳其宗教事务局还为巴尔干、欧洲、非洲国家和地区的官方穆斯林代表机构提供财政支持。土耳其宗教事务局2008年在美国设立中心，2013年该中心在马里兰州修建清真寺并由清真寺官员管理该中心。③ 土耳其宗教事务局在德国设立的土耳其—伊斯兰宗教事务联

① Grahamuller E. Fuller, “Turkey’s Strategic Model: Myths and Realities”, *The Washington Quarterly*, Vol. 27, No. 3, 2008, pp. 51 – 64, https: //www. tandfonline. com/doi/pdf/10. 1162/016366004323090250.

② Ahmet Erdi Öztürk, “Turkey: An Ambivalent Religious Soft Power”, by Geogetown University Berkley Center, June 6, 2019, https: //berkleycenter. georgetown. edu/posts/turkey-an-ambivalent-religious-soft-power.

③ Sinem Cengiz, “The Intentions behind Turkey’s Use of ‘Mosque Diplomacy’”, *Arab News*, October 5, 2018.

盟（Ditib）管理着德国上千座清真寺和80万名员工。[①] 土耳其宗教事务局2014年开始修缮白俄罗斯首都一座始建于1890年的清真寺，2016年完工，土耳其总统埃尔多安亲赴明斯克参加了开幕仪式；2017年5月，土耳其宗教事务局在俄罗斯科斯特罗马主持修建的清真寺落成[②]、土耳其人道主义救济基金会在朱笃市修建了越南最大的清真寺[③]；2018年12月埃尔多安访问委内瑞拉期间，土耳其计划应委内瑞拉要求在加拉加斯建造一座清真寺。[④]

在教育合作方面，土耳其除了与欧美等发达国家合作外，也与非洲国家建立了联系。1998—1999年，撒哈拉以南的非洲国家中，25个国家共派了358名学生到土耳其留学，到2014—2015年共有3576名学生前往土耳其，他们来自45个撒哈拉以南的非洲国家。[⑤] 同时，与撒哈拉以南非洲研究相关的学术中心在土耳其的安卡拉大学、加齐大学、伊兹密尔经济大学等相继成立，土耳其的智库欧亚研究中心等与土耳其的大学共同举办了土耳其—非洲大学联合论坛。[⑥] 2017年5月，土耳其合作与协调机构在哥伦比亚西北部农村地区开办了学校[⑦]、在科威特建立土耳其—阿拉伯文化交流中心[⑧]、土耳其宗教事务局准备与日本方面在东京建立文化中心，为日本人提供有关伊斯兰和

---

① Sinem Cengiz, "The Intentions behind Turkey's Use of 'Mosque Diplomacy'", *Arab News*, October 5, 2018.

② "Turkey Opens Mosque in Russia's Kostroma", *Daily Sabah*, May 6, 2017, https://www.dailysabah.com/turkey/2017/05/06/turkey-opens-mosque-in-russias-kostroma.

③ "Turkeys IHH Opens Vietnams Largest Mosque", *Daily Sabah*, May 19, 2017, https://www.dailysabah.com/religion/2017/05/19/turkeys-ihh-opens-vietnams-largest-mosque.

④ "Turkey's Erdogan Visits Venezuela, Vows to Enhance Tes", *TRT World*, December 4, 2018, https://www.trtworld.com/turkey/turkey-s-erdogan-visits-venezuela-vows-to-enhance-ties-22171.

⑤ "Student Selection and Placement Center", in Book of Statistics of Higher Education in Turkey, 2016, http://osym.gov.tr/belge/1-128/sureli-yayinlar.html.

⑥ Volkan İpek, "The 2011 Landing of Turkey on Somalia: The 'State to People' Aspect of Turkish Foreign Policy Towards Sub-Saharan Africa", *European Scientific Journal* (*Special Edition*), May 2014, p. 422.

⑦ "Turkey Opens School in Rural Colombia", *Daily Sabah*, May 18, 2017, https://www.dailysabah.com/education/2017/05/18/turkey-opens-school-in-rural-colombia.

⑧ "Turkish Arab Cultural Communication Center To Be Set Up In Kuwait", *Daily Sabah*, May 18, 2017, https://www.dailysabah.com/turkey/2017/05/18/turkish-arab-cultural-communication-center-to-be-set-up-in-kuwait.

东方文艺的相关课程与活动。[①] 此外，土耳其宗教事务局基金会为4000名生活在巴基斯坦卡拉奇的罗兴亚人儿童提供教育，该项目开始时只有25门课程，现在已达到100门课程，包括乌尔都语、英语、数学、宗教、文化和古兰经课程等，学校的校舍和书籍等全部由该基金会提供。[②]

在人道主义援助上，土耳其一方面倡导建立国际机制共同援助，一方面援助伊斯兰国家。土耳其2016年5月在伊斯坦布尔召开了首次世界人道主义峰会。2017年，土耳其宗教事务局基金会为全球64个国家的278个地区提供了援助。缅甸2017年8月罗兴亚人危机爆发时，埃尔多安分别与沙特、科威特、阿塞拜疆、孟加拉国、巴基斯坦、毛里塔尼亚、卡塔尔的领导人通话，呼吁各方努力共同解决缅甸罗兴亚人问题；[③] 9月，土耳其第一夫人艾米奈·埃尔多安率代表团访问了在孟加拉国避难的缅甸罗兴亚穆斯林，并计划在孟加拉国为罗兴亚人修建帐篷，供他们避难。[④] 2011年叙利亚内战开始到2014年大量叙利亚难民出逃，有的经土耳其继续前往欧洲，有的滞留在土耳其，但土耳其已经为360万无家可归的叙利亚难民提供了庇护，也已经投入330亿美元为叙利亚人提供必要的援助和服务。2017年9月，土耳其合作与协调机构为受地震影响的墨西哥灾区修建了8座图书馆。[⑤] 根据联合国难民署的统计数据，土耳其是目前最大的难民接收国。[⑥] 2017年，土耳其的

---

① "Turkeys Religious Authority To Build Cultural Center In Tokyo", *Daily Sabah*, May 19, 2017, https: // www. dailysabah. com/religion/2017/05/19/turkeys-religious-authority-to-build-cultural-center-in-tokyo.

② "Turkey Educates 4000 Rohingya Children In Pakistan", *Daily Sabah*, June 8, 2017, https: // www. dailysabah. com/education/2017/06/08/turkey-educates-4000-rohingya-children-in-pakistan.

③ "Erdogan Conducts Telephone Diplomacy With Muslim Leaders On Rohingya Crisis", *Daily Sabah*, August 31, 2017, https: // www. dailysabah. com/diplomacy/2017/08/31/erdogan-conducts-telephone-diplomacy-with-muslim-leaders-on-rohingya-crisis.

④ "Turkey's First Lady Arrives In Bangladesh To Visit Rohingya Refugee Camp", *Daily Sabah*, September 7, 2017, https: //www. dailysabah. com/diplomacy/2017/09/07/turkeys-first-lady-arrives-in-bangladesh-to-visit-rohingya-refugee-camp; "Turkey To Build Tent Camps In Bangladesh For Rohingya Refugees Erdogan Says", *Daily Sabah*, September 8, 2017, https: //www. dailysabah. com/diplomacy/2017/09/08/turkey-to-build-tent-camps-in-bangladesh-for-rohingya-refugees-erdogan-says.

⑤ "Turkey Opens Libraries In Poor Towns In Mexico", *Daily Sabah*, September 15, 2017, https: //www. dailysabah. com/turkey/2017/09/15/turkey-opens-libraries-in-poor-towns-in-mexico.

⑥ "UNHCR Launches Multi-Lingual-Help-Website For Refugees In Turkey", *Daily Sabah*, July 31, 2017, https: // www. dailysabah. com/turkey/2017/07/31/unhcr-launches-multi-lingual-help-website-for-refugees-in-turkey.

人道主义援助金额高达72亿美元，是全球最大的人道主义捐助国，也是人均人道主义支出最慷慨的国家。①

土耳其通过与发达国家的结盟发展了自身在政治、军事和安全中的硬实力，并凭借着与发达国家的盟友关系获得了金融投资和经济援助，但随着土耳其与美国和欧洲国家关系逐渐疏远，土耳其经济因过度依赖外资而带来的脆弱性充分暴露。因此，土耳其大力推进与发展中国家，特别是新兴经济体的合作，以期为国内经济带来新的增长点。在国家软实力上，土耳其注重推行民族文化中的伊斯兰因素，在全球多地修缮和兴建清真寺，并通过人道主义援助的形式输出价值观，同时也将教育和人文交流放在了文化对外战略中的重要地位。

第三节　土耳其与大国的外交关系

从地缘角度来看，土耳其与俄罗斯和欧洲国家交往的历史更加久远，但从地缘政治来看，中东地区在美国全球战略中占据重要地位，土耳其与美国是传统盟友的关系，为推动“中东民主化战略”，美国曾将土耳其作为伊斯兰与民主兼容的模板，加入欧盟和得到西方国家的认可，也是土耳其对外战略的重要目标。但是，随着土耳其国内政治的发展和国际格局的变化，土耳其与大国关系也随之调整。

一　土美关系

土耳其与美国在冷战初期已经结成盟友，即便冷战在20世纪90年代已经结束，但土耳其地处中东、高加索和巴尔干三个战略不稳定区的交界处，在美国军事基地中仍然占据重要的战略地位。美国将土耳其视为东西方之间的桥梁、欧洲国家的能源枢纽和中东国家的民主榜样，土耳其在整个20世纪90年代也都积极配合美国的中东政策。

小布什政府时期，2001年“9·11”事件爆发后，美国在联合国和北约的支持下对阿富汗塔利班政权实施了“持久自由军事行动”（Operation Enduring Freedom），土耳其2001年10月便积极参与其中。2002年土耳其

---

① 详见土耳其外交部网站，http：//www. mfa. gov. tr/chinese. en. mfa。

大选之前，美国表达了对正发党的支持，商定了美国干预伊拉克的细节，以及土耳其作为盟友在其中的作用。然而，正发党执政后的2003年，土耳其议会否决了关于在土耳其部署外国军队的议案，即不允许美国使用因吉尔利克军事基地进行对伊拉克的军事行动。① 两国关系因此开始紧张，直到2004年小布什推出“大中东计划”（Greater Middle East Initiative），决定通过长期的转型促使中东地区实现民主化，土耳其因此成为“伊斯兰民主”的“模范国家”。但因为伊拉克战争催化了库尔德问题，土美双方都没有将关系正常化付诸实践。

2009年奥巴马上台后，为了结束伊拉克战争和从阿富汗撤军，一改小布什的单边主义政策，决定在中东地区实施多边外交，与地区盟友共同承担责任。奥巴马政府由此视土耳其为“理想伙伴”，并表示希望美国和土耳其能建立以一个以基督教为主的国家和一个伊斯兰国家之间的“模范的伙伴关系”。② 但是从外部环境来看，2008—2009年以色列和巴勒斯坦在加沙地区发生冲突，土耳其支持巴勒斯坦，2010年以色列袭击了土耳其为巴勒斯坦运送人道主义救援物资的船队，土耳其宣布暂停与以色列的军事和国防协定；与此同时，土耳其与伊朗关系得到发展；随后“阿拉伯之春”带来的政治动荡席卷了整个中东地区。从内部因素来看，土耳其已经开始了“向东看”的对外政策；2013年土耳其发生加齐公园抗议活动（Gezi Protests），从5月一直持续到8月，不仅埃尔多安拒绝与抗议者进行谈判，防暴警察还用高压水枪和催泪瓦斯驱散聚集的人群。③ 土耳其政府的反应引起了美国和欧洲的不满，美国指责土耳其政府使用暴力，欧洲也暂停了土耳其的入盟谈判。

2016年7月土耳其“未遂政变”后，政府一直要求美国引渡法图拉·葛兰，但遭到美国拒绝。同年年底，特朗普当选美国总统，大大提升了以色列在美国中东战略中的地位，土耳其不再是美国中东政策的依靠。双方对峙不断：美国加强对以色列的支持，土耳其则强化对巴勒斯坦的支

---

① Michael Rubin, “A Comedy of Errors: American-Turkish Diplomacy and the Iraq War”, *Turkish Policy Quarterly*, Vol. 4, No. 1, 2005, pp. 220 – 233, http://turkishpolicy.com/dosyalar/files/TPQ2005-1-rubin.pdf.

② The White House, “Remarks By President Obama To The Turkish Parliament”, April 6, 2009, https://obamawhitehouse.archives.gov/the-press-office/remarks-president-obama-turkish-parliament.

③ “Istanbul March Clashes Mar May Day in Turkey”, *BBC News*, May 1, 2013, http://www.bbc.com/news/world-europe-22365915.

持；土耳其执意购买俄罗斯的 S－400 防空系统，美国就将土耳其踢出 F－35战机计划；土耳其关押美国牧师布伦森，美国就制裁土耳其经济……随着土耳其在美国中东战略中地位的下降，以及土耳其与以色列关系的淡化，土耳其与美国关系已经难以修复如初。

二　土德关系

土耳其与德国关系反映出土耳其与整个欧洲的关系，德国 70% 以上的穆斯林人口都来自土耳其，[①] “土耳其—伊斯兰宗教事务局联盟” 及其对德国土耳其穆斯林的管理，是土耳其与德国关系的重要体现。该组织是土耳其政府为管理欧洲土耳其穆斯林设立的一个官方机构，管理德国 1000 多个清真寺。[②] 为了维护与德国关系的稳定，“土耳其—伊斯兰宗教事务局联盟” 虽然积极鼓励德国土耳其穆斯林提高自己的社会经济地位，但同时也要求他们不要发表任何有损两国关系的言论。然而，该机构又要求德国土耳其穆斯林必须保持对土耳其国家和民族的忠诚，对任何针对土耳其共和国的批评要采取 “零容忍” 态度。[③] 作为官方机构的 “土耳其—伊斯兰宗教事务局联盟” 还代表着土耳其的 “官方伊斯兰”，对伊斯兰教的解释也完全听命于土耳其政府。在信仰生活方面，“土耳其—伊斯兰宗教事务局联盟” 要求德国土耳其穆斯林必须保持伊斯兰信仰，并把信仰体现在个人生活和道德实践中。对于德国的土耳其穆斯林应如何应对德国政府的同化政策，“土耳其—伊斯兰宗教事务局联盟” 的态度则模棱两可，这样其实并不利于两国关系的深入发展。

由于 “土耳其—伊斯兰宗教事务局联盟” 在德国穆斯林中影响广泛，而且掌握着德国境内几乎所有清真寺的管理权，德国政府虽不能忽视与该机构的关系，但并不想通过 “土耳其—伊斯兰宗教事务局联盟” 来管理本国的穆斯林和清真寺，而是希望发展在德国建立的代表德国官方的伊斯

---

① 欧洲伊斯兰信息网：“Islam in Germany”, *Euro-Islam. info*, http：//www. euro-islam. info/country-profiles/germany/.

② Andreas Goldberg, “Islam in Germany”, in Shireen Hunter ed., *Islam, Europe's Second Religion*, Westport, CT：Praeger, 2002, p. 41.

③ Ahmet Yükleyen, GökçeYurdakul, “Islamic Activism and Immigrant Integration：Turkish Organizations in Germany”, *Immigrants & Minorities*, Vol. 29, No. 1, March 2011, p. 70.

兰组织和社团。为了提高来自土耳其的宗教服务人员的德语水平，德国政府从 2006 年就开始为前来德国的宗教人员进行语言培训。到 2007 年，参加语言培训的人数已达到 1000 名。[①] 不仅如此，德国政府还在国内开展伊玛目教育，希望通过在德国本土用德语和日耳曼文化培养阿訇，逐步取代来自土耳其的宗教服务人员。[②] 可见，在土耳其穆斯林融入德国主流社会的问题上，“土耳其—伊斯兰宗教事务局联盟”与德国政府之间似乎正在展开一场“争夺战”。这些矛盾必然会对两国关系产生微妙影响，左右着德国对土耳其加入欧盟的态度。

三　土俄关系

土耳其从冷战开始便是美国的盟友，历史上又与俄罗斯经历数次战争，两国关系缺乏深入合作的基础。冷战结束后，俄罗斯穆斯林人口占主体的车臣地区于 1991 年要求独立，1994—1996 年爆发第一次车臣战争后，土耳其成为许多车臣人的目的地。这使土耳其陷入两难境地，一方面土耳其国内民众将车臣人视为“穆斯林兄弟”，给予同情，[③] 而土耳其国内的北高加索人中，有一部分是车臣人，他们要求土耳其政府在冲突问题上做出表态；另一方面，土耳其政府面对俄罗斯必须采取谨慎态度，以防俄罗斯转而支持库尔德工人党。然而，土耳其国内的宗教民族主义者还是为车臣提供了支持，土耳其由此成为俄罗斯谴责的目标，直到 1998 年库尔德工人党领导人厄贾兰寻求俄罗斯庇护的请求被拒绝后，土耳其和俄罗斯的关系才得到缓和。

苏联解体后，南奥塞梯和阿布哈兹要求从格鲁吉亚独立出来，两地的局势一直处于紧张状态，小规模冲突时有发生。2008 年 8 月，格鲁吉亚军队进入南奥塞梯，俄罗斯派兵支持阿布哈兹和南奥塞梯。美国是格鲁吉亚盟友，因此派出两艘医疗军舰通过黑海海峡，一方面为格鲁吉亚运送人道主义援助物资，另一方面给俄罗斯施压。但土耳其按照《蒙特勒公约》

---

① 欧洲伊斯兰信息网：“Islam in Germany”，*Euro-Islam. info*，http：//www. euro-islam. info/country-profiles/germany/.

② Ahmet Yükleyen，Gökçe Yurdakul，“Islamic Activism and Immigrant Integration：Turkish Organizations in Germany”，*Immigrants & Minorities*，Vol. 29，No. 1，March 2011，p. 71.

③ William Hale，*Turkish Foreign Policy since 1774*，London：Routledge，2011，p. 210.

的规定，拒绝美国军舰从海峡经过，这是继 2003 年伊拉克战争后，土耳其第二次拒绝美国舰队通过海峡。[①] 2008 年 8 月的冲突后，土耳其与俄罗斯、格鲁吉亚、亚美尼亚和阿塞拜疆签订了《高加索地区稳定公约》（*Caucasus Stability Pact*），该协定表明了土耳其在高加索问题上的中立立场，也实施了土耳其当时与周边国家"零问题"的外交政策。

2013 年乌克兰国内发生危机，政府中的亲俄派领导人冻结了与欧盟签署《乌克兰—欧盟联合协定》（*Ukraine-European Union Association Agreement*）的准备工作，亲欧派于是发动反政府游行，亲俄派领导人被迫下台。这本来应该是欧盟、乌克兰、俄罗斯三者之间的较量，但随后的 2014 年初，克里米亚地区经公投宣布并入俄罗斯，俄罗斯对其进行事实上的接管。克里米亚地区的鞑靼人与土耳其之间有着悠久的历史联系，许多鞑靼人也生活在土耳其，由于无法确定今后在俄罗斯治下的生活境况，鞑靼人拒绝参加公投。[②] 鉴于 2000 年以来土俄之间不断扩大的经济联系和能源合作，双方在此问题上都保持了克制。尽管土耳其对此问题表示了关注，但最终只是强调要保证乌克兰领土完整，并未公开谴责俄罗斯，也拒绝与西方国家共同制裁俄罗斯；俄罗斯方面也将鞑靼语列为当地官方语言，允许鞑靼代表参加高级别的合作委员会。[③]

叙利亚战争的持续发酵，给土耳其和俄罗斯关系带来了机遇和挑战。2015 年 11 月，土耳其在土叙边境击落了俄罗斯轰炸机 SU－24。尽管土耳其声称是俄罗斯轰炸机多次侵犯土耳其领空，但俄罗斯立即做出反应，包括抵制从土耳其的进口、指控在俄罗斯的土耳其公民，并借此收紧了签证政策等。然而，因为双方贸易扩大，以及土耳其期望与俄罗斯建成能源管道，从而成为连接俄罗斯卖家和欧洲买家的能源枢纽国家，2016 年 4 月

---

① Habibe Özdal, Hasan Selim Özertem, Kerim Has, and M. Turgut Demirtepe, *Turkey-Russia Relations in the Post-Cold War Era: Current Dynamics, Future Prospects*, Ankara: International Strategic Research Organization, 2013, p. 22.

② Habibe Özdal, "The Influence of the Ukraine Crisis on Turkish-Russian Relations", *European Leadership Network*, March 11, 2015, https://www.europeanleadershipnetwork.org/commentary/the-influence-of-the-ukraine-crisis-on-turkish-russian-relations/.

③ Habibe Özdal, "The Influence of the Ukraine Crisis on Turkish-Russian Relations", *European Leadership Network*, March 11, 2015, https://www.europeanleadershipnetwork.org/commentary/the-influence-of-the-ukraine-crisis-on-turkish-russian-relations/.

土耳其向俄罗斯道歉，2018 年土耳其和俄罗斯的跨海天然气管道“土耳其溪”落成。土耳其与俄罗斯除了在能源和经贸上有重要合作外，双方在库尔德问题上也达成了重要共识。伊拉克境内库尔德自治区政府的现状就来自美国对库尔德人的支持，考虑到叙利亚战争中美国依然选择支持库尔德人，为了避免叙利亚境内也出现库尔德政权，土耳其决定在安全问题上与俄罗斯合作，并购买了俄罗斯的 S－400 地对空导弹防御系统。但需要注意的是，在叙利亚战争中，土耳其支持反对派，俄罗斯支持政府军，双方关系在未来的叙利亚重建中必将面临挑战。

第四节　土耳其与地区国家的外交关系

土耳其与中东国家的关系在实施“向东看”的外交政策后得到较大发展，但土耳其与地区国家的关系在很大程度上受制于土耳其以及地区国家的大国关系。土耳其外交战略重心的东移，一是受土耳其经济发展的驱使，土耳其经济由内向型转变为出口导向型，并不断寻求新的市场；二是受正发党对土耳其发展定位的驱使，即要使土耳其在 2023 年的建国 100 周年之际发展成为一个世界大国。因此，土耳其在实现与周边国家“零问题”之后，更重要的是成为地区领导者。

一　土沙关系

土耳其共和国成立后，取消了苏丹哈里发，伊斯兰世界的领导权因此落入掌握着麦加和麦地那两座圣城主权的沙特手中。1979 年，伊朗爆发伊斯兰革命，沙特认为伊朗挑战了自己在伊斯兰世界中的领导权威，于是沙特自 1980 年开始在其他伊斯兰国家和欧洲穆斯林移民中建立宗教激进主义网络，[①] 并利用通过 1973 年石油危机获得的财富，树立了在逊尼派伊斯兰国家中的领导权。[②] 与此同时，正发党上台后一方面土耳其经济稳步增长，另一方面“阿拉伯之春”验证了土耳其的政治稳定，土耳其在地

① Oliver Roy, *The Failure of Political Islam*, Cambridge, MA: Harvard University Press, 1994, p. 116.

② Oliver Roy, *The Failure of Political Islam*, Cambridge, MA: Harvard University Press, 1994, p. 108.

区事务中的领导能力和协调能力不断提升，并在中东地区推行“新奥斯曼主义”的外交政策，与沙特对伊斯兰世界的领导权产生竞争。

土耳其与沙特经贸关系良好，1980 年政变后在军政府统治的 3 年期间，土耳其与沙特建立了良好的合作关系，接替军政府统治的厄扎尔（Turgut Özal）与沙特之间一直保持着个人联系，1982 年从军政府辞职后到 1983 年 12 月担任总理的这段时间里，厄扎尔在沙特的伊斯兰科学基金（Islamic Scientific Foundation）组织担任主席。① 来自中东伊斯兰国家，特别是沙特的资本使土耳其产生了一代富裕且组织良好的伊斯兰中产阶级，他们也被称作“安纳托利亚猛虎”（Anadolu Kaplanları；Anatolia Tigers）②，沙特在土耳其的公司数量也从 1984 年的 1 家增长到了 1986 年的 46 家。③ 但土耳其与沙特之间的政治关系随着土耳其越来越“向东看”的外交政策而逐渐紧张。土耳其、沙特和埃及是中东最主要的三个逊尼派国家，但土耳其对穆斯林兄弟会的支持使其与沙特和埃及产生分歧。2017 年 6 月，阿拉伯四国（沙特、埃及、阿联酋和巴林）宣布与卡塔尔断交，指责卡塔尔窝藏穆兄会的领导人，并要求卡塔尔关闭土耳其设在多哈的军事基地。④ 在沙特看来，土耳其设在海湾国家卡塔尔境内的军事基地，是前奥斯曼帝国军事存在的延续，而卡塔尔是土耳其在海湾地区的重要盟友，土耳其立即在当地部署了兵力，并为卡塔尔提供了封锁后必要的物资。⑤ 萨勒曼 2017 年就任沙特国王后对卡塔尔的强硬封锁政策，因为土耳其和伊朗的介入而失败了，土耳其和卡塔尔的关系因此加强。随后，土耳其通过 2018 年底和 2019 年初的“卡舒吉案”将萨勒曼国王推向了世界舆论的中心，并指责沙特王室对新闻

① Ziya Öniş, “Turgut Özal and His Economic Legacy: Turkish Neo-Liberalism in Critical Perspective”, *Middle Eastern Studies*, Vol. 40, No. 4, July 2004, p. 116.

② Banu Eligür, *The Mobilization of Political Islam in Turkey*, Cambridge: Cambridge University Press, 2010, p. 130.

③ Birol Yeşilada, “Islamic Fundamentalism and the Saudi Connection”, *UFSI*, Vol. 9, No. 18, 1988, p. 7.

④ “Turkey Denounces UAE over Divisive ‘Propaganda’ Retweet”, *Al-Jazeera*, December 20, 2017, https: // www. aljazeera. com/news/2017/12/turkey-denounces-uae-divisive-propaganda-retweet - 171219192504147. html.

⑤ “Turkey's Parliament Approves Troop Deployment to Qatar”, *TRT World*, June 7, 2017, https: // www. trtworld. com/turkey/turkey-to-rush-draft-bill-approving-troop-deployment-to-qatar - 374056.

记者的迫害，虽然由于特朗普政府的介入使土耳其未能通过“卡舒吉案”在与沙特的竞争中取得优势，但这两次事件表明，土耳其与沙特之间的竞争已经公开化。

土耳其通过支持巴勒斯坦来获得阿拉伯国家的认可，通过“新奥斯曼主义”来定义自己的大国地位；沙特则是通过“圣城监护人”的地位来获得阿拉伯人和穆斯林的认可，并通过发展经济来提升自己在伊斯兰世界的地位。所以，土耳其与沙特之间是两种意识形态和发展道路的竞争。

二　土耳其与伊朗关系

土耳其和伊朗因为经济和安全利益，近年来双边关系的发展不断加深，但土耳其和伊朗并非传统盟友，在认同和意识形态等方面存在根本差异，而且在中东地区的利益和战略竞争也从未消失。从突尼斯开始的“阿拉伯之春”席卷了利比亚、埃及、叙利亚、也门和巴林等多个中东国家，但土耳其和伊朗的政治体制经受住了考验，双方都在为转型时期的中东地区构建“新秩序”。在叙利亚问题上，自 1979 年伊斯兰革命以来，叙利亚可以说是伊朗唯一的真正盟友，叙利亚的复兴社会党政府和伊朗的神权体制相互支持。因此，在叙利亚内战中阿萨德政权的不稳定削弱了伊朗，但助长了土耳其的地区影响力。另外，美国从伊拉克撤军后，其国内逊尼派和什叶派的冲突再起，伊朗试图填补伊拉克的权力真空，但遭到土耳其坚决反对。在库尔德问题上，伊朗与叙利亚政权相互支持，土耳其认为伊朗也参与了支持库尔德工人党的行动。随着叙利亚战争的持续发酵，叙政府逐渐失去对其边境库尔德地区的控制，土耳其担心美国的支持会使土叙边境的库尔德人建立自治政权，同时伊朗借此迫使土耳其改变叙利亚政策。在巴勒斯坦问题上，伊朗一直想通过与以色列的敌对政策来获取伊斯兰世界的支持，但土耳其对巴勒斯坦的支持和强硬态度，以及土耳其与以色列关系的恶化，使伊朗在此问题上的立场显得微不足道了。此外，土耳其与伊朗还在中亚和高加索地区有潜在的利益冲突，不过土伊两国在这些地区的影响力远不如俄罗斯。

近年来，土耳其与伊朗的关系有所缓和，背后有两个推动因素。一方面，伊朗核问题使土耳其与美国关系渐行渐远。依照“向东看”的外交战略和“零问题”外交政策，土耳其准备在伊朗核问题的“六方会谈”

上扮演斡旋者或者调停人的角色，但土耳其和西方盟友之间在伊朗核问题的处理方式上产生了分歧。土耳其并不想伊朗拥有核武器，否则可能会在中东地区发起核军备竞赛，并增加土耳其政府发展核武器的压力。因此，土耳其在此问题上的态度很大程度取决于美国和北约，如果西方盟友充分考虑了土耳其的安全，土耳其则不考虑自身的核计划；如土耳其与西方盟友之间无法达成信任，土耳其则会考虑通过其他方式确保自身安全，不排除建设自己的核威慑力量。另一方面，土耳其对伊朗能源的依赖度较高，是继俄罗斯之后土耳其最大的能源进口国。伊朗为土耳其提供大量石油和天然气，即使伊朗不支持土耳其的库尔德工人党，也可以使土耳其不轻易与美国共同对抗伊朗。

三　土耳其与以色列关系

土耳其和以色列都是中东地区的非阿拉伯大国，并且土耳其长期奉行追随西方的外交政策，以色列于 1948 年建国，土耳其是第一个承认以色列的伊斯兰国家，因此常有双边合作。但土耳其对以色列的政策也随着对外政策中心的转移而调整，比如到 2009 年前后，土耳其与以色列关系就开始恶化，主要是因为双方在加沙问题和东耶路撒冷问题上存在分歧。

自从 2010 年 5 月土耳其为加沙运送人道主义救援物资的船队遭到以色列国防军的袭击后，双边关系出现转折。土耳其要求以色列结束对加沙的全面封锁，但以色列也要求土耳其停止为其境内的哈马斯军事领导人提供庇护。土耳其正发党对哈马斯和穆兄会的公开支持令以色列感到担心，但对土耳其在当地的重建工作表示欢迎。[①] 但是，巴勒斯坦内部法塔赫领导的巴勒斯坦权力机构和哈马斯之间的派系竞争使处于中东转型时期的土耳其、以色列和巴勒斯坦的三方关系复杂化。美国于 2018 年 5 月开放了驻耶路撒冷的大使馆后，以色列国防军在加沙地带的抗议冲突中杀害了数十名巴勒斯坦人，土耳其对此表示强烈谴责。然而，土耳其与沙特、埃及等传统逊尼派阿拉伯国家的关系，限制了其在巴以和平进程中的调解作

① Avi Issacharoff, "Hamas Says Turkey to Send Fuel to End Gaza Electricity Crisis", *Times of Israel*, January 14, 2017, https：//www.timesofisrael.com/hamas-says-turkey-to-send-fuel-to-end-gaza-electricity-crisis/.

用；而对哈马斯的公开支持，又使得土耳其失去了法塔赫的信任。

在叙利亚问题上，土耳其和以色列在 20 世纪 90 年代都将叙利亚看作安全威胁，在叙利亚战争中都支持反对派。虽然以色列没有明确要求阿萨德下台，但依然支持土耳其的立场，因为阿萨德下台能够牵制伊朗的影响力。另外，以色列在库尔德问题上与美国的政策相似，利用库尔德武装力量与当地政权对抗。以色列自 20 世纪 60 年代以来就与库尔德人保持着秘密的军事、情报和商务往来，目的就是与伊朗和萨达姆统治下的伊拉克斗争。2014 年，以色列总理内塔尼亚胡是全世界第一个支持伊拉克库尔德人建立独立政权的主权国家领导人。[①] 伊拉克库尔德地方政府在 2017 年举行公投时，内塔尼亚胡第一个表示支持。[②] 以色列司法部部长沙凯德（Ayelet Shaked）曾在 2016 年表示，库尔德人和以色列人是伙伴关系。[③]

土耳其与以色列的经贸关系也随着政治关系起伏，2010—2016 年期间的土以外交关系几乎处于停滞状态，双边贸易的增长也极为缓慢，双边关系正常化后的 2017 年，以色列迅速成为土耳其第十大出口市场，特别是土耳其能够更多地从不断扩大的贸易中获利，在土耳其经济不断衰退的当下，经济发展的议程对于正发党政府尤为重要。另外，与以色列的合作可能还会在技术等方面为土耳其带来其他利益。土耳其目前的对外战略正在脱离其传统的西方盟友，外交重心的东移速度也在不断加快，同时强调外交的自主性，而以色列是美国在中东最重要的盟友，与中东不同国家存在政治、经济、宗教等各种矛盾，所以，如何处理与以色列关系是对土耳其成为地区大国，乃至世界大国的重要考验。

中东从来都不是一个独立的区域，域外国家的干涉、与大国的联盟关系、国家内部的派系斗争等热点问题不断，使得任何国家的中东战略都必须是谨慎的。土耳其本身作为中东国家，又怀揣着成为中东国家的领导者和世界大国的野心，而沙特、伊朗和以色列也都是中东大国，因此土耳其

---

① Barak Ravid, "Netanyahu Calls for Kurdish Independence from Iraq", *Haaretz*, June 30, 2014, https://www.haaretz.com/whdcMobileSite/.premium-netanyahu-backs-kurdish-independence-1.5253861.

② "Israel Endorses Independent Kurdish State", *Jordan Times*, September 13, 2017, http://www.jordantimes.com/news/region/israel-endorses-independent-kurdish-state.

③ Tamar Pileggi, "Justice Minister Calls for an Independent Kurdistan", *Times of Israel*, January 20, 2016, https://www.timesofisrael.com/shaked-calls-for-an-independent-kurdistan/.

与它们之间的外交战略就显得尤为复杂。

土耳其建国以来一直奉行亲欧美的外交政策，但美苏冷战期间土耳其认识到自己只是美国中东政策和对付苏联的一个工具，作为盟国，土耳其的国家安全根本不在美国的考虑当中。因此，土耳其国内反美情绪高涨，奉行亲西方外交政策的世俗主义政府支持率开始下降。土耳其在冷战期间积蓄了强烈的反美情绪，但因为苏联的“共产主义威胁”，土耳其政府面对美国的行为只能“敢怒不敢言”，并在夹缝中谋求自身利益。

冷战结束后，美苏对峙的压力在中东有一定程度缓和，被压抑已久的中东地区问题开始突出，库尔德问题就是典型表现。一方面，土耳其国内的反美情绪在冷战结束后被释放出来；另一方面，两伊战争、伊拉克战争和叙利亚战争中，美国对库尔德及其武装的支持让土耳其更加担心自己的国家安全。与此同时，土耳其伊斯兰政党开始组建联合政府，并逐渐单独执政，随着伊斯兰运动对土耳其外交战略重心的影响，土美之间的不信任关系开始暴露，双边关系恶化。

“未遂政变”后，美国与居伦运动及其领导人之间的暧昧关系深深刺激了正发党政府。土耳其在更多问题上开始寻求与俄罗斯和伊朗的合作，甚至不顾北约阻挠购买俄罗斯 S－400 导弹防御系统、不顾美国对伊朗的经济制裁继续从伊朗购买石油，“布伦森案”、经济危机和土耳其打击库尔德武装的决心都表明美国已经无法通过“大棒”政策让昔日的中东盟友听话了。土耳其伊斯兰政党的外交战略实际是从土耳其民众的反美情绪中借力，以“四两拨千斤”的方式，一方面完成了外交政策“向东看”的战略调整，另一方面也借此将民众的反美情绪“嫁接”到了打击库尔德武装的决心上。

第二篇

重大专题研究

第一章　国家中长期发展战略

国家发展战略是国家为谋求稳定发展，而在经济领域实现宏观调控的一种手段。为了规避经济危机的风险，世界几乎所有的国家或经济组织对国家或经济体的发展都会做出前瞻性的计划与目标。土耳其在建国之初的十多年间，曾经与苏联合作采取“五年计划”的方式统筹国家经济的发展。此后因为政局动荡，国家发展计划的制定也陷入停顿—重启的循环状态，直到2003年正发党执政土耳其之后，国家制定经济发展策略、指导市场发展的做法才稳定下来。因此，与其他资本主义制度国家相比，土耳其在国家发展计划的统筹和协调方面尤为擅长。

土耳其历史上曾经存在体量庞大的国有经济，且这些国有经济体均是通过苏维埃模式的“五年计划”逐步发展而来，为了管理如此规模的国有经济，“五年计划”的制定与实施最终成为土耳其国家政策的基本组成部分。土耳其国有企业的出现是历史巧合的同时，也是土耳其国家经济发展的必然。土耳其建国之初，国民经济部门绝大多数掌握在外国资本手中，为满足新生国家对各种产品的需求，土耳其在政府的指导下开始了有步骤的产业赎买计划。然而正当土耳其即将完成赎买的时候，1929年爆发的世界经济危机严重打乱了土耳其经济复苏的计划。

在当时世界经济普遍萧条的情况下，唯有执行五年计划的苏联在经济发展上一枝独秀。在这种情况下，凯末尔号召向苏联学习，开始在国家经济建设领域推行国家干预的策略，将其概括为“国家社会主义”，并成为“凯末尔主义”的其中一项指导原则。1934年1月9日，土耳其大国民议会正式批准土耳其共和国历史上的第一个五年计划。自此，在国家经济发展领域，国家行政权力以“五年计划”的方式正式步入历史舞台。

经过数十年类似苏维埃模式“五年计划”的发展，土耳其在国家经济力量不断壮大的同时，也积累了如苏联一般相对严重的经济问题，由于其身处崇尚自由主义的西方资本主义体系，两种经济模式在土耳其身上非但没有发生相互融合的倾向，反而其固化的国有模式和自由主义发生了基底环境相互矛盾的情况，每隔十年就会发生一次相对严重的经济危机，且外部经济环境稍有变动，就会给土耳其经济的发展带来沉重负担。

广义上说，具有鲜明土耳其特色的“五年计划”肇始于图尔古特·厄扎尔（Turgut Özal）任职土耳其总理期间（1983—1989 年），其利用 1980 年军事政变后的权力空白，以鲜有政治背景的专家学者为基础组建了专家内阁，将“五年计划”的重心由“国家扶持”转向为“权力稀释”。然而这一改革却因重重阻力加之厄扎尔总统任上溘然长逝而举步维艰。2000 年经济危机来临之时，土耳其在金融海啸面前孤帆飘摇，改革派也因此获得了巨大的支持。最终，埃尔多安继承了厄扎尔的衣钵，在经济领域坚定推行“私有化改革”，重新焕发市场的生机与活力，土耳其国有企业才逐渐隐匿在历史的长河中。在总结了数次经济危机和改革经验之后，正发党在“五年计划”之外衍生出“三年计划”，形成环环相扣的发展规划与调控，成为土耳其国家发展战略中较为显著的特点，而这种模式下主导的国家经济发展模式也成为中东地区特色鲜明的“土耳其模式”。

在这整个大舞台上，起到基础性作用的主要是凯末尔和厄扎尔，凯末尔是土耳其国家经济基础的建立者，厄扎尔则是土耳其经济转型的领航员。根据土耳其国家经济转型的历史轨迹，大致可以将土耳其国家发展战略阶段划分为前厄扎尔时代、厄扎尔时代及后厄扎尔时代。在前厄扎尔时代，主导国家经济发展的是国有经济，厄扎尔时代是国有经济向私有经济转化的过渡阶段，后厄扎尔时代则是在埃尔多安手中完成基本转型的阶段。

第一节　前厄扎尔时代的五年计划

土耳其共和国的成立，标志着曾经统治地跨欧亚非广袤领土的奥斯曼帝国寿终正寝，奥斯曼帝国晚期在国家经济发展领域的诸多措施，因为国土面积的迅速缩小，也不可能由新生的共和国全部继承。1923 年伊兹密尔经济会议之后，孱弱的新生政权若要在列强丛生的地缘环境中谋求发展，势必要采取与西方一致的步伐。在这次经济会议中，土耳其领导核心确定了新经济发展策略和经济结构的基本指导方向，同时确认了伊斯坦布尔、安卡拉和伊兹密尔三个工业发展中心。在外交倾向的影响下，土耳其同时也在经济工作会议中做出了经济倒向西方的决定，按照经济基础决定上层建筑的一般讨论，土耳其经济的西方化，同时也就成为凯末尔推行全盘西化政策的催化剂。

在西向策略的引导下，由于《洛桑合约》中对土耳其做出五年内关税不能自主的规定，所以土耳其不惜牺牲重要商品和战略物资的垄断权用以和西方列强交换其对土耳其国家经济的扶持与投资。在这一层面上，最为典型的莫过于土耳其在1923年与美国签订的“柴斯特协定”（Chester Projesi ile Verilenİmtiyaz），虽然该协定在英法的强烈反对下未能依心像意，但同时也折射出土耳其在建国初期对快速恢复国民经济所抱有的热烈期盼和决心。1929年世界经济危机之前，法国获得了土耳其武器弹药生产50%的股份，美孚石油公司几乎垄断了土耳其的石油行业，[①] 英法合资的奥斯曼银行获得了在土耳其继续发行货币的特许权[②]。从现代的眼光来看，当时土耳其政府以主权换外汇的做法有些让人难以理解，但对于当时孱弱的新生政权而言，国家大部分经济部门掌握在外国资本和少数民族资本手中，土耳其政府的公共财政可用于赎买的外汇储备非常紧张。外汇作为当时土耳其国家发展的急需资源，某种程度上说也算是共和国政权稳固的救命稻草，放在当时的具体环境下，以暂时的主权交换外汇也变得无可厚非。

1929年经济危机的快速蔓延令土耳其政府洞彻了经济无政府主义的巨大危害，而此时的苏联正在执行1928年制定的第一个五年计划。苏联的经济发展非但没有受到由美国蔓延而来的经济危机的影响，反而在经济建设领域取得了巨大的成就。作为当时急于在经济建设领域取得成就的凯末尔政府而言，隔海相望的苏联正是土耳其仿效的最好蓝本。1931年，

---

① Jacob M. Landau, *Ataturk and the Modernization of Turkey*, Westview Press, July, 1984, p. 156.

② Jacob M. Landau, *Ataturk and the Modernization of Turkey*, Westview Press, July, 1984, p. 109. 1930年土耳其中央银行正式成立，并在1931年正式开始运作，此时奥斯曼银行所把持的货币发行权才逐渐交回到土耳其政府手中。

土耳其共和人民党第三次全体代表大会将凯末尔主义概括为六大基本原则，其中的“国家社会主义”即限制私有经济的发展，私有经济只是国有经济的补充。在“国家社会主义”的引导下，时任土耳其总理伊诺努访苏，与苏联达成协议，土耳其以 20 年本国商品作为交换，引进苏联 800 万美元的无息贷款用于土耳其的五年规划建设，与此同时，伊诺努此次访苏还从苏联引进了大批技术专家，用以培训本国急需的技术工程骨干。某种程度上说，这也成为此后土耳其执行补偿贸易的参考标准之一。

凯末尔时期的五年计划正式名称为“第一个工业五年计划”。单就名称上来看，这个五年计划并非是有关国民经济的全方位计划，其重心主要是发展当时国内欠缺的工业，其发展战略目标就是通过国家力量快速建立现代化工业基础，从而实现经济上的自给自足。1934 年 1 月 9 日，土耳其大国民议会正式批准实行五年计划，该计划由同样新成立的苏美尔银行（Sümerbank，1933 年成立，2002 年 1 月 11 日被 Oyak 集团收购后更名为 Oyak Bank，后在 2007 年被 ING 银行收购）和埃提银行（Etibank，1935 年成立，2002 年 4 月 5 日停止运作）提供财政支持和监督。这次五年计划的重心是发展轻工业，同时兼顾炼铁、水泥、化工等重工业。1937 年五年计划完成时，土耳其基本上完成了对外资及私人资本的国有改造，并建立起了相对完善的工业体系，极大增强了国家控制整个社会经济的能力。由于基础工业生产能力的支持，土耳其政府此时的外汇储备也有了较大幅度的增长，因此这一阶段也成为土耳其向外赎买本国经济部门的重要时期。在“一五”工业计划中，土耳其工业的发展速度与同时期的苏联、德国和日本并列，成为当时世界上工业增长速度最快的国家之一。某种程度上说，此时土耳其的经济发展模式类似于国家资本为主导的国家垄断资本主义。

鉴于第一个五年工业计划所取得的巨大经济成就，土耳其政府于 1936 年着手制定第二个工业五年计划，并于 1938 年正式获得批准。然而在 1939 年第二次世界大战阴云的笼罩下，土耳其政府将大量的国家财力用于国防建设，并在经济领域实施军事管制。经费的大量缩减，加上因兵源而导致的劳动力骤减，第二个五年计划不得不戛然而止。凯末尔逝世之前，伟人政治的光辉掩盖了土耳其经济发展中的阴暗角落，凯末尔逝世后，第一个五年计划中忽视农业发展的做法，开始在整个经济领域中不断发酵，加之战后土耳其政府依然采取军事管制的做法，最终导致了土耳其经济的崩溃。战争时期，土耳其政府为了最大限度地保证国家对经济的控制，甚至不惜出台针对非穆斯林群体如希腊人、亚美尼亚人等的“财产税”法案，也正是在该法案的影响下，土耳其政府在短期内积累了大量财富。此外，十余年的国家主导经济的做法导致国有企业部门官僚作风横行、腐败现象严重，这同样也激起了民族资产阶级的不满。

也大致在这一时期，土耳其经济的发展便被打上了政治的烙印。伊诺努领导下的共和人民党政府在经济领域的不足，不仅令国家干预经济生活的做法失去了生存的土壤，与之相伴随的便是政治领导权的交割。继任的民主党（1946—1960）政府崇尚完全自由的市场体制，加之对国有企业官僚主义的极度反感，其在执政期间几乎完全摒弃了对国家经济的计划机制和整体把控，放任各种资本自由发展，同时加大了对私人资本的支持力度，结果导致投机倒把和黑市交易死灰复燃，严重干扰了国家经济的正常发展。年轻的国有经济力量由于缺乏应对自由化市场的经验，虽然在这一历史时期保住了发展的根基，但同时也在外部资本，尤其是美国马歇尔计划的资本面前不断被蚕食。民主党政府领导下的土耳其经济经历了不到五年的短暂繁荣，随即急转直下，民主党党主席门德列斯也成为土耳其历史上第一个因经济崩溃而沦为陪葬品的国家领导人。

1961 年 11 月 20 日，干政的军事政府将权力和平移交给文官政府，而接任联合政府总理的仍然是伊诺努。在伊诺努的领导下，土耳其重新回到了国家制定经济发展策略的道路上，同时也加大了对投机倒把行为的打击力度。1962 年 11 月 21 日，大国民议会正式批准了重新执政的共和人民党所制定的五年计划，即“第一个五年计划（1963—1967）”（Birinci Beş Yıllık 1963—1967 Kalkkınma Planı）。准确地说，这次五年计划并非类似凯末尔时代的产物，而是土耳其在经历 20 世纪 50 年代经济动乱之后，由重组的共和人民党所制定的经济领域全方位的五年发展计划，从而也开创了延续至今“五年计划”的先河。也就是说，自 1963 年“五年计划”施行之后，不论政府更迭或是军事政变，土耳其以“五年计划”的方式来规划国家经济发展的做法都未曾改变，政府对国家经济秩序及其发展的指导性和前瞻性作用，也通过 1961 年宪法被正式纳入成为土耳其的一项基本国策。即便是宪法历经多次修改，有关“五年计划”的条款也并未取消，反而是不断被完善。在宪法的保障下，制定“五年计划”成为土耳其政府发展国家经济的一项传统。

新的“五年计划”在1963年正式付诸实施，这一崭新的全方位“五年计划”不论是对伊诺努本人还是对刚刚经历军事政变洗礼的土耳其来说都意义非凡。对于伊诺努来说，1963年五年计划既是其践行凯末尔主义的统治检验，同时也是凯末尔主义能否适应新时代发展要求的试金石。对于土耳其来说，新五年计划是历时十五年（1963—1977）的国家“长期发展规划”（Uzun Vadeli Kalkınma Planı）的开路先锋，能否针对百废待兴的经济问题批郤导窾犹未可知。如果新的“五年计划”能够结束十年来经济无政府主义的混乱状态，使国家经济秩序重新回到法制、有序的轨道，那么不仅对伊诺努本人来说是一个重大利好，对于凯末尔主义抑或是对于共和人民党来说，都是保持政党常青的不二真理，土耳其人民也有理由在凯末尔主义的领导下信心百倍地投入到国家建设当中；但如果新的五年计划依然不能规范国家经济秩序，并引领国家经济走出困境，那么文官政府的统治很可能会再次受到军方及大众的质疑，不仅统治难以为继，土耳其国家的民主化进程和现代化进程也会因经济建设的失败而蒙上阴影。因为这一时期西欧各国正好处于在马歇尔计划之后的经济高速增长期，作为同样接受马歇尔计划资助的土耳其，如果经济发展不能显露出增长势头，即便军方是凯末尔主义的坚决拥护者，也难以消除人民心中对凯末尔主义所抱有的怀疑，甚至再次引起国家动乱。

就实际效果而言，凯末尔主义受到推崇并不仅仅是因为伟人政治的光环，其同时也存在固有的科学性及前瞻性。截至1967年新五年计划完成之时，土耳其政府总共投资71亿里拉，其中30.9%用于工业建设领域、17.7%用于农业建设领域。1963—1967年，土耳其国民生产总值的年均增长率为10.9%，既完成了既定预期，也为此后两个五年计划的有序发展打下了较为良好的基础。通过这次五年计划，土耳其正式建立起了以私有制为基础的国有经济和私有经济共同发展的混合经济体制，是在资本主义制度基础上采纳社会主义方法的成功尝试，同时也为后来独树一帜的“土耳其模式”提供了有迹可循的历史基础。

1968—1972年，土耳其在第二个五年计划期间取消了对汽车、钢铁、金融等产业的国家垄断，与此同时，国家还在宏观层面调动私人资本的流向，杜绝民主党执政时期对资本流向不加控制的做法，避免了资金的重复浪费和盲目投机。私人企业在国家宏观控制的框架下如雨后春笋般发展壮大，其规模与1960年相比扩大了约33倍，并逐渐掌握了橡胶、玻璃等产业的主导权。这一时期与第一个五年计划时期相比，国民生产总值增长率稍有下降，但工业发展依然保持高速增长，成为西亚地区工业发展速度最快的国家之一。

1973—1977年是土耳其“长期发展规划”的最后一个五年计划，这项计划旨在快速实现土耳其的工业现代化，因此土耳其政府在这次五年计划中对工业的投资达到了新的高度，投资比例高达45.4%，同时压缩对农业的投资力度。即便如此，农业在工业发展的支持下同样获得了长足进步。1976年，土耳其由粮食进口国变为粮食净出口国，成为西亚地区除塞浦路斯外唯一的粮食出口国。截至1977年第三个五年计划完成之时，土耳其农产品占出口额的比重与1961年相比，由81%下降至60%。虽然农业产品在土耳其的出口商品中仍占据重要位置，但在十余年间便完成了出口商品结构和国内产业结构的初步调整，对于一个政府频繁更替的国家来说，不失为一个奇迹。另外值得注意的是，在土耳其执行第三个五年计划期间，地缘环境因第四次中东战争的爆发而急剧恶化，石油价格的飙升，令石油资源匮乏的土耳其在工业发展蒸蒸日上的时刻备受打击。即便如此，国家宏观调控和市场导向双结合下的土耳其经济并没有出现民主党执政时期的经济崩溃，反而承受住了来自外部环境的巨大压力。

1977年为期15年的“长期发展规划”结束之后，土耳其政府并未立即着手制定第四个五年计划，而是在1979年4月才正式发布第四个五年计划。其中原因大致可以归纳为三条：其一，土耳其政局在整个20世纪70年代因适应新兴的多党制而出现内阁频繁更替的现象，1971—1979年的8年间共经历过9次政府更迭，在这种情况下五年计划依然有序进行，某种程度上说是政治连贯性的有力体现；其二，1978年共和人民党再次上台执政，其需要对过去15年的经济建设成败得失做出总结。因为在过去的15年中，虽然土耳其经济在五年计划的引导下获得了长足的进步，但与之相伴随的则是通货膨胀、外债高筑、货币贬值等一系列不良因素；其三，为了摆脱几乎十年一个周期的经济衰退或经济危机，土耳其政府此时正在寻找经济改革的方向，寻求改变国有企业官僚主义作风、忽视生产成本及规律的做法，在这种情况下，盲目推进第四个五年计划很可能会损害过去15年中国家经济在宏观调控中所建立的良好基础。

共和人民党政府在颁布第四个五年计划（1979—1983）8个月后，即被德米雷尔领导的正义党所取代，而在9个月后，即1980年9月，正义党政府又被军方武力颠覆。虽然在此期间五年计划一直存在，但在社会如此动荡的情况下，政府即便想贯彻执行已经出台的发展规划，也是有心无力。这种情况一直持续到有着“土耳其经济设计师”之称的厄扎尔上台执政，才宣告结束。

第二节　厄扎尔时代的五年计划

土耳其在漫长的国家经济建设中，曾在资本主义政体下，经历了公有制与私有制的交叉考验，最终在素有“土耳其经济设计师”厄扎尔的手中完成了理论蜕变，成为资本主义制度与社会主义方法试验成功的代表，构建了当代“土耳其模式”的基本范式。有关厄扎尔经济改革的相关内容已被编进土耳其的历史教科书，由此可见厄扎尔对土耳其国家经济建设所做出的里程碑式的贡献。

厄扎尔上台之后，依靠几乎没有任何政治背景的各领域专家所组成的内阁，制定了“经济稳定计划”（İstikrar Programı）[①] 作为第四个五年计划的补充，经济发展的“国家蓝图”才重新回到公众的视野。在厄扎尔政府的规划中，改变经济发展模式是核心之所在，即改变原先国有经济占主导地位的发展模式，鼓励私有经济在某些领域取代国有经济的中坚地位，逐渐减弱国家行政权力对经济的干预力度，寻求国家行政权力和市场需求的微妙平衡；改变一直以来刺激内需的发展策略，以外向出口型经济作为新的导向，撤销“价格控制委员会”和固定汇率制度。可以说，在当时军人干政的背景下，厄扎尔所做出的上述改革方案因为触动了各方利益，是需要承担一定政治风险的，但同样因为军人干政的时代背景，相比任何一个历史时期，厄扎尔的改革方案所遇到的阻力也可能是最小的。

---

① 该计划实际上是厄扎尔任职政府副总理期间所颁行，颁行时间为1980年1月24日。

在 1982 年宪法中，“国家主义”的概念被取消，国有经济的发展不能破坏以私有经济为基础的市场模式。在厄扎尔政府看来，早期国有经济的发展代表了土耳其的最高生产力，对国家的经济建设做出了巨大贡献。然而经过数十年的发展，国家的优惠政策和不计成本的投入造成了如今的国有企业的格局僵化、官僚主义盛行且亏损严重的现象，在某种程度上阻碍了土耳其社会生产力的进一步提升，限制了土耳其市场的活力。因此，解放僵化的生产力、刺激市场繁荣成为厄扎尔政府的当务之急。将国有企业的权力下放，吸引专业公司经营，一方面可以释放巨大的公共财政支出，减轻债务压力，另一方面也可以从中获取现代化企业的管理经验，以市场化模式催生国有企业的盈利能力。在“经济稳定计划”中，厄扎尔政府以国有企业的资产为抵押发行股票，筹集基础设施建设资金的同时稀释国家资本的比重，甚至鼓励私人资本控股国有企业。

1984 年 7 月 13 日，大国民议会通过了土耳其历史上的第五个五年计划（1985—1989），该计划的基调在厄扎尔政府的掌控下仍旧是限制土耳其国有企业的扩张。但鉴于国有企业经过数十年的发展，体制过于庞大，土耳其政府不可能在短时间内对其完成改造，因此，在之后的很长一段时间内，对国有企业的投资依旧是厄扎尔政府工作的重要内容。不过从投资比例来看，土耳其政府对国有企业的投资比例是逐年下降的（见图Ⅱ－1－1）。已经习惯国家补贴经营的国有企业一时间难以抵御资金短缺的经济压力，只能通过经营权力的交换来获得外部资本的补充。厄扎尔政府通过这种绳锯木断的方式慢慢压缩国有企业对资本的掌控能力，并在 1987 年施行了“公司拯救方案”（Şirket Kurtarma Operasyonu），规定借贷方银行将自动成为无偿还能力国有企业的股东，当银行持股超过 15% 时，银行有权将 15% 之外的剩余股份转售第三方。通过这种“软改革”，土耳其正式拉开了对国有企业私有化改革（KİT'lerin Özelleştirme Programı）的序幕。

某种程度上说，厄扎尔时代的五年计划是对土耳其传统五年计划的改弦易辙，通过吸引社会影子资本和私人资本来缓解国家直接投资所带来的巨大经济压力，本质上是一种针对国有企业组织架构和资本结构的重新调整。虽然经济私有化改革的呼声曾经在 20 世纪 50 年代兴起过一段时间，但由于当时国有企业正值稳定发展的时期，且民主党所执行的自由化主义

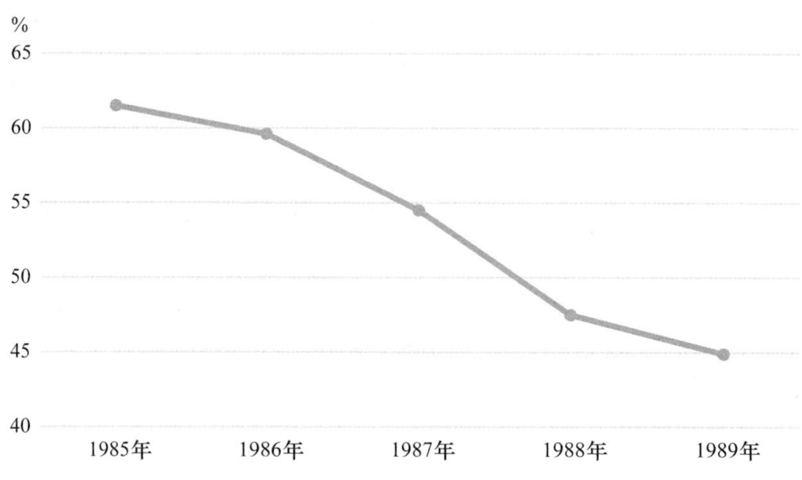

图Ⅱ-1-1　1985—1989 年政府对国有企业的投资比例

资料来源：笔者根据土耳其国家统计局已公布数据整理。

及无政府主义令经济发展几乎脱离了正常的轨道，最终给土耳其经济带来巨大的伤害。厄扎尔时期的改革，实际上是私有制基础上市场机制和国家宏观调控的有机结合，是在国内环境和国际环境的双重影响下发展起来的。某种程度上说，土耳其自建国之日起就踏上了“以借养国”的发展路径，随着时间的积累，外部债务屡破新高成为土耳其国家健康发展的巨大隐患。

1983 年厄扎尔接任国家总理时，土耳其外部债务高达 203 亿美元，约占当年 GDP 总额的约 23.9%。为了顺应西方资本世界私有化的呼声，延缓还贷周期，厄扎尔政府势必要做出私有化的改革倾向。由借贷发展起来的国家经济本身就存在先天不足的缺点，土耳其政府时刻如芒刺在背，妥善处理好国内经济环境和全球经济环境的融合程度显得格外重要。虽然厄扎尔时期开辟了伊斯兰资本世界，使外资融入渠道更加多元化、立体化，但在后期操之过急的“休克疗法”却导致体制庞大的国有企业危机四伏，甚至为了发展出口，政府刻意压低产品中可变资本的比重，令劳资关系紧张，阶级分化日益加重。鉴于中国与土耳其几乎同时开始的经济改革，有关厄扎尔在某些改革中所呈现出的跨越式发展，部分土耳其经济学家也曾经指出，类似于中国渐进式的改革之路也许更加适合土耳其在经济领域改革的方向，也更加适合土耳其的国情。

厄扎尔对国家发展战略重心的调整有着鲜明的时代特点。第一，军事政变后，国内政治环境发生了很大改变，军方权力空前高涨，在摆脱了政党间龃龉的权力制约后，借助几乎毫无政治背景的内阁，“经济稳定计划”在军方的支持下获得了快速落实。第二，凭借其在世界银行的任职经历，厄扎尔在世界资本中的人脉关系在其改革中发挥了重大作用，成为其拓展伊斯兰资本渠道、延缓债务周期的便利条件。第三，随着经济全球化的不断兴起，土耳其囿于国土面积而依靠国内市场、拉动内需的弊端，也在石油危机和经济危机的双重打击下浮出水面，加之土耳其国有企业高投入、低产出的缺陷，使得私有化改革的时机逐渐成熟。第四，虽然厄扎尔开创了土耳其经济发展的新格局，但长期以来形成的借贷发展模式，难以在短时间内解决收支平衡的问题，反而在外向发展后造成高通胀、高外债的新问题。1991 年德米雷尔接任国家总理时，对厄扎尔时期的国家经济发展概括为：成功的对外关系调整与国内经济宏观失衡的明显对立。

第三节 后厄扎尔时代的五年计划

1993 年，厄扎尔在总统任上因病去世，这在宣告了传统意义上厄扎尔时代的终结的同时，也为一个崭新时代的到来打下了坚实的基础。简单来说，截至目前，后厄扎尔时代是两个发展时代的加权：其一是厄扎尔之后德米雷尔和塞泽尔两届政府所坚持的“传统后厄扎尔时代”；其二便是 2003 年以降，由埃尔多安所开创的新土耳其时代（埃尔多安时代）。在这两个时代中起到连接作用的便是曾经担任过土耳其经济部部长的凯末尔·德尔维什（Kemal Derviş），其主导的“经济强大过渡计划”（Güçlü Ekonomiye Geçiş Programı）成为这两个时代有机连接的耦合器。整体来说，在埃尔多安时代到来之前，虽然土耳其的发展面临多重考验，但从 GDP 上反映的数据来看，厄扎尔及其后继者的努力对土耳其的国家建设依然有着丰功伟绩。（见表Ⅱ－1－1）

表Ⅱ-1-1　　1991—2000年土耳其GDP及人均GDP

年份	GDP（亿美元）	人均GDP（美元）
1991	1510.41	2750.64
1992	1590.95	2850.39
1993	1804.22	3181.32
1994	1306.90	2268.40
1995	1694.86	2896.09
1996	1814.76	3052.96
1997	1898.35	3144.39
1998	2692.87	4392.35
1999	2497.51	4012.47
2000	2665.68	4219.54

资料来源：笔者根据世界银行公布的数据整理。

根据世界银行的统一标准，土耳其在1998年便已跻身世界中等偏上收入国家的行列。因此，虽然土耳其在经济发展及改革的过程中浓雾弥漫，但从人民生活水平、公民福利等各方面标准来看，历届政府对土耳其国家发展的贡献总体可圈可点。在整个后厄扎尔时代，围绕国有企业的私有化改革一直成为土耳其历届政府推动国家发展的施政重心之一。土耳其大众对政府的这一做法褒贬不一，有的认为国有企业也是国家资本主义的表现之一，国有企业的亏损只是暂时的，对国有企业的全盘私有化，几乎等于否定了过去数十年间国家力量在现代化建设当中所起到的决定性作用，这一观点对私人资本能否应对国家危机抱有疑问。另一种观点认为私有化是符合当代国际潮流的做法，在国家产生危机时英美发达国家的私人资本对国家的促进作用也曾在历史当中得到过验证，该观点认为资本并不总是盲目的，在当前的国际环境下，解放资本桎梏，很大程度上有利于刺激市场，促进国家健康有序地发展。还有一些观点从基本民生角度出发，结合物价指数对现存国有企业和私营企业进行对比，认为关系民众基本生活层面的企业诸如水电、天然气、食品等应由国家经营或者国家掌握价格核定，因此对待私有化领域应该加以区分，在保障民生和国家安全的情况下推进改革发展。

1994年，在土耳其36.8亿美元的财政赤字中，来源于国有企业的亏损有24.7亿美元，这在当时还未进入政治权力核心的埃尔多安心中，就已经对国有企业埋下了全盘私有化的伏笔。然而，在当时的情况下，土耳其不论是中央权力还是社会状况，都面临着世俗主义和伊斯兰力量的撕扯，1990年成立的“独立工商业联合会”（MÜSİAD），则正式宣告了伊斯兰和世俗主义在经济上的对抗。两大财团的对抗，很大程度上给国有企业的私有化改制带来了消极影响。1994年全面私有化法令颁布之后，截至1995年，其6.7亿美元的私有化成果与50亿美元的目标相差甚远。直至2001年，土耳其绝大多数原国有企业如“土耳其航空”（THY）、包括苏美尔银行在内的苏美尔集团（Sümer Holding）、农用机械公司（TÜMOSAN）等均未能完成预定的私有化改革方案。

土耳其因自然地理环境和地缘政治环境的特殊性，其在国家发展的过程中也注定了其特殊的发展路径。自20世纪80年代以降，土耳其国家发展战略计划的制定原则立足于基本国情和自身实力，按照既定方针分步骤出售部分国家垄断权力。在这一原则的指导下，加之经济建设中外部借款对财政赤字的补充，从而推动国家经济的发展。这种发展模式虽然有着发展速度快、现代化进程短等优点，但也存在经济基础薄弱、易受外部刺激、资本不可控等先天性顽疾。不论是前厄扎尔时代抑或是厄扎尔时代，土耳其政府都在不断摸索一条最适合土耳其的国家发展之路。根据土耳其的国情和民族特点，这些计划在开始之初，土耳其政府均投入了大量的人力物力，甚至提出跨越式的发展目标。但是对于战略执行期遇到的困境，土耳其整个社会便会出现烦躁情绪，数据造假和消极怠工的现象时有发生。

按照本章节前已所述的三段法，前两个发展时代的奠基人如果分别是凯末尔和厄扎尔，那么后厄扎尔时代的旗手便非埃尔多安莫属。如果将这几个时代在本质上加以区别的话，前厄扎尔时代基本上可以说是依靠国家行政强制力来获得发展的国家垄断资本主义，虽然借用了苏联发展模式，但本质上依然是资本主义性质，是凯末尔主义的践行和维护，这种以国家介入的方式来推动经济发展的模式，虽然可以在短时间内获得经济上的快速增长，但长此以往会催生官僚主义作风，此外忽视投入产出比的情况，也很难在奉行自由市场的国际环境中得到优势。

前厄扎尔时代国家主义的发展虽然给土耳其建立了较为雄厚的工业基

础，但是其借贷模式的发展，在新的国际政治经济局势下，各种不良连锁反应也随着地缘格局的变动逐渐发酵。厄扎尔时代横跨 1980 年军事政变和冷战结束这两个时间维度，在国内国际双重环境震荡的情况下，厄扎尔对国家发展战略的设想实质上就是希望脱离僵化的国家主义形式，与西方世界共享市场资源和国际垄断的大胆假设，是新自由主义在土耳其的拓荒之举，是为凯末尔主义适应新国际环境的勇敢尝试。

后厄扎尔时代，结合时下的国际经济新秩序，以埃尔多安为主导的正发党政府很大程度上可以说是受到“理性预期”① 的启发，是厄扎尔改革理念的坚定推行者。也就是在埃尔多安手中，在后厄扎尔时代，土耳其基本完成了从发展国有经济、依赖国有经济到出售国有经济、依赖私营经济的转变。但是，这种发展路径的可持续性有着明确的前提条件，就是高新技术的快速迭代。在正发党改革的前十余年时间中，因国有企业体制庞大，土耳其因此收获了巨大的改革红利。随着私有化的不断推进，一方面附加值高的产业逐渐消耗，另一方面因教育结构的改革没有适时推进，导致产业发展和人才储备呈现负相关的情况，因而产业后期能力不足，造成了前提条件不成立的状况。因此就在一定程度上解释了，土耳其在私有化改革的中后期，经济会出现较大幅度衰退的原因。

在这后两个时代中，土耳其经济发展和战略倾斜的另一个显著的特点就是伊斯兰资本的快速发展。厄扎尔政府时期，在调整土耳其的外资结构时，为了不使土耳其的经济完全被西方资本所掌控、成为其国际垄断的牺牲品，土耳其政府在调整对外关系的同时，也向阿拉伯资本世界伸出了橄榄枝，以相对发达的工业优势从伊斯兰资本世界吸收了大量投资和借款。随着外部伊斯兰资本的快速涌入，以及政府在大环境下的支持，土耳其本土伊斯兰资本团体“独立工商业联合会”，在 1990 年 5 月 9 日正式宣告成立，如今已经成长为能与老牌世俗主义财团“土耳其工商业联合会”（TÜSİAD）相抗衡的大财团。

2000 年 6 月 27 日，土耳其大国民议会正式批准第八个五年计划

① 理性预期，又称“合理预期”，最早由美国经济学家 J. F. 穆思在《合理预期和价格变动理论》中提及，主要是指在有效利用一切信息的前提下，对研究的各经济变量做出长期预测中最准确、最符合经济理论和模型的预期假设。

(2001—2005)，然而在该计划实行不久，土耳其便受到战后第五次世界经济危机①的影响。在这场被誉为土耳其最深重的经济危机②中，后被任命为联合国开发计划署署长的德尔维什临危受命，在第八个五年计划的框架内修订了持续 14 个月的“经济强大过渡计划”。通过这项计划，土耳其中央银行获得了独立地位，并新成立银监会用以规范各银行的经济活动。在重申了“经济稳定计划”各项原则的前提下，要求进一步规范国家行政权力在社会经济领域的干预，并在 15 天内连续通过多项法案，将社会经济活动纳入法制范畴。

根据统计，1970—2003 年，也就是土耳其重启国家五年计划到埃尔多安执政之前的 33 年间，土耳其政府在国家五年计划之外一共出台了 11 个用于稳定国家经济的中期及短期计划。按照平均周期来看，这 11 个计划分别在执行 457 天之后，就会有新的威胁国家经济稳定的问题出现。③ 因此，21 世纪的土耳其政府发现，如果要保障国家发展的稳定，除了五年计划之外，国家需要针对每年国家运行状态的不同，附加为期三年的中期计划。

第四节　埃尔多安时代的五年计划

2002 年，正发党赢得议会选举后，埃尔多安作为正义与发展党的党魁通过补选成为土耳其总理④，并带领正发党以发展经济为口号连续 3 次⑤赢

---

① 1957—1958 年是第二次世界大战后第一次世界经济危机；1973—1975 年是第二次世界大战后第二次世界经济危机；1980—1982 年是第二次世界大战后第三次世界经济危机；1990—1991 年是第二次世界大战后第四次世界经济危机。

② Mustafa KUTLAY, *Derviş'in 2001 bilançosu*, Hürriyet, 30. 12. *2001*, http://www.hurriyet.com.tr/ekonomi/dervisin-2001-bilancosu-45594.

③ *33 yılda 11 istikrar programı rafa kalktı*, *Hürriyet*, 19. 02. 2003, http://www.hurriyet.com.tr/ekonomi/33-yilda-11-istikrar-programi-rafa-kalkti-128806.

④ 此前埃尔多安因卷入反世俗案件而被批捕入狱，且被剥夺政治权利 5 年，因此在正发党获胜时不能以党魁身份成为土耳其总理，后在正发党的推动下修改部分条款，埃尔多安才能通过以补选的方式在 2003 年出任土耳其共和国总理。

⑤ 实际上，截至目前正发党共赢得了 5 次议会大选，分别是 2002 年、2007 年、2011 年、2015 年 11 月和 2018 年这 5 次选举，其中 2015 年议会大选共进行了两次，第一次是 6 月，在这次大选中，正发党因未能获得绝对多数而不能进行单独组阁，且各党之间未能达成一致，因此在同年 11 月再次进行了议会大选，且在 2015 年议会大选中，埃尔多安作为总统参与正发党的选举活动，被指存在违宪嫌疑。埃尔多安作为正发党领袖赢得议会大选的时间分别是 2002 年、2007 年和 2011 年。

得土耳其的议会选举。2014 年，埃尔多安以全民直选的方式当选为土耳其国家总统，正义与发展党依旧是土耳其议会的第一大党。与往届土耳其总统选举不同的是，埃尔多安是土耳其共和国历史上第一位由全民普选产生的总统，并且此后通过不断修订宪法，扩大了总统职权。随着埃尔多安在 2018 年 6 月 24 日再次成功当选总统，正发党似乎与“新土耳其”（Yeni Türkiye）的梦想越来越近。

“新土耳其”意义其实不难理解，在埃尔多安转变国家政治体制为总统制之前，“新土耳其”的意义主要体现在经济领域的成就之上。埃尔多安任职总理期间，以铁腕手段坚决推行长期以来举步维艰的私有化改革，带领土耳其以罕见的发展速度步入全球最具竞争力的国家之列，人均收入突破一万美元，约为 2001 年的 4 倍。[①] 此外，在埃尔多安执政早期制定的、向建国 100 周年致敬的“2023 年规划”中，希冀将土耳其建设成人均收入 25000 美元的世界前十大经济体。不仅如此，如果埃尔多安及正发党能在将来的选举中继续获得胜利，成为土耳其的长期执政党，那么“2053 年计划”及“2071 年计划”[②] 很有可能会在未来某个时间被提上政府议事日程。[③] 2018 年 4 月，埃尔多安宣布土耳其的总统选举和议会选举将同时进行，这一方面表明了其对选举所表现出来的信心，另一方面也衬托出其毕其功于一役的想法。[④] 2018 年 6 月的选举结果表明，正发党的“双料选举胜利”正式将土耳其的政体转变为总统制，在政治、社会等各方面也将土耳其引入了一个“新时代”。因此，从广义上说，埃尔多安的执政于土耳其而言就是一个崭新时代的到来。

在 2005 年第八个五年计划即将结束之际，正发党政府并未依照惯例发布新的五年计划，而是在 2006 年的 7 月和 8 月接连通过土耳其历史上第一个“中期计划”（Orta Vadeli Program）和第九个五年计划（Dokuzun-

---

① 2001 年土耳其人均 GDP 为 3119. 60 美元。2014 年为 12127. 46 美元。

② 2053 年是纪念 1453 年征服君士坦丁堡 600 周年，2071 年则是纪念 1071 年塞尔柱王朝对拜占庭帝国曼齐刻尔特战役胜利 1000 周年。

③ Mustafa Yürekli，“Erdoğan'ın 2053 ve 2071 hedefi var mı?”，*Haber* 7，01. 05. 2011，http：//www. haber7. com/yazarlar/mustafa-yurekli/739248-erdoganin-2053-ve-2071-hedefi-var-mi.

④ 有关 2018 年提前选举的解读，另一说是正发党因为民调下滑，为了稳固选举优势才进行提前选举。2019 年地方选举结果公布之后，从侧面印证了正发党民意下滑的趋势，几乎所有的经济发达沿海省份都将选票投给了共和人民党。

cu Kalkınma Planı 2007—2013）。在中期计划中，正发党政府提出七大基本目标，即在稳定的环境中确保可持续发展；提高经济竞争力；人力资源开发；提高社会包容性；减小地区发展差异；优化公共职能部门管理；改善基础设施建设等。[①]

此外，在第九个五年计划中，正发党政府明确提出了正发党的目标是要将土耳其建设成为增长稳定、收入分配公平公正、全球竞争力强、信息化社会、与欧盟和谐共处的土耳其。[②] 在该计划中，正发党政府总结执政以来的经济成就，提出对土耳其建国100周年的展望，并将其浓缩成为2001—2023年土耳其长期规划。以此为导向，伊斯坦布尔第三座国际机场[③]、核电站、两栖船坞运输舰、国产坦克等逐一出现在土耳其公众的视野当中。然而就两个规划的本质而言，其规划重心依然在经济发展方面，用了大量篇幅来规划土耳其未来经济的发展，而这所有的蓝图又大部分落在了基础设施建设和私有化改革的路径上来。然而不管怎么说，这一阶段正发党政府执政效果是显而易见的（见表Ⅱ－1－2）。

表Ⅱ－1－2　　2001—2013 土耳其 GDP 及人均 GDP

年份	GDP（亿美元）	人均 GDP（美元）
2001	2003	3119.60
2002	2384	3660.07
2003	3118	4718.46
2004	4048	6040.88
2005	5014	7384.26
2006	5525	8034.61
2007	6758	9709.72
2008	7643	10850.87

① *Orta Vadeli Program*（*2006—2008*），T. C. Cumhurbaşkanlığı Strateji ve Bütçe Başkanlığı, s. 2, 12. 2003.

② *Dokuzuncu Kalkınma Planı*（*2007—2013*），T. C. Cumhurbaşkanlığı Strateji ve Bütçe Başkanlığı, s. 1, 07. 2006.

③ 伊斯坦布尔新机场于2013年投入建设，计划2028年完成第四期工程并全面竣工。2018年10月29日新机场正式投入运营，2019年4月6日第一期工程竣工后新机场全面启用，原先阿塔图尔克机场的所有国内国际航班均转移至新机场。

续表

年份	GDP（亿美元）	人均 GDP（美元）
2009	6446	9036.27
2010	7719	10672.40
2011	8325	11340.82
2012	8740	11720.31
2013	9506	12542.72

资料来源：笔者根据世界银行、土耳其国家统计局的已公布数据整理。

2007—2009 年是资本主义世界遭遇金融海啸的困难时期，在全球经济普遍衰退的瓶颈时期，土耳其依然能够保持如此快速的增长，不但在中东地区，乃至全世界都不失为一个成功的范例，自然而然地引起了全球尤其是中东地区对“土耳其模式”的热烈讨论。经济上的成功稳固了正发党的统治基础，虽然自 2013 年起频发威胁社会安定、政治稳定的恶性事件，但凭借经济发展的后盾，正发党几乎每一次都能将选民的选票牢牢把握在手中。

2014—2018 年是土耳其执行第十个五年计划的时期，在该计划中，正发党认为 2007—2013 年的五年计划是近年来最富有成效的国家发展战略，因此第十个五年计划依旧在第九个五年计划的框架中展开，并阐释了未来五年中土耳其发展的基本道路和根本原则。

第一，在新的世界格局中明确国家的基本价值取向，提高土耳其的国际地位，重申“2023 年计划”的各项经济指标，动员全国力量竭力完成建国百年目标；第二，坚定不移地执行第十个五年计划，努力消除社会中高收入群体和低收入群体之间的矛盾，提出 2018 年的国家 GDP 目标是 1.3 万亿美元，人均收入提高到 16000 美元；第三，建立健全资本积累与工业化建设，国民储蓄率与生产资本、生产要素等平衡发展的社会机制，提高社会创新能力，发展创新经济，减少进口依赖；第四，在实现经济目标的同时，提升国民幸福感和荣誉感，努力打造自由、和谐、安全、高品质的生活环境和社会环境；第五，完善公民的自由权利，在法制建设中建立健全公平公正的长效保障机制，此外，公共行政部门在执法过程中须时刻秉承“以人为本”的执政理念，持续优化行政结构，提升社会福利，给予全社会公民人人平等的自由权利；第六，发展文教事业和健康事业，提高年轻一代人口的文化素质和身体素质，加强高素质人才和普通劳动者的就业及福利保障，同时注重人与自然的和谐发展；第七，注重城市和农村的协调及可持续发展，在城市和农村互惠互利的条件下创造共同的经济增长点，发掘地区间的发展潜力，优化生活环境的同时提升经济发展水平，防止地区差距进一步被拉大，改善交通、物流、通信等各方面基础设施的条件，提高发达地区与全球经济的融入程度；第八，五年计划将更多致力于国家的经济发展和政治发展，以国家多元价值介入、解决地区问题和国际问题，为土耳其在国际社会赢得更多尊重。①

由上可见，经济的快速发展极大地提升了土耳其的民族自信心，同时也体现出土耳其希望从"隔离行为体"（Insulator）跨越到"全球行为体"（Global Actor）的雄心壮志。然而，正如一些批评性的观点指出，正发党政府如今的做法正如厄扎尔时期跨越式的发展类似，忽略了其客观具备的综合国力，尤其是忽视了经济上存在的客观短板，目前的土耳其根本没有实力影响国际热点局势的走向。某种程度上说，"阿拉伯之春"的失败恰巧在一些层面上成为这种观点的理论依据。随着土耳其私有化改革红利的逐年衰退，土耳其经济发展的势头逐年减弱，近年来货币的大幅缩水，更是给土耳其未来经济的发展画上了问号（见表Ⅱ-1-3）。

表Ⅱ-1-3　　2014—2017 年土耳其 GDP 及人均 GDP

年份	GDP（亿美元）	人均 GDP（美元）
2014	9342	12127.46
2015	8598	10984.81
2016	8637	10862.73
2017	8511	10540.62

资料来源：笔者根据世界银行、土耳其国家统计局的已公布数据整理。

① *Onunuc Kalkınma Planı (2014-2018)*, T. C. Cumhurbaşkanlığı Strateji ve Bütçe Başkanlığı, ss. 27-28, 07. 2013.

2012 年之前，虽然土耳其的外债顽疾没有得到解决，但总体上处于被控制的状态，然而从 2013 年开始，外债的增长速度陡然间激增，且一路呈现出“高歌猛进”的状态。截至 2017 年，土耳其的外债规模已经超过 2017 年 GDP 的一半，为 53.39%。当然，这并不能说明正发党政府近年来的国家发展战略是失误的，如果认定正发党政府出现了战略性的决策失误，那么其在 2015 年便不可能有惊无险地赢得议会选举，更不可能在 2018 年同时赢得总统选举和议会选举。

2017 年 10 月，在土耳其出台的第 13 个中期规划中，将国家的工作重心转移到稳定宏观经济局势上来，强调要在未来三年内以提高劳动生产率的方式增加国民收入；提高产品高附加值商品的产出；提高行政效率，优化营商环境和投资环境；降低社会失业率；抑制通货膨胀，平抑收支等。[①] 2018 年 9 月，在第 14 个中期规划中，土耳其政府将收紧货币政策和财政政策，力图在 2021 年底将通货膨胀率降低至 6%；新成立“公共财政转型办公室”（Kamu Maliyesi Dönüşüm ve Değ işim Ofisi）用以执行即将出台的“留存收益转型项目”（Tasarruf ve Gelir Dönüşüm Programı），提高资金使用效率，缩减公共开支比例；三年内实现国民增收 2%，且最少在 2021 年实现国民收入增加 1.3%，合理利用利率杠杆，促进土耳其经济尽早转型；作为促进经济发展的长效机制，维持并兴建新的基础设施建设，在国际范围内寻找合适的投资方和建设方；建立健全银行业新的信用机制，规范银行的经营活动；优化旅游产业结构，2021 年旅游产业的营收计划目标需在 2017 年的基础上翻一番，达到 420 亿美元；新成立“土耳其金融管理委员会”（Türkiye Finansal Hizmetler Kurulu），用以规范及监管市场经济活动等。[②]

2018 年 3 月 16 日，在经历了漫长的民意调查及土耳其各部门的协商之后，曾于 2017 年提交至大国民议会内部讨论的土耳其“第十一个五年

---

① *Orta Vadeli Program* （*2018 - 2020*），T. C. Cumhurbaşkanlığ ı Strateji ve Bütçe Başkanlığ ı, s. 22, 10. 2017.

② *Yeni Ekonomi Programı*, *Dengelenme*, *Disiplin*, *Değişim 2019 - 2021*, T. C. Cumhurbaşkanlığ ı Strateji ve Bütçe Başkanlığ ı, ss. 5 - 6, 20. 09. 2018.

计划（2019—2023）”[①]（土耳其语：On Birinci Kalkınma Planı 2019—2023，以下称“十一五计划”）首先在土耳其爱琴海地区[②]召开了第一个磋商论证会议，此后按照土耳其七大地区的划分，先后在东安纳托利亚地区、黑海地区、地中海地区、马尔马拉地区、中部安纳托利亚地区召开论证磋商会议[③]。2018 年 9 月 20 日，土耳其政府公布了为期三年的最新中期经济规划，这同时也是自 2006 年以来土耳其的第 14 个国家中期发展规划，[④] 该规划制定了土耳其 2019—2021 年的经济发展目标及既定策略，是土耳其“十一五计划”的扩展和补充。

2018 年是检验土耳其第十个五年计划执行成果的一年。虽然正发党在 2018 年 6 月的选举中同时获得了总统选举和议会选举的胜利，但是选举的过程与以往相比显得有些不同。第一，按照正常选举程序，不论是议会选举抑或是总统选举都不应该在 2018 年 6 月举行，两种选举的日期都被提前，且各反对党此前也并不知晓提前选举的决定。第二，正发党罕见地与民族行动党（MHP）组成了人民联盟（Cumhur İttifakı），反对党各派也组成了以共和人民党为首的民族联盟（Millet İttifakı），取代了以往正发党与其他各党的直接对峙。选举联盟出现的直接依据便是近年来正发党持续弱化的民意支持，现阶段的正发党很难如从前那般维持“选举霸权”。

这一看似复杂的选情，其实用最直接的经济数据便可以解释。正发党

① 广义上说，土耳其历史上正式实行的五年计划至今为止共有 11 个，分别是 1934—1937 年工业五年计划、1963—1967 年五年计划、1968—1972 年五年计划、1973—1977 年五年计划、1979—1983 年五年计划、1985—1989 年五年计划、1990—1994 年五年计划、1996—2000 年五年计划、2001—2005 年五年计划、2007—2013 年五年计划、2014—2018 年五年计划。中期规划的制定及执行主要从 2006 年开始，迄今为止已经出台了 14 个为期三年的中期规划，分别是 2006—2008 年中期规划、2007—2009 年中期规划、2008—2010 年中期规划、2009—2011 年中期规划、2010—2012 年中期规划、2011—2013 年中期规划、2012—2014 年中期规划、2013—2015 年中期规划、2014—2016 年中期规划、2015—2017 年中期规划、2016—2018 年中期规划、2017—2019 年中期规划、2018—2020 年中期规划以及 2019—2021 年经济中期规划。

② 爱琴海地区包括伊兹密尔（İzmir）、艾登（Aydın）、代尼兹利（Denizli）、穆拉（Muğla）、阿菲永卡拉希萨尔（Afyonkarahisar）、屈塔希亚（Kütahya）、马尼萨（Manisa）和乌沙克（Uşak）八个省。

③ 2018 年 4 月 13 日，中部安纳托里亚地区会议闭幕。截至目前，土耳其的七大地区仅有东南安纳托利亚地区未就“十一五计划”召开论证磋商会议。

④ 从名称上而言，这一规划的具体名称为“新经济计划：均衡、法制、转型 2019—2021”（Yeni Ekonomi Programı，Dengelenme，Disiplin，Değişim 2019—2021），与以往 Orta Vadeli Program（中期规划）的称谓有一定的区别。

执政时期人均收入最高的年份出现在 2013 年，为 12543 美元，同年也是土耳其私有化改革发展迅速的一年。此后因政治贪腐、社会动荡等一系列原因人均收入持续下滑，2017 年土耳其的人均收入减少了近 2000 美元，为 10541 美元。人均收入的减少、贫富差距扩大动摇了原先稳固的民意基础，从而也令正发党感受到了自 2015 年以来的执政危机。在这种情况下，只能选择与其政治主张较为接近的民族行动党组成选举联盟，稳定票仓。据报道，埃尔多安在宣布提前选举之前，曾与民族行动党主席代夫莱特·巴赫切利（Devlet Bahçeli）有过会晤，随即便宣布与其结成选举联盟，这样一来，三大反对党的其中一员加入了正发党的阵营。

果不其然，2018 年正发党在经济领域再次交出了一张不如人意的答卷。2018 年土耳其全年的 GDP 总额为 7841 亿美元，与 2017 年 8511 亿美元的 GDP 总额相比相差甚远。且人均收入跌破一万美元，为 9632 美元。这样的经济答卷很难令土耳其民众满意，因为在第十个五年计划中，正发党政府的目标是 GDP 总额 1.3 万亿美元，人均收入为 16000 美元。土耳其民众的实际人均收入与预期相比差距达到了 39.8%。在如此大的落差下，土耳其的民意难以捉摸。因此在 2019 年 3 月 31 日地方选举之前，土耳其各大调研公司在土耳其进行了民意调查，正发党的支持率出乎意料地跌至历史最低水平。作为正发党的传统票仓，安卡拉在民调中给出了 3∶12的民意答卷，共和人民党大幅领先，伊兹密尔则出现正发党全面落败的情况，有“土耳其中央政治核心摇篮”之称的伊斯坦布尔，正发党则以 6：9 的微弱优势领先。从后续公布的选举结果来看，土耳其几乎所有的沿海经济发达省份都不再信任正发党，成为共和人民党的拥护者，而作为最重要的选区，伊斯坦布尔则迟迟没有公布最后的选举结果。正发党在本次选举中获得了 44.95% 的支持率，大部分来自中部经济欠发达地区，此前与共和人民党之间巨大的选举优势，如今也在逐步缩小。

其实，在 2018 年选举过后，正发党政府曾经对外宣布过“100 天行动计划”（100 Günlük Eylem Planı）作为中期规划及第十个五年计划的补充。该计划在第一条就声明，该计划的主要目标是协调第十个五年计划的圆满完成。在计划中，土耳其政府也意识到了长期私有化以来土耳其经济结构的转型问题，提出在第十一个五年计划来临之前，在 100 天计划中着重讨论经济领域的“工业 4.0”计划。土耳其的“工业 4.0”计划将继续围绕政府公共管理展开，在调节税制的同时，将智慧型城市建设、数字经济、工业数字化等提上政府工作日程，此外，政府还将统筹协调对发展资金的使用和能源利用等问题。虽然最终“100 天行动计划”没能扭转土耳其经济继续下滑的趋势，但从中也不难发现土耳其在十多年的执政中，片面推动私有化所带来的问题。

当前的世界正朝着更高阶段的信息化社会迈进，数字化工业生产能力某种程度上代表了一个国家未来在工业上的生产力水平。土耳其早前通过私有化出售的国有企业中具备高端制造能力的企业微乎其微，且就土耳其整体工业环境来看，数字化、智能化生产能力的普及程度不明显。正发党在“100 天行动计划”中表示，工业智能化、数字化建设将成为第十一个五年计划的重点领域之一。可见正发党政府已经预示到了“私有化改革”之后的经济发展阶段，但同时也提出，现阶段土耳其的经济发展仍然离不开基础设施建设所提供的动力。由此观之，至少在 2023 年之前，土耳其在工业生产能力上依然不会倾入大量的公共财政。

因为工业结构的改革需要雄厚的人才储备作为支撑，但就当前土耳其的教育结构而言，以土耳其高等教育委员会的统计为基础，2018 年全国共有在校硕士 45 万人，博士 9.5 万人，本科 424 万人，占全国人口的比重不到 6%。且在校的学生专业多数集中在法律、经济等院系，理工科专业的人数不到 15%，有关数字自动化、信息等专业的人才更是凤毛麟角。在薄弱的人才体系支撑下，土耳其“工业 4.0”的实现仍需假以时日。为了弥补人才体系的空缺，土耳其通过国家拨款、企业支持等途径吸引外部人才，但由于软硬件的缺失，收效微乎其微。当前土耳其政府面临的困境是，此前经济的快速发展与当前工业生产力之间存在的张力。如果继续依靠以往建筑业、旅游业、金融业、装配业等部门和外资（包括外部借款）的催动，土耳其的经济虽然会继续增长，但增长幅度极为有限；如果此时加大对科教体系的投入，将会在很长一段时间内经济出现萧条，从而导致执政根基的快速衰落。从长远来看，对科教体系的投入具有更大的投入产出比，但此时对于正发党来说，距离下一次选举还有 4 年半的时间，如何权衡对国民经济部门的投资，对于当前民意衰退的正发党而言，是一个巨大的难题。

从偌大的奥斯曼帝国到如今偏安安纳托利亚，土耳其人民经历了艰苦卓绝的长期斗争。对于1923年新生的土耳其共和国来说，在欧洲列强的夹缝中谋求国家建设和复兴，在鲜有历史经验借鉴的情况下，其国家建设的历史就是一部“摸着石头过河”的奋斗史。98年来，土耳其政治每一次发生剧烈变动，无一不是从经济领域蔓延而来，除了凯末尔之外，不论是伊诺努、厄扎尔、德尔维什抑或是埃尔多安，绝大多数都是因为有着在经济领域的贡献而被土耳其人民所铭记。某种程度上说，土耳其国家建设的中心就是经济建设。

建国初期的百废待兴，推行全盘西化的凯末尔在经济领域向西方看齐，因此开始了资本主义的原始积累。1929年资本主义世界的经济危机中，土耳其主动寻求苏联的帮助，从此开始了五年计划的历史阶段，从这一时期开始，土耳其在国家建设层面迈向了“国家主义”，也就是国家垄断资本主义的历史阶段。20世纪50年代，随着资本主义自由化浪潮的不断冲击，身处资本主义世界的土耳其一度抛弃了国家主导的发展路径，然而放任的发展模式导致投机泛滥、社会影子资本快速增多，而当时孱弱的土耳其民族资本根本无法抵御外来的侵蚀，最终在国家危急的边缘再次回到国家主导发展的路径上来，这种情况一直持续到厄扎尔上台执政。在这一时期，本质上仍然属于国家垄断资本主义的范畴，但随着倒向西方政策的不断加深，恢复元气的欧洲各国急需资本的出路，一厢情愿依靠国内市场的土耳其也不得不接受西方资本的洗礼，此时土耳其对国民经济部门资本的垄断性已大大减弱。

20世纪80年代，随着冷战进入末期，世界局势的变幻莫测令土耳其开始重新考虑其在国际格局中的定位。国有经济经过数十年的发展也开始逐步陷入故步自封的状态，官僚主义日益严重，曾经代表土耳其最高生产力的国有经济连年亏损，给国家发展带来了沉重的经济包袱。在这种情况下，以厄扎尔为代表的改革派力量开始考虑未来国家发展的新出路，国有企业的“私有化改革”方案呼之欲出。在平抑了西方资本和伊斯兰资本的力量之后，厄扎尔政府开始对连年亏损的国有企业进行私有化改革，但改革的进程却举步维艰。然而就当时来说，对国有企业改组很大程度上也是无奈之举，因为有民主党执政时期的前车之鉴，土耳其政府始终未曾将国家发展之“牛耳”交由市场来掌握。

当代表着全球化的21世纪来临之时，土耳其政坛迎来了“政治强人”

埃尔多安，在他的带领下，厄扎尔时代的“改革开放”获得了前所未有的发展，国有经济的力量在埃尔多安时期前所未有地被削弱，土耳其的经济释放出了强大的活力，由此产生的“土耳其模式”大放异彩。当改革的红利逐渐减少之时，埃尔多安一边强化政府对社会经济活动的掌握，一边改革土耳其的国际形象，以经济、科技、文化、教育、历史各个层面百花齐放的姿态迎接外资的到来。与此同时，正发党政府也感受到来自高新技术产业的压力，因此在努力维护国家经济发展的同时，也思考着产业升级的国家出路。

虽然就目前来说，土耳其在国家发展之路上存在诸多问题，但就前景来说，一直以来土耳其政府对国家发展的把握力度还是颇有成效的，总统制的到来更是令土耳其进入了一个崭新的历史阶段。虽然新政体可能与以往土耳其旧的政治格局仍有诸多的不兼容，但土耳其政府也一直在尝试体制上的自我更新。恰逢“一带一路”倡议的重大历史时刻，嗅觉敏锐的土耳其政府几乎没有不参与共建的理由，相信中土两国在“政策沟通”“设施联通”“贸易畅通”“资金融通”“民心相通”的框架下，有能力携手共进，共同迎接彼此双方“中国梦”和“土耳其梦”的历史时刻。

第二章 投资政策和营商环境研究

土耳其的经济发展史，很大程度上就是一部外资吸引与利用的历史。所不同的是，建国初期外资的利用模式是以国家为主导，20 世纪 80 年代经济改革之后，土耳其对外资的利用开始转变为国家监管、市场执行的方式。在 20 世纪 80 年代之前，土耳其为了保护国内产业的发展，采取了进口替代和发展内需的方式发展经济，执行固定汇率制度来抑制国内的高通胀局面。然而，随着世界流动资本的不断扩大和盈利需求，原先依靠固定汇率制度所维持的进出口稳定遭受危机。在外交倾向“一边倒”的情况下，土耳其通过厄扎尔改革确定了浮动汇率机制，以推动“私有化改革”来扩大土耳其消化外资的能力，并依靠优越的地理位置和 1996 年关税同盟，将土耳其的经济模式转变为外向型。

以出口为主导的经济发展方式，直接面对世界范围内同类商品的竞争。进入 21 世纪，土耳其由于教育结构、科研能力等多方面因素的制约，在国际分工和国际交换的过程中陷入劣势，尤其是以微电子、通信、数控等为代表的高新技术产业部门，成为限制土耳其经济进一步发展的瓶颈。土耳其一方面通过立法、行政等多种手段平衡国内的产业结构，另一方面通过海关制定了一系列诸如出口奖励、投资激励和进口加工等有利于国内产业发展的政策措施。但是，由于土耳其经常账户赤字偏高，外债规模过大，政府及社会投入能力不足，导致外资驱动成为土耳其产业发展不可或缺的一种方式。为了维护经济的正常发展，土耳其政府势必需要通过引入更大规模的外资来强化产能。近年来，因为政局不稳、社会问题爆发等不良问题导致了大规模的外资抽逃，土耳其里拉也因此大规模贬值。为了稳定执政地位，正发党政府也在法律、行政等方面做出改革，以期吸引更大规模的直接投资，加大与国外的技术合作，释放土耳其市场的活力。

随着中土两国间经贸合作的深化，越来越多的中资企业及个人在向外拓展的过程中锚定土耳其，但是近年来土耳其安全局势的动荡和反倾销调查的持续，不仅干扰到了两国之间正常的进出口贸易，还打击了部分中国投资者对土耳其的投资信心。2018 年 6 月，埃尔多安成功连任土耳其总统，土耳其社会各方面都开始回归正常，且当前土耳其的发展以实现建国百年目标为基本立足点，因此不论是外资投资政策还是营商环境都得到了很大程度上的改善。在当前“一带一路”倡议的时代背景下，土耳其积极推动“中间走廊”项目与“一带一路”倡议进行对接，对于寻求开拓海外市场的中资企业及个人来说，无疑是一个良好的政策基石，很大程度上将对中土之间贸易的健康发展提供助力。

第一节　宏观经济情况

2013 年是土耳其经济发展的分水岭，不论是 9506 亿美元的 GDP 总额，抑或是 12543 美元的人均收入，都是近十年来的最高水平。这一举世瞩目的经济成就，不仅为土耳其带来了良好的国际金融声誉，也令大量国际资本选择土耳其成为长期栖息地。然而，2013 年一系列政治、社会问题的集中爆发，大量外资一夜间抽逃，土耳其经济结构的弊端也逐渐暴露出来。因“私有化改革”的后继动力不足，加之外交层面的困境，土耳其整体的宏观经济情况较之以往有较为明显的下降趋势。

一　总体宏观经济情况

自从图尔古特·厄扎尔在经济领域进行“改革开放”之后，土耳其的经济发展进入了历史的新阶段。在国家政策层面上，土耳其允许国有企业被私有资本和外国资本合法收购，这一规定让几乎涵盖土耳其所有经济领域的国有企业暴露在世界资本的视野中，几乎世界上所有的跨国企业都将眼光聚集在衔接欧亚大陆的土耳其身上。由于土耳其当时未能设立专门管理外资的部门，所以外资的流动具有很大的自由性和投机性，加之改革中所奉行的外资机制漏洞颇多，相当一部分外资直接流入了金融行业，这无形中便成为如今土耳其金融部门产业庞大的动因之一。

埃尔多安执政之后，作为“改革开放”的推动者，其领导下的正发党政府加快了私有化进程，并且通过打击部分大型财团的方式为私有化之路扫清障碍，因此在正发党执政期间，土耳其的改革步伐明显加快。为了妥善管理外资流向，土耳其通过财政部及隶属于总统府的投资局（Yatırım Ofisi）[①] 共同对流入境内的外资进行集中管理，不仅如此，在已经提上日程的第 14 个中期规划中，土耳其也将针对外资的管理设立新的协管部门。

之所以需要对流入境内的外资进行重合管理，主要是因为土耳其执行较为开放的市场政策，货币流通相对自由，同时也存在着易受外部环境影响的缺点。在土耳其出现社会动荡或经济衰退等突发状况时，外部金融资本很容易通过各种渠道流失，对土耳其的币值、财政状况造成难以预计的不良影响。自 2014 年起，土耳其经济在国内政治和国际经济的双重压力下陷入了衰退期，曾经中东地区的投资重镇如今逐渐演变成外资抽逃的脆弱之地。因为外资出现大规模、短时间内集中出逃的状况，2014 年土耳其的 GDP 总量连续下滑，人均收入也随之逐渐缩水，由此便引发土耳其国民缩减开支，影响到土耳其市场的持续活力。受此不良影响的连锁反应，外资流出与流入出现错位，使得依靠外资缓解外债和经常账户赤字的土耳其政府入不敷出，甚至在 2017 年出现外债占 GDP 总额 53.39% 这种情况的出现。

从大数据上反映的情况来看，土耳其的经济状况确实不容乐观。曾经对中国经济发展发布过负面评价的世界三大评级机构纷纷调低对土耳其市场的预期，标准普尔基于近期里拉极端波动的影响，将土耳其长期外币评级从 BB－降至 B＋；穆迪认为土耳其公共机构持续疲软，对其政策的执行性提出疑问，将土耳其评级从 Ba2 降为 Ba3；惠誉认为土耳其持续性政策不完整，也对土耳其的评价展望为负面。2018 年 8 月 30 日，针对国际信用机构的评价，埃尔多安在访问巴勒克西尔（Balikesir）时发出抗议，认为“这些国际信用机构既然可以将一个破产国家的信用等级连升四级，他们就是彻头彻尾的骗子，他们别想用美元来打败我们”。[②]

---

① 在总统制施行之前，投资局隶属于总理府，受总理府的领导和管辖。

② Özgür Altuncu，“Erdoğan'dan Kredi Kuruluşlarına：Bunlar Teşkilat”，*Hürriyet*，01. 09. 2018，http：//www. hurriyet. com. tr/gundem/erdogandan-kredi-kuruluslarina-bunlar-teskilat-4094.

二　2017 年的宏观经济情况

根据土耳其国家统计局公布的数据，2017 年土耳其的 GDP 规模为 8510.46 亿美元（现价美元），相对 2016 年同比下降约 1.36%。然而，如果以 2009 年的发展指数为基准数据，2017 年土耳其的实际 GDP 增长率则为 7.4%，且世界银行也采信了这一发展数据。这样一来，除了爱尔兰和亚美尼亚，土耳其成为 2017 年世界各主要经济体经济增长的新龙头（见图Ⅱ-2-1）。

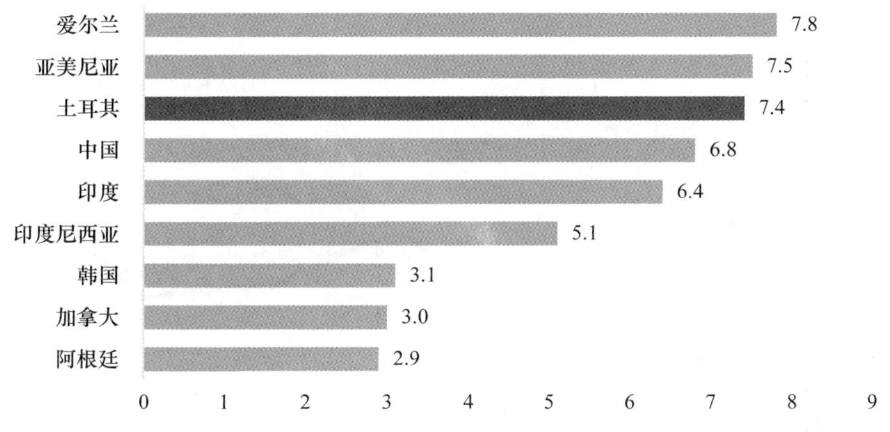

图Ⅱ-2-1　2017 年世界经济体增速排名（单位:%）

资料来源：根据土耳其国家统计局及世界银行数据整理。

从实际 GDP 的角度出发，2017 年第三季度的 GDP 增长最为迅速，为 11.3%，第四季度的经济发展指数最高，为 185.9（2009 = 100）。细化到各个产业部门，2017 年农业产值提高 4.7%，工业产值上升 8.9%，第三产业的增速最快，为 10.7%。进出口方面，2017 年土耳其对外商品及服务贸易总额为 3914.2 亿美元，同比增长 14.8%，其中出口 1571.8 亿美元，同比增长 10.3%；进口 2342.5 亿美元，同比增长 18.0%；贸易逆差为 770.7 亿美元，同比增长 37.5%。纵观整个 2017 年，进出口贸易总额最高的月份是 12 月，为 369.8 亿美元；出口量最高的月份是 3 月，为 145.1 亿美元；进口量最高的月份是 12 月的 231.0 亿美元；逆差最大的月份同样出现在 12 月，为 92.3 亿美元。

消费物价指数（CPI）作为宏观经济分析与国民经济核算的重要指标，对于土耳其来说也是直接反映其年度通货膨胀水平的重要参考。2017年土耳其的平均通货膨胀率为11.14%，不仅是六年来的峰值，同时也是六年来首次突破两位数。与2016年同期7.79%的通货膨胀率相比，2017年土耳其的通货膨胀水平增速近43%（见图Ⅱ-2-2）。在所有的社会经济活动中，交通产业类型相关的产品及服务价格上涨速度最为迅速，全年平均上涨16.80%，烟酒商品平均上涨15.44%，食品价格平均增幅12.70%，日用品的价格涨幅也相对较大，为12.29%。

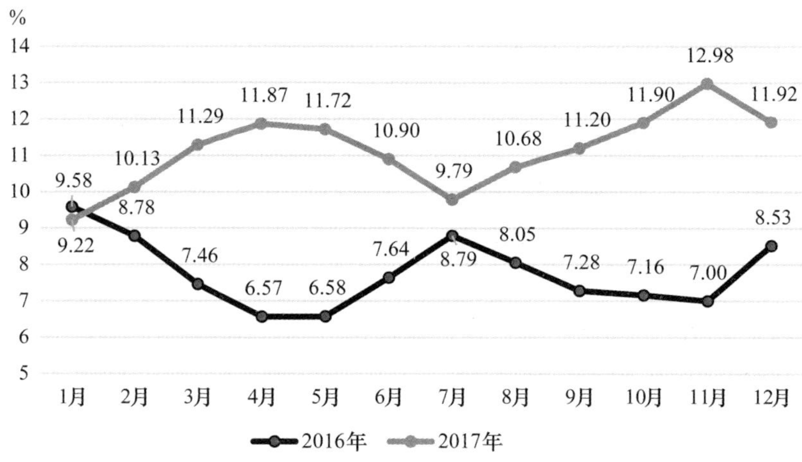

图Ⅱ-2-2　2016—2017年平均价格指数增幅（2003=100）

资料来源：根据土耳其国家统计局CPI各月数据整理。

2017年，土耳其通货膨胀持续发酵不仅有着国内原因，国际金融环境的动荡也成为土耳其宏观经济动荡的背后推手。在美国推行量化宽松时期，土耳其与阿根廷、印度尼西亚等新兴市场国家均在一定程度上谋得经济上的巨大利好。而随着2014年美国结束为期三期，总额4.5万亿美元的资产购买计划之后，新兴市场国家包括土耳其也开始了经济增长的逐渐下滑。美国三期的量化宽松分别开始于2008年、2010年及2012年，而在这三个时间节点，也恰好是土耳其推行“私有化”改革较为深入的阶段。从2008年以来土耳其经济发展的数据来看，2008年土耳其历史上人均GDP首次超过一万美元，同比增幅达11.75%。2009年受国际金融危机余波的干扰，土耳其人均 GDP 回落至一万美元以下，而在 2010 年量化宽松重启之后，其人均 GDP 在短短数月内再次回升至 10672.4 美元。虽然此后数年人均 GDP 时有起落，但再未跌破一万美元的门槛，这在美国退出量化宽松之后是难能可贵的。

某种程度上说，美国全球范围内 4.5 万亿美元的收购资本是在金本位非充足的情况下，依靠政策指导推行的，这同时也就意味着，量化宽松资本的赎回也是情理之中的事情。在美国经济回暖之后，资本的回流对其稳固国际收支体系和国内经济秩序显得至关重要。在美联储持续加息的情况下，大量资本开始了回流的进程，这对于广大新兴市场及发展中国家来说，无疑是一次资本的收割。特朗普上台之后，在“美国第一”口号的助推下，这种资本收割的速度明显加快，从而导致了诸如土耳其、阿根廷等新兴市场国家货币贬值的速度加快。2018 年 8 月，华盛顿宣布将对源自土耳其的钢铁、铝制品加征关税的决定，更是令土耳其里拉在一天之内经受了过山车式的暴跌，也大概在同一时期，土耳其的通货膨胀难以抑制，消费品价格指数全面上涨。

一般来说，正发党执政以来，其发展经济的核心手段是私有化及基础设施建设。作为一个外汇储备长期不足的国家来说，这两大经济发展的核心均需要大量外部资本的支持。就目前的情况来说，虽然土耳其在私有化方面取得了丰硕的改革成果，但其国内仍然存在大量诸如不动产、海湾设施等基建项目等待收购。此外，土耳其在 2023 年目标中提及的 10000 千米高铁里程，依靠土耳其目前的国力，似乎在短时间内难以实现。为了能够早日实现 2023 年的“土耳其梦”，埃尔多安自赢得 2018 年大选之后迅速推进国内的高铁建设，但在其要求施工方高额贷款及前期垫付的条件下，与中国的谈判陷入困境，最终德国西门子公司与土耳其达成价值 350 亿欧元的高铁建设项目。

土耳其大力推动基础设施建设有着深刻的内在因素。总体上说，土耳其人口整体文化素质有待提升，高端人才较为稀缺。劳动力素质的结构决定了土耳其短时间内通过高新技术产业完成经济转型，进而推动经济发展的可操作性并不高。此外，作为土耳其的经济支柱之一，建筑业不仅能为土耳其贡献可观的经济收益，还能很大程度上缓解土耳其居高不下的失业率。根据土耳其国家统计局的数据，截至 2018 年 8 月土耳其的失业率为

11.1%，其中青年（15—24岁）失业人口是整个失业人群的重灾区，失业率高达20.8%。此外，劳动参与率也仅有54.3%，远远低于2017年61.9%的世界平均劳动参与率。

旅游业作为土耳其另一大经济支柱产业和就业来源产业，因2016年“未遂军事政变”的影响，旅游业发展受阻，但凭借着优质的旅游资源，土耳其依然在2017年创造了270亿美元的总营业额，对经常账户赤字的贡献率达36%。在2018年9月提出的第14个中期三年规划中，2021年的旅游业创收目标为420亿美元。但就目前土耳其现有的酒店、机场、道路等基础设施而言，其接待能力远远不能满足420亿美元的创收目标。

以范围相对较窄的领域来说，包括基础设施建设、私有化、吸引外资、旅游业、金融业等在内，已经形成了相对完整的经济生态平衡，各方面相互结合形成区块，对经济发展的统一作用进而形成“区块链”。因此，为了维护土耳其经济发展过程中的稳定，土耳其政府虽然在第14个中期规划及第十一个“五年计划”手册中提及调整经济发展结构，但并未对经济结构的变动做出详细说明。因此，至少在2023年来临之前，土耳其现有的经济结构很难发生实质上的转变。

整体上看，土耳其现阶段正在经历一个低储蓄率和低投资意愿的社会环境，大量资金脱离生产和消费游离在市场边缘，成为影子资本。之所以造成这种状况，其一是因为里拉汇率频繁波动，其二是因为需求受到资本挤压，从而影响到了经济的可持续增长。然而，这一层矛盾并非不可解决，但前提是需要稳定且有力的政策执行力作为推动。在全球竞争力指数框架的12个指标中，土耳其的基础类指标[①]和效率增长类指标在过去数年内均得到了很大的改善，与创新驱动型经济体只差一步之遥。

根据世界经济论坛对土耳其的全球竞争力排名，其最高名次是全球第43名（2012年），2017年的全球竞争力排名为第53名。尽管部分组织对土耳其经济未来的发展前景持悲观态度，但在世界银行看来，2017—2018年土耳其政府对本土营商环境的改善是有效且多样的。因此，世界银行将

---

① 基础类指标包括制度环境、基础设施、宏观经济环境、健康与基础教育；效率增长类指标包括高等教育与培训、产品市场效率、劳动力市场效率、金融市场效率和技术成熟度；创新与精细化类指标包括商业成熟度和创新能力。

土耳其的营商环境列入改善前十名，这同时也是土耳其第一次进入改善前十。在世界银行2019年营商环境排名中，土耳其在190个国家及经济体中位列第43位，营商环境便利度分数为74.33分（满分100分）。

第二节　外资利用情况与进出口贸易环境

在世界银行的《营商环境报告》中，2019年土耳其的"营商环境便利分数"高于欧洲和中亚地区的平均数，营商总体环境较2018年得到了优化，在列举出的十大营商指标①中，仅有财产登记手续的指数下滑。在十大指标中，合同执行力度排名最高，为全球第19名；财产登记手续较2018年下降1.54个百分点，居于全球第39名；获得信贷便利指数较2018年提高20个百分点，居于全球第32位，这同时也是所有十项指标中提升最快的一项。

一　外资利用情况

根据土耳其投资局的数据，截至2018年8月，近期流入土耳其的外国直接投资（FDI）达70亿美元，预计到2018年底，外资规模将达到110亿美元，相对2017年将会有所提高。② 外资规模的扩大，对土耳其弥补经常账户赤字将会大有裨益，并且从某种程度上说，土耳其营商环境正在逐步恢复到2016年"未遂军事政变"之前的水平（见图Ⅱ-2-3）。但是值得关注的是，FDI同时也是热钱流入的途径之一，如何管控外资流入渠道将在很大程度上成为对土耳其政府的一个挑战。因此，土耳其在中期规划中明确指出对银行业进行整顿，避免不良贷款和套现出局情况的发生。某种程度上说，随着土耳其货币金融监管力度的逐步提升，土耳其有望在将来更好地对非投机性外资进行有效保护。

---

① 十大营商指标分别是：开办企业指数、办理施工许可指数、电力获得指数、财产登记指数、获得信贷指数、保护投资者指数、纳税指数、跨境贸易指数、合同执行指数和破产办理指数。

② "Türkiye'ye 8 ayda 7 milyar dolar yabancı yatırım girdi!", *Sabah*, 12. 10. 2018, https://www.sabah.com.tr/apara/haberler/2018/10/12/turkiyeye-8-ayda-7-milyar-dolar-yabanci-yatirim-girdi.

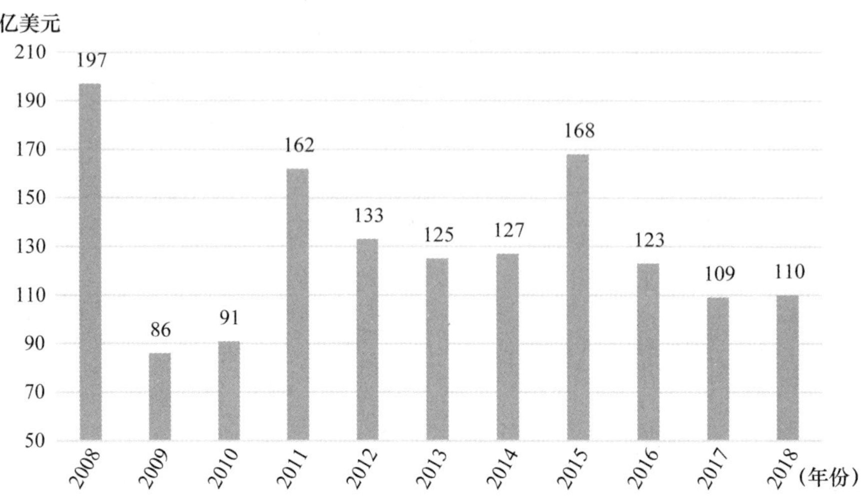

图Ⅱ-2-3　2008—2018 年土耳其境内 FDI 规模

资料来源：根据土耳其商务部数据整理，2018 年数据为预测数据。

为了佐证近年来土耳其经济形势发展良好，回击外界对土耳其经济发展的质疑，投资局统计后发现，在 2002 年之前，土耳其总计吸收外资 150 亿美元；而在正发党执政之后，通过外向型发展、私有化等一系列刺激市场的经济发展方针之后，十六年间共吸收外资 2000 亿美元。在过去的一段时间内，投资局下属的对外经济关系委员会（Dış Ekonomik İlişkiler Kurulu）积极拓展与周边 26 国的经济关系，联合举办经济会议多达 40 余次，为土耳其外资来源的多元化做出了杰出贡献。①

就数年来土耳其的外资来源来看，绝大多数外资的母国分布在欧洲，其次是亚洲与美洲。以 2016 年的统计数据为例，来自欧洲的外资数量占年度外资总额的 63.77%，亚洲的投资额占总外资额的 29.16%，美洲的投资额与欧亚的投资额相比差距较大，仅占总投资额的 6.65%。投资额的多寡固然跟地理位置有着一定程度的关联，但考虑到在全球化的时代，资本的流动性大大增强，在土耳其本土进行直接投资的欧亚企业多少都会受到来自美国资本的支持，作为美国地缘战略的重要支撑点，土耳其本土

① "'2002' den beri 200 milyar dolarlık doğrudan yatırım geldi!", *Sabah*, 09. 11. 2018, https://www.sabah.com.tr/apara/haberler/2018/11/09/2002den-beri-200-milyar-dolarlik-dogrudan-yatirim-geldi.

美国资本的隐形力量依然不可忽视。具体到2017年，在土耳其本土参与直接投资最多的国家是荷兰，其次是西班牙、阿塞拜疆、奥地利和英国，同时也不难发现，欧盟对土耳其的投资总量，达到土耳其接受投资总量的59%，这同时也从侧面体现出土耳其经济对欧盟的依赖程度（见图Ⅱ－2－4）。

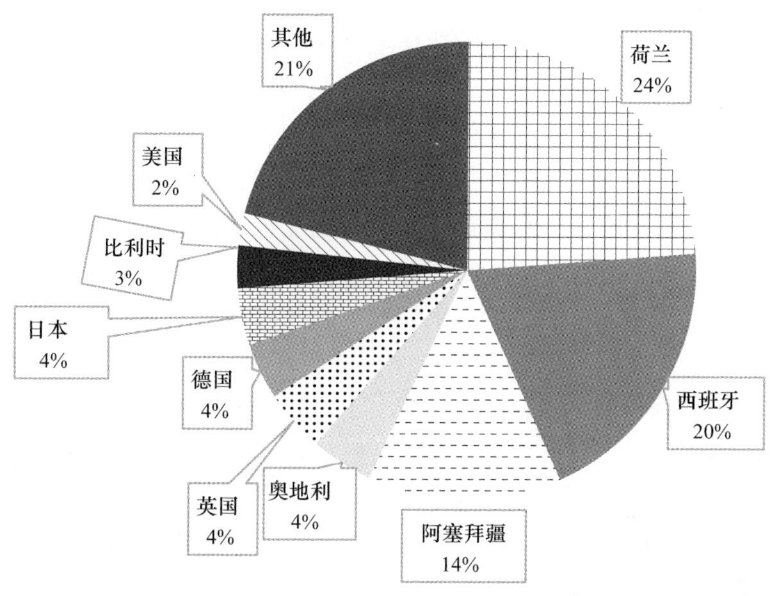

图Ⅱ－2－4　2017年土耳其外资来源

资料来源：https：//en. portal. santandertrade. com/establish-overseas/turkey/foreign-investment.

受到供求关系的影响，加之社会生产力条件和资本成本的制约，全球资源配置普遍倾向流入被投资国生产技术较低的行业，这一规律同样适用于土耳其。根据土耳其投资局公布的数据，外来资本多数流入服务行业、金融信贷行业、工业部门及生产性行业等。从2017年资本的最终流向来看，金融和保险行业吸纳资本最多，占全部外资总额的19.5%；其次是运输和储存行业，吸纳总外资的18.2%；制造业以17.0%的融资额居于第三位；能源行业和建筑业分居第四位和第五位，其融资额度分别占当年总外资份额的12.7%和8.4%。

2009 年，土耳其伊斯坦布尔加入了“全球金融中心指数”（Global Financial Centers Index）体系。随着土耳其经济实力的不断增强，伊斯坦布尔正朝着成为全球金融中心的方向发展。2016 年，该指数认为在未来的世界金融中心行列中，伊斯坦布尔有可能会因为其优越的地理位置及不断上升的经济实力，成为除美国和远东的集群中心外，东欧和中亚之间的金融中心。尤其在 2016 年英国宣布退出欧盟之后，伊斯坦布尔依照当前的经济表现，很有可能在将来与伦敦平起平坐。如果出现伦敦作为金融中心出现衰落的情况，伊斯坦布尔甚至有可能填补伦敦之后的空缺。

在一片盛誉中，土耳其及伊斯坦布尔的表现也始终在不断进步，直到 2013 年一连串的社会动荡和政治动荡。此后，土耳其的经济表现开始呈现出低迷，得益于有力的行政能力和相对完善的制度及法律保障，土耳其经济才不至于如 20 世纪一般不停重复过山车式的经济发展。目前，土耳其是中东地区吸纳外资总量第二的国家，但根据土耳其目前的官方公告和政策说明，安卡拉目前仍然希望借优化营商环境来吸纳更多的外来投资，对 FDI 在土耳其市场的“留存利润”问题似乎还没有明确表态。虽然在国际资本的流动中，FDI 往往被认为是最稳定和非投机的，但拉美金融危机和亚洲金融危机期间，FDI 同样也掀起了大范围的撤资浪潮。此外，某种程度上说，FDI 在投资国的留存利润，通过多年的积累很有可能会成为影响土耳其国际收支安全的暗物质。在特定的条件下，留存利润所掀起的经济问题有可能会比常规外资出逃有着更大的社会危害，甚至可能有足够的能量使债权国和债务国的地位发生转变。审视土耳其外资的最终流向，外资在土耳其的利润周期相对更短，因此留存利润问题或许在将来会成为土耳其经济发展过程中的另一个掣肘点。

二 进出口贸易环境

长期以来，土耳其的经济增长理念与私有化、外国投资和进出口贸易关系密切，总结起来就是外部驱动。因此，土耳其国内的社会稳定和政治稳定是其实现经济增长的必要条件。然而，就近几年来说，伴随着土耳其政局的波动，土耳其社会的稳定程度遭受前所未有的挑战。而这一系列挑战的起点则是 2013 年的游行示威运动。因此，某种程度上说，2013 年不仅是土耳其政治的转折点，同时也是土耳其对外贸易的重要转折点。

根据土耳其海关总署的最新数据，2018 年土耳其货物进出口贸易总额为 3910.62 亿美元，与 2017 年同期基本持平。其中出口贸易总额 1680.23 亿美元，同比增加 7.0%，进口贸易总额为 2230.39 亿美元，同比减少 4.6%，贸易逆差为 550.16 亿美元，同比减少约 28.4%。就 2018 年贸易当量来说，虽然进出口水平波动幅度不大，但却大大缩小了其贸易逆差的规模。从这一点上来看，土耳其贸易逆差规模的缩小并不能完全表明土耳其进出口贸易在 2018 年获得了长足发展。某种程度上说，土耳其之所以贸易逆差锐减，主要得益于货币贬值、非关税贸易壁垒等多方面因素的共同作用。

就土耳其目前出口贸易的商品结构来看，轻工业如纺织工业、食品工业等在出口贸易中仍然占据较大比重，初级产品（原材料）和工业半成品成为土耳其对外出口的中流砥柱。与往年相比，土耳其的出口贸易伙伴未出现结构性变动，出口对象仍然以中东地区、欧洲和美国等为主，德国、英国、伊拉克、意大利和美国依旧是土耳其五大出口市场。德国市场在土耳其的出口贸易结构中占据重要位置，2016 年土耳其总贸易额的 9.8%，即 140.05 亿美元来自德国，同比增长 4.4%；英国市场接纳了土耳其价值 116.91 亿美元的出口商品，同比增长 10.7%，与英国的出口贸易占土耳其年度贸易总额的约 8.2%；虽然出口额同比下降了 10.6%，但 76.40 亿美元的出口额丝毫不影响伊拉克成为土耳其的第三大出口市场；意大利在 2016 年仍旧是土耳其第四大出口市场，其从土耳其进口的商品总额同比上升 10.1%，约为 75.83 亿美元；美国作为土耳其的传统盟友，同时也是土耳其第五大出口目的地，为土耳其的出口贸易贡献了 66.27 亿美元，同比上升 3.6%。

与出口贸易不同，土耳其的进口贸易发展迅速。逐年膨胀的进口贸易一方面令土耳其的外汇大量流失，经常账户赤字不断扩大，另一方面给土耳其本土的经济部门带来不同程度的冲击，加之近年来愈演愈烈的私有化进程，土耳其在某些领域的产品严重依赖进口，不利于土耳其经济健康、可持续地发展。

2010—2018 年，土耳其的进口贸易大致呈现出以 2013 年为峰值的下开口抛物线的发展模式。2010—2013 年土耳其的货币处于相对稳定的阶段，而自 2013 年之后，土耳其新里拉不断出现贬值。一般来说，本币贬值有利于出口，但在土耳其却出现了双双下滑的局面，虽说与土耳其的政局有相当程度的关系，但土耳其是一个高度推崇市场自由化的国家，因此这一组关系在很长时间内都将是一个值得关注的话题。

此外，不断萎缩的出口从另一个方面也表明，目前土耳其市场的活性出现一定程度上的衰退，这种衰退与土耳其民众不断下降的信心指数存在一定程度的关联。此外，近年来土耳其外债缠身，外债规模约为 4485 亿美元，超过年 GDP 总额的一半，其中短期债务约为 1165 亿美元。在庞大规模的债务面前，土耳其很难通过有限的外汇储备扩大再生产。因此，局限的市场规模也在某种程度上限制了进口规模的扩大。

与出口贸易相比，中国替代德国成为土耳其第一大进口来源国，俄罗斯、美国、意大利与中德两国一道构成了土耳其五大进口来源。据统计，2016 年，土耳其自中国进口了价值约 254.40 亿美元的货物，同比上升约 2.3%，占土耳其年度总进口额的 12.8%；德国作为土耳其第一大出口目的地，同时也是其第二大进口来源国，向土耳其出口价值 214.74 亿美元的商品，同比上升 0.6%，土耳其进口额的 10.8% 贡献给了德国；俄罗斯向土耳其输送了价值 151.61 亿美元的商品，虽然较 2015 年有 25.7% 的大幅下降，但俄罗斯仍然获取了土耳其进口额 7.6% 的外汇，成为土耳其第三大进口来源国；美国出口至土耳其的商品同样也出现下滑趋势，幅度约为 -2.5%，土耳其自美国的进口额约为 108.67 亿美元；意大利作为土耳其的第五大进口来源国，向土耳其输送了价值约 102.19 亿美元的商品，同比下降 3.9%。

对土耳其来说，中国和俄罗斯是其贸易逆差的主要来源。土耳其在与两国的贸易中数年来一直处于入超地位。2016 年，两国与土耳其贸易的出超总额约为 365.18 亿美元，约占土耳其同年逆差总额的 65.22%，其中中国出超 231.05 亿美元，俄罗斯出超 134.13 亿美元。此外，德国、韩国、印度、美国等在与土耳其的贸易中同样处于出超地位。土耳其的入超来源主要是伊拉克、英国、阿联酋、以色列和沙特阿拉伯等国家和地区，其中伊拉克和英国是其最主要的入超来源。据统计，2016 年土耳其与伊拉克的贸易中顺差 67.99 亿美元，同比下降 17.6%；与英国的贸易顺差为 63.71 亿美元，同比上升 27.0%。彭博资讯公司将土耳其近年来外贸赤字的不断缩小归结为以下几个原因。第一，近年来，由于国际原油等大宗商品的价格不断走低，土耳其的外汇缺口得到缓解，经常账户赤字和外贸赤字得到相应控制。第二，货币的疲软一定程度上刺激了出口，同时为土耳其制造业提供了良好的发展机遇。①

第三节　税收政策、投资立法及双边协定

作为一种重要的政策工具，税收具备强制性、无偿性和固定性等特点，税收收入对国家的财政贡献具有其他方式无法比拟的广度和深度。作为外向型国家，土耳其的税收政策必须满足优惠性的条件才能成为外资的长期栖息地。为了扩大税基，土耳其对外资开出了减免增值税、营业税、流转税等多种优惠条件，并通过立法和双边协定的形式确定下来，这就成为正发党执政十余年来，外资大量涌入的直接原因。

一　税收政策

土耳其的税制总体来说是属地兼属人税法相结合的税收体制，实行中央一级管理制度，即中央、财政部负责税收立法、税种制定及征收部署管理，各省税务总局及分局按照辖区部署的不同，负责具体的税务征收工作，各级税务部门不享有中央部署之外的权利。土耳其同时也是目前世界上税种最少的单一税制国家之一，在美国《福布斯》杂志评选的全球负税指数排行中位列第四。

土耳其的主要税种包括增值税、印花税、收入税、公司税、金融保险交易税、交通工具税、关税、特别消费税等 14 种税，其中收入税和公司税是直接税。因为采用属地兼属人的税收体制，外国公司与土耳其公司承担相同的纳税义务，然而因为招商引资的关系，外国公司在土耳其政府划定的特殊经营范围和特定地理位置，可享受规定年限内的税收减免优惠。若论土耳其整体的税收环境，因国家在外资吸引上的需求，所以土耳其的税收政策在经合组织（OECD）国家中具备相对良好的竞争力。

① Onur Ant, "*Oil Slump Allows Turkey to Record Smallest Trade Gap Since 2009*", Bloomberg, Jan 29, 2016, https://www.bloomberg.com/news/articles/2016-01-29/turkey-trade-deficit-narrows-in-december-as-imports-plunge.

根据土耳其税法，公司所得税的纳税人实体主要是以营利为目的的各种类型、性质的企业和公司，以及按照资本市场法案设立的投资基金。如果法律意义上的纳税人实体总部及经营总部均设立在国外，则该纳税人实体认定为非居民纳税人，履行有限纳税义务；如果纳税人实体的总部和经营总部中有一个设立在土耳其境内，该纳税人实体则被认定为居民纳税人，履行完全纳税义务。

就有限纳税义务来说，纳税人实体仅就土耳其境内的经营活动所得进行纳税，如专业服务费、所得利润、不动产、租金、证券收入等。而完全纳税义务则根据纳税人实体的全球收入缴纳所得税。不论有限纳税义务还是完全纳税义务，其所得税税率均为资本所得的 20%。根据土耳其政府的规定，纳税人实体的应缴税额计算公式为“应纳税所得”（应税收入 - 营业费用 - 亏损 ×20%）。其中，应税收入包含资本利得、股息、利息和国外所得等；营业费用包括折旧和摊销、通货膨胀调整准备金、工资薪金支出、利息、特许权使用费、管理服务费、研发费用、坏账、呆账、捐赠等；亏损在纳税年度发生后可以用以后年度的所得弥补，但最长期限不得超过五年。

在个人所得税条款中，对于外国人同样具有约束效力。凡外国人只要在土耳其有固定法定居所或者在土耳其获得重大社会和经济利益，均可以被视作土耳其居民，履行完全纳税义务；对于无固定法定居所，但在土耳其境内连续居住 6 个月及以上的外国人，同样被视作土耳其居民，履行完全纳税义务。[①] 土耳其的个人所得税应税种类主要分为营业所得、农业所得、雇佣所得、专业服务所得、不动产所得、动产所得、其他所得（资本所得和偶然所得）。在同一个纳税年度内，累计所得不超过 9400 里拉按照 15% 的税率缴纳个人所得税；9400—23000 里拉按照 20% 的税率缴纳个人所得税；23000—80000 里拉的个人所得税税率为 27%；80000 里拉以上按照 35% 的个人所得税税率缴纳。

增值税的纳税人实体为在土耳其提供应税货物及劳务以及进口货物的公司和个人，增值税标准税率为 18%，低税率为 8% 和 1%，对于出口货

---

① 在土耳其短暂停留或从事预先安排活动的商人、科学家、专家、政府人员、记者、学生、就医、休假和旅游的外国人即便在土耳其境内停留超过 6 个月，也视为非居民纳税人。

物适用于零关税。8%的税率适用于基本生活用品及服务类行业等，1%的税率适用于运输行业、特定农产品、特殊皮革等。对于奢侈品及豪华车而言，在缴纳标准增值税之外还需缴纳20%的特别消费税，豪华车根据发动机排量的大小缴纳10%—83%不等的特别消费税，特别消费税只征收一次。此外，土耳其对诸如公司转让、原油管道运输、未经加工的黄金、外币供应等业务实行免增值税规定，但同时附加规定不允许抵扣增值税进项税额。表面上看起来土耳其政府放弃一笔财政收入而给予纳税实体以优惠政策，但考虑到增值税的链条原则，商品在制造、组装、批发及零售环节中，其销售额、销项税、购进价和进项税的不同，很有可能非但不能给纳税人带来利益，反而会给其带来税收负担。据统计，2017年增值税的收入约占同年税收总收入的33%，是对土耳其税收贡献率最高的税种。

如果纳税人存在未履行纳税义务的情况，且未曾就应缴税额向法院提请诉讼，则应该在接到税务部门评估通知30日内清缴。对于30日内仍未清缴的纳税人，税务机关有权对其采取相应措施。就应缴税款而言，如果税款及罚款总额超过30830里拉，纳税人将会面临由三名法官组成的税务特别法庭，对于审理结果若持有异议，可在接到判决通知30日内向高级行政法院提出上诉，高级行政法院的审理结果为终审判决。对于拖欠税款及罚款未超过30830里拉的纳税人，将由一名法官负责对其审理，如果纳税人不满判决结果可上诉至地方行政法院，地方行政法院的审理结果为终审。

作为税收收入的另一个重要来源，海关税在土耳其的税制中具有举足轻重的作用。土耳其在海关管理及税收制度上多次进行修改，现阶段执行的是1999年10月27日制定的《海关法》。该海关法公布在1999年11月4日的官方公报中，法律文号为4458号。当时公布的《海关法》分为13个部分共计246条，其中部分章节在其后进行了多次修改，最近的一次修改发生在2014年，修改程度最大的一次发生在2009年，共计修改80余处。如今《海关法》分为13个部分共计248条，对土耳其进出口商品的类别、标准、自由贸易区交易规则、关税制定与海关管理等多方面进行了说明和阐释。

土耳其海关制度及管理复杂且多变，法理之外掺杂着诸多不确定因素。这一现象的产生有着多方面的因素。第一，作为欧洲关税同盟的签署国，优惠关税甚至零关税的优势，使得大量跨国公司将土耳其视为产品进军欧洲市场的跳板，所以土耳其海关不仅面向国内市场，同时还面向欧洲市场，因此其不仅执行本国的海关制度同时还执行欧盟的关税制度。第二，虽然享受欧洲关税同盟的便利条件，但非欧元区的地位给土耳其海关的关税制定及执行带来了不确定因素，加之近年来土耳其里拉币值不稳，土耳其在保证国家财政收入的同时，难以同时顾及进出口商的经济利益。第三，原产地原则、出口加工原则等一系列现行政策，出于对国家民族工业的保护，某种程度上会造成不公平现象的产生。第四，大量商业行会及进出口行会等非官方组织一定程度上也会影响到土耳其海关职责的履行等。

按照土耳其现行的“海关法”，为了达到增加国家收入，减少经常账户赤字、扩大外汇储备、促进出口等多方面的国家经济发展目标，土耳其政府将海关的职能广义上划分为八个类型，分别是自由流通制度（Serbest Dolaşıma Giriş Rejimi）、中转制度（Transit Rejimi）、保税仓储制度（Gümrük Antrepo Rejimi）、进口加工制度（Dahilde İşleme Rejimi）、海关监管加工制度（Gümrük Kontrolü Altında İşleme Rejimi）、临时进口通关制度（Geçici İthalat Rejimi）、海外加工制度（Hariçte İşleme Rejimi）以及出口制度（İhracat Rejimi）等。

根据土耳其的海关职能，土耳其将进出口关税分为 12 个类型，分别是海关税（Gümrük Vergisi）、增值税（Katma Değ er Vergisi）、反倾销税和补偿关税（Anti Damping Vergisi ve Telafi Edici Vergi）、内部加工补偿关税（Dahilde İşleme Rejimi Kapsamında Tahsil Edilen Telafi Edici Vergi）、单一税和固定税（Tek ve Maktu Vergi）、特别消费税（Özel Tüketim Vergisi）、包装税（Bandrol）、民众住宅基金税（Toplu Konut Fonu）、印花税（Damga Vergisi）、价格调节基金（Destekleme ve Fiyat İstikrar Fonu）、进口信贷基金使用税、烟草基金税（Tütün Fonu）等。

根据土耳其《海关法》第 24 条，进口商品的关税税额应根据商品在土耳其市场流通的实际成交价格和进出口双方的成交价格确定，实际价格应根据土耳其商法等法律酌定。在计税的过程中，根据商品的性质，海关有权决定根据何种标准（重量、数量等）对进口商品进行征税。有关各类型商品的税额税率规定，土耳其海关有一套与之相匹配的税率表，并且会在官方公报中调整部分商品的关税税率。但是在实际操作过程中，因为反倾销调查等方面的影响会遭到税率的临时改变，因此会对正常的进出口贸易产生不利影响。作为土耳其海关税种的最基本组成部分，所有的海关税缴纳必须以里拉结算，入关时出示的成交合同、发票等相关财务文件若以其他币种结算，则以文件签发当天土耳其中央银行的汇率为基准换算。根据2019年3月公布的数据，2月海关税总收入106亿里拉，占当月土耳其税收总额的21.14%。自2013年起至今，海关税收入对土耳其全国税收总收入的贡献率约为20%。

总结起来，以上八项职能的核心就是通过海关税的调节作用，降低在土企业的生产成本，从而取得国际市场上的价格优势。换句话说，在当前土耳其长期处于贸易逆差的情况下，土耳其势必要通过减少进口扩大出口的方式来扭转逆差地位所带来的负面效应。特别值得一提的就是原产地原则，依托欧洲关税同盟的有利条件，土耳其将进口商品依照原产地的不同划分为欧盟商品和非欧盟商品，执行不同的关税标准。也就是说，土耳其希望凭借原产地原则引导外资在土耳其境内进行生产，其后产品以“土耳其制造”的面貌出现在国际市场当中，某种程度上说，土耳其不满足于当前国际分工中的生产地位，希望借助外资的力量成为世界生产过程中重要的制造和设计中心之一。

作为新兴市场国家，正发党政府近年来尽可能地优化税务环境和税收体制，希望世界资本积极参与土耳其的“私有化”改革进程，在经济全球化的国际分工协作中保证土耳其市场的活力。厄扎尔经济改革后，土耳其开始谋求外资渠道的多样化，以免国家经济的发展被少数国家所垄断。基于这种考量，土耳其政府开始广泛吸纳来自伊斯兰世界和东方的资本。1995年5月23日，中国与土耳其签订了税收协议，自1998年1月1日起正式实行。在中土税收协定中，在尊重双方法律的前提下，对中土两国间商贸往来总体上无特殊规定。双方约定对股息、利息、特权使用费的税率为10%，强调非歧视性待遇，消除双重征税，直接与间接税收抵免等。

二　投资立法及双边协定

自从20世纪80年代厄扎尔将土耳其的经济发展方式由刺激内需转变为出口导向之后，为了创造宽松公平的外资环境，土耳其不仅取消了长期执行的固定汇率制，允许货币自由买卖，还通过了一系列有利于外资流入的法律法规。现阶段土耳其执行的有关外资引入的法案主要是正发党执政后所颁布的，主要有“5084 号鼓励投资和就业法”（5084 sayılı Yatırımların ve İstihdamın Teşviki Kanunu）、“4875 号外国直接投资法”（4875 sayılı Doğrudan Yabancı Yatırımlar Kanunu）、“外国直接投资管理条例”（Doğrudan Yabancı Yatırımlar Kanunu Uygulama Yönetmeliği）及各种双边、多边投资合作协议，相关法律和规章制度组成。其中，第 5048 号法律和第 4875 号法律具有普遍适用性。

5048 号法律的基本目标是，在经济欠发达省份实行税收和社会保障支持，提供免费土地及优惠能源来促进投资，增加就业机会。2012 年 1 月 1 日，土耳其开始执行新的投资激励计划，该计划根据经济发达程度的不同，将全国划分为 1—6 类投资区域，其中 1 类投资区域主要集中在沿海经济发达地区，包含土耳其国内三大城市（伊斯坦布尔、安卡拉和伊兹密尔），此外还有安塔利亚、布尔萨、埃斯基谢希尔、科贾埃利及穆拉等经济较发达的地区。6 类投资区域主要集中在东南部地区，经济发展程度普遍较低。

在 6 大投资区域内，1 类地区因经济发展程度高，相应的政策扶持和投资优惠普遍较低，6 类区域多为库尔德聚集区，经济发展水平低，无论税收政策、土地划拨抑或是费用减免、政策支持都居于 6 大投资地区之首，减税程度甚至高达 90%。但由于 6 类地区普遍毗邻叙利亚、伊拉克等动荡地区，地区安全环境始终成为其经济发展的最大制约因素。5 类地区的政策优惠条件虽然不如 6 类地区，但除了安塔基亚（Antakya）基本上处于土耳其腹地，就安全因素考虑普遍优于 6 类地区，且依然享受 80% 的税收减免政策。2012 年 4 月正式动工建设的土耳其博尔中国工业园正位于 5 类地区的尼代省，园区总规划面积 4600 万平方米，产业园定位机械电子、汽车及配件、轻工纺织、钢铁及机械制造、高科技新能源等领域，对入园的中国企业施行以下优惠政策：免五年企业所得税，五年后征收一半企业所得税；对进口机械设备免征关税；免除企业房产税、污水处理费、建筑税及使用费；免除雇员工资税、保险费；七年内免除社会保障金；水电费减半；免除以出口为目的的原材料进口关税等。

某种程度上说，2012 年投资激励计划和正发党政府一贯推行的私有化战略有一定关系。在投资激励计划中，正发党政府向投资者提供了四套方案，分别是一般投资激励计划、地区性投资激励计划、大规模投资激励计划和战略投资激励计划。其中，战略性投资计划在土耳其政府的规划中，享受最高级别优待，是土耳其重点扶持的项目。该计划主要锚点为高技术附加值产品、减少进口依赖产品，一言以概之就是鼓励外资在土耳其境内设立高新技术产业研发和生产基地，以期改良土耳其的商品结构，促进经济转型。为此，土耳其政府规定，凡此类企业无论在 6 大投资区内何处落户，均享受 90% 的税收减免，7—10 年的社会保障金支持，50% 的出资率支持，以及 5000 万里拉的融资利率支持等优厚条件。

除了政策和税收上的支持，对于创新研发型企业，土耳其政府在 2014 年 2 月 27 日通过的《支持促进产学研结合管理办法》中指出，凡企业与高校研究机构合作进行高新技术开发和应用项目，可享受最高 85% 的政府直接拨款支持，项目验收期为两年，可视情况延期 6 个月验收。此外，概念开发、专利研究、样机生产、技术研发等可通报"土耳其科学技术委员会"进行相关补贴和资本性贷款。涉及农业技术、医学技术、教育技术和新能源等领域，"土耳其技术开发基金会"（Türkiye Teknoloji Geliştirme Vakfı）可就可行性予以相关企业提供长期无息贷款，贷款上限为 300 万美元，下限为 25 万美元，项目款支持时间最长为 3 年，最短为 1 年。

土耳其的《外国直接投资法》规定，外国投资者与本地投资者享受同等待遇，且规定了从事经营活动的企业主要为独资公司、合资公司和合作社三种类型。合资公司包含股份公司、有限责任公司、集体公司和两合公司。为了适应全球资本的投资需求，简化投资程序，在 2012 年 7 月 1 日生效的《新土耳其商法典》中，土耳其取消了股份公司和有限责任公司的股东数量限定，摒弃了法定注册资本制度，不再要求投资人在公司注册时缴足注册资本。集体公司的合伙人对联合体负有无限连带责任，没有最低注册资本要求，所有投资者必须是自然人。两合公司的合伙人仅对所投资股份负有有限责任，其他股东则负有无限责任，同样没有最低注册资本要求。对于其他国家的国有企业投资，土耳其没有专门的审查程序。

对于合资型基建企业，土耳其政府相对倾向于 PPP 模式（政府和社会资本合作，Public-Private Partnership）与 BOT 模式（建设—经营—转让，Build-Operate-Transfer），借助私人资本来进行国家基础设施建设，提供公共服务。BOT 模式项目的特许经营年限通常为 10—50 年，PPP 模式的项目特许经营年限通常是 5—25 年。在特许经营年限年满时，项目必须在运营良好、无其他附属条件的情况下无偿转归政府所有。目前比较成功的 BOT/PPP 项目有伊斯坦布尔阿塔图克机场（7.5 亿美元）、伊斯坦布尔海底隧道（12 亿美元）及安伊高铁（34 亿美元）等。

自中土建交以来，中土双方为构建互惠互利的贸易环境，就双方商贸往来和投资支持签署了一系列协定。就投资领域而言，主要有 1990 年 11 月 13 日签署的《相互促进与保护投资协定》和 1995 年 5 月 23 日签署的《关于对所得税避免双重征税和防止偷税漏税的协定》（见表Ⅱ－2－1）。

表Ⅱ－2－1　**中国与土耳其就经贸领域签署的协定、协议、议定书及备忘录**

名称	签署时间
《中华人民共和国和土耳其共和国建立外交关系的联合公报》	1971 年 8 月
《中华人民共和国政府和土耳其共和国政府贸易议定书》	1981 年 5 月
《中华人民共和国政府和土耳其共和国政府经济、工业和技术合作协定》	1981 年 12 月
《中华人民共和国政府和土耳其共和国政府海运协定》	1989 年 11 月
《中华人民共和国政府和土耳其共和国政府关于对所得税避免双重征税和防止偷漏税的协定》	1995 年 5 月
《中华人民共和国水利部和土耳其共和国能源与自然资源部国家水利工程总局关于在水利领域开展合作的谅解备忘录》	1997 年 4 月
《中华人民共和国政府和土耳其共和国政府能源领域经济和技术合作框架协议》	2000 年 4 月
《关于中国公民组团赴土耳其旅游实施方案的谅解备忘录》	2001 年 12 月
《中华人民共和国政府和土耳其共和国政府关于海关事务的合作互助协定》	2002 年 4 月
《中华人民共和国农业部与土耳其共和国农村事务部农业合作谅解备忘录》	2002 年 4 月
《中华人民共和国信息产业部与土耳其共和国交通部关于在信息技术领域合作谅解备忘录》	2002 年 4 月
《中土两国政府关于动物检疫及动物卫生的合作协定》	2006 年 1 月
《中华人民共和国水利部与土耳其共和国环境和林业部关于在水利领域开展技术合作的谅解备忘录》	2008 年 10 月

续表

名称	签署时间
关于“一带一路”倡议和“中间走廊”倡议对接的谅解备忘录	2015 年 11 月
关于在铁路领域开展合作的协定	2015 年 11 月
关于土耳其樱桃向中国出口检疫议定书	2015 年 11 月
关于土耳其乳制品向中国出口检疫议定书	2015 年 11 月
关于加强电子商务合作协议	2015 年 11 月
关于土耳其开心果向中国出口检疫议定书	2016 年 9 月

资料来源：中国驻土耳其大使馆经济商务处。

第四节　金融环境与财团组织

自 2001 年之后，土耳其一直施行浮动汇率机制，无外汇管制。允许外币在市场自由买卖，各货币兑换公司可依据实时牌价在一定范围内自行调整，不受行政力量干预。2018 年 8 月美国宣布对土耳其钢铁、铝制品加征关税之后，曾引起土耳其货币市场的动荡，美元与土耳其里拉之间的汇兑一度跌破 1∶6.8。在持续了近一个月的货币震荡之后，土耳其里拉开始逐步稳定，截至 2018 年 11 月底，美元与土耳其里拉之间的兑换比例为 1∶5.2。

2015 年，中国与土耳其续签双边本币互换协议，并且将原 100 亿元人民币的互换规模扩大至 120 亿元人民币，有效期为三年，经双方同意的情况下可继续续签。随着中国工商银行和中国银行先后在土耳其取得业务许可，人民币在“一带一路”的大环境下逐步在土耳其扩大了影响，如今在伊斯坦布尔部分货币兑换商店可直接使用人民币兑换里拉。但中资企业目前仍然不能直接使用人民币在土耳其开展跨境贸易和投资合作。

土耳其的银行业经过私有化改造之后，截至 2018 年 11 月，土耳其银行企业总数为 47 家，其中国有银行仅剩 3 家，分别是土耳其农业银行（Türkiye Cumhuriyeti Ziraat Bankası A. Ş.）、土耳其人民银行（Türkiye Halk Bankası A. Ş.）、土耳其基金银行（Türkiye Vakıflar Bankası T. A. O.）。其中，农业银行是最大的国有银行，在土耳其全境有 1757 个分行，在职员工 24374 人。最大的民族资本私人银行是土耳其实业银行（Türkiye İş Bankası A. Ş.），共设立有 1334 个分行。此外，与中国银行联系较为紧密的担保银行（Garanti Bankası）是土耳其第二大民族资本私人银行。实业银行与担保银行在上海均设立有办事处。

2015 年 5 月，中国工商银行收购土耳其纺织银行（Tekstilbank）75.5% 的股份，系中资银行首次在土耳其设立营业性机构。2016 年 1 月，中国银行向土耳其银行业协调与监管委员会（Bankacılık Düzenleme ve Denetleme Kurumu）提出营业申请，并于同年 5 月得到批准。2017 年 1 月 10 日，中国银行土耳其公司正式设立，由中国银行有限公司全资控股。

2016 年，土耳其人口总数为 7874 万，而银行卡持有总数超过 1.75 亿张，为欧洲地区银行卡流通数量最大的国家。虽然土耳其银行卡流通数量大，但由于低储蓄率的原因，信用卡数量远多于储蓄卡的数量。根据土耳其国家统计局的数据，2014 年土耳其的储蓄率仅有 12.6%，位列发展中国家末尾。随着近年来平衡储蓄与投资平衡等法案的实施，土耳其储蓄率有了较大幅度的提升，截至 2018 年 1 月，土耳其的储蓄率约为 24.9%，依然低于发展中国家 32.5% 的平均居民储蓄率。且土耳其储蓄卡具备部分信用卡的功能，例如使用储蓄卡开通包月服务之后，即便在结算日卡内没有余额，发卡银行也会先行垫付，随后通知持卡人在规定时间内还款。根据土耳其银行间卡片中心（Bankalararası Kart Merkezi）的统计数据，2016 年，土耳其全境通过银行卡完成的交易次数超过 10.4 亿，其中信用卡完成交易次数 8.35 亿，储蓄卡完成交易次数 6.07 亿。就交易额来说，通过信用卡完成的交易额约 1600 亿里拉，通过储蓄卡完成的交易额约 1500 亿里拉。

基本上所有的土耳其银行都属于上市公司，所以股市的波动对于土耳其银行业的收益来说至关重要。伊斯坦布尔交易所（BIST）是土耳其目前唯一的证券交易所，其前身是 1985 年成立的伊斯坦布尔证券交易所（ISE），2013 年在整合了伊斯坦布尔黄金交易所和土耳其衍生产品交易所之后，伊斯坦布尔交易所逐渐发展成为世界五大证券交易所之一。截至 2018 年 1 月，伊斯坦布尔交易所市值为 9350 亿里拉，相较 2017 年底提高了 480 亿里拉。

与银行业相比，土耳其保险业的规模较小，且存在大量小型公司，据不完全统计，土耳其经注册的保险公司有上百家之多。据统计，2015 年，土耳其保险与养老资产总额为 352 亿美元，在金融系统的资产规模仅占比 3% 左右，保险人均密度为 142 美元，保险渗透率为 GDP 的 1.6%。

某种程度上说，土耳其金融环境的好坏，一方面取决于外资环境，另一方面主要取决于土耳其国内两大财团组织发展程度的好坏。土耳其国内的大型财团组织主要是土耳其工业和商业联合会（Türk Sanayicileri ve İş İnsanları Derneği，TÜSİAD，以下称土耳其工商联）和独立工业和商业联合会（Müstakil Sanayici ve İşadamları Derneği，MÜSİAD，以下称独立工商联）。

土耳其工商联成立于 1971 年，总部位于伊斯坦布尔，除安卡拉外，在诸如北京、布鲁塞尔、华盛顿、柏林、巴黎、伦敦等地均设有国际代表处。自 1987 年以来，其一直是欧洲商业联合会（Business Europe）的成员。土耳其工商联共有会员企业近 4500 个，年平均贡献非公共财政收入的 50%，除能源外 85% 的对外贸易总量，解决了总就业人口 50% 的岗位需求，贡献了国家财政税收总额的近 80%。在土耳其工商联中，影响力较大的企业主要有土耳其第一大财团柯克集团（Koç Holding A. Ş.）、经营领域最广泛的萨班哲集团（Sabancı Holding A. Ş.）、食品业巨头亚沙尔集团（Yaşar Holding A. Ş.）、粮油及基建巨头泰克芬集团（Tekfen A. Ş.）、医药巨头首药集团（Eczacıbaşı Holding A. Ş.）等，且这些集团都是土耳其工商联的奠基人。

独立工商联于 1990 年在伊斯坦布尔成立，本着"土耳其梦"的发展理念，在二十余年内迅速将会员数量发展至 11000 个，下辖企业 60000 余个，创造约 160 万个就业岗位，在国内共有 86 个联络处，平均每一个省都设置一个联络点，且在世界 78 个国家设立有 208 个代表处。虽然现阶段独立工商联的发展与土耳其工商联仍然有一定程度上的差距，然而因其较快的发展速度，如今已经具备与土耳其工商联竞争的实力。

第五节 人力资源与安全环境

截至 2017 年，土耳其共有注册在籍人口 80810525 人。2018 年 9 月，取得高中毕业证的学生人数为 1266594 人，技术高中毕业人数为 853199

人，本科在读4241841人，硕士在读454673人，博士在读95100人。[①] 从专业分布来看，超过60%的学生专业属于经济管理、法律类等社科类专业，工科类专业人数比例不超过15%，且这一比例已经持续多年。根据土耳其目前高等教育的发展状况，其本科及以上高素质劳动力的人口总数在总人口中的所占比例偏低，某种程度上决定了土耳其经济发展的结构目前只能依靠劳动力密集和资本密集型等产业，现阶段高新技术产业的发展存在一定困难。

当前的国际经济形势仍未从低迷中走出，各国还很难预测技术发展对经济未来走向的影响。因此，就全球资本的流向来看，绝大部分资本的最终流向更加倾向于生产力较低的行业。在当前国际经济形势的导向下，土耳其目前的高等教育结构或许会在这一浪潮中获得些许红利。2017年，土耳其的净最低工资标准为每月398.88美元，考虑到保险与各种税费，雇主雇佣土耳其员工的最低成本每月仅593.34美元。土耳其人口的平均年龄是31.7，15—49岁的青壮年劳动人口比例占总人口的53%，15—24岁的青年人口总数为1298万人，失业率高达20.8%，雇佣这一年龄段的劳动力所需成本相对更低。以伊斯坦布尔为例，从土耳其本地分类信息网站Sahibinden及招工中介了解到的数据，部分用人单位雇员月工资为2000里拉（约383美元），且不承诺缴纳保险和各种税费。然而就现阶段来说，虽然土耳其薪资水平不高，但由于土耳其政府保护本国人就业的办法，强制要求外资企业在雇佣一个外国人的情况下，必须固定雇佣五个土耳其人，某种程度上也增大了外资企业的薪资支付压力。在土耳其政府当前大力提倡基础设施建设的情况下，尤其是当前伊斯坦布尔第三座国际机场和市内轨道交通的雄心规划，势必掀起大规模的用工浪潮。

某种程度上说，土耳其人力资源的结构跟土耳其的社会环境有很大的影响。虽然从学校数量和净入学率等层面来看，土耳其的教育事业正在稳步前进，但由于公办学校教师薪资普遍较低，导致教学工作相对懈怠，对学生的教育存在漏洞，学生厌学的情况较为普遍。家庭环境较好的学生大多数会选择国际学校和校外辅导班，这些私立教学机构的教学质量与公立学校相比有明显提升，大学升学率（ÖSYM）优势明显。也就是说，土耳

① 学生人数统计包含外国学生，https：//istatistik. yok. gov. tr/。

其在教育层面上阶级导向较为明显，家庭条件优渥的学生在教育选择上具备更多选项。由此逐年积累下来，就导致了目前土耳其劳动力素质的结构现象。

大量未接受高等教育的社会闲散劳动力对于社会的稳定也是一个不容忽视的因素。2013 年的“伽齐公园示威事件”就是由年轻人通过网络平台组织起来，最后发展成为全国性的抗议活动，在这其中，无业青年占了很大比例。同时也就是自 2013 年开始，土耳其的政治局势开始出现下滑，从而影响到了土耳其社会的稳定程度，由此影响到了土耳其的安定局面。就外资而言，社会的安定程度直接决定了投资者的信心，同样因为安全因素，诸如惠誉、标普、穆迪等国际信用评级机构纷纷下调土耳其的信用等级。

虽然恐怖主义是影响土耳其社会安全环境的最直接因素，但恐怖主义赖以生存的土壤某种程度上说跟民众受教育程度有一定关联。如果能够通过教育解决一部分社会闲散劳动力的情况，一方面可以减轻社会的就业压力，另一方面也可以正确引导土耳其民众远离恐怖主义、极端主义的怂恿，从而间接从社会中剥除恐怖主义对安全环境的威胁。

2018 年 6 月，埃尔多安谋求总统连任的愿望得以实现，将土耳其的政治体制由议会制转变为总统制，开启了土耳其崭新的时代。同年七月，埃尔多安决定结束自 2016 年“未遂军事政变”以来持续两年的国家紧急状态，土耳其社会各方面开始回归正常，此举对稳定土耳其境内的外资起到了一定程度的积极作用，土耳其 GDP 连续两个季度实现稳定增长。如今，埃尔多安及其领导下的正发党政府几乎将所有的精力用于国家经济发展，以期实现建国百年的 2023 年目标，这同时也是为了兑现其在 2018 年选举中对土耳其民众的许诺。在将来的数年内，至少在 2023 年之前，由“政治强人”埃尔多安领导下的土耳其很难再次出现安全形势恶化的局面，因此对全球资本而言，尤其对“一带一路”大环境下的中资而言，是一个较为适宜的投资时期。

2015 年，中土双方在安塔利亚 G20 峰会中签署了《关于将“一带一路”倡议和“中间走廊”倡议相衔接的谅解备忘录》，以此为导向，中土两国间的经贸合作不断升温。然而由于彼此间的相对陌生，中国投资者除了避免对伊斯兰文化的误解之外，还应充分考虑土耳其相关的法律制度、汇率风险等因素。

土耳其税制中的印花税是中土两国贸易实践中经常遇到的问题，印花税广泛存在于合同、协议、应付票据、担保书、财务报表等诸多方面。印花税的税率一般按照约定金额的0.15%—0.17%进行征收，其往往须缴纳的税费远远大于在中国所须缴纳的税费。因此，中资企业及个人在寻求与土耳其合作的过程中，可商定将签约地点选择在中国以节省开支。

此外，由于土耳其政府首先保证本国就业，对于外国人的工作签证及工作许可申请难度大，办理周期长且存在拒签现象。中国与土耳其之间尚未展开大规模的劳务合作，因此，对于需要驻土的中资企业及个人，为了避免非法务工情况的发生，在有土耳其合作伙伴的情况下可在合同中明确土方在工作许可申请中的义务，否则应尽早通过土耳其当地机构代为办理工作许可。

前文中提及的汇率风险对于中资企业来说也是需要考虑的重要内容，由于大多数土耳其进出口商不接受人民币定价，在以美元为硬通货的情况下，一旦土耳其里拉发生大规模的下跌状况，对于中国出口商来说无疑是一个重大打击。在2018年8月发生的土耳其里拉暴跌的情况下，汕头地区部分玩具生产企业因此遭受了重大损失。

总体来说，土耳其当前的经济形势和营商环境处于2016年以来的最佳时期，无论是安全局势还是招商引资的政策都在为其建国百年目标的达成而努力。就商品贸易而言，土耳其农副产品、矿产、石料等仍然具有很大的竞争力，就技术合作和产业合作而言，土耳其诸如新能源开发、农业技术、基础设施建设等方面，中土合作仍有很大的发挥空间。

第三章 重点城市研究

土耳其北临黑海，南临地中海，东南与叙利亚、伊拉克接壤，西临爱琴海，与希腊以及保加利亚接壤，东部与格鲁吉亚、亚美尼亚、阿塞拜疆和伊朗接壤。在安纳托利亚半岛和东色雷斯地区之间的是博斯普鲁斯海峡、马尔马拉海和达达尼尔海峡，属黑海海峡，别称“土耳其海峡”，是连接黑海以及地中海的唯一航道。土耳其海岸线长约7200千米，陆地边境线长2648千米，是连接欧亚的十字路口，地理位置和地缘政治战略意义极为重要。伊斯坦布尔是土耳其最大的城市，首都是位处安纳托利亚高原正中央的安卡拉。

作为北约成员国、经济合作与发展组织创始会员国以及二十国集团的成员，土耳其拥有雄厚的工业基础，为世界二十大新兴经济体之一，亦是全球发展最快的国家之一。在土耳其努力实现现代化的过程中，城市化是其中一个重要的追求目标。由于特殊的历史、国情和地理位置，土耳其城市化程度较高的城市大多集中在西部沿海地区，东部安纳托利亚高原地区的城市化程度就相对较低。

第一节 城市化发展历史与趋势

土耳其历史上曾是一个以传统农牧业生产为主的国家，城市发展缓慢。但第二次世界大战后土耳其国父凯末尔当政的15年里，为尽快使土耳其跨入现代化国家的行列，采取了各种用城市化和工商业化取代农耕经济的强力措施，促进了土耳其城市化的快速发展。

一 20世纪50年代城市化加速，目前城市化率超过70%

第二次世界大战后，土耳其政府认为城市化是“经济和社会发展的助推器”，城市的发展必须“优于工业化”，主张把公共财富集中用于发展工业以促进城市化进程，于是工业生产集中的城市得到迅速发展，并推动了人口横向的社会流动。大量农村人口涌入城市，使城市人口猛增，城市不断扩展，伊斯坦布尔和首都安卡拉都成为人口超过百万的大城市。目前土耳其的城市化率达到了70%，城市生活正成为土耳其社会生活的主要载体①。

（一）城市化水平较高，近期速度有所减缓

1950年，土耳其的城市人口数量为530.4万，占全国总人口的24.8%。1950—1980年，土耳其总人口平稳增长，城市人口数量相对增长更快，城市化率逐年稳步上升，于1980年达到43.8%（城市人口1925.3万）。1980—1990年，是土耳其城市化高速发展阶段，1990年城市化率上升到59.2%（城市人口3192.3万）。1990—2015年，高速城市化进程逐渐放缓，2015年城市化率达到73.6%（城市人口5761.7万），2018年城市化率达到75.1%（城市人口6155.5万）。经过近70年社会经济发展，土耳其已成为一个高度城市化的国家。据联合国预计到2050年，土耳其的城市人口将达到8219.2万，城市化率达86%。

（二）与本地区主要国家比较，城市化率处于较高水平

如图Ⅱ-3-1所示，得益于第二次世界大战后凯末尔政府掀起的轰轰烈烈的城市化运动，到1950年土耳其城市化率已达24.8%，高于同时期整个亚洲地区平均17.5%的城市化率、稍低于西亚地区平均为28.9%的城市化率，也就是说，此时土耳其的城市化率介于整个亚洲地区与西亚地区的平均水平之间。从1950年到2000年，经过50年发展，土耳其城市化率跃升至64.7%。在1997年，土耳其的城市化率就达到63.2%，超过了同期西亚地区62.9%的平均城市化水平，而且比同期整个亚洲地区36.4%的平均城市化水平高出近30个百分点。截至2018年，土耳其、亚洲和西亚的城市化率分别为75.1%、71.6%和49.9%。预计到2050年，三者数值将分别达到86%、81.4%和66.2%。总体来看，2000年后，土耳其城市化水平明显高于同期亚洲和西亚平均水平。

---

① 罗爱玲：《城市化：解开“土耳其魔咒”的钥匙》，《解放日报·新论》2013年1月9日第14版。

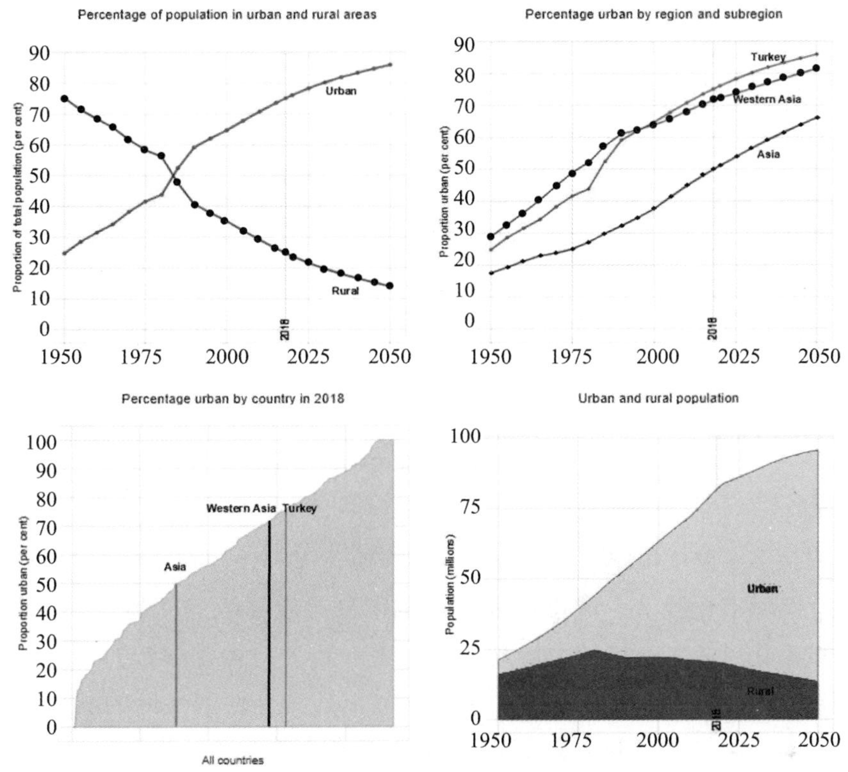

图Ⅱ-3-1　土耳其城市化的发展与比较

二　20世纪90年代后城市化增长速度趋缓

1950—1980年，土耳其城市化年均增长率约为4%；1980—1985年，城市化进程加快，年均增长率5%左右，1985年达到峰值5.83%，远高于同时期亚洲（3.83%）与西亚（4.79%）的城市化年均增长率（见图Ⅱ-3-2）。1985—1995年，土耳其的高速城市化进程放缓，年均增长率下降到2.59%，低于同时期的亚洲（3.13%）与西亚（2.72%）。1995年至今，土耳其的城市化增长率持续降低，预计到2050年，城市化年均增长率会降低到0.52%。

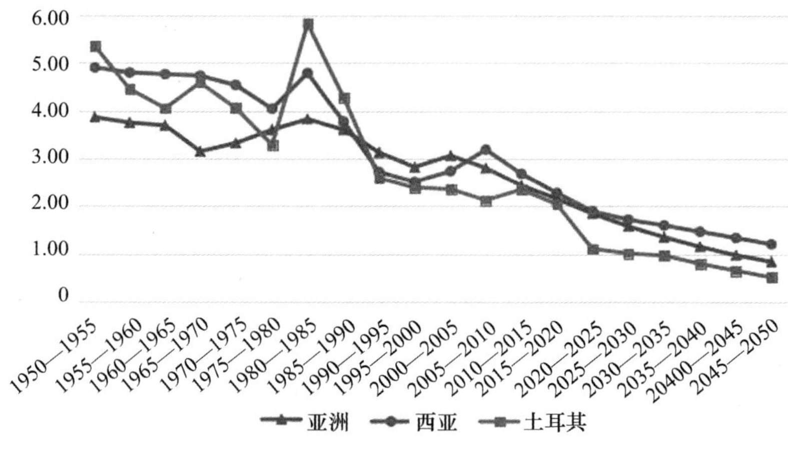

图Ⅱ－3－2　土耳其城市人口年平均增长率（%）

跟许多发展中国家一样，土耳其在城市化过程中也产生了过度城市化、工业化与城市化脱节、城市化水平与城市分布差异大等“城市病”特征。过度城市化形成了充满活力的现代化大城市经济与相对停滞的传统农村经济相对立的二元经济结构。与中国相反，土耳其是西部地区的城市化发展水平明显高于东部地区。西部地区的城市人口占全国总人口的一半以上。全国90%的工业企业集中于西部城市，政府对公共服务设施常年贷款的70%以上也投放在西部地区①。工业与人口资源的配置不均，最终导致土耳其的城市化速度在20世纪90年代后开始缓慢下降，以伊斯坦布尔为代表的特大型城市也出现了城市交通拥堵、环境污染等一系列“城市病”现象。

第二节　城市体系与重点城市

土耳其行政区划分为省、市（县）、乡、村四个等级。全国共有81个省，面积最大的省为中南部的科尼亚省，面积最小的省为西部的亚洛瓦省。

首都安卡拉位于小亚细亚半岛上安纳托利亚高原的西北部，人口约

① 罗爱玲：《城市化：解开“土耳其魔咒”的钥匙》，《解放日报·新论》2013年1月9日第14版。

540 万，（截至 2017 年 12 月 31 日数据）是仅次于伊斯坦布尔的土耳其第二大城市，也是安卡拉省省会，土耳其政治、经济、文化、交通和贸易的中心。安卡拉分老城和新城两部分，老城仍保留着奥斯曼时代的风貌，以一座小山丘上的古城堡为中心。新城环绕在老城东、西、南三面，大国民议会和政府主要部门都集中于南面。

伊斯坦布尔是土耳其最大城市，也是该国的经济、金融、新闻、贸易、交通、文化和历史中心，世界著名的旅游胜地，繁华的国际大都市之一。伊斯坦布尔位于土耳其西北部的博斯普鲁斯海峡之滨的南口西岸，扼黑海入口，当欧、亚交通要冲，战略地位极为重要。城区位于马尔马拉海和黑海之间，横跨欧亚大陆，经济和历史中心位于欧洲一侧，有三分之一人口居住于亚洲一侧。伊斯坦布尔面积约 5196 平方千米，人口 1503 万左右。从人口规模看，伊斯坦布尔是欧洲最大城市，也是全球第六大城市。

伊兹密尔，旧称士麦拿或士每拿，位于爱琴海伊兹密尔湾东南角，为土耳其第三大城市、第二大港口，为伊兹密尔省首府，全市分 9 区，共 310 万人口。伊兹密尔位于安纳托利亚高原西端的爱琴海边，是重要的工业、商业、外贸、海运中心之一，也是历史文化名城、旅游胜地和军事要塞。

布尔萨位于土耳其西北部，位于乌卢山北麓，是第四大城市，人口接近 300 万。布尔萨位于丝绸之路上，自中国传入蚕桑，誉称“丝绸之城”，是土耳其纺织工业中心，有棉、毛纺织和丝织业、地毯业，也是土耳其的汽车工业中心。菲亚特和雷诺在此均设有工厂，在工业区内也有纺织品与食品工业工厂，包括可口可乐、百事可乐和许多罐装食品公司的工厂。布尔萨也是一个旅游业发达的城市，附近的乌卢山有土耳其最大的滑雪场①。

一　城市体系的发展

纵观土耳其 81 个省，伊斯坦布尔人口数量最多、人口密度最大，其余各省面积、人口数量和人口密度差异明显（见表Ⅱ－3－1）。

---

①　中国驻土耳其大使馆经济商务处：《对外投资合作国别（地区）指南 · 土耳其》，商务部 2017 年版，第 2—5 页。

表Ⅱ－3－1　　土耳其各省基本信息

序号	省	省会	面积（km^2）	人口（人）2017年12月31日	人口密度（人/km^2）2017年12月31日
1	阿达纳省	阿达纳（5）①	13915	2216475	159
2	阿德亚曼省	阿德亚曼	7033	615076	87
3	阿菲永卡拉希萨尔省	阿菲永卡拉希萨尔	14314	715693	50
4	阿勒省	阿勒	11470	536285	47
5	阿克萨赖省	阿克萨赖	7570	402404	53
6	阿马西亚省	阿马西亚	5690	329888	58
7	安卡拉省	安卡拉（2）	24521	5445026	222
8	安塔利亚省	安塔利亚（8）	20723	2364396	114
9	阿尔达汉省	阿尔达汉	4842	97096	20
10	阿尔特温省	阿尔特温	7367	166143	23
11	艾登省	艾登	7851	1080839	138
12	巴勒克埃西尔省	巴勒克埃西尔	14299	1204824	84
13	巴尔滕省	巴尔滕	2080	193577	93
14	巴特曼省	巴特曼	4659	585252	126
15	巴伊布尔特省	巴伊布尔特	3739	80417	22
16	比莱吉克省	比莱吉克	4302	221693	52
17	宾格尔省	宾格尔	8253	273354	33
18	比特利斯省	比特利斯	7021	341474	49
19	博卢省	博卢	8320	303184	36
20	布尔杜尔省	布尔杜尔	6840	264779	39
21	布尔萨省	布尔萨（4）	10422	2936803	282
22	恰纳卡莱省	恰纳卡莱	9933	530417	53
23	昌克勒省	昌克勒	7490	186074	25
24	乔鲁姆省	乔鲁姆	12792	528422	41
25	代尼兹利省	代尼兹利	11692	1018735	87
26	迪亚巴克尔省	迪亚巴克尔	15058	1699901	113
27	迪兹杰省	迪兹杰	2567	377610	147
28	埃迪尔内省	埃迪尔内	6074	406855	67

① 括号内数字代表重点城市排序。

续表

序号	省	省会	面积（km^2）	人口（人）2017 年 12 月 31 日	人口密度（人/ km^2）2017 年 12 月 31 日
29	埃拉泽省	埃拉泽	8455	583671	69
30	埃尔津詹省	埃尔津詹	11619	231511	20
31	埃尔祖鲁姆省	埃尔祖鲁姆	25323	760476	30
32	埃斯基谢希尔省	埃斯基谢希尔	13842	860620	62
33	加济安泰普省	加济安泰普（6）	6819	2005515	294
34	吉雷松省	吉雷松	6832	437393	64
35	居米什哈内省	居米什哈内	6437	170173	26
36	哈卡里省	哈卡里	7179	275761	38
37	哈塔伊省	哈塔伊	5828	1575226	270
38	厄德尔省	厄德尔	3588	194775	54
39	伊斯帕尔塔省	伊斯帕尔塔	8276	433830	52
40	伊斯坦布尔省	伊斯坦布尔（1）	5196	15029231	2892
41	伊兹密尔省	伊兹密尔（3）	12012	4279677	356
42	卡赫拉曼马拉什省	卡赫拉曼马拉什	14346	1127623	79
43	卡拉比克省	卡拉比克	4109	244453	59
44	卡拉曼省	卡拉曼	8845	246672	28
45	卡尔斯省	卡尔斯	10127	287654	28
46	卡斯塔莫努省	卡斯塔莫努	13153	372373	28
47	开塞利省	开塞利	17043	1376722	81
48	基利斯省	基利斯	1428	136319	95
49	克勒克卡莱省	克勒克卡莱	4534	278749	61
50	克尔克拉雷利省	克尔克拉雷利	6278	356050	57
51	克尔谢希尔省	克尔谢希尔	6352	234529	37
52	科贾埃利省	科贾埃利	3612	1883270	521
53	科尼亚省	科尼亚（7）	38873	2180149	56
54	屈塔希亚省	屈塔希亚	11977	572256	48
55	马拉蒂亚省	马拉蒂亚	11776	786676	67
56	马尼萨省	马尼萨	13096	1413041	108
57	马尔丁省	马尔丁	8806	809719	92
58	梅尔辛省	梅尔辛	15485	1793931	116

续表

序号	省	省会	面积（km^2）	人口（人）2017 年 12 月 31 日	人口密度（人/ km^2）2017 年 12 月 31 日
59	穆拉省	穆拉	12851	938751	73
60	穆什省	穆什	8059	404544	50
61	内夫谢希尔省	内夫谢希尔	5379	292365	54
62	尼代省	尼代	7352	352727	48
63	奥尔杜省	奥尔杜	5952	742341	125
64	奥斯曼尼耶省	奥斯曼尼耶	3124	527724	169
65	里泽省	里泽	3922	331041	84
66	萨卡里亚省	萨卡里亚	4838	990214	205
67	萨姆松省	萨姆松	9083	1312990	145
68	尚勒乌尔法省	尚勒乌尔法	18765	1985753	106
69	锡尔特省	锡尔特	5473	324394	59
70	锡诺普省	锡诺普	5792	207427	36
71	舍尔纳克省	舍尔纳克	7152	503236	70
72	锡瓦斯省	锡瓦斯	28549	621301	22
73	泰基尔达省	泰基尔达	6313	1005463	159
74	托卡特省	托卡特	9958	602086	60
75	特拉布宗省	特拉布宗	4664	786326	169
76	通杰利省	通杰利	7432	82498	11
77	乌沙克省	乌沙克	5341	364971	68
78	凡城省	凡城	19299	1106891	57
79	亚洛瓦省	亚洛瓦	847	251203	297
80	约兹加特省	约兹加特	14072	418650	30
81	宗古达尔克省	宗古达尔克	3304	596892	181
合计	土耳其	安卡拉	769604	80810525	105

资料来源：http：//www. citypopulation. de/php/turkey-nuts. php。

（一）面积

土耳其 81 个省可以按面积分为三个等级：

第一等级，占地面积 >10000 平方千米的省，从大到小分别是科尼亚省（38873 平方千米）、锡瓦斯省（28549 平方千米）、埃尔祖鲁姆省（25323 平方千米）、安卡拉省（24521 平方千米）、安塔利亚省（20723 平方千米）等 28 个省份；

第二等级，6000 平方千米 < 占地面积 < 10000 平方千米的省份，从大到小分别是托卡特省（9958 平方千米）、恰纳卡莱省（9933 平方千米）、萨姆松省（9083 平方千米）和卡拉曼省（8845 平方千米）等 28 个省份；

第三等级，占地面积 < 6000 平方千米的省份，从大到小分别是奥尔杜省（5952 平方千米）、哈塔伊省（5828 平方千米）和锡诺普省（5792 平方千米）等 25 个省份。

各省之间占地面积差距较大，占地面积最大的科尼亚省（38873 平方千米），其占地面积达到占地面积最小的亚洛瓦省（847 平方千米）的 46 倍。

（二）人口数量

土耳其城市数量较多，且大小城市人口数量分化较大，大则有像伊斯坦布尔一样千万级超大城市，小则有仅几万人口的小城市。其中伊斯坦布尔省人口数量最多，高达 1503 万人；其次是安卡拉省和伊兹密尔省，分别有 545 万和 428 万人口。有 19 个省的人口数量在 100 万—300 万之间，其余 59 个省人口数量在 8 万—100 万，各省之间人口数量差距甚大。土耳其全国人口大部分集中在伊斯坦布尔省（1503 万），占据全国总人口（8081 万）的 18.5%，高于中国长江三角洲城市群人口数量占全国人口总数的比例（11%）。

将土耳其城市体系中的每个城市按位序和规模在双对数坐标图上描绘相应的散点，根据散点图（见图Ⅱ-3-3）进行线性回归分析，可以直观了解土耳其城市体系的规模分布情况。回归线斜率绝对值大于 1，说明土耳其城市人口分布比较集中于大城市（伊斯坦布尔），导致大城市规模很大，而中小城市不够发达，首位度较高（2.76），土耳其的城市规模结构趋向于首位分布格局。

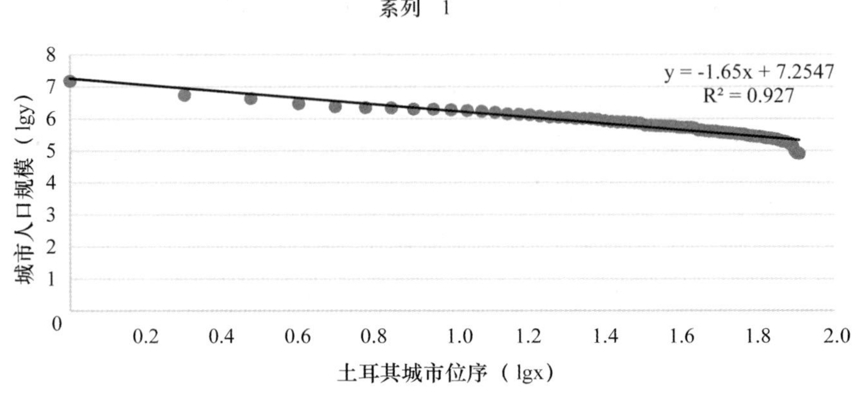

图Ⅱ－3－3　土耳其城市位序—规模分布

（三）人口密度

伊斯坦布尔省人口密度最高，达到2892人/平方千米，其次是科贾埃利省和伊兹密尔省，分别为521人/平方千米和356人/平方千米。有21个省份的人口密度在100—300人/平方千米，其余的51个省份的人口密度为16—100人/平方千米。同样，土耳其各省之间人口密度差异明显，并且在面积和人口数量之间不存在简单的线性关系。

二　一个超大城市

1950年，土耳其仅有伊斯坦布尔这一个属于50万—100万人口的中等城市，其人口占全国总人口的18%。而全国82%的人口则分布在拥有30万以下人口的小城市中。1955年，伊斯坦布尔升级为100万—500万人口的大城市。1980年，土耳其拥有3个100万—500万人口的大城市（伊斯坦布尔、安卡拉和伊兹密尔）；1985年，伊斯坦布尔再次升级为500万—1000万人口的特大城市；2005年，伊斯坦布尔人口数量持续增加，突破为千万以上人口的超大城市。2017年伊斯坦布尔人口1503万，占土耳其全国总人口（8081万人）比重18.5%。1950—2015年，土耳其100万—500万和50万—100万人口等级的城市数量显著增长，占全国总人口的比例也不断攀升。而30万—50万人口等级的城市，虽然人口数量有所增加，但占全国总人口比例基本保持在10%上下。30万以下人口的城市，在全国总人口的占比逐年下降，由1950年的82%降至2015年的

33%。预计到2030年，城市人口将维持2015年时的等级结构。

总体而言，土耳其的城市人口趋于保持如下等级结构：一个千万以上人口的超大城市（伊斯坦布尔），占全国总人口的25%；7个100万—500万人口的大城市（安卡拉、伊兹密尔、布尔萨、阿达纳、加济安泰普、科尼亚以及安塔利亚），占全国总人口的26%；18个30万—100万人口的中小城市，占全国总人口的17%；以及若干30万以下人口城市，占全国总人口的33%（见表Ⅱ-3-2）。

表Ⅱ-3-2　　土耳其城市体系与变化

等级	类型	1950	1965	1980	1995	2010	2015	2020	2030
1000万以上	数量					1	1	1	1
	人口占比（%）					25	25	24	24
500万—1000万	数量				1			1	1
	人口占比（%）				21			8	8
100万—500万	数量		1	3	3	6	7	8	9
	人口占比（%）		19	39	16	24	26	21	23
50万—100万	数量	1	2	1	3	5	8	9	10
	人口占比（%）	18	14	3	6	8	10	9	10
30万—50万	数量		1	2	5	8	10	9	12
	人口占比（%）		6	9	9	10	7	5	6
30万以下	人口占比（%）	82	61	49	47	34	33	33	29

资料来源：United Nations（2018）。

三　重点城市的人口规模

土耳其拥有8081万人口，城市较多，但大城市相对集中于人口排名前八位的城市，且城市人口规模差异较大，大则有像伊斯坦布尔一样千万级超大城市，小则有仅几万人的小城市。

（1）伊斯坦布尔，是土耳其人口最密集的城市，也是世界人口最多的城市之一。1950—2000年，伊斯坦布尔人口增长了十倍：1945年伊斯坦布尔人口仅107.8万，1955年增长到153.3万。在20世纪下半叶，伊斯坦布尔的人口每年以4%—5%的速度快速增长。至1990年，人口增加到 730.9 万人，2000 年达 1004 万人；当前伊斯塔布尔总人口 1503 万人，占土耳其全国总人口（8081 万人）的 18.5%。

（2）安卡拉，土耳其的首都和第二大城市，安卡拉省省会。位于小亚细亚安那托利亚高原的中北部，人口约 540 万。

（3）伊兹密尔，位于爱琴海伊兹密尔湾东南角，为土耳其第三大城市、第二大港口。伊兹密尔为伊兹密尔省首府，全市共分 9 区。伊兹密尔人口为 420 万。

（4）布尔萨是土耳其西北部城市，位于乌卢山北麓，是该国第四大城市，也是布尔萨省的首府，人口接近 300 万。

（5）阿达纳是土耳其第五大城市，安纳托利亚地区南部古城，现为阿达纳省省会，位于地中海东北角，扼通往叙利亚和伊拉克的交通要冲，人口为 220 万。

（6）加济安泰普又名“安泰普”，是土耳其第六大城市，是土耳其南部最大城市，也是仍有人居住的世界上最古老的城市之一，可追溯到前 3650 年。这里人口达到 200 万。

（7）开塞利，古名“凯撒利亚”，是位于土耳其安那托利亚中部的一个大都市。位于开塞利省的东部。随着市区面积的扩大，开塞利的人口超过 130 万人，是土耳其第七大都市。

（8）科尼亚是土耳其科尼亚省的首府，城市人口超过 200 万，是土耳其宗教最保守的大都会之一。

总体而言，土耳其的 8 个重点城市中，第一大城市伊斯坦布尔人口数量达到千万人口级水平，人口密度最高（每平方千米人口数逾 3000，与上海相近）；其余 7 个城市的人口规模都较小，基本上处于 100 万—500 万人口规模水平，并且近年来还呈现出人口规模逐渐下降的态势。

四　土耳其经济概况

土耳其经济发展快速，主要集中在农产品、纺织品、汽车、船只及其他运输工具、建筑材料和家用电子产品方面。近年来，土耳其私人部门显著发展，但国有企业在工业、银行业、运输及通信业仍居主导地位。

土耳其工业基础较好，主要有食品加工、纺织、汽车、采矿、钢铁、石油、建筑、木材和造纸等产业。主要的工业部门有钢铁、水泥、机电产品和汽车等。土耳其石化工业在20世纪80年代初发展很快，已成为中东地区主要的钢铁生产国，工程机械工业发展迅速。此外，近年来，旅游业也已成为土耳其国民收入的一个重要来源。

土耳其为世界第17大国内生产总值（购买力平价）经济体，在人均国内生产总值（购买力平价）方面位居世界第65。土耳其为经济暨合作及发展组织之创始会员国及二十国集团的成员（于1999年加入）；自1995年12月31日起，土耳其成为欧盟海关同盟的一员。20世纪90年代以来，除1994年、1999年和2001年因经济危机和大地震的影响呈负增长外，土耳其经济呈现连续高增长的态势，目前处于/位于全球十大新兴市场国家之列。

根据土耳其国家统计局数据显示，最新具体经济指标如下：2018年9月其消费物价指数：24.52%；2018年第一季度国内生产总值实际增长率：5.2%；2018年7月工业生产指数：5.6%；通货膨胀率10.21%；失业率：10.2%。

第三节 重点城市：安卡拉的经济特点

一 安卡拉城市概况

安卡拉（Ankara），位于小亚细亚半岛上安纳托利亚高原的西北部，是土耳其的首都，也是土耳其政治、经济、文化、交通和贸易的中心。安卡拉有东西行的铁路干线通往全国主要城市和港口，另有发达的航空和公路交通，其自古以来就是交通要塞，素有“土耳其的心脏”之称。

安卡拉是一座历史悠久的古城，其城市历史可以一直追溯到上古时期。这个城市曾被罗马帝国、拜占庭帝国、塞尔楚克王朝所占领：公元前3世纪，罗马人占领了安卡拉，罗马帝国皇帝艾罗给安卡拉定名为“麦特罗波尔”，其意为“大都会”或“首府”。罗马帝国时期，安卡拉修建了数量众多的教堂、赛马场、公共浴池和圆石柱等建筑物，在这一时期，市区不断扩大，人口迅速增加。安卡拉市区名胜古迹很多，如罗马时期的朱里安柱和奥古斯都庙；拜占庭时期的城堡和墓地；塞尔柱时期的阿拉丁清真寺以及奥斯曼时期的莫罕默德帕夏市场和莫罕麦德市场等。从罗马帝国、拜占庭帝国到奥斯曼帝国统治时期，这里一直都是重要的政治、军事和商业中心。土耳其共和国成立以前，安卡拉是个小城，如今已发展为人口逾540万的现代化大城市。

（一）行政区划及各区规模

安卡拉市区分新旧两部分，老城以修建在一座小山丘上的古城堡为中心；新城环绕在老城东、西、南三面，尤以南面的城区最为整齐，这里均是欧式建筑，大国民议会和政府主要部门都集中在该区，再往南是使馆区和总统府所在地——羌卡亚。整个城市主要分为库库罗瓦（Çukurova）、萨里坎姆（Sariçam）、塞伊汉（Seyhan）和尤里格尔（Yüre□ir）四个行政区，其中以塞伊汉区的人口密度最高，达到了2050人/平方千米，其次分别为库库罗瓦区、尤里格尔区，人口密度最低的为萨里坎姆区（见图Ⅱ-3-4）。

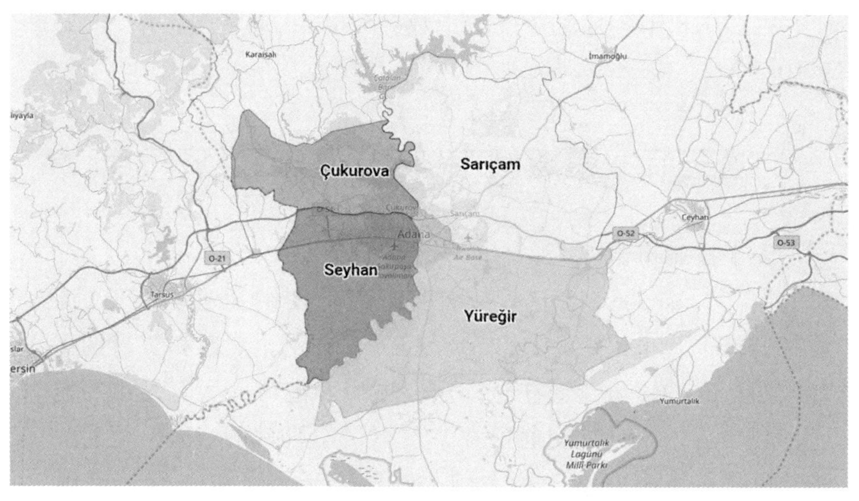

图Ⅱ-3-4　安卡拉各行政区

（二）人口

当安卡拉1923年成为土耳其共和国的首都时，它被规划为50万人口的城市。20世纪50年代后，安卡拉的城市化进程远超规划预期——失业和贫困迫使人们从农村迁往城市，以寻求更多的就业机会和更高的生活水平。到2018年安卡拉的人口已经超过540万，占全国人口的6.7%。

二　安卡拉城市经济发展

（一）地区生产总值

根据土耳其国家统计局发布数据（见图Ⅱ－3－5）：2004—2008 年，安卡拉的 GDP 每年年均增幅分别高达 17%、18%、15% 和 12%；但是 2008 年国际金融危机，经济发展面临瓶颈；2009 年，增速陡然降低为 1%；随后直至 2014 年，经济迅速回暖，年均 GDP 增幅有所波动但仍然保持较高水平，2014 达到 12%，GDP 增量达到 230 亿。安卡拉 GDP 占全国比重基本维持在 10% 左右。

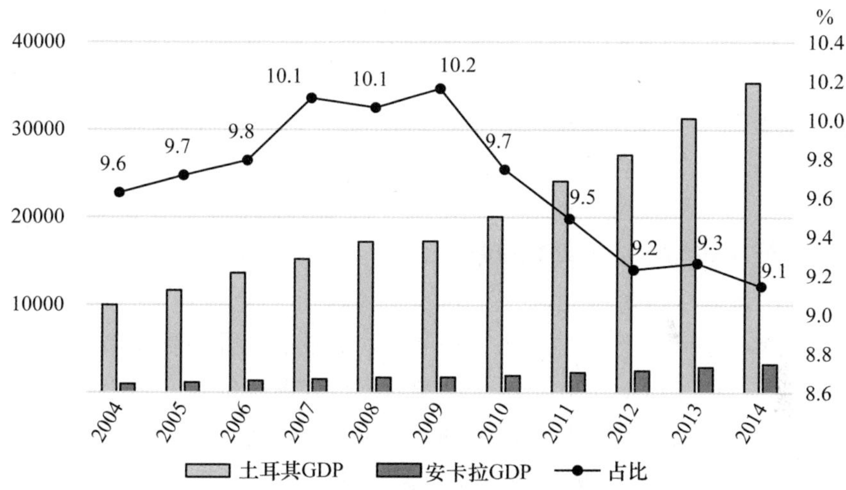

图Ⅱ－3－5　安卡拉及全国 2004—2014 年 GDP（单位：亿元）①

（二）地区人均 GDP

根据土耳其国家统计局发布数据（见图Ⅱ－3－6），2004—2014 年，安卡拉近年来的人均 GDP 变化情况与土耳其 GDP 变化情况保持高度一致，增长趋势与全国水平基本趋同，两条变化曲线基本保持平行。总体而言，安卡拉的人均 GDP 稳步增长，基本维持在高于全国平均水平 40% 左右，但低于伊斯坦布尔的人均水平。

① 人民币 1 元对 0.57834 土耳其里拉（采用 2017 年 12 月 31 日汇率）。

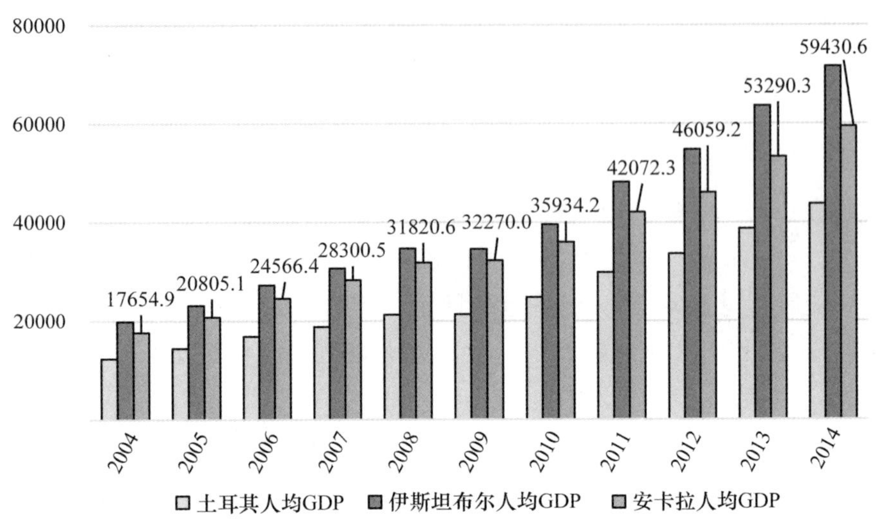

图Ⅱ－3－6　安卡拉及全国2004—2014年人均GDP（单位：亿元）①

资料来源：根据土耳其国家统计局（2018）数据绘制。

三　安卡拉城市经济结构发展

（一）产业结构变化

2004年，安卡拉经济结构中，服务业、工业、农业所占GDP的比重分别为72%、25%和3%。2014年，三者的比重分别为68%、30%和2%。服务业水平基本保持稳定，其中以旅游、银行、建筑业较发达；第一产业所占GDP比重有所下降；第二产业比重增长5%（见图Ⅱ－3－7）。总体来看，安卡拉的产业结构以第三产业为主，第一产业在城市经济中占比很小，且近年来各产业占比变化幅度不大。是经济发展水平较高的多功能大都市。

（二）农业发展

安卡拉地势起伏不平，气候属半大陆性气候。主要农产品有小麦、大麦、豆类、水果、蔬菜、葡萄等。牲畜主要有绵羊、安哥拉山羊、黄牛。根据土耳其国家统计局数据显示，安卡拉初级产业（农业、林业和渔业）的GDP一直未超过60亿元（2014年为53.46亿元），占全国初级产业GDP（2329.53亿元）的1.65%，占比极低（见图Ⅱ－3－8）。

① 人民币1元对0.57834土耳其里拉，以下如未特别说明，均以人民币为统计单位。

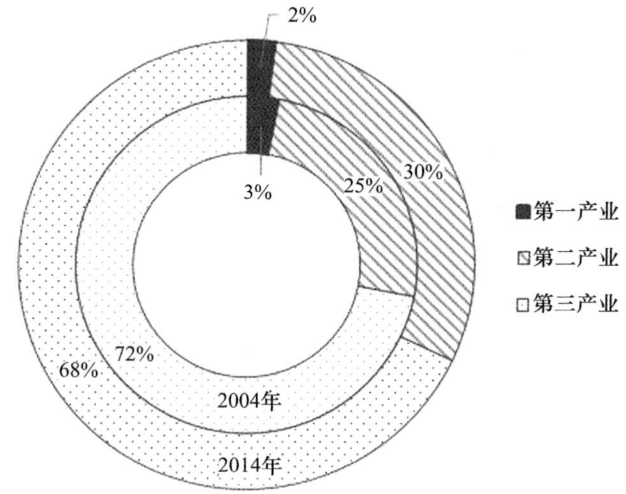

图Ⅱ-3-7　安卡拉产业结构变化

资料来源：根据土耳其国家统计局（2018）数据绘制。

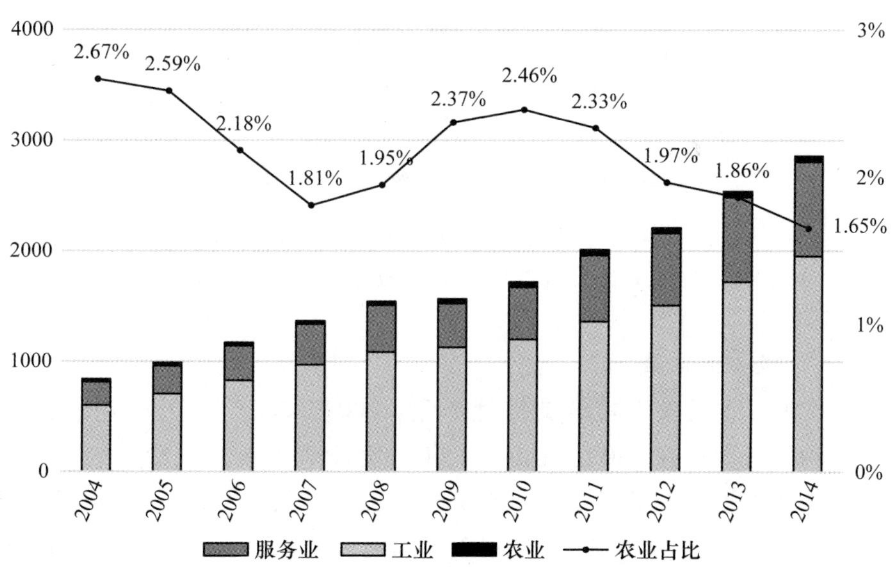

图Ⅱ-3-8　安卡拉农业、林业和渔业国民生产总值（单位：亿元）

资料来源：根据土耳其国家统计局（2018）数据绘制。

（三）工业发展

安卡拉以行政中心和商业城市闻名，工业并不发达，经济上的重要性远不如伊斯坦布尔、伊兹密尔、阿达纳等城市。根据土耳其国家统计局数据显示，2014 年安卡拉工业 GDP 为 853.96 亿元，占安卡拉总 GDP 的 26%，占全国工业 GDP（9967 亿元）的 8.5%，占比不高。2009 年工业首次出现负增长的状态（国际金融危机影响所致），随后几年复苏期，经济回暖，工业 GDP 又呈增长趋势（见图Ⅱ-3-9）。

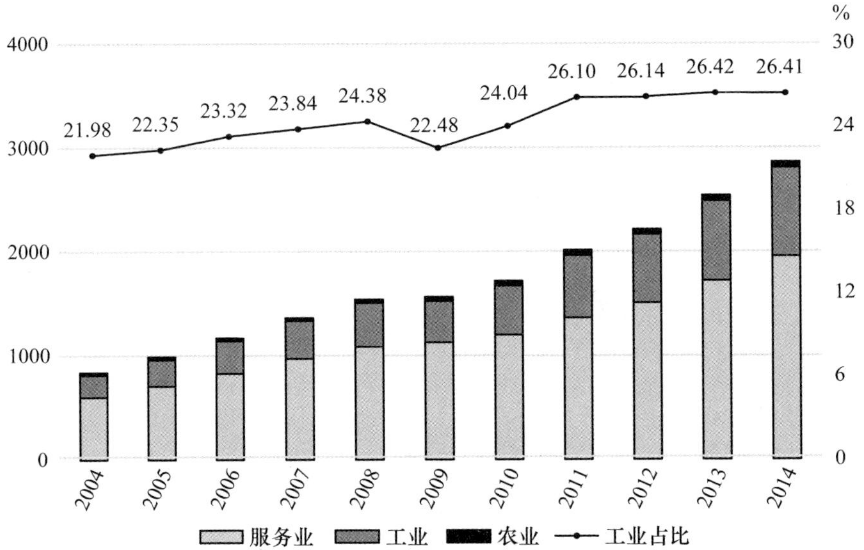

图Ⅱ-3-9 安卡拉工业国民生产总值（单位：亿元）

资料来源：根据土耳其国家统计局（2018）数据绘制。

（四）服务业发展

服务业一直是安卡拉的支柱型产业。2004—2007 年，安卡拉服务业 GDP 年均增长值均在 100 亿元以上，年均增长率达到 17% 以上；2008 年后，增速有所放缓（降为 5% 左右）；2010 年开始，服务业 GDP 增速提高，直至 2014 年，第三产业 GDP 达到 1952 亿元，占安卡拉总 GDP 的 60.38%，占全国第三产业 GDP 的 10%（见图Ⅱ-3-10）。

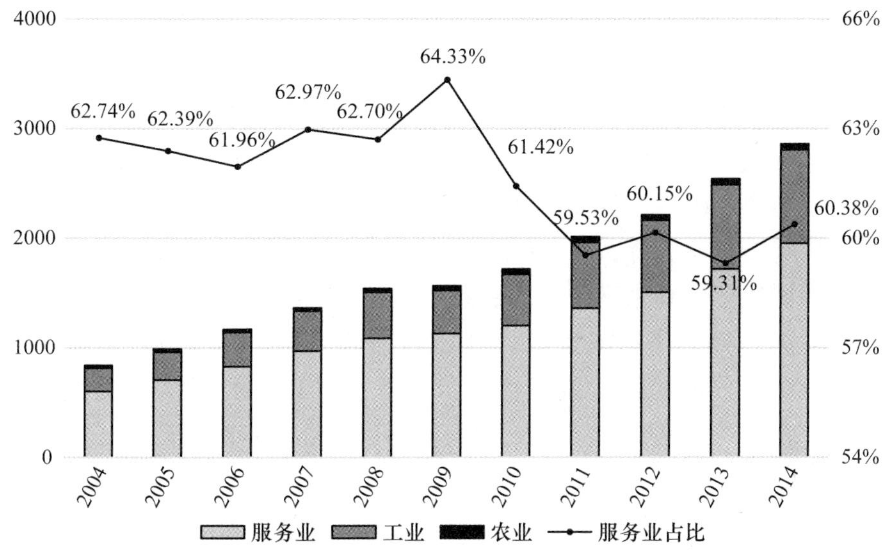

图Ⅱ－3－10　安卡拉服务业国民生产总值（单位：亿元）

资料来源：根据土耳其国家统计局（2018）数据绘制。

四　安卡拉的企业发展

安卡拉是土耳其国有和私营国防、航空航天公司的中心：土耳其航空航天工业、MKE、ASELSAN、Havelsan、Roketsan、FNSS、Nurol Makina 等众多公司的总部和工厂都设在这里。过去几十年，这些国防和航空航天公司对外国的出口额稳步增长。安卡拉的 IDEF 是全球军火工业最大的国际展会之一。一些全球性汽车公司也在安卡拉设厂，比如德国公共汽车和卡车制造商 MANSE。安卡拉也是土耳其最大的工业园区 OSTIM 工业区的所在地。

第四节　重点城市：伊斯坦布尔的经济特点

一　伊斯坦布尔城市概况

伊斯坦布尔是土耳其最大城市，也是世界上唯一横跨两个大洲的城市。伊斯坦布尔是土耳其的经济、金融、新闻、贸易、交通、文化和历史中心，是世界著名的旅游胜地和繁华的国际大都市之一。

（一）行政区划及各区规模

伊斯坦布尔全市占地面积约5196平方千米，仅占土耳其领土总面积的0.7%，却拥有逾1500万人口，承载了全国人口总量的18.5%。伊斯坦布尔市分成三个大区：位于欧洲的旧城区和贝伊奥卢商业区，以及位于亚洲的于斯屈达尔区。伊斯坦布尔市的行政分区共分36个区，以伊斯坦布尔海峡和金角湾为界，有23个区分布在海峡西侧，其余13个区位于海峡东侧。城区位于马尔马拉海和黑海之间，横跨欧亚大陆，经济和历史中心位于欧洲一侧，有三分之一人口居住于亚洲一侧。

在伊斯坦布尔的各行政区中，伊优普区（Eyup）的人口密度最高，达到42670人/平方千米；其次是周边的几个区，每平方千米人口数均超过一万人（见图Ⅱ-3-11），人口密度位列前十的区都位于伊斯坦布尔的中部地区，且靠近伊斯坦布尔海峡与金角湾；越向两端分散，人口密度越低，距离市中心区域最远的阿纳武托柯伊区（Arnavutkoy）人口密度最低，为516.6人/平方千米。各区人口在过去十年间变化情况各异，但总体呈现出中心高密度区域的人口不断向周边较低密度区域疏散，以及城市总人口不断上升的趋势。

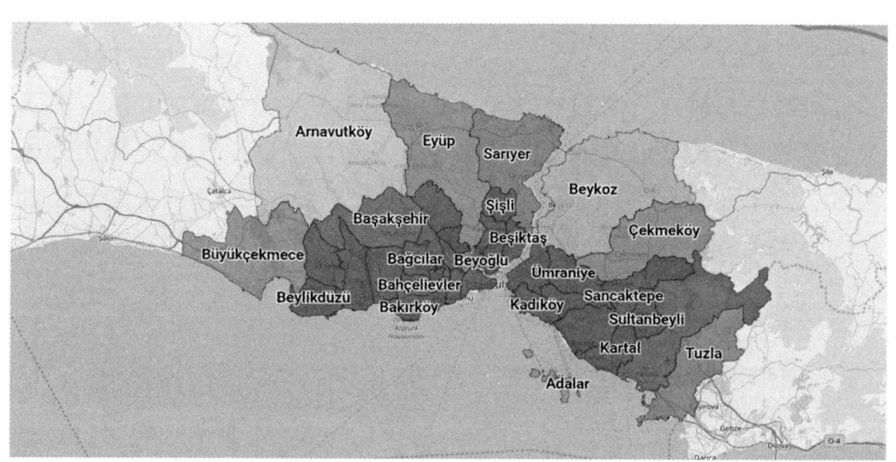

图Ⅱ-3-11 伊斯坦布尔各行政区

资料来源：http：//www. citypopulation. de/php/turkey-istanbulcity。

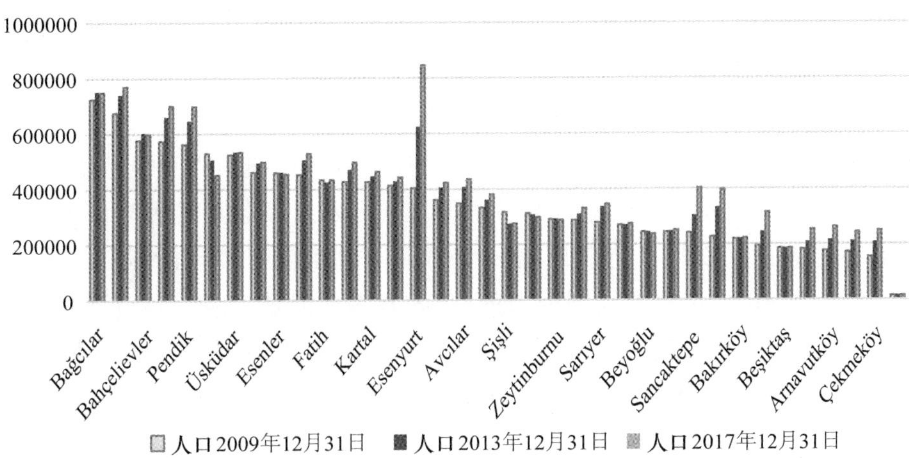

图Ⅱ－3－12　伊斯坦布尔各区主要年份人口变化情况

资料来源：根据土耳其国家统计局（2018）绘制。

（二）人口

伊斯坦布尔是土耳其人口最密集的城市，也是世界上人口最多的城市之一。第二次世界大战后，伊斯坦布尔经历了人口的快速增长：1950—2000 年，其人口增长了十倍。1945 年时，人口仅 107.8 万，2000 年增长到 1004 万，到 2018 年 1 月达 1502 万人，占土耳其总人口（8081 万人）的 18.5%①。

伊斯坦布尔平均人口密度超过 2700 人/平方千米，远超 101 人/平方千米的土耳其全国平均人口密度水平。其中 97%—98% 的居民在城市范围内，高于 2007 年的 89% 和 1980 年的 61%。大约有 70% 居住在欧洲部分，30% 住在亚洲部分。如今，它与莫斯科一起构成了欧洲最大的城市群之一。该市人口年均增长率为 3.45%，是经济合作与发展组织中 78 个大都市中最高的城市。高人口增长率反映了不断发展的城市化趋势。

伊斯坦布尔在 20 世纪下半叶经历了特别快速的人口增长。人口的增长部分来自城市范围的扩大，特别是在 1980 年至 1985 年之间，伊斯坦布尔的人数几乎翻了一番。伊斯坦布尔人口的增长大部分源于土耳其东部寻求就业机会和改善生活条件的移民推动，由于土耳其东南部的高失业率，导致该地区的众多居民迁移到伊斯坦布尔，在郊区安顿。抵达伊斯坦布尔的移民主要来自

① "Population And Demographic Structure", https://www.ibb.istanbul/, 2018－08－15.

安纳托利亚东部，他们期望得到更多的就业机会，从而改善生活条件。这导致每年在城市郊区不断形成新的非法建造的棚户区，后来逐渐发展成街区，并融入这座大都市。来自 7 个北部和东部省份的伊斯坦布尔居民人数甚至超过了各自省份人数，伊斯坦布尔的人口中只有 28% 是本地出生的居民。①

不可预测的人口增长是影响伊斯坦布尔未来发展的关键因素。如果不采取必要措施，按照目前人口增长率估算，伊斯坦布尔现阶段超过 1500 万的人口到 2025 年将增加到惊人的 2203 万人。但是，假定人口增长率在 2045 年稳步下降，达到零增长，那么在土耳其共和国成立 100 周年时（即 2023 年），伊斯坦布尔的人口将达到 1688 万人，而 2025 年将达到 1739 万人（见表Ⅱ－3－3）。

表Ⅱ－3－3　　**伊斯坦布尔人口增长估算**

Year	Population	
	Un Checked Population Growth	Managed Population Growth with Zero% Growth Projection by 2045
2000*	10018735	10018735
2005	11729641	11546159
2006	12105398	11841126
2007	12493193	12143629
2008	12893410	12453860
2009	13306449	12772017
2010	13732719	13098301
2011	14172645	13390630
2012	14626663	13689484
2013	15095226	13995008
2014	15578799	14307350
2015	16077864	14626663
2016	16592916	14906026
2017	17124468	15190725

① “Turkey's demography: The colorful population of Istanbul”, http://greatistanbul.com/numbers.html, 2018－08－12.

续表

Year	Population	
	Un Checked Population Growth	Managed Population Growth with Zero% Growth Projection by 2045
2018	17673047	15480861
2019	18239201	15776539
2020	18823491	16077864
2025	22037990	17396595
2030	25801432	18529043
2035	30207558	19426499
2040	35366122	20048824
2045	41405617	20367423
2050	48476480	20367423

资料来源：http：//greatistanbul. com/numbers. html.

二　伊斯坦布尔城市 GDP 发展

（一）地区 GDP

根据土耳其国家统计局最新发布数据，2004—2006 年两年间，伊斯坦布尔的经济发展态势良好，GDP 年均增速高达 17%，GDP 较之前一年增加额分别高达 489 亿元和 618 亿元。随后，2007 年至 2008 年两年间，伊斯坦布尔的 GDP 持续增长，但年均 GDP 增速较前两年有所下降，分别为 12% 和 13%，总体经济发展水平较高。2008 年，同样由于全球性金融危机的影响，2009 年伊斯坦布尔 GDP 增速大幅下降，增长率为 -1%，减少了 17.77 亿元。2010 年开始，全球经济全面复苏，伊斯坦布尔经济也回暖，年均 GDP 增速也有所回升，2010 年 GDP 增速达到 14% 的水平上，GDP 增量达到 746 亿元；2011 年 GDP 增速达到历史峰值 21.9%，是经济发展自 2008 年国际金融危机以来最好的一年。随后至 2014 年三年间分别达到 14%、16% 和 13%，逐渐保持稳定增长水平（见图Ⅱ -3 -13）。

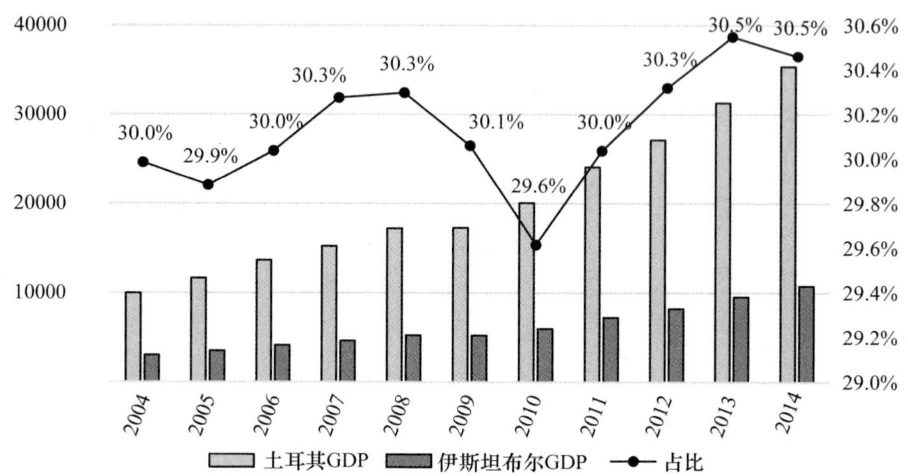

图Ⅱ－3－13　伊斯坦布尔及全国 2004—2014 年 GDP（单位：亿元）①

资料来源：根据土耳其国家统计局（2018）数据绘制。

总体而言，伊斯坦布尔市的 GDP 变化趋势与土耳其的 GDP 变化趋势基本保持一致，伊斯坦布尔 GDP 占全国比重自 2004 年以来均保持相对稳定，维持在 30% 左右的水平。

（二）人均地区生产总值

根据土耳其国家统计局最新发布数据，绘制出 2004 年至 2014 年的十年来伊斯坦布尔及全国人均 GDP 的变化情况。总体而言，2004 年至 2014 年的十年间，伊斯坦布尔及全国人均 GDP 均在逐年不断上升（见图Ⅱ－3－14）。

首先，伊斯坦布尔每年的人均 GDP 增速最快且处于全国最高水平。2008 年国际金融危机爆发之前，伊斯坦布尔年人均 GDP 增速十分可观，年均增长不低于 3000 元人民币；并且，伊斯坦布尔每年的人均 GDP 增速与土耳其的年均 GDP 增速保持高度一致，增长趋势逐年稳定向好；2004—2006 年，伊斯坦布尔每年的人均 GDP 增速均高达 16.36% 和 17.75%，2007—2008 年，增速有所下降，但仍然保持较高水平，人均 GDP 增速分别为 12.44% 和 13.07%，受 2008 年国际金融危机影响，2009

① 人民币 1 元对 0.57834 土耳其里拉（采用 2017 年 12 月 31 日汇率）。

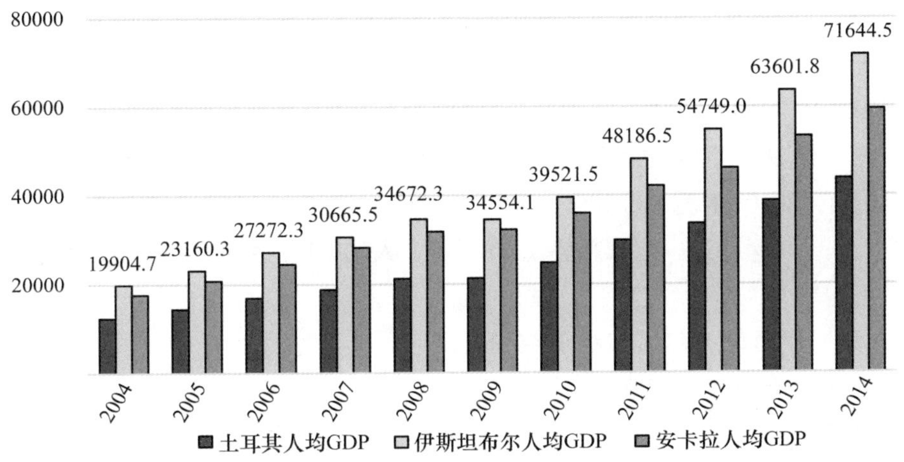

图Ⅱ－3－14　伊斯坦布尔及全国 2004—2014 年人均 GDP（单位：亿元）

资料来源：根据土耳其国家统计局（2018）数据绘制。

年伊斯坦布尔的人均 GDP 首次出现负增长，增速为－0.34%，较之去年减少了 100 元人民币，为 34554 元；随后五年间，人均 GDP 逐年加速增长，至 2014 年，人均 GDP 已高达 71645 元（见表Ⅱ－3－4）。

表Ⅱ－3－4　　**斯坦布尔及全国 2004—2014 年人均 GDP**　　（单位：元人民币）

年份	土耳其人均 GDP	土耳其人均 GDP 增长率（%）	伊斯坦布尔人均 GDP	伊斯坦布尔人均 GDP 增长率（%）
2004	12347	—	19904.67	—
2005	14415	16.75	23160.31	16.36
2006	16887	17.15	27272.27	17.75
2007	18839	11.56	30665.54	12.44
2008	21285	12.98	34672.32	13.07
2009	21380	0.44	34554.07	-0.34
2010	24821	16.10	39521.51	14.38
2011	29838	20.21	48186.54	21.92
2012	33586	12.56	54748.98	13.62
2013	38723	15.29	63601.79	16.17
2014	43746	12.97	71644.52	12.65

资料来源：根据土耳其国家统计局（2018）数据绘制。

其次，全国人均 GDP 变化趋势与伊斯坦布尔一致。2004—2008 年，土耳其全国人均 GDP 由 12347 元增至 21285 元；2009 年，受国际金融危机影响，人均 GDP 仅增长了 100 元，年人均 GDP 增长 0.44 个百分点。2010 年起，土耳其全国范围内的人均 GDP 又恢复逐年快速增长，但年人均 GDP 增速有些许波动，2010 年为 16.10%，2011 年高达 20.21%，但 2012 年又降为 12.56%，并保持这一增长趋势至 2014 年，人均 GDP 达到 43746 元人民币。

三　伊斯坦布尔城市经济结构发展

（一）产业结构变化

2004 年伊斯坦布尔经济中，服务业、工业、农业所占 GDP 的比重分别为 68.5%、31.2% 和 0.3%；2014 年则分别为 69.5%、30.4% 和 0.1%（见图Ⅱ-3-15）。10 年间在产业结构中，服务业占比有所提升，其中旅游业、银行金融业、建筑业较为发达；工业占比趋于稳定，但工业水平仍较为落后，产业部门不全，生产工艺及技术水平较低，只有附加值较低的纺织业较发达；农业所占 GDP 比重有所下降，土耳其农业以麦子、棉花、橄榄、烟叶、茶叶、豆类植物生产为主，机械化水平不高。总体来看，伊斯坦布尔的产业结构以第三产业为主，第一产业在城市经济中占比非常小，且近年来各产业占比变化幅度不大，三次产业结构占比与全国水平趋同。

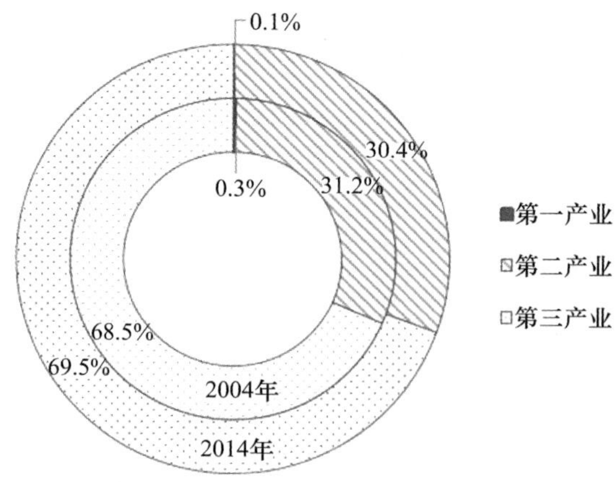

图Ⅱ-3-15　2004 年和 2014 年的伊斯坦布尔产业结构变化

资料来源：根据土耳其国家统计局（2018）绘制。

（二）农业发展

根据土耳其国家统计局数据显示，伊斯坦布尔的初级产业（农业，林业和渔业）的国民生产总值一直未超过20亿元，2014年伊斯坦布尔市初级产业GDP为15.57亿元，占土耳其初级产业GDP（2329.53亿元）的0.66%，占比极低。2004—2014年，伊斯坦布尔在初级产业的产值虽然逐年增加，但占GDP比重却逐年下降（见图Ⅱ-3-16）。

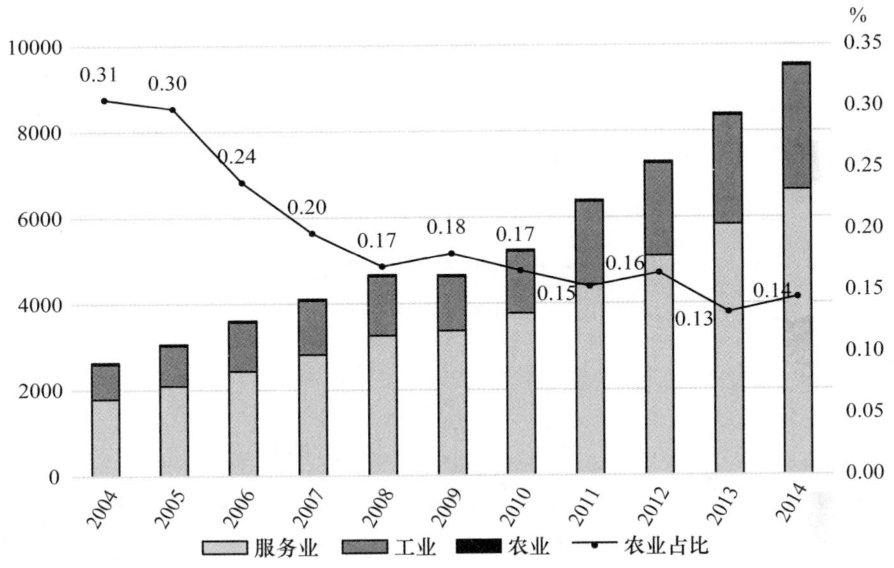

图Ⅱ-3-16　2004—2014年伊斯坦布尔农业、林业和渔业国民生产总值（单位：亿元）

资料来源：根据土耳其国家统计局（2018）数据绘制。

（三）工业发展

根据土耳其国家统计局数据显示，2014年伊斯坦布尔工业国民生产总值为2877亿元，占伊斯坦布尔GDP的26.72%，占全国工业GDP（9967亿元）的29%，占比较高。2004—2008年，伊斯坦布尔工业的产值逐年增加，2009年却首次出现负增长（国际金融危机所致），随后几年，经济回暖，工业产值逐年增长。其变化趋势与土耳其基本趋同（见图Ⅱ-3-17）。

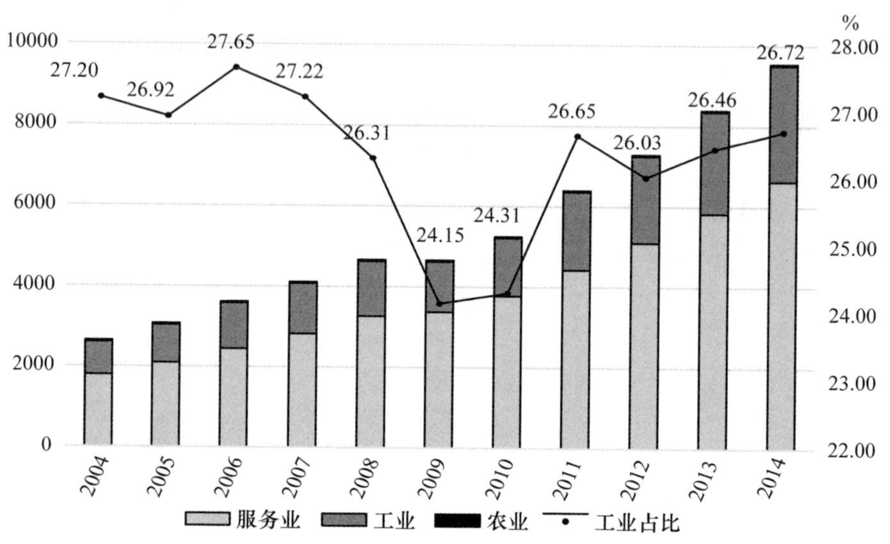

图Ⅱ-3-17　2004—2014 年伊斯坦布尔工业国民生产总值（单位：亿元）

资料来源：根据土耳其国家统计局（2018）数据绘制。

伊斯坦布尔是土耳其最大的工业中心，其占全国 38% 比重的工业区为全国大约 20% 的人口提供就业岗位。同时伊斯坦布尔也是一个多元化工业经济的城市，该城市主要生产的商品有橄榄油、烟草、运输车辆和电子产品。尽管这些商品具有高附加值，但其以纺织业为主的低附加值制造业所占比重仍然很大。低附加值产品占全市出口总额的八成，但在伊斯坦布尔 GDP 中的占比仅为 26% 。伊斯坦布尔和周边城市还种植一些工业原料，如棉花，水果，橄榄油，丝绸和烟草。其加工业有：食品加工，纺织品生产，石油产品，橡胶，金属制品，水泥业和玻璃制造业；同时还有皮革，化工，医药，电子，玻璃，机械，汽车，运输车辆，纸制品以及酒类饮品的产业，这些都是其主要的工业产品。

伊斯坦布尔工业就业人口比重占全市总人口的 32% ；76% 的工业就业人口集中在大都市区西部，24% 位于大都市区东部；纺织工业占工业就业人数的 43% ，而该类工业企业占所有工业企业总数的 38%①。因此可

① 2014 - 2023 ISTANBUL REGIONAL PLAN，https：//en. wikipedia. org/wiki/Economy_ of_ Turkey，2018 - 07 - 28.

知，工业企业的空间分布和工业就业能力是非常不平衡的，大型工业企业主要位于东部的图兹拉和西部。伊斯坦布尔一些制造业的生产活动造成严重的环境污染，对该区域及其周边的历史建筑产生了不利影响。劳动密集型的产业集中在市中心，与居民住宅区交织在一起，严重影响居民生活质量。而分布在该地区的企业对劳动力、物流、安全、交通等基础设施服务都有很高的要求，这些都给伊斯坦布尔政府带来了额外负担。

（四）服务业发展

服务业是伊斯坦布尔的支柱型产业。2004—2008 年，伊斯坦布尔服务业 GDP 年均增长值均约为 400 亿元，年均增长率达到 15% 以上；2009 年，伊斯坦布尔服务业 GDP 增速放缓（为 3% 左右）；2010 年开始，服务业增速逐渐提高，直至 2014 年，服务业总产值达到 6631 亿元，占伊斯坦布尔 GDP 的比重为 61.58%，占全国服务业生产总值的比重为 35%，占比很大（见图Ⅱ－3－18）。

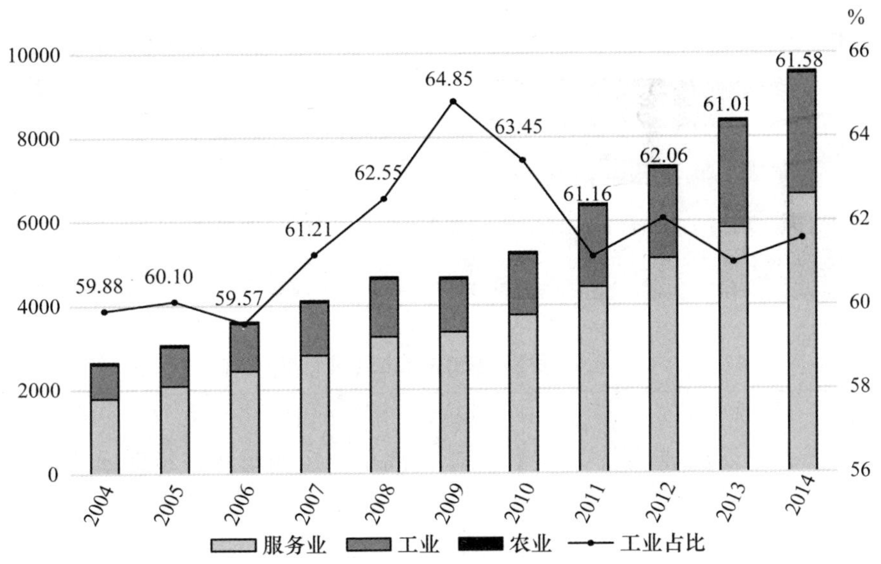

图Ⅱ－3－18　伊斯坦布尔服务业国民生产总值（单位：亿元）

资料来源：根据土耳其国家统计局（2018）数据绘制。

伊斯坦布尔不仅地理上横跨两洲，而且还兼收并蓄欧、亚、非三洲各民族思想、文化、艺术之精粹，从而成为东西方思想文化的一个重要交汇点，随之遗留下许多源远流长的名胜古迹。该市的环境总体规划指出，伊斯坦布尔有 17 座宫殿、64 座清真寺和 49 座具有历史意义的教堂。这些美丽的建筑本身及其收藏的大量文物，都是东西方文明交汇点的生动见证。

伊斯坦布尔是一个越来越受欢迎的旅游目的地，2000 年该城市只有 240 万外国游客，2015 年增加到 1256 万外国游客，成为世界第五大游客最多的城市。伊斯坦布尔是土耳其第二大国际门户，仅次于安塔利亚，接待了该国四分之一的外国游客。伊斯坦布尔的旅游业发展集中在欧洲。该市 90% 的酒店都集中在欧洲一侧，其中，中低端酒店往往位于萨拉伊伯努，高端酒店主要位于黄金角北部的娱乐和金融中心，服务于度假者和来访的专业人士。参观人数最多的是故宫博物院和圣索菲亚大教堂，每年为伊斯坦布尔政府带来 3000 万美元的收入。伊斯坦布尔也是世界上主要的会议目的地之一，成为越来越受国际组织欢迎的选择。

四　伊斯坦布尔城市的企业发展

伊斯坦布尔是一个全球性城市，也是全球发展速度最快的都市经济区之一。诸多土耳其公司及媒体将总部设于此，全市国内生产总值超过全国的四分之一。2014 年，有 12 家总部位于伊斯坦布尔的土耳其公司进入福布斯全球 2000 强，其中银行业以 5 家公司居首，其次是电信业，有 2 家公司上榜。此外，还有两家联合企业集团，其次是交通和营造行业（见表Ⅱ－3－5）。

表Ⅱ－3－5　**伊斯坦布尔上市公司**

世界排名	企业	产业	营收（十亿美元）	利润（十亿美元）	资产（十亿美元）	市值（十亿美元）
274	土耳其担保银行	银行业	9.75	2.06	77.02	16.06
288	土耳其实业银行	银行业	10.97	1.61	86.34	12.60
321	Koç 控股	银行业	36.34	1.32	41.80	7.45
343	Akbank	银行业	8.06	1.16	60.23	15.75
414	萨班哲控股	矿业	12.93	0.78	65.24	7.33
534	人民银行	银行业	5.76	1.05	33.17	8.10
609	Vakıf Bank	银行业	6.25	0.81	35.48	5.93

续表

世界排名	企业	产业	营收（十亿美元）	利润（十亿美元）	资产（十亿美元）	市值（十亿美元）
666	土耳其电信	电信业	6.82	1.18	8.97	11.25
683	土耳其移动	电信业	5.89	1.55	8.00	13.19
934	恩卡	营造业	5.87	0.50	7.63	7.29
1507	土耳其航空	航空业	4.00	0.74	5.10	2.87
1872	Doğan Holding	矿业	8.17	0.05	6.80	1.68

资料来源：https：//en. wikipedia. org/wiki/Economy_ of_ Turkey。

以下是几家典型的总部设在伊斯坦布尔的大型企业：

土耳其担保银行，是土耳其最大的银行，也是土耳其共和国成立的第一家银行，在“世界最大的1000家银行”中排名第96位，在2015年福布斯全球2000富豪榜上排名第447位。根据巴塞尔国际清算银行的定义，该行2015年的毛利为30.23亿美元，一级资本68亿美元。

土耳其实业银行是土耳其第二大私人银行。截至2013年3月31日，其综合资产为1041亿美元。土耳其实业银行提供所有业务领域的服务，包括支付系统、零售、商业、企业、中小企业、私人和投资银行业务，还提供养老金和人寿保险、租赁、保理、经纪和资产管理服务。

Koç控股是土耳其最大的工业企业集团，也是土耳其唯一一家进入《财富》全球500强名单的企业，由土耳其最富有的家族之一Koç家族控制。

Akbank是土耳其十大银行之一。该银行成立于1948年，在伊斯坦布尔证交所上市。根据“品牌金融——2018年银行500强”报告，Akbank连续七次被评为“土耳其最有价值的银行品牌”。

萨班哲控股，是土耳其最大的工业和金融集团之一。该公司53.9%的股份归土耳其最富有家族之一——萨班哲，其余在伊斯坦布尔证券交易所（BIST）上市。

简而言之，金融业、制造业和电信业是伊斯坦布尔的重点和优势产业。

第五节　安卡拉与伊斯坦布尔的区域影响

一　伊斯坦布尔的区域影响

（一）伊斯坦布尔的城市定位变化

《伊斯坦布尔 2023》[①] 确定伊斯坦布尔城市发展概念的目标有：

（1）全球决定性、高附加值、创新型经济；

（2）公平、共享、包容的学习型社会；

（3）愉悦的城市空间和可持续发展的城市环境。

伊斯坦布尔计划在 2023 年将成为具有全球决定性、高附加值、创新型经济；公平、共享、包容的学习型社会；愉悦的城市空间和可持续发展的城市环境。

2023 年，伊斯坦布尔将成为东西方的中心城市，在这里，人们与世界的联系将更加密切，吸引大量具有创造性和创新能力的人才，实现全世界公民都喜欢的生活方式，伊斯坦布尔将在国际价值链中实现高附加值的功能。2023 年的伊斯坦布尔将成为一个智慧型城市，在这里，可持续发展的经济政策和高质量的生活水平将成为每一个居民和企业投资的追求目标，科学合理的配置和管理社会资源，将伊斯坦布尔打造成为一个通力合作的开放型大都市。

伊斯坦布尔将成为具有高品质生活环境的城市。居民们愉悦地生活在这座城市，自豪地说“我来自伊斯坦布尔”。保留真实的价值观、历史、文化和文明意识，并将其发扬光大。伊斯坦布尔将在开放的商业和生活环境下，成为一个包容和对话的城市，具有多元主义和多样性的城市特色。伊斯坦布尔的居民将自由地生活，所有妨碍获得信息、物质可及性、地方参与和经济购买力的障碍将被消除。

合理的城市规划和建筑设计将为伊斯坦布尔居民提供舒适的居住空间，并不断进行开发和改造，不仅满足生活的基本需求，还将呈现出兼具高品质、舒适性和设计感的居住空间与生活环境。基础交通设

---

① 2014 – 2023 Istanbul Regional Plan, https://en.wikipedia.org/wiki/Economy_of_Turkey, 2018 – 07 – 28.

施建设的完善可以满足人们的交通需要。居民们将通过更加舒适和快速的交通方式到达世界各地，各个年龄阶段的居民和社会弱势群体可以在安全和舒适环境下活动。社区福利、社会基础设施、文化教育服务以及艺术活动等将实现社会共享，确保平衡发展，人人都能享受良好的社会服务。

（二）伊斯坦布尔的城市排名及连通状况

2010 年以来，伊斯坦布尔在 GaWC（Globalization and World Cities，全球化与世界城市研究网络）的排名不断上升，由 2010 年的 Alpha－列队第 7 位上升至 2012 年的 Alpha－列队第 6 位，最近的 2016 年数据中，伊斯坦布尔排名上升 11 名，居于 Alpha 列队的第 14 位。在全球城市指数（Global Cities Index）排名中，2012 年以来，伊斯坦布尔的排名逐年上升并趋于稳定，从 2012 年的第 37 名，上升至 2018 年的第 26 名。最后，在城市生活质量排名（Quality of Living Rankings）中，伊斯坦布尔近年来名次保持稳定，基本维持在全球第 134 名上下。2018 年 11 月，世界城市排名发布，伊斯坦布尔进入世界一线城市行列。

将伊斯坦布尔的数据与同期中国北京和上海的排名相比较，可以发现，在 GaWC、全球城市指数排名和城市生活质量排名上，伊斯坦布尔均落后于北京和上海（见表Ⅱ－3－6）。

表Ⅱ－3－6 全球视野下的伊斯坦布尔

指标	城市	2010	2011	2012	2013	2014	2015	2016	2017	2018
GaWC	伊斯坦布尔	Alpha-（7）①	—	Alpha-（6）②	—	—	—	Alpha（14）③	—	—
	北京	Alpha（2）	—	Alpha +（6）	—	—	—	Alpha +（4）	—	—
	上海	Alpha +（5）	—	Alpha +（4）	—	—	—	Alpha +（7）	—	—

① GaWC 官方网站，http：//www. lboro. ac. uk/gawc/world2010t. html，2018－08－10。
② GaWC 官方网站，http：//www. lboro. ac. uk/gawc/world2012t. html，2018－08－10。
③ GaWC 官方网站，http：//www. lboro. ac. uk/gawc/world2016t. html，2018－08－10。

续表

指标	城市	2010	2011	2012	2013	2014	2015	2016	2017	2018
全球城市指数①	伊斯坦布尔	—	—	37	—	28	29	25	25	26
	北京	—	—	14	—	8	9	9	9	9
	上海	—	—	21	—	18	21	20	19	19
城市生活质量排名②	伊斯坦布尔	—	—	—	—	—	134	133	134	134
	北京	—	—	—	—	—	118	118	119	119
	上海	—	—	—	—	—	101	101	102	103

资料来源：根据 GAWC、2018 世界城市报告和城市生活质量排名情况绘制。GaWC 官方网站，http：//www. lboro. ac. uk/gawc/world2010t. html，2018 – 08 – 10；GaWC 官方网站，http：//www. lboro. ac. uk/gawc/world2012t. html，2018 – 08 – 10；GaWC 官方网站，http：//www. lboro. ac. uk/gawc/world2016t. html，2018 – 08 – 10；2018 世界城市报告，https：//www. atkearney. com/documents/20152/1136372/2018 + Global + Cities + Report. pdf/21839da3-223b-8cec-a8d2-408285d4bb7c，2018-08-10；城市生活质量，https：// mobilityexchange. mercer. com/Insights/quality-of-living-rankings，2018-08-10。

（三）伊斯坦布尔的区域影响力

伊斯坦布尔是古丝绸之路的途经地，也是欧洲和中东的铁路网络之间、黑海和地中海间海路的必经之地，使得伊斯坦布尔的战略地位十分重要，由此也哺育了兼收并蓄的人口和文化，虽然在 1923 年土耳其共和国成立之后这一状况略不如前。战争期间伊斯坦布尔未能成为新首都，受到忽视，但此后其影响力逐步恢复。自 20 世纪 50 年代以来，该市的人口已翻了十倍，来自安那托利亚各地的人口涌入，城市的界限也为此逐渐扩张。20 世纪末艺术节开始得到兴办，随着基础设施的改善，复杂的交通网络也由此建立起来，区域影响力逐步得到提升。

1. 经济影响力

伊斯坦布尔是土耳其最大的商埠，在土耳其的地位举足轻重，对土耳其经济做出了巨大贡献，以下数字可反映伊斯坦布尔在土耳其的地位：人

① 2018 世界城市报告，https：//www. atkearney. com/documents/20152/1136372/2018 + Global + Cities + Report. pdf/21839da3-223b-8cec-a8d2-408285d4bb7c，2018 – 08 – 10。

② 城市生活质量，https：// mobilityexchange. mercer. com/Insights/quality-of-living-rankings，2018 – 08 – 10。

口占全国的五分之一，国民生产总值占23%，进出口贸易占48%，税收占37%，存款占40%，贷款占37.7%，银行总部数量占89%，银行分支机构数量占27.3%，车辆占20%。该市拥有土耳其商业公司总数的30%，从而在该市成立伊斯坦布尔商会（ITO）和伊斯坦布尔工业商会（ISO）。工业主要有纺织、食品、电子、水泥、烟草、皮革、金属、电器、运输工具、船舶修理等；全省的可耕地不多，但农业发达，主要农作物有小麦、燕麦、大麦和甜菜，还有渔业、畜牧业和园艺业；旅游业发达，金融活动十分活跃。伊斯坦布尔正在建设一个新的中央商务区，并将在完工后接待土耳其各银行和金融机构的总部。

2. 交通影响力

伊斯坦布尔是联结欧亚的枢纽，海路、公路和铁路四通八达。

博斯布鲁斯海峡是连接黑海与地中海之间的“黄金水道”，它不仅把亚洲和欧洲分割开来，而且也把伊斯坦布尔一分为二，造成罕见的交通拥堵。1973年和1988年建成的两座博斯普鲁斯海峡大桥使该市欧亚两部分连为一体，一桥飞渡欧亚，天堑成通途。现在伊斯坦布尔正在修建第三座跨海大桥和第二条海底隧道，五条通道将大大缓解交通瓶颈，通畅丝绸之路经济带的亚欧南通道。

伊斯坦布尔是土耳其最大的港口城市，转运全国57%的进口和11%的出口货物，生产全国1/3的工业品。博斯普鲁斯海峡是黑海和地中海之间唯一的海上航线，这里石油丰富，是世界上最繁忙的航道之一；每年有超过2亿吨的石油通过博斯普鲁斯海峡，博斯普鲁斯海峡的运输量是苏伊士运河的三倍。在伊斯坦布尔有三个主要航运港口，分别是ports-the Haydarpaşa港，Ambarlı港，Zeytinburnu-as港，几个较小的港口和油码头在博斯普鲁斯海峡、马尔马拉海之间。Haydarpaşa港，位于博斯普鲁斯海峡东南部，是伊斯坦布尔最大的港口，直到21世纪早期，由于港口功能发生变化，Ambarlı离开Haydarpaşa之后，该港吞吐量下降就下令停止该港口使用。2007年，Ambarlı成为第四大货物吞吐量港口，终端在地中海盆地。城市的长期规划要求所有终端与公路和铁路网络之间更紧密的连接，Zeytinburnu港口因靠近高速公路和阿塔图尔克国际机场，地理位置得天独厚。该市的阿塔图尔克机场是土耳其最大的国际机场，规模宏大，可起降各种大型喷气式飞机，与欧洲各大城市及中亚、中东、北非等地均有航班。

伊斯坦布尔地铁，是伊斯坦布尔的城市轨道交通系统，其第一条线路M1号线开通于1989年，目前共有6条路线，82座车站营运中。由于伊斯坦布尔的特殊地理位置，伊斯坦布尔地铁成为一座跨越欧、亚两洲的地铁系统，M1、M2、M3三条路线位于欧洲的色雷斯部分，M4线则位于亚洲的安纳托利亚部分。2013年，横跨博斯普鲁斯海峡的马尔马拉铁路完工，M4线可由此铁路转乘至欧洲部分的地铁路线。伊斯坦布尔另有一条称为杜乃尔的古老地铁线，通车于1875年1月17日①，为世界上仅次于伦敦地铁的古老地铁，该线路目前还在营运，仅有两个车站。但它从狭义上来说，是一条隧道内的地下观光用缆索铁路。

随着现代铁路技术发展，铁路旅行变成了所有旅行方式中最安全和舒适的方式。《土耳其旅游战2023》最重要的内容之一就是对现有运输体系进行调整和安排，通过建造—运营—转化（BOT）；建造—运营（BO）；设计—建造—融资—运营（DBFO）；建造—自有—运营（BOO）；建造—租赁—运营—转移（BLOT）；公私合资经营以及共同清算等投资模式，使连接主要旅游区的高速铁路贯通全国②。

3. 文化影响力

伊斯坦布尔曾是东罗马帝国、拜占庭帝国和奥斯曼帝国的首都，丝绸之路商贾不断，兼容并蓄欧、亚、非三洲各民族思想、文化、艺术精粹，是东西方思想文化的一个重要交汇点，该市的历史城区被联合国教科文组织列为世界文化遗产。伊斯坦布尔还在2010年和2012年分别当选为欧洲文化之都和欧洲体育之都。

伊斯坦布尔旅游资源丰富，许多名胜古迹吸引着世界各国的旅游者。最著名的有托普卡帕故宫博物馆（老王宫）、道尔马巴赫切宫（新王宫）、苏丹阿赫迈特清真寺（即蓝色清真寺）、阿亚索菲亚博物馆（即圣·索菲亚教堂）、阿塔图尔克革命博物馆、女儿塔、卡帕勒市场、埃及市场、王子岛、步行街、塔克西姆广场等。当然现代旅游业的发展也离不开现代的

---

① 伊斯坦布尔（维基百科），https：//en. wikipedia. org/wiki/Istanbul_ Metro，2018-08-12。

② 魏敏：《旅游业发展的政府行为研究——以土耳其为例》，社会科学文献出版社2013年版，第143页。

文化艺术活动，土耳其政府非常注重现代文化旅游产品的开发，每年举办100多个节庆活动，吸引来自世界各地的游客。伊斯坦布尔是国际文化艺术节最重要的举办中心，当地举办的国际电影节、国际戏剧节、国际音乐节、国际爵士乐节和国际双年展，吸引许多著名表演艺术家和音乐家欢聚在伊斯坦布尔。与此同时，土耳其政府还积极引导和开发会展旅游市场。据国际会议协会（International Congress and Convention Association，简称ICCA）统计①，伊斯坦布尔已成为国际会议旅游联盟中继巴黎、马德里、维也纳、巴塞罗那、柏林、新加坡、伦敦之后，排名第八位的世界著名会议举办地。

在2018年10月公布的《美国新闻与世界报道》（U. S. News & World Report）全球大学排名中，土耳其共有30所大学进入榜单，其中排名较前的海峡大学、伊斯坦布尔技术大学均分布在伊斯坦布尔。这在一定程度上说明伊斯坦布尔高等教育体系的不断完善以及高等教育国际化竞争力的提升。

二　安卡拉的区域影响

（一）安卡拉的区域影响

安卡拉是土耳其的首都和第二大城市，安卡拉省省会，土耳其政治、经济、文化、交通和贸易的中心，位于小亚细亚半岛上安纳托利亚高原的西北部。安卡拉为仅次于伊斯坦布尔的全国第二大工业中心，有东西行的铁路干线通全国主要城市和港口，另有公路多条通向各方。航空港保持国内外的航空联系。自古以来就是交通要塞，素有“土耳其的心脏”之称。所有外国使节官邸、土耳其著名学府、政府枢纽机关等集中于此。

1. 交通影响力

安卡拉铁路（Ankaray）及轻轨运输系统（Hafif Raylı）是安卡拉进行现代化快速交通网络的第一阶段。安卡拉铁路由西门子公司于1992—1996年间建造，并于1996年8月20日开通，路线行经AŞTİ至Dikimevi，共有11个车站。铁路总长度8.25千米，其中6.68千米为地底路段。目

---

① 国际会议协会（ICCA）官方网站，http：//iccaworld. com/npps /story. cfm? nppage = 3537，2018 -08 -15。

前，安卡拉有一条名为 Ankaray（A1）的郊区铁路和四条地铁线路（M1，M2，M3，M4），每天为约 30 万名通勤者提供服务（见表Ⅱ-3-7）。

表Ⅱ-3-7　　安卡拉地铁现时五条路线

路线	起讫点	通车日期	长度（千米）	站数
安卡拉铁路 Ankaray	Dikimevi ↔ 安卡拉城际巴士总站	1996	8.53	11
M1	Kızılay ↔ Batıkent	1997	14.66	12
M2	Kızılay ↔ Koru	2014	16.59	11
M3	Batıkent ↔ Törekent	2014	15.36	11
M4	阿塔图克文化中心 ↔ Gazino	2017	9.22 km	9
总计			64.36km	54

资料来源：https：//en.wikipedia.org/wiki/Ankara_Metro。

安卡拉中央车站是土耳其主要的铁路枢纽。土耳其国家铁路公司提供从安卡拉到其他主要城市的旅客列车服务，例如：伊斯坦布尔，埃斯基谢希尔，巴勒克埃西尔，屈塔希亚，伊兹密尔，开塞利，阿达纳，卡尔斯，马拉蒂亚，迪亚巴克尔，卡拉布克，宗古尔达克和锡瓦斯。通勤铁路也在 Sincan 和 Kayaş 的车站之间运行。安卡拉自 2003 年起开始建设高速铁路。第一段路线安卡拉至伊斯坦布尔第一期安卡拉至埃斯基谢希尔段于 2009 年 3 月 13 日通车。第二期工程于 2014 年 7 月 25 日通车，第三期工程在建中。另一条路线，安卡拉至科尼亚的线路于 2006 年开工，并于 2011 年 8 月 23 日开始营运。全程旅行时间预计在 70 分钟。另有其他几条线连接各大都市，已经规划并将于若干年内建设。在这些线路上的最高速度为 250km/h。埃森博阿国际机场位于城市的东北部，是安卡拉的主要机场。

2. 文化影响力

安卡拉是一座历史悠久的古城，人们可以将城市的历史一直追溯到上古时期。安卡拉市区名胜古迹很多，如罗马时期的朱里安柱和奥古斯都庙；拜占庭时期的城堡和墓地；塞尔柱时期的阿拉丁清真寺以及奥斯曼时期的穆罕默德帕夏市场和莫罕麦德市场等。在老城区的一个山坡上，建有一座赫蒂博物馆，里面陈列着许多浮雕、青铜器等。这些属于公元前 6、

7 世纪的历史文物，充分显示出古代赫蒂人的高度文明。安卡拉建有许多清真寺，这些清真寺是伊斯兰文化的重要组成部分。

这里有著名的安卡拉大学、毕尔肯大学、詹卡亚大学和中东技术大学等高等学府。自“一带一路”倡议提出后，中土双方对于汉语和土耳其语言的学习充满热情，加快了双方的交流与合作，孔子学院是中土高等教育交流与合作的重要体现。目前，土耳其共建有 4 所孔子学院，位于安卡拉的中东技术大学孔子学院作为土耳其第一所孔子学院，以推广汉语和传播中国文化为宗旨，致力于满足土耳其人民对于汉语学习的需要，增进对中国语言文化的了解，促进中国与土耳其的友好关系。2018 年 10 月，中东技术大学校长穆斯塔法・考克访问中国孔子学院总部/国家汉办时，充分肯定了中东技术大学孔子学院在传播中华文化、深化中土友谊上的贡献以及在沟通中土人文交流上的桥梁作用。①

① Metu, Middle East Technical University Main, http://ci. metu. edu. tr/zh-hans/, 2018 - 09 - 14.

第四章　正义与发展党的发展趋势研究*

自2002年以来，土耳其具有伊斯兰背景的正义与发展党（以下简称"正发党"）不断赢得各种选举，连续一党单独执政18年，又在2018年成功实现从议会制到总统制的政治体制变革，深刻地影响了土耳其的政治、经济、社会和外交转型进程，甚至可以同凯末尔时期连续执政15年的共和人民党相媲美。2018年，埃尔多安及其领导的正发党迈入了第五个任期。

在土耳其的第一和第二任期（2003—2011年）内，土耳其以"入盟进程"为突破口不断加快现代化和民主化进程，并在此过程中实现了政治局势趋于稳定、经济发展迅速腾飞、国际地位稳步提高的良好局面。随着第三任期的到来，土耳其在克服了经济危机和合法性危机后转而向威权主义方向发展，这促使国内不断爆发针对正发党的抗议事件。2015年6月，正发党在选举中失利，丢掉了一党单独执政地位，但仅仅半年内调整政策，并在当年11月的议会选举中再度获胜，开启第四任期。2016年7月土耳其爆发"七·一五"未遂军事政变，此后土耳其内政外交发生重大变革。2017年4月，土耳其通过修宪公投。2018年6月举行总统和议会"二合一"选举，埃尔多安当选总统，成为土耳其实现总统制之后的第一任总统，同时规定总统可以继续担当政党领导人，从而开启了正发党第五个任期。

21世纪以来的土耳其研究将不可避免地与正发党捆绑在一起。对欧

* 本章为教育部哲学社会科学研究重大课题攻关项目"土耳其内政外交政策与'一带一路'倡议研究"（17JZD036）及上海市社科规划青年课题"全球化背景下的土耳其国家转型研究——以正义与发展党为中心"（2017EGJ004）的阶段性成果。

洲学界而言，正发党推行的欧洲化进程、正发党的宗教背景以及“阿拉伯之春”后的中东难民潮是其关注焦点；对美国学界而言，正发党推行的民主化进程、正发党模式或者“土耳其模式”在中东地区的榜样作用、土耳其独立自主的外交政策是其关注重点；对于中国学界而言，正发党推行的自由化政策、正发党的“新奥斯曼主义”思想、土耳其的中东外交政策转变是其关注重点。本章试图将以上关注点纳入整体框架来进行全面考察，首先对正发党在第一、第二、第三及第四任期的表现给予详细描述，继而对正发党未来的发展趋势做出预测。

第一节　土耳其的“民主转变”：正发党第一任期

在第一任期内，正发党坚决拒绝“伊斯兰政党”“温和伊斯兰主义”和“穆斯林民主党”的标签，与埃尔巴坎领导的“民族观念运动”予以割裂，以“保守民主”政党自居，并且热情地拥抱西方化、民主化、自由化和全球化，改变了与世俗主义政权的对抗态度，转而采取合作方式，既吸引了开明伊斯兰主义者的支持，也能得到自由民主派的拥护。这样，正发党事实上形成了一个既包括持保守主义的安纳托利亚民众以及大中城市贫民阶层的边缘力量，同时包括了自由派等中心力量在内的大联盟，属于典型的中右政党。正发党在第一任期内主要采取的措施包括民主化的政治改革、自由化的经济举措、保守化的社会政策和全球化的外交战略。

一　民主化的政治改革

正发党上台后就面临着以军队、司法机构、宪法法庭、共和人民党、国立大学和世俗媒体为代表的世俗主义力量的质疑和批判，深陷合法性危机之中。正发党认为只有通过选举获得民意支持才能获得世俗主义力量的承认，因而民主/民主参与是其合法性的来源。如此，正发党在面对“国家权力”（以军方和司法机构为代表）的威胁时可以诉诸“人民权力”（投票箱）。

此外，面临合法性危机，正发党必须要采取一套民主、人权和法治的政治话语武装自身，并且加快推进入盟谈判进程，如此才能一劳永逸地解决政党合法性问题，推动土耳其政治向民主转变，因为加入欧盟是凯末尔主义者/世俗主义者的最高追求，是土耳其现代化进程的最终奋斗目标，由正发党来担当土耳其欧洲化的旗手对于世俗主义者而言是无法拒绝的，拒绝就意味着对凯末尔主义的背叛，也意味着对土耳其人民的背叛。

2002 年以来，埃尔多安领导的文官政府借入盟谈判进程限制军方的力量，使得军队监国者的地位有所弱化。起初，埃尔多安对军队是极为忌惮的，毕竟政党具有伊斯兰的背景，这个底色是难以磨灭的，因此唯恐政党面临被取缔的危险。

不过，2003 年 8 月，由政党控制的议会借助入盟谈判的机会而通过了关于军队和文官政府关系改革的“一揽子协调计划”，具体内容包括限制军事法庭对文官政府的管辖权、审计法庭负责对军队开支和产权进行审计等，并通过将国家安全委员会变为顾问机构、将国安委秘书长变为行政职位，极大地削弱了军方的政治影响力。2004 年 4 月，议会通过第五个“一揽子协调计划”，其中国家安全法庭被取缔、死刑被彻底取消、高等教育委员会中的军方代表被清除。2004 年 7 月，议会通过第六个“一揽子协调计划”，其中国家安全委员会秘书长对最高视听委员会成员的提名权被取消。

二　自由化的经济举措

2002 年底正发党上台时，土耳其外债达到 1361 亿美元，较 2001 年增长了 15.5%，国内债务增长了 86%，内外债务加起来达到 2060 亿美元，仅偿付债务本息就相当于国内生产总值的 50%。① 为此，在国际货币基金组织的指导下，正发党进一步推行自由化经济政策，包括对农业和银行业进行结构调整、减少国家对经济的干预、加大国有企业私有化力度、实施紧缩的财政政策、为竞争创造公平条件、对非正规经济部门加强金融监管等。②

显然，正发党的新自由经济政策认为发展必须要参与到世界市场中去，而国际货币组织和入盟进程成为推动土耳其国有企业私有化的两大杠

---

① Marcie J. Patton, “The Economic Policies of Turkey’s AKP Government: Rabbits from a Hat?” *Middle East Journal*, Vol. 60, No. 3, Summer 2006, p. 516.

② Yildiz Atasoy, *Islam’s Marriage with Neo-Liberalism: State Transformation in Turkey*, New York: Palgrave Macmillan, 2009, p. 112.

杆。据土耳其私有财产管理局信息，从 1985 年到 2009 年，土耳其共有 188 家国有企业被私有化，其中有 93 家国有股份未能达到 50%，66 家通过出售完成私有化。在 240 家混合所有制企业中，国有股份也不断被出售。不过，由于广大民众对大规模裁员的怨恨以及工会对某些协议的法律程序不满，整个国企私有化进程的速度并不是很快，但最大的增幅发生在 2005 年至 2006 年，诸如对基建产业至关重要的通信、化工和其他能源企业被大量私有化。[①] 不过，随着 2007 年和 2008 年正发党陷入执政危机，私有化的速度再一次维持在正常状态。

从 2002 年到 2003 年，土耳其经常项目余额从 15 亿美元增加到 68 亿美元。此外，从 2002 年到 2004 年，土耳其的对外直接投资增长了 60%，在 2004 年至 2005 年甚至翻了三番。[②] 土耳其终于从严重的经济危机中走了出来。

三　保守化的社会政策

重启欧盟进程推动了土耳其民主巩固的新阶段，但同时土耳其社会在正发党的领导下有进一步向保守发展的趋势，意即偏离世俗主义的轨道，而这和埃尔多安政府对于世俗主义的理解，对于宗教在社会中的作用的不同理解有直接关系。世俗主义在正发党的解释中就是要在国家和宗教之间保持中立。

第一，头巾问题在土耳其的宗教和国家关系讨论中极具象征性作用。世俗主义者认为在公共空间佩戴头巾并不是一种个人选择，而是土耳其社会伊斯兰化的标志，是对世俗主义国家的政治攻击。1999 年“二・二八”政变发生后，头巾禁令在土耳其的所有大学中推行。正发党上台后试图取消禁令，在 2003 年曾提交议案希望将塞泽尔总统任命的高等教育委员会主席赶下台，因为该禁令在他任下甚至波及了宗教系的学生，但最终提案却被塞泽尔否决，因此取消禁令直到 2008 年才得以初步实现。

第二，正发党加大对伊斯兰教育的投入，推动土耳其保守伊斯兰价值

---

① Yildiz Atasoy, *Islam's Marriage with Neo-Liberalism: State Transformation in Turkey*, New York: Palgrave Macmillan, 2009, p. 112.

② Zülküf Aydın, *The Political Economy of Turkey*, London: Pluto Press, 2005, pp. 126 - 128.

观和伊斯兰身份认同的增强。正发党执政之初与以信仰为基础的伊斯兰社会运动——居伦运动（Gülen Movement）结成同盟，在当政后又推动了居伦运动的发展。此外，正发党加大对于国立宗教学校的投入，从 2002 年到 2007 年，伊玛目·哈蒂普（Imam Hatip）宗教学校的数量增加了一倍，所培养的毕业生也逐年增多。

第三，正发党试图放宽对私立宗教课堂的限制，满足保守民众的宗教需求。2003 年，正发党希望国家宗教事务署颁布新条令改善宗教课堂的办学条件，如有权开夜校、将学生最低入学年龄从 15 岁降至 10 岁、解除夏季办学的时间限制（最多两个月），以及允许设立宿舍等。① 然而，塞泽尔总统连同宗教事务国务部部长对正发党施压，最终导致该条例未能出台。

虽然在头巾禁令、宗教学校、宗教课堂等问题上，正发党推动的保守化社会政策受到了世俗主义者的抵抗，但还是取得了一定突破。

四　全球化的外交战略

正发党上台以来，土耳其外交实现了重大转型，开始奉行积极独立、东西兼顾的外交战略，其中与欧盟建立战略联盟、与美国建立安全联盟、与俄罗斯开展经济合作、与中东国家建立正常关系是正发党第一任期的重要外交举措。

第一，欧洲是土耳其外交的战略目标。塞浦路斯问题是横亘在土耳其入盟道路的重要阻碍。为加入欧盟，正发党上台后改变了在塞浦路斯问题上的强硬立场。2002 年，时任联合国秘书长安南（Kofi Annan）为解决塞浦路斯问题提出了一项和平计划，内容包括由塞浦路斯成立联邦，土耳其族和希腊族领袖轮流担任总统。2003 年，正发党改变了土耳其长期在塞浦路斯问题上的强硬立场，对塞浦路斯土耳其族进行施压，要求他们接受这一政治妥协，以换取加入欧盟的机会。因此，塞浦路斯土耳其族决定接受安南计划。然而，在 2004 年 4 月针对安南计划而举行的两项公投中，塞浦路斯土耳其族人赞成率为 64.9%，对计划予以接受，而塞浦路斯希

---

① Ahmet T. Kuru, *Secularism and State Policies toward Religion: The United States, France, and Turkey*, New York: Cambridge University Press, 2009, p. 197.

腊族的否定率为75.8%，对计划予以拒绝。随后塞浦路斯共和国在希腊帮助下加入欧盟，而北塞浦路斯共和国和土耳其仍然徘徊在欧盟的大门外。[①] 此次事件，土耳其付出了极大的政治代价，但仍然未能获得相应的结果，这也为正发党在第二任期与欧盟出现分歧埋下了伏笔。

第二，美国是土耳其外交的安全目标。库尔德工人党被土耳其视为最大的安全威胁，而恰恰是在这个问题上，美国与土耳其具有重大的分歧，即便是正发党在第一任期的亲西方外交立场仍然未能改变双方关系的逐步恶化。2003年伊拉克战争爆发，土耳其议会反对美国经过土国境对伊拉克发动进攻，这引起了美国的极大不满。2003年7月4日，美国羞辱了11名土耳其士兵，这不仅表明土耳其军方在伊拉克北部失去了影响力，而且在共同打击库尔德武装分子时再也无法依赖美国。结果，土耳其在邻国政策上开始采取欧洲话语，更加强调对软实力、对话和经济合作的使用。[②]

第三，俄罗斯是土耳其外交的能源目标。正发党执政以来，土俄之间不断加强交流与合作，两国关系呈现积极发展的态势，在2003年实现了突破。2003年3月，土耳其议会反对美国过境打击伊拉克后使得俄罗斯更加青睐与土耳其发展紧密关系。能源合作是两国经济合作的重中之重，而且两国在能源领域处于相互依存的关系。一方面，土耳其从俄罗斯进口的天然气占本国进口的65%，石油则占25%，是仅次于德国和意大利的俄罗斯石油第三大买家。另一方面，俄罗斯有40%的石油都要经过土耳其运输至世界各地。[③]

第四，中东是土耳其外交的新方向。正发党第一任期的中东政策主要目标在于维护中东地区稳定、扩大与中东地区国家经贸关系、发展以信任为基础的友好合作关系。[④] 土耳其在此阶段的中东政策主要有以下四大特

---

① Philip H. Gordon and Omer Taspınar, *Winning Turkey: How America, Europe, and Turkey can Revive a Fading Partnership*, Washington D. C.: Brookings Institution Papers, 2008, pp. 46 – 47; Zeyno Baran, *Torn Country: Turkey between Secularism and Islamism*, Stanford: Hoover Institution Press, 2010, p. 125.

② Yaprak Gürsoy, "The Changing Role of the Military in Turkish Politics: Democratization through Coup Plots?" *Democratization*, Vol. 19, No. 4, August 2012, p. 743.

③ 郭长刚、杨晨、李鑫均等编著：《列国志·土耳其》（新版），社会科学文献出版社2015年版，第292页。

④ 郭长刚、杨晨、李鑫均等：《列国志·土耳其》（新版），社会科学文献出版社2015年版，第307页。

点：第一，发展多元外交，摒弃了冷战时期的意识形态外交，积极与中东国家发展经贸关系；第二，实施积极参与战略，坚持运用外交手段解决问题，但在必要条件下可以进行军事威胁，不仅要参与周边邻国事务，而且还要和海湾诸国建立合作；第三，争取独立自主的外交政策，力图摆脱欧美等国的影响，赢得了中东国家的赞誉和认可；第四，实现双赢的外交结果，积极参与中东地区冲突的协商和斡旋，主张以妥协求对话，以双赢解决冲突。正发党的积极外交政策极大提升了土耳其在中东地区的影响力。

第二节 土耳其的“政治危机”：正发党第二任期

正发党的执政之路并非一帆风顺，在第二任期开启时就面临一系列危机，如2007年的总统选举危机、2008年的取缔政党危机、军方的企图秘密政变危机等。正发党对此给予了坚决回击，削弱了世俗主义在军队高层和媒体中的影响力，进一步夯实了执政基础。

一 2007年总统选举危机

2007年是正发党第一任期和第二任期的分水岭，也是正发党执政历史上最为艰难的时刻，2007年4月要举行总统选举，2007年11月要举行议会选举，这对正发党的继续执政都具有至关重要的作用。埃尔多安选择提名时任土耳其外交部部长的居尔为总统候选人。对于世俗主义者而言，塞泽尔总统是在正发党第一任期内坚定地保护世俗主义者利益的最重要代表，一旦总统职位失手，世俗主义的力量将会遭受重创，因而在总统选举问题上没有任何妥协的余地。

2007年4月27日，大国民议会以居尔在前两轮投票中未能获得三分之二的选票、且议会出席人数也未达到三分之二为理由要求宣布总统选举无效。就在民众等待宪法法庭对总统选举结果进行裁决的时候，世俗主义的坚定支持者——军方开始介入此次选举。当晚，土耳其总参谋部网站上发表了一份声明，警告道“某些集团正在对土耳其共和国的建国原则进行无情的挑战。如果必要，土耳其军队将会毫不犹豫地履行职责，成为世俗主义的绝对捍卫者”。鉴于土耳其有军事干政的先例，这次声明被媒体普遍称为“电子政变”，引发对军队发生政变的猜想。

不过正发党没有改变策略，对军方试图向司法机构施压的做法表示谴责，并继续维持对居尔的提名。为应对此次危机，正发党控制的大国民议会决定提前进行大选，并将日期定为7月22日。最终，正发党在7月选举中获得了47%的选票，在议会中获得席位341个，共和人民党获得21%的选票，议席数112个，民族行动党获得14%的选票，议席数71个，此外还选出27位独立候选人，大多数来自亲库尔德的民主社会党（Kurdish Democratic Society Party）。

2007年8月，正发党控制的议会在民族行动党的支持下选举居尔为土耳其第十一届总统。居尔宣布将严格遵守共和国的世俗主义原则，继续致力于土耳其的入盟进程。随着居尔的当选，总统、总理和议会发言人职位同时被具有伊斯兰背景的正发党所掌控，这在土耳其历史上还是第一次。

二 2008年政党取缔风波

2008年1月，在民族行动党的支持下，正发党通过议会批准了包括解除头巾禁令在内的宪法修正案。然而，宪法修正案的提出引发了世俗主义力量的进一步抗议，认为正发党在继续对世俗主义的宪法秩序进行挑战。2008年3月，作为一个坚定的凯末尔主义者，高等上诉法庭首席检察官阿卜杜拉赫曼·亚琴卡亚（Abdurrahman Yalçinkaya）向宪法法庭提起诉讼，指控正发党及其领导层正在成为改变共和国世俗政体的核心，请求法庭取缔正发党并禁止包括埃尔多安和居尔在内的71名领导人五年内不得参与政治。

最终，2008年7月31日，宪法法庭以7∶6的投票对取缔正发党表示反对，但却认定正发党亵渎了宪法所规定的世俗主义原则，将国家财政对正发党的拨款减少一半。宪法法庭首席大法官指出这次决议是对正发党的严重警告，希望正发党能够从中吸取教训，严格遵守宪法秩序。

三 “未遂军事政变”事件

2007年3月，一份周刊刊载了一位海军前司令官的日记，内容包括了大量军方涉及2003年至2004年针对正发党的政变细节。此后，一系列的军事政变传言也不断出现并得到证实。2007年6月，正当宪法法庭在考虑是否取缔正发党的问题上深思熟虑时，经过警方调查，“埃尔盖内孔"[①] 军事政变案件也浮出水面，该事件涉及的记者、学者、退休和现役军官多达300人，从2008年10月才开始审判。2010年初，另外一桩名为"大锤"的政变企图曝光，其中涉及200多名政府官员，2010年12月开始审判。这两次事件共导致十分之一的军队高级官员被捕，这在土耳其历史上还是首次。[②] 此外，在这两次事件中，军方人士均以"反民主"的理由被捕，这在土耳其历史上同样是第一次。

此次军事政变企图的暴露给了文官政府加大对军队控制带来了新的契机。第一，此次未遂军事政变事件缓解了正发党的政治危机。其一，军方的形象受到了极大的损伤。其二，正发党在2007年7月的议会选举中能够取得大胜，部分原因也在于此次事件引发了民众对国家稳定和民主巩固的担忧，为正发党增添了悲情色彩。第二，此次未遂军事政变事件加大了正发党对军队的钳制。2010年8月，正发党参与了最高军事委员会有关晋升决定的制定，这在近二十年的土耳其历史上还是第一次。第三，此次未遂军事政变事件提高了土耳其实现民主巩固的机会。通过此次事件，军方在政治中的监护者地位受到了极大打击，这是促使军队和文官政府建立民主关系的第一步。

四　地区化的外交战略

在第二任期内，土耳其外交实现了转型，其最突出特点在于提出"与邻国零问题"的外交政策，积极同邻国发展贸易关系，加强与海湾国家的经济和社会交往，不断对中东地区的冲突进行外交斡旋，这都表明土耳其已经成为中东地区甚至是全球事务中的重要参与者。与此同时，土耳其同西方的关系处于深度调整之中，与亚洲、拉美和非洲国家的关系走向稳步发展。土耳其的外交转型与埃尔多安的首席外交顾问，后来担任外交部部长的达武特奥卢具有重要联系。

---

① "埃尔盖内孔"的名字起源于神话故事。在中亚的阿尔泰山有一座埃尔盖内孔山谷，一匹灰狼率领狼群从此地出发一直向西移动，最终建立了土耳其民族。神话中的灰狼和埃尔盖内孔山谷就成为土耳其民族主义的象征，激发土耳其人不断与突厥先祖建立联系。土耳其的世俗政党尤其是民族右翼政党曾经就利用这个神话寻求民众的支持。

② Yaprak Gürsoy, "The Changing Role of the Military in Turkish Politics: Democratization through Coup Plots?" *Democratization*, Vol. 19, No. 4, August 2012, pp. 735 – 736.

2009 年，埃尔多安的外交顾问达武特奥卢就任土耳其外交部部长，开始将曾经提出的“战略纵深”（Strategic Depth）理念付诸实践，试图推行积极独立的外交政策。达武特奥卢的“与邻国零问题”政策被许多国际关系学者冠以“新奥斯曼主义”，并将之视为厄扎尔时代的“新奥斯曼主义”的延续。[①] 然而，厄扎尔时期的“新奥斯曼主义”与达武特奥卢时期的中东外交政策有重大的区别。

厄扎尔在执政时期将中东纳入土耳其的外交版图主要基于现实主义的原因，认为中东既是土耳其重要的能源进口来源，也是产品出口的新兴市场。而达武特奥卢时期的中东政策更多的是基于文明的意识形态原因，在《战略纵深》专著中，达武特奥卢认为土耳其的文明属性是已经预先注定的，虽然他并没有指明具体的文明属性，但从正发党积极响应联合国提出的“文明联盟”（Alliance of Civilizations）倡议可以看出土耳其希望成为伊斯兰文明的领导者。对于达武特奥卢而言，2011 年“阿拉伯之春”的爆发让土耳其看到了机会，以“泛伊斯兰主义”意识形态为支撑进而追求全球大国地位的梦想重新燃起。

第三节　土耳其的“威权转变”：正发党第三任期

正发党第三任期是从 2011 年至 2015 年，然而土耳其这一轮的选举周期的起点可以追溯至 2013 年。2013 年 5 月底爆发的“加齐公园事件”（Gezi Park）对正发党政府的打击是严重的，从单纯的环保抗议活动演变成反对政府的全国性的抗议活动，其间埃尔多安对抗议民众的不妥协态度也被诟病，反倒是时任总统居尔的自由立场得到了很多民众和青年学生的支持。2013 年 9 月至 10 月，正发党与昔日盟友——居伦运动之间的矛盾爆发，正发党通过关闭居伦运动开设的学校一方面打击它的影响力，另一方面限制它的经济来源。随后，2013 年 12 月的腐败案又将正发党和埃尔

① Hasan Kösebalaban, *Turkish Foreign Policy: Islam, Nationalism, and Globalization*, New York: Palgrave Macmillan, 2011, p. 121. 厄扎尔时期的新奥斯曼主义外交政策与坦齐马特改革时代的外交政策有众多相似之处，其一为应对国际体系变革进行行政重组，其二寻找新的国家认同以降低民族主义对国家统一的影响，其三为西方价值观和传统价值观合为一体，其四为将土耳其融入西方体制中，其五为与当时时代的霸权国家结成战略联盟。

多安本人被推到了风口浪尖处。之后爆出的埃尔多安及其儿子的监控录音事件更是对埃尔多安个人形象的沉重打击。虽然监控事件是居伦运动所做的违法事情，但是暴露出来的事实还是让土耳其民众感到难以接受，造成土耳其民意的分裂。

一　2015 年 6 月议会选举

如果我们可以说 2013 年是土耳其政治发展方向的一个转折点的话，那么 2014 年是看似柳暗花明，实则暗流涌动的一年，那么 2015 年则是跌宕起伏的一年。

在不利背景下，2014 年 3 月 30 日举行的地方选举虽然只是一次地方性的选举，但却被赋予了特殊的意义，即对正发党和埃尔多安的信任公投。尽管遭受众多挑战和打击，但正发党仍然获得了 45.6% 的选票，取得大胜（见表Ⅱ-4-1）。正发党的“选举霸权”得以夯实，埃尔多安个人权威继续得到保持。此次选举也促使埃尔多安下定决心成为总统候选人。8 月 10 日，土耳其举行总统选举，埃尔多安以 52% 的选票成为土耳其共和国历史上第一位民选总统。连续两次选举胜利似乎给了正发党和埃尔多安更大的信心，并且预计自己能够在接下来的议会选举中获得胜利。但两年来政党间的斗争、正发党内部的问题、埃尔多安个人形象的急剧扭转都使得土耳其社会继续走向分裂。

表Ⅱ-4-1　**正发党在以往七次选举中的表现**　单位：%

	2002（议）	2004（地）	2007（议）	2009（地）	2011（议）	2014（地）	2014（总）
AKP	35	42	47	38	50	46	51.8
CHP	20	18	21	23	26	28	38.4
MHP	8	10	14	16	13	15	
HDP			5	6	7	6	9.8

资料来源：E. Fuat Keyman, “The AK Part: Dominant Party, New Turkey and Polarization”, *Insight Turkey*, Vol. 16, No. 2, 2014, p. 23.

这种分裂在 2015 年 6 月 7 日的议会选举中表现得更为明显。此次选举的结果如表Ⅱ-4-2 所示，正发党（AKP）、共和人民党（CHP）、民族行动党（MHP）和人民民主党（HDP）同时达到10%的议会门槛。虽然正发党获得41%的选票，成为第一大党，但事实上却是失败的，无法单独组阁政府。虽然正发党在此次议会选举中得票率最高，获得议席数也最多，然而由于议席数未能达到276席（即议会550席中的50%），因此无法再单独进行一党组阁，这也标志着正发党连续13年一党单独执政的历史走向终结。

表Ⅱ－4－2　　2015年6月议会选举结果

政党	意识形态	得票率	议席数
AKP	保守民主	40.87%	258
CHP	世俗主义	24.95%	132
MHP	土耳其民族主义	16.29%	80
HDP	库尔德民族主义	13.12%	80

资料来源：此结果由土耳其最高选举委员会（High Council of Election）发布，转引自Oğuzhan Tekin，“Turkey's 2015 Elections Results”，*Today's Zaman*。

二　2015年11月议会选举

如表Ⅱ－4－3所示，经过短暂5个月的时间，正发党在11月1日议会选举中获得接近50%的得票率，较之上次大幅增加，从而一扫之前的阴霾，再次获得单独执政地位。目前的议会格局仍然维持四党结构，正发党再度成为执政党，更多地吸收了民族主义者和库尔德人的选票；共和人民党是选票唯一增多的反对党，但只是小幅增加了1%，对整个选举结果而言无足轻重；民族行动党损失最大，并且在其传统地区奥斯曼尼耶（Osmaniye）落败；人民民主党在东南部库尔德地区损失了较多选票。

表Ⅱ－4－3　　2015年土耳其议会选举结果

政党	6月选举	议席	11月选举	议席
AKP	40.87%	258	49.50%	317
CHP	24.95%	132	25.32%	134
MHP	16.29%	80	11.90%	40
HDP	13.12%	80	10.76%	59

资料来源：https：//en.wikipedia.org/wiki/Turkish_general_election,_November_2015。

从此次选举结果可以看出，土耳其的政治发展之快、之复杂都令人难以预测。归结而言，大致有以下三方面原因①：

第一，正发党改变了选举策略。其一，以经济承诺为中心。此次选举策略不再以政治为中心，转而以经济为中心，淡化从议会制变为总统制的议题。此前，6月选举失利的一个重要原因就是民众把此次选举看作是对总统制的公投，而这也促成了反正发党和反埃尔多安集团的建立。为此，正发党做出了一些经济承诺，如为退休人员和低收入人群提供补助，提高最低工资水平等。其二，强势候选人回归。9月12日，正发党召开党大会，允许大批重量级政治人物重新回归，包括前副总理、前交通部部长、前能源部部长、前劳动部部长、前农业部部长等。其三，埃尔多安个人的政治操作。埃尔多安此次刻意保持低调，给予达武特奥卢适当权力。同时，埃尔多安对9月12日的正发党大会进行了政治操作，使得一些候选人回归，这凸显了他对正发党的持久影响力，也强化了该党的团结。

第二，正发党利用库尔德问题赢取民意。其一，库尔德和平进程搁置。为了促成库尔德工人党放下武装，正发党启动了和平进程，这导致大量民族主义者的不满。随着和解进程搁置，库尔德工人党重新诉诸武力，正发党也随之改变策略，重新开始打击库尔德工人党和“伊斯兰国”，赢得了民族主义者的支持。其二，面对库尔德工人党和“伊斯兰国”的袭击，人民民主党对于打击恐怖主义没有表现出坚定的立场，而正发党传达的信息则是联合政府将会带来国家局势不稳的局面，到时候必然会危害社会和民众的安全，对此民众也深有体会。

第三，正发党有效打击了反埃尔多安和反正发党的松散联盟。其一，民众要求稳定的诉求强烈。由于政党之间的激烈斗争，土耳其政治出现不稳定局面。在联合政府谈判和议会发言人选举中，反对党都未能妥协，也未能取胜，这引起民众对国内局势进一步恶化的担忧。此外，土耳其民众对20世纪90年代联合政府执政期间的表现依然历历在目，又加上临时政府时期国家权力出现真空、政治风险增加、里拉贬值、资本加速外流、投

---

① http：//www. turkishweekly. net/2015/11/03/news/10-factors-explaining-how-the-akp-made-a-comeback-in-turkey-s-nov-1-election/；　http：//www. turkishweekly. net/2015/11/02/news/four-reasons-why-the-akp-won-the-nov-1-elections-by-a-landslide/.

资减少等，民众对此反应强烈。其二，正发党成功地扭转了部分民众的选择。由于反对党没有提出更为可行的政治和经济方案来满足民众的要求，一些之前摇摆的民众和反对者转而投向正发党，希望国内经济能够尽快复苏。其三，正发党的竞选优势。正发党的地方机构组织较好，经历了多次选举的考验，加上安卡拉爆炸案的发生也导致反对党候选人因为安全因素而放弃了群众集会和动员，因而未能有效地扩大宣传。

三　宗教化的外交战略

“阿拉伯之春”的突然爆发使得土耳其与这些国家的友好交往成为过去。土耳其开始采取一种干涉主义的中东政策，与之前的“与邻国零问题”外交政策分道扬镳，最明显的莫过于支持埃及的穆兄会和支持叙利亚的反对派。土耳其之所以突然改变中东政策是与正发党领导人的宗教理念、土耳其对埃及和叙利亚局势的误判、中东地区国家之间的竞争，以及国际局势的不断变化分不开的。

第一，从领导人视角来看，土耳其的中东外交经历了从凯末尔主义到埃尔多安主义的转变。埃尔多安本人对于土耳其中东外交政策的突然改变产生了重要作用。在第三任期，埃尔多安的权力逐渐加固，能够决定正发党参加议会选举甚至是地方选举的候选人名单，能够决定主要的政府采购项目，可以随意选择法律让议会通过，而且提升了国家情报局的地位，外交部部长达武特奥卢则更多地承担着执行者的角色。[①] 随着权力加固，埃尔多安的宗教外交政策开始有了施展的空间。埃尔多安支持埃及穆兄会上台，支持叙利亚穆兄会建立反对派政府，支持穆兄会的分支哈马斯开展反以斗争，这其实仍然是埃尔巴坎“民族观念运动”外交主张的延续。

第二，从地区视角来看，土耳其在中东的主要竞争对手是伊朗和沙特，然而土耳其与这两个国家并未形成实质性的对抗关系。在此轮“阿拉伯之春”中，伊朗阻止土耳其颠覆阿萨德政权的企图，沙特则支持埃及发动针对穆尔西（土耳其支持）的军事政变。可以说，阿拉伯国家发生的所谓的“民主转型”极大地受到了伊朗集团（包括伊拉克政府、黎巴嫩的真主党和

---

① Ahmet T. Kuru, “Turkey’s Failed Policy toward the Arab Spring: Three Levels of Analysis”, *Mediterranean Quarterly*, Vol. 26, No. 3, 2015, p. 98.

叙利亚的阿萨德政权）和沙特集团（包括阿联酋、科威特、巴林和约旦）的阻挡，最终导致沙特集团和伊朗集团在叙利亚问题上陷入了冲突。

第三，从国际视角看，正发党执政的十多年时间正是国际体系进行全球变革的时代。20 世纪 90 年代，随着苏联的解体和东欧剧变的发生，第二次世界大战之后的美苏争霸两极格局演变为“一超多强”、美国独霸世界的单级格局。在此国际体系下，虽然土耳其仍然被视为西方的战略伙伴，但也开始同西方出现罅隙，主要表现在如下方面：土耳其的入盟路变得遥遥无期；欧美对于土耳其的人权和民主记录不断批评；欧美对于土耳其境内的库尔德问题缺少支持；土耳其和以色列之间的交往一直使其无法摆脱在中东的孤立境遇等。

第四节　土耳其的“政权危亡”：正发党第四任期

2015 年 11 月 24 日，就在正发党艰难赢得第二次议会选举单独组阁的时候，俄罗斯一架苏 -24 战机被土耳其 F-16 军机击落，土俄关系迅速降至冰点。2016 年 7 月 15 日，土耳其爆发了举世震惊的未遂军事政变，平民伤亡 200 多人，埃尔多安总统差点被暗杀，但最终政变以失败而告终。2017 年 4 月 16 日，正发党以微弱优势赢得了修宪公投，标志着土耳其从议会制向总统制过渡时期的开启。2018 年 6 月 24 日，土耳其举行总统和议会“二合一”选举，埃尔多安当选总统，从而正式开启了总统制和新一届总统领衔的政府。

一　“七·一五”未遂军事政变

2016 年 7 月 15 日晚，土耳其爆发军事政变，经过短暂时间后土耳其政府宣布局势得到控制。土耳其政府在继平叛之后立即对军队和政法系统开展了史上最大规模的清洗运动，先后在 2 天内逮捕了 2839 名军警官兵，2000 余名法院和检察院系统官员。19 日总理府对 257 人进行身份调查。土耳其高等教育委员会宣布解除全国 1557 名学院负责人的职务，对 15200 名教师进行暂时停职审查，吊销 21000 名私立学校教师执照。土耳其国家情报局解除 100 名涉嫌参与政变人员的职务。家庭社会部解职 393 人。国立 TRT 电视台 257 人被调查。20 日深夜，土耳其总统埃尔多安发表电视讲话，宣布自 21 日起，全国进入持续 3 个月的紧急状态。埃尔多安表示，此举将更快速、更有效地对国家民主面临的威胁做出反应。

此次政变后，土耳其民众连续多天举行“民主游行”，7 月 24 日多个党派民众在伊斯坦布尔的地标性建筑——塔克西姆广场（Taksim Square）进行集会抗议政变，将广场变为“一片红色的海洋”。遥想 2013 年 7 月，一场声势浩大的反正发党政府、反埃尔多安的“加齐公园”抗议事件也在该广场上演。两相对比，埃尔多安的形象在短短的三年间得到了极大的扭转，从“独裁者”变为“英雄”，连一贯对埃尔多安颇多意见的反对党都放弃了以往的成见，可见这次政变确实给土耳其的国家根本利益造成了伤害，给民众也带来了巨大的冲击，这也是此次政变与以往历次政变最根本的区别所在。

由此再看政变之后的种种措施，其实并不意味着埃尔多安在土耳其实施“高压”或“恐怖”统治，也不意味着土耳其社会和民众对埃尔多安政府充满怨恨，相反，埃尔多安得到了绝大多数土耳其反对党、民众和社会的支持。根据美国皮尤中心的调查结果，在过去 20 多年的时间里，土耳其在反美的国家中一直排第一，反美率达到 90%。因此，埃尔多安这次跟美国叫板是大得人心，而反对党中的民族行动党、爱国党等也都公开力挺埃尔多安。

关于此次未遂政变的相关问题：

1. 此次政变是埃尔多安自导自演的吗?

从政变前土耳其的政治和经济发展情况，以及埃尔多安个人在土政坛纵横捭阖的手段来看，埃尔多安缺少这样的动机。从历史上来看，政变之前的情况大多都是经济凋敝、政府无力解决问题、街头暴力丛生等，这使得土耳其民众对军队发动政变，稳定国家局势抱有欢迎的态度。因此，无论从历史还是现实来看，如果此次政变是埃尔多安自导自演的，那么付出的成本也就太高了，等于赌上了自己的政治生涯。尽管自从 2013 年以来，土耳其的政治局势发生了非常大的变化，但是军队直接动用武力颠覆民选政府的举动，这从 1980 年土耳其政变后就未曾出现过。

2. 此次政变的性质

此次政变在发生前、过程中和爆发后都出现了一些不寻常的事件。第一，7 月 13 日法国驻土耳其大使馆宣布，出于“安全考虑”，暂时关闭大使馆和法国驻伊斯坦布尔总领事馆，同时取消原定于 14 日举行的法国国庆招待会。第二，政变爆发之时恰逢美国国务卿克里访问莫斯科，但克里改变了与俄罗斯外长会谈的行程，返回到美国驻莫斯科大使馆长达 6 个小时，直至土耳其政变爆发后才现身并发表看法。第三，据俄罗斯媒体报道，俄罗斯在土耳其政变爆发数小时之前将此事告知了埃尔多安。第四，7 月 15 日晚政变发生过程中，土耳其总统埃尔多安曾拒绝飞机降落，并请求德国政治庇护，但遭到拒绝。第五，土耳其政府在 7 月 16 日宣布控制局势后，美国政府就表示将暂停一切飞往土耳其的航班，土耳其政府也因为安全原因暂时切断了美军在土耳其的军事基地——英吉利克空军基地的电力供应。

从这一连串真真假假的事件中可以看出，俄罗斯对此次政变早已知晓，那么对于土耳其的美国盟友来说，这应该也不是一个秘密。关于此次政变后面的幕后黑手，埃尔多安在政变后第一时间指认居住在美国宾夕法尼亚州的法图拉·居伦（Fethullah Gülen）。土耳其总理耶尔德勒姆指出，“任何国家如果为他撑腰，就不是土耳其的朋友，而是在与土耳其打一场严重的战争”。土耳其劳动部部长索伊卢（Süleyman Soylu）直言美国政府支持了此次政变。土耳其爱国党更是表明态度，认为此次政变是由美国中央情报局（CIA）以及其他美国机构共同做出决策、由“居伦运动”组织负责执行的一次政变，其目的不仅仅是建立新的政府（new government），更重要的是建立新的政治制度（new regime），一旦政变成功，居伦运动渗透入军队中的高级军官将会建立军政府。

3. 为何美国要发动或者默认此次政变的发生？

美国对于埃尔多安越来越不满，尤其是在叙利亚问题上，美国支持叙利亚的“库尔德民主同盟”（PYD），利用 PYD 作为反对阿萨德政权的主要力量。土耳其则坚决反对和打击“库尔德民主同盟”，因为他们与土耳其的库尔德工人党（PKK）相互支持。库尔德问题涉及土耳其国家和民族的核心利益，是不可能进行交换的，也是不能妥协的。埃尔多安之所以引起美国的不满，主要在于土耳其自 2015 年 7 月 24 日起对库尔德工人党的武装打击。

4. 为何是由“居伦运动”发起的这场政变？

“居伦运动”是由美国支持的伊斯兰运动，其宗教领袖法图拉·居伦现居住在美国宾夕法尼亚州，1999 年之所以能够安全到达美国也是由于美国中央情报局的协助，而之后“居伦运动”能够在全球上百个国家开设众多学校也引发了对其背后势力的猜想。

其实埃尔多安本人最开始上台时也是得到了美国的默许和支持。2001 年 7 月 4 日，埃尔多安受到特别邀请在美国独立日访美，并且与包括中央情报局下属国家情报委员会副主任格雷厄姆·富勒（Graham E. Fuller）和犹太游说集团在内的重要人物会面。一个月之后，也就是 2001 年 8 月正发党正式建立。2002 年 11 月，正发党赢得议会选举。2003 年 3 月，当时虽然担任正发党主席，但却还未有从政资格（1998 年 4 月被判 10 个月监禁和 5 年内不能从政）的埃尔多安访美，获得了准国家领导人的接待规格。2003 年 3 月 1 日，虽然正发党的大多数议员都遵循埃尔多安的号令支持与美国达成协议，但大国民议会仍然否决了美国从土耳其进入伊拉克战场的计划。

埃尔多安的上台以及权力的加固给“居伦运动”的蓬勃发展带来了机遇，两者是一种合作的关系，不然无法理解是“居伦运动”而不是土耳其政府在全球上百个国家建立如此庞大的学校网络。不过随着埃尔多安与美国矛盾的加剧，美国觉得无法再对埃尔多安施压，于是开始利用“居伦运动”以打击埃尔多安。本质上，具有宗教底色的居伦和埃尔多安都是美国可资利用以颠覆土耳其世俗政权的工具。

5. “居伦运动”何以能够渗透入军队之中?

这要从正发党的建立谈起，2002 年正发党在建立很短的时间内就能迅速掌权，这是件令人匪夷所思的事情。从成员成分上说，正发党是由内杰梅丁·埃尔巴坎领导的“民族观念运动”中的少壮派和“居伦运动”的支持者组成，之所以成功也是利用了“民族观念运动”在地方的组织以及“居伦运动”的网络，但更重要的是埃尔多安曾经对美国承诺过一旦执政将为对美国的“库尔德计划”提供某种支持，当然这也不妨碍他有自己的伊斯兰议程（Islamic Agenda）。其实，土耳其伊斯兰主义者对库尔德人的态度是怀有宗教般的热情，他们并不像凯末尔主义者一样与库尔德人具有族裔上的偏见。例如，为了解决库尔德认同者的政治诉求，埃尔巴坎领导的繁荣党不断强调伊斯兰兄弟之谊的主题。繁荣党有两句著名的格言，一是“国家和民族的接合”（the coalescence of state and nation），二是“六千万人的兄弟情谊”。20 世纪 80 年代上台的图尔古特·厄扎尔（Turgut Özal）也主张同库尔德人和解。

上台后的埃尔多安如何履行承诺，如何说服民众呢？埃尔多安一步步地采取措施，推动库尔德民族和解，这符合美国的预期。不过，在库尔德问题上，土耳其军方是反对国家分裂的坚定力量。那么埃尔多安又如何来制衡军方的力量呢？只有慢慢渗透军队才可行。2007 年，阿卜杜拉·居尔当选总统，埃尔多安也成为总理。在度过了第一任期的“合法性危机”后，正发党开始进行反对军方的行动，并且成功地通过“埃尔盖内孔”事件和“大锤”事件打击了军方的力量。从 2007 年到 2010 年，300 名持世俗立场的高级军官被从军队中踢出来，而这些重要职位只能由“居伦运动”的追随者接任，而这应该是埃尔多安授权或者任命的（当时居伦和埃尔多安还是盟友）。从 2010 年开始，“居伦运动”的支持者在军队的关键职位上站稳了脚跟。

6. 美国支持这场政变的最终目的是什么呢？

美国在中东的主要目标是确保以色列的生存，同时图谋建立一个独立的“库尔德斯坦国”，以此美国才能深度介入中东事务，不过“库尔德斯坦国”的建立需要土耳其的分裂，当然还有与库尔德人息息相关的叙利亚、伊拉克和伊朗三个国家的分裂。图尔古特·厄扎尔曾是美国推行“库尔德斯坦国”计划的一部分。1991 年海湾战争爆发，当时的厄扎尔政府对美国表示支持，但是军方对此进行反抗，并借机将厄扎尔赶下台。2003 年，美国发动伊拉克战争，也是基于同样的目的，而正发党是计划的一部分。

7. 美国对埃尔多安的态度

1991 年，美国与土耳其中间党派（如真道党、祖国党等）的关系出现裂痕，这被埃尔巴坎和埃尔多安利用。1994 年，埃尔多安成为伊斯坦布尔市市长。1996 年，埃尔巴坎成为土耳其总理。不过，经过 1997 年“二·二八”政变之后，埃尔巴坎被迫辞职，当时的繁荣党遭到取缔，以建立伊斯兰政党为己任的“民族观念运动”也走向分裂，正是在此时埃尔多安开始公开挑战埃尔巴坎的权威，逐渐宣布脱离“民族观念运动”并最终在 2001 年建立正发党。2002 年，埃尔多安的上台也是与美国的支持分不开的。不过，随着埃尔多安权力的加固，美国对埃尔多安逐渐表现出不满，其中最根本的一点就是埃尔多安执政时期的库尔德政策没有让美国感到满意。

2013 年，塔克西姆广场的抗议在全国共有 700 万人参与，都是为了反对埃尔多安，这使得埃尔多安认识到“居伦运动”是美国用来反对他的工具，开始明白是要做出改变的时候了。2013 年 12 月 17 日，有关埃尔多安内阁成员的腐败案爆发，其中埃尔多安的儿子被广大民众所诟病，这是因为在埃尔多安的庇护下，他建立了类似兄弟会的商业团体，凡是与埃尔多安有关以及支持埃尔多安的商人都获得牟利的机会。实际上，土耳其民众也明白此次腐败案的目标并不在于腐败案本身，而是在于埃尔多安。埃尔多安与居伦都是美国用来削弱国家利益（世俗化道路）的两个工具，如果说 2013 年“居伦运动”和埃尔多安的斗争还处于开始阶段，2015 年“居伦运动”则对埃尔多安进行完全的、公开的反对，而此次政变的爆发则是“居伦运动”与埃尔多安之间的生死斗争。

在这次政变中，议会大楼被炸、普通公民无辜被害，这引发了民众的强烈愤怒，也夯实了埃尔多安进行所谓“清洗”的合法性。在过去的 15 年，共和人民党、民族行动党等反对党希望联合建立一个大政党以制衡正发党的“选举霸权”。但此次政变的爆发使得每一个人都变成了反居伦运动者，埃尔多安的形象和声誉得到了极大的提升，因为在民众看来，他是为捍卫国家利益而战。

“未遂军事政变”对土耳其外交走向及中土关系的影响主要有以下三方面：

1. 土俄关系进一步走近

首先，政变之前，土耳其总统埃尔多安就寻求国内爱国党的帮助，为改善同俄罗斯的关系探路。之后，土耳其邀请普京的代表与土耳其外交部部长恰武什奥卢会面，商讨两国关系正常化的条件。其中，俄罗斯方面提出的要求是土耳其必须正式道歉，埃尔多安表示接受，并在 6 月 27 日向俄总统普京致道歉信。其次，在政变之前，北约华沙峰会于 7 月 8 日召开，俄罗斯成为众矢之的，被视为北约的首要敌人，但是作为北约重要力量的土耳其却致力于与俄罗斯恢复关系，这引发了北约的不满。再次，据俄罗斯媒体报道，俄罗斯早于埃尔多安知道这次政变，并及时通知了埃尔多安，这说明土耳其与俄罗斯之间具有良好的沟通渠道。最后，土耳其改善与俄罗斯关系的出发点还是要共同致力于解决地区问题。2015 年 11 月土耳其击落俄罗斯军机事件后，俄罗斯宣布支持叙利亚的库尔德人，这可谓打到了土耳其的“软肋”上。可以预料的是，俄土关系的进一步走近将会缓和阿萨德政权的压力，也许在不久的将来叙利亚就会重新被阿萨德掌控。

2. 土耳其与伊朗、伊拉克和叙利亚关系改善

2016 年 7 月 14 日，土耳其总理耶尔德勒姆称土耳其将与叙利亚恢复正常关系，认为“为了反恐事业的成功，我们需要叙利亚和伊拉克的稳定。正如我们恢复了与以色列和俄罗斯的关系一样，我确信也应该缓和与叙利亚的关系”。此外，土耳其还准备向埃及派出代表团。自 2010 年以来，土耳其的外交政策迅速调转，“与邻国零问题”政策也变成了“与邻国全问题”政策，而外交政策的失误也加剧了国内的动荡。此次政变后，土耳其的外交政策再次调转，谋划与俄罗斯、伊朗、伊拉克和叙利亚等国改善关系，共同解决地区问题。

3. 土中关系也进一步改善

为了获取与美国斗争的更大砝码，埃尔多安在致力于改善与俄罗斯、以色列、叙利亚、伊朗、埃及等国关系的同时，也致力于改善与中国的关系。2016 年 7 月的“未遂军事政变”发生后没两个月，埃尔多安即参加了同年 9 月 4—5 日在杭州召开的 G20 峰会，以利用这个难得的机会进一步发展中土关系。

二　2017 年修宪公投

2017 年 4 月 16 日，土耳其举行了宪法公投，决定是否采取总统制。这是土耳其历史上最重要的宪法公投，是土耳其自 1980 年军事政变后该国体制经历的又一次重要变化，在很大程度上将决定土耳其的命运与未来。

土耳其此次宪法修正案共有 18 条内容，其中最受关注的是将土耳其 1923 年建国以来实行的议会共和制改为总统制，即从宪法上赋予总统更多实权。同时，修正案一旦生效，现行宪法下拥有更多行政权力的总理职位将被废除，而获得扩权的总统可直接任命包括副总统和内阁部长在内的政府高官，并有权发布行政命令和解散议会，还有权宣布国家进入紧急状

态。更重要的一点是，总统还可以继续担任政党主席。宪法修正案的另一主要内容是建议议会选举和总统选举每5年于同一天举行，并将下次大选时间设定为2019年11月3日，而且总统可连任一届。这就意味着，如果埃尔多安2019年胜选，最长可执政到2029年。此外，宪法修正案还将议员人数从550人增加到600人，议员代表资格年龄从25岁降至18岁。

除上述内容外，宪法修正案规定，将·"法官和检察官高等委员会"由现在的22人减少到13人，其中4人由总统任命，7人由议会任命，另外两人由司法部部长任命。但是，鉴于总统可担任议会多数党主席，并且司法部部长也由总统任命，也就是说，未来土耳其总统将可以控制"法官和检察官高等委员会"的多数人选，即可以直接决定司法人员的任免。

具体而言，18条修正案的内容如下：

（1）废除总理职位及内阁

（2）总统担任行政首脑

（3）取消总统不得加入政党的规定

（4）总统与议会将同时举行，每5年一次。

（5）取消议会的质询权

（6）总统有权任命高级法官和检察官

（7）总统享有刑事豁免权

（8）议席由550席增加到600席

（9）参选年龄由25岁降低到18岁，废除必须服兵役的规定

（10）总统可以宣布紧急状态

（11）废除军事法庭

（12）宪法法庭法官由17名减少到15名，其中总统任命12名，议会任命3名。

土耳其的修宪公投吸引了全世界的目光。西方主流媒体，尤其是美国的《纽约时报》《华盛顿邮报》《外交政策》和《中东观察》等，都认为这是埃尔多安想强化自己的权力，旨在建立个人"独裁"。不得不说的是，土耳其总统制改革并不是一个新问题，早在20世纪80年代厄扎尔就已经提出，90年代时德米雷尔也提出过。为何埃尔多安的总统制在西方媒体（如果不用"西方势力"字眼的话）那里如此不受待见呢？根本原因还是埃尔多安希望打造一支更本土化、更少受制于美国、更忠诚于他的新精英

队伍，以便实施更独立于美国和欧洲的内外政策。

为了这次修宪，埃尔多安已经得罪了欧洲大多数国家。土耳其承认双重国籍，由于数百万土耳其侨民生活在欧洲，为了获得支持，土耳其频频派出高官到欧洲国家去拉票。2017 年 3 月初，德国连续取消两场土耳其部长级官员参加的有关宪法公投的集会，土耳其外交部紧急召见德国驻土大使表达抗议。随后，奥地利总理克里斯蒂安·肖恩也表示，出于“公共安全”考虑，阻止土耳其官员在奥地利为修宪公投举行政治活动。之后，土耳其外交部部长乘坐的班机被禁止在荷兰着陆，而土耳其家庭与社会政策部部长则在试图进入土耳其驻鹿特丹领事馆时遭拒，随后被驱逐出境。这也引发两国的一场外交危机。埃尔多安称荷兰为“纳粹”，并誓言报复。随后，土耳其禁止荷兰驻土大使入境，取消所有来自荷兰方面的外交航班，取消所有与荷兰国家层面的高级会晤。在国内，为了争取选民，埃尔多安也许下承诺，将在修宪成功后重新考虑加入欧盟的计划。①

最终，支持埃尔多安修宪的一方以 51.36% 的微弱优势获胜。得知结果后，埃尔多安除了和总理耶尔德勒姆（Binali Yıldırım）及其他盟友相互庆贺外，也在演讲中感谢了全体土耳其人，称公投是所有人的胜利。

公投通过的确不容易，埃尔多安有足够理由庆幸。相比 2014 年埃尔多安以 52% 的支持率当选总统，以及 2015 年执政的正发党和与其立场相近的民族行动党在第二次大选中超过六成的得票率，这次公投只能算惊险过关，差距只在大约 130 万张票，而争议票却多达 150 万—250 万张。从经济比例来看，公投结果就更没有说服力了。占据全国经济总量七成的大城市如伊斯坦布尔、安卡拉、伊兹密尔、安塔利亚等，以及决定全国区域联通、关系 2030 年国家发展战略成败的东部库尔德人地区都一边倒地反对这次总统制修宪。

尽管如此，2017 年的修宪公投与 1923 年宣布共和、1946 年实行多党制一样，注定将又一次剧烈改变土耳其的国运。所不同者，就像埃尔多安所说，这次是土耳其历史上第一次由民众直接决定国家治理方式，而以往

① 《土耳其修宪公投，拟实行总统制》，《新京报》2017 年 4 月 16 日，http://news.ifeng.com/a/20170416/50946489_0.shtml。

都是由精英们自上而下推动的。[①]

三　2018年总统和议会“二合一”选举

按照计划，2017年修宪公投后，土耳其将于2019年11月同时举行总统和议会选举。然而，2018年5月，土耳其总统埃尔多安突然宣布，应民族行动党呼吁，将原定于2019年11月举行的议会和总统选举提前到2018年6月24日举行，整整提前17个月。

对民族行动党而言，它提出提前选举是基于以下三方面的理由：第一，应对“好党”造成的巨大挑战。由于不满民族行动党与正发党结盟，曾任内政部部长的阿克谢内尔转而建立“好党”，并在短时间内获得较大民意支持。民调显示“好党”支持率达15%，而民族行动党支持率约为9%，能否迈过10%的议会门槛仍然是个疑问。预计随着时间推移，“好党”支持率会更高，对正发党和民族行动党票仓带来极大冲击。第二，利用“橄榄枝行动”引发的民族主义情绪高涨。因为土耳其在叙利亚阿夫林地区的军事行动，目前正是土耳其民族主义最为高涨的时候，对民族行动党有利。但是如果美国对库尔德问题的态度没有实质改变，土耳其在叙利亚北部只能大体维持现状，一旦军事行动不再继续，民族主义情绪也将逐渐放缓。第三，减少正发党与民族行动党选举联盟的负面影响。正发党与民族行动党联盟导致民族行动党内部不满情绪激增，“好党”的建立就与此有重要关系。同时，两党结盟也会刺激、推动其他反对党建立联盟。凭借此时国内民族主义情绪的高涨提前选举，有助于民族行动党夯实选民基础，遏制“好党”过快发展，减损与正发党结盟的负面影响。

对于正发党而言，埃尔多安同意提前选举也有充分的理由：第一，避免经济不确定性。虽然土耳其2017年经济增长率一度达到7.4%，但实际上货币贬值仍然在继续，民众最大的感受不是经济增长，而是经济持续恶化。土耳其的财政赤字、通货膨胀和私企债务也在不断攀升，再加上与西方国家整体关系不好，西方投资正在减少或抽离，正发党政府在一年半时间内想要改善经济状况恐怕非常困难。正发党之所以在2002年大选中

① 张卫婷：《修宪公投通过，土耳其面临不确定的未来》，澎湃新闻网，2017年4月19日，https：//www. thepaper. cn/newsDetail_ forward_ 1665788。

成为黑马，就是因为土耳其发生经济危机，人民迫切需要变革。如果提前大选，至少可以趁经济还没那么糟糕时一举谋得大势。一旦总统制实行，民众只能寄希望于正发党，经济走弱必须依靠正发党，经济向好也会归因于正发党，可谓稳赢不输。第二，夯实民意基础。一方面，土耳其军队在叙利亚北部展开“橄榄枝行动”，对库尔德工人党持续打击，向欧美持续示强，极大地刺激了国内民族主义和民粹主义情绪高涨，拉升了正发党的支持度，也强化了埃尔多安的强人形象。另一方面，在美国承认以色列定都耶路撒冷事件中，土耳其以伊斯兰合作组织轮值主席国身份扛起反以大旗，获得国内宗教保守人士大力支持，极大夯实了正发党的选民基础。第三，弱化反对党力量。除了好党目前支持率高达15%外，人民民主党支持率也高于10%。该党党首德米尔塔什虽然被拘禁在狱中，但由于正发党的库尔德政策收紧，反而激发库尔德人对该党的支持。而如果前总统居尔同意代表幸福党竞选总统，将对埃尔多安构成最大挑战。离选举时间越长，反对党准备就越充分，建立政治联盟的可能性就越大。因此对正发党而言，提前选举可以在经济发展前景不明的情况下，充分利用当前的民族主义情绪和民意基础，对各反对党构成制衡。

无论如何，这次选举对于已经连续执政15年的正发党、对于试图开启总统制的埃尔多安而言都具有重大的意义。“民主选举”对正发党具有格外重要的意义，是正发党得以上台、夯实权力、制衡政治对手、维护政权稳定的合法性标志。自2002年以来，正发党连续赢得各种选举，一度被反对党贴上“选举霸权”的标签。当然，正发党的每次胜利都不是如探囊取物般容易，都与政治操作有十分密切的关系。2015年6月议会选举失利将正发党逼入墙角，只是反对党未能组成联合政府，给了正发党反败为胜的机会。2017年4月正发党在民族行动党的力挺下才艰难取得总统制的修宪公投胜利，暴露出正发党民意基础的下滑。

6月大选后，新总统将拥有更大的权力，因此对正发党来说是生死之战，对埃尔多安而言更是不容有失。总统选举采取两轮投票制，埃尔多安在第一轮投票中有很大优势获胜，可能对他构成挑战的是前总统居尔。不过，如果没有确保得到所有反对党支持以及政府内部人士的足够支持，居尔未必能下定决心参选。至于议会选举，当前民调显示正发党与民族行动党联手的支持率不到50%，共和人民党维持在23%到25%，人民民主党超过10%，好党达15%。无怪乎埃尔多安指责民调不准确，并频繁告诫正发党不要过度自信，要对严峻的选情保持清醒，同时对正发党和民族行动党之间的界限保持应有的距离，毕竟两党在2019年地方选举中还要对决。正发党如果能够在选举中获胜，将掌握比以往更大的权力，当前内政外交政策也基本能够维持，长期来看土耳其可能趋于稳定。一旦选举失利，正发党把控的官僚系统将遭到重创，内外政策都会进行调整，土耳其恐将进入新一轮动荡。

最终，现任总统埃尔多安以超过52%的得票率获得连任。在议会选举中，有五个政党获得超过10%的选票，进入新一届土耳其大国民议会。埃尔多安领导的执政党正发党和在野党民族行动党组成的“人民联盟”赢得议会多数席位。可以说，虽然埃尔多安取得了大胜，但正发党事实上却遭遇了“失败”，因为它只是在和民族行动党的结盟中才获得50%以上的选票，今后在议会中将会受到民族行动党的掣肘。

2018年7月9日，埃尔多安在安卡拉宣誓就职，并介绍了其新内阁成员。梅夫吕特·恰武什奥卢继续担任外交部部长，阿卜杜勒—哈米特·居尔继续担任司法部部长，苏莱曼·索伊卢继续担任内政部部长。但不同于以往的是，埃尔多安任命其女婿贝拉特·阿尔巴伊拉克为新任财政部部长。据报道，阿尔巴伊拉克此前曾担任土耳其能源部部长，并一直被视为埃尔多安的“接班人”。

2018年8月1日，因土耳其裔美籍牧师安德鲁·布伦森至今仍被土耳其监禁，美方决定制裁两名与此案相关的土耳其官员。受制裁者为土耳其司法部部长阿卜杜勒—哈米特·居尔和内政部部长苏莱曼·索伊卢。埃尔多安政府之后随即宣布对等报复措施，冻结美司法部部长和内政部部长在土资产。在与美国的外交危机背景下，8月10日，美国总统特朗普扬言将对土耳其进行大规模制裁，土耳其里拉汇率暴跌进20%，截至8月11日收盘，美元对里拉日跌幅15%，报6.4032。土美危机仍未解除。

第五节　正发党的前景及未来

随着正发党不断赢得选举，埃尔多安个人专制的苗头开始凸显出来，对国家的法律和政治秩序开始有所违背，招致了很多批评和不满。这也极大抵消了正发党以往所创造的成就，使得国家宪法秩序遭到侵害，土耳其的国家形象也从曾经的“模范国家”扭转为“威权的、难以预测的、难以信赖的国家”。尤其是埃尔多安在2014年成为总统以来，土耳其的国家和政治制度更多的是由他一个人说了算。在2014—2016年，虽然按照宪法规定总统权力是有限的，但实际上凭借正发党的执政地位，埃尔多安仍然有很大的权势，总理达武特奥卢则更多的是决策的执行者。随着军事政变的被镇压，2017年修宪公投和2018年总统选举的胜利，埃尔多安成为总统制开启之后的第一任总统，而曾经的总理职位已经被废除。无怪乎，西方媒体纷纷批评埃尔多安领导下的土耳其正在变为“一人统治”。

然而，土耳其仍然面临极大的挑战。如亨廷顿所言，土耳其总是困囿于身份认同桎梏之中，这一点在土耳其政党政治中表现得尤为明显。共和人民党号称“社会民主”党，但每次在竞选纲领中对社会问题关照不够，即便在针对国家民主化和腐败等问题时，主要目的仍然是削弱正发党的执政基础，为反对而反对，这是共和人民党无法一党执政的重要原因之一。民族行动党和人民民主党受制于族裔民族主义，将对方看作死敌。前者对库尔德工人党持严厉打击态度，后者的开明立场得到库尔德人和青年人追捧，但由于与库尔德工人党关系不清而遭受打击。两党截然对立的态度，也给土耳其国内库尔德问题的解决蒙上阴影。幸福党以伊斯兰主义为纲领，“反西方，亲中东，亲伊斯兰”是其一贯立场，爱国党以科学社会主义为纲领，反对北约，主张联俄联中，这两党处于土耳其政治光谱的两端。

意识形态成为土耳其各大政党的主要区别所在，反对派之间鲜有妥协，反而给了正发党政治腾挪和操作的空间，形成更具有包容性的政治、经济和社会纲领，造就正发党的一党独大，无法制衡。在可预期的未来，反对派仍然没有足够的力量整合在一起，使得土耳其政局呈现“多元而无共识”的局面。

不过，理论上来说，总统制开启之后的埃尔多安最多将可能连续执政到2028年，所以谈论一个后正发党的土耳其仍然是缺乏现实基础的，不过我们可以对土耳其的政治模式予以归纳和总结。从土耳其共和国的历史来看，土耳其政治模式大致有如下几种：

第一，共和人民党模式——凯末尔主义的世俗秩序。世俗主义是凯末尔主义的核心，也是土耳其民族国家构建的基石，持世俗主义的国家精英、军队、司法机构、以大城市为基础的商人等都会为捍卫世俗秩序而斗争。但这种模式也有明显的问题，即它忽视了广大民众，尤其是边缘群体的宗教情感和经济需求，并且经常以保护国家和世俗秩序的名义对这些群体进行压制。共和人民党自多党制以来再未一党执政即是明证。

第二，正义与发展党模式——世俗与宗教脆弱平衡的秩序。正发党实现了伊斯兰主义者的转变，走向亲西方的立场，适应自由民主的话语方式，但同时强制推动保守的社会价值观，对土耳其宗教事务总局和宗教教育方面施加了更大的压力，容易促使世俗力量的激烈反抗，因而是一种脆弱的平衡。这种平衡极容易被打破，也不容易维护，因而正发党的模式还未完全成形。该党极易回到土耳其固有的政治文化中去：专权、等级和暴力。

第三，“民族观念运动”模式——伊斯兰主义的秩序。由于民族观念运动的衣钵传人幸福党在新千年以来的历次选举中大多只得到2%—3%的选票，因此可以看出传统的伊斯兰主义者的道路似乎在土耳其越来越行不通。此外，从土耳其世俗化的进程来看，民众对于政治力量对宗教力量的操纵也是甚为反感的，他们更希望的是建立一个“没有沙里亚法、没有政变”（No Sharia，No Coup）的社会。

然而，长远来看，如果土耳其希望平稳地向民主过渡，并且达至各党权力的制衡，就必须依赖共和人民党的改变。毕竟作为世俗主义秩序的坚定执行者，共和人民党受制于90多年来的威权遗产以及族裔民族主义意识形态的桎梏。只有通过自我变革、自我解放，成为一个建设性的反对党，共和人民党才有可能一方面制衡正发党或其他中右政党，另一方面以民生和民意为突破口实现单独执政。共和人民党和正发党（或者其他的中右政党）轮流执政，相互制衡将会有助于解决土耳其“多元而又分裂”的局面。

概括而言，如果说凯末尔主义者是坚定的世俗主义者和西化主义者，是国家权力的实际掌控者，埃尔巴坎领导的“民族观念运动”是坚定的伊斯兰主义者和反西方主义者，是寻求替代凯末尔主义道路的挑战者的话，那么流变于“民族观念运动”的正发党则寻求二者的调和，一方面推行伊斯兰的社会政策，赢得广大保守民众的支持，另一方面推行民主化的政治政策和自由主义的经济政策，赢得了部分世俗主义和自由主义民众的支持，一方面通过欧盟施压的改革进程扩大社会边缘力量的权利，另一方面通过欧盟施压的民主化进程削弱世俗主义国家精英的权力，因而才得以获得不同的社会、族裔和宗教群体的支持，填补土耳其中右政党的权力真空，连续执政 18 年之久。当然，正发党在渡过执政难关之后也习染了土耳其政治的固有缺陷，如同 20 世纪 50 年代后期的民主党一样，有放松改革、加固权力、走向威权的倾向，这在该党第三、第四任期的执政措施中也有所表现。

但正如伯纳德·刘易斯所言，经过一个世纪的西方化进程，土耳其经历了巨大的变化，这种变化是任何域外观察家都无法想象的。不过，土耳其民众和文化最深层的伊斯兰之根仍然是生机勃勃的，土耳其人和穆斯林的身份认同仍然未受到挑战。经过漫长的停顿，伊斯兰的复兴回应了强烈的国家需求……复苏的路径目前仍然不是十分明朗。如果只是一种简单的回应，那么上个世纪（指的是 20 世纪）所付出的努力都将付诸东流，土耳其将会再次陷入曾经痛苦经历的黑暗之中……但是达至现代思想和现代生活基础上的宗教信仰的真正复兴是完全有可能的。土耳其人民通过常识和随机应变的能力能够在伊斯兰和现代主义之间达成可行的妥协，从而可以毫无冲突地既遵循父辈们的自由和进步之路，也遵循祖父辈们的真主之路。

第五章　地缘外交中的欧盟关系和希腊关系*

土耳其地处亚欧大陆交界处，早在奥斯曼帝国时期就开始了与欧洲诸国的频繁往来。无论是奥斯曼帝国鼎盛时期，为了向欧洲扩张领土而发起的帝国战争，还是奥斯曼帝国晚期，为了扭转衰败局面转而向西方学习，安纳托利亚半岛与欧洲的关系早已开始。第一次世界大战后，奥斯曼帝国作为战败国，领土被瓜分，土耳其共和国从中成立，随后由凯末尔领导的世俗化改革是土耳其的现代化和西方化改革。此后，土耳其开始以民族国家的身份与包括希腊在内的欧洲国家发展对外关系。然而，从地缘政治来看，土耳其与希腊隔爱琴海而相望，但爱琴海上绝大部分岛屿都属于希腊，给双方都带来了不安全感。历史上的希腊民族和土耳其民族的诸多问题也因此而起，与希腊的关系及其后果成为影响土耳其入盟的重要因素。

第一节　欧盟事务理事会

自凯末尔时期，加入欧盟一直都是土耳其政府的战略目标，埃尔多安执政以来，更是将发展经济和与欧洲国家的关系作为维持伊斯兰政党政府执政的重要“稳定器”。为了更好地处理与欧洲国家关系，加快入盟进程，土耳其成立了专门的机构——欧盟事务理事会（Directorate for European Union Affairs）。

一　组织结构

2011 年 6 月 29 日，土耳其政府成立了“欧盟事务部”（Ministry of Euro-

---

* 本章为教育部国别和区域研究课题“土耳其中东外交政策研究”（19GBQY070）的阶段性成果。

pean Union Affairs)，专门处理土耳其与欧盟之间关于入盟进程的各项事宜。欧盟事务部负责协调谈判和土耳其各省份有关入盟的项目，并提升和发展土耳其与欧盟之间的关系，欧盟事务部部长是土耳其入盟进程的首席谈判代表。2018 年总统选举后，“欧盟事务部”改称为“欧盟事务理事会”，隶属于土耳其外交部。

欧盟事务理事会的领导层为一名部长、一名欧盟事务理事会主任，以及土耳其常驻欧盟代表团。曾经的欧盟事务部经历了 6 任部长的领导，2018 年更名为“欧盟事务理事会”后，成为外交部下属单位，由外交部部长领导；欧盟事务理事会主任由一名外交部副部长兼任；土耳其常驻欧盟代表团由一名土耳其常驻欧盟代表领导。当前，土耳其欧盟事务理事会的领导层为外交部部长梅夫吕特·恰武什奥卢（Mevlüt Çavuşoğlu）、外交部副部长兼欧盟事务理事会主任法鲁克·凯马克哲（Faruk Kaymakcı）和土耳其常驻欧盟代表布拉克·埃尔戴尼尔（Burak Erdenir）。

土耳其欧盟事务理事会的组织机构可以分为两大类，一是主要组织机构，二是附属相关机构。欧盟事务理事会包括 7 个主要的组织机构：第一个是欧盟关系总司，总领着土耳其与欧盟各方面的关系，主要涵盖政治事务处、入盟政策处、行业政策处、市场与贸易处、欧盟法律处，以及经济、金融与社会政策处；第二个是财政合作与项目执行总司，下属有规划处、项目实施处、监测与评估处、联盟方案与跨境合作处；第三个是行政事务部门，主要负责行政事务、金融事务和信息技术；第四个是审计部门，主要负责欧洲事务理事会内部的审计工作；第五个是法律顾问办公室，对相关的法律事务进行处理；第六个是战略发展部门，负责履行公共财政管理法规定的职责，包括开展必要的工作以在国家发展战略和政策、年度规划和政府规划的框架内，确定政府的中长期战略和政策等，包括战略计划、绩效项目、活动报告、内部行动计划、财务状况和预期报告等；第七个是新闻和公共关系办事处，是欧盟事务理事会的服务部门，根据相应的原则和程序规划办事处的活动等。

欧盟事务理事会的附属相关机构主要有两个。第一个是欧盟教育和青年项目中心，该中心是为在土耳其执行伊拉斯谟 + 项目（Erasmus + Programme）而设立的公共机构，位于首都安卡拉，主要负责接收该项目下的申请，并评估和资助该项目下的活动。第二个是土耳其认证机构，该机构 2001 年开始提供认证服务，2008 年成为欧洲合作认证（EA）多边协议（MLA）的签约国。现在，土耳其认证机构是欧洲合作认证（EA）、国际认证论坛（IAF）和国际实验室认可合作组织（ILAC）的正式成员。

二　法律体系

土耳其欧盟事务理事会的法律体系包括四个组成部分：第一部分是一般性法律条文，包括关于欧盟事务总秘书处的组织和职能的第 5916 号法律；第二部分是部长会议产生的决议，主要是政府公报，如第 25097 号政府公报（2008 年土耳其采用欧盟原则的国家计划）、第 25178 号政府公报（2003 年）、第 24352 号政府公报（2001 年）等；第三部分是相关工作的规定与章程；第四部分是政府以及官方通告。

欧盟事务理事会由土耳其政府设立，是负责土耳其入盟进程的专门机构，并协调、管理和履行土耳其有关入盟的各项目和章程，在土耳其和欧盟之间发挥桥梁作用，促进双方的沟通和理解，是土耳其加入欧盟的重要主导和服务机构。

第二节　土耳其与欧盟关系

第一次世界大战后，奥斯曼帝国解体，凯末尔领导土耳其独立战争取得胜利，建立土耳其共和国，实施了一系列世俗化和工业化改革，使土耳其更加“欧洲化”和“西方化”。第二次世界大战后，土耳其与西方国家关系较为紧密，1947 年加入美国援助西欧的“马歇尔计划”、1949 年成为欧洲委员会（Council of Europe）成员、1952 年因参加朝鲜战争成为北大西洋公约组织（北约，NATO）成员。冷战时期，土耳其与美国和西欧国家结成盟友，开始入盟进程。

一　土耳其入盟历程

从奥斯曼帝国晚期开始，成为欧洲国家，一直是土耳其渴求的目标，也是土耳其不断失落的根源。[①] 1959 年，欧盟还是欧洲经济共同体（Eu-

---

① Ahıska Meltem, “Occidentalism: The Historical Fantasy of the Modern”, *South Atlantic Quarterly*, Spring-Summer, 2003, pp. 351 – 379.

ropean Economic Community）的时候，土耳其就开始申请加入欧盟，大致经历了 4 个阶段。

（一）申请入盟阶段（1959—1999 年）

土耳其 1959 年向欧共体提交了成为准会员国的申请，但 1960 年 5 月土耳其国内发生军事政变，欧共体冻结了与土耳其之间的谈判，直到 1963 年，欧共体才接受土耳其的申请，随后签署了“安卡拉协定”（Ankara Agreement），即“在土耳其共和国和欧洲经济共同体之间建立联盟的协定”（Agreement Creating An Association Between The Republic of Turkey and the European Economic Community），该协定确立了土耳其与欧盟关系的法律基础，旨在促进土耳其与欧盟之间的贸易和经济联系，并明确了土耳其与欧共体关系的最终目标是成为正式成员国。根据安卡拉协定的设想，土耳其加入欧共体有三个阶段，即筹备阶段、过渡阶段和最后阶段。筹备阶段从 1964 年 12 月 1 日该协定生效之日开始，阶段性目标是减少各方之间的经济差异，土耳其在此期间不需要承担任何义务。根据安卡拉协定的具体实施情况，1970 年 11 月筹备阶段结束，双方签署了安卡拉协定的附加议定书，设置了过渡阶段的条件。1971 年，在附加议定书的框架下，欧共体取消了从土耳其进口部分商品和货物的关税和数量壁垒，土耳其也逐步取消了欧共体工业产品的关税。但是，1971 年 3 月土耳其又发生军事政变，安卡拉协定的附加议定书到 1973 年才开始生效，土耳其与欧共体双方制定了长达 22 年的设立关税同盟的时间表。1980 年 9 月 12 日，土耳其再次发生政变，随后开始了长达 4 年的军政府统治，给入盟进程带来极大的负面影响，1982 年 1 月，欧洲议会要求暂停土耳其与欧共体之间的协定，双方关系中断。直到 1986 年，土耳其和欧共体协会理事会召开会议，双方关系才得以恢复。

1987 年 4 月 14 日，土耳其向欧共体提交了正式成员国的申请。欧共体 1989 年给出了回应。首先，欧共体确认土耳其的最终成员资格，但认为应当寻求一个更有利的时机，特别是土耳其的经济和政治条件还不够成熟，而且与希腊和塞浦路斯的外交关系也为其入盟营造了不良环境。① 其

① “About Turkey and the EU”, Embassy of the Republic of Turkey in London, https://web.archive.org/web/20070927205928/; http://www.turkishembassylondon.org/canon/aboutturkey_eu.htm.

次，1989 年 12 月，冷战接近尾声，西欧国家准备将从苏联独立出来的中欧和东欧国家纳入欧共体，但土耳其没有被考虑在其中。另外，欧洲委员会在其关于土耳其申请正式成员资格程序的“意见”中表示，土耳其加入欧盟之前必须完成经济、社会和政治发展方面的必要规定和改革。1994 年，欧洲委员会确定了土耳其和欧共体 1963 年《安卡拉条约》中的关税同盟原则，欧盟于 1995 年底通过了“关税同盟决议”，土欧关税同盟随即成立，完成了先前设立的历时 22 年的“过渡期”。在 1997 年欧盟国家与政府首脑峰会上，欧盟确认了东扩议程，但土耳其又不在考虑当中，土耳其因此在当年暂停了与欧盟的关系，直到 1999 年底的赫尔辛基欧盟会议上，欧洲委员会承认并确立了土耳其欧盟候选国的地位，土耳其加入欧盟的进程才取得了阶段性成果。

（二）调整适应阶段（2000—2012 年）

2000 年以来，土耳其制定并实施了一系列与入盟章程相适应的计划和方案。2001 年 3 月，欧盟通过了土耳其的第一个“入盟伙伴关系文件”，包含了“哥本哈根标准”（Copenhagen Criteria）中关于政治和经济的要求。土耳其据此提交了第一个“国家计划”（National Program），确定了实现“哥本哈根标准”的步骤，以及与欧盟成员国相一致的中短期优先事项。2002 年底在哥本哈根首脑会议上，欧盟决定在土耳其达到“哥本哈根标准”后可以开启入盟谈判。欧盟分别在 2003 年、2005 年、2006 年和 2008 年对“入盟伙伴关系文件”做出修改，土耳其的“国家计划”也在相应年份随之调整。加入欧盟的政治意愿和决心使土耳其加速了改革进程，为了符合欧盟规定的政治标准，土耳其国民议会通过并实施了一系列协调计划和改革措施，包括扩大基本权利和自由的范围，加强现有法规对民主的规定，更加强调法治、思想自由、言论自由和人权等符合西方标准的内容。2001—2004 年，土耳其还通过了 8 项协调措施和 2 次宪法改革，但是其中对死刑的废除、对土耳其国家安全委员会组成和职权范围的修改、对刑法和民法的修正、对包括文化权利在内的公民权利和自由的普遍扩大化和自由化等，以及其他宪法和相关立法方面的关键修改都充满了争议。[①]

---

① 详细信息请参考 Çiğdem Nas，“Cultural Rights and the European Union”，*International Relations*，Lusiada 3（6），2007，pp. 229 - 248。

2004 年 4 月，讨论了两年的“安南计划”（Annan Plan）[①] 在塞浦路斯进行公投，近 70% 的土族塞浦路斯人表示接受，但只有不到 25% 的希族塞浦路斯人表示支持，“安南计划”因此未能实施。同年，土耳其入盟进程迎来了具有里程碑意义的转折，欧盟在一份关于土耳其入盟进展的报告中表示，土耳其已经达到欧盟的政治标准，建议开始谈判，决定 2005 年 10 月正式开启土耳其的入盟谈判，这意味着土耳其和欧盟之间关税同盟的生效，更意味着土耳其具有了欧盟候选国的地位和资格。入盟谈判进行之初，确实对土耳其经济、社会，乃至政治方面都带来了积极影响，欧盟国家和土耳其国内都支持土耳其法律和行政体系的民主化、自由化和现代化，但仅仅一年之后的 2006 年，入盟谈判就因为塞浦路斯问题受阻，8 项与关税同盟相关的章程被终止。欧盟要求土耳其在关税同盟的条款上必须对所有欧盟成员国一视同仁，包括对希腊塞浦路斯开放港口和机场，但遭到土耳其拒绝。希腊塞浦路斯随即要求对土耳其实施制裁，但未得到其他成员国的支持，希腊塞浦路斯政府决定暂不开启部分谈判章程。双方的僵局持续到了 2006 年底，加上美国次贷危机开始影响欧洲，欧盟主导下土耳其改革的步履随之放缓，土耳其民众的入盟信心遭遇挫折。2007—2013 年，欧盟陆续向土耳其开放了个别章程的谈判，但法国拒绝开放其中与成员国资格直接相关的章程。

在欧盟的领导下，土耳其在这个阶段进行了诸多富有争议的民主化改革。双方虽然开启了很多章程的谈判，但更多的关键性章程还是未能得到有效支持。土耳其本身也在通过国家计划不断适应和调整入盟规划，以获得欧盟成员国的一致认可。然而，具有里程碑意义的欧盟候选国身份并没有从根本上推进正式的谈判进程，虽然土耳其 2013 年 12 月与欧盟就签证自由化问题展开了对话，但随着叙利亚战争不断深入，土耳其和欧盟之间的谈判成为一场拉锯战。

（三）僵持试探阶段（2013—2015 年）

这个阶段中，土耳其与欧盟在多个关键问题上达成了协议，但协议内容未能真正落实，入盟进程实际处于僵持状态，没有实质进展。

---

① “安南计划”的大致内容是在塞浦路斯岛上建立南北两个政治实体，然后组成一个联邦国家，即“塞浦路斯联合共和国”。

首先，签证自由化问题虽然被提上日程，但未实质推进。2013 年底，土耳其和欧盟开始了签证自由化谈判，同时签署了“重新接纳协议”，2014 年和 2015 年土耳其欧盟事务部按协议内容相继开设了安塔利亚办公室和伊兹密尔办公室，但直到难民问题变得更加严重的 2015 年底，欧盟也只是做出了加快推进签证自由化对话的决定。

其次，频繁的人事更替暴露了土耳其的国内矛盾。2013 年底，梅夫吕特·恰武什奥卢担任欧盟事务部部长兼首席谈判代表一职；2014 年 8 月，沃坎·鲍兹克尔（Volkan Bozkır）从恰武什奥卢手中接过这一职务后，土耳其宣布了新的欧盟战略；2015 年 8 月 28 日，土耳其时任总理达武特奥卢（Ahmet Davutoğlu）任命阿里·海达尔·孔扎（Ali Haydar Konca）接任欧盟事务部部长兼首席谈判代表。孔扎和当时的土耳其发展部部长慕斯卢姆·多安（Müslüm Doğan）均是亲库尔德党派人民民主党成员。但孔扎和多安因为不满埃尔多安的库尔德政策，不到一个月就提出了辞职申请。9 月 22 日，贝睿尔·戴德奥卢（Beril Dedeoğlu）取代孔扎成为土耳其欧盟事务部部长兼首席谈判代表。这样的人事更替反映了土耳其国内在库尔德政策上的矛盾，特别是土耳其政府对库尔德工人党（PKK）采取的军事行动引发的分歧，而库尔德问题正是欧盟诟病土耳其民主与人权的因素。2015 年 11 月，鲍兹克尔重新担任欧盟事务部部长兼首席谈判代表，第一次土耳其—欧盟峰会随后在布鲁塞尔召开，会议决定重启土耳其入盟谈判；定期举办土—欧峰会，并在关键领域加强高层间的对话；加快推进签证自由化对话；在土耳其为难民修建安置设施；升级关税同盟等。

再次，难民问题看似增加了土耳其在入盟谈判中的话语权，实际并不足以改变欧盟长期以来在土耳其入盟问题上的态度。随着叙利亚战争不断深入，越来越多的难民通过土耳其涌入欧洲，为了解决难民问题给欧洲社会带来的负担和冲击，欧盟开始寻求与土耳其合作，阻止不断涌向欧盟国家的难民潮。2015 年底，土耳其和欧盟在一份联合计划行动的实施报告中表明，欧洲有意与土耳其在制止移民的问题上进行协调与合作，但将设施建设在土耳其，以及由土耳其来实施具体细节等规定增添了入盟谈判中的不确定性。

（四）消极推进阶段（2016 年至今）

难民问题在这个阶段依然是土耳其和欧盟之间的重要议程，为了刺激土耳其帮助欧盟解决非法移民问题，签证自由化再次被提上议程，但土耳其境内滞留的大量难民和国内“未遂政变”及其后果的发酵，共同导致土耳其的入盟谈判渐趋停滞状态。

2016 年 3 月 7 日，第二次土耳其—欧盟峰会举行，根据峰会上的提议，当年 3 月 20 日之后经土耳其进入希腊诸岛屿的非法移民将被送回土耳其；每从希腊遣返一名非法叙利亚移民到土耳其，就从土耳其安置一名叙利亚移民到欧盟；这种以一换一的返回与安置方案是特殊时期的临时举措，意在减少通过爱琴海偷渡造成的死亡人数，重建公共秩序；如果该制度安排不能达到结束非法移民的目的且遣返人数与重新安置名额接近时，该机制将受到审查；如果遣返人数超过重新安置名额，该机制将终止。当不再有非法移民往来于土耳其和欧盟之间时，或者非法移民的数量大幅并持续减少时，双方将启动一项自愿人道主义接纳计划（Voluntary Humanitarian Admission Scheme），欧盟成员国将在自愿的基础上为该计划提供资金支持。[①] 基于此次峰会的提议，2016 年 3 月 18 日举行的第三次土耳其—欧盟峰会上，双方达成了专门解决移民问题的协议，决定如果以一换一的遣返与安置方案成功实施，欧盟的自愿人道主义接纳计划也随之生效；尽快落实最初拨款给土耳其用于难民设施建设的 30 亿欧元，并在 2018 年底前提供额外的 30 亿欧元资金；欧盟在 2016 年 6 月底之前取消对土耳其公民的签证要求；双方合作在土耳其边境附近的特定区域为移民和当地民众建立安全区。[②]

然而，土耳其 2016 年 7 月 15 日发生“未遂军事政变”，欧盟对政变表示谴责。9 月初，欧盟召开非正式峰会，27 国领导人参加并讨论了英国脱欧决议可能给欧盟带来的影响，土耳其欧盟事务部部长兼首席谈判代表奥马尔·切利克（Ömer Çelik）参加会议，并报告了土耳其的“未遂军事政变”，强调这次政变对土耳其而言是事关生死存亡的重大问题，希望获得欧盟国家的支持。虽然欧盟 9 月底通过报告确认了“未遂军事政变”是对民主的破坏，同时呼吁土耳其遵守法治和基本权利的最高标准，但

① *Chronology of Turkey-European Union Relations*（1959－2019），pp. 18－19，https：//www. ab. gov. tr/siteimages/birimler/kpb/chronology-_ en-_ 1959-_ ocak2020. pdf.

② *Chronology of Turkey-European Union Relations*（1959－2019），p. 19，https：//www. ab. gov. tr/siteimages/birimler/kpb/chronology-_ en-_ 1959-_ ocak2020. pdf.

11 月欧洲议会投票，还是决定暂停土耳其的入盟谈判。而且 2017 年 4 月，欧洲议会决定重新开启对土耳其的政治监督程序；[①] 2017 年 5 月以来，埃尔多安在北约峰会上会见了欧盟高级官员，双方加强了在反恐和安全领域的对话与合作，并在 2017 年 12 月建立了与安全和国防政策相关的“土耳其与欧盟永久结构性合作框架”。但是，土耳其在政变后的国内政策导致在半年后的 2018 年 6 月，欧盟事务委员会判定“土耳其已经与欧盟渐行渐远，土耳其的入盟谈判因此在实际上已经陷入停滞状态”。[②]“未遂军事政变”两年后的 2018 年 7 月 15 日，土耳其通过修宪成为总统制国家，欧盟事务部（Ministry for EU Affairs）改为了隶属于外交部的欧盟事务理事会（Directorate for EU Affairs）。

“未遂军事政变”后的两年多时间里，土耳其的紧急状态令都未真正解除，2019 年 2 月，欧洲议会外交事务委员会通过了一项决议草案，呼吁暂停土耳其的入盟谈判，认为土耳其继续偏离欧盟路线，并且针对土耳其在东地中海的行动，决定暂停土耳其入盟谈判中的部分章程、不再举行土耳其与欧盟之间的高级别对话、减少对土耳其入盟前的援助，同时邀请欧洲投资银行审查其对土耳其的贷款活动等。

2016 年以来，随着大量移民涌入欧洲，欧盟国家为了尽快解决非法移民问题及其对欧洲的严重影响，土耳其与欧盟关系迎来了新的政治机会，通过 2015—2016 年的三次土耳其—欧盟峰会，双方在加强合作共同解决难民危机的问题上达成了部分共识。尽管欧盟认为从希腊返回土耳其的难民数量有限，遣返与安置方案实施不力，以及土耳其在叙利亚战争中的主张不符合欧盟利益等，分别在 2016 年、2018 年和 2019 年共 4 次暂停土耳其入盟谈判，但事实上，遣返与安置方案实施的主要障碍来自希腊，欧盟不得不依赖土耳其解决当前的难民危机。因此，2019 年 9 月，欧盟发布了签证自由化对话的通知，10 月准许了土耳其在东地中海的钻探活动和“和平之泉”行动。土耳其在这个阶段中承担着“未遂军事政变”及其后果带来的

---

① Çiğdem Nas, Emre Ataç, Ahmet Ceran, Sema Çapanoğlu, Çisel İleri, İlge Kivilcim, Gökhan Kilit, Deniz Servantie, Yeliz Şahin, “*IKV Report on Turkey-EU Relations: Keeping Together in the Face of Multiple Challenges*”, Economic Development Foundation, Istanbul, June 2017, p. 10.

② *Chronology of Turkey-European Union Relations (1959 - 2019)*, p. 24, https://www.ab.gov.tr/siteimages/birimler/kpb/chronology-_en-_1959-_ocak2020.pdf.

内外影响、滞留移民带来的负担、叙利亚战争催化下库尔德问题的压力等，已是自顾不暇；欧盟则面对着英国脱欧可能带来的一系列问题，而希腊在难民问题上力不从心。所以，土耳其与欧盟双方都是在被迫推进入盟进程。

二　影响土耳其加入欧盟的因素

土耳其与欧盟在政治、经济、历史、文化和宗教等多方面存在差异，对土耳其地缘政治的解读也不尽相同，双方存在根深蒂固的认同问题，导致在许多问题上难以达成共识。另外，关税同盟、美国因素、土耳其与希腊的关系等都是土耳其加入欧盟的主要影响因素。

首先，关税同盟在推动土耳其加入欧盟过程中的积极作用有限。1995年的关税同盟是土耳其融入欧盟乃至世界市场的重要工具，为改革土耳其的经济起到了积极作用，使土耳其成为自由贸易体制中的一员，并承诺土耳其进入欧盟工业品内部市场。然而，关税同盟为土耳其带来的负面影响也是多方面的：[①] 第一，欧盟和土耳其缔结的贸易协定存在不对称影响，特别是土耳其无法像其他欧盟成员国那样，以类似的条件与第三国谈判自由贸易协定，而且土耳其不能与还未跟欧盟达成协议的第三国订立自由贸易协定。第二，土耳其对第三国的出口受后来者效应的影响。根据关税同盟，土耳其只有在与欧盟达成自由贸易协定后才能与第三国达成自由贸易协定，导致土耳其的自由贸易协定通常是在欧盟自由贸易协定签订并实施的数年之后才能达成，因此，欧盟出口商因为更早进入第三国市场而获得优势地位，土耳其出口商相对于欧盟出口商则处于不利地位。另外，欧盟已达成的自由贸易协定主要反映了自己的优先事项，但这些协议并没有将土耳其的特殊利益考虑在内。

其次，美国也是影响土耳其与欧盟关系的关键因素。欧盟与土耳其在地缘、政治、经济、历史、文化和宗教上的差异根深蒂固，美国与土耳其

---

① 关税同盟对土耳其和欧盟关系的具体影响请参考 Mehmet Sait Akman，"The European Union's Trade Strategy and Its Reflection on Turkey：An Evaluation from the Perspective of Free Trade Agreements"，paper presented at the IKV Workshop on the Interface between the World Trading System and Global Issues：Challenges for the WTO，Turkey and the European Union，14 – 15 May，Istanbul。转引自 Sübidey Togan，"The EU-Turkey Customs Union：A Model for Future Euro-Med Integration"，*MEDPRO Technical Report*，No. 9，March 2012。

也存在这些分歧，美土之间只是利益需求上的联合，美国与欧盟才是真正意义上的战略同盟。一方面，土耳其在 20 世纪 50 年代就成为北约成员国，在军事发展中得到了当时西方发达国家的大力援助，成为中东地区除以色列之外最强大的军事力量，土耳其军队也成为北约第二大常设部队，仅次于美国军队。在叙利亚战争不断深入和难民危机可能给欧洲国家带来的社会问题面前，欧盟自然认为土耳其是欧洲大陆与动荡中东之间的“缓冲区”。另外，土耳其境内有多条重要的天然气通道，将俄罗斯和中亚地区的天然气源源不断输送到欧洲大陆。因此，欧盟在解决难民危机和能源等问题上对土耳其形成了一定依赖，但是这些依赖并不足以支撑欧盟国家接纳土耳其的意愿。另一方面，土耳其与美国关系受外部因素的影响较大，20 世纪 60 年代，美国在“古巴导弹危机”后撤走了部署在土耳其的中远程导弹防御系统，又在随后的“塞浦路斯危机”中发生了“约翰逊信函”事件等，全面点燃了土耳其国内的反美情绪；90 年代的海湾战争使中东地区的库尔德问题引发广泛关注，美国又在 2003 年的伊拉克战争和 2011 年的叙利亚战争中大力支持库尔德武装力量，给土耳其国家安全构成隐患和威胁；再加上土耳其不顾美国和其他北约成员国的极力反对，从俄罗斯购买 S－400 导弹防御系统等，土耳其与美国之间所谓的同盟关系已形同虚设。虽然美国不是欧盟成员国，但土耳其与美国之间的关系，或者土耳其与北约的关系也是影响土耳其入盟进程的重要因素。

最后，与希腊之间的矛盾关系是欧盟不愿接纳土耳其的一个现实原因。由于地缘政治因素，土耳其与希腊之间的矛盾由来已久，早在奥斯曼帝国时期，希腊就成为欧洲各国与奥斯曼帝国对抗和冲突的前沿。第一次世界大战后，土耳其共和国从奥斯曼帝国的废墟上成立之时，双方在领土、人口、海域等诸多问题上都存在争议。塞浦路斯问题是双方之间的历史遗留问题，也是双方之间最大的矛盾和分歧所在。1960 年塞浦路斯脱离英国殖民统治，建立了独立的塞浦路斯共和国，但生活在该岛上的土耳其塞浦路斯人和希腊塞浦路斯人之间摩擦不断，直到土耳其 1974 年对双方矛盾进行了军事干预，支持塞浦路斯岛上的土耳其民族于 1983 年建立了北塞浦路斯土耳其共和国，双方矛盾进一步加深和复杂化，形成了岛内土耳其民族和希腊民族对峙的局面。另外，土耳其和希腊之间爱琴海上岛屿众多，不仅仅是领土和主权的问题，岛屿所涉及的领海及其范围之内的资源和能源开采更是双方争夺的主要目标。而当前，难民问题也成为土耳其和希腊之间的新矛盾，随着叙利亚难民不断增多，从土耳其经由希腊进入欧洲已经成为移民通往欧洲的主要渠道，但两国在此问题上鲜少合作，反而互相发难，将难民向对方国家输入。

土耳其在入盟进程中面临多重困境，并且土耳其与欧洲国家的关系、与美国的关系，特别是与希腊之间的关系都具有发散性和联动性，牵一发而动全身，而希腊和塞浦路斯都是欧盟国家，土耳其与希腊之间的矛盾和由此引发的塞浦路斯问题成为土耳其入盟道路上难以逾越的障碍。

第三节　土耳其与希腊关系

奥斯曼帝国晚期，希腊人在 1821 年发动独立战争，脱离了奥斯曼帝国的统治，1822 年成为独立国家，之后的希腊致力于通过战争扩大版图，在英国等西方国家支持下与没落的奥斯曼帝国争夺领土。1908 年后，青年土耳其人取得奥斯曼帝国的统治权，目标是建立一个强大的中央统治国家。青年土耳其人代表了当时的土耳其民族主义，希腊人属于奥斯曼帝国的基督教少数派，其地位由此开始下降。1912—1913 年的第一次巴尔干战争期间，希腊与塞尔维亚和保加利亚联手占领了奥斯曼帝国的克里特岛（Crete）、塞萨利（Thessaly）和伊庇鲁斯（Epirus）的一部分，以及马其顿海岸等，近现代以来的土耳其和希腊关系由此拉开帷幕。

一　近代以来的土耳其与希腊关系

第一次世界大战后和土耳其共和国成立以来，土耳其和希腊的关系经历了以下几个发展阶段。

（一）独立战争阶段（1913—1927 年）

尽管土耳其人和希腊人之间并没有太多直接的冲突，但在 1917 年第一次世界大战即将结束、奥斯曼帝国处在衰落和崩溃的边缘时，希腊在英国和法国的鼓动下，于 1917 年参战。一是因为希腊期望在欧洲国家的帮助下从奥斯曼帝国手中夺取伊斯坦布尔和士麦那地区（Smyrna）①，与此

① “士麦那”即现在的伊兹密尔，1923 年改称。

同时，欧洲国家还将塞浦路斯岛作为对希腊参战的承诺；二是因为奥斯曼帝国对其境内本都希腊人（Pontic Greeks）[①] 进行持续性种族灭绝；三是因为奥斯曼帝国1913年开始对包括希腊人在内的基督徒进行有组织的迫害。现实形势、历史原因和宗教因素最终导致希腊对奥斯曼帝国开战。

1919年5月，希腊军队占领了士麦那并在萨姆松（Samsun）登陆，开始要求欧洲盟国兑现之前关于土地的承诺。1920年，奥斯曼帝国政府在英国和法国的压力下，接受并签订了《色佛尔条约》，将东色雷斯和士麦那给了希腊。希腊军队进入萨姆松之后，反对《色佛尔条约》的土耳其人在穆斯塔法·凯末尔·阿塔图尔克（Mustafa Kemal Atatürk）的带领下开始了土耳其的民族独立战争，并在安卡拉组建政府，与伊斯坦布尔的奥斯曼帝国政府对峙。在凯末尔的带领下，土耳其军队击退了希腊对安纳托利亚的进攻，希腊军队被迫从《色佛尔条约》中的地区撤退，1923年西方国家与土耳其安卡拉政府签订的《洛桑条约》取代了之前的《色佛尔条约》，1919—1923年的土耳其独立战争结束。

然而，《洛桑条约》规定了两点内容，一是人口交换，二是有条件地将爱琴海上的两个岛屿给土耳其。关于人口交换，指的是曾经奥斯曼帝国时期生活在土耳其的希腊人要回到现在的希腊，而曾经生活在希腊的土耳其人也要回到土耳其。但是，人口交换并非简单地建立在民族基础之上，而且建立在宗教基础之上，即大约150万希腊基督徒与50万土耳其穆斯林之间的人口互换。另外，《洛桑条约》将靠近土耳其的爱琴海岛屿格克切岛（Gökçeada）和博兹贾岛（Bozcaada）规定为土耳其领土，但前提条件是原本就生活在这两个岛上的希腊基督徒将继续留在岛上生活，与伊斯坦布尔的希腊人一样，不需要进行人口交换，生活在西色雷斯地区（希腊东北部）的土耳其穆斯林也可以继续留在当地。需要注意的是，格克切岛上全部都是希腊人，博兹贾岛上绝大部分也是希腊人。1927年，土耳其通过《民法典》将《洛桑条约》赋予两座岛上希腊居民的部分权利撤销，降低了岛屿的行政级别、规定当地议会成员必须熟练掌握土耳其语、岛外居民也可在当地政府和警察部门任职、在当地实施与其他土耳其学校类似

① “本都”即现在的土耳其黑海一带，希腊人曾生活在此。

的教育制度等。[①] 这一系列规定，实际上是新成立的土耳其共和国政府对格克切岛和博兹贾岛上希腊人的排挤和驱逐。

（二）关系正常化阶段（1928—1954 年）

独立战争之后，土耳其总统穆斯塔法·凯末尔和希腊首相埃莱夫塞里奥斯·韦尼泽洛斯（Eleftherios Venizelos）都认识到了土耳其和希腊关系对世界和平的重要性，有意修复两国关系，土耳其和希腊经历了一段难得的睦邻友好时期。1930 年韦尼泽洛斯首相出访了伊斯坦布尔和安卡拉，表示希腊放弃所有对土耳其的领土要求。土耳其和希腊还在 1934 年加入了南斯拉夫和罗马尼亚的互助条约《巴尔干公约》，解决了双方之间的一些主要问题。希腊首相韦尼泽洛斯甚至表示要为凯末尔提名 1934 年的诺贝尔和平奖。[②] 第二次世界大战前夕的 1938 年，凯末尔在土耳其首都安卡拉接见了当时的希腊首相伊奥纳·梅塔克萨斯（Ioannis Metaxas）。

第二次世界大战期间，土耳其和希腊也维持了良好的双边关系。1941 年德国入侵希腊，在被轴心国占领期间，雅典爆发了大饥荒，土耳其是第一个向希腊提供人道主义援助的国家。但土耳其 1941 年 6 月与纳粹德国签署了《友好合作条约》；1942 年开始向包括希腊人在内的非穆斯林少数民族征收财产税（Varlık Vergisi），并针对非穆斯林男性专门制定了到劳工营服役的征兵制度等。

第二次世界大战和随后的冷战使土耳其和希腊采取了相似的战略，双方都作为联合国军的一方，在参加朝鲜战争后于 1952 年加入北约，并且双方与南斯拉夫签订了新的《巴尔干公约》以抵御当时的苏联。

（三）围绕塞浦路斯的争端（1955—1983 年）

20 世纪 50 年代以来，土耳其和希腊之间围绕塞浦路斯问题发生了激烈对抗。奥斯曼帝国解体后，塞浦路斯岛一直是英国的殖民地，但因为岛上超过 80% 的人口为希腊塞浦路斯人，1931 年塞浦路斯岛上的尼科西亚发生了民族主义叛乱，他们希望将塞浦路斯并入希腊。但是，希腊在财政

---

① Alexis Alexandris, *Imbros and Tenedos: A Study of Turkish Attitudes toward Two Ethnic Greek Island Communities Since 1923*, Pella Publishing Company, 1980, p. 21, http://triceratops.brynmawr.edu/dspace/bitstream/handle/10066/13027/07_1_1980.pdf?sequence=1.

② Andrew Mango, *Atatürk: The Biography of the Founder of Modern Turkey*, New York: Peter Mayer Publishers, 2002, p. 489.

和外交上都严重依赖英国，希腊政府因此被迫暂时放弃了统一塞浦路斯的目标。直到20世纪50年代初，希腊塞浦路斯人宣称要并入希腊，“埃奥卡”（EOKA，Ethniki Organosis Kupriakon Agonos，意为“为塞浦路斯而斗争全国组织”）与此同时发起了针对英国的准军事运动，但伤及了平民，塞浦路斯问题又一次成为焦点。在英国和塞浦路斯之间为难的希腊首相亚历山大·帕帕戈斯（Alexander Papagos）不得已将塞浦路斯问题提交了联合国。另一方面，塞浦路斯岛上对少数土族塞浦路斯人的歧视政策引发了土耳其民族主义者的不满，将塞浦路斯并入希腊的提议更是遭到了土耳其政府和土族塞浦路斯人的强烈反对，导致独立战争后未进行人口交换依然生活在伊斯坦布尔的希腊人在1955年也遭到迫害，[①] 希腊政府因此退出了与土耳其的一切合作，《巴尔干公约》宣告结束。

希腊认为1955年对伊斯坦布尔希腊人的迫害是土耳其政府的计划，因此土耳其1960年政变推翻阿德南·曼德列斯（Adnan Menderes）政府后，双方关系才有所修复。希腊首相康斯坦丁·卡拉曼利斯（Constantine Karamanlis）提议，塞浦路斯从英国殖民地获得独立，并制定宪法，土耳其和希腊双方的军队可以在塞浦路斯岛上分别为土族人和希族人提供保护。该解决方案得到支持，但好景不长，塞浦路斯的土族人和希族人在1963—1964年发生族际冲突，双方伤亡严重。为解决冲突，马卡里奥斯大主教（Archbishop Maakarios）1964年底提出了一项宪法修正案，因为马卡里奥斯大主教曾在50年代初支持塞浦路斯并入希腊，所以土耳其坚决反对他的提案，并威胁不惜用战争来阻止塞浦路斯与希腊的统一，同时空袭了包围在土耳其人村庄周围的希腊军队，战争一触即发，土耳其境内的希腊人再次遭受打击，许多希腊人开始逃离土耳其。这次冲突在联合国的干预下才得以平息。

1974年希腊政变使土耳其和希腊再次因为塞浦路斯问题走向战争边缘。1974年7月15日，塞浦路斯岛上的希腊民族主义者组成“埃奥卡B”武装组织，并在雅典的希腊军政府支持下发动了反对塞浦路斯总统马

① 关于伊斯坦布尔希腊人在1955年的境遇可参考 Speros Vryonis, *The Mechanism of Catastrophe: The Turkish Pogrom of September* 6 – 7, 1955, *And The Destruction of the Greek Community of Istanbul*, Greekworks. Com Inc, 2005; Alfred de Zayas, “The Istanbul Pogrom of 6 – 7 September 1955 in the Light of International Law”, *Genocide Studies and Prevention*, Vol. 2, No. 2, Aug. 2007。

卡里奥斯大主教的政变，前“埃奥卡”成员尼科斯·桑普森（Nikos Sampson）被任命为塞浦路斯总统。7 月 20 日，土耳其以 1959—1960 年《苏黎世和伦敦协定》所赋予的担保人身份进入塞浦路斯，以保护土族塞浦路斯人为由占领了岛屿北部约 37% 的领土，并驱逐了当地的希腊人，但英国在塞浦路斯岛上的军事基地并未对土耳其的这一行动采取任何阻拦措施。雅典的希腊军政府因为未能阻止土耳其在塞浦路斯的行动，7 月 24 日被迫解散，桑普森的政变宣告失败，马卡里奥斯大主教再次掌权。

塞浦路斯问题至此引起了国际社会的关注，联合国大会在 1983 年 5 月通过了一项决议，要求所有占领军撤出塞浦路斯岛，但决议并未得到执行，土族塞浦路斯人宣称要独立，并于当年 11 月在土耳其大选后单方面宣布独立，成立“北塞浦路斯土耳其共和国”。目前，“北塞浦路斯土耳其共和国”只得到了土耳其的承认，还未接受国际社会的普遍认可。

（四）冲突常态化阶段（1984 年至今）

1974 年的塞浦路斯危机和 1983 年“北塞浦路斯土耳其共和国”的成立，使塞浦路斯问题对土耳其和希腊关系进行了接二连三的打击。此后，摩擦与冲突成为土耳其和希腊关系的一种持续性常态。

进入 20 世纪 80 年代后，土耳其和希腊围绕爱琴海上的主权和领土争端发生过多次摩擦，其中较严重的是 1987 年爱琴海危机。希腊即将在萨索斯岛（Thasos）开采石油，但土耳其和希腊在该岛屿附近的爱琴海水域存在争议，于是土耳其向该水域派出了西斯米克号勘探船（Sismik），并派出军舰护航。得知消息的希腊首相安德烈亚斯·帕潘德里欧（Andreas Papandreou）下令，如在希腊水域发现西斯米克直接击沉，两国关系剑拔弩张。

1999 年初，库尔德工人党领导人厄贾兰（Abdullah Öcalan）在离开希腊驻肯尼亚首都内罗毕的大使馆时被土耳其情报部门逮捕，但厄贾兰同时拥有希腊和塞浦路斯护照的事引起了关注，① 由于担心来自土耳其的敌对行动，希腊外交大臣、内政部部长和负责希腊安全部队的公共秩序部部长

① “Ocalan Tells Turks of Greek Arms and Training for PKK”, *The Irish Times*, Feb. 23, 1999, https://www.irishtimes.com/news/ocalan-tells-turks-of-greek-arms-and-training-for-pkk-say-reports-1.155819.

全部辞职。同时，因为土耳其和希腊在 1999 年夏天地震频发，两国开展了一系列相互援助的“地震外交”，双边关系得以改善。另外，希腊总理安德烈亚斯·帕潘德里欧退休后，希腊对土耳其加入欧盟的努力逐渐持支持态度，安德烈亚斯·帕潘德里欧的儿子和后来的希腊首相乔治·帕潘德里欧（George Papandreou）与土耳其外长伊斯梅尔·杰姆（İsmail Cem）和当时的土耳其总理埃尔多安为改善双边关系付出了努力。

此后，土耳其与希腊一直存在摩擦和争议，双方关系时好时坏，但从总体来看，摩擦和冲突在两国关系中已成为常态。2000 年以来，两国飞机在爱琴海上空的争端较多，2005 年土耳其和希腊同意在两国空军总部之间建立直接联系，以缓解因为相互指控侵犯爱琴海领空而造成的紧张关系。尽管 2016 年土耳其政变失败后，几名土耳其军人在希腊寻求政治庇护，土耳其要求希腊引渡相关人员，双边关系再起波澜。而近年来，双方的争议主要集中于土耳其在东地中海的油气资源勘探上。

二 土耳其与希腊关系的影响因素

土耳其与希腊之间的对抗从奥斯曼帝国延续至今，“旧恨未解，又添新仇”，但双方关系的发展和变化始终围绕着塞浦路斯问题、边境上的移民问题、爱琴海和东地中海的油气资源开采问题，以及美国和欧洲对两国关系的影响等因素展开。

首先，塞浦路斯问题的本质是土耳其与希腊关系。从土耳其来看，主要涉及两个方面，一个是强烈的民族主义倾向，另一个是安全问题。在塞浦路斯问题上，土耳其具有强烈的民族主义倾向。1964 年马卡里奥斯大主教提出宪法修正案的同时，土耳其总理伊斯梅特·伊诺努（İsmet İnönü）就宣布 1930 年的《希腊—土耳其友好条约》作废，并对土耳其的希腊人采取行动，禁止希腊人从事医生、护士、建筑、导游等 30 多项职业，许多希腊人失业，更有一些被驱逐出境。另外，土耳其还强行关闭了伊斯坦布尔赫伊贝利岛（Heybeli）上的哈尔基（Halki）神学院，该神学院自 1844 年就开始培训希腊东正教的神职人员了。与此同时，格克切岛和博兹贾岛上的希腊学校也被迫关闭，希腊人在两座岛屿上的农场等财产也被收回。土耳其各地的大学生组织了“抵制希货”的活动，时任土耳其外长费里敦·杰马尔·埃尔金（Feridun Cemal Erkin）甚至提出，希腊应该将距离土耳其小亚细亚领土最近的多德卡尼斯群岛（Dodecanese）移交给土耳其。[①] 实际上，塞浦路斯问题不单单是塞浦路斯岛的归属问题，更是土耳其与希腊之间民族矛盾的总爆发。

土耳其重视塞浦路斯岛的另一个重要原因就是安全问题。土耳其外长费里敦要求的多德卡尼斯群岛由 12 个岛屿组成，紧邻土耳其陆地，与萨摩斯岛、伊卡利亚岛合称南斯波拉斯群岛，围绕在土耳其西南部海岸形成岛屿链；土耳其东部也被希腊岛屿围绕，东部恰纳卡莱海峡出海口是希腊的萨莫色雷斯岛和利姆诺斯岛，希腊的莱斯沃斯岛紧逼土耳其的埃德雷米特湾，站在土耳其伊兹密尔市海岸甚至可以看到希腊的希俄斯岛，再往南就是南斯波拉斯群岛了。塞浦路斯就在土耳其南部，是土耳其冲破希腊岛屿链的唯一突破口。

从地缘政治来看，土耳其大陆和希腊大陆之间相隔爱琴海，但散布于爱琴海上的诸多希腊岛屿成为希腊最好的天然屏障，而且靠近小亚细亚的岛屿直逼土耳其大陆。土耳其西部和西南部一定程度上受到希腊的威胁，东部和东南部受到库尔德武装的威胁，1999 年，持有希腊和塞浦路斯护照的库尔德工人党领导人厄贾兰离开希腊驻肯尼亚大使馆后被捕，在很长时间内为土耳其和希腊两国关系蒙上阴影。如果希腊和库尔德武装产生联系，土耳其将陷入东西夹击的“死局”。

其次，土耳其是非法移民通往欧洲的过境点，也是目的地之一。双方之间的移民问题并不是叙利亚战争之后才开始的，早在 1986 年土耳其和希腊军队就在梅里奇河（Meliç Nehri）[②] 因为移民问题有过短暂交火。当时，驻扎在与土耳其交界处的希腊士兵接到报告，称土耳其将帮助数千名来自伊朗的非法移民进入希腊，于是双方在梅里奇河发生对峙。2001 年，土耳其和希腊专门就此问题签署了重新接纳协议，规定对于第三国公民双方需在 14 天之内通知对方要遣返的人数，对于土耳其和希腊两国的公民则使用简化程序。但协议只维持到 2003 年，此后两国边境处的非法移民

---

① “Dodecanese Issue Revived by Turks; Greeks Scoff at New Claim to Some Aegean Islands”, *The New York Times*, May 24, 1964, https://www.nytimes.com/1964/05/24/archives/dodecanese-issue-revived-by-turks-greeks-scoff-at-new-claim-to-some.html.

② 希腊方面成为埃夫罗斯河（Evros），是土耳其埃迪尔内市与希腊色雷斯—东马其顿区沿线的边界。

事件屡见不鲜，希腊指责土耳其无法确保其与希腊之间的边界，以及容忍走私贩子将非法移民贩运到希腊等。特别是在希腊看来，2016 年土耳其“7·15”未遂政变后，随着土耳其政治的动荡将有更多难民来到希腊，位于爱琴海上的诸岛呼吁希腊政府采取措施遏制从土耳其涌入的难民。土耳其政变失败后，确实有相关人员到希腊寻求政治庇护，希腊 2018 年 6 月决定释放 8 名“未遂政变”后逃往希腊的土耳其士兵，土耳其随即中止了与希腊的双边移民入境协议，北约秘书长延斯·斯托尔滕贝格（Jens Stoltenberg）则呼吁双方（主要是土耳其）保持“克制与冷静”。[①]

另外，土耳其和希腊之间的 1987 年爱琴海危机就是围绕资源和能源的勘探与开采发生的。土耳其和希腊之间的能源开采问题，既是国际海洋法领域的问题，也是两国领土和领海问题的延伸。土耳其曾在 2004 年表示，如果希腊按照《国际海洋法公约》等相关国际法的规定，将其领海扩大 12 海里的话，土耳其将以此作为“战争理由”。而土耳其在黑海和东地中海将领海扩大了 12 海里，希腊尚未在爱琴海地区扩大自己的领海，因为爱琴海的绝大多数岛屿属于希腊领土，12 海里的延伸会在土耳其、希腊和塞浦路斯之间的大陆架和领空问题上引起巨大争议，而且争议还会持续。

最后，对土耳其和希腊关系产生重要影响的另一个因素是西方国家。土耳其和希腊对西方国家而言，都是重要的，西方国家很难在其中做出明确选择。虽然土耳其出兵塞浦路斯后，美国对土耳其实施了武器禁运，但从土耳其军队能够进入塞浦路斯岛，特别是支持建立了“北塞浦路斯土耳其共和国”等事件，可以看出希腊在这个过程中其实承受了相当的压力。塞浦路斯岛南北对立的现状也是美国和欧洲国家为了保持权力平衡而采取的措施。[②] 无论是土耳其还是希腊，都是美国和欧洲等西方同盟在制定战略时不可缺失的部分，区别在于，西方国家认为希腊的行为不大可能损害西方利益，土耳其则将自身的国家利益置于同盟利益之上，相对独立于西

---

① “NATO Chief Calls for ‘Calm’ Amid Turkey-Greece Crisis”, *Hürriyet Daily News*, Jun. 8, 2018, https://www.hurriyetdailynews.com/nato-chief-calls-for-calm-amid-turkey-greece-crisis-132980.

② 更多关于希腊与美国和北约关系的分析请参考 Christos Kassimeris, *Greece and the American Embrace: Greek Foreign Policy towards Turkey, the US and the Western Alliance*, London: I. B. Tauris Publishers, 2010。

方同盟，反而得到西方同盟更多的关注和重视。

与奥斯曼帝国对抗的历史导致希腊在面对土耳其时缺乏安全感，临近土耳其主体大陆的岛屿链和密集散布于爱琴海的诸多岛屿群形成的“缓冲区”，以及欧洲国家的支持共同为希腊提供了安全信心。另一方面，希腊众多岛屿对土耳其爱琴海出海口的“围堵”格局、西方国家对希腊的战略支持，以及库尔德武装在东南部的安全威胁，共同导致土耳其极其看重塞浦路斯归属问题，坚决反对希腊延伸 12 海里领海。虽然土耳其和希腊都努力争取在双边关系中获得西方盟友的支持，但因为土耳其的外交相较于希腊更加具有灵活性和独立性，西方盟友并非土耳其的唯一选择，所以西方国家还是会在土耳其和希腊的摩擦中更加关注土耳其的态度和行动。

第四节　土耳其与欧盟和希腊关系的未来

土耳其在奉行亲西方的对外政策时，强调自己与西方国家，特别是与美国、欧盟、北约之间的关系。冷战后，土耳其对外关系开始多样化，注重强调自身在巴尔干地区、中东地区和高加索地区的存在，以及加入欧盟的历史目标。正发党执政后，土耳其通过战略纵深主义和新奥斯曼主义提升了在中东地区的影响力。外交政策的转变引来了对土耳其入盟问题上的讨论，一种观点认为土耳其正在远离西方朝着中东和伊斯兰化的方向发展，另一种观点认为土耳其外交政策的转变是与周边伊斯兰国家发展关系、寻求外交平衡和多元外交的必然结果。这也就带来了土耳其国内和欧盟国家在其入盟问题上的不同立场和理解，增加了土耳其与欧盟和希腊未来关系的不确定性。

一　土耳其国内对入盟问题的看法

土耳其国内对是否要加入欧盟的看法不一，但总体上持支持态度。正义与发展党政府一直以加入欧盟为目标，并借此实现国内的现代化，特别是遵循与欧盟谈判过程中的政治、经济和体制的全方位改革议程，以获得民众支持。从土耳其国内政治来看，加入欧盟可以将国内具有极端倾向的伊斯兰组织和世俗组织边缘化，尤其是摆脱军方对民选政府的干预。根据欧盟的民主化改革，土耳其国内首先要去除极端化，尤其是伊斯兰主义的极端化，土耳其军队作为曾经的极端世俗主义组织，多次发动军事政变，欧盟的全方位改革议程有助于缓冲土耳其国内两种极端倾向之间的对立，增加民选政府和民选程序的独立性和稳定性。从安全战略来看，土耳其是北约重要成员，加入欧盟符合土耳其一贯的安全策略，一方面可以继续获得北约在军事、技术和财政等领域提供的支持；另一方面，土耳其政府认为欧盟成员国是土耳其内部和外部安全的重要保证者，并以此提高土耳其对阿拉伯邻国的安全优势。① 从外交策略上看，欧盟成员国的身份将从3个方面助力土耳其外交。第一，增加土耳其在重要问题上的决策权。土耳其的人口规模与德国相当，会员国的身份将使土耳其对欧盟决策产生重大影响。② 第二，土耳其政府希望将土耳其发展成为伊斯兰世界的民主榜样，成员国身份也将使土耳其向世界表明土耳其在东西方文化交流中的价值。第三，在欧盟框架内解决土耳其与塞浦路斯和希腊的冲突，有助于提升土耳其自身的国际地位。③

二　欧盟主要成员国对土耳其入盟的看法

欧盟各国对土耳其入盟问题的态度与立场主要取决于本国国内形势、与土耳其的地缘政治和经济联系等双边关系，而较少真正考虑联盟的整体利益。德国对土耳其的入盟态度分歧较大。一是因为德国拥有将近300万土耳其穆斯林移民群体，在德国拥有一定的政治参与权利，对土耳其加入欧盟的决定总体持积极态度，认为土耳其的加入可能使欧洲的穆斯林和基督教社区融合，从而成为欧洲与中东之间的地缘政治和文化桥梁。④ 然

---

① Haldun Gülalp, "The Turkish Route to Democracy: Domestic Reform via Foreign Policy", *The Crisis in Transatlantic Relations*, Samuel Wells, and Ludger Kühnhardt eds., ZEI Discussion Paper C143, 2005, p. 83.

② "Avrupa Birligi Genel Sekreterligi: Türkiye'Nin Üyeligi Perspektifinden Kaynaklanan Hususlar", (欧盟总秘书处：从土耳其加入欧盟角度提出的议题), 2004, http://www.mfa.gov.tr/NR/rdonlyres/BC69BCD0-42C9-44FD-8E8E-3238A8E30C07/0/etki_degerlendirme.pdf.

③ Haldun Gülalp, "The Turkish Route to Democracy: Domestic Reform via Foreign Policy", *The Crisis in Transatlantic Relations*, Samuel Wells, and Ludger Kühnhardt eds., ZEI Discussion Paper C143, 2005, p. 83.

④ Cem Özdemir, "Demokratie und Islam sind vereinbar", *Cafe Babel*, Feb. 25 2005, http://www.cafebabel.com/fre/article/1103/demokratie-und-islam-sindvereinbar.html.

而，德国的基督教会认为一致的文化和认同对欧盟内部的合作具有重大意义，而土耳其与欧洲大陆之间的文化差异将对此带来负面影响。虽然德国的土耳其穆斯林一再强调土耳其有能力弥合欧洲内外基督教和伊斯兰社区之间的文化差异，但基督教会对土耳其入盟的反对态度仍占绝对主导地位。21 世纪初以来，法国政党和政府领导在此问题上产生了内部分歧，但总体上普遍不支持土耳其入盟。法国的民族主义政党、右翼和中间党派的大多数反对土耳其加入欧盟，强调土耳其与法国和欧洲国家在地理、文化和宗教上的差异；极左翼和左翼政党有一定分歧，绿党和左翼中的一部分支持土耳其入盟，表示愿意在哥本哈根标准规定的框架内有条件地支持土耳其入盟进程，而左翼中的反对者则强调了土耳其的人权问题、少数民族问题和亚美尼亚问题。实际上，法国一直在慎重考虑土耳其与欧洲在政治、经济、文化和移民层面的问题。

与德国和法国不同，西班牙和土耳其之间的经贸联系紧密，是土耳其加入欧盟的支持者，双方在促进文明联盟与合作等领域取得了一定进展，西班牙还反对任何对土耳其的歧视性待遇，认为土耳其地缘战略价值重要，国内的民主化进程已然取得积极成效，特别是土耳其能够加强欧盟内部对地中海的重视，从而有助于将欧盟的重心向南移动。需要指出的是，土耳其入盟的问题没有在西班牙引起太大的政治争议和公众关注。虽然西班牙保守派政治家对无条件支持土耳其加入欧盟提出了质疑，但总体而言，西班牙对土耳其入盟的支持政策具有连续性，并且相对稳定。

意大利是土耳其入盟的另一位支持者，无论是中左翼还是中右翼政府都主张将欧盟扩大至土耳其，一方面可以提升欧洲的世界地位，另一方面可以使欧盟成为一个更加多元的行为体。意大利国内承认土耳其加入欧盟会带来经济和地缘政治利益，但土耳其外交政策的调整又导致意大利国内开始对此抱有怀疑态度，反对土耳其入盟的舆论渐长。尽管如此，对意大利商界而言，土耳其仍然是有吸引力的贸易和投资市场，也是意大利的重要经济合作伙伴，他们依然支持土耳其的会员资格。

希腊与土耳其在爱琴海和塞浦路斯问题上均存在冲突，希腊政府和民众普遍认为土耳其对希腊构成了安全威胁，特别是土耳其对希腊爱琴海岛屿的觊觎。但“地震外交”后，希腊政府和精英阶层希望在欧盟框架内处理与土耳其的矛盾，逐渐开始支持土耳其的入盟进程。首先，希腊希望将自己与土耳其在爱琴海和塞浦路斯问题上的矛盾“欧盟化”，即由欧洲出面共同解决，而不是由希腊单独承担压力；其次，希腊寄希望于土耳其加入欧盟后可以通过欧盟内部的投票迫使土耳其接受希腊在爱琴海和塞浦路斯问题上的主张。另外，土耳其的加入可以提升东南欧在欧盟中的地位。但长期以来的不信任，使希腊民众仍然担心土耳其可能的侵略行为。希腊民众一方面认为土耳其需要加快民主化进程和发展经济，另一方面认为从历史来看土耳其并不属于欧洲，[①] 希腊民众不愿承认也无法完全理解土耳其加入欧盟给希腊带来的直接利益。与其他欧盟国家不同的是，宗教在希腊社会中依然占据重要地位，但宗教并非希腊民众反对土耳其加入欧盟的主要原因，历史才是希腊民众的“心结”。总之，希腊政治精英对土耳其入盟的支持将会持续，但希腊民众对此的反对在短时间内也不会改观。

塞浦路斯是土耳其与希腊冲突的聚焦点，从希族塞浦路斯人的角度看，他们并不坚决反对土耳其加入欧盟，而是希望借土耳其的入盟愿望促使欧盟帮助实现希腊塞浦路斯人统一塞浦路斯全岛的诉求，即以土耳其军队撤出塞浦路斯岛为条件换取对土耳其正式成员国资格的支持。根据2004 年解决塞浦路斯问题的“安南计划”，塞浦路斯岛上现存的两个政治实体可以组成一个联邦国家，议会通过投票组建一个 6 人总统委员会，根据当时人口比例分配，由 4 名希族塞浦路斯人和 2 名土族塞浦路斯人构成，另外还有 3 名无表决权的成员将按照 2 名希族塞浦路斯人和 1 名土族塞浦路斯人进行组合。显然，“安南计划”没有满足希族塞浦路斯人的要求，因此遭到希族塞浦路斯人的反对而未能实施。

三　新的问题与挑战

首先，土耳其内政外交面临不确定性。土耳其 2017 年修宪公投后，埃尔多安可能执政到 2029 年，但土耳其民主与进步党（DEVA）领导人阿里·巴巴詹（Ali Babacan）指出，土耳其的金融资源已用尽，埃尔多安

---

① 相关普查可以参考 The Eurobarometer 66，“National Report for Greece”，p. 37，https：//ec. europa. eu/commfrontoffice/publicopinion/archives/eb/eb66/eb66_ el_ nat. pdf。

最多执政到 2023 年，否则土耳其社会不得不承受因此带来的负面影响。[①] 阿里·巴巴詹曾任土耳其的外交部部长和经济部部长，但因为在法制、民主和经济政策等多方面与埃尔多安的主张存在分歧，2019 年 7 月离开正义与发展党成立了现在的民主与进步党。埃尔多安曾经的“黄金搭档”土耳其外长艾哈迈德·达武特奥卢也因为与埃尔多安政见不合，2019 年 9 月离开正义与发展党成立了未来党（Gelecek Partisi）。正义与发展党面临的党内问题，以及与反对党之间的矛盾将为土耳其政治稳定带来不确定性。与此同时，土耳其在叙利亚战争中与俄罗斯和伊朗关系得到发展，但在利比亚问题和叙利亚战后安排的问题上又与两国分歧严重，“未遂政变”后土耳其引渡居伦的要求以及从俄罗斯购买 S－400 导弹防系统的行为加剧了土美矛盾。土耳其外交在“东”和“西”两个方向上都面临困境。

其次，英国脱欧给土耳其入盟进程带来负面影响。英国实际上是支持土耳其入盟进程的，英国认为土耳其庞大的市场和大量的青年人口将有利于欧洲的经济发展，再加上土耳其在中东和北非地区的地缘政治影响力，英国想借此增强欧盟在这些地区的影响，同时有助于改善从中亚到欧盟的能源供应路线途经地区的安全与稳定，保障欧洲稳定的能源供给。然而，英国眼中能够刺激欧洲经济发展的土耳其年轻人，在德国看来可能使土耳其成为欧盟最大会员国，如果土耳其带着欧盟第一人口大国的身份成为正式成员国，那么土耳其就会成为欧盟机构中最有投票表决权的国家，这在德国保守派看来是对德国在欧盟地位的威胁。对于认同问题，英国认为这是当今世界的政治现实，土耳其的穆斯林人口将充实欧盟，加强欧盟的共同价值观。可惜的是，在退出欧盟之前英国在欧盟内部就已经被边缘化了许多，英国与其他欧盟主要国家对待土耳其入盟问题的态度也反映了英国在欧盟的被边缘化问题。因此，英国脱欧使土耳其失去了欧盟成员国中本就为数不多的一个支持者。

最后，移民问题一定是需要土耳其和欧盟相互合作解决的，只是双方

---

① “Babacan：‘Erdogan Will Not Remain in Office Until 2023’”，*Middle East Monitor*，April 24，2020，https：// www. middleeastmonitor. com/20200424-babacan-erdogan-will-not-remain-in-office-until-2023/.

对协议的理解不同。为了解决不断增加的从土耳其涌入欧洲国家的移民问题，土耳其和欧盟2016年3月就此达成协议，其中的重要内容包括土耳其将采取一切必要措施防止非法移民通过海上或者陆地等方式进入欧盟国家；欧盟将加快签证自由化速度，最迟在2016年6月底之前取消对土耳其公民的签证要求，而土耳其要采取一切必要步骤满足其余入盟章程的规定；欧盟将在移民问题上先为土耳其提供30亿欧元，并在2018年底之前再提供另外的30亿欧元；欧盟将重启土耳其入盟谈判进程，并加快开放剩余章节的谈判。① 在土耳其看来，对叙利亚难民的慷慨，以及帮助欧洲解决难民问题造成的“燃眉之急”，既彰显了土耳其的人道主义形象，又可以表明土耳其与欧洲的难民接纳政策一致，欧盟会因为难民协议继续推动土耳其的入盟进程。土耳其的想法，一方面是因为错把解决难民问题当成了入盟的“担保”，另一方面是因为欧盟先给了土耳其错误信号，将签证自由化和重启入盟进程的内容写入专门解决移民问题的协议中。但是，在欧盟看来，该协议更像是一笔交易，欧盟花钱请土耳其帮助解决问题。由于双方理解协议的出发点不同，导致双方都认为对方没有履行协议内容，土耳其指责欧盟承诺的60亿欧元资金迟迟没有到位，欧盟指责土耳其没有全力履行协议，依然有非法移民从希腊进入欧盟国家。最终，就连签证自由化都没有完全实现，土耳其甚至表示无法单独承担难民带来的经济和社会负担时，会考虑打开通往欧洲的路径。曾经的合作机会现在已成为双方新的矛盾聚焦，移民问题，特别是叙利亚战争以来的难民潮，也是欧盟框架下土耳其与希腊关系最直接的体现。

尽管土耳其和希腊都对西方国家感到失望，但都仍然选择西方提供的保护，并以此作为安全和经济援助的交换。20世纪70年代针对土耳其的武器禁运看似给土耳其带来了损失，但西方国家默许了土耳其对塞浦路斯的军事行动和“北塞浦路斯土耳其共和国”的存在，土耳其成为这种安排的最大受益者，希腊本应当重新考虑自己在西方同盟中的地位。然而事实是，希腊很少批评或者质疑西方政策，土耳其国内反而因此爆发了反美情绪。

---

① “EU-Turkey Statement, 18 March 2016”, Council of the European Union, Mar. 18, 2016, https://www.consilium.europa.eu/en/press/press-releases/2016/03/18/eu-turkey-statement/.

欧盟需要土耳其，但并不愿接受土耳其为欧盟成员国。欧盟在安全防御、难民安置、经济市场、能源输入等方面确实需要土耳其来缓解压力。然而，从欧洲与土耳其的关系来看，一是奥斯曼帝国以来土耳其与欧洲的对抗、对领土和权力的野心等形成了欧洲对土耳其的主要认识；二是土耳其和欧洲国家之间根深蒂固的文化差异；三是土耳其和欧盟之间在政治意识形态上的分歧；四是近代以来土耳其在经济发展程度上与欧洲国家相去甚远并且差距还在不断扩大。[①] 从土耳其与希腊和塞浦路斯等欧盟成员国的关系来看，欧盟并不想要两个相互斗争的成员国来增加自己的负担和决策压力，特别是在土耳其人口数量庞大，可能在很多问题上具有重要投票权的情况下。

因此，欧盟既不完全拒绝土耳其的入盟申请，也并没有表现出接受土耳其的态度，而是拖延谈判进程，并极力维持土耳其与欧盟的谈判现状。对土耳其而言，与欧盟的谈判既是欧盟对土耳其进行改革的理由，也是土耳其国内的一种政治动员；对欧盟而言，持续的谈判意味着持续的控制权，欧盟依然可以通过谈判对土耳其提出有利于欧盟的要求和条件。这就意味着，土耳其和欧盟双方在长期内都不会主动完全打破当前的谈判状态。

① 2006 年土耳其人均 GDP 为 9700 欧元，欧盟 27 国平均人均 GDP 为 23600 欧元，详见 https：//ec. europa. eu/eurostat/portal/page？ _pageid = 1996，39140985&_ dad = portal&_ schema = %20POTAL&screen = detailref&language = de&product = REF_ TB_ national_ accounts&root = REF_ TB_ national_ %20accounts/t_ na/t_ nama/t_ nama_ gdp/tec00001；2018 年土耳其人均 GDP 为 9311 美元，欧盟为 36532 美元。

第六章 库尔德问题*

库尔德人是中东地区的第四大民族，也是当前世界最大的无国家民族。第一次世界大战前，由于奥斯曼帝国衰落，库尔德斯坦地区处于相对独立和自治的状态，但奥斯曼帝国解体后，英国等西方国家为削弱新成立的土耳其共和国对美索不达米亚和基尔库克地区的影响，于是库尔德斯坦地区和库尔德人被划分到了到土耳其、伊拉克、伊朗和叙利亚四个不同的中东国家，成为这些国家的少数民族，但库尔德人一直在这些国家和国际上争取库尔德民族解放运动，库尔德问题随之国际化。目前，全世界大约有 4000 万到 4500 万库尔德人，其中一半左右的库尔德人集中生活在土耳其，另一半分散在伊拉克、伊朗、叙利亚，以及库尔德斯坦以外的其他地区。[①] 因此，库尔德问题在土耳其国内表现得尤为突出。

第一节 土耳其库尔德问题的由来与表现

土耳其大约有 2000 万左右库尔德人，主要生活在土耳其东部和东南部地区，占土耳其总人口近 25%，[②] 是土耳其最大的少数民族。但是，新成立的土耳其共和国拒绝承认库尔德人为本国少数民族，而是用“山

---

* 本章为教育部国别和区域研究课题“土耳其中东外交政策研究”（19GBQY070）的阶段性成果。

① 根据巴黎库尔德研究所 2017 年的估算，全世界大约有 3600 万—4500 万库尔德人，其中土耳其大约有 1500 万—2000 万，伊朗约有 1000 万—1200 万，伊拉克约 800 万—850 万，叙利亚约 300 万—360 万，另外还有 120 万—150 万分散在欧洲，40 万—50 万在苏联地区。详见https：//www. institutkurde. org/en/info/the-kurdish-population-1232551004。

② 库尔德人的数据主要来自巴黎库尔德研究所 2017 年的估算结果，土耳其总人口数量在 2018 年约为 8200 万，详见 http：//www. worldometers. info/world-population/turkey-population/。

地土耳其人”取而代之，由此开始了库尔德民族与土耳其国家之间的长期斗争和冲突。

一 土耳其库尔德问题的由来与发展

土耳其共和国成立后取消了哈里发和苏丹制度，但土耳其库尔德人既不满西方列强对库尔德民族的安排，也难以接受土耳其的世俗政府。共和国建立之初，土耳其库尔德人就发动了1921年的科驰克瑞叛乱、1925年的谢赫·萨义德叛乱、1937—1938年的德尔希姆叛乱和1927—1930年的阿勒叛乱（Ağrı Isyanı），这些叛乱都被土耳其政府镇压下去。为了将库尔德人土耳其化，土耳其政府于1934年颁布法律，对库尔德聚居区人口进行了大规模重新安置，德尔希姆地区被选为试点，但给当地人口带来了灾难性的后果。1937—1938年德尔希姆叛乱期间，还发生了德尔希姆屠杀事件，造成大约1万—1.5万阿列维派穆斯林和库尔德人死亡、上千人被驱逐。① 1960年政变后，土耳其前陆军总司令杰马勒·古尔塞勒（Cemal Gürsel）担任总理兼总统，军政府成立了国家计划组织（Devlet Planlama Teşkilatı）帮助解决库尔德地区的分裂主义和欠发达问题。国家计划组织出台了一份报告，建议通过移民政策，鼓励族际通婚和民族融合来解决库尔德分裂主义，这与奥斯曼帝国时期的民族政策并无本质区别，但遭到了当时劳工部长的反对。

土耳其政府与库尔德人的真正冲突始于20世纪70年代末，当时土耳其国内的意识形态斗争激烈，导致政治恐怖主义盛行。左派想通过土耳其无产阶级领导的马克思主义革命帮助库尔德人建立一个国家，但库尔德人强调库尔德民族有能力领导自己的无产阶级革命。② 1978年安卡拉大学学生阿卜杜拉·厄贾兰（Abdullah Öcalan）组建了新马克思主义的“库尔德工人党”（PKK，以下简称“库工党”），目的是通过彻底的改革，在土耳其东南部建立一个独立的马克思列宁主义的“库尔德斯坦”国家。

---

① 该事件详见 Martin van Bruinessen, “Genocide in Kurdistan? The Suppression of the Dersim Rebellion in Turkey (1937 – 38) and the Chemical War Against the Iraqi Kurds (1988)”, George J. Andreopoulos, *Genocide: Conceptual and Historical Dimensions*, Philadelphia: University of Pennsylvania Press, 1994, pp. 141 – 170。

② Erık J. Zürcher, *Turkey: A Modern History*, London: I. B. Tauris, 2004, pp. 63 – 64.

1980 年 9 月，土耳其军方发动政变以结束 20 世纪 70 年代以来的意识形态斗争、政治恐怖主义和日益严重的库尔德分裂主义倾向，从而恢复国家法律和社会秩序。但 1980 年军事政变后，土耳其政府禁止在公开或者私人场合使用库尔德语，许多用库尔德语发表讲话、出版读物，包括库尔德语歌曲的人都遭到了逮捕。① 1984 年 8 月，库工党宣布叛乱，土耳其军队与库工党陷入了长期的武装冲突，直到 1999 年厄贾兰被捕入狱。随后，库工党武装宣布停火，将主要力量迁到了伊拉克的坎迪尔山脉地区，并于 2000 年 2 月正式宣布结束始于 1984 年的武装冲突。

1999—2003 年的间歇性停火后，库工党在 2004 年 6 月以土耳其政府拒绝其提出的谈判并对其进行袭击为由，再次发动武装行动，但由于缺乏领导人，库工党不得不自此改变战斗策略。首先，库工党缩小了野战部队的规模，将武装人员从 15—20 名减少为 6—8 名；其次，库工党尽量避免与土耳其军队发生正面冲突，转而更多使用地雷、狙击手、伏击等运行战术；再次，库工党不再试图通过战斗获得领土，而是想通过袭击给土耳其政府及军队造成更大损失。② 2004 年下半年到 2007 年，库工党在土耳其全境不同地点展开了炸弹袭击，土耳其政府因此于 2007 年底对伊拉克境内的库工党营地实施了越境打击。虽然土耳其政府 2009 年发起了与库工党的谈判，但这次谈判破裂，受“阿拉伯之春”和叙利亚战争的影响，土耳其库尔德武装在叙利亚库尔德人的帮助下，趁势对土耳其发动了更猛烈的攻击。2012 年底，当时的土耳其总理埃尔多安与监狱中的库工党领导人厄贾兰举行了秘密谈判，2013 年 4 月，库工党同意将其在土耳其的所有武装撤离到伊拉克北部地区。然而，2014 年 9 月，“伊斯兰国”武装包围了叙利亚库尔德人居住的城市科巴尼，库工党在科巴尼与“伊斯兰国”的战斗得到了美军直接支援，但科巴尼位于叙利亚与土耳其边界，造成了库工党与边境当地土耳其人的冲突，③ 土

---

① Senem Aslan, *Nation Building in Turkey and Morocco*, Cambridge University Press, 2014, p. 134.

② 关于库尔德武装力量战术的分析请参考 Gareth Jenkins, “PKK Changes Battlefield Tactics to Force Turkey into Negotiations”, The Jamestown Foundation: Global Research & Analysis, October 24, 2007, https://jamestown.org/program/pkk-changes-battlefield-tactics-to-force-turkey-into-negotiations/。

③ “Exclusive: Inside the PKK's Frontline Fight against ISIL”, *Al Jazeera*, 11 June 2015, http://america.aljazeera.com/watch/shows/america-tonight/articles/2015/6/11/isis-pkk-sinjar.html.

耳其与库工党之间维持了一年多的停火状态结束，库工党由此谴责土耳其政府支持“伊斯兰国”武装，土耳其国内多地也爆发了相应的游行示威活动。

在临近土耳其大选的2015年10月，为了使代表库尔德人利益的人民民主党得到支持，库工党武装宣布暂时停火，但遭到土耳其政府拒绝。2016年3月，库工党与其他团体共同推动了人民联合革命运动，旨在推翻埃尔多安领导下的土耳其政府。① 2017年，土耳其政府开始弱化库尔德文化在土耳其境内的存在，采取了包括更改以库尔德人命名的街道名称、拆除库尔德民族英雄的雕像和关闭库尔德语的广播电台等措施，阻碍库尔德文化在土耳其的传播和推广。② 库尔德问题一直是土耳其政治发展中的重要影响因素，再加上近年来中东局势的不断变化，以及大国介入的不断深入，土耳其的库尔德问题更加复杂了。

二　土耳其库尔德问题的表现

库尔德问题在土耳其主要表现为认同问题、安全问题和政治参与问题。认同问题最初表现为库尔德人不被新成立的现代土耳其共和国的主要民族——土耳其民族所认可，库尔德民族独立运动下的武装力量与土耳其军队展开了长期武装冲突，库尔德问题同时也是土耳其的安全问题。在武装冲突的同时，亲库尔德的政党也在土耳其的政党政治领域中为库尔德民族争取权益。

（一）土耳其库尔德人的认同问题

20世纪70年代的土耳其意识形态分化严重，1980年政变后，“土耳其—伊斯兰综合体”被引入土耳其国家意识形态，进一步推动了认同政治在土耳其的发展。而在整个20世纪80—90年代，土耳其认同政治在库尔德人问题上表现得尤为明显，认同政治影响下的库尔德民族主义揭示出了

① “Peoples' United Revolutionary Movement Established for A Joint Struggle”, *ANF News*, 12 Mar 2016, https://anfenglish.com/news/peoples-united-revolutionary-movement-established-for-a-joint-struggle-14151.

② Patrick Kingsley, “Amid Turkey's Purge, a Renewed Attack on Kurdish Culture”, *The New York Times*, June 29, 2017, https://www.nytimes.com/2017/06/29/world/middleeast/amid-turkeys-purge-a-renewed-attack-on-kurdish-culture.html.

意识形态分歧掩盖下的土耳其的民族认同问题。[1] 在左右派意识形态分化的1980年以前，库尔德人主要由左派组织来代表，但到了20世纪80—90年代库尔德人逐渐成为土耳其政治中独立的行为体。土耳其政府一直拒绝承认国家内部存在种族差异，也拒绝承认种族间的集体认同，[2] 经常用“山地土耳其人”来指代库尔德人，用“东南部地区”指代库尔德人聚居区，并指出只要库尔德人不强调自己的民族认同，他们在社会上就可以享有与土耳其人同等的权利和机遇。也就是说，土耳其境内的库尔德人在个人层面上不遭受歧视的前提是库尔德人必须在公共领域放弃自己的个性和对其民族的认同。

20世纪80年代末90年代初，土耳其政府更倾向于承认库尔德人的认同，但对库尔德人的军事打击并没有中断，库工党军事行动的目标从原先的土耳其军队扩大到了土耳其政府的一切要素上，如电力和通信等公共服务领域、工厂，以及学校和老师，[3] 逐渐朝恐怖主义方向发展，1987年政府为此宣布国家进入紧急状态。20世纪90年代初，土耳其东南部库尔德人的伊斯兰团体组建了“真主党”，反对库尔德工人党。1994年起，土耳其政府对库工党武装的打击力度越来越大，甚至采用了黑手党的手段，通过暗杀和定点清除来阻止库工党武装的活动，并间接掩护真主党。1996年11月，发生在安纳托利亚西部苏苏尔卢克（Susurluk）小镇上的一起车祸揭示了政治家、警察和黑手党之间的关系。车祸中死于同一辆车里的三个人分别是杀人犯、伊斯坦布尔的前警察长和正确道路党议员，该议员是土耳其东南部一个主要部落的领导人，曾帮助政府对付过库工党。他们之间的关系反映出了国家官员的腐败，导致民众认为国家在利用罪犯打击库工党。[4] 这起车祸暴露了土耳其国内一些游离于国家法律体系之外的秘密

---

① Çağlar Kryder, “Whither the Project of Modernity? Turkey in the 1990s”, Sibel Bozdoğan and Reşat Kasaba, *Rethinking Modernity and National Identity in Turkey*, Seattle and London: University of Washington Press, 1997, p. 38.

② Ayşe Güneş Ayata and Sencer Ayata, “Ethnicity and Security Problems in Turkey”, Lenore Martin, *New Frontiers in Middle East Security*, New York: Palgrave, 1999, p. 131.

③ Meliha Benli Altunışık and Özlem Tür, *Turkey: Challenges of Continuity and Change*, New York: Routledge, 2005, p. 53.

④ Meliha Benli Altunışık and Özlem Tür, *Turkey: Challenges of Continuity and Change*, New York: Routledge, 2005, p. 54.

关系，国家的合法性也因此遭到质疑。埃尔多安和正发党政府在处理库尔德认同问题时，不再强迫库尔德人视自己与土耳其为一个民族，而是要求库尔德民族认同自己为土耳其共和国公民。然而，之前的主流政党和共和国三部宪法都是以土耳其人身份来定义国家认同的，[①] 因此正发党政府也没有从根本上解决土耳其库尔德人的认同问题。

（二）土耳其与库尔德武装冲突带来的安全问题

库尔德武装给土耳其带来的安全问题集中体现在库尔德工人党的发展扩大和武装活动中，主要包含三个方面。

首先，库尔德工人党的建立使库尔德武装对土耳其军队的行动组织化了。1978 年厄贾兰以库尔德民族主义的旗号带领一群追随者学生在费斯村建立了库工党，想借此在库尔德地区成立一个独立的库尔德斯坦国家。随后，库工党借以土耳其政府对库尔德人的压迫，以及禁止库尔德人使用自己的语言、限制库尔德人的政治权利、不允许库尔德人传播自己的文化等来动员土耳其库尔德人支持库工党，特别是 1980 年政变后，土耳其政府正式禁止使用和传播库尔德语言和文化。库工党建立之初至今都与土耳其军队冲突不断，带来了无数伤亡。1984 年库工党宣布了第一次的全面叛乱，到 1999 年厄贾兰被逮捕时结束，这次冲突中共有 4 万人丧生，其中绝大多数是土耳其库尔德平民，[②] 另外还造成 3000 多座村庄的学校停课、150 万儿童失学、500 家医院关闭、300 多座村庄的村民被迫疏散、300 万人被迫迁徙。[③] 被捕后的厄贾兰在狱中呼吁库工党采用民主联邦制继续建立独立国家的努力，但缺乏领导的库工党几易其名，一些核心成员也随之离开。2004 年，库工党再次宣布全面叛乱，不仅与土耳其军队正面交火，而且在土耳其全国多地进行武装袭击，造成大量平民伤亡，这次冲突一直持续到 2012 年库工党投入到叙利亚内战和抗击“伊斯兰国”的战斗中才告一段落。尽管土耳其政府动用各种手段打击库尔德武装，但库

① Mesut Yeğen, *The Kurdish Peace Process in Turkey: Genesis, Evolution and Prospects*, Global Turkey in Europe, Working Paper, May 2015, p. 4.

② Michael Gasper, “The Making of the Modern Middle East”, *The Middle East*, Ellen Lust ed., CA: CQ Press, p. 44.

③ Nimet Beriker Atiyas, “The Kurdish Conflict in Turkey: Issues, Parties and Prospects”, *Security Dialogue*, Vol. 28, No. 4, 1997, p. 439.

工党的力量反而得到了进一步发展，其不仅拓展了自己的分支，而且在打击“伊斯兰国”的过程中得到了国际同情和支持。

其次，库尔德工人党在其他国家建立分支机构，影响了土耳其与这些国家的外交关系。虽然库工党起源于土耳其，但已经成为一个遍布中东库尔德地区和欧美等地的跨国组织。1984 年库工党武装分支“人民保卫军”（People's Defence Forces; Hêzên Parastina Gel, HPG）成立，主要活跃在有库尔德人分布的土耳其、伊拉克和叙利亚交界处，现在主要与“伊斯兰国”和土耳其交火；2004 年“人民保护部队”（People's Protection Units; Yekîneyên Parastina Gel, YPG）成立，其主要活跃于叙利亚和伊拉克北部，在叙利亚内战中得到发展，除叙利亚内战外，还参加了与土耳其军队在阿夫林的对抗，以及 2013 年以来的伊拉克内战；人民保护部队在 2013 年建立了名为“妇女保护部队”（Women's Protection Units; Yekîneyên Parastina Jin, YPJ）的分支，参与了叙利亚内战和 2014 年以来的伊拉克内战，并在阿夫林地区与土耳其军队战斗。库尔德问题不仅是土耳其的国内问题，也成为检验土耳其与周边国家关系的一块试金石。伊拉克是最早建立库尔德自治区和自治政府的国家，并且在 2015 年底进行了公投和选举，土耳其的目标是将土耳其境内的库工党武装全部赶到伊拉克北部的库尔德“总部”。为清除库尔德武装的安全威胁，土耳其政府积极寻求与周边国家合作打击库工党，2011 年 10 月，伊朗外交部部长萨利希（Ali Akbar Salehi）宣布伊朗将与土耳其采取联合行动共同打击库工党；[①] 土耳其与叙利亚之间曾因库尔德问题几乎走到了战争的边缘，而在叙利亚战争中，特别是打击“伊斯兰国”的过程中，库尔德武装得到了进一步发展，2018 年初土耳其发动“橄榄枝行动”，对叙利亚境内的库尔德武装实施了越境打击。

再次，库尔德工人党在欧美国家设立办事处，充分利用叙利亚内战和抗击“伊斯兰国”的战争获取国际同情与支持。库尔德问题最早是土耳其、伊拉克、叙利亚和伊朗等国家的内部问题，1991 年的海湾战争和 2003 年的伊拉克战争使库尔德问题被彻底国际化了，但库尔德问题引起国际社会广泛关注却始于叙利亚内战和库尔德武装在打击“伊斯兰国”

---

① “Turkey, Iran to Cooperate Against Kurdish Rebels”, *VOA*, October 20, 2011, https://www.voanews.com/a/turkey-iran-to-cooperate-against-kurdish-rebels-132316303/170915.html.

中的英勇表现。作为土耳其盟友，北约和欧洲议会宣布库工党为恐怖组织，但英国一直允许库尔德的 MED 电视台（MED TV）在英国播放了五年，直到 1999 年其许可证被独立电视委员会的监管机构撤销；荷兰警方 2004 年袭击了境内一个“库尔德工人党准军事营地”，并逮捕了 29 人，但很快又释放了。[①] 而且，许多库工党的主要成员和有影响力的库尔德人都居住在欧洲，享有行动自由。但因为库工党已被北约和欧洲议会确认为恐怖组织，为进一步推动库尔德民族独立运动，2016 年 2 月，在叙利亚问题上作为土耳其盟友的俄罗斯，允许叙利亚库尔德政党“民主联盟党”（Democratic Union Party；Partiya Yekîtiya Demokrat，PYD）在莫斯科设立办事处，名为“西部库尔德斯坦代表”；2016 年 4 月，“民主联盟党”分别在捷克首都布拉格和瑞典首都斯德哥尔摩设立办事处；2016 年 5 月，又分别在柏林和巴黎设立办事处；并于 2018 年 4 月开始申请在美国华盛顿设立办事处。库尔德工人党通过与“伊斯兰国”的战斗成功引起了国际社会关注，并借此得到了国际社会的同情和支持，从而增加了土耳其打击库尔德武装和彻底解决库尔德问题的难度。

（三）土耳其库尔德人的政治参与问题

土耳其库尔德人的政治参与方式从最早的武装冲突逐渐转向了通过政党政治方式来参与土耳其政治，从而获得关注并争取相应的政治自由和权利。“库尔德工人党”是厄贾兰 1978 年在安卡拉创建的政党，早期也是一场学生运动。在此之前，库尔德人的社会运动主要由部落领导人或者宗教领袖创办和领导，但库工党是以政党形式创建的，有意识形态基础，并且以库尔德民族解放和民族独立为目标。1999 年其领导人厄贾兰被捕后，库工党改变策略，话语体系开始从“革命的”转向“民主的”，建立独立库尔德斯坦国家的目标也转变为“土耳其民主化”。在 2013 年的第 11 次库工党大会上，库工党将自己的目标改为了“民主联邦”，[②] 但随后的诉求又变为“民主自治”。然而，库工党已经被土耳其及其盟友宣布为恐怖组织，因此无法真正进入土耳其政党政治领域进行竞争，最多只能作为土

① “Dutch Police Raid ‘PKK Paramilitary Camp’”, *Expatica*, November 12, 2004, https://www.expatica.com/nl/news/country-news/Dutch-police-raid-PKK-paramilitary-camp_123827.html.

② 库尔德工人党第 11 次大会，请参考 http://www.kurdistan-post.eu/tr/siyaset/pkk-11-kongresi-bildirgeyle-aciklandi。

耳其国内库尔德问题和平进程的一个谈判方。

“人民劳动党”（Halkın Emek Partisi，HEP）成立于1990年，是土耳其第一个亲库尔德政党。1991年与社会民主人民党（Sosyal Demokat Halkçı Parti）联合参加选举，并获得了13个议会席位，但由于人民劳动党议员在宣誓仪式中使用库尔德语、穿着代表库工党的服装，而且在议会中试图脱离社会民主人民党，单独代表人民劳动党，因此1993年被取缔。库尔德议员1993年5月又建立了“自由民主党”（Özgürlük ve Demokrasi Partisi，ÖZDEP）和“民主党”（Demokrasi Partisi，DEP）[①]，但仅仅半年后，“自由民主党”因为支持库尔德民族自决，以及在政府的公共服务中使用库尔德语而被解散，[②]“民主党”由于1994年在代表大会上升起了库工党旗帜，并把土耳其政府描述为一个侵略者，所以当年就被取缔了。取而代之的“人民民主党”（Halkın Demokrasi Partisi，HADEP）于1994年成立，是首次参加土耳其1995—1999年选举的库尔德政党，但未能获得10%的议会门槛，所以没有议会席位，但“人民民主党”1996年在第二次代表大会上也摘掉了土耳其国旗，升起了库工党的旗帜，2003年因为与库工党的关联而被取缔。1997年成立的“民主人民党”（Demokratik Halk Partisi，DEHAP）继续在土耳其政党政治中代表库尔德人。正当土耳其宪法法院准备取缔人民民主党时，2005年“人民民主党”与“民主社会运动”合并成立了“民主社会党”（Demokratik Toplum Partisi，DTP）。“民主社会党”没有参加2007年选举，不过作为独立派在议会中拥有22个席位，但2009年底因为被指控与库工党有关联，以及“反对国家统一和民族团结”而被解散，[③] 此后，许多社会民主党成员加入了于2008年成立的“和平与民主党”（Barış ve Demokrasi Partisi，BDP）。2012年，亲库尔德的“人民民主党”（Halkların Demokratik Partisi，HDP）成立，并作

---

① 与先前的“民主党”没有任何关系，只是它们的英文名称相同，都为“Democrat Party”，但在土耳其语中的名称有区别。先前“民主党”的土耳其语名称为“Demokrat Parti”；这里这个民主党的土耳其语名称为“Demokrasi Partisi”。

② Yener Lütfü Mer, *Cumhuriyet Döneminde Kapatılan Siyasi Partiler: Kapatma Davaları, Gerekçeleri ve Sonuçları*, Ankara: İlkim, 2008, p. 68.

③ “Türkiye: Demokratik Toplum Partisi kapatıldı”,（《土耳其：民主社会党被禁》）*Human Rights Watch*, Aralık 11, 2009, https: //www. hrw. org/tr/news/2009/12/11/238453。

为兄弟党与“和平与民主党”同时参加了 2014 年的地方选举。2014 年 4 月，“和平与民主党”的议会党团全部加入了“人民民主党”，2014 年 7 月“和平与民主党”改名为“民主地区党”（Demokratik Bölgeler Partisi，DBP）并活跃在地方选举中。

目前，“库尔德工人党”和“人民民主党”是土耳其库尔德民族运动的主要代表。“人民民主党”宣称自己代表了土耳其所有的边缘群体，包括逊尼派库尔德人、阿列维派穆斯林、基督徒、犹太人，以及工会会员、环保主义者和同性恋者。这种战略上的重新定位使库尔德人在 2015 年的选举中，将支持率提高到了 13.1%，超过了议会门槛，议会席位随之增加到 79 个。值得注意的是，“人民民主党”这次选举中 2% 的支持率来自先前共和人民党的支持者，并且都是土耳其人。[①] 另外，“人民民主党”还成为通杰利省最大的政党，而通杰利省是阿列维派库尔德人居住的地方。因此，“人民民主党”不仅像其他亲库尔德政党一样取得了左翼和相对世俗的库尔德人的支持，而且也获得了逊尼派和更世俗的阿列维派库尔德人的支持。

第二节　库尔德工人党组织

土耳其库尔德问题主要是土耳其政府与库尔德工人党及其武装之间的矛盾与冲突。左翼库尔德学生 1974 年在土耳其东南部迪亚尔巴克尔省一个名为“费斯”（Fis）的村庄组织召开了一次会议，组建了“民族解放军”（Ulusal Kurtulus Ordusu），厄贾兰被任命为领导人。1978 年“民族解放军”更名为“库尔德工人党”（简称“库工党”），库工党由此正式成立。新成立的库工党主要针对库尔德部落领导，以及土耳其国内其他左翼和右翼的极端团体作战，直到 1980 年政变后，其成员有的入狱，有的逃往邻国叙利亚。库工党领导人厄贾兰也逃离了土耳其，并在叙利亚建立了一个库工党训练营。随后，库工党逐渐建立了自己的军事部门，并完善了组织体系。

---

① Günter Seufert, “The Return of the Kurdish Question”, *Stiftung Wissenschaft und Politik Comments*, August 2015, p. 4.

一 库尔德工人党的组织结构

库工党是等级制的组织结构，厄贾兰位于库工党权力中心。库工党建立之初就设立了中央执行委员会，其下设有中央委员会，厄贾兰担任秘书长。[①] 中央委员会有两个重要的下属机构：一个是最初被命名为“库尔德斯坦解放部队”（Hazen Rizgariya Kurdistan）的军事委员会，1986 年更名为“库尔德斯坦人民解放军”（Arteshen Rizgariya Gelli Kurdistan，ARGK）；另一个是名为“库尔德斯坦民族解放阵线”（Eniya Rizgariya Netewa Kurdistan，ERNK）的对外中央委员会。“库尔德斯坦民族解放阵线”不仅负责宣传活动、招募武装分子、进行军事训练，而且与其他武装团体建立联系、筹募资金，还为安全行动提供情报支持，并负责针对土耳其的武装袭击。[②]

2005 年，库工党在厄贾兰的带领下对组织结构进行了调整。厄贾兰是库工党的名誉主席，立法机构为“库尔德斯坦人民代表大会”（Kongra Gele Kurdistan，KONGRA-GEL），新的执行委员会为“库尔德民主联盟”（Koma Komalen Kurdistan，KKK），“库尔德斯坦人民代表大会”主持“库尔德民主联盟”，“库尔德民主联盟”之下按照等级制设立了一系列区域委员会。库工党想通过区域委员会使土耳其库尔德人生活在一个自治或相对独立的实体中，但这些区域委员会实际上并没有建立起来。在新的组织结构中，“人民国防军”（Hezen Parastina Gel，HPG）为库工党武装力量，“人民国防军”被划分为各区司令部，各区司令部再被划分为小的部队单位，每个部队单位大约包括 8—20 名武装分子，但负责轰炸等袭击行动的团体和个人直接受坎迪亚山脉地区人民国防军的指挥。

二 库尔德工人党的国际支持与资金来源

“库尔德工人党组织”已经成为跨国组织，其资金来源也呈现出国际化的特征。在地缘政治、地缘经济和组织与人口分布等多种因素的共同作

---

① “A Report on the PKK and Terrorism”, FAS Intelligence Resource Program, https：//fas. org/irp/world/para/docs/mfa-t-pkk. htm.

② “A Report on the PKK and Terrorism”, FAS Intelligence Resource Program, https：//fas. org/irp/world/para/docs/mfa-t-pkk. htm.

用下，库尔德工人党活动的资金来源逐渐形成了较为固定的两大部分。

（一）部分主权国家对库尔德工人党的支持

叙利亚。叙利亚对库工党的支持是土叙冲突的主要原因之一，土耳其1939年对哈塔伊省的合并，以及通过“安纳托利亚项目”对幼发拉底河水道的改变等，都成为叙利亚支持土耳其库工党的因素。① 因此从1979年到1998年，叙利亚一直为库工党领导人厄贾兰提供庇护。

希腊。希腊因为塞浦路斯问题与土耳其不和，专门在拉弗里奥市设立了拉弗里奥难民营，接收逃亡到希腊的大量土耳其库尔德人。拉弗里奥难民营从1982年甚至开始接收“革命人民解放阵线”（Devrimci Halk Kurtuluş Partisi-Cephesi，DHKP/C）和库工党武装分子，并从20世纪90年代加大了对拉弗里奥难民营的支持，默许库工党人在希腊境内开设更多办事处和办公室、在难民营训练库工党武装分子等。②

亚美尼亚。亚美尼亚与土耳其之间的矛盾也要追溯到第一次世界大战时期，因此亚美尼亚人自20世纪20年代就开始支持土耳其库尔德人的叛乱活动。20世纪80年代，库尔德工人党与“亚美尼亚人解放亚美尼亚秘密军”（The Armenian Secret Army for the Liberation of Armenian）结成联盟；20世纪90年代初苏联解体后，亚美尼亚共和国成立，开始为库工党提供驻扎地，并在1993年与库工党签订了针对土耳其的联合行动计划。③

伊拉克。伊拉克库尔德人在库尔德民主党的领导下，于1992年在伊拉克北部成立了库尔德地方政府，实现了自治。为打击库尔德地方政府，伊拉克中央政府在1987—1989年间曾为库尔德工人党提供支持，以换取关于库尔德民主党武装的消息和情报。④

---

① Michael M. Gunter, “Transnational Sources of Support for the Kurdish Insurgency in Turkey”, *Conflict Quarterly*, Spring 1991, https: //journals. lib. unb. ca/index. php/JCS/article/viewFile/14947/16016.

② “In Lavrio, A Self-Governed Camp of Kurdish Exiles”, *Kedistan*, March 7, 2018, http: //www. kedistan. net/2018/03/07/lavrio-self-governed-camp-kurdish-exiles/.

③ Atila Sehirli, *Turkiye'de Bölŭcŭ Terör Hareketleri* (*ve Devletin Aldığı Tedbirler*), İstanbul: Burak Yayınevi, 2000, n. p.

④ Michael M. Gunter, “Transnational Sources of Support for the Kurdish Insurgency in Turkey”, *Conflict Quarterly*, Spring 1991, p. 11, https: //journals. lib. unb. ca/index. php/JCS/article/viewFile/14947/16016.

伊朗。伊朗对库工党的支持主要在第一次海湾战争期间，为打击伊拉克，伊朗与伊拉克库尔德民主党结成联盟，而在此期间伊拉克库尔德民主党与库工党也是联盟，因此伊朗提供给库尔德民主党的许多资源被转移到了库工党手中。伊朗反对土耳其越境打击其境内的库工党武装，土耳其指责伊朗政府向库工党提供了武器、驻扎和培训等后勤支持。[①]

美国。美国也一直被土耳其指责支持库工党，土耳其认为海湾战争期间，美国想通过支持库工党在土耳其边境的活动来迫使土耳其卷入海湾战争；另外，土耳其认为 1988 年伊拉克库尔德地方政府领导人贾拉尔·塔拉巴尼（Jalal Talabani）造访美国，也是美国在库尔德问题上表里不一的体现。[②] 实际上，美国在伊拉克战争中至少对伊拉克库尔德人提供了支持。美国占领伊拉克后，伊朗正是担心美国支持伊朗库尔德人成立如伊拉克北部一样的自治政府，因此 2004 年宣布库尔德工人党为恐怖组织，并逐步开始在反“库尔德斯坦自由生活党”（PJAK）和库尔德工人党的行动中尝试与土耳其合作。

俄罗斯。俄罗斯对库尔德工人党的支持主要源于土俄之间有史以来的敌对状态，以及库工党的意识形态。俄罗斯自 20 世纪 20 年代开始就支持库工党的叛乱，在 1937 年的通杰利叛乱中，苏联直接为库尔德武装提供武器装备；冷战期间，苏联通过设立在罗马尼亚和东德的广播站向库尔德宣传共产主义意识形态。[③] 库尔德问题一直被俄罗斯看作是牵制土耳其行动的砝码，不仅允许库工党 1995 年在莫斯科举行了该党第三次大会，并且经常通过其盟友叙利亚支持土耳其库尔德人的行动。另外，还有一些西欧国家也对库工党表示同情，为其提供政治支持，并将其看作是牵制土耳其的一种战略和政策选择。

---

① Michael M. Gunter, “Transnational Sources of Support for the Kurdish Insurgency in Turkey”, *Conflict Quarterly*, Spring 1991, p. 10, https://journals. lib. unb. ca/index. php/JCS/article/viewFile/14947/16016.

② Michael M. Gunter, “Transnational Sources of Support for the Kurdish Insurgency in Turkey”, *Conflict Quarterly*, Spring 1991, p. 23, https://journals. lib. unb. ca/index. php/JCS/article/viewFile/14947/16016.

③ Michael M. Gunter, “Transnational Sources of Support for the Kurdish Insurgency in Turkey”, *Conflict Quarterly*, Spring 1991, p. 18, https://journals. lib. unb. ca/index. php/JCS/article/viewFile/14947/16016.

（二）库尔德工人党组织的非法活动

非法活动是土耳其库工党最主要的资金来源，主要包括贩毒、走私、洗钱和敲诈勒索。库尔德工人党的毒品贩卖活动大约开始于20世纪80年代，主要负责毒品的生产和运输。土耳其地处毒品生产的“金星月”地带和欧洲之间，虽然土耳其不是主要的毒品生产国和消费市场，但“金星月”地带出产的80%毒品都是经过土耳其销往欧洲的。① 库工党很快在这个过程中看到，真正的利润是来自对毒品原料的加工，而非单单靠运输。因此，库工党20世纪80年代末开始在土耳其建立毒品加工实验室，1986—1998年间就查获了5吨与库工党相关的海洛因、大麻和吗啡。② 欧洲的库尔德离散族群，以及库工党对这些离散人群的控制，又为毒品贩卖提供了便利，库工党利用库尔德移民网络扩大毒品业务，甚至迫使10—15岁的儿童参与毒品贩卖过程。③ 根据国际刑警组织1992年的数据，库工党通过其178个组织占据了欧洲80%的毒品市场。④ 德国在1994年缴获的毒品中，有75%都与居住在德国的库尔德人有关，而1992—1996年间库工党控制着欧洲市场上60%—80%的毒品量。⑤ 20世纪90年代末，随着冷战结束，库工党获得的国际支持逐渐减少，毒品贩卖在库工党的资金来源中显得更为重要了。与毒品贩卖所处的地缘位置一样，土耳其也是非法移民进入欧洲国家的主要通道，已经发展成熟的毒品走私路线也为库工党运送非法移民提供了便利。

库工党自1989年开始就通过护照造假，将难民从土耳其运往西欧国

---

① Mitchel P. Roth and Murat Sever, “Kurdish Workers Party (PKK) as Criminal Syndicate: Funding Terrorism through Organized Crime—A Case Study”, *Studies in Conflict & Terrorism*, Vol. 30, Issue 10, October 2007, p. 907.

② Atila Sehirli, *Turkiye'de Bölŭcù Terör Hareketleri (ve Devletin Aldığı Tedbirler)*, İstanbul: Burak Yayınevi, 2000, n. p.

③ Sedat Laçiner, “Drug Smuggling as Main Source of PKK Terrorism”, *Assembly of Turkish American Associations*, February 12, 2008, http://www.ataa.org/reference/pkk/Drug-Smuggling-as-Main-Source-of-PKK-Terrorism.html.

④ Sedat Laçiner, “Drug Smuggling as Main Source of PKK Terrorism”, *Assembly of Turkish American Associations*, February 12, 2008, http://www.ataa.org/reference/pkk/Drug-Smuggling-as-Main-Source-of-PKK-Terrorism.html.

⑤ Sedat Laçiner, “Drug Smuggling as Main Source of PKK Terrorism”, *Assembly of Turkish American Associations*, February 12, 2008, http://www.ataa.org/reference/pkk/Drug-Smuggling-as-Main-Source-of-PKK-Terrorism.html.

家，从中赚取费用。只要土耳其库尔德人能够证明自己遭受了来自土耳其政府的蓄意歧视，那么库工党就愿意帮助他们到欧洲“避难”，1989—1992 年间，库工党主要将土耳其库尔德人通过非法移民的方式运送到欧洲国家，以此操纵欧洲公众舆论和全世界对土耳其库尔德问题的关注，从而达到目的。[①] 意大利安全官员曾指出，库工党在 2001 年偷运了 9000 名难民到欧洲，每位非法移民的费用在 2000—3000 欧元；2005 年，罗马尼亚警方捣毁了一个与库尔德人相关的人口走私集团后，称库工党向每位非法移民收取 6000—7000 欧元不等的费用。[②] 国际刑警组织的资料显示，库工党从非法移民身上赚取的钱财被送到了位于伊拉克的库工党营地，以支持其武装力量和恐怖主义活动。[③]

由于为逃亡欧洲的库尔德人提供帮助，库工党掌握了许多欧洲库尔德人的信息，于是通过强迫、暴力和威胁等手段，迫使部分欧洲库尔德人为该组织“捐款”。比利时警方 2005 年逮捕的库工党成员的罪名，就是向其库尔德“老乡”“征税”。[④] 库工党在欧洲向库尔德人毒贩“征税”、从欧洲国家的库尔德餐厅敲诈“保护费”、从库尔德血统的土耳其商人手中勒索钱财，在土耳其国内向在库尔德聚居区的旅行社、酒店等商业机构敲诈勒索。[⑤]

由于库工党的资金来源多为非法收入，因此库工党利用欧洲货币市场的法律漏洞建立了专业的资产转移和洗钱体系。英国、德国、比利时和卢森堡等国的警察部门曾在 1996 年发起了“斯普特尼行动”，调查涉嫌与

---

① Atila Sehirli, *Turkiye'de Bölücü Terör Hareketleri (ve Devletin Aldığı Tedbirler)*, İstanbul: Burak Yayınevi, 2000, n. p.

② Mitchel P. Roth and Murat Sever, "Kurdish Workers Party (PKK) as Criminal Syndicate: Funding Terrorism through Organized Crime—A Case Study", *Studies in Conflict & Terrorism*, Vol. 30, Issue 10, October 2007, pp. 909 – 910.

③ Mitchel P. Roth and Murat Sever, "Kurdish Workers Party (PKK) as Criminal Syndicate: Funding Terrorism Through Organized Crime—A Case Study", *Studies in Conflict & Terrorism*, Vol. 30, Issue 10, October 2007, p. 912.

④ Abdulkadir Onay, "PKK Criminal Networks and Fronts in Europe", *The Washington Institute*, February 21, 2008, https://www.washingtoninstitute.org/policy-analysis/view/pkk-criminal-networks-and-fronts-in-europe.

⑤ Mitchel P. Roth and Murat Sever, "Kurdish Workers Party (PKK) as Criminal Syndicate: Funding Terrorism through Organized Crime—A Case Study", *Studies in Conflict & Terrorism*, Vol. 30, Issue 10, October 2007, pp. 910 – 911.

库工党洗钱活动有关的 Med - TV 广播公司，最后的调查结果显示，参与库工党洗钱活动的公司包括库尔德流亡议会在内，竟达到 15 家之多[①]。2002 年，比利时和法国警察部门发起了“斯普特尼 2 号行动”，再次调查了库工党的洗钱活动。两次行动揭示了库工党庞大的公司体系，其在欧洲大约有 400 个组织，其中一半左右都在德国，[②] 这些公司大部分有合法的法人，但多被用来转移资产和洗钱。但是，因为库工党的主要收入为贩毒和走私，主要花销为购买武器和贿赂，所以其整个资金链的运转程序对洗钱的依赖程度相对较低。

在库工党资金来源的两大部分中，主权国家的支持一方面体现在资金上，主要表现为提供武器和训练营等，另一方面体现在对库工党的政治支持上。自 1978 年库工党成立到 1999 年的 21 年间，主权国家的资助是库工党主要的收入来源，但 1999 年叙利亚驱逐厄贾兰后，再没有主权国家愿意为厄贾兰提供庇护，来自主权国家的资助也逐渐减少，库工党开始寻求其他的收入渠道。在此过程中，非法活动带来的巨额利润逐渐成为库工党主要的资金来源，而贩毒在其中所占的比例最大，其次是非法移民。最终，这些非法收入中的绝大部分又被支出在了非法从第三方购买武器和弹药、贿赂相关官员包庇其走私活动中，因此这些资金的实际数量很难估算。

第三节 土耳其政府的库尔德政策

土耳其库尔德人聚居的东部和南部地区，主要是经济欠发达问题和政治安全问题，但土耳其政府的库尔德政策主要由总统、总理、最高司令部和国家安全委员会几个关键机构决策；政策的实施主要由军队、国家情报组织、司法系统、宪兵，以及其他安全部门负责。由此可见，土耳其政府

---

① Robert Fragnito, “PKK Funding: Operations and Methods”, *STRATFOR*, n. d. , https: // wikileaks. org/gifiles/attach/8/8595 _ PKK% 20FUNDING% 20OPERATIONS% 20AND% 20METHODs. doc.

② Abdulkadir Onay, “PKK Criminal Networks and Fronts in Europe”, *The Washington Institute*, February 21, 2008, https: // www. washingtoninstitute. org/policy-analysis/view/pkk-criminal-networks-and-fronts-in-europe.

对库尔德问题的定义总体上更倾向于是一个安全问题。

对库尔德问题的定义决定了土耳其政府解决库尔德问题的方法，所以土耳其共和国成立以来，土耳其政府并不承认国内存在库尔德民族和库尔德问题，对东南部库尔德民族的叛乱主要采取了镇压手段。但在厄扎尔（Turgut Özal）政府时期，土耳其的库尔德政策开始出现新的选择。厄扎尔的祖国党想要把不同派别的意识形态都集中到自己的政党中，因此，厄扎尔开始改变土耳其人对库尔德民族之前的顽固态度，放松了对使用库尔德语的限制，与伊拉克库尔德人展开对话，在议会中不排挤代表库尔德人利益的人民劳动党（Halkın Emek Partisi），反而利用他们来缓和库尔德方面对土耳其政府的态度。① 与之前土耳其政府不同的是，1991 年的海湾战争改变了中东地区的地缘政治环境，大量库尔德难民进入土耳其，再加上厄扎尔宣称自己有一半库尔德血统，厄扎尔及其政府无法在库尔德问题上继续保持沉默了，于是开始承认土耳其国内的库尔德少数民族、承认土耳其国内存在库尔德问题，并认为土耳其国内的库尔德问题应该通过改革而非镇压手段来解决。1993 年厄扎尔与当时的财政部部长和土耳其宪兵总指挥官制订了一系列和平计划，土耳其政府与库工党的谈判也进展顺利，1993 年 3 月库工党宣布停火，厄扎尔计划在临近的国家安全委员会会议上提交一个亲库尔德的改革方案。然而，厄扎尔在同年 4 月突发心脏病去世，国家安全委员会会议时间因此推迟，他的亲库尔德改革方案终究未能出台。② 此次停火仅维持不到两个月，5 月就宣告结束，土耳其政府与库尔德武装双方再次陷入冲突。接任厄扎尔的德米雷尔总统（Süleyman Demirel）和奇莱尔（Tansu Çiller）总理并不承认土耳其国内存在库尔德问题，而是将土耳其国内的库尔德问题定义为恐怖主义问题，解决库尔德问题也因此被“简化”成了消除库尔德工人党。所以，他们最终实施了曾被厄扎尔反对的“堡垒计划”（Kale Planı）③，放弃了和平进程计划。

① Henri J. Barkey, and Graham E. Fuller, *Turkey's Kurdish Question*, Maryland: Rowman & Littlefield Pulishers, Inc, 1998, p. 135.

② Michael M. Gunter, "Turgut Özal and the Kurdish Question", Marlies Casier, Joost Jongerden eds, *Nationalisms and Politics in Turkey: Political Islam, Kemalism and the Kurdish Issue*, Taylor & Francis, 2010. pp. 94 – 95.

③ “堡垒计划”是土耳其用来拓宽打击库工党手段的政府计划，该计划的手段包括了利用“灰狼”、特种部队、情报组织等对库工党成员及其支持者进行暗杀。

埃尔巴坎（Necmettin Erbakan）政府和他领导的福利党（Refah Partisi）因为伊斯兰意识形态而一直处于土耳其世俗派和军方的怀疑与监控中，其库尔德政策主要与军方和世俗派保持了一致。

1999 年 12 月，土耳其被提升为欧盟正式成员的候选国，为了满足入盟要求，土耳其于 2001 年 3 月对宪法做出了修改，其中最重要的是第 26 条删除了“不得使用法律禁止的语言表达和宣传思想”的表述，[①] 2002 年 8 月正式允许学习和教授库尔德语、用库尔德语进行广播等。[②] 这次修宪还使土耳其废除了死刑制度。库工党领导人厄贾兰享有土耳其库尔德人的拥戴，1999 年被捕时他被判处了死刑，若执行死刑可能会在库尔德民族和土耳其人之间引起骚乱。因此，废除死刑对土耳其库尔德问题的解决具有特殊意义，埃尔多安和正发党政府正是在这种背景下上台执政的。正发党执政之初在库尔德问题上进行了许多重要改革，取消了库尔德地区长达 20 年的紧急状态，并通过立法取消了用库尔德语进行传播和教学的限制。埃尔多安和正发党政府的库尔德政策一直试图在武力镇压与和平解决之间寻找第三条道路，认为单靠经济发展不足以解决该问题，还应承认土耳其公民之间的不同。2007 年大选后，正发党获得了近半数的支持率，土耳其政府宣称将依赖国家统一、领土不可分割和行政统一等原则，采取反对分裂主义和恐怖主义的政策来解决库尔德问题。[③] 随后，正发党政府开始了与库工党之间的和平进程，双方分别在 2009 年、2010—2011 年和 2013—2015 年进行了三轮谈判，但收效甚微。在此期间，叙利亚战争持续发酵、“伊斯兰国”兴起，以及大国介入都使土耳其库尔德问题更加复杂了，其解决也变得遥遥无期。2014 年底到 2015 年初，土耳其借助“伊斯兰国”削弱库尔德武装的政策遭到库工党、亲库尔德的人民民主党和库尔德民众的反对。

近年来，随着叙利亚战事发展，以及美国对库尔德武装的支持，土耳

---

① Ergun Özbudun，“2001 Anayasa Değişiklikleri ve Siyasal Reform Önerileri”，（2001 年宪法修正案和政治改革提案）*Türkiye-Avrupa Birliği Ilişkileri Serisi*（土耳其与欧盟的关系），No. 3，1 Ocak，2002.

② 具体法律条文请见 http：//www. ilo. org/dyn/natlex/docs/serial/68377/66629/f1942448432/tur68377. pdf。

③ 正发党的详细表述请参考其议会网页https：//www. tbmm. gov. tr/hukumetler/HP60. htm。

其政府越来越重视越境打击与多边合作在解决库尔德问题中的作用。2016 年 8 月，土耳其启动了“幼发拉底之盾”行动，在叙利亚的贾拉布鲁斯（Jarabulus）、艾尔巴伯（al-Bab）等地都取得了成功；[①] 2018 年 1 月发起了“橄榄枝”行动，土耳其军方和叙利亚自由军立即解放了 237 个地点，其中包括 5 个城镇中心、198 个村庄、39 个战略高地，以及 1 个叙利亚人民保护部队的基地。[②] 另外，土耳其一直坚持对伊拉克境内库尔德武装实施越境打击，2018 年 11 月，土耳其战机摧毁了伊拉克北部 30 多个库尔德武装目标，表示将继续在伊拉克北部辛贾尔地区开展反恐行动，强调这是《联合国宪章》第 51 条关于“自卫权”规定的一部分，并认为“土耳其军队对辛贾尔等地区库工党的军事行动已经保持了相当谨慎的态度”。[③] 与此同时，土耳其政府分别与美国和俄罗斯签订了曼比季协议和伊德利卜协议，以确保大国撤出叙利亚后，由自己来填补军事真空，并主导叙利亚的战后重建。

土耳其库尔德政策长期以来都有赖于军事镇压和军事打击，双方都为军事行动付出了巨大代价，土耳其东南部的库尔德村庄被大规模疏散、战争中的伤亡不断加深双方之间的仇恨。尽管土耳其政府因此在库尔德人聚居区投入了大量的人力和物资，但多年来的军事行动并没有像预期的那样永久消灭库工党叛乱，只是将其暴力活动限制到了可控范围内。更糟糕的是，在可预见的将来，土耳其政府依然会选择用军事行动控制库尔德武装的活动，而且这种军事打击行动依然无法真正解决土耳其国内的库尔德问题。

第四节　土耳其库尔德问题的影响与新挑战

作为土耳其国内长期存在的民族问题，库尔德问题既是第一次世界大

---

① “With al-Bab Free from Daesh, Turkey's Anti-terror Operation Turns Attention to Manbij, Raqqa”, *Daily Sabah*, February 24, 2017, https://www.dailysabah.com/war-on-terror/2017/02/24/with-al-bab-free-from-daesh-turkeys-anti-terror-operation-turns-attention-to-manbij-raqqa.

② “Turkey establishes security in almost 70 percent of Syria's Afrin”, *TRT World*, March 15, 2018, https://www.trtworld.com/middle-east/turkey-establishes-security-in-almost-70-percent-of-syria-s-afrin-15934.

③ “Turkey to Continue ‘Counter-Terror’ Operation in Iraq's Sinjar”, *TRT World*, December 15, 2018, https://www.trtworld.com/turkey/turkey-to-continue-counter-terror-operation-in-iraq-s-sinjar-22505.

战给土耳其遗留下来的历史问题，也是土耳其政治发展中的一个“毒瘤”。经历了“阿拉伯之春”政治风潮的影响和“伊斯兰国”从出现到衰亡的过程，库尔德问题既深深影响了土耳其的内政外交，也使土耳其在库尔德问题的处理上面临新的挑战。

库尔德问题从土耳其国内的民族问题逐渐演变成了国际问题，土耳其处理库尔德问题的方式也从解决民族问题变成了解决跨境“恐怖主义”问题。库尔德民族对作为国家和民族的土耳其的认同非常有限，甚至不认同，库尔德人长期斗争的目标就是建立独立的“库尔德斯坦”国家。库工党不仅拥有自己的武装力量，而且与周边国家境内的库尔德武装联合，有时甚至会采取暴力行动和恐怖主义活动。正义与发展党执政初期，为解决库尔德问题，在库尔德人聚居的东南部发展经济、放宽了对使用库尔德语的限制，但自 2011 年底开始，随着“阿拉伯之春”的影响不断扩大，土耳其境内库尔德人的分裂活动也愈演愈烈，最终促使土耳其政府开始采取越境打击行动，中东国家的库尔德人也乘势开展了所谓的“库尔德之春”的政治运动。

在叙利亚内战中发展壮大的“伊斯兰国”恐怖组织，为该地区库尔德武装的行动提供了政治机会，库尔德民族和库尔德问题再次引起了国际社会的关注，土耳其库尔德人也加入抗击“伊斯兰国”的战斗中。通过与“伊斯兰国”的对抗，土耳其库尔德人得到了国际社会的支持，特别是在军事上得到了美国的支持，其武装力量迅速壮大，为土耳其解决库尔德问题带来挑战。

首先，库尔德问题持续影响土耳其入盟。欧盟时常通过“人权”将库尔德问题与入盟条件结合起来，成为土耳其的难题。为了加入欧盟，土耳其按照欧盟标准进行了改革，但欧盟始终认为土耳其在诸多方面未能达到“人权标准”，其中之一就是土耳其政府还没有妥善解决库尔德问题。除了欧盟本身不愿接受土耳其外，在欧洲接受政治避难的库尔德人也在该问题上不断挑衅土耳其政府，在土耳其与欧盟之间制造矛盾。德国土耳其穆斯林的数量庞大，很大程度影响了德国在土耳其入盟问题上的态度和立场，土耳其与库尔德之间的民族矛盾也被复制到了德国。因此，以德国为首的欧盟国家认为土耳其政府在库尔德问题上还没有达到欧盟规定的“民主”和“人权”标准。

其次，库尔德问题挑战土美同盟关系，集中体现为在叙利亚内战和抗击“伊斯兰国”战斗中，美国对库尔德武装的大力支持。土耳其是北约成员国，也是美国在中东地区的传统盟友，但伊拉克战争期间和叙利亚战争以来，美国对库尔德人的支持显然没有充分考虑其盟友土耳其的国家安全，为此土耳其开始寻求与俄罗斯和伊朗的合作。2018 年 6 月，土耳其与美国达成曼比季协议，决定清除叙利亚人民保护部队在该地区的武装力量,[①] 但曼比季地区的库尔德武装拒绝了土耳其与美国制定的路线图，因为他们不满协议中有关土耳其军人管辖曼比季的规定。[②] 曼比季协议的实施受阻；2018 年 9 月，土耳其又与俄罗斯签订伊德利卜协议，在该地区的叙利亚政府军和反政府武装之间建立非军事区；[③] 10 月，埃尔多安宣称美国已经将曼比季协议变成了阻止土耳其反恐行动的工具，并开始威胁称土耳其决心将主要力量从曼比季转移到幼发拉底河以东，消除以库尔德武装为主的人民保护部队，[④] 直到 12 月美国政府决定从曼比季撤军开始，土耳其才表示暂不向幼发拉底河以东派遣主要兵力。

库尔德问题是土耳其国内的民族问题，也确实关乎土耳其的国家安全。库尔德武装力量通过伊拉克战争和叙利亚战争得到了较大发展，而且在打击“伊斯兰国”恐怖组织的过程中赢得了国际社会的关注与同情，为其与土耳其政府的斗争创造了政治机会。虽然美国借库尔德武装力量有效打击了“伊斯兰国”，但被美国扶植起来的库尔德武装又成了中东地区新的不稳定因素，为美国盟友，特别是土耳其带来威胁。土耳其试图在美国撤军后填补其在叙利亚留下的军事真空，并对叙利亚和伊拉克境内的库尔德武装采取越境打击行动，从外部消除库尔德武装对土耳其国家安全的

---

① “Turkey, US Agree Plans to Remove YPG from Syria’s Manbij”, *Middle East Monitor*, June 5, 2018, https: // www. middleeastmonitor. com/20180605-turkey-us-agree-plans-to-remove-ypg-from-syrias-manbij/.

② “Kurdish Militias Reject Turkish Military Presence in Manbij”, *Middle East Monitor*, June 7, 2018, https: // www. middleeastmonitor. com/20180607-kurdish-militias-reject-turkish-military-presence-in-manbij/.

③ 王建刚：“联合国高官：伊德利卜协议带来‘一线希望’”，新华网，2018 年 10 月 30 日，http: //www. xinhuanet. com/world/2018 - 10/30/c_1123634820. htm。

④ “Turkey Determined to Turn Attention East of Euphrates: Erdoğan”, *Hurriyet Daily News*, October 26, 2018, http: //www. hurriyetdailynews. com/turkey-determined-to-turn-attention-east-of-euphrates-erdogan-138306.

威胁。需要注意的是，土耳其国内的库尔德问题已经被美国推动的“中东现代化”进程国际化了，库尔德问题已经无法在土耳其国内由土耳其单独解决，因此土耳其正在通过迫使美国撤军、与俄罗斯和美国签订协议等多种方式和多边主义，淡化并割裂美国与库尔德武装之间的联系，从而消除失去美国军事援助的库尔德武装。叙利亚战争进入尾声，战后重建工作逐渐被提上日程，为防止伊拉克境内出现库尔德地方政府的历史重现，土耳其在叙利亚战后重建中会持续对库尔德问题采取强硬政策，绝不允许在叙利亚境内出现任何形式的库尔德政权，而库尔德问题本身也将成为未来中东和平进程中的不确定因素。

第七章　旅游发展研究

土耳其是世界著名的旅游目的地，旅游业在土耳其经济社会发展中占据非常重要的地位。正义发展党执政后，高度重视旅游业的经济创汇能力及其在传播奥斯曼传统文化、塑造新土耳其国家形象中的文化影响力。2007 年，土耳其发布了《土耳其旅游战略 2023：走向更加幸福的土耳其——向共和国成立 100 周年献礼》，该战略从旅游资源、旅游规划、旅游投资领域、交通和基础设施、旅游开发区、旅游走廊及生态旅游等十六个方面全面阐述了土耳其旅游业发展的旅游品牌战略和战略目标，提出到 2023 年共和国成立 100 周年时，土耳其接待外国游客数量要达到 6000 万人次，旅游收入增至 800 亿美元，并且进入世界旅游目的地国家前五强的宏伟目标。2018 年第 42 届联合国教科文组织世界遗产委员大会宣布，将土耳其“格贝克力石阵”（Göbekli Tepe）列入世界遗产名录，至此，土耳其进入世界遗产名录的历史遗迹已达 11 处。截至 2017 年底，土耳其接待外国游客数量为 3860 多万，旅游业总收入为 263 亿美元。近年来，土耳其旅游业收入增长高于全球平均水平，其中，外国游客贡献达 82.6%，海外居民贡献达 17.4%。2017 年旅游业创汇收入占土耳其出口总额的 36%。[①] 2018 年 7 月 9 日，土耳其新一届总统内阁宣布成立，随后发布了政府的首个施政方案“百日行动计划”，并将发展旅游业提到了新高度。土耳其作为新兴经济体的重要代表，其旅游业的发展为新兴经济体和发展中国家旅游业发展探索了一条重要的途径。

① “Tourism-Invest in Turkey”, http://www.invest.gov.tr/en-US/sectors/Pages/WellnessAndTourism.aspx.

第一节　旅游资源优势

得天独厚的区位优势和丰富的资源禀赋优势，这是土耳其旅游业发展战略定位的基础和先决条件，也是土耳其旅游业发展的基础。

一　优越的地理位置和良好的交通基础设施

土耳其地处亚洲、非洲和欧洲三大洲构成的古老世界的结合点，并且跨越了欧亚两洲。从地理区位方面来看，该国位于北半球北纬 39°55′，东经 32°50′，恰好处于赤道和北极中间的位置。国土面积约为 78.35 万平方千米，其中 97% 位于亚洲的小亚细亚半岛，3% 位于欧洲的巴尔干半岛。土耳其国内分为 81 个省（市）行政单位。根据气候条件、地理位置特征，以及地形地貌和农业、交通等发展状况，土耳其可分为马尔马拉海、爱琴海、黑海、安纳托利亚中部、安纳托利亚东部、安纳托利亚东南部和地中海七大地理区域。陆路与欧洲、亚洲相连，三面又被黑海、马尔马拉海和地中海环绕，扼黑海海峡咽喉，是黑海和地中海之间唯一的交通要道和战略要地，自古以来就是兵家必争之地，也是世界贸易、商业的中心。

优越的地理位置、丰富的历史文化资源和相对发达、便利的水、陆、空交通条件，对国际游客构成了巨大的吸引力。土耳其有 15 家航空公司，年均客运量达 9600 万人次。标规铁路运营里程达 1.2 万千米，居世界第 21 位。公路为 38.5 万千米，居世界第 16 位，土耳其公路运营系统发达，素有“世界大巴王国”的美誉。与此同时，土耳其紧靠世界第一大旅游客源地——欧洲。与欧洲主要客源国的航空距离均可在 1—4 小时内抵达，大量的世界著名旅游跨国公司和饭店集团也纷纷在此投资，兴建饭店、度假村和其他休闲娱乐设施，土耳其已经成为世界主要的旅游集散地和旅游目的地之一。

二　适宜的气候和气象资源

土耳其横跨欧亚大陆，濒临地中海与黑海，多样的地理环境造就了土耳其各地的多样的气候特征。东部山区地带冬季寒冷、夏季炎热干旱，属典型的内陆山地气候；安纳托利亚高原腹地冬季严寒多雪、夏季炎热少雨，属典型的大陆性气候；而地中海、爱琴海沿岸冬季凉爽多雨、夏季干燥炎热，属于典型的地中海气候。土耳其位于小亚细亚半岛，三面环海，一年四季阳光充足，降雨量少，每年日照时间在 300 天以上。这里没有飓风、台风的侵扰，也极少受到高热天气的影响，夏季最高平均气温不超过 30 摄氏度，最适宜出游的时间长达 8 个月。适宜的气候条件为包括土耳其在内的地中海沿岸地区发展旅游业提供了良好的气候条件，这里一直是世界著名的旅游目的地，吸引着世界各地的游客。伴随着旅游设施的改善，除地中海和爱琴海沿岸以外，黑海海滨也已成为中东欧国家居民旅游度假的首选之地。

三　漫长的海岸线和地质地貌资源

土耳其国土北接黑海，西邻爱琴海，海岸线长达 7200 千米。滨海地区多海湾和岛屿，风景秀丽，沙滩处处，是旅游度假的好地方。伊斯坦布尔横跨博斯普鲁斯海峡两岸，曾经是罗马帝国、拜占庭帝国和奥斯曼帝国的首都，城内到处是华丽壮美的清真寺和不同时期的历史文化遗迹，是一座连接欧亚的历史文化名城。在远离中心城市的地方，土耳其也有很多值得一游的地方，如亚罗瓦温泉、特洛伊城遗址、观鸟胜地库什湖、世界奇景帕慕克卡莱（棉花堡）和卡帕多西亚地形等。

土耳其目前有 37 个国家公园，18 个自然公园，33 个严格保护区，123 处野生动物保护区和 102 处自然遗迹景区，共计 906 个保护区，面积约 390 万公顷，约占全国领土面积的 5%。这些保护区大部分位于土耳其西部和北部地区，每年接待大约 15 万游客，并提供康乐设施及服务。保护区的设立不仅保护了当地的自然资源和生物多样性，同时，这些保护区在促进国家和农村经济发展方面也发挥了重要作用。土耳其《国家公园法》（第 2873 号）于 1983 年颁布，要求建立以国家公园、自然公园、保护区、自然遗迹、大自然和野生动物保护区以及延伸到整个林业系统的国家生态网络。土耳其的国家公园，包括拥有国家和世界层面的珍贵的自然和文化遗产地区，以及具有较高景观价值的重点地区，均按照国家制定的旅游长期发展规划——总体规划以及土地规划和其他的功能性规划进行开发、建设和保护。建立国家公园和其他保护区的主要目的是实现自然和文化环境的传承，保护生物多样性，为教育和科学研究以及全民的身体健康、精神愉悦提供自然环境。

四　独具特色的文化资源

土耳其地处亚、欧、非三大洲交界处，旅游资源得天独厚。这里是东西方文明的交汇点，是赫梯文明、希腊文明、罗马文明和奥斯曼文明的诞生地，也曾是罗马帝国、拜占庭帝国、奥斯曼帝国的政治、经济和社会文化中心。这里拥有6500年的悠久历史和前后13个不同文明的历史文化遗产，丰富的人文资源是土耳其发展旅游业的先决条件。古巴比伦、古埃及、赫梯、古希腊、罗马、拜占庭、阿拉伯、波斯和奥斯曼等文明和犹太教、基督教、东正教、伊斯兰教都在这片土地上留下深深的印迹，不同时期文明的历史遗迹在土耳其俯拾皆是。丰碑式的赫梯族雕刻、罗马圆形剧场、拜占庭镶嵌艺术、塞尔柱人的商队客栈、土耳其民间音乐、旋舞、奥斯曼清真寺等是土耳其旅游资源的重要构成。

古代著名的世界七大奇迹中的伊兹密尔以弗所古城的阿特米丝（月亮女神）神庙和哈力卡尼斯的卡里亚王陵就位于土耳其。首都安卡拉位于安纳托利亚高原中部，是一座有3000年历史的古城，城内有大量的古罗马时期的历史文化遗迹，如奥古斯丁神殿等。在安塔利亚有全世界保存最完好的阿斯潘多斯古罗马露天剧场；在黑海沿岸城市特拉布宗有基督教著名的苏迈拉修道院；在达达尼尔海峡的亚洲一侧有特洛伊古城；还有横跨欧亚大陆、拥有2600多年历史的世界名城伊斯坦布尔等。此外东罗马帝国和奥斯曼帝国时代留下的建筑遗迹，是世界建筑艺术的珍品。①

现代旅游业的发展离不开现代的文化艺术活动，土耳其政府非常注重现代文化旅游产品的开发，每年举办100多个节庆活动，吸引了来自世界各地的游客。伊斯坦布尔是国际文化艺术节最重要的举办中心，伊斯坦布尔举办的国际电影节、国际戏剧节、国际音乐节、国际爵士乐节和每两年举办一次的国际双年展，吸引了著名表演艺术家和音乐家欢聚在伊斯坦布尔。安卡拉、伊兹密尔、安塔利亚都是国际性文化艺术节的举办地。与此同时，土耳其政府还积极引导和开发会展旅游市场。据国际会议协会（International Congress and Convention Association，简称ICCA）最新数据统

---

① 李玉东：《土耳其重视发展旅游业》，《光明日报》2010年8月27日。

计，截至2017年底，土耳其举办的国际大型会议数量以及在伊斯坦布尔召开的国际会议数量都有所上升。土耳其在世界会议市场的排名已升至第26位。伊斯坦布尔已成为国际会议旅游联盟中继巴黎、马德里、维也纳、巴塞罗那、柏林、新加坡、伦敦之后，排名第八位的世界著名会议举办地。[①] 丰富的旅游资源以及现代化的会展旅游设施，为土耳其旅游业发展提供了先决条件。

第二节　旅游业发展现状和特点

当前，土耳其已经步入先进国家行列。其独特的旅游业发展模式、完善的法律法规、多层次的旅游人才培养体系为旅游业的发展创造了良好的制度环境，在此基础上，土耳其通过旅游目的地形象塑造和旅游产品开发，创造了土耳其旅游业的辉煌成就。

一　独特的旅游业发展模式

土耳其作为奥斯曼帝国的继承者，自古就被视为“文明十字路口”。伊斯坦布尔曾经是罗马帝国、拜占庭帝国和奥斯曼帝国三个古老帝国的首都，是世界上唯一横跨欧、亚两大洲的城市，也是世界闻名的“丝绸之路”的终点，其古老的商业活动史和旅游史在世界史上都占据一席之地。这一点，在世界旅游史及中东旅游史等相关文献中都有所涉及[②]。土耳其旅游业，打着深深的历史烙印——政府在旅游业发展中发挥了关键性作用。

正发党执政后，将旅游业、农业和出口行业确立为土耳其国民经济三个最重要部门，大力扶持。旅游业不仅成为拉动经济社会发展的重要引擎，也成为土耳其加入欧盟的重要载体。政府将旅游业确立为核心产业的国家发展战略产生了积极有效的政策效应，土耳其旅游业进入世界旅游业的前列。

---

① 国际会议协会（ICCA）官方网站，http：//iccaworld. com/npps/story. cfm? nppage = 3537。

② Myra Shackley, *Middle East and North Africa：Ancient Empires Atlas of Travel and Tourism Development*, London：Routledge, 2006, p. 48.

二　较为完善的旅游法律法规体系

早在 1953 年土耳其政府就颁布了第一个《鼓励旅游法》（第 6086 号法），这是土耳其旅游业发展史上重要的里程碑。该法律规定：对于本地和外国投资者开放旅游业，并提供包括信用体系和税收优惠在内的各种激励措施。第一次明确规定了旅游设施的设计规范，用制度来管理旅游设施的建设，并对其实行新的“许可证制度”。旅游设施必须按规范建设，并且必须达到标准和服务质量要求后，才能获得旅游业经营证书。此举极大地促进了旅游设施的建设，并使旅游设施在建设之初就与国际标准接轨，为后续的发展打下了良好基础。1969 年，国家计划委员会发布了《旅游开发规划条例》，将爱琴海沿岸大部分地区规划为“旅游开发区”，旅游协调委员会又将伊兹密尔市、穆拉市、安塔利亚市确立为“旅游中心区”，大力发展旅游业。土耳其政府于 1972 年颁布了《旅行社和旅行社联合会法》（The Law concerning Travel Agencies and the Association of Travel Agencies）第 1618 号法。法律实施后，土耳其旅行社协会（Association of Travel Agencies）宣告成立，协会章程设立了佣金制度；确立了旅行社的职业价值观；保护旅游者利益并与政府旅游部共同开展土耳其旅游产品营销。

1982 年政府重新修订和颁布《鼓励旅游法》（又称 2634 法），该法的颁布开创了土耳其旅游业发展的新纪元。法律明确了与旅游业相联系的行业间缺乏协调的问题以及获取最佳旅游投资用地问题，并且简化了进入“优先发展区”的正式手续。依据新的法律，新的旅游形式，如游艇、博彩、餐饮中心以及综合服务设施获得了承认和许可，旅游业成为新的“经济增长点”。2003 年土耳其文化部与旅游部合并，成立土耳其文化旅游部，并且修订了 1982 年颁布的旅游基本法——《鼓励旅游法》。该法律进一步明确了旅游组织的主要职责。提出创建国家、地区和地方旅游品牌并且协调旅游中心的营销；本着发展国内旅游的原则，确保旅游业的积极影响能够惠及全体国民；制定适用于住宿设施、旅游产品和旅游从业人员的质量标准；致力于旅游产品多元化发展；通过在职培训支持旅游企业发展等目标。

文化旅游部下辖的国家推广总局，在世界各地拥有 36 个办事处，负责市场营销和广告活动。基于市场趋势评估和丰富的旅游产品知识，开展战略营销活动，内容包括：筹资、市场识别、市场研究、目标设立、营销和推广、评价营销创新效果和促进全年旅游活动开展。投资和企业总局以及分布于世界各地的 36 个旅游信息办事处，收集国内外游客的投诉。由旅游部负责调查，并联合产业和贸易部以及地方机构对旅游企业，如饭店、餐馆、旅行社等进行处罚。旅游业信息数据的统计由土耳其中央银行转移至旅游文化部和国家统计局，游客人数由护照警察每月向旅游局提供。

通过修订和颁布《鼓励旅游法》，政府为旅游业的发展提供了制度基础，形成了科学决策、政策实施和政策效果评价相互结合的、动态的旅游组织结构和运作模式，为实现土耳其旅游业跨越式发展奠定了基础。

三　高等教育和职业教育相结合的旅游人才培养体系

作为劳动密集型产业，旅游业为消费者提供的是面对面的服务，服务过程既是生产过程，也是消费过程，这种生产和消费的同时性特征，对旅游从业人员的专业化水平和服务能力提出了较高的要求。地中海地区的许多国家，旅游目的地提供的大多都是大海、阳光、沙滩、文化、历史等景点，旅游产品同质化现象非常严重。作为地中海地区旅游业起步较晚的国家，政府深刻认识到，土耳其要在强手如林的旅游业竞争中取胜，必须给游客提供更加鲜明的并且独具特色的高质量体验。① 而要做到这一点，就必须通过人力资源规划，包括建立和完善教育、培训和职业认证体系，培养国际化的旅游产业队伍，全面提高旅游业从业人员的素质，促进旅游服务质量的提高。

土耳其政府早在旅游业发展初期已经充分认识到人力资源对于未来发

---

① 体验（experience）通常被看成服务的一部分。对消费者来说商品、服务是外在的，但体验是内在的，来自个人的心境与事件的互动，存在于个人心中，是个人在形体、情绪、知识上参与的所得。1971 年，未来学家托夫勒提出“体验产业”的概念，未来人将把工资收入的大部分用于不同的体验消费。约瑟夫·潘和詹姆斯·吉尔摩于 1998 年发表《体验经济》（*The Experience Economy*）一文，称体验经济为继农业经济、工业经济和服务经济阶段之后的第四个人类经济生活的发展阶段，或称为服务经济的延伸。从其工业到农业、计算机业、因特网、旅游业、商业、服务业、餐饮业、娱乐业（影视、主题公园）等各行业都在上演着体验或体验经济，尤其是娱乐业已成为现在世界上成长最快的经济领域。

展的重要性，把构建旅游教育和培训体系作为人力资源开发战略的重点。政府提出，旅游从业人员的素养和职业品质是游客旅游体验的重要构成，要提高土耳其旅游业国际竞争力，必须建立和完善旅游基础教育和旅游培训体系。随后，通过半官方机构旅行社协会对旅行社从业人员，尤其是导游员进行培训，要求导游员持证上岗，并开设了英语、德语、法语、意大利语等外语导游资格培训班。土耳其是世界三大美食王国之一，在对厨师的培训中，除了教授烹饪技术、营养学、食品卫生学知识以外，还设有外语课程，要求厨师熟练掌握一门外语，能够进行国际交流。在土耳其第五个（1985—1989 年）国家发展计划和第六个（1990—1994 年）国家发展计划中，政府都将改善和提高旅游直接和间接从业人员的素质和旅游教育品质作为明确的政策目标和国家战略。这一时期，伴随着旅游教育体系的建设和完善，为旅游业的国际化提供了人力资源的保障。

四　土耳其成为世界著名旅游目的地国家

经过 20 世纪 80 年代以来的经济和政治结构调整，尤其是 2005 年土耳其正式启动加入欧盟进程，极大促进了土耳其旅游业的迅猛发展。2002 年至 2014 年间，土耳其旅游业经历了长期的高增长，旅游业增长率为 210%，年均接待国际游客数量为 3980 万人次，旅游创汇收入为 374 亿美元。从 2015 年开始，由于地区和国内安全局势恶化以及与俄罗斯关系交恶，土耳其旅游业发展增速开始减缓。2016 年，土耳其接待了 3130 万国际游客，国际旅游收入为 221 亿美元（见图Ⅱ－7－1）。[①] 长期以来，在土耳其服务贸易出口中，旅游业依然是出口创汇第一大产业，其次是交通运输业和金融保险业，旅游业在降低土耳其贸易逆差方面发挥着重要作用。

依据《土耳其旅游战略 2023》，土耳其旅游业的发展目标是，通过改善旅游基础设施现状来支持和发展多样化的专项旅游，通过平衡使用和战略性对自然资源、文化、历史和地理遗产的保护，最终实现增加旅游业收入、为社会各阶层创造就业和增加全民福利。土耳其目前是中东地区最大的旅游目的地国家，据土耳其统计局数据，截至 2018 年 7 月，土耳其接

---

① *OECD Tourism Trends and Policies 2018*, OECD Publishing, Paris, http://dx.doi.org/10.1787/tour-2018-en.

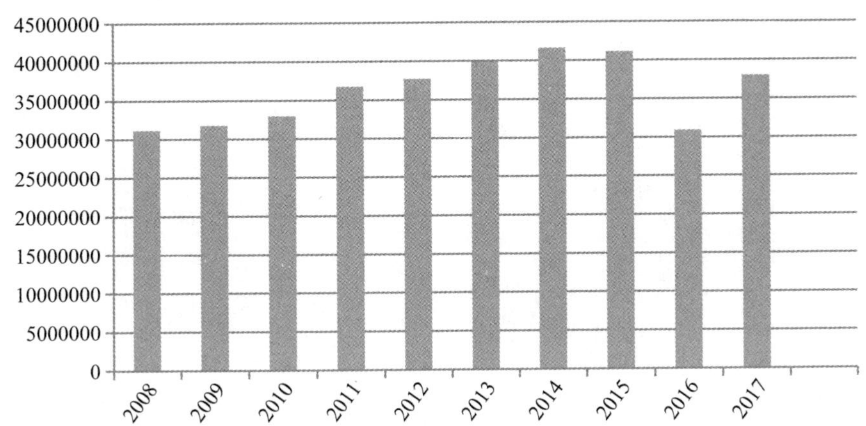

图Ⅱ-7-1　近年来土耳其接待国际旅游者数量（2008—2017年）（单位：人次）

资料来源：根据土耳其文化旅游部发布数据整理制图。

待的国际旅游者人数达2164万人次，同比增长24.9%。俄罗斯、德国、英国和荷兰是土耳其接待国际旅游者数量增长率较高的国家，来自这四个国家的游客人数分别增长7.43%、11.85%、27.66%和14.61%。[①] 土耳其已经成为中东地区接待国际旅游者数量最多的国家。

首先，旅游收入成为土耳其政府重要的收入来源。随着国际游客数量和旅游收入的迅速增长，旅游业成为土耳其最大和增长最快的产业之一，并且成为重要的安置就业的部门。在土耳其，旅游收入被定义为外国人和居住在国外的土耳其公民在土耳其消费时的总支出，包括食品和饮料的消费、住宿消费、健康消费、土耳其国内的交通消费、体育运动消费、教育消费、文化消费、与土耳其航空公司发生的国际运输费用、手机漫游费用、码头服务费用、购买纪念品等，但不包括房地产支出、住宅的维修费用、耐用品消费等。土耳其旅游收入在国内生产总值中的比重在逐年增加，2018年第二季度旅游收入同比增长30.1%，达至74.4亿美元（见图Ⅱ-7-2），其中84.7%来自外国游客，15.3%来自海外居民。游客人数比去年同期增加29.4%，达至1106.7万人。在土耳其旅游史中，2014年8月曾创下月收入49.47亿美元的最高水平。

① https：//tradingeconomics. com/turkey/tourist-arrivals.

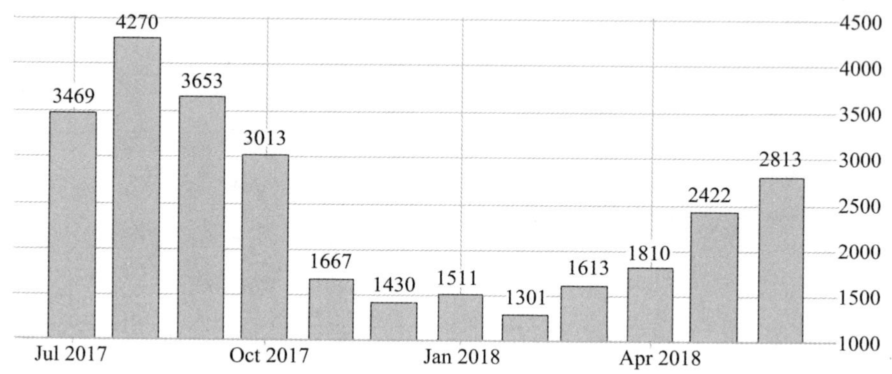

图Ⅱ-7-2　土耳其年度旅游收入情况（2017年7月—2018年6月）（单位：百万美元）

其次，土耳其拥有稳定的旅游客源市场。作为世界第六大最受欢迎的旅游目的地，土耳其得天独厚的地理位置使之与世界最大的旅游市场——欧洲毗邻，从而具有了雄厚的旅游客源基础。在世界旅游业发展中，欧洲以其发达的旅游市场、规模庞大的客源数量和频繁的出游率等位居世界旅游业发达国家行列。由于旅游业受收入、时间、距离的影响较大，旅游者的出游半径不可能无限延伸，通常是以居住地为中心，呈现出由近及远的特点。从土耳其文化旅游部发布的统计数据来看，土耳其最大的客源地分别是欧洲和中东地区，2017年土耳其国际游客总接待量超过3860万人次，排名前十位的旅游客源国家分别是俄罗斯、德国、伊朗、格鲁吉亚、保加利亚、英国、乌克兰、伊拉克、荷兰和阿塞拜疆（见图Ⅱ-7-3）。以上国家的旅游者人数占土耳其全年总接待量的53.1%，其中俄罗斯占12.2%，德国占9.28%，伊朗占8.1%。①

近年来，土耳其大力拓展东亚和非洲市场，并将中国列为主要出口市场，加大了对中国的促销力度。

进入21世纪后，土耳其旅游业在世界旅游市场中脱颖而出，形成了安塔利亚、伊斯坦布尔、伊兹密尔、卡帕多西亚、博得鲁姆等一批世界知名的旅游目的地。世界七大奇迹中的阿台缪斯神庙和毛瑟陆斯陵墓以及被

① "Number of Arriving-Departing Visitors", *Foreigners and Citizens Bulletin*, December 2017, http: //www. kultur. gov. tr/EN-195586/number-of-arriving-departing-visitors-foreigners-and-ci-. html.

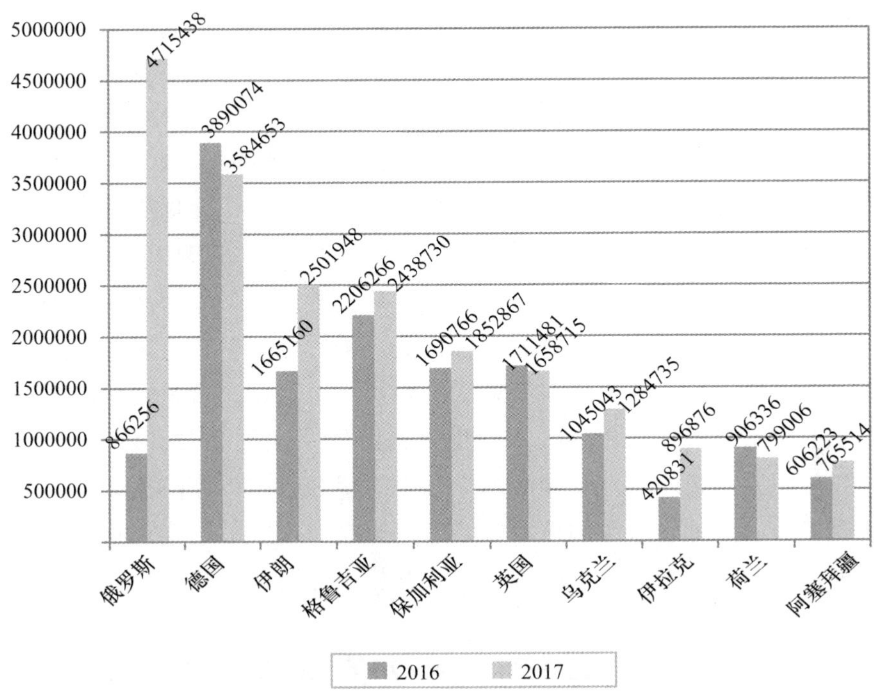

图Ⅱ-7-3　土耳其接待国际游客情况（2016—2017年）（单位：人次）

资料来源："Number of Arriving-Departing Visitors", *Foreigners and Citizens Bulletin*, December 2017, http://www.kultur.gov.tr/EN-195586/number-of-arriving-departing-visitors-foreigners-and-ci-.html.

联合国教科文组织列入世界文化遗产名录的伊斯坦布尔古迹（Historic Areas of Istanbul，1985）、迪乌里大清真寺和医院（Great Mosque and Hospitable of Divrigi，1985）、格莱梅—卡帕多西亚国家公园（Goreme National Parl & The Rock Sites of Cappadocia，1985）、哈图沙什（Hattusha：The Hittite Capital，1986）、桑瑟斯—莱图恩（Xanthos Letoon，1988）、内姆鲁特山（Nemrut Mountain，1987）、卫城—棉花堡（Hierapolis-Pamukkale 1988）、番红花城（City of Safranbolu，1994）、特洛伊古城（Archeological Site of Troy，1998）、塞利米耶清真寺（Selimiye Mosque，2011）和格贝克力石阵（Göbekli Tepe，2018），这些历史文化遗迹成为土耳其旅游业国际竞争优势的资源基础，每年吸引数以万计的文化旅游者。

滨海旅游也是土耳其未来旅游业发展的竞争优势之一，土耳其拥有

8330 千米的海岸线。近年来土耳其政府推出的一系列的节事旅游、会展旅游、冬季旅游、保健旅游和高尔夫等现代旅游形式，土耳其吸引了世界各地的旅游者，从 1980 年开始，国际旅游者接待数量和旅游收入逐年提高。截至 2017 年底，土耳其接待外国游客数量为 3860 多万，旅游业总收入为 260 亿美元。近年来，土耳其旅游业收入增长高于全球平均水平，其中，外国游客贡献达 82.6%，海外居民贡献达 17.4%。2017 年旅游业创汇收入占土耳其出口总额的 36%。[①] 土耳其旅游业增长率远高于欧洲和世界平均水平，并且表现出强劲的增长势头。被称为绿松石海岸的土耳其地中海海岸线使土耳其成为地中海地区继西班牙、法国、希腊之后的第四个最重要的旅游目的地，旅游收入居世界旅游巨头法国、西班牙、意大利、英国和德国后的第六位。爱琴海海岸线上的伊兹密尔、库萨达矢、博得鲁姆已经成为世界邮轮旅游的重要联结点，黑海海岸线上的特拉布宗也已经成为中东欧国家首选的度假胜地，土耳其旅游业国际影响力与日俱增。

第三节　具有国际竞争力的旅游基础设施

旅游交通、住宿设施和旅游景点被称为旅游业发展的三大基本要素。而旅游交通设施和住宿设施一直是国际旅游发展的关键所在。近年来，土耳其加大投资，旅游基础设施得到极大改善。

一　航空运输方面

土耳其与国际旅游市场之间的距离，以及陡峭狭窄的地形特点使空中交通成为旅游者的最佳选择，航空运输成为旅游业发展的最便捷的选择。航空公司在土耳其多样性的旅游活动和贯穿全年的旅游传播中扮演重要角色。1992 年土耳其政府允许私营部门进入航空运输领域，航空运输业进入了新的发展时期。截至 2015 年底，土耳其航空运输线路运载量已达 1.82 亿人次。航空公司运营的宽体飞机一年内从 422 架增加到 489 架。与土耳其签订航空运输协定的国家数量达到 165 个，国际航空目的地的港

① “Tourism-Invest in Turkey”, http://www.invest.gov.tr/en-US/sectors/Pages/WellnessAndTourism.aspx.

的数量增加到 261 个。按服务的国家数量统计，土耳其航空公司已经成为世界上最大的航空公司，伊斯坦布尔阿塔图尔克机场已经成为欧洲最大的机场。由于 2003 年之后的迅猛发展，土耳其民航业在国际民航组织成员国中的排名已经从原来的第 30 位升至第 11 位。[①]

二　陆路运输方面

土耳其拥有超过 385754 千米的公路网，包括 2127 千米的高速公路，非常繁忙。公路运输系统承载了超过 95% 的旅客运输和 92% 以上的水陆运输转运的货物运输。高速公路网在长度和覆盖度方面仍具有很大的发展潜力。[②] 政府在投资建设新交通路线的同时大力改建和扩建现有公路交通系统，并将主要公路节点与主要的高速公路干线和部分支线连接起来，提高公路交通的安全等级和质量。公路交通系统的建设和发展，为日后旅游业的发展，尤其是自驾游的发展，奠定了良好的基础。同时，随着现代铁路技术发展，铁路旅行变成了所有旅行方式中最安全和舒适的方式。土耳其拥有 12008 千米的铁路线，其中，电气化铁路为 3216 千米，铁路系统是土耳其最薄弱的运输方式之一，大多数老化的商业和公共交通铁路系统急需改造。随着现代铁路技术发展，铁路旅行变成了所有旅行方式中最安全和舒适的方式。《土耳其旅游战略 2023》最重要的内容之一就是对现有运输体系进行调整和安排，通过建造—运营—转化（BOT）；建造—运营（BO）；设计—建造—融资—运营（DBFO）；建造—自有—运营（BOO）；建造—租赁—运营—转移（BLOT）；公私合资经营以及共同清算等投资模式，使连接主要旅游区的高速铁路贯通全国。目前，由中国公司牵头承建的安卡拉至伊斯坦布尔高铁二期工程，已于 2014 年 7 月 25 日正式通车。该项目全长 158 千米，设计时速 250 千米，是中国与土耳其建交 40 年来最大的工程合作项目。[③] 安伊高铁的通车为中土双方在高铁方面的合作，奠定了良好的基础。未来，土耳其旅游发展的重点将放在加强交通连接性，延长全

---

① 2015_ Faaliyet_ raporu_ en. pdf，http：//web. shgm. gov. tr/documents/sivilhavacilik/files/pdf/kurumsal/raporlar/2015_ Faaliyet_ raporu_ en. pdf.

② 刘重庆：《土耳其重视铁路网现代化改造》，《中国铁路》2001 年第 5 期。

③ 中国商务部官方网站，http：//tr. mofcom. gov. cn/article/jmxw/201407/20140700675753. shtml。

年旅游活动的时间，以及推广除滨海旅游以外的、内陆的地热旅游、滑雪旅游、冬季度假旅游等新型旅游形式，这为中国高铁项目的推广，尤其是中土旅游合作带来了新的契机。吸引更多的游客，并努力延长游客在目的地停留的时间，成为土耳其旅游业发展的新的经济增长点。

三 港口设施方面

自 20 世纪 90 年代，世界海洋旅游方面巨型豪华邮轮业务和游艇业务表现出快速增长的趋势。土耳其政府投资扩建了伊斯坦布尔、安塔利亚和伊兹密尔的游艇泊位以满足巨型游轮增长的需要。沿着 7200 千米的海岸线，土耳其拥有 454 个蓝旗海滩，在欧洲排名第二，仅次于西班牙，土耳其还有 22 个蓝旗游艇码头。同时，在港口不超过 35 海里的区域内，将 200 多个渔民小屋改建成游艇旅游设施，这些措施大大增加了邮轮和游艇旅游在旅游业中所占份额。土耳其现拥有 28 个游艇港口，8800 泊位游。[①]游艇被认为分为三大类：豪华机动游艇（包括大型邮轮和中型机动游艇），摩托艇游艇和纯帆船游艇。目前，土耳其东部地中海机动游艇旅游和租赁已经成为全世界浪漫蜜月度假旅游市场的理想选择。水晶般清澈湛蓝的海水，温暖的爱琴海微风，郁郁葱葱的松树绿色岛屿和沙滩，再加上高素质的独特的和个性化的船长、厨师、甲板手和客房服务，使土耳其成为世界上最受欢迎的游艇旅游和租赁地之一，也对旅游业发展发挥了巨大促进作用。

四 饭店设施高速发展

住宿是国际旅游者的基本需求，一国饭店业的发展程度和水平直接反映了一国旅游业的发展水平。土耳其政府在旅游业发展的初期阶段，就采取了优先发展饭店设施的政策措施，成立了专门的旅游银行并授权公务员退休基金会投资建设高档住宿设施，逐步形成了饭店、度假村、精品饭店、公寓饭店、温泉饭店、汽车旅馆、民宿和露营地等种类较为齐全的住宿设施系列，促进了旅游业的发展。自 2001 年以来，土耳其

---

① 土耳其官方统计数据《关于土耳其》，土耳其国家旅游局官方网站，http：//www. gototurkey. cn/portal. php？ mod = view&aid = 14。

的连锁酒店和团体数量翻了一番，2017 年达到 165 家。这 165 家连锁酒店在土耳其的饭店设施总数量为 824 家。此外，82% 的连锁酒店和集团酒店均为国内控股酒店，其中 15% 为外资，其中 3% 为国内外合作伙伴。截至 2017 年底，共有 12856 个注册住宿设施。其中 9186 个设施获得当地市政当局的许可，其余 3670 个持有旅游经营许可证。这些设施的床位总量超过 1482492。目前有 281 个项目正在进行中，将为土耳其增加 74130 个急需的床位，大大改善土耳其饭店业旺季供应短缺的现实。[①] 饭店设施的改善，大大提高了游客的停留天数和消费水平，使国际游客在土耳其的日平均消费水平远远高于世界平均水平，极大地提高了土耳其的旅游收入。

第四节　旅游多样性和发展趋势

土耳其政府于 20 世纪 90 年代开始实施旅游业动态治理实践，提出保护环境、保护文化遗产，发展可持续旅游业的口号。近年来，土耳其政府积极响应联合国世界旅游组织提出的旅游业发展与 2023 可持续发展目标对接的倡议，在 2014—2018 年的第 10 个发展计划中，提出在发挥传统自然景观旅游优势的同时，大力发展文化旅游、医疗保健旅游、冬季旅游和会展旅游[②]，并积极开发高端旅游市场，支持加强高尔夫旅游和邮轮旅游，形成了独具特色的旅游业形态。

一　以太阳、大海和海滩为基础的传统滨海旅游

滨海旅游是现代旅游业发展中的传统形式。土耳其国土陆路与欧洲、亚洲相连，三面又被黑海、马尔马拉海和地中海环绕，海岸线（包括海岛岸线）长达 8333 千米。滨海地区多海湾和岛屿，风景秀丽，沙滩处处，并且是传统的大众旅游度假的好地方。同时，适宜的气候条件

① 土耳其共和国总理府投资支持与促进局（ISPAT）官方网站，Tourism-Invest in Turkey。

② 会展旅游（MICE）是指借助举办国际会议、展览会、博览会、节事活动而开展的一种商务旅游形式，具有兼容性强、辐射面广、文化含量高、游客消费档次高等特点，包括业务会议（Meetings）、奖励旅游（Incentives）、大型会议（Conferences）和展览会（Exhibitions）等旅游形式。

为旅游业发展提供了基础，地中海沿岸地区一直是世界著名的旅游目的地，吸引着世界各地的游客。土耳其的气候条件，尤其是地中海、爱琴海沿岸是典型的地中海气候，一年四季阳光充足、降雨量少，每年日照时间在 300 天以上。这里没有飓风、台风的侵扰，也极少受到高热天气的影响，夏季干燥炎热，但最高平均气温不超过 30 摄氏度，适宜出游的时间长达 8 个月。经过长期的旅游资源的开发和建设，土耳其逐步形成了以太阳（SUN）、大海（SEA）、沙滩（SAND）为基础的“3S”旅游形式。在欧洲拥有蓝旗海滩的 38 个国家中，西班牙拥有 579 个蓝旗海滩，土耳其排名第二，拥有 454 个蓝旗海滩以及 22 个蓝旗游艇码头。除地中海和爱琴海海滨外，黑海海滨也已成为中东欧国家居民旅游度假的首选之地。

二　以历史遗迹为基础的文化旅游

土耳其是一个横跨欧亚大陆的伊斯兰国家，被称为“文明的摇篮”，是罗马帝国、拜占庭帝国、奥斯曼帝国的中心，有着 6500 年悠久历史和先后十三个不同文明的历史文化遗产，是当代社会最珍贵的文化旅游资源。土耳其对于历史文化旅游资源的开发，没有沿袭传统的以旅游景点为中心的开发模式，而是采用传统的历史文化名城和现代城镇、村庄和农村居民点结合成片开发的模式，形成旅游产业集群，带动整个区域经济的发展。自 20 世纪 50 年代起，土耳其政府就对公众开放了几处考古遗址。1972 年联合国教科文组织通过“保护世界文化和自然遗产公约”，要求各国对所拥有的全人类的共同遗产进行保护，并将这些遗产转移到子孙后代。1982 年土耳其签署了“公约”。1985 年 12 月 6 日，伊斯坦布尔历史区域被联合国教科文组织世界遗产中心纳入世界文化遗产名单。随后格雷梅国家公园和卡帕多西亚石窟遗址（1985 年）、迪夫里伊的大清真寺和医院（1985 年）、哈图沙什（1986 年）、内姆鲁特达格（1987 年）、桑索斯—莱顿（1988 年）、赫拉波利斯—帕穆克卡莱（1988 年）、萨夫兰博卢城（1994 年）、特洛伊考古遗址（1998 年）和 2018 年被联合国教科文组织世界遗产委员收录的格贝克力石阵（Göbekli Tepe）等 11 处历史文化遗址被列入世界文化遗产名录，其中格雷梅国家公园和卡帕多西亚石窟遗址和赫拉波利斯—帕穆克卡莱（棉花堡）被列入文化和自然双遗产名录，另有 23 处遗址被列入暂定名录①。土耳其的历史文化遗迹是宝贵的旅游资源，也为进一步发展国内和国际旅游市场奠定了基础。

三　现代都市旅游

1961 年政府颁布了新《宪法》，批准了国有土地的私有化方案，同意政府征用沿海土地并转让给投资者，并由国家计划组织（State Planning Organization，简称 SPO），负责国家中长期发展规划和短期发展计划的制定。依据新《宪法》，政府具有了土地转让权，随后土耳其沿海地区开始了大规模的旅游开发。1969 年，国家计划组织的最高机构——计划委员会发布了《旅游开发规划条令》，实行总体规划，土地规划和实施规划三级旅游规划体系。爱琴海沿岸大部分地区，从恰那卡里南部到安塔利亚——梅尔西的地中海沿岸地区，规划为“旅游开发区”。旅游协调委员会，将伊兹密尔市、穆拉市、安塔利亚市确立为“旅游中心区”。1973 年，卡帕多西亚也成为“旅游开发区”。随后，旅游部又对大都市的旅游娱乐区、黑海地区（包括一些非沿海省份）、安纳托里亚东部地区、温泉、山地、湖泊和保健度假胜地等特殊资源区，安纳托里亚东南部的阿迪亚曼进行了规划，形成了土耳其独具特色的都市旅游形式。目前，在土耳其 81 个省级城市中，有 61 个城市把博物馆作为旅游促销产品；有 56 个以城堡作为旅游促销产品；有 55 个以古城遗址及废墟作为旅游促销产品；有 38 个以当地古老的墓葬作为主要旅游产品。

四　医疗和保健旅游业

医疗保健旅游是将旅游和健康服务结合起来的一种旅游形式。进入 21 世纪后，随着人们对健康和旅游认识的提升，人们对旅游产品的需求日趋多样化，催生了医疗和保健等旅游项目的开发，全球医疗旅游人数已经上升到每年数百万以上。

土耳其是世界第七大地热资源国，其矿泉、温泉资源为发展保健、医

---

① “Turkey on the World Heritage List”, http://www.kultur.gov.tr/EN-120287/turkey-on-the-world-heritage-list.html.

疗和健康旅游提供了良好的条件。保健旅游，是一种既达到旅游目的，又达到健康目的的专项特殊旅游项目，而医疗旅游是指旅游者可以根据自己的病情、医生的建议，选择合适的游览区，在旅游的同时享受健康管家服务，进行有效的健康管理，达到身心健康的目的。土耳其医疗保健旅游业拥有世界一流的医院和医学领域的专家，在过去十年中，土耳其医疗保健系统的质量和数量都得到极大改善，土耳其接待的医疗国际游客数量从2003 年的 14 万增加到 2014 年的 45 万，增长率超过 3 倍。根据土耳其统计局（TurkStat）数据，出于医疗原因来到该国的游客人数近年来稳健增长，已创下 414600 的历史新高，比上年增长 55%。医疗旅游游客给土耳其带来了 8.37 亿美元的治疗收入。土耳其卫生部计划建立医疗保健免税区，专门为外国患者提供服务，2015 年医疗游客数量达到 50 万，预计2023 年将增加到 200 万。[①] 2018 年 4 月，世界健康、运动、旅游大会及博览会在土耳其安塔利亚举办。这是土耳其外交部、文化旅游部、经济部、发展部、青年和运动部共同打造的首个集健康旅游、体育旅游、可持续旅游为一体的综合国际性会展。目前，安塔利亚积极拓展健康旅游、体育旅游、高原旅游等新兴旅游产业，医疗设备和服务水平已居世界前列。可容纳 5000 人的奥林匹克游泳馆和安塔利亚第三机场正在兴建，并积极打造土耳其第一家智能医院，使安塔利亚成为土耳其旅游之都。

五 土耳其旅游业发展趋势

作为世界第十大最受欢迎的旅游目的地，2017 年土耳其吸引了超过3860 万游客。尽管过去几年旅游投资激增，但仍有充足的投资空间。东部和东南部的安纳托利亚拥有巨大的文化旅游潜力，再加上日益流行的精品酒店概念和该地区独具特色的自然、历史和文化资源融为一体，吸引着来自世界各地的旅游者。

近年来，土耳其旅游业增长率高于全球平均水平，2017 年该行业对降低经常账户赤字的直接贡献为 36%。自 2001 年以来，国际连锁饭店集团在土耳其的投资翻了一番，达到 165 家。这 165 家连锁饭店集团拥有

---

① “Medical Tourists Hit a Record in 2014”, http://www.invest.gov.tr/zh-CN/infocenter/news/Pages/020415-medical-tourists-to-turkey-hit-record.aspx.

824 家饭店，其中 82% 的连锁饭店集团下属酒店均为内资企业，15% 为外资企业，3% 为外资合作企业。

截至 2017 年底，共有 12856 个注册住宿设施。其中 9186 个设施获得各自的市政当局的许可，其余 3670 个则持有旅游经营许可证。这些设施的床位总量超过 1482492 个。目前仍有 281 个项目正在进行中，将为土耳其增加 74130 个急需的床位以缓解供给不足的局面。

土耳其是世界著名宗教遗址所在国家之一，共有 316 座宗教文物古迹，其中 167 座属于伊斯兰教，129 座属于基督教，20 座属于犹太教。根据入境外国游客的数量，安塔利亚是土耳其最受欢迎的旅游城市，市中心和周边城镇如凯梅尔、贝莱克和卡斯拥有 500 多家四星级和五星级酒店，2017 年接待了土耳其 25% 的外国游客。

贝莱克地区是土耳其最重要的高尔夫目的地，是世界上最受欢迎的旅游中心之一，拥有 15 个高尔夫球场，5 万张床位和 200 万名游客。此外，贝莱克于 2008 年被国际高尔夫旅游运营商协会（IAGTO）评为欧洲最佳高尔夫目的地。

根据 2017 年的旅游数据，福布斯旅游已经成为世界十大访问量最高的城市之一，伊斯坦布尔排在第六位。土耳其是世界七大地热资源国之一，拥有 1500 个温泉，在欧洲排名第一。各温泉度假村的床位总量达到了 55140 个，拥有巨大的医疗和保健旅游潜力。

土耳其旅游业的整个产业链条不仅支撑并拉动了整个国民经济的持续增长和发展，也为国家发展做出了巨大贡献。土耳其政府已将旅游业提升到国家战略和国家整体利益的高度，而不仅仅停留在经济层面上，政府的政策及其战略导向在旅游业发展中发挥了关键性的作用。土耳其政府出台了降低公用事业价格和降低税率等激励措施，同时奉行旨在消除可能阻碍旅游业增长的任何官僚障碍的政策。通过经济发展和产业结构调整，将旅游业发展为国民经济的主导产业。根据《土耳其旅游战略 2023》，到 2023 年时，土耳其预计年接待外国游客数量 7100 万人次，旅游收入将增至 850 亿美元，土耳其将进入世界旅游强国前五位。为了实现这一目标，土耳其正在不断提高旅游服务质量的基础上，积极开发自然和环境资源，希望通过生态旅游、探险旅游、狩猎、冬季登山运动、户外活动、露营、植物和动物等旅游资源的开发，拓展土耳其旅游市场，提高旅游产品对游客的吸引力，进一步提升土耳其在世界旅游市场的竞争力。

第五节 中国与土耳其的旅游合作

2014 年 6 月 22 日，在卡塔尔首都多哈举行的第 38 届世界遗产大会上，中国与哈萨克斯坦、吉尔吉斯斯坦三国联合申报的世界最长的文化遗产线路——“丝绸之路：起始段和天山廊道的路网”申遗成功，这条文化线路跨度近 5000 千米，申报遗产区总面积达 42680 公顷，代表性遗迹共 33 处。此次申遗成功，对沿线各国旅游业的发展具有深远意义，也给位于古丝绸之路两端的中国与土耳其旅游合作带来了美好前景。中国已经成为土耳其入境旅游增长率最快的客源国，并在不远的将来，有望成为土耳其第一大入境旅游客源国。①

近年来，在“一带一路”建设的新形势下，在旅游业已成为世界经济的支柱，成为繁荣的通行证，成为改善数百万人生活的变革力量。② 中土两国旅游合作将对增强中土两国互信，推动和促进“一带一路”建设具有重要的现实意义。

一 增强中土旅游文化交流

文化交流是增进土中两国人民之间互相了解的最根本和最有效的途径。2018 年 4 月 17 日，土耳其旅游年开幕式在北京天桥艺术中心隆重举行。这是继 2012 年两国政府联合举办主题是“丝路之源，魅力中国”的土耳其中国文化年后，又一次中土文化交流的盛会。两国文化交流的领域不断扩大、内容和形式多种多样，在教育、影视作品、体育等诸多方面取得了长足发展，人员交流直接促进了双方旅游的数量，中国游客人数不断攀升。旅游合作在促进两国人民心理沟通、减少两国公民赴对方国家的文化阻力方面起到了积极的作用。

---

① 土耳其文化和旅游部官方网站，http：//www. kultur. gov. tr/EN，92445/number-of-arriving-departing-visitors-foreigners-and-ci-. html。

② *UNWTO Annual Report 2017*，World Tourism Organization（2018），UNWTO，Madrid.

二　旅游资源开发和保护方面的合作

历史文化遗迹是宝贵的旅游资源。土耳其现代旅游开始于奥斯曼帝国时期，年代久远。长期以来，土耳其对于历史文化旅游资源的开发，没有沿袭国际上通行的以旅游景点为中心的开发模式，而是采用将传统的历史文化名城和现代城镇、村庄和农村居民点结合起来，成片开发的模式，合理规划，形成旅游产业集群，促进和影响整个区域经济的发展。土耳其在旅游资源保护、遗产开发和保护方面的宝贵经验，很值得中方学习和借鉴。未来中土两国应该深化旅游合作内涵，加大对于历史文化资源的保护力度，确保这些独特的资源，作为两个国家和全球人类的共同遗产，能够世代传承下去。

三　旅游交流协调方面的合作

目前，中土两国旅游合作虽已全面展开，但还缺少严格意义上的权威性旅游交流协调组织。两国应继续深化和完善中土旅游合作机制，实现资源、产品、客源和市场共享，促进旅游共同发展。如在两国旅游主管部门之间建立每年定期会晤制度；或建立一个由政界和企业界人士共同组成的常设下属机构，来推动中土旅游合作的发展。并建立地方政府层面的旅游交流和合作机制，通过旅游友好城市的建立，向内陆城市和重点景区推广，探讨建立旅游日常工作联系机制，支持双方企业开展旅游市场和旅游产品联合开发和协作。

四　旅游基础设施和公共服务设施的投资与合作

在土耳其 2023 发展战略中，已将旅游基础设施和公共服务设施的投资和建设作为国家未来发展的重点，尤其要加快陆路旅游、海上旅游和空中旅游立体交通体系建设，营造更加便利的旅游环境。土耳其现有 385754 千米公路，其中 12573 千米是国际公路网的一部分。土耳其计划投资跨欧南北高速公路（TEM）项目，联合国欧洲经济委员会 UN/ECE 项目，亚洲和太平洋经济和社会委员会（ESCAP）项目，欧洲—高加索—亚洲（TRACECA）交通运输走廊等项目发展国家和国际公路网络。这些项目将使土耳其连接到国际公路网络，并促进贸易、物流和旅游业的发展。

土耳其政府计划到2023年，投资235多亿美元，新增高速铁路6792千米。同时构建新的和高度发达的交通，电信和能源技术基础设施，发挥土耳其连接中欧和东欧、中东和北非以及大多数欧盟国家的区位优势。[①] 在旅游饭店投资方面，随着中国游客数量的迅猛增长，未来针对中国游客的旅游饭店和旅游餐馆的投资建设，将成为中土旅游合作的新领域。

五　旅游产品开发和旅游营销方面的合作

随着国际旅游业的发展，中土两国应在旅游产品开发、项目创意和旅游营销等方面相互借鉴，共享旅游业发展经验，共同提升两国旅游业发展水平。据世界旅游组织预测，未来世界清真食品旅游市场增长迅速，2017年全球清真食品旅游收益将达到1600亿美元，其次是与健康旅游相关的旅游形式，包括针对老年人和残疾人的医疗旅游、地热旅游、水疗和健身旅游等。土耳其正在大力开发清真食品旅游、健康旅游和度假旅游产品，以吸引来自亚洲新兴经济体的高端游客。目前，中土文化旅游网使用中文和土耳其文两种语言和文字，以促进中土两国友好交流与合作为宗旨、以介绍中国和土耳其传统文化以及旅游资源为主要内容。目前中土双方已经在网络营销方面展开全面合作。

六　旅游教育和培训合作

作为劳动密集型产业，旅游业为消费者提供的是面对面的服务，服务过程既是生产过程，也是消费过程，这种生产和消费的同时性特征，对旅游从业人员的专业化水平和服务能力提出了较高的要求。地中海地区的许多国家，旅游目的地提供的大多都是大海、阳光、沙滩、文化、历史等景点，旅游产品同质化现象非常严重。土耳其政府深刻认识到，要在强手如林的旅游业竞争中取胜，必须给游客提供更加鲜明的并且独具特色的高质量体验。[②] 土耳其政府主要通过正式教育和非正式教育两种形式开展旅游

---

① http：//www. invest. gov. tr/en-US/sectors/Pages/WellnessAndTourism. aspx.

② Baum，T.，“The Development and Implementation of National Tourism Policies”，*Tourism Management*，Vol. 15，No. 3，1994，pp. 185 – 192.

教育。在正式的国民教育体系中，高等教育和中等教育层面都有公共学校和非营利的私立学校两类学校。旅游中等教育体系由教育部负责，采用基础教育与职业教育相结合的方法，在学生完成八年义务教育之后，在职业高中、私立高中增设了旅游管理课程，教授2—4 年的旅游管理相关知识，在 24 所普通高中设立旅游系，提供与职业相关的 3 年基础教育。高等教育由教育委员会负责，提供副学士学位的两年专科教育、学士学位的四年本科教育，以及硕士学位和博士学位的研究生教育，土耳其设有旅游职业学校、旅游职业高中、大学三个层次共计 732 个与旅游相关的教育项目，有 38321 名在校学生。在旅游教育领域，中土双方应开展夏令营、修学旅游、交换留学生等交流形式，让青少年更多了解两国的历史、文化，增进彼此认同感，全面提高旅游从业人员的素质，促进两国旅游服务质量的提高，提升两国的旅游形象。

第三篇

双边关系研究

第一章　中土关系的历史回顾与展望

中国与土耳其①分别位于亚洲的东西两端。历史上将中国与土耳其两大民族联系起来的主要大动脉是有名的丝绸之路。早在汉代，土耳其人的祖先突厥人就和中原存在友好往来，在突厥政权的强盛时期，与中原的交往更加密切。② 双方在长期的历史交往中，既有和亲、入官等和平交流模式，也有战争等冲突模式，但友好的经济文化交流依旧是双方发生联系的基调。近代以降，受西方强大殖民力量的冲击，现代土耳其共和国的前身奥斯曼帝国沦为“西亚病夫”，而清王朝也沦为“东亚病夫”。第一次世界大战结束后，现代土耳其共和国在奥斯曼帝国的废墟上成立，土耳其民族解放运动的胜利给了中国人民极大鼓舞，两国于 1934 年 8 月签署友好条约并于 9 月 1 日正式生效。1949 年 10 月中华人民共和国成立后，受战后美苏争霸两极格局影响，土耳其成为西方阵营抵御苏联影响的前哨阵地，中国则加入东方阵营，1950 年 10 月朝鲜战争爆发后，土耳其派军随美国赴朝参战，中土关系陷入低谷。20 世纪 70 年代，随着中国重返联合国以及国际地位的提升，土耳其政府开始与中国政府接触并努力改善双方关系，1971 年 8 月 4 日中土两国正式建交，此后两国关系发展步入正常化轨道。进入 21 世纪，双方在政治、经济和文化等领域的交流合作全面展开。

第一节　古代的中土关系

土耳其人最早发源于中国新疆阿尔泰山到叶尼塞河上游一带，史称

① 1923 年以前，应该是“奥斯曼帝国”或“奥斯曼土耳其”，为叙述方便，整篇行文中均用“土耳其”，1923 年后，统称“土耳其”。

② 黄维民：《中东国家通史 · 土耳其卷》，商务印书馆 2002 年版，第 354 页。

“突厥”，现在的土耳其人主要是8—13世纪时部分突厥人的部落不断西迁至小亚细亚，并与当地各族居民相互融合而形成的现代民族。[①] 古代中国与土耳其的祖先突厥人的交往最早始于汉代。公元542年的《周书·突厥传》中载道：“突厥者……姓阿史那氏……居金山之阳……金山形似兜鍪，其俗谓兜鍪为‘突厥’，遂因以为号焉。”[②]

一 隋唐时期的中土关系

这一时期两国关系的实质是两个民族的交往，双方的互动主要表现为战争形式。

5世纪后半期，突厥人主要活动于准噶尔盆地之北的阿尔泰山地区，阿史那氏是突厥中最尊贵的种姓，被称为“蓝突厥”。突厥人因擅长冶铁，所以当时主要是向漠北的强国柔然汗国输出工具和兵器。552年，突厥首领土门帅兵击败柔然汗国后自号“伊利可汗”，由是建立起一个政治、经济与社会结构松散的军事性部落联盟——突厥汗国，其鼎盛时期的领土东至辽河，西达中亚里海。[③] 582年，突厥汗国分裂为东突厥和西突厥两个汗国，各自以阿尔泰山为界分领两地，即以蒙古为中心的东突厥汗国和包括中亚在内、以七河流域为中心的西突厥汗国。东西突厥分裂后，其中的东突厥“自启民可汗”正式接受中原隋朝的册封，成为中国古代的少数民族，西突厥则自十姓归唐之后，也开始加入中原多民族统一国家总体的行列之中。[④] 后来东突厥汗国又脱离中原唐朝，独立出去，重新成为域外民族，而西突厥则一直保持着中原的唐朝羁縻统治。公元7世纪中叶，回鹘（今维吾尔族人的祖先）部联合其他部族灭了东突厥汗国。随后，唐朝又联合西域各部族灭了西突厥汗国。[⑤] 突厥部落联盟瓦解后，被打散的突厥人部落如塞尔柱突厥人和土库曼突厥人等，都走上各自的发展道路，土库曼突厥人在中亚定居下来，塞尔柱突厥人及其支系奥斯曼突厥

① 丁工：《中土关系四十年：回顾与展望》，《阿拉伯世界研究》2011年第3期。

② 黄维民：《中东国家通史·土耳其卷》，商务印书馆2002年版，第355页。

③ 杨曼苏、陈开明：《泛突厥主义的历史与现状》，载肖宪主编《世纪之交看中东》，时事出版社1998年版，第208页。

④ 黄维民：《中东国家通史·土耳其卷》，商务印书馆2002年版，第356页。

⑤ 杨曼苏、陈开明：《泛突厥主义的历史与现状》，载肖宪主编《世纪之交看中东》，时事出版社1998年版，第208页。

人则在10世纪末皈依伊斯兰教后，先是在中亚扩张，后控制了伊朗。[①] 并一路西迁到西亚的安纳托利亚高原，在此定居下来后于11世纪建立了塞尔柱王朝，塞尔柱王朝的版图西至地中海地区，东到布哈拉、撒马尔罕地区。11世纪末，被中国宋朝称为“芦眉国”的突厥罗姆素丹国在其统治下的小亚细亚，出现了许多繁荣的城镇和良田。随后又在14世纪建立了以安纳托利亚高原为大本营的奥斯曼帝国。西突厥在中国宋代被称为“芦眉国”，在明代被称为“鲁迷国”，清代被正式称为“土耳其”。[②]

突厥民族多从事放牧、经商和农业，早期有部落政权。在隋唐时期与中原王朝有战有和，在和平年代交往甚密，有过通婚、公主互嫁等和亲行为，如：魏长乐公主、隋淮南公主以及突厥木杵可汗的公主等。还有不少突厥人到汉朝任职为官，如：阿史那思摩可汗就被唐太宗封为大将军、都督，官至兵部尚书，死后还陪葬于诏陵（今西安乾县）。西突厥的阿史那弥射可汗也被封为右武卫大将军。突厥与中原地区的交往物资主要是马匹和布匹。突厥人善于养马，突厥可汗对隋唐的贡品以马匹为主，这些良马既可装备军队，又可用于农耕和交通。其次是布匹，中原人种植棉花时间晚于突厥，因此突厥棉和“白叠”布作为特产输入中原，而唐朝大量的锦、绮、罗、缎、刺绣等物也大量流入突厥人地区，汉朝的纸也很快出现在突厥人地区，并于8世纪又经由中亚传入波斯和阿拉伯地区。

隋唐时期，中国与土耳其人的祖先突厥族之间的交往方式主要表现为战争。从公元581年开始，突厥与隋朝之间就不断发生局部的边境战争，而后演变为全面战争。隋朝通过离强合弱政策，促进了突厥各派政治势力的分解和组合，使突厥分裂为东突厥和西突厥两部分。[③] 位于漠北、由启民可汗初建的东突厥汗国，为隋朝所册立。因此隋朝时期是突厥民族同中原关系全面加强、由域外民族变为中国历史上多民族统一国家成员的重要历史转折时期，这时的东突厥汗国实际上是隋朝下属的边疆民族自治政权。唐朝取代隋朝后，由于东突厥奉行的是复兴隋朝政策，因此东突厥与

---

① 昝涛：《现代国家与民族建构：20世纪前期土耳其民族主义研究》，生活·读书·新知三联书店2011年版，第50页。

② 张铁伟：《中国和土耳其友好关系小史》，《西亚非洲》1987年第6期。

③ 朱祥：《中国与土耳其国家关系研究》，《东方企业文化·天下智慧》2010年5月刊。

唐朝的关系属于对立性关系。[①] 625 年，唐高祖开始对东突厥采取强硬政策，并再度同西突厥缔结军事同盟、发展和亲关系，以此来削弱东突厥力量。630 年（贞观四年）东突厥的颉利可汗被唐朝军队打败，东突厥历史结束，东突厥由域外民族变为华夷一统的大唐诸民族成员之一。西突厥自建国以来，同中原各朝的关系一直比较和睦。630 年东突厥灭亡后，导致西突厥与唐朝的西部边界直接接壤，西突厥由改变之前的和睦政策，转而与唐朝为敌，结果导致西突厥的溃灭和大唐王朝的安西大都护府接管西突厥全境。[②] 虽西突厥全境归于唐朝，但唐朝推行的羁縻政策保证了阿史那氏汗统的延续，历史上仍旧将其称为“西突厥”。

二　元明清时期的中土关系

这一时期的两国关系从之前的战争形式为主转变为和平的交流方式，如贸易往来、宗教与文化交流等。

大约在 6—7 世纪，作为游牧民族的突厥人开始沿欧亚大陆腹地大规模向西南迁徙，进入中亚。在西迁的过程中，大约从 10 世纪开始，大量突厥人开始皈依伊斯兰教。11 世纪时，突厥游牧部落中的一支“乌古思”崛起。1071 年，“乌古思”部落的塞尔柱突厥人打败拜占庭军队，侵入安纳托利亚高原，建立塞尔柱突厥王朝，自此土耳其人开始登上近东的历史舞台。随着王朝持续的武力扩张，突厥人最后到达小亚细亚半岛，从此小亚细亚半岛成为今日土耳其人的祖国。[③] 塞尔柱突厥王朝的兴起在世界历史上具有重要意义，首先，正是从塞尔柱突厥人开始，“苏丹”这个称号代替了过去的“可汗”，成为穆斯林—突厥统治者最为尊贵的称号，并为有势力和独立的统治者所专用。[④] 其次，游牧的塞尔柱突厥人由于统治着属于农耕社会的伊朗，逐渐吸纳了比突厥文化更为高级的伊朗—伊斯兰文化，并最终发展出具有多元性的塞尔柱文化，这一文化又被后来的奥斯曼突厥人所继承，也正是由此时起，塞尔柱突厥人开始进入定居状态。后

---

① 黄维民：《中东国家通史 · 土耳其卷》，商务印书馆 2002 年版，第 358 页。

② 黄维民：《中东国家通史 · 土耳其卷》，商务印书馆 2002 年版，第 359 页。

③ 黄维民：《中东国家通史 · 土耳其卷》，商务印书馆 2002 年版，第 360 页。

④ 昝涛：《现代国家与民族建构——20 世纪前期土耳其民族主义研究》，生活 · 读书 · 新知三联书店 2011 年版，第 51 页。

来，塞尔柱突厥王朝内部的一些反对者联合其他一些部落民，建立了罗姆素丹国，定都科尼亚。1243 年，蒙古人入侵小亚细亚，塞尔柱突厥人的罗姆素丹国沦为蒙古人的附庸，并分裂出许多突厥人的小诸侯国。在塞尔柱突厥人的混乱中，1299 年位于安纳托利亚西北边疆地带的奥斯曼突厥人（即今天的土耳其人）崛起，在原来塞尔柱突厥人的地方建立了奥斯曼王朝。奥斯曼王朝自诩为 1258 年为蒙古人所灭的伊斯兰帝国的继承者和复兴者，在阿拉伯帝国灭亡的两百多年后，奥斯曼帝国苏丹当仁不让地将“哈里发”桂冠戴到自己头上，从此自居整个伊斯兰世界的政教领袖，直到 20 世纪 20 年代在凯末尔改革中被废除。①

奥斯曼王朝的第一位统治者是奥斯曼，奥斯曼帝国的王朝名称由此而来。此后，奥斯曼王朝不断入侵拜占庭帝国领土，先后夺取了西安纳托利亚和巴尔干地区，并于 1453 年击溃拜占庭帝国军队，定都君士坦丁堡，进而建立起横跨欧亚非三大洲的奥斯曼帝国。奥斯曼帝国时期，正值中国的元、明、清三朝，同期的中土两大王朝均国力强盛，雄踞亚洲大陆的东西两端，分别是当时伊斯兰文明和东亚儒家文明的核心国家。② 双边的交往以非直接的经济交往为主，是在繁荣的贸易往来活动下发展起来的，政治交往较少。奥斯曼帝国当时的政治与外交关注点是在巴尔干、中欧、中东和北非地区，因此与当时的清王朝建立外交往来的意愿很低，1836 年奥斯曼帝国外交部成立后，向外派出多名大使，但无一人被派往中国。③

奥斯曼帝国地跨欧亚非，位于欧亚大陆的连接地带，是当时中国商品传入欧洲乃至非洲的重要转运中心。中国的商品西运波斯，抵土耳其首都伊斯坦布尔后，再由土耳其人转运到欧洲。土耳其人还把欧洲的商品东运，非洲产品也经由土耳其人运到中国，中国的造纸术和火药也经过土耳其西传。④ 因此奥斯曼帝国作为中西贸易的中心地区，在中国与欧洲、中国与非洲的交往中发挥了桥梁作用。意大利著名旅行家马可·波罗就将亲

---

① 吴晓芳：《关于土耳其的几个真相——访北京大学历史学系副教授昝涛、中国现代国际关系研究院副研究员周济》，《世界知识》2015 年第 15 期。

② 丁工：《中土关系四十年：回顾与展望》，《阿拉伯世界研究》2011 年第 3 期。

③ Esra Ayyildiz：《从土中外交与经济关系看土耳其对中国的认知》（*Analysis of Turkish Perceptions Through Turkish-Chinese Diplomatic and Economic Relations*），硕士学位论文，厦门大学，2014 年，第 13 页。

④ 朱祥：《中国与土耳其国家关系研究》，《东方企业文化·天下智慧》2010 年 5 月刊。

眼所见的中土广泛交往情景详细记录下来。他在返回意大利途经伊斯坦布尔时，就在伊斯坦布尔的各大商场里见到大量中国丝绸和瓷器以及认真学习中国造瓷技术的土耳其工匠。1453 年，土耳其人建都伊斯坦布尔后，继续致力于与中国的友好往来。著名的苏莱曼大帝在位 44 年中，曾五次派遣代表团前往中国访问。① 1544 年，苏莱曼大帝派出一个 90 多人的庞大使团访华。历任土耳其苏丹都重视发展中土友好关系，大批土耳其商人沿着古丝绸之路来华从事贸易活动，来华从事商贸活动的土耳其商人按照有关规定，必须把所带的一些贵重物品进贡给中国皇帝后，才能将其余的商品在市场上自由交易，并购买中国土特产以及丝绸、瓷器等。中国人参向外出口，也完全是土耳其人的功劳。②

明朝时期，土耳其人也常来中国访问。明嘉靖四十四年间，土耳其五次派遣使团来华访问，受到明皇帝的热情接待。清朝正式使用“土耳其”之称呼。清朝实行闭关锁国政策，外部交流减少，因而双方没有建立正式外交关系。在清代前中期，处理边疆事务的满族、蒙古族官员主要从俄国和中亚人那里获取土耳其的片段信息，但中土民间交流尚未中断。19 世纪末，奥斯曼帝国哈米德二世就任苏丹 25 周年之际，清朝光绪皇帝就赠送特制的唐代郭子仪祝寿图案的工艺品以表祝贺，该工艺品现藏于伊斯坦布尔的托普卡帕宫博物馆。1845 年，清朝著名伊斯兰学者马德新、马安礼、马开科在结束麦加朝觐回国途中，取道伊斯坦布尔，受到奥斯曼帝国苏丹麦吉德的热情接待。马德新回国后所著的《朝觐途记》成为记载中土友好交往的重要史料。另一位伊斯兰学者王宽也在访问土耳其后总结了两点收获：兴学强国、缔结邦交。明清时期，在中国的广州、泉州、杭州等城市有许多土耳其人客居或经商。早期土耳其人所采用的十二生肖，就是典型的中原文化。12 世纪，中国的皮影戏传到土耳其，被土耳其人称为“黑眼睛剧场”。③ 在现代电影出现之前，皮影戏一直是土耳其人喜爱的娱乐活动之一。奥斯曼苏丹穆罕默德二世于 1478 年修建的托普卡帕宫博物馆，至今还陈列和收藏着 10358 件宋、元、明、清时代的珍贵瓷器，

---

① Namik Sinan Turan, “19. Yüzyil Osmanli-Uzakdogu Iliskilerine Dair Gozlemler”, D. U. Aribogan (der.), “Çin' in Golgesinde Uzakdogu Asya”, Istanbul, Baglam, Yayinlari, 2001, s. 64.

② 黄维民：《中东国家通史·土耳其卷》，商务印书馆 2002 年版，第 362 页。

③ 黄维民：《中东国家通史·土耳其卷》，商务印书馆 2002 年版，第 365 页。

博物馆中陈列和收藏的上万件拜占庭帝国皇帝和贵族所穿的袍服，均用中国丝绸制作而成，足见土耳其在沟通东西方经济与文化交流中的黄金桥梁作用。

清代之前，奥斯曼帝国与中国之间几乎没有直接的官方往来。清朝统一新疆后，随着1865年阿古柏入侵新疆，在喀什建立所谓“哲德沙尔国”伪政权，为获取国际支持，巩固其伪政权，开始寻求土耳其的支持，而此时正值奥斯曼土耳其政府力图用“伊斯兰认同”来凝聚日益分崩离析的帝国统治之际，因此奥斯曼土耳其也乐于借机利用阿古柏伪政权，谋求其在中国新疆的利益，开始向新疆进行政治与宗教方面的渗透。土耳其不仅答应阿古柏的要求，还给予多方支持，送给阿古柏老式莱福枪1000支、新式莱福枪200支、加农炮6门，派遣4名军官入新。[①] 至此，清朝与奥斯曼土耳其因为阿古柏入侵新疆而产生间接的联系。这一联系的产生，为迄今影响中土关系顺利发展的“新疆问题”埋下了根源。自清末开始，新疆富商子弟留学土耳其，有的成为日后政界名人，而有的则选择留在土耳其，成为境外“东突”势力活跃分子。

第二节　近代到1971年建交前的中土关系

这一阶段的中土关系经历了起伏跌宕的变化。先是近代在西方殖民势力的冲击下两国均沦为西方国家的殖民地和半殖民地，在剧烈的外部力量冲击下两国都采取了一系列的近代化改革措施。相似的经历使两国人民都对对方的遭遇感同身受，相互同情与支持。因此1923年现代土耳其共和国建立后到1949年中华人民共和国成立前的这段时期，两国关系的主轴是建立外交关系。但1949年中华人民共和国成立后，在冷战阴影笼罩下，中土两国分别站队不同的国际阵营，因此直到60年代前期，中土两国一直处于相互敌对状态。到了70年代，中土关系才有所改善，并最终于1971年8月4日实现了两国关系正常化。

---

① 许建英：《近代土耳其对中国新疆的渗透及影响》，《西域研究》2010年第4期。

一 近代至中华人民共和国成立前的中土关系

近代是土耳其与中国新疆形成独特关系的主要时期[1]，这一独特关系构成了影响中华人民共和国成立后中土关系平稳发展的障碍。

鸦片战争后，随着西学东渐的加速和洋务运动的推进，国人对世界的认知得到提升。1876 年，清王朝政府按照国际通行的外交法则，开始向西方国家派驻公使，他们与同在派驻国工作的土耳其同行开始有所交往接触，并逐渐有意识地将土耳其正在进行的"西化"改革与中国的洋务运动进行比较与借鉴。1876—1879 年的俄土战争期间，中国开始出现关注土耳其的首次高潮。这种关注不仅仅是缘于同为"病夫"的相似命运，它还与防范俄国侵略、土耳其卷入中国边疆民族事务等多种因素密切相关。

国人开始关注土耳其的首要推动力是当时中国正面临一系列严峻的边疆危机，尤以沙俄在我国西部和北部边疆挑起的边疆危机为最。因此，清王朝政府十分关注有关沙俄情报的收集，俄土战争的爆发自然引来国内各家报刊争相报道战况、登载时评，作为大战之一方的土耳其因此成为舆论焦点。当时中国社会上自政府官员、下至民间知识分子，均对战争的起因、进展、结局和影响表现出极大的兴趣，土耳其也由此进入国人视线。1877 年出版的《申报》的一则报道即指出世界各地的穆斯林十分关心土耳其在大战中的处境，称"偶闻土败，即相聚而在教堂祷告"，印度回教徒甚至还代其向英国求助[2]。国人也对土耳其人在俄土战争中的昂扬斗志大加赞赏，认为俄国兼并土耳其的图谋一直难以得逞的原因不仅在于英法两国的庇护，还在于土耳其人"倔强自恃，不肯遽下"。[3] 国内一些时评家还从地缘政治与国际关系的视角来对土耳其的地位做出评判，如清朝驻外使臣刘锡鸿就将土耳其视为英属殖民地的屏障，认为土国一旦为俄国占据，俄人将由红海建瓴而下，印度、亚丁、东南亚各埠均需设重兵防范，

---

① 许建英：《近代土耳其对中国新疆的渗透及影响》，《西域研究》2010 年第 4 期。

② 《回人好胜》，《申报》1877 年 10 月 12 日第 1 版。

③ 王韬：《合六国以制俄》，《弢园文录外编》，上海书店出版社 2002 年版，第 98 页。

英人“将有跋扈疐尾之忧”。[①] 王韬也同样强调土耳其是欧洲本土的缓冲地带，“土存，俄何能西向而与欧洲诸国争哉？”[②]

自 19 世纪 70 年代起，奥斯曼帝国对中国边疆事务的卷入也进一步激发了国人对土耳其的兴趣。1870 年，云南回民建立的杜文秀政权就曾对是否寻求土耳其的援助展开过认真讨论和实际行动。差不多同一时期侵入新疆的阿古柏势力，更是与土耳其保持密切来往，并接受了土耳其苏丹的宗教封号和军事援助。[③] 奥斯曼帝国的外务大臣还在此期间通过英国外交部，请求清王朝总理衙门帮助寻找在新疆失踪的土耳其官员，李鸿章对奥斯曼土耳其在新疆的动向表示了警惕，但左宗棠认为土耳其距离新疆较远，且其“国势分崩离析，不足为虑”。[④]

以俄土之战为契机，国人不断拓展视野，逐渐将土耳其的国事民情与中国的内政外交局势联系起来予以动态观察。至清末民初时，国人越来越意识到两国在国家安全、国际商贸、民族宗教等众多事务上均利害攸关，从而尝试着重新去定位和构筑双边关系。[⑤]

但总体来看，在甲午战争以前，中国人对土耳其基本上是缺乏认识也不太关注的，尤其在 19 世纪 70 年代前后，国人更多的是隔空感知中土两国间的间接关联。对土耳其有所了解的只有清朝的驻外公使或中国的穆斯林群体。[⑥] 在此期间，尤其在 1868—1877 年，奥斯曼土耳其多次向中国驻外使节表达过同中国建交的想法。1868 年，蒲安臣（Anson Burlingame）使团的重要成员、总理衙门章京志刚在华盛顿会晤土耳其使臣时，对方即表示“有冀与中国交际之意”。[⑦] 土耳其公使也曾在 1875 年前后向清廷驻法和驻英公使表达了欲与中国通好之意。但这些早期派驻西方的清朝政府

---

① 刘玺鸿：《英轺私记》，载钟叔河主编《走向世界丛书》第 7 册，岳麓书社 2008 年版，第 58 页。

② 王韬：《合六国以制俄》，《弢园文录外编》，上海书店出版社 2002 年版，第 99 页。

③ 陈鹏：《近代中国人土耳其观的再认识》，《近代史研究》2018 年第 1 期。

④ 魏光焘等：《勘定新疆记》第 2 卷，载中国史学会主编《回民起义》第 4 册，上海人民出版社、上海书店出版社 2000 年版，第 346—347 页。

⑤ 陈鹏：《近代中国人土耳其观的再认识》，《近代史研究》2018 年第 1 期。

⑥ 吴伟锋：《近代中国人的土耳其观（1842—1930）》，硕士学位论文，北京大学，2011 年，第 26 页。

⑦ 志刚：《初使泰西记》，载《走向世界丛书》第 1 册，岳麓书社 2008 年版，第 297—298 页。

外交官一方面出于高高在上的大国心态，另一方面出于担心土耳其会由此加强对华宗教渗透、干涉我新疆问题的顾虑，对来自土耳其方面的联络与建交要求反应冷淡。

19 世纪末 20 世纪初，随着甲午战争的爆发和民族危机的加深，国内上层对土耳其的关注增强，他们或从亡国史角度联想两国民族命运之相似，或比照和分析两国革新之成败异同，并对土耳其在国际舞台上的独立表现加以认同。1907 年，土耳其政府在荷兰海牙世界保和会上诘问列国，要求提升排位之举，就令清朝外交专使陆征祥欣赏不已，建议清廷效仿之。1908 年，当德国宣称要代管“无约国”的土耳其在华事务时，清廷外交部即严正声明，“寻常事件可代转达”，对土国在华居住或游历者，“中国仍保持施行司法权，与待中国人无异”。[①] 但国人在对土耳其在西方列强间勇敢追求独立的表现大加赞许的同时，也对土耳其政府在华宗教渗透深表不安。1900 年前后，土耳其愈加频繁地派遣使者赴北京、上海、江苏、甘肃和新疆等地非法从事宣教活动，引发护照发放和管理权限等诸多外事纠纷，导致国人不得不对中土双边关系重新加以考量。因此在清末民初，国人对土耳其的宗教渗透可能挑起中国内部民族矛盾保持高度戒备。1912—1928 年主政新疆的新疆省长杨增新为最大限度减轻土耳其对新疆事务的关注，采取了清查整理在疆土耳其人户籍、规范疆内宗教和教育活动、严格邮电检查制度、限制新疆穆斯林前往麦加朝觐等一系列举措。[②]

近代以降，除新疆地区外，中土两国无论官方还是民间的往来互动均比较稀疏，在 1934 年南京国民政府与土耳其政府确立外交关系之前，双方一直缺乏正常、稳定的沟通渠道，但中国社会各阶层对于土耳其政治、经济、社会、文化、历史诸方面的记述却从未间断。在西方工业文明的强大冲击下，奥斯曼帝国和中国清王朝均沦为西方国家的殖民地和半殖民地，大片领土丧失，分别被称为“西亚病夫”和“东亚病夫”，因此彼此对对方的遭遇都感同身受，1898 年康有为上书光绪皇帝陈情改制之由时，便以曾经不可一世的奥斯曼帝国为例。近代国人十分看重土耳其史事之于自身的引鉴意义，或反复探究土耳其衰落的原因，提出适用的内政外交策

① 陈鹏：《近代中国人土耳其观的再认识》，《近代史研究》2018 年第 1 期。

② 杨俊杰：《杨增新抵制“双泛”思潮措施述评》，《伊犁师范学院学报》2014 年第 4 期。

略，以防中国重蹈覆辙，或借助土耳其先例佐证变法或革命的必要性与可能性，使之成为政治动员与民族国家建构的有效资源。[①]

不甘于西方国家的宰割，两个民族都开展了救亡图存运动，都通过革命结束了腐朽没落的封建王朝统治。在中国，1911 年孙中山先生领导下的辛亥革命一举推翻清王朝统治，建立了中华民国。在土耳其，青年土耳其党于 1922 年推翻了奥斯曼帝国，凯末尔领导土耳其人民摆脱西方国家的殖民枷锁、赢得民族解放的消息传到中国后，极大鼓舞了中国人民。领导中国新民主主义革命的中国共产党在其《向导》周报第三期上发文两篇，分别为蔡和森署名的《土耳其国民党的胜利》和高君宇署名的《土耳其国民军胜利的国际价值》，两篇文章高度赞扬了凯末尔领导的土耳其民族解放运动之胜利，将凯末尔称颂为“伟大而有胆识的将军”，指出土耳其的胜利不仅挽回了土耳其和近东几千万穆斯林的命运，而且给全世界被压迫民族以最好的模范和印象。一些专家学者也开始在《东方杂志》等学术刊物上撰文介绍土耳其的政治、经济和历史文化，以便让更多的中国民众了解土耳其及其正在发生的社会变革。

近代以前，中国与土耳其之间虽然有着悠久的历史交往，但双方尚未签署过正式的通商条约，也未建立正式的外交关系。1923 年 10 月 29 日现代土耳其共和国建立后，积极主动地与包括中国在内的世界各国建立友好关系。1925 年 10 月 17 日，土耳其政府让当时的土耳其驻比利时代办联络中国驻比利时公使王景岐，表示土耳其有意与中国发展友好关系，签订通商条约。[②] 但后来由于土耳其代办宣称在签订的通商条约中应采取一般的最惠国条款，遭到当时中国北洋政府的坚决反对，两国间的通商条约谈判搁浅。1926 年 3 月 4 日，双方决定先进行签订友好条约的谈判，但双方在有关中土两国以后磋商签订通商条约的范围这一问题上意见不一，加之当时的中国新疆省省长杨曾新出于害怕土耳其利用突厥血缘关系对新疆地区的穆斯林施加影响的考虑，坚决反对中国政府与土耳其签订任何条约，因此 1926 年双方第二次谈判也随之搁浅。1928 年 9 月，旅居土耳其

① 陈鹏：《近代中国人土耳其观的再认识》，《近代史研究》2018 年第 1 期。

② 王光：《中土外交关系之过去、现在与将来》，《东方杂志》1935 年第 3 期，转引自黄维民《中土关系的历史考察及评析》，《西亚非洲》2003 年第 5 期。

的华侨代表王曾善、马宏道、赵洪等人联名呈信当时的南京国民政府，表达了希望中国国民政府与土耳其政府签订友好通商条约、以利侨民活动之意。中间几经波折，最终于 1934 年 4 月 4 日在土耳其首都安卡拉签订了《中土两国友好条约》。该条约原文为法文，其译文于同年 6 月 9 日由南京国民政府正式发布。同年 8 月 17 日，土耳其驻瑞士代办与中国驻荷兰公使在日内瓦互换了被本国批准的文件，并规定自当年 9 月 1 日起发生法律效力。条约规定：两缔约国外交代表同意按照国际公法的原则，建立两国间外交关系，并同意对于互设领事和商务关系以及缔约国人民在对方领土内居留住处等问题，留待日后另订条约。随后，双方经过不断磋商，最终签订了《中土友好通商条约》。中土友好通商条约的签订，实现了中土两国邦交关系的正常化，使两国在政治、经济和文化等方面的交往更加频繁。据中国海关报告，中土两国正式签署友好通商条约后，中国当年对土耳其的贸易出口额超过 10 万银元，比以往贸易出口额增加了一倍，占当时中国贸易总出口额的 2.5%。特别是土耳其公民到中国来考察的人员不断增加，中国公民到土耳其学习与经商的人员也越来越多，极大促进了两国人民之间的各种交流。[①]

与此同时，在土耳其国父凯末尔倡议下，土耳其于 1935 年在安卡拉大学成立了汉学院，该学院也由此成为中东地区规模最大、历史最悠久的汉学研究中心。该中心毕业的汉语专业学生成为促进中土文化交流的重要使者。1984 年中国领导人李先念访问土耳其时，就专门向安卡拉大学的汉学院赠送了 670 册中文图书。安卡拉大学汉学研究中心先后组织专家学者翻译了中国的《论语》《老子》《孟子》《诗经》《史记》《汉书》《孙子兵法》《李白、白居易诗集》《狂人日记》《阿 Q 正传》《茶馆》《雷雨》等名著以及《丝绸之路》《新疆历史文物》等著作[②]，极大促进了中土文化交流。

二　中华人民共和国成立到 20 世纪 70 年代的中土关系

从中华人民共和国成立到 60 年代前期，受冷战因素的影响，中土关

① 育韩：《土耳其最近的经济状况》，载《东方杂志》1933 年第 6 期，转引自黄维民《中土关系的历史考察及评析》，《西亚非洲》2003 年第 5 期。

② 黄维民：《中东国家通史 · 土耳其卷》，商务印书馆 2002 年版，第 366 页。

系一直处于互相敌对状态，可谓“政经双冷”。

1949 年中华人民共和国成立后，走上了社会主义道路，并加入以苏联为首的社会主义阵营。在冷战背景下，土耳其出于对抗苏联的安全考虑，选择加入西方阵营，成为西方国家抵御苏联影响南下的前哨阵地，因而土耳其对中华人民共和国采取不承认的立场，转而同台湾当局发展双边关系，中土两国在政治上陷入完全的对立。[①] 1950 年 5 月，土耳其政府提出加入北约的申请，但被拒绝。为向欧美表明发展紧密关系的态度和决心，土耳其政府拒绝承认中华人民共和国，继续与逃往台湾的蒋介石国民党当局保持“外交关系”。同时派军参加由美国主导的所谓“联合国军”，卷入 1950 年 10 月爆发的朝鲜战争，并派出 25000 人的军队跟随美国赴朝，指责中国是“侵略者”，与中国志愿军作战。[②] 土耳其军队在朝鲜战争中的英勇表现使欧美态度大为改变，最终接受了土耳其加入北约的请求。1952 年土耳其成功加入北约，但中土关系也由此恶化、冻结。除了参与朝鲜战争，土耳其还收留“东突”反华分裂势力早期领导人，并支持他们在土耳其成立“东突分裂组织”，从事企图将新疆从中国分离出去的政治与恐怖活动。[③] 1955 年的亚非会议上，土耳其副总理佐鲁与中国总理周恩来曾短暂会面，但因在冷战同盟问题上观点迥异而发生激烈争论。这些因素叠加一起，导致冷战期间两国在官方层面一直处于一种互不往来的敌对状态，双边关系几乎停滞。

从 60 年代前期开始，中土关系出现改善迹象，但由于意识形态上的对立，双方的外交互动很少，主要体现为民间层面上的交往有所展开。20 世纪 60 年代，土耳其社会各阶层对政府一味追随西方的外交路线深表不满，1960 年 5 月 27 日土耳其军方通过政变推翻了当时极端亲美的曼德列斯民主党政府后，新上任的人民党政府迫于压力，开始通过各渠道，主动谋求与中国改善并建立外交关系。1964 年中国成功爆炸原子弹，同时以法国为首的部分欧洲国家开始与中国建交，使中国的国际地位得以提升，土耳其开始尝试与中国接近。1965—1971 年，中土两国记者和贸易代表

---

① 阿龙：《土耳其与中国关系中的问题及解决思路》，硕士学位论文，南京师范大学，2015 年，第 6 页。

② 肖宪等：《土耳其与美国关系研究》，时事出版社 2006 年版，第 104、108 页。

③ 董漫远：《中国与土耳其关系的历史与未来》，《阿拉伯世界研究》2010 年第 4 期。

团进行多次互访。1966 年土耳其发生大地震，中国及时给予了紧急人道主义援助，中国红十字会向土耳其灾区捐款捐物，两国还签署了双边贸易和技术合作协定。1966 年 7 月，土耳其《和平报》记者苏克鲁·埃斯梅尔访华，回国后写了多篇有关中国的报道。中国国际贸易促进会代表团也随后不久访问土耳其。1971 年，周恩来总理接待两批来华访问的土耳其友好人士和经贸代表团，促进了双方的相互接触和关系的改善。但由于从 20 世纪 50 年代起，土耳其政府和舆论都对中国持批评态度，尤其在 20 世纪 90 年代中期之前，土耳其向入境的新疆维吾尔族人提供住宅和公民身份，且允许他们在土耳其服义务兵役。土耳其在非正式层面上为新疆维吾尔族人提供资助等一系列活动阻碍了两国关系的改善。

第三节 1971 年建交后的中土关系

20 世纪 70 年代，随着中华人民共和国重返国际社会成为联合国一员，西方阵营对中国的封锁难度越来越大。早在 20 世纪 50 年代的朝鲜战争中，土耳其政府目睹了中国人民坚强不屈的精神。20 世纪 60 年代，中国在同时面临美苏两个超级大国封锁与包围的情况下坚持外交独立的精神触动了土耳其政府。尤其 1969 年 7 月美国总统尼克松发表关岛讲话，公布“新亚洲政策”、抛出“五大力量说”后，包括土耳其在内的世界上许多国家的对华政策都相继做出重大调整，土耳其总统苏纳伊（Cevdet Sunay，1966 年 3 月—1973 年 3 月）、土耳其军总参谋长塔马奇（Memduh Tagmac）及四个军种司令、总理埃里姆（Nihat Erim）、共和人民党主席埃杰维特、正义党主席德米雷尔等均主张与中国展开接触。自 60 年代末中苏关系破裂后，中国政府开始采取“一条线”的抗苏政策，中土两国在抗苏方面具有了共同默契。同时，中美关系的开始解冻，也为中土关系的改善创造了条件，因此经过一系列接触与磋商，1971 年 8 月 4 日，中土两国在巴黎共同发表关于建立大使级外交关系的联合公报，决定即日起建立外交关系。土耳其政府承认中华人民共和国为中国唯一的合法政府，并于同日断绝与台湾国民党政府的关系，台湾驻土耳其首都安卡拉“使馆”降级为“经济与文化代表处”，驻伊斯坦布尔“领馆”降级为“商贸办事处”。1971 年 9—10 月，土耳其在第 26 届联合国大会上对恢复中国合法席位的 2758 号决议投了赞成票。[1] 1972 年 4 月两国互设大使馆，土耳其同时断绝了与台湾当局的“外交”关系，与台湾的关系仅限于经贸领域。此后，中土关系进入实质性改善及合作的探索阶段。受各种因素影响，尽管中土两国在 1971 年就实现了关系正常化，但中土关系的发展并不顺利，在 1949—1989 年的 40 年中，中土两国或多或少都成了国际关系大棋盘上受制于人的两粒棋子。两国间除了政治利益外，实际利益并不多，两国的经贸关系在 20 世纪 70 年代一直严重滞后于政治关系，呈现出“政热经冷”的特征。中土两国的直接贸易始于 1965 年，1971 年建交后两国贸易开始有所增加，但双方的相互投资规模不大，在 1990 年前，土耳其对华投资大于中国对土耳其投资。[2] 冷战结束后，两国间的实际利益才有了前所未有的增加，两国关系也由此实现了从棋子到棋手的转型，[3] 80 年代后期，两国间的经贸关系开始发展，双边贸易额逐年增加。

1973 年，中国组团首次参加土耳其伊兹密尔国际博览会。1974 年 10 月，土耳其阿纳多卢国家通讯社社长访华，同中国新华社签订新闻合作协定。1979 年，中国首次派出一个由 97 位著名艺术家组成的代表团前往土耳其进行巡回演出。不久，中土两国签署了 1981—1982 年文化交流计划，进一步促进了两国在科学、教育、文化、艺术、新闻等方面的合作。1974 年土耳其外交部部长图兰·居内什率团访华，并签署了中土贸易协定。1978 年 6 月，中国外交部部长黄华率中国外贸代表团访问土耳其，这是中土建交以来中华人民共和国的外长第一次出访土耳其。黄华外长与时任土耳其总理埃杰维特（Bulent Ecevit）和外长厄克钦（Gunduz Okcun）就两国开展贸易举行会谈，并签署了双边经贸合约。以此访为开端，中土两国之间的高层交往逐渐增多，双方在军事、体育、经贸、文化各领域的交流全面展开。1981 年 12 月土耳其外长蒂尔克曼访华，这是土耳其外长首次访华。1982 年 12 月，土耳其总统埃夫伦访华并受到邓小平和胡耀邦总书记的亲切接待，双方决定增加两国的贸易，建立了经济、工业和技术合作委员会这一协调机制，并就增加双边贸易、加强水力和电力合作签署了

---

① 肖宪、王文章：《中国与土耳其关系的演变、问题与未来》，《外交评论》2007 年第 4 期。

② 阿龙：《土耳其与中国关系中的问题及解决思路》，硕士学位论文，南京师范大学，2015 年，第 7 页。

③ 肖宪、王文章：《中国与土耳其关系的演变、问题与未来》，《外交评论》2007 年第 4 期。

备忘录，这也是自土耳其共和国建立以来其国家元首首次访问中国。[①] 埃夫伦总统访华后，中土双边关系进入快速发展阶段：1984 年 3 月中国国家主席李先念访土；1985 年 7 月厄扎尔总理访华；1985 年 10 月卡拉杜曼议长访华；1986 年 7 月赵紫阳总理访土；1995 年 5 月德米雷尔总统（Suleyman Demirel）访华，双方签署了《联合公报》，决定扩大中土两国的交往；1996 年 8 月卡莱姆利议长访华；1996 年 11 月乔石委员长访土；1998 年 5 月埃杰维特总理访华；1999 年 4 月李鹏委员长访土。这一时期，双方签署的重要协议有：《中土贸易议定书》（1981 年 5 月 18 日），《中土经济、工业和技术协定》（1981 年 12 月 19 日），《中土领事条约》（1989 年 3 月 6 日），《中土互免签证协议》（1989 年 11 月 24 日），《中土民事、商事和刑事司法协助协定》（1992 年 9 月 28 日），《中土海运协定》（1992 年 10 月 23 日），《中土避免双重征税和防止偷漏税协定》（1995 年 5 月 23 日）等。[②] 得益于两国经贸关系的快速发展，1999 年土耳其有名的担保银行[③]在上海设立了在中国的第一个代表处。土耳其担保银行驻上海代表处首席代表诺杨·罗拿毕业于土耳其安卡拉大学的语言历史地理学院汉学系，1983 年到北京语言学院进修中文，1986 年获得武汉大学历史系硕士学位后，即进入土耳其外交部，随后于 1988 年被派往土耳其驻中国大使馆工作。1995 年 5 月土耳其总统德米雷尔访问中国时，罗拿全程参与翻译陪同。1996—1999 年，他一直担任土耳其驻上海总领事馆副领事一职。1999 年 5 月他加入土耳其担保银行，并任新成立的土耳其担保银行上海代表处首席代表。

值得一提的是，自 1971 年中土建交后，中土两国先后走上对外开放、积极吸引外资的经济发展道路。中国自 1978 年党的十一届三中全会后，开始全面启动改革开放，努力从发达国家招商引资。而土耳其则是在 20 世纪 80 年代中期厄扎尔总理主政时期开始走上对外开放的经济改革道路。

---

① 《邓小平会见土耳其总统凯南·埃夫伦》，http：//cpc. people. com. cn/GB/69112/69113/69685/69697/4724053. html。

② 董漫远：《中国与土耳其关系的历史与未来》，《阿拉伯世界研究》2010 年第 4 期。

③ 土耳其担保银行曾被《欧洲货币》杂志评为“土耳其最佳银行”，其在 2000 年的土耳其金融危机中为稳定土耳其经济局势发挥了重要作用。2001 年 10 月担保银行与其下属的奥斯曼银行以担保银行的名称合并，以 110 亿资产成为土耳其最大的商业银行。

由于双方吸引外资的重点都是欧美发达国家，因此在两国建交后的近 30 年时间里，两国的利益交汇点并不多，双边经贸往来也不密切，双边关系更是在冷战大环境下发展缓慢。还有一个背景因素是，1991 年苏联解体后独立出来的五个中亚国家中，除塔吉克斯坦外，其余四国均说突厥语，这让土耳其开始重点关注中亚地区，外交政策也向这几个中亚突厥语国家倾斜，因此在 20 世纪 90 年代到 2000 年，中土外交关系基本处于停滞不前的状态。

进入 21 世纪后，中土关系开始进入一个全新的发展阶段，双方建立了新型伙伴关系。两国领导人定期互访，政治互信不断加强，经济文化交流不断扩大。2000 年 4 月，江泽民总书记访问土耳其，同德米雷尔总统签署了有关政治、经济和能源内容的协议，双方商谈重建丝绸之路，并决定加强在安全领域的合作，共同打击“恐怖主义、分裂主义和极端主义”三股势力。中土双方在坚持维护各自主权、领土完整、民族团结统一等方面均达成重要共识，双方决定在相互尊重、互信互利、平等和共同发展的基础上建立更加密切的伙伴关系：政治上互不干涉内政，尊重主权与领土完整；经济上平等互利、共同发展；文化上加强双方在文化、教育和科技等领域的交流；安全上进一步加强两国在安全领域的合作，打击一切形式的国际恐怖主义、民族分裂主义和宗教极端主义。土耳其总统德米雷尔表示土耳其坚定“奉行一个中国”的立场，愿与中国在打击国际恐怖活动方面加强合作。[①] 江泽民总书记在此次访问期间也首次就民族与宗教问题系统性地阐述了中方看法，指出世界有 2500 多个民族及多种宗教，正确处理民族与宗教问题，对维护世界和平与稳定有重要意义；要尊重文明与宗教的多样性和差异性，提倡兼容而不歧视，交流而不排斥，对话而不对抗，共处而不冲突，促进人类社会共同进步，进而为 21 世纪的中土关系发展奠定了基础。

2000 年 5 月，土耳其文化部长伊斯泰米汗·塔拉伊访问中国。目前安卡拉和北京、伊斯坦布尔和上海、伊兹密尔和天津、布尔萨和鞍山、科尔亚和西安均已结成姊妹友好城市。2001 年 1 月中国外交部部长唐家

---

① 《江泽民主席与土耳其总统德米雷尔会谈》，http：//202.84.17.11/ssjj/jf5c/files/192356131.htm。

璇访问土耳其，与土耳其外长杰姆共同签署了两国外交部《行动计划》，确定了双方在政治、经济、文化等方面合作的具体安排，决定建立定期高官磋商机制，以加强两国在双边和多边框架下的相互支持、协调与合作。[①] 同年，两国妥善解决了“瓦良格”号大吨位船通过黑海海峡事宜，使得该船得以在同年 11 月初顺利通过博斯普鲁斯海峡、马尔马拉海和达达尼尔海峡。2001 年 4 月，中国政协主席李瑞环访问土耳其，分别会见土耳其总统塞泽尔、总理埃杰维特和大国民议会议长伊兹吉，并出席伊斯坦布尔召开的中土企业家理事会欢迎午宴。2002 年 4 月，朱镕基总理访问土耳其，与土耳其总统塞泽尔（Ahmed Necdet Sezer）和总理埃杰维特就“东突问题”和其他地区问题举行会谈。土方表示将对在土“东突分子”的活动加以限制，不支持“东突”组织的恐怖主义活动。两国随后签署了《中土关于海关事务的合作互助协定》《中国农业部与土耳其农村事务部农业合作谅解备忘录》《中国信息产业部与土耳其交通部关于在信息技术领域合作谅解备忘录》《中国五金矿产进出口总公司购买土耳其汽车合同》。[②] 2003 年，土耳其正义与发展党主席埃尔多安访问中国，并表示土耳其不支持新疆的分裂主义运动，随同埃尔多安来华访问的还有土耳其财政部部长阿里·巴巴坎（Ali Babacan）和外贸部长库萨特·图兹曼（Kursat Tuzmen），足见土耳其政府对加强两国经贸关系的迫切与重视。2005 年 2 月，土耳其外交部部长居尔访问中国，商讨了由中国公司承担土耳其安卡拉和伊斯坦布尔之间的高铁项目建设问题，以及中国公司在安纳托利亚东南部投资事宜等一系列经济合作问题。

但在 1999 年至 2001 年，由于受“瓦良格”航母经由土耳其海峡事件的影响，中土两国关系一度走低，此后开始回暖，尤其两国之间的军事交流开始增加。2005 年 5 月，土耳其空军司令易卜拉欣·费尔蒂纳（Ibrahim Firtina）访问中国，表达了土耳其希望与中国在中程防空导弹系统和太空技术领域展开合作的愿望。2006 年 10 月，中国空军司令乔清晨访问土耳其，就中土两国的军事合作事宜进一步交流。2008 年土耳其空军司

① 肖宪、王文章：《中国与土耳其关系的演变、问题与未来》，《外交评论》2007 年第 4 期。

② 《朱镕基总理与埃杰维特总理会谈》，《人民日报》2002 年 4 月 17 日。

令艾多安·巴保格鲁（Aydogan Babaoglu）访华，中国国防部部长梁光烈在会见巴保格鲁时提及了土耳其不干涉中国领土完整问题。[①]

此外，两国之间的经济和其他领域的合作继续开展。2007 年 4 月，土耳其副总理萨欣（Ali Sahin）访华，主要落实两国在公共管理和人力资源培训方面的合作。土耳其外贸部部长图兹曼连续于 2006 年、2007 年和 2008 年访问中国，主要商谈中土两国双边贸易不平衡以及技术与经济合作等问题。2007 年，土耳其工商业协会（TUSIAD）在北京开设办事处。2009 年 11 月 9 日，中国人民代表大会代表团访问土耳其大国民议会。2009 年 6 月 24—29 日，土耳其总统居尔访华，与胡锦涛主席举行了会谈，并赴陕西、广东和新疆参观访问，居尔也是访问新疆的第一位土耳其总统，访问新疆期间，居尔应邀在新疆大学发表演讲，并被授予名誉教授称号。在两国元首的会谈中，胡锦涛总书记就深化两国关系提出五点建议：（1）秉承友好传统，深化政治关系。两国领导人要保持经常交往，两国政府及相关部门要加强沟通与协调，双方要认真落实达成的共识和协议，在事关对方核心利益的重大问题上相互理解和支持。两国立法机构、政党要继续开展多层次交流，加深了解、增进友谊；（2）扩大经贸合作，实现共同发展。中方愿与土方共同采取措施保持两国贸易稳定增长，积极推动双向投资，深挖合作潜力，扩大合作领域，进一步摸索新模式，构建新平台，努力培育新的增长点；（3）加强安全合作，打击“三股势力”。双方要完善有关对话机制，采取更加有力的措施，防范和打击“三股势力”和跨国有组织犯罪，维护各自国家和地区的和平与安宁；（4）促进人文交流，扩大友好往来。中方愿加强同土方在文教、旅游、传媒、卫生、体育等领域的交流合作，进一步夯实中土友好的社会基础；（5）保持多边合作，共促世界和谐。中方支持土耳其在国际和地区事务中发挥更大作用，愿同土方就中东问题、在亚丁湾和索马里海域打击海盗行动加强沟通和协调，在可持续发展、共同应对全球性挑战等问题上相互支持和配合。居尔表示，土方绝不允许任何恐怖组织在土活动，愿意进一步加强同

---

① Esra Ayyildiz：《从土中外交与经济关系看土耳其对中国的认知》（*Analysis of Turkish Perceptions Through Turkish-Chinese Diplomatic and Economic Relations*），硕士学位论文，厦门大学，2014 年，第 26 页。

中国在反恐领域的合作。居尔访华期间，中土双方签署了七个政府间合作文件，内容涵盖外交、能源、文化、传媒、贸易等领域。双方企业界签署了六份合作协议，涉及基础设施建设、电力、矿产、农产品进出口等领域，合作金额约15亿美元。居尔还出席中国—土耳其经贸论坛，听取了双方企业界的发言。

2010年10月，中土宣布正式建立和发展“战略合作伙伴关系”，两国的高层互访进一步增多，“一带一路”倡议更是助力两国关系进入一个全面发展的新阶段。2010年6月，中土两国签署文化合作协议，决定2012年在土耳其组办“中国文化年”、2013年在中国组办“土耳其文化年”。2010年10月7—9日，时任总理温家宝访问土耳其，决定将两国关系提升为“战略合作伙伴关系”，同时签署了一系列合作协议，包括能源尤其核能合作协议，决定到2020年，将两国贸易额提升至1000亿美元。2012年2月20—22日，时任国家副主席习近平访问土耳其，同年4月8—11日，时任土耳其总理埃尔多安访问中国。

2013年中国正式提出“一带一路”倡议，由于欧盟已经不再是土耳其的唯一选择，因此土耳其对“一带一路”倡议表现出极高的热情，双方高层互动更加频繁。2015年7月29—30日，转任土耳其总统的埃尔多安再次访问中国新疆、北京和上海，随行高层人员包括能源与自然资源部部长耶尔德兹（Taner Yildiz），以期进一步商谈在土耳其锡诺普地区建造核电站事宜，两国同时就地区和全球事务建立了多级磋商机制。2015年11月习近平主席赴土耳其出席G20安塔利亚峰会，埃尔多安总统于2016年9月、2017年5月先后两次到访中国，分别参加了2016年9月4日举行的G20杭州峰会与“一带一路”高峰论坛。在2016年的G20杭州峰会期间，土耳其与中国签署了共建“一带一路”合作备忘录。2016年11月外交部部长王毅访问土耳其。2017年8月，土耳其外长恰武什奥卢访问中国，进一步落实了双方元首前期会谈的成果，双方在能源、经济、文化、反恐等领域的合作取得了丰硕成果。2018年6月15日土耳其外长恰武什奥卢再次对中国进行工作访问①。可见，进入21世纪后，中土双边关

① “Relations between Turkey and China”，土耳其外交部网站，http：//www. mfa. gov. tr/relations-between-turkey-and-china. en. mfa。

系已经驶入加速发展的快车道。2010 年，时任土耳其外交部部长达武特奥卢访问中国时就表示："摆脱冷战思维的中土合作的新范式已经出现。"①

第四节　中土关系的前景展望

中国与土耳其同为古丝绸之路上的重要国家。自 1971 年建交以来，两国关系不断推进，尤其 2013 年中国的"一带一路"倡议出台并实施后，土耳其作为衔接欧亚大陆的地理与文化桥梁，是中国—中亚—西亚国际经济走廊上的重要国家，更是中国通往欧洲的重要门户，自然成为中国"一带一路"建设中不可或缺的合作伙伴和重要支点国家，中国的首条海外高铁项目就是在土耳其顺利建成并正式投入运营。中土建交 40 年来，两国关系呈现出以下几个特点：

1. 政治方面：双方均承认和尊重各自的核心利益，两国元首、政府首脑、议长、外长及军队高级将领等多次实现互访，中土两国是欧亚大陆的重要国家，双方都重视彼此所发挥的战略作用。两国在打击"三股势力"方面存在共同利益，双方在司法、警务、反恐情报交流等领域的合作日益增多。2010 年 10 月，中国与土耳其宣布正式建立和发展战略合作关系。这说明双方均认识到对方在国际舞台上的重要地位以及相互之间的利益共同点。2013 年上海合作组织正式赋予土耳其对话伙伴国地位。② 鉴于土耳其成为上海合作组织的对话伙伴国，中土双方可以在上海合作组织的框架内联合制定反恐政策，加强安全领域合作，做到信息上互联互通。③

2. 经济方面。经济合作是中土战略合作伙伴关系的重要内容，两国经贸合作突飞猛进，双边贸易额从 1990 年的 2.38 亿美元增长至 2018 年的 215.5 亿美元④。2023 年是现代土耳其建国一百周年，土耳其政府力图在 2023 年跻身世界前十大经济体，贸易总额超过 1 万亿美元，其中出口总

---

① "Turkey, China Move for New Cooperation Paradigm", *Today's Zaman*, November 03, 2010.

② "A Move to Boost Relations, Turkey Signs MoU with SCO", *Today's Zaman*, April 26, 2013.

③ 苏春雨：《土耳其中亚战略与"丝绸之路经济带"建设》，中国社会科学网，2015 年 6 月 29 日。

④ 《中国—土耳其经贸合作简况》，中国—土耳其经贸合作网，http：//www. ctc. mofcom. gov. cn/article/doublestate/201902/408344. html。

额超过5000亿美元，为达成这一远景目标，土耳其急需大量外来投资和贸易合作。欧洲是土耳其的第一大贸易伙伴，但自2008年国际金融危机后，欧洲对外投资疲软，来自中国的投资对土耳其来说就尤显重要。2016年，中土贸易总额达到历史上的最高值，为277.6亿美元，中国成为土耳其的全球第二大贸易伙伴和土耳其最大的进口国。2015年，土投资26亿美元，成为亚洲基础设施投资银行的创始国之一。[①]

在资金融通方面，土耳其银行业发达，资金流通自由，是伊斯兰世界金融业较为发达的国家。但正由于资金流通的自由，土耳其频发金融危机，自20世纪90年代末爆发一次严重危机以来，2018年再次发生，因此土耳其在金融方面具有强烈的资金需求。在金融合作方面，中土两国已开始起步，土耳其已申请作为创始成员国加入亚洲基础设施投资银行，2014年中国工商银行收购了土耳其纺织银行（Tekstilbank）75.5%的股份[②]，为两国企业提供了更为便捷的金融服务。中土签订双边贸易中以本币结算的货币互换协议和金融合作协议将进一步以货币流通带动贸易畅通。未来随着两国在贸易投资方面的深入发展，双方的金融货币合作会进一步推进。

在交通运输方面，中土两国交通运输主管部门自2015年起，即对中土国际道路客货运输协定先后进行三次磋商，并最终达成共识。该货物运输协定不仅明确了中土两国运输车辆可到达对方境内和过境对方领土，还允许两国运输车辆从第三国进出对方领土的运输。该协定的签署，打通了中国与欧洲之间的国际道路运输通道，有助于推进“一带一路”沿线国家之间的国际道路运输便利化和中土两国交流的深化。而中土两国合作建设欧亚能源运输通道，实现中亚油气资源运输线路的多元化，也将有利于道路联通和贸易畅通。这些经贸利益上的共识将夯实两国在“丝绸之路经济带”下合作的基础。近年来，土耳其在中国的投资活动也有所增加，2014年，土耳其菲巴集团（FIBA Group）和特克莫（Turk Mall）公司在中国沈阳投资建立了星摩尔购物广场项目，这是目前土耳其在中国最大的

① 李云鹏：《土耳其外交策略新特点及对我“一带一路”倡议的影响》，《和平与发展》2017年第6期。

② 王勇、[土耳其]希望、罗洋：《“一带一路”倡议下中国与土耳其的战略合作》，《西亚非洲》2015年第6期。

一项投资，金额高达2.5亿美元。[①]

3. 社会文化方面。“文明的生命在于交往，交往的价值在于文明。”[②]近年来，中土两国的文化交流越来越密集，交流的内容和形式也愈加多样化，在文化、教育、旅游、媒体、医疗和体育等多方面都取得了重大成就。例如，在2001年土耳其成为中国旅游对象国之后，每年到土耳其境内旅游观光的人数增长到中国境外游人数的50%，土耳其到中国境内旅游的人数也不断增加。[③] 截至2013年，中国在土耳其开设了3所孔子学院、一所孔子学堂，5所土耳其大学开设汉语专业课程，15所土耳其中小学开展了汉语教学活动，[④] 并有14座城市与土耳其城市结为友好城市。[⑤]此外，中国电视广播开办有土耳其语节目，中土两国还举办过多次“中土文化年”活动以及其他形式的文化活动。上述中土之间的文化互动为“一带一路”倡议下进一步推动中土文化交流奠定了坚实的基础。2018年土耳其政府在中国举办“土耳其旅游年”活动，据初步统计，全年约有40万中国游客造访土耳其，比2017年增长近一倍。[⑥]

在中土两国关系全面深化拓展的同时，以下问题将作为长期性的障碍性因素不时地影响中土关系的平稳发展。

首先是经贸问题。双方政治与经贸关系的发展速度不平衡。由于两国的经济结构比较相似，经济上的互补性不强，存在同质同构竞争，因此在经济方面对政治合作提供的支撑力有限。两国的产业结构趋同、商品目标市场重叠，因此商贸活动的竞争性大于互补性。两国在纺织品和机电方面都同时具有优势，同时都将欧盟作为主要的目标市场，尤其是作为土耳其重要行业的纺织业，其主要的出口市场就是欧盟国家。

随着中土贸易关系的深入发展，两国之间的贸易不平衡问题越来越突

---

① 《希望在中国再待10年　土耳其企业家看“一带一路”倡议》，人民网，2015年8月2日，http：//finance. people. com. cn/n/2014/0920/c387602-25700228. html。

② 彭树智：《文明交往论》，陕西人民出版社2002年版，第20页。

③ 《中土掀起境外游热》，中华人民共和国国家旅游局，http：//www. cnta. gov. cn/html/2008－12/2008－12－16－14－14－55301. html。

④ 苗福光：《土耳其汉学研究与孔子学院发展现状》，《阿拉伯世界研究》2014年第2期。

⑤ 《中土两国关系》，东方新闻网，http：//news. eastday. com/epublish/gb/paper61/1/class006100001/hwz3318. htm。

⑥ 秦彦洋：《浪漫土耳其成中国游客新宠》，《参考消息》2019年2月9日。

出，导致两国间的贸易争端和摩擦频率加大，土耳其成为紧跟欧美、对中国产品进行反倾销的唯一一个中东国家，也是对中国发起反倾销调查最多的中东国家。中土贸易不平衡始于20世纪90年代中期，并逐年扩大，因此土耳其方面也是自90年代起对中国展开反倾销调查活动。从1995年1月1日至2004年12月12日，土耳其所发起的89件反倾销调查中，有34件是针对中国产品的。双方贸易摩擦的范围也不断扩大，逐渐从服装纺织品领域延伸至彩电、空调等机电行业。2004年8月，土耳其对中国彩电开展反倾销立案调查。2005年2月1日，土耳其针对中国42类纺织品实行保护措施。2005年12月，负责配额分配和管理的土耳其纺织品和成衣出口商会以中国纺织品扰乱土耳其市场为由，在世贸组织散发阻止纺织品自由化文件，决定依据《特定纺织品进口监控和保障措施条例》的规定，自2006年起对中国44类纺织品实施配额限制。① 除了纺织品，土耳其政府还对中国的机电产品展开了反倾销调查，2005年7月28日，土耳其对中国空调展开立案调查，准备对中国生产的空调征收45%的反倾销税。②

土耳其出口中国的产品主要是矿产品、化工产品、纺织品和原料，从中国进口的产品主要为机电产品、纺织品、金属制品等。为促进对中国商品出口的多样化，土耳其外贸部门特地出台了“中国市场促进计划”。但两国间贸易不平衡的现象依然存在。

其次是“东突”问题。“东突”分裂势力主要以泛突厥主义为理论依据，企图将新疆从中国分裂出去，并最终同土耳其合并。

虽然中土关系有着复杂的一面，但这并不构成阻碍中土今后扩大沟通与合作的充分理由，双方之间毕竟存在合作的基础。其中最重要的一个合作基础就是中国的“一带一路”倡议与土耳其的“当代丝绸之路计划”（Contemporary Silk Road）存在契合之处。

土耳其地跨欧亚大陆，扼守黑海通往地中海、爱琴海的咽喉要道，并辐射巴尔干、高加索和中东地区，是开展国际产能合作的枢纽和文明交流互鉴的节点。为充分发挥其作为“桥梁国家”和“中枢国家”的作用，

---

① 李溯婉：《土耳其对华44类纺织品设限》，《第一财经日报》2005年12月12日。

② 应华根、徐红明：《土耳其欲对中国空调征收45%的反倾销税》，《中华工商时报》2005年8月15日。

早在20世纪90年代末，土耳其就制订了建设“当代丝绸之路计划”。苏联解体后，哈萨克斯坦、乌兹别克斯坦、吉尔吉斯斯坦、土库曼斯坦独立出来，这四个中亚国家在历史、文化与语言方面与土耳其有密切联系，同属“突厥语系国家”，土耳其政府为加强与这些中亚国家的关系，提出“当代丝绸之路计划”。为此，土耳其大力改善交通基础设施，包括修建铁路、公路、机场、扩建地中海港口等。[①] 但由于中亚地区的基础交通设施落后，这几个中亚国家间又缺乏有效合作，加之土耳其自身的经济实力有限，导致土耳其的“当代丝绸之路计划”并未取得预期成效。

2008年，土耳其政府海关和贸易部发起“新丝绸之路”倡议（Yeni Ipek Yolu Girişimi），旨在促进土耳其在丝绸之路沿线的中亚和高加索地区的贸易投资，并于当年举办了首届国际丝绸之路论坛。该计划的主要目标是通过简化和协调海关程序，促进丝绸之路沿线边境口岸贸易便利化，形成一条可以吸引外国商人的商业路线。其中，“驿站项目”（Kervansaray Projesi）是落实土耳其“新丝绸之路”倡议的具体举措，旨在通过加强沿线海关部门和企业之间的合作，提高通关效率，打击犯罪活动，实现地区贸易高效安全的“互联互通”。2013年召开的第六届“国际丝绸之路”论坛通过的《加巴拉宣言》明确肯定了“驿站项目”的可行性，并主动邀请中国参与。[②] 但受制于当地的基础设施条件和土耳其自身有限的经济规模，“新丝绸之路”倡议推进得并不成功。此后土耳其又提出主要基于交通设施建设的“中间走廊计划”（Orta Koridor Projesi），力图通过该计划打通从里海经过土耳其、阿塞拜疆到中亚乃至中国的通道，促进沿线地区的经济发展。

中土两国的先辈都曾经在古丝绸之路的繁盛中发挥重要作用，如今两国也是复兴丝绸之路的积极倡导者。[③] 土耳其很早就有丝绸之路复兴计划，也是苏联解体后第一个从文化角度出发试图复兴古老丝绸之路的国家。中国的“一带一路”倡议能有效激活土耳其的“中间走廊计划”。对

---

① 吴奇俊、王三义：《中国—土耳其关系的新路径与机制》，《土耳其发展报告（2015年）》，社会科学文献出版社2015年版，第209—210页。

② 王勇、［土耳其］希望、罗洋：《“一带一路”倡议下中国与土耳其的战略合作》，《西亚非洲》2015年第6期。

③ 吴奇俊、王三义：《中国—土耳其关系的新路径与机制》，《土耳其发展报告（2015年）》，社会科学文献出版社2015年版，第200页。

土耳其而言，中国的“一带一路”倡议能够帮助土耳其改善国内交通运输条件，缩短运输时间，降低运输成本，有利于扩大和加快土耳其与中亚和东南亚国家的贸易交往。

因此当2013年中国提出“一带一路”倡议后，立马得到土耳其的热烈响应。土耳其“中间走廊计划”最重要的项目是“巴库—第比利斯—卡尔斯”铁路项目，该项目起点为阿塞拜疆首都巴库，途经格鲁吉亚首都第比利斯，终点为土耳其北部边境城市卡尔斯。通过该铁路项目，土耳其就能与哈萨克斯坦的阿克套港、土库曼斯坦的巴希港紧密连接起来，从而便捷地获得中亚地区丰富的油气资源，减少对伊朗油气资源的倚重。同时，土耳其的“中间走廊计划”与中国的“一带一路”倡议和俄罗斯的“欧亚经济联盟”对接后，既会大大提升土耳其在中亚的影响力，又会有效增加中国至欧洲的铁路货运量。有鉴于此，2015年11月14日，在土耳其召开安塔利亚二十国集团峰会期间，土耳其同中国签署了关于将“一带一路”倡议与“中间走廊计划”相衔接的谅解备忘录，这意味着地区交通路线网将把中国和土耳其通过高加索和中亚连接起来。2016年，土耳其加入中国倡议的“亚洲基础设施投资银行”，作为项目的重要一员，土耳其在其中的股份约达26亿美元。

从上述土耳其先后提出的“新丝绸之路”倡议和“中间走廊计划”内容即可看出，土耳其急需在基础设施建设方面的外来投资。因此，基础设施的互联互通是“一带一路”建设的优先领域，交通运输将和能源领域共同构成“丝绸之路经济带”下中土经贸合作的重要内容。

土耳其需要大量外来资金和技术来加强其国内基础设施建设。土耳其既是中东、中亚和里海地区油气输往欧洲的中间走廊，又是中东地区重要的交通与能源枢纽，其连接的欧洲“E80”“E90”公路可直通伦敦，“一带一路”倡议的多条计划路线都经过土耳其。将“一带一路”铁路延伸至土耳其，并与土耳其计划中的东西高铁对接后，中国与中亚、西亚、北非和东欧之间即可实现全面联通，进而打通从“太平洋到波罗的海”的运输大通道。① 土耳其已成为中国高铁项目的重要海外落脚点，2014年7

---

① 王勇、［土耳其］希望、罗洋：《“一带一路”倡议下中国与土耳其的战略合作》，《西亚非洲》2015年第6期。

月 25 日，由中国公司承建的安伊（安卡拉—伊斯坦布尔）高铁二期工程顺利实现通车。这是中国企业在海外建成的第一条高铁，标志着中土双边经济合作的深入发展。这一高铁项目的建成开通，不仅加强了土耳其国内的交通联系，它也是中国高铁技术“走出去”的重要成果，大大促进了“丝绸之路经济带”的道路联通和中国与中亚、西亚与欧洲之间的贸易畅通。继土耳其安卡拉—伊斯坦布尔高铁二期工程之后，中土两国又合作展开了“东西高铁”工程建设，在未来，两国铁路有望完善连接中国与伦敦的全球贸易高速公路。① 因此，作为连接欧亚大陆的脐带，伊斯坦布尔到安卡拉高铁有助于中欧高铁网梦想的实现：将中国的高铁网从乌鲁木齐出境，经中吉乌铁路到阿塞拜疆，在里海修桥，通向土耳其，融入欧洲高铁网，最终构成欧亚高铁网。

在能源方面，土耳其在火电、水电项目、石油开采、炼油及运输等领域也需要来自中国企业的投资；在电子商务领域，两国已签署电子商务领域的合作协议；在金融领域，土耳其力图将伊斯坦布尔打造成国际金融中心和人民币境外交易中心，与中国实现货币相通，双方在金融领域也具有广阔的合作潜能。

在国际事务领域，土耳其除了国内长期存在的库尔德人问题，还有着被亚美尼亚和西方国家长期盯着不放的亚美尼亚大屠杀问题，以及北塞浦路斯的土耳其族政权问题。由于中国是联合国五大常任理事国之一，土耳其也希望中国利用在联合国的常任理事国地位，在上述问题上对土耳其方面的立场予以支持。另外，土耳其和中国在阿富汗、伊朗等地区问题上都立场接近。土耳其同中国都反对美国制裁伊朗，两国在气候变化问题、地区安全问题和二十国集团框架内也相互合作与支持。在目前土耳其入欧受阻且修宪活动饱受西方诟病的情况下，加强同中国的战略合作伙伴关系能够为土耳其找到一个抵消对欧洲依赖的出口。

总之，在当前国际性主导力量正逐渐从大西洋两岸转移到欧亚大陆板

---

① Anna Beth Keim, Sulmaan Khan, “Can China and Turkey Forge a New Silk Road?”, *The Yale Global*, January 18, 2013, http://yaleglobal.yale.edu/content/can-china-and-turkey-forge-new-silk-road.

块的条件下，中土两国的关系发展存在良好的时空条件，土耳其是巴尔干和中东地区的第一大工业国，两国之间在经济上可通过“一带一路”框架实现优势互补，在安全上可通过上海合作组织实现联合反恐，可以预见，未来两国之间“政经双热”的关系还会继续保持并进一步深化。

第二章　中土双边投资与产能合作

“一带一路”为推动中国与沿线国家的经济合作提供了新的平台和机遇，而国际产能与投资合作是其中的重要内容与驱动力，也有助于支撑和提升“一带一路”的实施效果。国际产能合作通过再造以我为主的国际生产体系，强化中国在“一带一路”价值链中的龙头地位。[①] 国际产能合作已经成为新时期中国对外经济合作与“一带一路”建设的突出内容与亮点。国际产能合作标志着中国进入了全球化的新时代。[②] 2017 年，中国对“一带一路”沿线国家非金融类直接投资 143. 6 亿美元，占同期我国对外直接投资总额的 12%；对外承包工程新签合同额 1443. 2 亿美元，占同期我国对外承包工程新签合同额的 54. 4%；完成营业额 855. 3 亿美元，占同期总额的 50. 7%，所占比例均不断提高。[③]

众所周知，土耳其是“一带一路”建设的关键节点国家之一，是中国高铁“走出去”的首个海外客户。土耳其是中国推动国际产能与投资合作的重要伙伴，中国与土耳其的投资产能合作正在逐步加强，国内企业对土耳其的投资热情也在不断上升，中土产能与投资合作在“一带一路”沿线国家中处于前列。不少学者分析了土耳其对“一带一路”倡议的认知、中土之间的国际产能合作等。[④] 但中土投资与产能合作也面临着一系

---

① 吴福象、段巍：《国际产能合作与重塑中国经济地理》，《中国社会科学》2017 年第 2 期。

② John Ross, International Production Capacity Cooperation—A New Stage of China's Globalization, *China Today*, Vol. 65, No. 5, 2016. p. 51.

③ 中国商务部：《2017 年中国对“一带一路”沿线国家投资合作情况》，http：//www. mofcom. gov. cn/article/i/jyjl/e/201803/20180302717955. shtml。

④ 王勇等：《“一带一路”倡议下中国与土耳其的战略合作》，《西亚非洲》2015 年第 6 期；魏敏：《土耳其对“一带一路”倡议的认知及对策建议》，《国际经济合作》2016 年第 5 期；魏敏：《“一带一路”背景下中国—土耳其国家产能合作的风险及对策》，《国际经济合作》2017 年第 5 期。

列突出问题与潜在风险，应积极探索更为有效的中土产能与投资合作方式、机制与路径，推动土耳其成为中国产能与投资“走出去”的重要目的地。

第一节　中土投资与产能合作的基础分析

土耳其一个地缘特征鲜明、实力较强和影响广泛的地区大国和中等强国，区位优势独特。土耳其为中东地区第一大经济体，是连接欧亚大陆与周边多个地区的重要枢纽与商品集散地，为全球重要的新兴投资市场与消费市场，拥有吸引外来投资的独特优势，通道地位、市场容量和投资能力突出。21 世纪以来，中土政治经济联系日益紧密，高层互访不断，特别是“一带一路”倡议的提出与快速推进为中土产能合作带来了新的重大机遇。

一　土耳其的经济优势

第一，土耳其拥有中东地区首屈一指的经济规模与实力。2002 年正发党执政以来，土耳其经济实现了持续高速增长的“奇迹”，成为中东地区经济增长最快的国家，年均经济增速达到 6.5%，部分年份超过 9%。土耳其发展成为世界第十七大经济体，也是二十国集团（G20）成员国，多次被列入“新兴五国”“灵猫六国”“薄荷四国”“展望五国”“金钻十一国”等多种形式的新兴国家群体名单之中，是全球十大新兴市场之一、继“金砖四国”之后的经济新秀之一，被称为“安纳托利亚之虎”，“土耳其模式”也一度声名鹊起。2017 年土耳其 GDP 为 8507 亿美元，人均 GDP 为 10592 美元。[①] 经合组织（OECD）数据显示，2003—2012 年土耳其经济年均增长 5.1%，在 34 个经合组织成员国中名列第一。其间虽然受到国际金融危机的影响出现下滑，但迅速止跌回升，2010 年和 2011 年土耳其的经济增速分别达到 8.9%、8.5%，成为率先走出国际金融危机的国家之一。近几年来土耳其经济增速下滑，经济发展遭受一定挫折，但经济实力和经济基础仍在。

---

① World Bank, “Turkey”, http: //www. worldbank. org/en/country/turkey/overview.

土耳其的经济实力在中东地区长期位居首位，现代化程度较高，产业部门较为齐全，综合经济实力最强。2017 年，土耳其第一、二、三产业分布的比例为 6.7%、31.8% 和 61.4%，继续呈现服务业占主体地位的发达国家式经济结构。[①] 土耳其政府计划到 2023 年建国 100 周年时进入世界十强，经济总量达 2 万亿美元，人均收入 25000 美元，出口达 5000 亿美元，成为具有全球影响力的国家。作为经合组织成员国的土耳其也一直自视为欧洲国家，在经济发展目标和规则制定等方面都向欧洲看齐，并为加入欧盟长期进行了相关国内改革，地区影响力受到各方高度重视。从全球来看，土耳其是世界重要的货物贸易国之一，也是全球大宗商品特别是钢铁的主要生产国和消费国之一。

第二，土耳其拥有全球独特的地缘经济优势。土耳其地跨欧亚两洲，地缘战略与经济区位优势明显，是连接欧亚大陆的战略要地，素有“亚欧桥梁”之称，既是保障欧洲战略安全的桥头堡，也是中东、中亚与里海地区能源输往欧洲的走廊，是中东、中亚、里海国家以及俄罗斯、欧盟的重要经济伙伴。特别是土耳其与欧盟自 1996 年开始签有关税同盟协定，凭借与欧洲之间的密切经济关系成为外界通往欧洲的中转通道，与欧洲之间建立了密不可分的经济联系，已成为外部进入欧洲市场的跳板。土耳其还与 27 个国家或地区签有自由贸易协定，是多个区域合作与贸易优惠安排的成员，成为世界投资与贸易往来的汇聚地。2005—2015 年，土耳其总计吸引外国直接投资 1610 亿美元，相当于之前三十年（1975—2004 年）总和（196 亿美元）的 8 倍多。[②] 土耳其是中亚里海地区、中东乃至非洲地区的主要贸易对象国与投资来源国之一，具有较强的区域投资与开发实力。例如，土耳其依靠与中亚国家的独特联系，长期重视在中亚国家的投资与经贸合作，成为土库曼斯坦等中亚国家最大或重要的国际投资来源国。

土耳其欧亚能源运输走廊与枢纽的地位日益突出。据统计，全球 73% 石油储备、72% 天然气储备均位于里海地区、中东和俄罗斯，土耳其恰好

---

① 中国商务部等：《对外投资合作国别（地区）指南·土耳其（2018）》，http://www.mofcom.gov.cn/dl/gbdqzn/upload/tuerqi.pdf。

② Ministry of Economy of Turkey, “Foreign Direct Investment 2015”, http://www.economy.gov.tr/.

处于能源供需双方国家地区的中心地带，该地区每年能源交易达 1000 亿美元。[①] 土耳其积极推行能源走廊计划，进行了大规模的油气管道建设和能源体制改革，已经建成了多条跨国油气管线网络，来自中亚里海、中东、俄罗斯的油气管道纷纷经土耳其通往欧洲，过境油气运输量飞跃增长。土耳其成为油气资源通向欧洲市场的运行枢纽和保障地区能源安全的关键国家，在世界能源市场中的地位日趋重要，在地区与全球经济体系中的地位也大大提升。此外，土耳其是北约与经合组织、二十国集团成员国，以及上海合作组织对话伙伴国，与西方之间多元而深入的制度性联系和新兴国家的双重身份为土耳其在地区与全球经济中发挥沟通桥梁作用奠定了良好基础。土耳其融入和参与全球经济事务的程度不断提高，跻身二十国集团并成功举办 2015 年安塔利亚峰会，使其国际经济地位显著上升。

第三，土耳其拥有较为成熟的国内基础设施、消费市场以及丰富的劳动力资源等基础条件。截至 2017 年底，土耳其人口总数达到 8030 万，人均 GDP 超过 1 万美元，城市化水平达到 92% 以上，[②] 国内消费能力不断增强，市场空间广阔。土耳其人口总体结构很年轻，一半以上的人口在 31.7 岁以下，劳动力资源丰富，且质量相对较高。土耳其拥有超过 3160 万年轻、接受过良好教育并拥有进取精神的劳动力，每年有 80 多万名学生从超过 183 所大学毕业，超过 98.5 万名高中毕业生，其中约有一半毕业于职业技术高中。从 2002 年到 2017 年，土耳其宽带互联网用户从 10 万增加到 6900 万，全球移动通信系统用户从 2300 万增加至 7800 万，信用卡用户从 1600 万增加至 6250 万，航空旅客从 3300 万人次增加至 1.93 亿人次，国际入境游客的数量从 1300 万人次上升至 3800 万人次。[③]

土耳其拥有良好的交通基础设施，拥有较为发达的铁路、公路、航运、航空基础设施，铁路里超过 1 万千米，公路超过 23 万千米，国内交通便捷，也是国际上重要的航空枢纽国家。根据世界银行 2016 年公布的全球物流绩效指数，土耳其的该指数为 3.42，排名为第 34 位（共 160 个

---

① 中国驻伊斯坦布尔总领馆经商室：《土耳其努力加强能源走廊建设》，http://istanbul.mofcom.gov.cn/article/jmxw/201312/20131200413822.shtml。

② World Bank，"Turkey"，http://www.worldbank.org/en/country/turkey/overview.

③ The Presidency of the Republic of Turkey Investment Office，"10 Reasons Invest in Turkey"，http://www.invest.gov.tr/en-US/investmentguide/pages/10reasons.aspx.

国家和地区)。[①] 近年来，土耳其交通运输网络得到迅猛发展。截至2017年底，公路总长达24.75万千米，并拥有欧洲最大的公路运输车队之一，目前全国95%的乘客和90%的货物都是通过公路来运输的。土耳其铁路总长为10207千米，年运输旅客8534万人次，货物2847万吨。但土耳其的铁路维护和更新严重不足，全国只有旅客运输的3%、货物运输的5%是通过铁路进行的。近年来土耳其政府大力开展铁路建设，计划通过铁路将沿海港口与一些重要省份实现连接。2017年10月，土耳其同格鲁吉亚和阿塞拜疆联合兴建的卡尔斯—第比利斯—巴库铁路投入运营，该铁路总长度838千米。从土耳其出发的列车可以穿越格鲁吉亚和阿塞拜疆，到达中亚和中国，运输时间可缩短至12—15天。此外，位于博斯普鲁斯海峡口的马尔马拉海底铁路隧道于2014年10月通车，该隧道把欧、亚两洲的铁路连接起来。土耳其第一条高速铁路安卡拉至伊斯坦布尔高铁一期于2009年3月通车；安卡拉至孔亚高铁于2011年8月通车；安卡拉至伊斯坦布尔高铁二期于2014年7月建成通车。土耳其现有55个民用机场，其中23个向国际航班开放。土耳其航空公司是欧洲发展最快的航空公司之一，其运输量和运输能力增长在欧洲都名列前茅。截至2018年，土耳其航空公司航班目的地304个，位居全球各航空公司之首；2011—2017年，土耳其航空公司连续被评为“欧洲最佳航空公司”。位于伊斯坦布尔欧洲地区的阿塔图尔克机场是土耳其最繁忙的机场，2017年全年接待旅客6411万人次，同比增长6.11%。目前位于土耳其伊斯坦布尔第三机场首期已经竣工并投入使用，全部建设完毕后，该机场将成为全球最大的机场，占地面积约7650万平方米，年客流量可达2亿人次。此外，土耳其北、西、南三面环海，即黑海、马尔马拉海、爱琴海和地中海，还有达达尼尔海峡和博斯普鲁斯海峡，海岸线长达7200千米，这使其海上运输颇具竞争优势。[②]

第四，土耳其经济开放度和对外资依赖度高，一直致力于吸引国际投资，总体营商环境具有吸引力。正发党执政以来，通过私有化推动国内生

---

① World Bank,“International LPI Report 2016”, https://lpi.worldbank.org/international/scorecard/radar/254/C/TUR/2016#chartarea.

② 中国商务部等：《对外投资国别合作国别（地区）指南·土耳其（2018）》，http://www.mofcom.gov.cn/dl/gbdqzn/upload/tuerqi.pdf。

产率与竞争力的提高；打造欧亚非地区的中高端产品生产基地与中转枢纽；大力改善投资环境，吸引外国投资；同时通过规范金融业、加强财政纪律、控制通货膨胀等措施保障宏观经济环境的稳定，既极大地释放了经济增长的潜力，也促进了金融与经济系统的稳定。土耳其制定了一系列投资优惠措施，国内营商环境较好，成为国际资本的热门流入地，推动了土耳其经济的腾飞。2006 年土耳其将投资鼓励计划写进法律，鼓励制造业、能源业与服务业的投资与出口。2012 年土耳其颁布了新的投资激励计划，对在指定的落后地区投资以及大型项目投资给予更多的激励与优惠。2016 年底推出“投资吸引中心”项目，进一步向东部地区 23 个省份的投资提供倾斜政策。① 土耳其推行自由和开放的经济政策，对外资实行平等待遇原则，简化外资政策和行政手续，外国投资者可享受国民待遇；鼓励金融资金自由流动，没有外汇管制，外来投资者可以从当地市场直接获得信贷；法律和财会体系与国际标准一致，透明度较高；融资渠道众多，包括世界级的商业银行、投资公司和土本国的金融机构等。

世界经济论坛《2018 年全球竞争力报告》显示，土耳其全球竞争力在 140 个国家和地区中列第 61 位。② 世界银行《2018 年全球营商环境报告》认为，土耳其营商环境在全球 190 个经济体中排第 60 位。③ 根据联合国开发计划署发布的《2018 年人类发展报告》，2017 年土耳其的人类发展指数（HDI）为 0. 791，在 189 个经济体中居第 64 位。④ 据土耳其中央银行发布的统计数据，2017 年土耳其吸引外国直接投资 109 亿美元，较上年下降 18. 8%。在 2003 年至 2017 年的 15 年中，土耳其平均每年吸引外国直接投资约 126 亿美元。根据土耳其贸易部统计，截至 2017 年底，土耳其境内外资企业累计达到 58421 家，土耳其吸收外资存量为 1807 亿美元。⑤

---

① 中国驻伊斯坦布尔总领事馆经济商务室：《土耳其进一步加大招商引资力度》，http：//istanbul. mofcom. gov. cn/article/jmxw/201712/20171202685214. shtml。

② WEF，“The Global Competitiveness Report 2018”，https：// www. weforum. org/reports/the-global-competitveness-report-2018.

③ World Bank，“Doing Business 2018”，http：//www. doingbusiness. org/en/reports/global-reports/doing-business-2018.

④ UNDP，“Human Development Indices and Indicators”，https：//www. undp. org/content/undp/en/home. html.

⑤ 参见中国商务部等《对外投资合作国别（地区）指南 · 土耳其（2018）》，http：//www. mofcom. gov. cn/dl/gbdqzn/upload/tuerqi. pdf。

二　土耳其有吸引力的主要行业领域

土耳其经济行业门类比较齐全，纺织服装、汽车制造、机械制造、钢铁建材、化工、农业、旅游业等均具有较强竞争实力和投资潜力。2017年外国直接投资流入最多的前5大行业是金融保险业、运输仓储业、制造业、能源业和建筑业，分别占其吸引外资总量的19.5%、18.2%、17.0%、12.7%和8.4%。①

第一，基础设施建设。交通运输、能源电力、房地产等基础设施建设是土耳其最有吸引力的投资领域。近年来，土耳其政府对外招标并给予优惠政策，积极鼓励外国投资者参与基础设施投资，希望吸引外资投入基础设施建设。其中，交通基础设施是土耳其吸引私人投资的重点领域，受益于土政府2014年推出的融资担保政策，一批交通领域大型项目顺利推进，中长期内至2024年，预计土耳其交通基础设施行业产值将保持5.5%的年均增速。能源和公共事业基础设施在土耳其基础设施中占比最大。中长期内土耳其基础设施市场继续保持活跃动向，支撑2015—2019年年均实际增速达到6.7%。土耳其基础设施市场具有较大的发展潜力，人口增长稳定，政府私有化运动持续推进，加上土耳其在亚欧之间过境枢纽的地理位置，都对投资者形成了吸引力。土耳其铁路、公路、桥梁，城市轨道交通等基础设施市场容量和前景都十分看好；太阳能、地热、风能、核电等新型能源的开发和利用也催生了诸多投资机遇。这对于作为基础设施建设强国的中国来说意味着重大的市场机遇，特别是在土耳其着力推动的东西高铁交通线建设和能源走廊建设方面。

根据土耳其政府制定的“2023年发展愿景”，改善国内基础设施是重要内容，其中包含高达数千亿美元的基础设施与能源投资项目，特别是在公路、铁路网络以及机场、跨海大桥、港口等交通基础设施方面的投资规划十分庞大。在公路方面，土耳其政府计划在2023年前建成3.65万千米双线车道、7500千米高速公路和7万千米沥青公路，在博斯普鲁斯海峡建成海

---

① 参见中国商务部等《对外投资合作国别（地区）指南·土耳其（2018）》，http://www.mofcom.gov.cn/dl/gbdqzn/upload/tuerqi.pdf。本部分内容中的数据来源，除特殊说明之外均与本条注释相同。

底隧道和第三座大桥，在达达尼尔海峡架设一座大桥。在铁路方面，土耳其政府规划建成总长为2.5万千米的铁路网络，将铁路承运旅客、货物比例分别提高到10%和15%，包括新建铁路1.3万千米（包括3500千米高速铁路、8500千米快速铁路和1000千米传统铁路）以及对现有铁路中的4400千米进行改造升级。同时拟将铁路进一步私有化，将火车站改造并入高速列车车站，推动土耳其与高加索的联合铁路项目，并将铁路连接到全国主要港口。在管道建设方面，将全国输送管道长度增加至6.07万千米。在港口方面，在爱琴海、地中海、马尔马拉海和黑海建设转运港，到2019年建成至少一个世界十大港口，提供3200万标准集装箱的运输处理能力。在能源基础设施建设方面，土耳其政府计划在2023年前将全国总装机容量提高至12.5万兆瓦，将可再生能源份额提升至30%，将配电机组容量提高至15.85万兆伏；扩大智能电网的使用范围；将天然气存储容量提高至50亿立方米；8个容量为1万兆瓦的核反应堆投入运行；建造4个容量为5000兆瓦的核反应堆；在国内煤田建造容量为1.85万兆瓦的电厂；全面利用水电，将风电容量提高至2万兆瓦；推广地热电厂，使地热发电容量达到600兆瓦；将太阳能发电容量提升至3000兆瓦。

此外，土耳其的本土承包商实力雄厚，国际化水平不断提升，在建筑、大坝、水电、油气管道、铁路和机场领域建设了众多大项目。2016年全球250家最大国际承包商评选中，土耳其入选企业达40家，反映了土耳其基础设施建设运营企业的实力。

第二，纺织服装业。土耳其纺织和服装业的技术水平居世界领先地位，是世界第七大纺织服装出口国，纺织和服装业在国民经济中占据举足轻重的地位。土耳其纺织技术水平高，服装配套行业也很发达，地毯、家纺家居产品、皮革制品、T恤衫和套头衫是土耳其纺织和服装业独具特色也是最重要的产品门类。2017年土耳其纺织和服装出口额为148亿美元，占当年出口总额的比重达17.1%。土耳其发展纺织服装业的优势包括基础设施完善、具有丰富的设计能力和先进技术，以及大量高水平的人才，尤其在地理上拥有出口欧洲的天然优势，是欧盟的第二大纺织服装供应国。中土同为纺织服装业制造和出口大国，在国际市场上存在一定的同质化竞争，但在当地投资方面也存在重大合作机遇。

第三，汽车与机械制造业。土耳其政府对汽车业实行大量引进整车制造和本地化生产的促进政策，引进了世界先进的技术和管理经验，汽车零部件工业整体水平不断提高。在此背景下，近年来大批国外汽车生产商如菲亚特、雷诺、奔驰、福特、丰田和现代等在土耳其设立工厂，或与土耳其零部件厂进行技术合作。外资汽车企业带来了先进的技术和管理经验，有效地促进了土耳其汽车零部件工业整体水平的提高。由于发展迅猛，汽车业逐步取代纺织业成为土耳其新的龙头产业。土耳其已成为世界第十四大汽车制造国。根据土耳其汽车制造商协会（OSD）统计数据，目前土耳其共有13家大型汽车生产商，创造了近5.5万个就业岗位。2017年土耳其汽车产量达174.96万辆，成为欧洲地区最大的轻型商务车和公交车辆制造国；出口134.61万辆，实现出口额201.17亿美元，主要出口市场是意大利、法国、英国、德国和西班牙等欧盟国家。

机械制造是土耳其经济的主要增长动力之一，该行业对较大规模制造业的发展发挥了至关重要的作用。土耳其机械制造业以研发密集著称，土耳其每年工程师毕业生超过45万，2014年机械制造研发支出达6亿美元，约占土耳其总研发支出的10%。2016年机械行业出口总额为134亿美元，机械产品出口至200多个国家/地区。机械制造业也是土耳其吸引外国直接投资的重要领域。

第四，钢铁、建材与化工行业。21世纪以来，土耳其钢铁产量增长较为迅速，拥有24座电炉钢铁厂、5座感应炉钢铁厂和3座氧气转炉钢铁厂，年均粗钢产能达到5180万吨。2014年，土耳其钢铁产量和消费量均占世界市场份额的2%，分别排名世界第8位和第9位。[①] 2017年土耳其钢铁产量为3752万吨，土耳其已成为世界第八大和欧洲地区第二大钢铁生产国。土耳其也是全球主要的建材生产国和出口国之一，主要产品包括建筑钢材、水泥、陶瓷和玻璃制品等。2015年土耳其建材出口总额为165亿美元，出口市场遍布全球200多个国家。其中，建筑钢材是最大的出口产品门类；水泥出口量排名全球第五；瓷砖产量占全球的3.2%；绝缘电线、电缆、塑料建材、玻璃制品也较为发达。

---

① UNCTAD, "Review of Maritime Transport 2015", http: //unctad. org/en/PublicationsLibrary/rmt2015_ en. pdf.

土耳其化工产业现代科技含量高，产品种类丰富，是土耳其工业体系的重要组成部门。土耳其拥有 6.2 万家化工企业，从业人员达 20 万人，主要产品包括石油化工产品、无机和有机化工产品、化肥、涂料、药品、肥皂和清洁剂、合成纤维、精油、化妆品和个人护理用品等。土耳其是世界第七大和欧洲地区第二大塑料生产国，也是欧洲地区第五大涂料生产国，土耳其还拥有中东地区最大的碱厂，产能可达 75 万吨/年。

第五，国际物流业。土耳其区位优势显著，水、陆、空运条件都非常便利，并正努力打造国际物流和运输中心。伊斯坦布尔新机场于 2018 年 10 月底开放，土耳其和国际知名快递物流公司纷纷进驻伊斯坦布尔新机场，该机场在未来几年将会推动全球快递、仓储、货运和航空航线等领域的进展，提升了伊斯坦布尔的国际物流中心地位和投资潜力。土耳其人口规模较大，人均收入较高，电子商务用户超过 3000 万，本土电商网站超过 1.6 万家，2018 年土耳其的电商市场规模达到了 59 亿美元，市场潜力巨大。2018 年 9 月中国阿里巴巴公司已经收购了土耳其电商特兰德尤（Trendyol）的多数股权。

第六，旅游业。土耳其旅游资源极其丰富，历史遗产丰富，自然风光绮丽，拥有众多风景名胜和古迹。独特的旅游资源使土耳其成为全球第六大旅游目的国，旅游业是其外汇收入重要来源之一，外来游客数量逐年攀升，旅游产业潜力巨大。根据土耳其文化和旅游部发布的数据，2017 年赴土耳其旅游的外国游客数量为 3207.95 万人次，同比增长 26.97%；旅游业实现收入 224.78 亿美元，同比增长 19.93%。近年来中国赴土游客快速增长，按照目前增速测算，有望在 2023 年达到百万人次。

第七，农业。土耳其是世界第七大农业产区和第九大农产品生产国，拥有较好的农业基础，粮棉油糖等主要农产品基本实现自给自足。产量较大的农产品有烟草、棉花、稻谷、橄榄、甜菜、柑橘、牲畜等，同时还是无花果干、榛子、葡萄干/提子干、杏脯和蜂蜜的主要生产国。土耳其农产品种类丰富且质量高，越来越受到世界各国消费者的喜爱，绿色、无污染等高端农业经济及相关的食品制造等产业发展前景良好，土耳其农产品也日益为中国消费者所熟悉和认同。

三　中土投资与产能合作的基础与潜力

土耳其是“一带一路”沿线经济实力最强、合作潜力最大的关键节点国家之一，是“一带一路”海陆交汇处的枢纽和支点国家之一，在区域经济合作、“一带一路”建设与全球治理等领域与我国存在利益攸关性，在投资与产能合作方面也拥有良好基础与合作潜力。

第一，中土经济联系日益紧密，为开展相互投资与国际产能合作奠定了基础。20 世纪末之前中土经贸关系发展较为缓慢，1985 年中土贸易额仅为 0. 98 亿美元，1988 年为 3. 3 亿美元，1999 年突破 10 亿美元大关。1990 年和 1995 年两国签订了《投资保护协定》和《避免双重征税协定》。进入 21 世纪以后，土耳其逐步成为中国在中东地区的重要经济伙伴，两国政府都把发展双边经贸关系放在重要位置。2010 年中土两国宣布建立战略合作关系，双方在能源、交通和基础设施建设领域签署了多项协议。从 2000 年至 2018 年，中土贸易额从 12 亿美元增长到 215. 5 亿美元，十多年间增长了近 18 倍。[①] 中国是土耳其的第二大贸易伙伴和第一大进口来源地，虽然中土贸易额在各自对外贸易总额中所占比重并不高，但呈现出快速上升趋势，已经成为中土关系的重要基石。2013—2017 年五年中土贸易总额达到 1080 亿美元。2018 年中国对土耳其的直接投资流量达到 3. 6 亿美元（13—17 年投资总额超过 6. 5 亿美元），中国对土耳其的直接投资存量达到约 20 亿美元；中国在土耳其新签承包工程合同超过 11. 6 亿美元，2013—2017 年新签合同总额超过 73 亿美元。[②] 2012 年、2015 年中土两国还签署并延续了货币互换协议。鉴于中土两国的经济规模及发展势头、经济互补性及双方的全球重要地位，中土经贸关系未来发展潜力巨大，两国在资金、技术、市场等方面具有明显的互补优势，拥有扩大经贸合作的强烈意愿，在投资与产能合作上大有可为。

第二，土耳其制定了宏大的经济发展规划与基础设施建设计划，在国内资金能力有限且遭遇资金外流压力的背景下特别期待中国投资。2011

① 参见中国海关统计。

② 中国驻土耳其大使馆经济商务处：《中土经贸合作概况》，http：//tr. mofcom. gov. cn/article/zxhz/201901/20190102826127. shtml。

年，土耳其提出了“2023 年百年愿景”，计划到 2023 年建国 100 周年时经济进入世界前十位，在经济总量、人均收入、对外贸易、教育、医疗、交通基础设施、制造业以及航空、旅游、农业等诸多方面设定了一系列具体目标，成为新的“土耳其梦”与土耳其重要的综合性国家发展战略。[①]其中，计划新增基础设施与能源投资 2500 亿美元以上，拟新建 1775 千米高速公路和建成 2.5 万千米长的铁路网络，还推出了制造业升级计划以及推进国内通信网络、智能电网发展的规划等。此外，土耳其利用自身区位优势推出并大力实施“中间走廊”战略，加快发展与实现崛起的诉求强烈。但近年来土耳其经济增速与之前相比均大幅下滑，国内储蓄率低和外资流入下降也削弱了其投资能力。在此背景下，本就国内资金有限的土耳其更加无法拿出足够的资金来进行国内投资，对外部投资资金的需求更为强烈，而已经崛起为全球投资大国的中国成为土耳其期待的重要投资来源地。

第三，中国“一带一路”倡议的推进及其与土耳其发展战略的对接为加强双边投资与产能合作带来了重大机遇。宏观利益与发展战略的有效对接是开展国际产能合作的重要基础，国际产能合作必须结合中国与对象国的发展战略与规划。[②] 中土两国位于古代“丝绸之路”的两端，如今中土是丝绸之路两端经济发展最快的两个新兴大国，拥有弘扬“丝路精神”的文化基础和建设新丝绸之路的现实需求。一方面，中国提出并加快推进的“一带一路”倡议契合中土两国的经济发展战略，为双方加强投资合作带来了新的发展机遇。土耳其是“一带一路”建设的关键桥梁、天然合作伙伴和重要参与力量，中国需要与土耳其加大投资合作。另一方面，土耳其也将中国的“一带一路”建设视为自身发展的重要机遇，发起了旨在推动亚欧之间区域经济合作的“中间走廊”倡议，并希望将二者有效对接起来，酝酿多项对接的具体项目。“一带一路”倡议与土耳其欲发挥自身区位优势，建设成为欧亚能源、贸易、运输枢纽的目标相契合。土耳其的“中间走廊”主要包括联通高加索、中亚的国际部分和土耳其的

---

① 昝涛：《历史视野下的土耳其梦》，《西亚非洲》2016 年第 2 期。

② 沈铭辉、张中元：《“一带一路”背景下的国际产能合作——以中国—印尼合作为例》，《国际经济合作》2017 年第 3 期。

国内部分，其中土国内部分主要是连接博斯普鲁斯海峡工程和跨越土国境东西的高铁等。埃尔多安曾表示："我们处在世界的心脏，最有地缘战略价值的地方，我们这一地区在交通、贸易、旅游、能源各领域都有巨大的潜力。土耳其在过去 15 年中一直致力于通过投资将潜力变为现实。"[①] 2015 年 5 月，中土签署了交通基础设施合作协议；2015 年 10 月，中国与土耳其签署了"一带一路"倡议与"中间走廊"倡议对接的谅解备忘录，为加强双边投资与经贸合作提供了指南与保障；2017 年 5 月土耳其总统埃尔多安在北京参加"一带一路"国际合作高峰论坛时再次表示，将积极参与和对接"一带一路"建设。总体来看，中土在"一带一路"框架下的合作具有良好的理念基础和现实基础，而作为双边合作前提和保障的政治基础目前也处于较稳固的状态。[②]

第四，加大投资与产能合作是解决中土双边经济摩擦、实现经济共赢的有效途径。贸易失衡与摩擦一直是土方的重要关切，中国扩大对土耳其的投资有利于解决中土之间的贸易不平衡问题，也有利于更好地发挥土耳其的欧亚市场桥梁作用，助力中国企业和产品进入欧盟及周边市场。土耳其一直希望通过争取更多中国投资来平衡并增强双边经济关系，将本国推介为中国在欧洲和中东经商的大本营。扩大当地投资与生产经营无疑是改善贸易不平衡的重要途径。[③] 土耳其的持续贸易逆差是中土贸易关系中长期存在的重大问题，贸易不平衡导致中土间贸易争端和摩擦的数量急剧增加，中土之间在经贸方面的竞争博弈与协调需求都出现持续化、长期化的趋势。在造成这一现象的原因之中，土耳其作为进入欧盟市场的跳板因素十分关键，由于土耳其与欧盟之间贸易往来自由，因此出现了中国商品大量经过土耳其转口最终出口到欧盟的现象，使得中土贸易额不平衡不断加大。扩大当地投资与生产经营是改善贸易不平衡的重要途径，这在中国与土耳其之外的其他欧亚国家的贸易关系中也具有借鉴意义。中土双方各具优势，中国拥有资金与制造业、基础设施建设等优势；土耳其与中亚、中东等地联系更为紧密，合作开展投资开发将大大增加贸易、投资的便利化

---

① *Presidency of the Republic of Turkey*, https://www.tccb.gov.tr/en/news/542/86168/the-baku-tbilisi-kars-railway-is-one-of-the-links-of-the-new-silk-road.html.

② 刘欣：《土耳其与"一带一路"倡议》，《国际研究参考》2018 年第 7 期。

③ 邹志强：《丝绸之路经济带与中土经贸关系》，《回族研究》2014 年第 2 期。

与成功度，也有利于通过合作减少疑虑与竞争。值得一提的是，中土同为全球重要的基础设施建设大国，也为两国在第三方的基础设施建设与投资合作奠定了重要基础。

第二节　中土投资与产能合作的现状解读

从实践来看，直接投资是国际产能合作的主要载体，工程承包也是重要方式之一。“一带一路”沿线国家对基础设施建设与工业化的需求很大，“一带一路”倡议实施过程中的基础设施开发与产能合作必将极大地促进中国与沿线国家的深度合作，同时推动中国与合作国家的结构转型与升级。中国与土耳其的投资与产能合作就是典型代表之一。

一　中土投资与产能合作的现状及特点

近年来，中国对土耳其的直接投资流量与存量均位居西亚非洲地区前列。2007 年中国对土耳其非金融类直接投资额仅有 161 万美元，2009 年曾达到 2.9 亿美元的高位，后来起伏波动较大，2012 年为 1 亿美元，2013 年为 1.7 亿美元，2014 年为 1 亿美元，2015 年中国对土耳其的直接投资流量达到 6.28 亿美元。中国对土耳其的直接投资存量从 2007 年的 1200 万上升至 2012 年 5 亿美元，2015 年达到 13.29 亿美元。[①] 2017 年中国对土耳其直接投资存量依然维持在 13 亿美元以上（见表Ⅲ－2－1）。2015 年，中国在土耳其新签承包工程合同超过 31.65 亿美元，完成营业额超过 13.39 亿美元。2016 年中国对土耳其非金融类直接投资额 4611 万美元，存量达到 13.7 亿美元；在土工程承包合作累计合同额 180.2 亿美元，完成营业额 126.2 亿美元。[②] 2018 年，中国在土新签工程承包合同额 11.6 亿美元，完成营业额 6.7 亿美元；截至 2018 年底，在土累计签订工

① 中国商务部等：《2015 年度中国对外直接投资统计公报》，中国统计出版社 2016 年版，第 42—48 页。

② 中国驻伊斯坦布尔总领事馆经济商务室：《中土双边经贸合作简况》，http：//istanbul.mofcom.gov.cn/article/zxhz/hzjj/201706/20170602586477.shtml。

程承包合同额200亿美元，完成营业额144.9亿美元。[①] 中国企业对土耳其的投资热情不断提高，投资领域不断扩展，正从传统的矿业向农业、制造业、交通、能源、电信与金融等多领域拓展，主要集中在交通基础设施、通信、能源、矿产开发与轻纺制造等领域，5000万美元以上的大型合作项目不断出现。近年来，两国在“一带一路”框架下为推进产能与装备制造、交通、核电、新能源等领域加大了合作力度。

表Ⅲ－2－1　**中国对土耳其的直接投资流量与存量（2007—2017年）**（单位：万美元）

年份	2007	2008	2009	2010	2011	2012	2013	2014	2015	2016	2017
流量	161	910	29326	782	1350	10895	17855	10497	62831	-9612	19091
存量	1199	2236	38617	40363	40648	50251	64231	88181	132884	106138	130135

资料来源：中国商务部等：《中国对外直接投资统计公报》。

近年来，中国在土耳其开展投资与工程建设的企业与项目日益增多，国际产能合作的成功案例也不断涌现（见表Ⅲ－2－2）。华为公司、中兴通讯、中钢集团、中国通用技术、中国机械、中国铁建、中国航技、中国天辰工程、中国南车、中电光伏、哈电国际、奇瑞汽车等数十家知名企业均已进入土耳其市场，取得了不错的业绩，很多项目已成为“一带一路”建设的代表性成果。中国在土投资主要可以分为工程承包、制造业与服务业等三大类。

表Ⅲ－2－2　**中土产能合作的主要案例**

合作领域	代表项目	合作企业	主要内容	合作成效
基础设施	安伊高铁二期	中国铁建	承建安伊高铁二期工程，中标路段158千米，合同金额12.7亿美元	中国企业在海外承建的第一条电气化高铁项目，对推动中国高铁“走出去”意义重大
	收购伊斯坦布尔昆波特港	招商局国际	联合其他两家公司斥资9.4亿美元收购伊斯坦布尔昆波特港65%股权	中国企业首次获得土耳其码头经营权，助推海上“丝绸之路”建设

① 中国—土耳其经贸合作网：《中国土耳其经贸合作简况》，http：//www.ctc.mofcom.gov.cn/article/doublestate/201902/408344.html。

续表

合作领域	代表项目	合作企业	主要内容	合作成效
能源电力	伊斯达电站项目；伊兹密尔电站项目；艾伦电站项目	中国机械设备工程公司	建设伊斯达600MW超临界电站；伊兹密尔350MW超临界电站；艾伦600MW超临界电站	艾伦电站项目是中国首次对外出口、土耳其首个建成并投产的单机容量为600MW等级的超临界火力发电机组
	卡拉毕加电厂	中国能建集团浙江火电	建设2×660MW火电机组	首个出口国外的超临界机组项目
	泽塔斯三期火电项目	哈电国际	2×660MW超临界火电项目，与土耳其EREN集团合作开发的EPC总承包项目	哈电国际在土耳其火电市场的首个总承包、标志性项目
	海马电站项目	哈电国际	总承包土耳其哈塔特集团所属的装机容量2×660MW电站项目	土耳其重点能源项目和第一个煤电一体化项目。哈电在土第二个总承包项目
	胡努特鲁燃煤电站项目	上海电力	持股50.01%联合出资建设胡努特鲁2×660MW燃煤电站项目	继2014年阿特拉斯电站运维项目之后又一个标志性成果
	伊斯坦布尔光伏设备制造厂等	中电光伏	2012年在伊斯坦布尔图兹拉自贸区设厂，生产300MW的光伏组件和100MW的太阳能电池。2014年与土方合作建设50MW光伏项目	土耳其成为中电光伏面向欧洲的生产制造基地，99%产品供出口
	伊斯坦布尔光伏设备制造厂	上海航天机电	2016年在土耳其设立300MW太阳能电池生产厂和600MW组件装配厂	将土耳其作为公司海外设施的总部，供应土耳其、欧洲和美国市场
装备制造	中国南车土耳其公司	中国南车集团	联合土耳其MNG公司成立由中国南车株机公司控股的合资公司，从事轨道交通设备制造和运营维护等	开启了中国轨道交通装备整车研制企业与国外企业合资的先河，在轨道交通领域实现了由向欧洲输出产品到输出技术的升级
通信	华为土耳其公司/全球研发中心	华为	通信设备和服务；投资5000万美元在伊斯坦布尔建成全球第二大研发中心	成为当地知名通信设备和服务供应商，业务范围涵盖中东、中亚、东欧地区
	收购内塔什	中兴通讯	斥资1亿美元收购通信设备企业、系统集成供应商内塔什48.04%股权，成为其第一大股东。	巩固了土耳其及中东欧多个国家的电信设备供应商的地位
钢铁	伊斯坎德伦钢厂、陶西亚利钢厂项目等	中钢集团	承建伊斯坎德伦钢厂300平方米烧结项目、4号炼铁高炉等；承建陶西亚利极端110万吨短流程钢厂的连铸和轧钢系统	当时土耳其最大高炉，也是中国在海外承建的最大级别高炉工程；中国在海外承建的最大板坯连铸、热连轧项目

续表

合作领域	代表项目	合作企业	主要内容	合作成效
纺织	巴勒克希尔纺纱厂	天虹集团	投资2亿美元在土耳其巴勒克希尔省工业园建设纱线生产厂	2016年完成投资，工厂规模达1500人，产品直接进入欧洲市场
汽车	乔尔卢发动机厂；萨卡利亚汽车厂	奇瑞汽车	2012年投资5亿美元，与德国FEV公司和Mermerler集团联合在乔尔卢建立发动机厂；在萨卡利亚建立整车组装厂	产能预计将达10万辆，并达到欧盟标准

资料来源：作者根据公开信息自制。

从近年来中国与土耳其两国的投资与产能合作实践来看，在合作规模、合作领域、投资主体、合作方式和合作风险等方面表现出以下特点。

第一，合作规模不断扩大，但数量依然有限，远未达到双方的投资潜力和期待。近年来中国在土耳其直接投资流量出现了大幅飞跃，中资企业投资的5000万美元以上的大型项目也不断出现，屡次打破投资记录，在土投资的中资企业数量达到数百家。但相对来看，中国在土投资的企业、项目数量与金额均不大，与在土投资的欧洲企业相去甚远，远未达到土耳其的潜力与期待。

第二，合作领域大幅拓展，但投资项目依然较少，未能覆盖相关行业与产业链条。中国企业在土耳其投资和工程承包项目主要集中在电信、金融、交通、能源、采矿、制造、农业等领域，但总体上投资项目依然较少，高端制造业与高附加值产业不足，如在能源领域主要是投资传统的煤电厂和火电项目，对于土耳其计划大力发展的智能电网项目还有待拓展。

第三，投资主体逐步增多，但依然集中在大型国有企业与少数知名民营企业上。由于土投资门槛很高，中国知名企业在土投资设厂很少，而且也并非主要针对土国内市场。中国对土耳其社会文化特点还不够熟悉，出口的大多是贴牌商品，国产品牌的辨识度不高，当地市场对中国产品形成价格便宜、档次低的刻板印象。

第四，合作方式日益多样，但依然主要是工程承包和通过收购方式实现的股权投资，兼以项目融资的形式参与其中，所占有的份额、利润均还不高，整装出口很少，更有待向技术标准输出等高层次拓展。如安伊高铁二期项目中，中企只负责部分工程项目，带动中国设备出口十分有限。

第五，合作风险依然突出，面临融资困难、互信度低、安全风险高以及保障机制不健全等困境。中国企业在土耳其面临着较高的融资、政策与经营性风险，竞争压力巨大，此外还有政治、安全与文化差异及动荡带来的非经济风险。

此外，从“五通”来看，中土之间政策沟通合作机制层次不高、作用有限；设施联通存在空间与制度障碍，当地参与度不高；贸易规模小而长期失衡，存在结构性障碍；资金融通上面临持续的国际金融风险和美元的制度性制约；民心相通方面还存在突出的认知赤字和话语冲突。

二　中土投资产能合作面临的主要风险

虽然土耳其具有突出优势和吸引力，中土投资合作也取得了重大进展，但其中依然蕴藏着不少风险和挑战。土耳其经济发展模式具有高度外向性的特点，国内创新能力不足、储蓄率低而投资能力有限、过度依赖外部资金、金融及监管改革滞后、持续的贸易逆差等结构性的经济痼疾长期未得到解决。[①] 近年来，土耳其国内政治动荡加剧，经济陷入失速状态，外交困局明显，恐怖袭击事件日益频繁，中国企业在对土耳其投资经营中面临着政治、经济、安全以及政策等诸多风险，运营过程中还面临汇率、法务、税务、签证、劳资等合法合规的经营性风险。

第一，土耳其国内宏观经济与经营、融资风险均较为突出。从宏观经济风险来看，近年来土耳其国内经济遭遇增长瓶颈，增长速度下滑，通货膨胀与失业问题严重，金融风险加剧，汇率风险突出。2012—2016 年经济增长率一直徘徊在 2%—4% 之间的低速状态；通货膨胀率和失业率一直维持高位；长期贸易逆差导致经常账户赤字居高不下；土耳其货币里拉不断贬值，成为最容易受到冲击的新兴国家货币之一，外债规模特别是短期外债水平持续攀升。在此背景下，国际评级机构穆迪、标普、惠誉也纷纷下调了土耳其的主权信用评级与未来展望。2017 年土耳其经济虽然实现了 7.4% 的高增长，但 2018 年大幅降至 2.6%，经济内在脆弱性更加突出，2018 年 8 月爆发的里拉危机即为突出体现。IMF 认为，土耳其经济的

① 邹志强：《土耳其经济治理的危机与转型》，《阿拉伯世界研究》2018 年第 1 期。

脆弱性包括大量的外部融资需求、有限的外汇储备、对短期资本流入的更多依赖，以及企业对外汇风险的高敞口，建筑部门可能供过于求的迹象也正在出现。虽然风险触发因素本质上难以预测，但它们可能来自国内事态发展或区域地缘政治发展，或投资者对新兴市场的情绪变化。[①] 国际评级机构标准普尔表示，土耳其经济对强劲的财政刺激政策反应积极，但如果不能遏制通胀和货币贬值压力，会干扰经济稳定性。经常账户赤字、大量外债、房价高企、政治风险都可能损害土耳其经济稳定的根基。[②] 2017 年 11 月，标准普尔将土耳其、阿根廷、巴基斯坦、埃及和卡塔尔评为新的"脆弱五国"，而土耳其为五国之首，指出土耳其在所选用的七个指标上都十分脆弱，是唯一一个最脆弱的主权国家。[③] 2018 年下半年以来的经济下行和萎缩显示土耳其经济已经陷入技术性衰退，IMF 预测 2019 年土耳其的经济增长率将为 -2.5%。[④] 内部经济指标恶化和国际信用评级降低严重影响了经济的长期稳定发展和外部吸引力。土耳其之所以陷入经济增长危机，主要原因包括内部增长动力的削弱、对外资的过度依赖、改革动力的下降以及内外多重危机的冲击等。[⑤]

从经营与融资风险来看，土耳其国内企业经营成本不断提高，融资难的问题较为突出。土对外商投资设置高门槛，审批效率不高；国内物价水平偏高，加之通货膨胀率一直较高，能源完全依赖进口，水电天然气等资源价格较贵；连续提高最低工资水平，人力成本大幅上升；征收高额营业税，执行欧洲环保标准，因此综合投资成本较高。2016 年 1 月起土耳其政府将最低工资水平提高了 30% 至每月 1300 里拉（368 美元），2016 年

---

① IMF, "Turkey: Staff Concluding Statement of the 2018 Article IV Mission", February 16, 2018, http://www.imf.org/en/News/Articles/2018/02/15/ms021618-turkey-staff-concluding-statement-of-the-2018-article-iv-mission.

② 华尔街见闻：《土耳其总统批评央行路径错误　暗示降息里拉和债市暴跌》，https://wallstreetcn.com/articles/3041912。

③ 凤凰网：《土耳其位列全球经济新"脆弱五国"之首　中泰俄弹性最高》，http://finance.ifeng.com/a/20171107/15772131_0.shtml。

④ IMF, "World Economic Outlook", April 2019, https://www.imf.org/external/datamapper/datasets/WEO.

⑤ 邹志强：《经济失速背景下的"土耳其模式"危机与土欧关系》，《欧洲研究》2017 年第 2 期。

底又宣布进一步提高至1404里拉（397美元）。[①] 2016年土耳其工业、制造业和建筑业的劳动力成本相对于2010年已经增长了2.3—2.6倍。[②] 2017年土耳其的通货膨胀率达到11.92%，[③] 是六年来年度通胀率首次突破两位数，并达到了2004年以来最高水平。2018年土耳其通货膨胀率更是高达20.3%。更为重要的是融资难题，土耳其经济对外资依赖度高，国内储蓄率很低，投资能力有限，由于向当地银行融资的成本较高，土耳其政府采购项下基础设施项目绝大多数要求投标商提供融资安排。以中国企业承建的安卡拉—伊斯坦布尔高速铁路二期工程为例，项目总金额12.7亿美元，由中国进出口银行提供7.2亿美元贷款，欧洲开发银行提供其余5.5亿美元贷款。而自2013年以来土耳其里拉一直处于不断贬值的态势，且跌幅逐年扩大，2018年已经进入第六个年头。2018年一度贬值超过40%，从年初的1美元兑3.78里拉跌至8月10日的6.46里拉。里拉危机带来土耳其金融市场的动荡，汇率风险和融资成本居高不下。从内部来看，土耳其政府缺乏有效的政策手段应对多重经济困局，面对吸引国际资本流入、降低生产成本、遏制通货膨胀、提高出口竞争力等多个相互矛盾的政策目标，特别是货币政策更是进退维谷。从外部来看，在现有的外向型经济发展模式和对外经济关系背景下，土耳其短期内无法改变对美欧的依赖，美国货币政策对土耳其金融市场影响重大，欧盟是土耳其最大的贸易伙伴和投资来源地。

第二，土耳其国内政治安全形势恶化对投资环境的影响日益上升。2015年特别是2016年7月的未遂军事政变以来，土耳其国内政治格局经历重大变化而动荡加剧，日益增强的威权化倾向与严峻的安全形势使国内陷入持续的紧张状态，存在政局动荡隐患。国内各种矛盾和问题在未遂军事政变后受到压制但并没有根本解决，而土耳其国内政治的包容性日益丧失，政治变革可能引发新的不确定性和造成社会群体间裂痕的扩大，国内外对埃尔多安个人集权与土耳其威权主义前景的疑虑也进一步增强，土耳

---

① "Turkey to Raise Minimum Wage by 8 Percent to 1400 Iiras", *Hurriyet Daily News*, December 29, 2016.

② Turkish Statistical Institute, http://www.turkstat.gov.tr/.

③ Turkish Statistical Institute, "Consumer Price Index", http://www.turkstat.gov.tr/PreHaberBultenleri.do?id=27758.

其政府维持国内政治稳定的压力空前增大。2017 年至 2018 年，土耳其举行了总统制修宪公投、连续实行紧急状态和肃清“居伦运动”以及打击库尔德人势力，并提前举行了总统大选，正式从议会制改为总统制，总统埃尔多安与正发党政府的独大地位更趋稳固，反对党及其他反对势力遭到更大程度的分化和削弱。土耳其国内政治集权化趋势进一步增强，埃尔多安的威权化治理更加明显，但国内民意分裂和对立加剧，安全形势也蕴藏着巨大风险。反对党、西方国家和其他批评者认为该制度缺乏必要的制衡而赋予总统至高无上的行政权力，称其为“一人统治”。[①] 国内政治治理的危机、民粹主义的持续影响、民族宗教问题的日趋复杂、外交关系的摇摆不定等，都对埃尔多安和正发党政府的政治统治构成严峻挑战。[②]

另一方面，土耳其国内安全形势日益严峻，恐怖袭击事件频繁发生。2015 年末以来，土耳其国内的暴恐袭击呈现常态化趋势，安卡拉、伊斯坦布尔成为重灾区，土耳其民众的不安全感愈加强烈，土耳其的安全压力急剧增大。2017 年仅伊斯坦布尔就逮捕了 1447 名与“伊斯兰国”组织有关的嫌疑人，阻止了多起恐袭事件。[③] 2014 年 8 月，中国机械设备工程股份有限公司承建的位于土耳其舍尔纳克省的火电站工地遭到武装分子袭击，3 名中国工人失踪，当年 10 月才安全获救。华为等中资企业也曾遭遇恐怖袭击威胁，不得不撤离部分人员。此外，安全威胁还包括“东突”分子与土耳其排华事件的冲击。土耳其多次发生排华事件，严重威胁到华人华侨的安全，增加了中国在土投资的风险。土耳其是中国境外“东突”分裂分子最集中、最活跃的国家之一。[④] 土耳其国内裹挟着错误与虚幻的宗教与民族感情因素的认知成为长期影响中土关系的重要障碍，特别是土耳其民间存在较强的错误认知和敌视中国的暗流，并随着形势的变化时而成为中土交往的绊脚

---

① “Erdogan Vows to Advance Turkey under New Governance System”, *Al Jazeera*, July 10, 2018, https://www. aljazeera. com/news/2018/07/erdogan-vows-advanceturkey-governance-system-180709142847880. html.

② 李艳枝：《土耳其的总统制：修宪结果与不确定性未来》，《学术前沿》2018 年第 10 期上，第 29 页。

③ “Nearly 1500 ISIL Suspects Detained in Istanbul in 2017”, *Hürriyet Daily News*, January 8, 2018, http://www. hurriyetdailynews. com/nearly-1-500-isil-suspects-detained-in-istanbul-in-2017 – 125124.

④ 肖宪：《构建中国与土耳其新型战略合作关系》，《西亚非洲》2011 年第 9 期。

石，增加了中土关系的脆弱性。如受到土耳其境内“东突”势力及外媒误导等因素影响，2015 年 7 月土耳其多地曾发生排华事件。

第三，大国博弈因素与地缘经济风险也不容忽视。土耳其与外部大国关系复杂，与西方之间既拥有多元深入的长期制度性联系，也存在日益扩大的嫌隙与矛盾；与俄罗斯之间既有长期的对抗性矛盾，也出现了日益密切的能源经贸联系与安全合作。传统上，欧盟及欧洲大国是土耳其的安全盟友，也是最为主要的贸易伙伴和投资来源地，欧盟在土耳其拥有重大经济与战略利益。而俄罗斯也十分重视借助土耳其的地缘优势，作为油气向外输送的通道、与其他大国博弈及介入中东事务的杠杆等。但近年来土耳其与主要大国的关系出现恶化或不稳定趋势，尤其是与最主要经济伙伴——欧盟的关系不断恶化，入盟进程停滞，恐影响土耳其未来的投资前景，削弱其竞争优势。近年来由于难民危机的持续，欧盟对土耳其的不信任甚至是厌恶不断增强，土耳其入盟进程更是严重受挫。[①] 土耳其入盟进程事实上已被搁置，土耳其提出的升级关税同盟的谈判亦无法取得进展，土欧互信下降和关系停滞的特征更为明显。土欧关系的持续紧张与恶化将不可避免地影响到双边经济关系及其投资环境，特别是对土耳其作为进入欧盟市场跳板的角色造成冲击。近年来土耳其与欧盟、美国之间矛盾重重，因修宪公投、人权、库尔德、“居伦运动”等问题摩擦不断，同时游走于美俄两大力量中间以最大限度地维护自身利益，也推动地区格局发生微妙变化。由于利益与政策冲突，战略互信持续下降，危机不断成为美土两国关系的常态。虽然美土之间很难重回亲密的盟友关系，但国家安全和经济上的现实利益决定了两国不会彻底决裂，将在不断博弈中寻求转圜机会，维持斗而不破的状态。中土产能合作应充分考虑地缘政治的不确定性及其冲击。中东地区乱局特别是邻国叙利亚和伊拉克的战乱与危机的持续外溢对土耳其经济造成了日益严重的负担，与中东国家的经贸关系也受到极大冲击。难民危机与“伊斯兰国”组织造成的双重危机加剧了地区动荡与风险外溢，而土耳其处于两场危机的中心。[②] 300 万叙利亚难民涌入

---

① 邹志强：《经济失速背景下的“土耳其模式”危机与土欧关系》，《欧洲研究》2017 年第 2 期。

② E. Fuat Keyman, “Turkish Foreign Policy in the Post-Arab Spring Era: from Proactive to Buffer State”, *Third World Quarterly*, Vol. 37, No. 12, 2016, p. 2274.

和滞留土耳其带来上百亿美元的财政开支，对国内安全与经济环境、对外贸易带来的负面冲击更为长远。而土耳其一直不放弃对地区热点问题的介入，继续致力于塑造自身的大国地位和影响力。

第四，政策法规不够完善，法律、劳工、文化等政策与社会因素带来的经营性风险也居高不下。这主要包括政策法律、市场调研、就业与工作许可、当地合作伙伴选择、文化与语言问题等。土耳其尽管在投资贸易方面加强了立法，但投资和贸易法规体系仍不健全，许多问题无章可循，对广播、航空、海运、金融、房产等行业仍有不少限制，技术性壁垒也限制了外来投资的进入。土耳其是对中国实行反倾销、反补贴调查等贸易救济措施最多的国家之一，同时中资企业在与土耳其合作中也多次出现被拖欠货款等情况。2016 年土耳其政府在贸易救济领域对中国出口产品动作明显增多。其中，对原产自中国的混凝土泵和混凝土泵车、光伏组件和绗缝面料新立 3 起反倾销调查，对我焊丝焊条、季戊四醇、轮胎等发起 3 起反倾销期终复审调查，并对我甲酸钠、空调水冷系统、无框玻璃镜、钢丝绳和传送带及相关部件 5 种产品做出征税或维持征税的反倾销终裁决定。① 在劳动力政策方面，为保护当地就业，土耳其政府劳务输入控制很严，且手续繁杂、办理周期较长。外企需要按 1∶5 比例招收国际和本地雇员，为本地雇员缴纳高额社保，同时办理工作签证周期长、费用高，且存在无法办理居留许可的风险。中资企业在办理工作签证和许可方面面临较大难度，往往需要花费更多精力与财务成本。土耳其关税结构复杂，缴纳规则会经常改变，税率也会经常变化。其他进口限制或海关管理措施也较多，如土耳其海关规定，出口至土耳其的货物，到港 45 天如无人提货，货物将被土耳其海关没收并进行拍卖，不经进口商同意，海关无权将货物退回发货地，已有大量中国出口商因该规定遭受惨痛损失。土耳其的制度环境和技术标准是影响中土产能合作的一大障碍。②

---

① 中国驻土耳其大使馆经济商务处：《2016 年土耳其涉华贸易救济案件明显增多》，http：//tr. mofcom. gov. cn/article/jmxw/201607/20160701360032. shtml。

② 魏敏：《“一带一路”背景下中国—土耳其国际产能合作的风险与对策》，《国际经济合作》2017 年第 5 期。

第三节　中土投资与产能合作的未来方向

从理论与现实来看，只有在利益共享、战略对接的基础上，找准和最大限度地发挥双方互补优势，才能有效地推动国际产能合作。当前中国应加大与土耳其的产能与投资合作，根据比较优势与经济效益原则有针对性地选择优先合作领域、设定合作议程、推进合作项目，推动相关产业的国际转移与本土化生长；加大在绿色能源、交通和基础设施项目合作与投资力度，促进工程承包合作，加强在金融、技术上的合作以解决项目融资难题；大力开展在非洲和中亚等第三方地区的合作，减少利益冲突，避免恶性竞争。

一　中土投资与产能合作的重点领域

第一，中国应重点选择能够充分利用土耳其的区位优势（特别是进入欧盟的优势）的相关合作领域，如纺织服装、电信、汽车、能源、光伏等行业。土耳其投资吸引力的突出优势之一就在于其区位优势，特别是作为关税同盟成员可以自由进入欧盟市场，且地理上连接欧洲等地，产品交付更为便捷。欧盟作为中国的主要出口目的地，针对相关出口行业投资土耳其可以充分利用这一跳板开拓欧盟及周边市场。如中电光伏 2012 年进入土耳其，利用土耳其的欧盟关税同盟国家地位，规避惩罚性关税，产品主要销往欧洲和北美。中兴通讯与华为公司在土耳其的投资布局及其覆盖欧洲等周边地区也充分发挥了这一优势。土耳其汽车产业具有人均汽车拥有量低、本土市场容量大、高技能劳动力以及邻近汽车出口市场等多重优势。在土耳其政府大力引进整车制造和本地化生产的推动下，大批国际汽车制造商在土设立工厂、开展技术合作，汽车业发展十分迅速，大有取代纺织业的龙头产业地位的趋势，汽车产业已连续十多年成为其最大出口产品。未来，中资汽车企业投资土耳其大有可为。

第二，中国应重点选择能够有效避免相同产业与企业竞争的相关合作领域，如纺织业、汽车业、家电与机械制造业。同为新兴工业化国家，中国与土耳其的产业结构具有较高相似度，竞争性特点突出。中土出口商品种类重合度高，纺织品及原料、机电产品、金属制品和运输设备等商品同排在两国出口商品前列，在欧洲、中东等地市场竞争激烈，也是引起经济摩擦的重点领域。土耳其国内相关产业基础设施较为成熟，本身市场容量也较大，具有投资优势。例如，土耳其纺织业技术水平居世界领先地位，相关配套行业包括针织、色染、印花以及装饰等都很发达，是世界第五大纺织服装出口国。同时，纺织服装行业对土耳其来说地位举足轻重，占其国内生产总值的5.5%和工业总产值的17.5%，制造业产值的19%，约占制造业就业人数的20%，占出口总值的30%。[①] 因此，应重点选择此类能够有效避免激烈竞争的相关领域加大投资力度，既可以有效利用土耳其国内较为成熟的产业基础及市场，也有利于降低双边经济摩擦。

第三，中国应积极对接土耳其国内发展规划与需求，加强对土耳其基础设施与能源领域的投资。近年来，土耳其政府重点发展交通与能源行业，投资规模巨大，相继推出了一系列雄心勃勃的投资计划，新增基础设施与能源投资2500亿美元以上。其中仅在能源领域就需要投资1200亿美元，包括建设大批煤热电站和水电站、加强新能源开发、新建核电站以及电力企业私有化和智能电网建设等。近年来中资企业已经在土耳其能源与交通领域获得了日益增多的产能与投资合作项目，特别是电厂、高铁领域。未来中国还应重视对土耳其铁路、公路、港口、能源、旅游、航天等领域的投资。

第四，中国应通过产能投资合作努力推动中国装备制造业及技术标准“走出去”。凭借中国制造与中国技术日益上升的国际影响力，中国在对土耳其的投资合作中应更为自信地推动中国装备制造业与技术标准的输出，加快制造业技术转移与产业对接，既回应土耳其打造区域制造业中心的构想，也借以形成中国优势产业在当地形成自发性生长与市场容量的扩大。新能源开发与高铁建设为中土两国领导人确定的两个合作重点，土方也希望在加快推进东西高铁、第三核电站等重大项目上与中国扩大合作。在航天等新兴领域，中土两国在航天卫星领域已经开展了相关合作，如2012年12月和2013年4月，中国就为土耳其发射了两颗卫星（GK－2，TURKSAT－3USAT）。

---

① 参见中国商务部等《对外投资合作国别（地区）指南·土耳其（2018）》，http：//www.mofcom.gov.cn/dl/gbdqzn/upload/tuerqi.pdf。

二　中土加强投资产能合作的主要路径与机制建设

第一，中国应在“一带一路”背景下以新型伙伴关系与渐进式实践提升中土产能合作实效，探索“创造性产业转移”① 模式。一方面，中土之间已经存在经贸联委会、副总理级政府间合作委员会、中土经贸论坛等合作交流机制，拥有相对顺畅的沟通交流渠道。未来还应强化现有中土政府间合作机制的经济促进功能，在制度上规范中土战略合作关系，建全各领域对话与合作渠道，更加注重政府、企业与第三方三层合作机制建设，特别是创设在第三方市场合作的双边机制，及其与产能合作领域的有效对接，在“一带一路”框架下探索以新型发展伙伴关系为原则的中土产能合作新路径。另一方面，根据土耳其的产能需求与合作能力，推动相关产业在土国内市场的立足、成长与发展、创新，形成有利于双方长远合作的产业、产能领域，通过形成产业基础与培育市场需求为今后的可持续合作奠定基础，实现“创造性产业转移”，建立有利于产业内生性生长扩散的创造性产业转移机制与新型经济合作模式。如电力行业、交通基础设施、电子、机械制造等。在此过程中，应坚持企业主体、市场主导、政府推动、商业运作的原则，对接中国产能优势和土耳其需求，开展先进、适用、有效、有利于就业、绿色环保的产能合作，支持通过优势互补、互利共赢实现产能合作效果与规模的良性循环，积极推进本土化和土耳其融入全球产业链与价值链。同时加快对接“一带一路”和“中间走廊”建设项目，如土耳其国内东西向高铁、跨海峡隧道、伊斯坦布尔新机场与港口建设，服务于“丝绸之路经济带”与“21 世纪海上丝绸之路”的成功推进与连接贯通。

第二，中国应主动地运用多种产能合作方式并逐步升级优化。目前中国企业对土耳其的投资与产能合作还主要是直接投资、收购、工程承包为主，兼有项目融资形式，还未能实现技术标准的系统输出与负责运营管理。土耳其国内基础设施建设普遍采用 BOT 或 PPP 方式，运作十分成熟，但主要是欧美与日本等发达国家企业，中资企业多以承揽 EPC 项目为主，基本还没能真正承揽和实施 BOT 或 PPP 项目。未来中土产能与投资合作

① 钟飞腾：《“一带一路”产能合作的国际政治经济学》，《山东社会科学》2015 年第 8 期。

应综合运用直接投资、工程承包、项目融资、技术标准输出、运营管理等五种方式，并逐步从直接投资与工程承包的初级形式向技术标准输出、运营管理等高端形式以及全过程参与的模式转变，通过直接投资、工程承包提供“捆绑式”服务，推动中国装备与技术、标准输出，进一步提高中国企业的盈利水平、合作能力与市场地位，为长远发展与合作提供坚实基础。如包括电厂、输送、智能电网与电力设备产品等在内的电力行业，包括工程建设、装备制造、技术标准、运营管理在内的交通基础设施行业等。此外，土耳其也是全球领先的工程承包大国，中土相关企业在土耳其及第三方市场开展强强合作的机遇广阔。

第三，中国应积极深化金融合作为中土产能合作保驾护航，解决融资难困境、规避金融动荡风险。构建金融支撑体系是推进国际产能合作的关键。① 金融与投资是中土经济合作急需加强的薄弱之处，也是双方领导人确定的新兴合作领域。一方面应加大中国金融企业“走出去”，为国际产能合作保驾护航。如中国进出口银行为土耳其安伊高铁二期项目提供2.03亿里拉的贷款。中国工商银行2015年收购土耳其纺织银行后，为土耳其多个项目提供融资和贷款近百亿美元，为促进两国贸易投资便利化提供了有力支撑。2017年中国银行也正式在土耳其开设分行，为双方贸易投资合作提供了新的金融渠道。另一方面中土签有货币互换协议，土耳其还是亚投行的创始成员国，出资额26.09亿美元，在57个创始成员国中居第11位。未来应充分发挥丝路基金、亚投行等多边开发机构的作用，通过对经贸发展专项资金、优惠贷款、出口信用担保等形式支持对外投资合作与装备技术“走出去”。在工程承包领域，对由承包商为业主提供资金的带资承包、需要承包商提供完工保函的融资、交钥匙工程、BOT项目等提供融资，提升中国承包工程企业参与竞争的资金保障。

第四，中国应高度注重产能合作的风险防范及保障机制建设。土耳其所处的中东地区为风险高发地带，面临融资困难、政策与经营性风险复杂、互信度低、安全风险高以及保障机制不健全等风险与压力。例如在基础设施建设领域，竞争力也比较强的土耳其希望中国提供融资但少参与具体项目，往往先听取中方工程报价，再向欧洲和日韩企业施压是其惯用谈

---

① 谭璐：《搭建国际产能合作的金融支撑体系》，《中国经贸导刊》2016年6月（上）。

判策略。结合近年来双方市场数据对中国与土耳其之间的投资与产能合作能力结构指数、能力结构耦合度进行量化分析，据此制作中土产能与投资需求图谱与合作能力图谱，得出较为量化的可参照数据，分析具体的产业合作机会与重点领域，使中土产能与投资合作建立在更为科学、有效的基础之上。中土产能与投资合作受到土耳其产业基础与政策、经营成本与效益、商业与法律氛围、政治与安全环境、市场容量、双边关系等多种因素的复杂影响，加之近年来土耳其国内局势变化的冲击，中国对土投资、工程承包与产能合作带来日益增大的风险。一方面，投资企业应事先全面了解土耳其投资与商业政策法律；做好市场调研；及时办理工作与居留许可；充分考虑汇率风险；选择本地企业合作伙伴。另一方面，在以企业为主体、市场化运作的对外投资与产能合作原则基础上，重视发挥政府与驻外机构在风险防范方面的保驾护航作用，将国际规范的商业化运作与积极有为的经济外交有机结合起来。

第三章 中土贸易及摩擦问题

中国作为全球最大的新兴经济体和制造业中心，其经济辐射能力虽早已具备全球性，但由于美元支付体系等多方面原因的制约，一时间难以在传统经济辐射半径之外的地区形成足够的影响力。土耳其作为中东地区的传统大国，其独特的经济发展模式也一直为周边国家津津乐道。正义与发展党（AKP，以下简称正发党）执政初期，通过延续厄扎尔时代以来的私有化改革路径，土耳其的经济发展连续数年呈现出高增长态势，成为世界第 17 大经济体，享有“新钻国家”“薄荷四国”等诸多美誉，成为世界范围内最活跃的新兴市场国家之一。

2008 年国际金融危机后，世界各国的经济发展普遍陷入停滞乃至倒退，然而中国的 GDP 增长率却保持在 9.1%。在经济衰退时期，很多国家普遍采用各种关税或非关税壁垒来保护本国产业的发展，面对如此经济高速增长的中国，势必会造成大量的贸易摩擦。据统计，2009 年以降，针对中国的贸易摩擦案例急剧增多，中国连续十多年位居全球贸易摩擦目标国榜首，钢铁、纺织品、机电产品、玩具等已经成为贸易摩擦的“重灾区”。土耳其经济发展过程中的外向性特征明显，因此在国际金融危机中受到的消极影响也较为严重。且在中土贸易中，土耳其一直处于逆差地位，出于对国家利益的考虑，土耳其与中国之间出现贸易摩擦的可能性也在大大增强。

自 2010 年中国与土耳其首次将双边关系提升为战略合作伙伴关系之后，中土双方的经贸交往也随之越来越紧密。2015 年，中国超过俄罗斯成为土耳其第一大进口来源地。一直以来，土耳其在中土双边贸易中均处于入超地位，但随着诸如里拉贬值等多种因素的共同影响，土耳其向中国出口的商品总额呈现出逐渐上升的态势。在中土贸易的商品类别中，低技术附加值及初级产品占了很大一部分比重，因此在贸易的过程中也产生了诸如反倾销调查等一系列影响贸易健康发展的摩擦事件。

根据世界经济论坛最新发布的《2017—2018 年全球竞争力报告》，在 137 个受评比的国家和经济体中，中国列于第 27 位，土耳其排名较此前稍有下降，排名第 53 位。然而就不同发展阶段的指标来看，中国处于第二阶段即效率驱动阶段，而土耳其则离第三阶段创新驱动阶段仅一步之遥，处于中间过渡阶段。面对全球经济快速转型所带来的不确定性，加之经济危机过后世界经济复苏乏力、地缘政治不平衡等多方面原因，各经济体之间的差距很可能在全球经济转型的过程中逐渐加大。在这种情况下，准确把握土耳其经济发展现状及中土贸易脉络便显得格外重要。

第一节　土耳其国民经济的发展

土耳其《自由报》撰文指出，愈演愈烈的恐怖主义威胁到世界经济的安全，土耳其身处恐怖主义泛滥的边疆地带，更是有城门失火，殃及池鱼之感。在这种动荡的环境下，土耳其的经济很难呈现出健康稳定的发展态势。① 然而，《哈佛商业评论》（*Harvard Business Review*）却认为，土耳其经济发展所面临的挑战并非源于恐怖主义，而是源于土耳其目前的经济结构，其中包括低储蓄率、生产力僵化、高失业率以及劳动力费用高昂等因素。② 吊诡的是，加拿大广播公司（CBC Radio-Canada）在特朗普宣誓就职前夕发文称，恐怖主义将与特朗普、民族主义一道，共同打击土耳其经济的复苏。③

就指标来看，虽然土耳其经济发展的驱动模式不断向发达国家靠拢，但相对脆弱的经济结构则成为土耳其跨越“中等收入陷阱”的一道难关。换言之，土耳其的经济增长模式是相对依靠外资驱动，而不是通过扩大内需来活跃市场进行驱动的模式，所以土耳其在面临外部经济风险时，其经

① Turkey's Terrorism Challenge, *Daily News*, December 15, 2016, http://www.hurriyetdailynews.com/turkeys-terrorism-challenge.aspx? pageID = 238&nID = 107301&NewsCatID = 468.

② H. Akin Unver, The Real Challenge to Turkey's Economy Isn't Terrorism, *Harvard Business Review*, July 08, 2016, https://hbr.org/2016/07/the-real-challenge-to-turkeys-economy-isnt-terrorism.

③ "Terror, Trump and Nationalism complicating Turkey's Economic Recovery", Jan 14, 2017, http://www.cbc.ca/news/world/turkey-erdogan-trump-economy-1.3910464.

济的抗压能力就存在缺陷。反言之，如果土耳其能够得到大量的资金支持，一般情况下不仅不会存在拖欠债务的情况，反而会反哺投资方。

在2007年国际金融危机到来之前，正发党政府通过出售大量亏损的国有企业，使土耳其GDP的年均增长率达到7.24%。金融危机过后，恰逢美国推出量化宽松政策，大量外资的涌入给2010年土耳其经济带来了9.2%高增长。与此同时，土耳其经济增长的风险也开始逐渐浮出水面。由于外资引进过程中，正发党政府并没有善加引导，由此出现了大量“热钱”。“热钱”的频繁流入流出，加之对土耳其货币币值的高估，造成了2012年土耳其GDP增长率暴跌至2.1%。此后由于政治局势动荡，“热钱”抽逃现象频发，土耳其在其后数年的经济发展再难复制正发党执政初期的跨越式发展。

随着土耳其外交倾向的转变，其与西方盟友的关系时有紧张，由此造成西方资本链的大幅缩水，导致土耳其境内很多基础设施建设难以为继。在这种情况下，土耳其一方面频繁与伊斯兰国家接触，另一方面不断向俄罗斯示好，数度释放出希望加入上海合作组织的意愿。换句话说，在西方资本信任度逐渐降低的情况下，南方伊斯兰资本和东方资本成为土耳其当前的最优选项。事实证明，正发党政府的选项并没有出现原则性错误。在特朗普上台之后，其执行的单边保护主义政策令土耳其经济发展严重受挫，仅2018年8月对土耳其钢铁及铝制品加征关税的这一项决定，就使得土耳其里拉暴跌30%，由此引发土耳其国内经济局势的剧烈动荡。

在外部环境相对紧张的情况下，土耳其展现出了强大的民族凝聚力。在土耳其总统埃尔多安的号召下，土耳其国民纷纷将美元兑换成里拉帮助国家渡过危机，并以家庭为单位缩减开支，减少市场的货币流通量，一定程度上帮助土耳其央行遏制了里拉继续下滑的势头。

根据土耳其国家战略及预算部（土耳其语：T. C. Cumhurbaşkanlığı Strateji ve Bütçe Başkanlığı）于2015年12月制定的“国家中期发展规划纲要”（Orta Vadeli Program），2016年土耳其的GDP增长率要达到4.5%①，出口增长率要达到12.7%，预计全年出口额将达到2014亿美元，进口额将

① *Medium Term Programme*（*2016 - 2018*），No. 2015/8355，Ministry of Development，Dec 29，2015，p. 17.

为2732亿美元[①]。鉴于不断扩大的人口规模，土耳其国家发展部指出，2016年土耳其的劳动参与率要达到52.4%，各产业部门要新创造194.9万个劳动岗位，使社会就业率提高到47.4%，逐渐降低失业率水平，使之在2018年平抑至9.6%。[②]

然而就目前情况来看，2016—2017年土耳其经济的发展指标普遍低于预期，而里拉的大幅贬值更是令土耳其在新兴国家中的表现垫底。因此，许多国际金融机构纷纷失去对土耳其经济的信心，彭博甚至将土耳其的信用评级定位于垃圾级。在这种情况下，部分经济学家认为土耳其目前的经济发展“成也萧何，败也萧何”，埃尔多安政府此前的经济政策虽然成为中东标杆，但此时政府的放任与不作为将会使土耳其市场进入一个全面滞胀的局面。[③]

相对于历史时期的“中期发展规划”，正发党政府于2015年12月制定的发展规划不再寻求经济的快速发展，而是将更多的注意力放在经济发展的“维稳”之上。2016年10月6日，土耳其国家发展部发布“2017—2019年国家发展规划纲要”，其中对2016财年的经济活动总结更为全面，相对2015年12月的“纲要”新增两点说明。2017年土耳其的GDP增长率要达到4.4%，2018年和2019年的预计增长目标均为5%。[④] 鉴于不断扩大的人口规模，土耳其政府指出，要在计划期内新增260.9万个非农业就业岗位。持续提升全国劳动力劳动参与率，至该计划结束时，劳动参与率要达到53.5%。此外，不断降低社会失业率，2019年要将失业率降至9.8%。[⑤]

其实，对于土耳其来说，虽然身披经济自由化的外衣，但从根本上

---

① *Medium Term Programme* (*2016 - 2018*), No. 2015/8355, Ministry of Development, Dec 29, 2015, p. 19.

② *Medium Term Programme* (*2016 - 2018*), No. 2015/8355, Ministry of Development, Dec 29, 2015, pp. 20 - 21.

③ Cengiz Çandar, "Turkey Faces Financial Disaster", *Al-Monitor*, January 13, 2017, http://www.al-monitor.com/pulse/originals/2017/01/turkey-economy-in-financial-collapse-haunting-erdogan.html.

④ Orta Vadeli Program 2017 - 2019, No. 29849, T. C. Cumhurbaşkanlığı Strateji ve Bütçe Başkanlığı, EKim 6, 2016, s. 6.

⑤ Orta Vadeli Program 2017 - 2019, No. 29849, T. C. Cumhurbaşkanlığı Strateji ve Bütçe Başkanlığı, EKim 6, 2016, s. 7.

讲，近年来随着政治空气的不断变化，尤其是行政权力的不断放大，经济与政治之间的绑定也越来越紧密。诚然，资本主义市场也强调政府对经济的宏观调控，但从土耳其的角度出发，这种调控逐渐摆脱了一些来自各方面的束缚，朝着“管家”的方向发展。

长期以来，土耳其经济的发展除了依赖外国资本和国家资本以外，还倚仗世俗资本如土耳其工业和商业联合会及退伍军人基金会等，不过这些世俗资本也构成了掣肘正发党的力量。随着伊斯兰复兴运动的不断发展，在贴有“绿化”标签正发党的统治下，伊斯兰资本如独立工商联（MÜSİAD）以星火燎原之势迅猛发展，已经具备了和世俗资本分庭抗礼的实力。某种程度上说，也正是有了多样性资本尤其是伊斯兰资本的支持，正发党的统治才具备了相对稳定的基础。与此同时，埃尔多安在2018年总统大选中的胜出也给国内各种资本尤其是伊斯兰资本送了一颗定心丸。

近几年来，因土耳其出现政局动荡、经济下滑、货币贬值等情况，世界各国普遍对土耳其的经济发展持悲观态度。但值得注意的是，由于土耳其实行自由化的市场策略，且十多年的私有化改革策略不仅丰富了土耳其市场的经验，还在一定程度上优化了土耳其的产业结构和外资来源。后厄扎尔时代，土耳其适时调整一味依靠西方资本的策略，中东地区伊斯兰资本的快速崛起为土耳其提供了新的机遇。依靠油气资源而快速积累起来的伊斯兰资本，在中东地区快速扩张。欧洲有着广阔的市场腹地，虽然土耳其至今为止仍未能成为欧盟成员国，但早已签署的欧洲关税同盟协定对外国投资者来说无疑具有巨大的吸引力。在这种情况下，不仅是伊斯兰资本，其他诸如中国、俄罗斯、日本、韩国等国际资本也将土耳其作为一个重要的投资方向。在当前正发党政府的领导下，资本来源的多样性为土耳其经济的重新快速发展提供了诸多潜在的可能性。

根据土耳其国家统计局公布的数据，以1998年不变价本币为计算标准，2016年全年土耳其的GDP规模约为1350.8亿里拉，同比增长约2.9%；人均GDP约为1693里拉，同比增长约0.2%。[①] 从目前来看，土耳其GDP增长的表现与2016年初政府预计的4.5%仍有一些距离。

---

① 若以现价本币计算，2016年土耳其GDP总额为25905.17亿里拉，人均GDP为32676里拉；若以现价美元计算，则GDP总量为8567.91亿美元，人均GDP为10807美元。*TurkStat*, No. 24566, March 31, 2017, http://www.TurkStat.gov.tr/PreHaberBultenleri.do? id=24566.

单就2016年而言，土耳其经济发展整体上以季度为单位逐步递增（见图Ⅲ-4-1）。其中以第二季度的增长最为迅速，环比增长率达到11.9%。然而就在增长率高歌猛进的时候，第三季度中期爆发的未遂军事政变严重迟滞了经济的发展速度，政治的不稳定性，又进一步叠加了诸如汇率暴跌、股市急挫等一系列不良反应，继而经济发展的持续动力不足，第三季度、第四季度的环比增长率仅有3.2%和6.6%。若以2015年作为比较样本，政变所带来的经济发展动力不足便清晰地表现出来，第三季度GDP指数同比下降1.3%，增速下降了约73.1%，这种影响无疑是灾难性的。假设第三、第四季度延续了第二季度的经济增长速度，那么2016年土耳其的GDP增长速度很有可能会在2.9%的增长速度上翻一番。

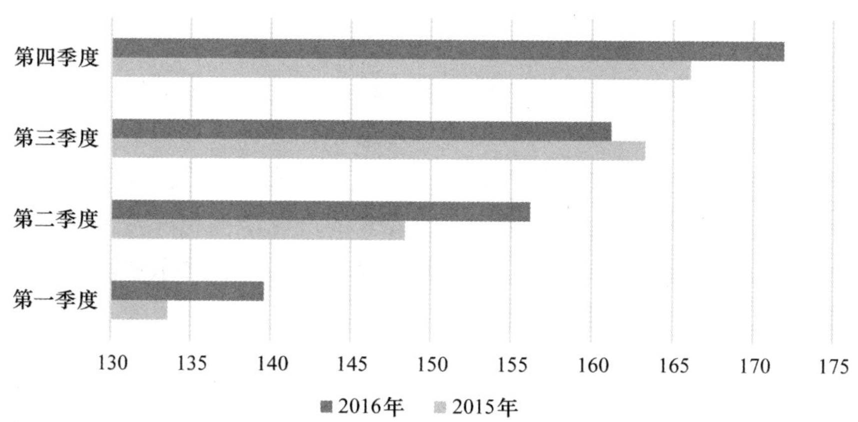

图Ⅲ-4-1　2015—2016年季度GDP指数（2009=100）

资料来源：根据TurkStat数据库整理所得，http：//www.turkstat.gov.tr/UstMenu.do?metod=temelist。

当然，历史不容假设，2.9%的增速已成既定现实，也比较符合2012年以来土耳其经济的增长态势。从宏观数据上看，以1998年不变价本币为主要参考标准，2012年实际上成为土耳其经济发展的转折点（见图Ⅲ-4-2）。

排除掉2007—2009年由于国际金融危机所引发经济衰退的特殊情况，2011—2012年经济的快速衰退不得不令人侧目，虽然这其中仍然有国际金融危机及欧债危机的溢出效应，但不至于占据主导地位，经济衰退的根

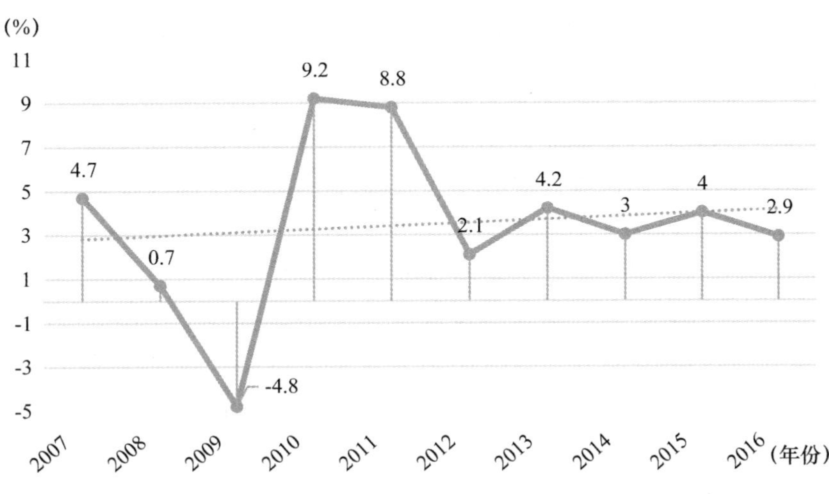

图Ⅲ－4－2　2007—2016 年 GDP 增长率示意

资料来源：根据 TurkStat 数据库整理所得，http：//www. turkstat. gov. tr/UstMenu. do？metod = kategorist。

本原因仍然需要从土耳其的内部环境中进行探索。

按照土耳其国家统计局根据现价本币做出的估算，2016 年土耳其的 GDP 增长率约为 10. 8%。依据官方给出的数据，其 GDP 规模在 2016 年达到了 25905. 17 亿里拉，平均每个季度的 GDP 增长率约为 11%（见表Ⅲ－4－1）。

表Ⅲ－4－1　**2015—2016 年土耳其 GDP 增长情况**　（单位：亿里拉）

	第一季度	第二季度	第三季度	第四季度	全年
2015 年	4972. 42	5625. 46	6320. 00	6457. 43	23375. 30
2016 年	5611. 85	6329. 12	6620. 26	7343. 93	25905. 17
同比	12. 86%	12. 51%	4. 75%	13. 72%	10. 96%

资料来源：根据 TurkStat 各季度数据整理所得，http：//www. turkstat. gov. tr/PreTabloArama. do？metod = search&araType = hb_ x。

相差甚远的两组数据，其实折射出土耳其目前经济发展所遭遇到的瓶颈。从经济发展方式上看，土耳其依托欧亚大陆十字路口的优越条件，以发展外向型经济为主，进出口贸易在国民经济中占据很大的比重。外向型经济虽然能在短时间内积聚大量资本，但由于这种发展方式直接与美元挂钩，容易受到国际汇率波动的影响，从而导致大量“热钱”的趋向性流动，在某些特殊时刻会对国家经济造成重创。2016 年的“七·一五”未遂军事政变虽未动摇国家的发展根基，但其造成的社会动荡使得大量“热钱”出逃，受此支持的基础设施建设、基金股票等领域出现资金链断裂，经济发展萎缩。在这个非常时刻，美联储又不断加息，土耳其央行也出现资金缺口，土耳其里拉面临重重考验。

第二节 中国与土耳其的商品贸易

自 2000 年以来，土耳其在与中国的贸易中一直是处于逆差地位。2000 年，中土之间的贸易额第一次超过了 10 亿美元。2006 年，土耳其统计局修改了其进出口数据的统计方法，造成的直接影响便是此后的进出口贸易额均有大幅下降，因此，2006 年之前数据的可参考性降低。即便如此，中国在这一双边贸易中始终占据出超的有利地位。2015 年，中国首次成为土耳其第一大进口来源国，并延续至今。2017 年，中土双边贸易总额为 263.5 亿美元，同比下降 5.1%。其中，土耳其出口中国的商品额为 29.4 亿美元，同比增长 26.3%；自中国进口的商品额为 234.1 亿美元，同比下降 2.8%。2017 年土耳其的逆差总额为 770.7 亿美元，其中源自中国的逆差占该项总额的约 26.7%。

虽然现阶段中国在中土双边贸易中占据有利地位，但也存在一个不容忽视的客观事实，即虽然中土双方在经济上存在差异互补，但双方的贸易总额始终在较低水平徘徊，难以突破 300 亿美元，且近年来有逐年下降的趋势。与此同时，土耳其自中国进口的商品自 2014 年开始逐渐减少，向中国出口商品的趋势总体上呈现出上升态势（见图Ⅲ-4-3）。

土耳其对外贸易的逆差有相当一部分来源于对中国贸易，这种情况的出现一方面促使土耳其为了改善其逆差环境，逐渐减少对中国产品的依赖，甚至多次对原产自中国的产品进行反倾销调查，制造贸易障碍；另一方面使得土耳其希望不断提升出口中国产品的比重，借此来逐渐扭转贸易逆差的不利地位。事实证明，土耳其这一贸易策略效果较为明显，2017 年土耳其对中国的贸易逆差降至五年来的最低点，为 204.7 亿美元。

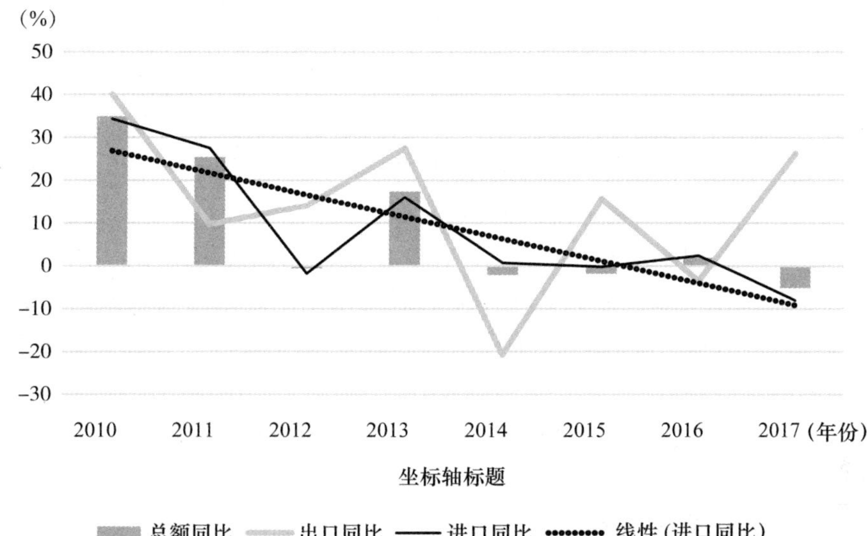

图Ⅲ-4-3　2010—2017年中土贸易情况

资料来源：根据TurkStat公布数据整理所得。

就中土双方贸易的商品类别来看，绝大多数为矿产品和低技术附加值的工业制成品及半成品。一直以来，矿产品都是土耳其向中国出口的绝对主力，约占输出中国产品的60%左右，其次是化工产品，而纺织品及原料是土耳其对华贸易的第三大宗商品。矿产品、化工产品和纺织品及原料这三类商品约占土耳其对华出口贸易的75%左右。反观土耳其自中国进口的大宗产品，机电产品、纺织品及原料以及化工产品构成了中国对土耳其出口的主力，其中机电产品的比重占一半以上。由此可见，不论对中国还是对土耳其来说，双方在商品贸易领域还有很大的挖掘潜力。近年来，土耳其人口增长率均在10‰以上，2017年的人口增长率为12.4‰。人口的快速增长在土耳其形成了相对庞大的潜在市场，消费群体的年轻化也给中国蓬勃发展的互联网经济提供了崭新的拓展市场。

从这一层面上说，电子消费产品无疑为中国企业提供了很大的机遇。由于土耳其微电子工业创新能力不足，诸如电脑、手机等数码产品市场基本被外资企业长时间占据，加之高额的关税，所以电子消费品的价格一般情况下较为昂贵。以手机为例，2018年9月之前，土耳其智能手机市场梯次分别是苹果、三星、华为，但自9月开始，华为超越三星，市场份额由原先的3.8%飙升至17.9%，[①] 牢牢占据智能手机市场的第二把交椅，且线下体验店数量较多，比较出名的就是开设在伊斯坦布尔豪华商场 Istinye Park 的体验店。此外，小米公司的土耳其市场拓展也较为迅速。2018年9月，土耳其第一家小米线下体验店在伊斯坦布尔开业。[②] 此外，诸如 OPPO、VIVO 等厂商也加快了入驻土耳其市场的步伐。如果说华为公司的土耳其市场拓展是厚积薄发，那么小米、OPPO 等品牌的影响力则一定程度上归功于土耳其在华留学生的宣传推动。所以，在这种情况下，推动中土商品贸易的发展，不仅需要国家层面、企业公司的上层推动，更需要民间交流的进一步提升。

如果说土耳其优越的地理位置成为世界各国资本理想的栖息地，那么中国广袤的消费市场对土耳其来说也同样具有无可比拟的向心力。2005年，土耳其开始推行对中国的全方位经贸发展政策，还特别推出了“中国市场促进计划”。2005—2006 年，土耳其与中国共举行了 17 次贸易洽谈会，并向中国派出贸易代表团。2007 年，土耳其在中国设立贸易商会北京办事处，以此为基础大力推动中土之间的贸易往来，此外还在乌鲁木齐建立了土耳其商品贸易中心。在中土双方的共同努力下，中土贸易在 2006 年有了质的飞跃。2006 年，中土之间的贸易总额达 80.69 亿美元，同比增长 65.57%。截至 2007 年底，中国公司在土耳其的累计营业额达 6.1 亿美元。

2010 年，温家宝访问土耳其，两国领导人将两国的外交关系提升为战略合作伙伴关系，决定将双边贸易额在 2015 年提高到 500 亿美元，在 2020 年提高到 1000 亿美元。2012 年是土耳其的中国文化年。2012 年 2 月 21 日，习近平访问土耳其，为缩小土耳其与中国贸易中的逆差，中土双方签订了七项总价值 43 亿美元的贸易协议。其中最重要的合作是金融领域的合作，中国人民银行与土耳其签署了 100 亿元人民币的双边货币互换协议，合同期是 3 年，届时可以延长，由此开启了两国贸易间以本币结算的新时代。2015 年，中国央行与土耳其央行续签双边本币互换协议，

---

① Huawei, Türkiye'de ikinci sıraya yükseldi!, *Sabah*, 22. 09, 2018, https: // www. sabah. com. tr/teknoloji/2018/09/22/huawei-turkiyede-ikinci-siraya-yukseldi.

② Xiaomi, Türkiye'deki Mi Store'unu sonunda açtı, *Mynet*, 19. 09, 2018, https: //www. mynet. com/xiaomi-turkiye-deki-mi-store-unu-sonunda-acti-110104403176.

并将互换规模由原先的100亿元人民币扩大至120亿元人民币。

此外，为吸引中国资金流向土耳其，土耳其投资促进局于2012年4月开始启动建设土耳其中国工业园。该工业园区坐落在土耳其中部省份尼代省（Niğde），水陆交通四通八达，其产业规划主要集中于轻工、纺织、机械电子、五金装配、钢铁及机械设备制造、电子产品、高科技新能源等十大领域，并且为中国企业提供税费减免、土地使用、优惠经营等多种便利条件。在已经落成的博尔、尼代两大工业园区中，已有上百家企业进驻，但截至2015年，仍然鲜有中国公司落户。背后原因是，虽然该地区水陆交通便利，但就经济区位来看，尼代省属于经济欠发达地区，且临近叙利亚边境。若从企业安全角度出发，该工业园区选择阿卡萨来（Aksaray）或者科尼亚（Konya）或许更具有吸引力。

就目前来说，以资本模式进入土耳其的中国资金，按照来源主要分为国有企业、大型民营企业和中小型民营企业及个人等。前两种类型的资本来源因其资本雄厚，影响力大，多见于报端，比如中国工商银行、中国银行、华为、清华同方等，领域多集中在金融、高新技术、航运、基础设施建设等。中小型的企业及个人因资本有限，且因对土耳其各种法律法规的陌生，多采用与土耳其本地资本组成合资公司的模式经营。这种模式下的中土合作与大型投资相比更加不受限制，且合作领域的广度和深度也更为宽泛，但相应地也比较容易受到诸如海关、汇率等方面的制约。例如，2018年8月的里拉大幅贬值，不仅对土耳其国内的经济发展造成巨大的负面影响，同时也导致很多从事承兑汇票的中国商人蒙受重大损失。

总的说来，中土之间的商品贸易现有规模不大，并且存在贸易波动大、产业同质性强等诸多不利因素。且因相互竞争的关系，土耳其出于产业保护的考虑，时常对原产自中国的商品进行反倾销调查，给双边贸易的健康发展带来不便。就投资角度来说，土耳其政府在“私有化”等扩大吸引外资政策的背景下，对外国直接投资予以关税、税收、保险、土地使用等多方面的优惠条件。尽管未来有可能继续发生的诸如非关税壁垒的贸易摩擦，但是土耳其政府多次在公开场合表示，欢迎中国对土耳其直接的资本及技术投资。对于土耳其来说，直接投资不仅可以减轻经常账户赤字的压力，还可以解决土耳其国内高居不下的失业率，推动土耳其劳动生产效率的提升，更可以扩大土耳其的税基来源等。但是，出于对土耳其国内安全形势和经济风险的保留态度，中国资金对于投资土耳其依然保持审慎态度。因此，在“一带一路”倡议背景下，中国在鼓励国有企业、大型企业“走出去”的同时，也需要为中小型企业提供一定的支持，提高其抵御未知经济风险的能力，并且在中土两国业已签订的协定、协定等框架内，督促土耳其政府对规范市场活动、提供法律支持等方面进一步的完善和改革。

第三节　中国与土耳其的贸易摩擦

正如前文所述，由于中土双方产业同质性较强，土耳其政府为了保护国内产业的发展，在欧洲关税同盟的框架内，时常对第三国实施包含反倾销调查、保障配额等保护主义措施，中国、巴西、印度、沙特等国均成为土耳其政府反倾销调查的对象。然而就反倾销调查的数量而言，土耳其针对中国的反倾销调查案件最多，涉及纺织、彩电、钢铁等诸多领域，截至2014 年，土耳其对中国采取多达 51 项反倾销措施，成为中土贸易的最大阻碍。此外，对于中国收购土耳其部分矿山的采矿权，土耳其矿业界对此反应也颇为抵制。

就纺织领域来说，2001 年 2 月 15 日，土耳其政府对原产自中国的人造纤维织物决定征收基于 CIF 价格（成本加保险加运费）87% 的反倾销税，并于 2013 年 5 月 5 日维持该项反倾销措施；2006 年 7 月 8 日，土耳其对原产自中国的合成聚酯纤维启动反倾销调查，并于 2009 年、2012 年、2013 年、2018 年多次复审立案调查；2017 年 10 月 20 日开始对中国绗缝面料征收基于 CIF 价格 17.29% 的反倾销税；2018 年 3 月 20 日，土耳其对原产自中国的腈纶和变性腈纶启动反补贴调查。此外，土耳其对中国涤纶扁平纱、聚酯纱线等均存在反倾销调查行为。究其根本，中国与土耳其都是纺织业大国，且就生产率和纺织水平来说，中国都在土耳其之上，为了保护民族纺织业，稳定业已存在的纺织市场，土耳其势必要需要在一定程度上减少中国纺织品的进口，由此便导致了贸易摩擦的产生。

就钢铁领域来说，近年来土耳其分别于 2015 年和 2016 年对中国无缝钢管发起反倾销和反补贴调查；2017 年 11 月 29 日决定对中国非轧制扁平材征收基于 CIF 价格 16. 9%—22. 6% 的反倾销税；2018 年 4 月 21 日，土耳其政府决定维持对中国管件征收 800 美元/吨的反倾销税。

除了纺织品和钢铁制品之外，土耳其对原产自中国的日用陶瓷品、光伏组件、空调、橡胶轮胎、胶合板、混凝土泵、混凝土泵车、季戊四醇、无框玻璃镜、螺杆式水冷系统、硫化橡胶、耐火砖、厨房用点火器等均存在反倾销调查行为（见表Ⅲ－4－2）。

表Ⅲ－4－2　　土耳其对中国实施的反倾销措施

产品	反倾销税
短纤维纱	0. 49—0. 8 美元/千克
人造革	1. 9 美元/千克
家用厨具	20. 85 美元/千克
门锁（电动机械式除外）	0. 74—1. 77 美元/件
摩托车轮胎及内胎	37%—100%
自行车轮胎及内胎	33%—50%
铁质或钢质链条	1069 美元/吨
圆珠笔	0. 066 美元/支
管材配件	663 美元/吨
纺织品	70. 44%（最高 5 美元/千克）
婴儿车及车架	8—12 美元/台
玻璃锅盖	0. 91 美元/千克
风机	34. 27%
贱金属制品	0. 75—1. 64 美元/千克
绳索及缆索	1 美元/千克
金属纱	2. 2 美元/千克
拉链	3 美元/千克
可充气打火机	0. 05 美元/个
玻璃纤维加固材料	20. 2%—23. 75%
钢质汽车防滑链	1500 美元/吨
季戊四醇	270 美元/吨
充气橡胶轮胎	60%
贱金属导线	21. 12%—28. 87%

续表

产品	反倾销税
复合木地板	35%
空调	25%
铸铁配件	800 美元/吨
胶合板（6 毫米以下）	240 美元/立方米
花岗岩	174 美元/吨
传动带	5.04 美元/千克
电热水器	22%—49%
壁钟	2.1 美元/台
柴油发动机	152.48%—165.18%
毛毯	4 美元/千克
铅笔及彩色笔	3.16 美元/144 支
防水布罩	1.06 美元/千克
搭扣	3.86 美元/千克

注：数据截至 2015 年依然有效的反倾销措施，百分数为基于 CIF 价格。以上并不完全反映土耳其对中国的反倾销措施，根据土耳其现已公布的数据整理所得。

土耳其对中国商品进行反倾销调查的危害毋庸置疑，尤其是对从事进出口贸易的中国中小型企业危害颇大。土耳其此举虽然没有构成构筑贸易壁垒，但就其效果来看，近年来土耳其自中国进口的商品呈现出逐年下降趋势，而向中国出口的商品呈现出缓慢递增的态势。这其中，不得不说土耳其对中国实施的反倾销调查起到了推波助澜的作用。

本质上说，土耳其对中国商品实施反倾销调查的行为是一种动用国家法律、法令和各种行政措施实现的非关税壁垒行为。这种非关税壁垒的主要依据是 1989 年制定的“第 89/14506 号防止进口不公平竞争命令”和“第 3577 号进口不公平竞争防治法”。严格来说，防止进口不公平竞争对于保护民族工业来说无可厚非，但如果使用不当则会造成对他国的不公平现象。随着中国经济的快速发展，中国已经成为世界上被反倾销调查最多的国家之一，然而同质量中国商品价格的低廉，主要是由于劳动力价格低所支配的，并非受到国家意志的影响。且部分土耳其商人在与中国贸易的过程中，价格便宜为其考虑的第一要素，因此导致了众多质量低劣的商品进入土耳其，造成了土耳其国民对中国商品认可度不高的现象。

某种程度上说，这种贸易摩擦的产生与土耳其国内数量众多的商业行会不无关系。随着土耳其经济的发展和国民收入的增加，土耳其的中产阶级数量逐渐庞大，对于这一部分新生的中产阶级而言，性价比高的中国高端产品极具吸引力。以中国某民营高端陶瓷供应商为例，其生产的 88 头、92 头及 104 头高端餐具因性价比突出，往往出现供不应求的情况，挤压了土耳其本土部分陶瓷厂商的市场份额。因为土耳其同样也是陶瓷生产大国，因此在对待高端的中国陶瓷供应商时，土耳其陶瓷工业协会的部分成员利用其国内法律，要求中国陶瓷商品须额外经过土耳其标准局（TSE）的检验之后才能进入土耳其市场。不仅如此，该行会内部的一些成员还通过抹黑宣传、限制进口等多种渠道，给该中国陶瓷商造成了数百万美元的经济损失和大量的库存压力。针对这种不公平竞争的情况，土耳其相关商业行会内部同样也会出现支持中国企业的呼吁，但多数情况下土耳其政府鲜有干预，甚至采取默认的态度。

此外，土耳其海关税种多达 12 种，并且根据原产地原则分开征税，在补偿贸易的利用方面也有一些值得商榷的现有政策。以土耳其大米为例，因气候水文条件和饮食结构的影响，土耳其并非优质大米的传统产区，但随着饮食文化的交流，土耳其对于高质量大米的需求也逐渐上升。但高品质大米的传统产区以东亚和东南亚为主，在这种情况下，土耳其海关要求每进口一定数量的大米，除了必须缴纳进口税、增值税等税费之外，还要按规定比例购买原产地为土耳其的大米，此后才能被允许进入土耳其市场流通。

与关税壁垒相比，非关税壁垒更加隐蔽、形式多样，同时也存在着巨大的危害性。某种程度上说，土耳其高频率对中国进行反倾销调查，实际上已经不合理地使用了贸易救济措施，其直接后果几近贸易壁垒的红线。此外，中国商品在进入土耳其的同时，还面临着通关环节、进口税费、进口许可等诸多难题。由于这种非关税壁垒固有的隐蔽性，土耳其在国家利益面前很难会做出让步，因此可能会造成马拉松式的谈判，从而拖延中国外贸的发展。在这种情况下，恰逢埃尔多安连任谋求 2023 年建国百年目标的重大时刻，在土耳其急需外国投资的关键隘口，直接与土耳其进行产业合作或许将成为中国拓展土耳其市场最快的选择。

第四节　中国与土耳其的产业合作

在土耳其的经济结构中，第三产业对其国民经济的贡献远超第二产业及第一产业。这与西方发达国家类似，因此在国家经济发展阶段上，土耳其自然也被划归第三阶段。但实际上，土耳其是一个科技实力相对欠缺的国家，农业生产以小农经济为主，工业生产也以装配加工和建筑业为主，服务业主体也大部分由金融业和旅游业等构成。

综观土耳其的经济宏观状况及经济结构，不难得出一个结论：中国与土耳其在经贸往来上确实存在差异互补。早在 1981 年，中国与土耳其就签订了“经济、工业和技术合作协定”，决定成立部级协商单位——混合委员会，在工业、农业、旅游及服务、贸易、合资经营等方面进行合作。当前中国面临产能过剩、外汇资产过剩等情况，且中国边境地区整体状况处于历史最好时期。就农业层面来说，中国农业专利全球竞争力居于世界前列；就工业水平来说，中国是世界上唯一一个在联合国产业分类中拥有全部工业门类的国家；就第三产业来说，中国在交通运输、信息传输、互联网服务、科学研究、金融业等方面同样居于世界先进水平。

作为中土双边贸易的重要组成部分，产业合作及相互投资在中土双边贸易中具有重要作用。截至 2017 年 6 月，中国累计在土耳其直接投资 14.1 亿美元，其中 2017 年上半年累计对土耳其非金融类直接投资 3515 万美元，同比增长 327.6%。土耳其累计在华直接投资 810 个项目，实际投资额 2.6 亿美元。

一　第一产业的合作

2018 年，中国农业部副部长屈冬玉分别在 1 月和 6 月两次会见土耳其农业部副部长麦赫迈特·丹尼斯（Mehmet Danis），中国愿借“一带一路”倡议和土耳其“中间走廊”的东风，深入推进中土两国的农业务实合作。此外，2018 年 7 月，中国绿地集团在伊兹密尔与土耳其企业达成价值一亿美元农产品采购意向。某种程度上说，土耳其凭借地中海气候的优越条件，车厘子、橄榄、葡萄、干果等产量丰富，而此类作物在中国也有着极为广阔的市场。

农业作为国家可持续发展的重要保障，土耳其自建国后数十年对农业发展予以政策倾斜。一直以来，土耳其的农业生产一直以小农生产为主，集约化规模经营程度不高。然而随着城市化进程的不断扩展，农村人口锐减，直接造成了从事农业生产人口的减少，加之正发党“私有化改革”进程的不断深入，安纳托利亚高原地区的土地大量闲置。值得庆幸的是，在私有化浪潮中，诸如 Yaşar Holding（亚沙尔集团）坚持开发土耳其农业的潜力，使土耳其的农产品成为其国际市场中的一张名片。

2016 年，土耳其第一产业的产值为 2710.01 亿里拉，同比上升约 8.87%，约占当年 GDP 总量的 10.46%，其中农作物的产值为 1189.69 亿里拉，同比下降约 0.98%；动物产品的产值为 1520.32 亿里拉，同比上升 18.06%（见表Ⅲ -4 -3）。

表Ⅲ -4 -3　　2015—2016 年土耳其农业产值情况　　（单位：亿里拉）

	种植业		畜牧业		总计	
	总产值	市场容量	总产值	市场容量	总产值	市场容量
2015 年	1201.52	1003.64	1287.73	719.42	2489.25	1723.06
2016 年	1189.69	994.92	1520.32	843.86	2710.01	1838.78

资料来源：根据 TurkStat 数据库整理所得，http：//www.turkstat.gov.tr/UstMenu.do？metod = kategorist。

从表Ⅲ -4 -3 不难看出，2015 年土耳其农产品的市场容量约占总产值的 69.22%，而 2016 年这一数字下降到 67.85%。人口方面，2016 年土耳其的人口增长率为 13.5‰。一般来说，在农业发展相对平稳的情况下，排除掉价格波动的影响，人口的增长会增进市场的进一步扩容，而土耳其的情况则恰巧相反。根据表Ⅲ -4 -3 所反映的情况，进一步分析可得 2015 年土耳其农作物的市场容量约为 83.53%，畜牧业产品的市场容量约为 55.87%，2016 年这一组数据分别为 83.63% 和 55.51%。由此观之，2016 年土耳其人口对农产品的消费结构趋于平稳态势，农产品与人口结构相对平衡，农产品相对富余，而这些农产品则流入国际市场，成为土耳其外汇收入的一条渠道。

作为农业生产的中坚力量，种植业在 2016 年发展稳定。粮油作物产量较2015年增产0.2%，为6518.4万吨；蔬菜产量同比增产2.4%，为3026.7万吨；水果产量增产最为迅速，同比增长6.8%，为1897.2万吨。[①]（见图Ⅲ-4-4）

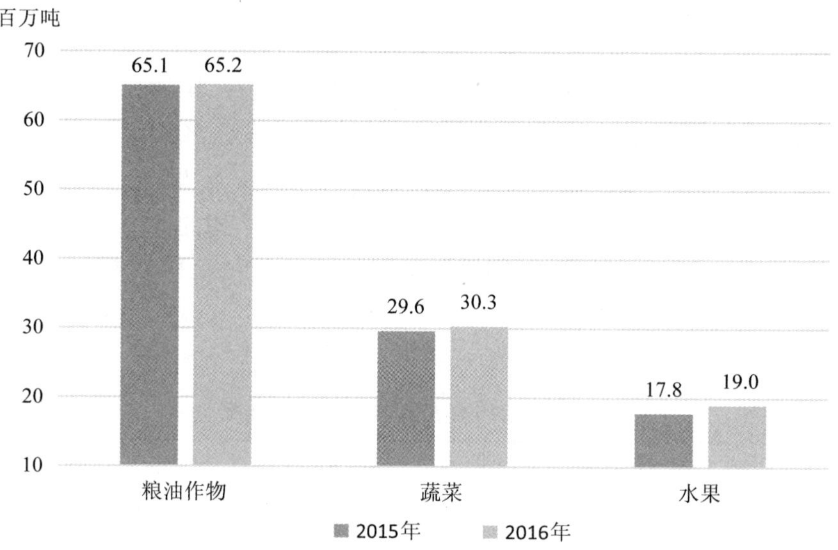

图Ⅲ-4-4 2015—2016年种植业产量

资料来源：TurkStat，http：//www.TurkStat.gov.tr/PreHaberBultenleri.do？id=21664。

虽然2016年土耳其农产品的产量基本与2015年持平，但在农产品的类别上，其产量仍有不小的差异。根据统计，2016年土耳其的谷物产量较历史同期处于下降态势，降幅达到8.7%，总产量约为3528.1万吨。作为土耳其主要粮食作物之一的大麦降幅最为严重，为-16.3%，产量仅有670万吨；燕麦产量约22.5万吨，降幅约10%，位列第二；最后，黑麦产量降幅9.1%，为30万吨；小麦产量虽有2060万吨，依旧减产了8.8%。相反，油料作物如大豆，在2016年实现了增产2.5%的情况，达到16.5万吨；烟草、甜菜等经济作物也分别表现出了增长趋势，其中甜菜增长幅度高达21.5%，产量为1946.5万吨，烟草产量的增速也达到

① "*Crop Production*, 2016", TurkStat, http：//www.TurkStat.gov.tr/PreHaberBultenleri.do？id=21664.

3%，产量约为7万吨。此外，薯类作物的产量也呈现出增产的态势。

由此可见，2016年土耳其粮油作物的基本表现形式为粮食作物普遍减产，而其他诸如薯类作物、豆类作物则呈现出不同程度的增产。究其原因，主要归结到三个方面：第一，广大农垦区受高原环境的影响，水利设施的不完善易使农业生产依赖自然降水，对旱灾的规避能力较弱；第二，小农经济大量存在，化整为零的生产方式难以实现相对集中的机械化农业生产；第三，传统的农业生产方式高度依赖政府宏观调控，2016年动荡的局势使得政府精力有限，加之正发党一直专注于私有化改革，对农业的支持力度颇为有限。

虽然土耳其的粮油作物出现减产局面，但国内的供求并未受到影响。据统计，2015—2016年，土耳其粮油作物的平均自给率达到110.2%。其中，小麦、大麦和玉米的自给率分别为113.6%、106.5%和105.0%。需要进口的农作物主要集中在向日葵、大豆、油菜籽等油料作物上。①

在农业生产的另外两个领域，蔬菜种植及水果种植发展势头良好。作为农业产品的主要创汇领域，土耳其的蔬菜瓜果主要销往俄罗斯及欧洲。2016年，土耳其蔬菜产量增长2.4个百分点，为3026.7万吨。其中洋葱产量增长迅速，为12.8%，胡椒增产8.8%，瓜类作物增产7.8%，茄子增产6.1%。2016年的水果总产量为1897.2万吨，同比增长6.8%。其中，柑橘产量增速最快，为15.6%，其次苹果增速为13.9%，樱桃同比上升12%，葡萄增产9.6%，杏增产7.4%，桃子增产4.9%。与种植业整体的市场容量不同，2016年土耳其的蔬果市场前景广阔（见表Ⅲ－4－4）。

表Ⅲ－4－4　**2015—2016年土耳其蔬果产值情况**　（单位：亿里拉）

	蔬菜		水果、香料		总计	
	总产值	市场容量	总产值	市场容量	总产值	市场容量
2015年	293.19	259.04	413.13	362.46	706.32	621.50
2016年	317.11	280.19	395.41	341.56	712.52	621.75

资料来源：根据TurkStat数据库整理所得。

① "Crop Products Balance Sheets: Cereals and Other Crop Products, 2015－2016", TurkStat, April 6, 2017, http://www.TurkStat.gov.tr/PreHaberBultenleri.do?id=24584.

2015 年蔬菜产品的市场容量与总产值之间的比率为 88.35%，2016 年的这一数值略高于 2015 年，为 88.36%；水果、香料的比率更高，2015 年为 87.74%，2016 年有小幅度下降，为 86.38%。就总体来看，2015 年土耳其蔬果产品的市场容量比率为 87.99%，2016 年为 87.26%。

一般来说，当市场某一商品供应量高于需求量的时候，价格可能会出现下降，但这种规律并不是绝对的。以胡椒为例，2016 年土耳其的胡椒产量同比增加 8.8%，价格反而上扬了 1.8%；洋葱产量增加 12.8%，价格却上扬了 13%。在这种情况下，原本充足的货物便可以找到更为广阔的市场，将这一部分溢出的产品换算成实际价值。而土耳其税务部门、海关部门则通过政府强制力，将征收所得用来补贴亏损的其他产业部门，从而促进国家经济的整体平衡。

虽然说土耳其种植业的产量容易受到环境的制约，但是同样有小农经营情况的畜牧业则在 2016 年发展良好。根据土耳其国家统计局第 24846 号公告，2016 年土耳其畜牧业的生产总值同比上升 18.01%，其中牲畜产值增长 22.98%，动物产品的产值增长 11.57%（见图Ⅲ－4－5）。

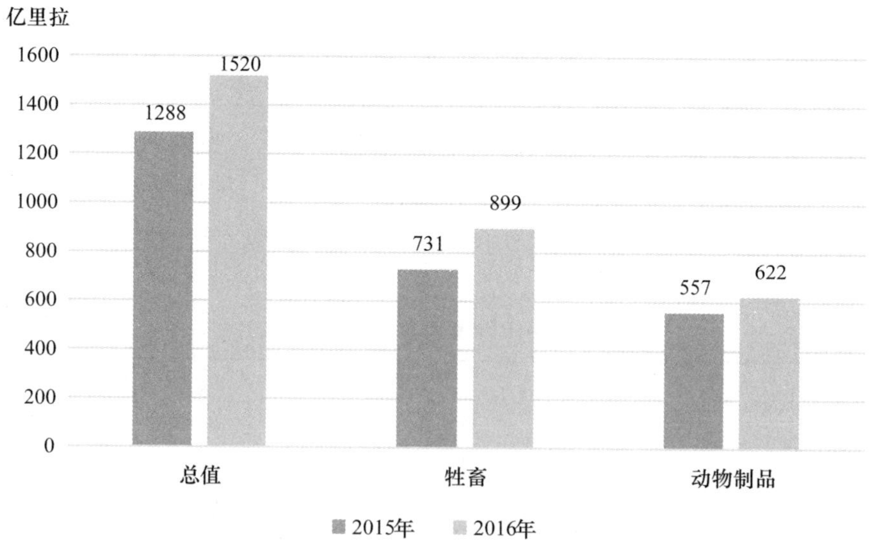

图Ⅲ－4－5　2015—2016 年畜牧业产值情况

资料来源：TurkStat，Press Release，No. 24846。（数据通过四舍五入所得，计算或有误差）

2016年，土耳其牲畜的存栏量较2015年并未大幅度提升，牛的存栏量约为1422.2万头，仅有0.7%的增幅；羊的存栏量较2015年有1.4%的增加，土耳其全境共有4132.9万只羊。由此看来，牲畜899亿里拉的产值并不是建立在存栏量增加的基础上，而是很大程度上依靠国内牲畜普遍涨价。

根据土耳其国家统计局最新发布的数据，2016年土耳其进口奶牛的价格平均涨幅约24.8%，每头奶牛约5161里拉，而本土奶牛的涨幅超过进口奶牛，涨幅约26.3%，本土奶牛均价约3126里拉；安哥拉羊涨幅为23.2%，本土羊和细毛羊的涨幅分别为16.5%和14.9%；肉鸡均价为13.92里拉，涨幅17.8%，蛋鸡每千克均价15.45里拉，涨幅17%。在899亿里拉的产值中，牛的产值为627亿里拉，羊的产值为220亿里拉，牛羊的总产值约占该类产值的94.22%。由此可见，牛、羊价格的大幅增长，是2016年牲畜产值的主要推动力。

在动物产品产值的构成上，生肉和鲜乳两种商品合计占比约86.01%，其中生肉产值约292亿里拉，鲜乳产值243亿里拉，其余诸如蜂蜜、鸡蛋等其他动物产品构成了剩余87亿里拉的产值。2016年，土耳其共生产生肉117.4万吨，同比增长约2.15%，四个季度的发展与2015年相同，均大致呈现出抛物线状的发展情况，除了第四季度因古尔邦节产量低于2015年之外，其余各季度的生肉产量均高于历史同期水平（见图Ⅲ-4-6）。

在土耳其的生肉产品中，牛肉和羊肉占了绝大多数比重，其中牛肉在贡献产值方面是重中之重。在2016年的生肉产量中，占总生肉产量的90.29%，而这一比率在2015年是88.32%。虽然产量的增长微乎其微，但产值由于受到货币贬值，牲畜价格全面上涨等各方面经济因素的影响，相较于2015年增加了20.66%。土耳其动物产品的另一个重要组成部分是鲜乳。2016年，土耳其共生产鲜乳1848.9万吨，与历史同期相比减产约0.9%，其中91.1%是牛乳，8.9%是羊乳。

整体观之，土耳其的农业生产发展状况良好，不仅可以满足国内市场的需求，还可以作为国家经济发展的驱动力。但是，现阶段的土耳其农业生产，由于受到环境污染等因素的困扰，原生作物开始出现不耐受的情况，种植业尚可通过扩大耕地面积来提高产量，而养殖业则因饲料作物不足难以在产量方面获得较大提高。通过比对土耳其在校大学生的专业情

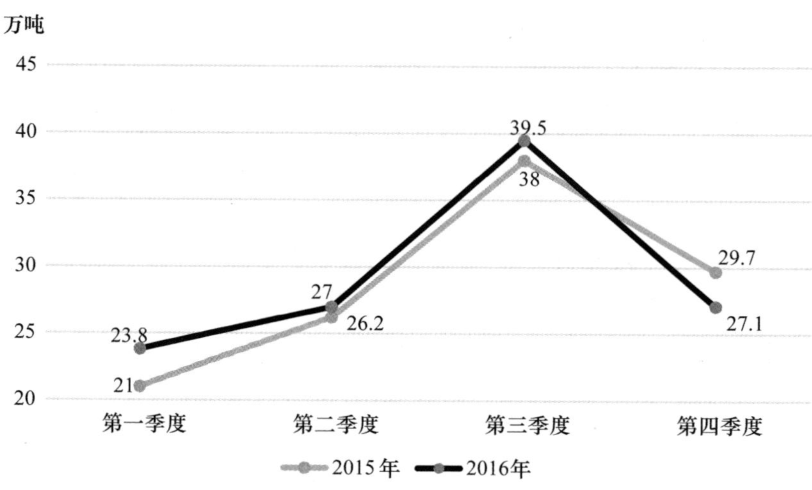

图Ⅲ-4-6 2015—2016 年土耳其生肉产量

资料来源：根据 TurkStat 数据整理所得。

况，农业技术专业的大学生数量较少，科研力量有限，因此不太可能在短时间内令土耳其的农业技术获得质的提升，从而扭转土耳其农业所面临的诸多问题。在这种情况下，农业技术居于世界领先行列的中国或可以通过农业技术输出与土耳其在农业领域加深合作范围，一方面丰富中国与土耳其两国农产品市场的食品品种，另一方面也可以加强土耳其对中国农业技术力量的认知。

二 第二产业的合作

根据土耳其国家统计局公布的最新数据，2015 年土耳其第二产业的产值为 9564.97 亿里拉，同比增长约 11.19%。① 2016 年的产值较 2015 年增长了 4.5 个百分点，以数据发布日期当天（2017 年 3 月 31 日）的币值估算，2016 年土耳其第二产业的产值为 13869.21 亿里拉。

近年来，土耳其第二产业在 GDP 中的比重约在 33% 左右，其第二产

① 按照土耳其国家统计局的更新进度，2016 年土耳其第二产业产值确切的官方数据将会在 2018 年更新，11.19% 的增长率按照 2017 年 1 月 17 日当日汇率估算，如果按照 1998 年不变价里拉计算，该增长率为 3.3%。按照以往第二产业在土耳其 GDP 中的比值估算，按照文中 GDP 的现价本币，2016 年土耳其第二产业的产值约为 8549 亿里拉，但如果按照以往 5 年的第二产业增速估算，2016 年土耳其第二产业的产值约为 10617 亿里拉。

业的发展有相当大的动力来源于制造业。据统计，2014 年制造业贡献了工业总产值的 73.47%，2015 年则为 73.83%。自埃尔多安执政以来，一直在强调优化产业结构，加快土耳其高新产业的发展速度，尤其在其执政中期，推动土耳其高新技术产业在 GDP 中的比重，成为政府工作的重点领域。然而就结果来看，土耳其本土高新技术产业的经济转化率很低，其产值在第二产业中比重峰值仅为 3.2%（见表Ⅲ-4-5）。

表Ⅲ-4-5　2012—2015 年土耳其制造业产品技术含量的比重统计　（单位:%）

	2012 年	2013 年	2014 年	2015 年
高新技术产品	3	2.7	3	3.2
低技术产品	74	73.6	73.3	72

资料来源：根据 TurkStat 数年数据整理合并。

从表Ⅲ-4-5 中所反映的情况不难判断，土耳其在工业发展过程中缺乏创新性，其产品主要以低产品附加值的商品为主，高新技术产业的发展较为困难。考虑到土耳其基数庞大的年轻人口及优越的地理位置，近年来土耳其所执行的出口替代战略，主要是以劳动密集型产业及资本密集型产业为主，依靠便捷的交通及较为熟练的技术工人，以数量优势及关税优势维持第二产业的发展。从某种程度上说，在如今以信息技术革命为代表的全球化进程如火如荼的背景下，着眼于全球，能够以低技术含量工业支撑起人均收入过一万美元的国家，世界范围内的案例也可谓铢两分寸。

土耳其背靠黑海，南临地中海、叙利亚、伊拉克，西邻保加利亚、希腊，东接格鲁吉亚、亚美尼亚、阿塞拜疆和伊朗。在这些国家中，既有战火蔓延的叙利亚、伊拉克等，又有经济濒临崩溃的希腊，而诸如亚美尼亚、阿塞拜疆等国家，几乎都是工业发展不平衡，甚至有工业缺陷的国家，因此，土耳其的低技术工业品，完全可以在这些国家换取可观的经济利益。除此之外，土耳其大大小小的商业团体分布全球各地，在诸如美国、欧洲、中国、日本等国家通过进出口大宗先进工业制成品的方式对土耳其进行工业换血，再将淘汰的工业设备转卖至其他不发达国家。再次，借力于和欧盟贸易的优惠关税政策，中高产品附加值的商品借助价格优势，比较容易便可以进入欧洲市场。

所以，即便是依靠现有的工业体系，土耳其仍然可以在接下来数年内维持这种生产—贸易平衡，但这种平衡的维持非常微妙，需要很高的周转水平及资金能力，如若其中任何一个环节出现问题，其后果都很有可能是灾难性的。然而就在刚过去不久的2016年，由于受到政变所带来的冲击，土耳其工业发展的这种平衡似乎徘徊于钢丝边缘。

英国《金融时报》早在2016年初便指出，受到经济衰退、通货膨胀、出口减少等一系列不良因素的影响，土耳其的工业发展速度缓慢。[①] 纵观2016年全年，土耳其第二产业的发展为5年来最低，仅有1.85%的增速。（见图Ⅲ－4－7）

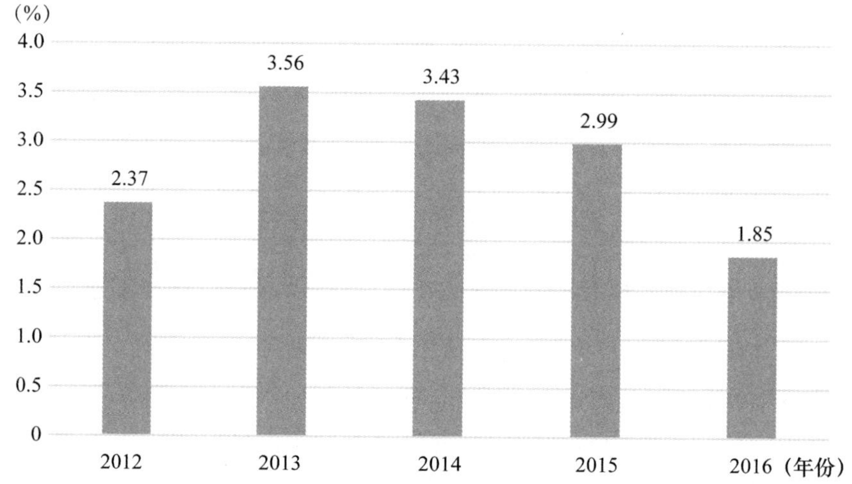

图Ⅲ－4－7　2012—2015年工业发展情况（2010＝100）

资料来源：根据TurkStat数据整理所得。

平均到各月，2月工业发展最为惨淡，工业生产指数仅有115.9，而工业发展最为迅速的时期为12月，工业生产指数为134.7，全年的发展状况大致呈现出较大落差的折线型发展模式（见图Ⅲ－4－8）。

① Joel Lewin, "Turkey and Hungary Hit by Industrial Production Drop", *Financial Times*, January 8, 2016, https://www.ft.com/content/56ccf685-b3dc-3294-ac31-6d2772138c73.

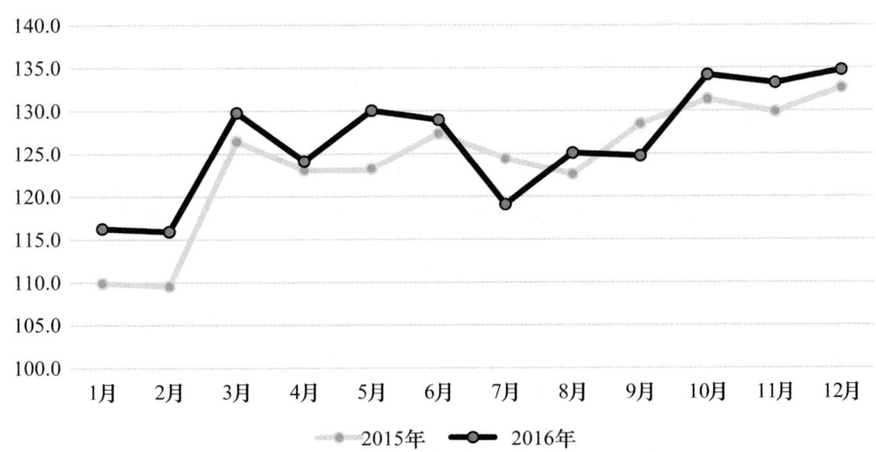

图Ⅲ－4－8　2015—2016 年各月工业发展情况（2010＝100）

资料来源：根据 TurkStat 数据整理所得。

根据图Ⅲ－4－8 所反映的情况，除了增降幅度存在差异，2016 年前五个月及年末三个月的工业发展趋势大致与 2015 年一致，5—6 月及 7—9 月的工业发展趋势与 2015 年相比呈现出反相关的情况。得益于工业产品的增加及货币贬值所带来的出口刺激，2016 年第二产业的周转指数同比增长 7.05%（见图Ⅲ－4－9）。

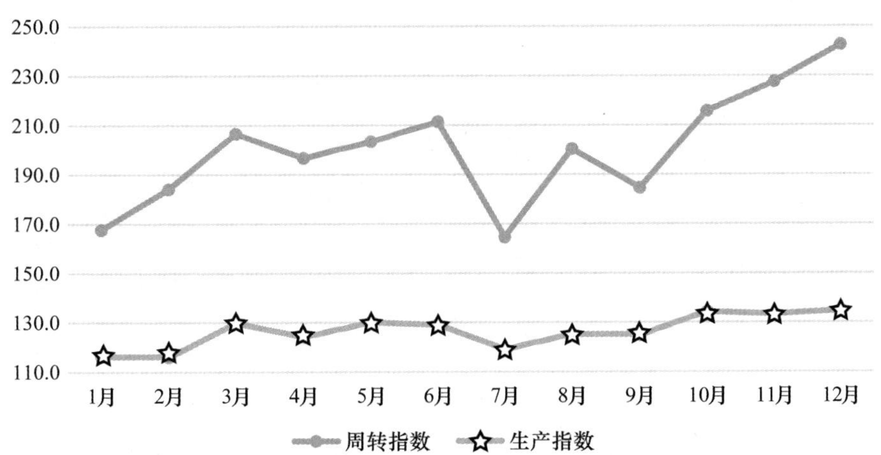

图Ⅲ－4－9　2016 年工业生产与周转指数对比（2010＝100）

来源：根据 TurkStat 数据整理所得。

通过对比，土耳其在2016年各月的周转趋势也基本与工业生产趋势相重合，但最低点位出现在7月，为164.6，最高点位出现在12月，为242.5，年平均指数为200.4。这从侧面反映出，土耳其在努力维持工业生产的同时，通过提高工业产品的周转水平来达到拉动效率，汰换滞销工业品，改善工业品结构等目的，从而提高资金的使用效率，规避货币贬值可能带来的风险，提高工业经济效益综合指标，实现第二产业的稳定发展。

单就工业制成品的角度来看，虽然整体上土耳其第二产业在2016年的发展不尽如人意，但考虑到整个一年土耳其第二产业的劳动力投入呈现出负增长的投入情况，如此的工业发展进度还是可以接受的。据土耳其国家统计局的数据显示，2016年土耳其在第二产业的劳动力投入年均为-1.2%，其中四季度的投入情况分别是-0.5%、-1.1%、-1.5%和-1.9%，而工资水平提高了约16.06%。

在土耳其的工业体系中，采矿业、制造业和能源工业始终占据重要位置，换句话说，这三大工业领域，从某种程度上说可以决定土耳其整个第二产业的发展方向。纵观整个2016年，土耳其三大工业领域的发展可以说是升中有降，其中制造业的发展较为平稳，能源工业的发展落差较大（见图Ⅲ-4-10）。

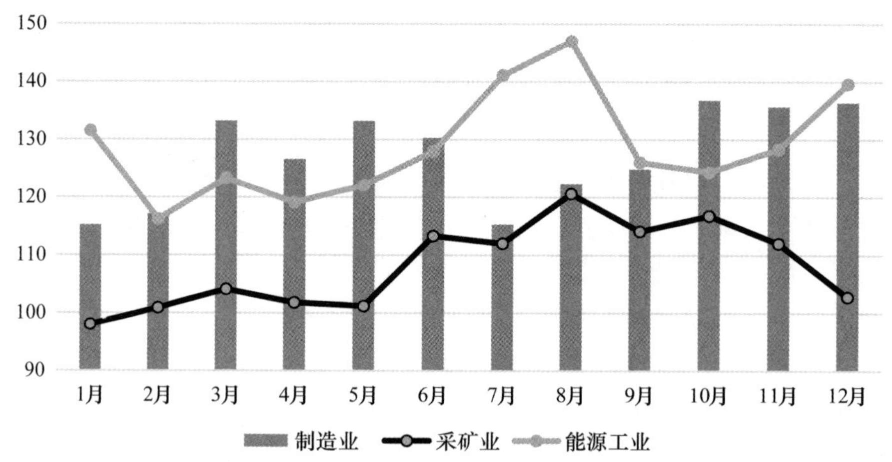

图Ⅲ-4-10　2016年土耳其三大工业发展情况（2010=100）

资料来源：根据TurkStat数据整理所得。

在这三大工业领域中，采矿业虽然是土耳其工业的支柱之一，但却存在设备老化、安全隐患多等诸多问题。土耳其“5·13”索马矿难发生后，应土耳其方面邀请，中国国家煤矿安全监管局在安卡拉召开的“中国—土耳其采矿安全与技术研讨会”上，就瓦斯防治、煤矿事故预防和灾害处理等方面介绍成功经验，土方希望进一步加强同中国在煤矿安全监管领域的合作，学习并借鉴中国的采矿经验。此外，大理石作为对华出口的主力商品，近年来土耳其境内的大理石矿山被中国企业大量收购，截至目前，中国企业在土耳其境内共拥有超过100个大理石矿山。

虽然土耳其在油气运输方面的位置得天独厚，但囿于地理距离和其他因素的共同限制，土耳其向中国出口油气资源的比重微乎其微。随着城市化进程的加速发展，土耳其对电力、天然气等能源的需求逐年提高。就电力能源来说，土耳其目前的电力供应主要来自火力发电，然而随着传统能源的逐渐式微，土耳其在新能源领域如风力、水力、核能等不断寻求国际合作。2012年，习近平在土耳其访问期间，表达了深化两国间能源及基础设施建设合作的意愿。同年，在埃尔多安访华期间，双方签署了《中华人民共和国政府和土耳其共和国政府和平利用核能合作协定》和《中国国家能源局与土耳其共和国能源和自然资源部关于核能领域合作的意向书》。2018年8月，土耳其政府正式决定，将与中国共同落实土耳其的第三座核电站。2012年，中电光伏在伊斯坦布尔设立光伏设备制造厂，其所生产的光伏设备绝大多数通过土耳其与欧盟间的关税优惠政策输往欧洲。除了核电、光能等新能源领域，中国与土耳其在传统电力产业领域的合作同样成果颇丰。中国机械设备工程股份有限公司、中国能建浙江火电、哈电国际、上海电力等企业近年来在土耳其承包、建成多个具有里程碑意义的工程，其中包括伊斯达电站、伊兹密尔电站、艾伦电站、卡拉毕加电厂、泽塔斯三期火电项目、海马电站、胡努特鲁燃煤电站等。

作为土耳其工业的支柱型产业，制造业同样也获得了中国企业的青睐。截至目前，中国南车集团与土耳其MNG公司成立了中方控股的中国南车土耳其公司，从事轨道交通设备制造和运营维护等，为将来或许可能到来的大型铁路建设打下了坚实的基础。作为最早拓展土耳其市场的一员，华为公司目前在安卡拉成立了其全球第二大研发基地，其业务范围几乎覆盖土耳其全境，且旗下手机品牌的土耳其市场份额超越三星，成为土耳其手机市场的第二大品牌。中钢集团承建的伊斯肯德伦钢铁厂项目是当时土耳其最大的高炉，同时也是中国在海外承建的最大级别的高炉工程。得益于土耳其较为廉价的劳动力，天虹纺织集团在土耳其巴勒克西尔投资两亿美元兴建纺纱生产线，为土耳其创造了约1500个工作岗位。为了使中国汽车更快地走出国门，奇瑞集团于2012年投资5亿美元在土耳其乔尔卢设立发动机制造厂，并在萨卡利亚建立整车组装生产线，产能预计达10万辆，目前在伊斯坦布尔已有数家4S店。

总体来看，作为中土之间的重点合作领域，工业合作规模虽然在不断扩大，但不论就数量而言还是就深度而言，远未达到双方的期待水平，且投资项目主要集中在土耳其较为成熟的产业链条之上，高端制造业和高附加值产业的合作仍然有很大的开发潜力。虽然中土之间的产业合作已经步入新的阶段，但仍以工程承包和收购、融资为主，份额及利润率还需进一步提升，更需要向技术标准输出等高层次拓展。

三　第三产业的合作

一直以来，第三产业在土耳其的经济发展中扮演着举足轻重的角色，其经济贡献率占GDP总额的50%—60%。2016年的生产总值为13855.85亿里拉，约占GDP总额的53.49%。

在土耳其的第三产业中，由于丰富的历史文化遗产和优美的自然风光，加之不断扩展的酒店、机场、公路等基础设施建设，旅游业无疑成为土耳其第三产业创汇的首要部门。根据国际货币基金组织的统计，蓬勃发展的土耳其旅游业带来的收入相当于GDP总额的约3.7%，创造了约60万个工作岗位，解决了2.3%劳动人口的就业问题。[①]

为最大限度发挥旅游业对国民经济的贡献，土耳其政府一方面将旅游宣传纳入国家行为的范畴，将土耳其打造成为世界上最受欢迎的旅游目的地之一；另一方面加强对旅游基础设施，如酒店、航空、网络等方面的建设投入。为了方便游客入境，土耳其政府规定凡是持地中海周边他国旅行

---

① "Turkey's Economy Hit By Declining Tourism", IMF, February 23, 2017, https://www.imf.org/en/News/Articles/2017/02/21/NA230217Turkeys-Economy-Hit-By-Declining-Tourism.

签证的游客大部分可以获得免签待遇，仅有3%的外国游客需要重新获得土耳其签证。

从土耳其入境游客的来源来看，欧洲游客超过半数，其中德国游客的数量最多，约为总游客数量的15%；原独联体国家入境的游客数量约占总人数的22%。（见图Ⅲ－4－11）

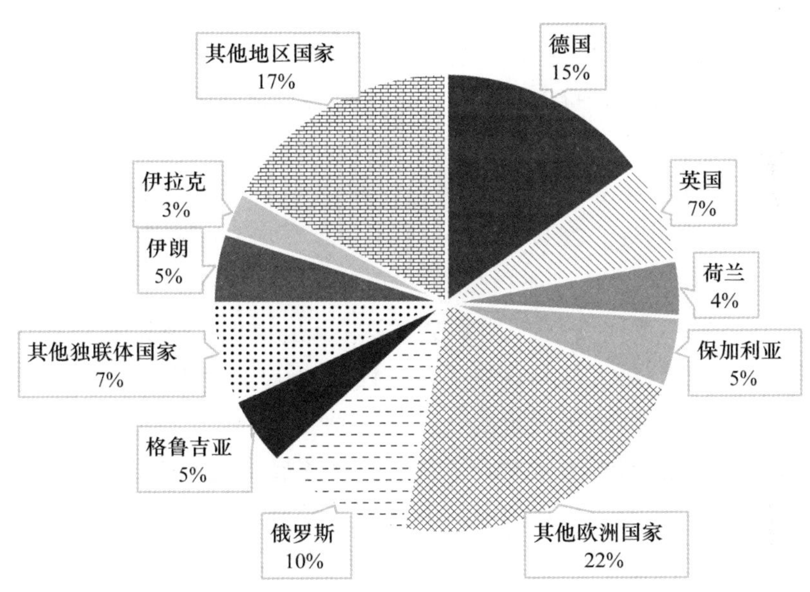

图Ⅲ－4－11　2015 年土耳其入境游客分布

资料来源：土耳其旅游部，http：//www. turizm. gov. tr/EN，153018/number-of-arriving-departing-visitors-foreigners-and-ci-. html。

2018 年是中国的“土耳其旅游年”，受土耳其货币暴跌的影响，截至 2018 年 10 月，入境土耳其的中国游客数量激增，预计年底将突破 40 万人次。随着近年来中国游客出境游的需求持续高涨，携程、途牛等大型旅游公司早年间在土耳其的旅游布局如今已经收到了良好的效果。2010 年前后，土耳其十日游的基本价格在一万元左右，2018 年同样路线的价格已经降至 6000 元左右，出行成本的降低大大刺激了中国游客的出行欲望。2009 年，土耳其共接待中国游客七万人次，如今这一数字接近翻了三番。面对中国游客数量的激增，不仅诸如携程、途牛、马蜂窝等大型旅游平台，中土民间的中小型旅游公司也通过各种途径引流中国游客。但是在这一过程中，监管不到位的情况时有发生，且个别旅行公司管理混乱，游客体验难以达到心理预期。

一直以来，作为土耳其第三产业的另一大支柱型产业，金融业在土耳其的经济发展中起到非常重要的作用。厄扎尔改革之后，土耳其政府逐渐放开了对金融行业的管控，各种性质的金融机构如雨后春笋般成立起来。2000 年，土耳其国有银行、私人银行及外资银行共 79 家，经过多年的整合，2013 年这一数量下降至 49 家。截至目前，就规模来看，最大的国有银行是土耳其农业银行（Türkiye Cumhuriyeti Ziraat Bankası A. Ş.），最大的私人银行是土耳其实业银行（Türkiye İş Bankası）。2015 年，中国工商银行收购土耳其纺织银行正式将业务范围扩展至土耳其。2016 年，中国银行获准在土耳其营业。2018 年初，土耳其政府授权中国银行和中国工商银行研究其在中国发行“熊猫债券”的可能性，且土耳其财政部宣布将在 2018 年下半年正式发行“熊猫债券”。以上说明，不论是中国金融资本抑或是人民币均在土耳其获得了一定程度的认可，中国金融业在土耳其业务的发展迈入了新的发展阶段。

随着互联网技术的快速发展，互联网经济日益成为传统金融业在时代上的延伸。得益于较为稳定的经济基础和年轻消费群体，中国的互联网经济发展迅猛，与此同时，土耳其互联网经济的规模也在不断扩大。目前，土耳其线上规模相对较大的购物网站主要有 Hepsi Burada、Markafoni、Trendyol、Akakçe 等，此外还有类似于苏宁、国美的家电市场 Media Market。线上支付同时由五家公司（iPara、iYZi、Payment Wall、Pay U 及 Skrill）提供服务。2017 年 5 月 5 日，中国跨境电商外贸 B2B 平台敦煌网与土耳其商会及商品交易所联合会（TOBB）在土耳其的开赛利签署合作谅解备忘录，致力于进出口平台打通、线上线下打通、建立双向数字贸易中心、跨境电商培训项目等诸多方面。2018 年 8 月，阿里巴巴斥资 7.5 亿美元成为 Trendyol 的最大股东，此外，Ali Express 也已经登陆土耳其多年。

《自由报》援引国际金融公司（International Finance Corporation）副总裁迪米特里斯·特斯特里亚哥（Dimitris Tsitsiragos）的采访称：“对经济发展而言，目前土耳其亟需改善的就是呈现在外国人面前的国家形象。"[1] 从本质上说，国家形象实际上是“一系列信息输入和输出所产生的结构明确的信息资本”[2]，是一个国家软实力的重要组成部分。如果将外资看作是信息资本的唯一标准，那么纵观土耳其近年来的输入输出比，会发现这一比例的天平明显向输入倾斜。某种程度上说，在这一组关系中，输出更能体现出一个国家的形象良好与否，土耳其作为输入方，短时间内改变国家形象依旧是任重而道远。但是，信息资本的含义范围还包括政治、外交、文化等一系列社会内容，诸多因素交织在一起形成一个国家的综合实力，从而在外在表现出国家形象。

就中土贸易中土耳其表现出来的国家形象，似乎与其追求“全球行为体”的愿望背道而驰。虽然与中国相比，土耳其无论在经济总量抑或是产业结构方面都不可同日而语，但在战略合作伙伴框架内，土耳其在处理与中国的贸易时，似乎不仅有反倾销调查这一种办法可行。虽然土耳其与中国存在部分产业同质化的问题，但中土之间仍有诸如“贸易协定”“贸易议定书”“关于投资互惠促进与保护协定”“关于所得税避免双重征税和防止偷漏税协定”“关于建立工业产品质量和安全磋商及合作机制议定书”“经济、工业与技术合作协定”等一系列可诉诸谈判的解决方案。

总的说来，虽然中土之间的贸易依然存在商品结构单一、产业趋同、贸易不平衡等诸多问题，但就双方的国情来说，土耳其正值施行总统制的历史时刻，经济建设与建国百年目标，成为谋求连任的正发党所孜孜追求的执政成果，而中国则处于历史发展中最好的时期，相信在“一带一路”倡议和土耳其“中间走廊”战略指导下的中土经贸关系发展，将会在这一新的历史阶段取得更为丰硕的成果。

---

① “Turkey Needs to Improve Its Image to Restore Investors' Confidence”, *Hurriyet*, May 19, 2017, http://www.hurriyetdailynews.com/turkey-needs-to-improve-its-image-to-restore-investors-confidence.aspx? PageID = 238&NID = 113278&NewsCatID = 540.

② Boulding, Kenneth E., “National Images and International Systems”, *The Journal of Conflict Resolution*, Vol. 3, No. 2, June, 1959, p. 121.

第四章　土耳其与上海合作组织

2013 年 1 月，土耳其现任总统埃尔多安首次在公开场合表示要舍弃欧盟加入上海合作组织（SCO，简称“上合组织”），在国际外交领域投下了一颗“外交炸弹”，一时间引起国际范围内对土耳其此举背后用意的多种揣测。因为从地缘角度来看，土耳其“老牌”北约成员国的身份似乎与上海合作组织格格不入。一些评论认为，这是正义与发展党（AKP，以下简称“正发党”）执政以来，土耳其“外交重心”开始偏离西方，朝着自主化和多元化方向转变。① 一方面，土耳其随着综合国力的不断提升，其谋求地区强国和话语权的愿望愈发强烈；另一方面，在“威权总统”的领导下，其摆脱外交枷锁的倾向也愈发明显。

早在 1963 年，土耳其与当时的欧洲共同体就签订了“安卡拉协定”（Ankara Anlaşması），初步奠定了土耳其加入欧洲共同体的法律基础。1973 年土耳其与欧洲共同体确定了向关税同盟过渡的具体时间表，迈出了入欧的实质性一步。然而随着塞浦路斯问题的出现，土耳其的入欧进程被迫延期。1996 年，土耳其与欧盟的关税同盟协定正式生效。随着 2004 年塞浦路斯正式成为欧盟的成员国，土耳其随即在 2005 年与欧盟的谈判中遭受重大挫折。2016 年 6 月，英国选择退出欧盟，其后欧盟做出了冻结土耳其入盟谈判的决议。2016 年 11 月，埃尔多安再次表示寻求与上海合作组织的合作。2019 年 3 月 13 日，欧洲议会以 370 票支持、109 票反对、143 票弃权的结果再次表达了冻结土耳其入盟谈判的共同立场。55 年

---

① Raffaello Pantucci and Alexandros Petersen, “Turkey Abandoning the EU for the SCO”, *The Diplomat*, Feb. 2013, http://thediplomat.com/2013/02/17turkey-abandoning-the-eu-for-the-sco/, Ariel Cohen, “Mr. Erdogan Goes to Shanghai”, *National Interest*, Feb. 2013, http://nationalinterest.org/commentary/mr-erdogan-goes-shanghai-8113.

来，土耳其一直为加入欧盟而努力，不曾放弃其西方化的理想。然而，随着中国、俄罗斯等国家的重新崛起，世界政治经济格局和地缘格局也出现相应的变动。在这种情况下，土耳其开始在一超多强的世界格局中重新寻找定位，同时也对其本身提出了新的格局要求和世界地位看法。

本章从土耳其政府的角度出发，旨在权衡土耳其加入上海合作组织的利弊。虽然“战略纵深”理论的创始人艾哈迈德·达武特奥卢（Ahmet Davutoğ lu）在任职外交部部长和总理时曾表示愿与上海合作组织“同呼吸、共命运”，但是二者之间未来关系的走向仍然扑朔迷离。一言以蔽之，土耳其现行的外交策略并非首创，而是在全球化时代背景下以业已存在的“欧亚主义”为蓝本逐步修订而来。

第一节　20 世纪 90 年代以来土耳其的“欧亚主义”

1699 年，奥斯曼帝国历史上第一个不平等条约“卡洛维茨条约”（土耳其语：Karlofça Anlaşması）签订之后，帝国的衰落令原先的各项政策难以为继。为了维护衰弱政权在广袤领土上的继续统治，防止分裂，奥斯曼帝国先后进行了例如坦齐马特改革、“1876 年宪法”之类的资本主义性质的改革，掀起了西化的序幕。继 1882 年塞尔维亚第一个从奥斯曼帝国独立出去之后，奥斯曼帝国内部少数民族群体在 20 世纪受到近代民族主义浪潮的影响纷纷要求独立。青年土耳其党执政期间，奥斯曼帝国的半殖民地化程度不断加深，民族分裂趋势日益明显，此时青年土耳其党人的改革范围和深度也随之不断加深，同时也镇压了数次民族主义运动。随着第一次世界大战以同盟国的失败告终，奥斯曼帝国作为其中的一员彻底衰落，各民族纷纷独立，广袤的领土也只剩下安纳托利亚和色雷斯的部分地区。

1923 年，凯末尔领导人民在奥斯曼帝国的残垣断壁上成立了新兴的土耳其共和国。与此同时，奥斯曼帝国以来的西化改革措施非但没有中断，反而愈发激进，并制定了“完成现代化”的宏伟目标。表面上看，土耳其共和国的成立似乎与从前的奥斯曼帝国划清了界限，但从其建国以来的历史教科书来看，其非但没有放弃昔日奥斯曼帝国的辉煌，反而某种程度上表示出对整个突厥群体实现大团结的愿望。但在当时内外交困的情况下，新共和国在外交层面也只能最大限度地保证领土完整，极少参与外部事务。因此，在几乎整个第二次世界大战期间，土耳其都游离在同盟国和协约国之间，虽然宣布中立，但与交战双方都保持军事、经济及外交上的联系。

随着战后美苏两极格局的出现，土耳其迫于经济发展和地缘政治压力，认可了其“反苏桥头堡”的地位，接受美国的财政资助而全盘倒向以美国为首的西方阵营，并在1950年向北约递交了入盟申请。然而共和人民党在经济领域的建设失误导致了土耳其国内政治环境的剧烈动荡，在民主化浪潮的冲击下，党禁的开放使共和人民党失去了数十年的统治基础，土耳其逐渐转变为多党制国家。

对于接纳土耳其成为北约成员国这一事件，当时的西方以其不属于西欧和大西洋为由拒绝了土耳其的申请。但其后的朝鲜战争中，土耳其积极响应美国号召，为了表达其加入北约的决心而加入联合国军出兵朝鲜。最终，西方世界出于国际局势的战略部署考量，于1952年接纳了土耳其，使之成为北约的正式成员。当时执政土耳其的民主党政府虽然在经济建设领域否定了共和人民党数十年的建设成果，但是在外交领域的亲西方主义政策相对共和人民党有过之而无不及。在获得北约成员国的认可之后，土耳其便将外交重心放在谋求“入欧”之上。1959年，土耳其向当时的欧洲共同体提交申请；1963年与欧洲共同体签署“安卡拉协议”，成为其联系国；1991年欧盟诞生之后，土耳其在1999年获得了候选资格，2005年正式开始“入欧”谈判。在此期间，虽然土耳其政权历经数次更迭，但始终未曾放弃加入欧盟的努力。

在当时美苏两极格局的世界背景下，土耳其依靠政治意识形态和地理位置环境主动选择向西方世界靠拢。经历过奥斯曼帝国没落的土耳其共和国，此时的主要精力在于振兴国家经济，加之国内政治环境复杂多变，因此在欧亚事务中鲜觅土耳其的身影。在冷战结束之前，囿于较为薄弱的国家综合实力，土耳其接受了美国主导的意识形态斗争理论，排共反共情绪占据社会意识形态的主流，意识形态的对立使得土耳其对各独联体国家的关注度不高。[①] 这同时也就解释了直到苏联解体之后，尤

① Sener Akturk, “Counter-Hegemonic Visions and Reconciliation through the Past: the Case of Turkish Eurasianism”, *Ab Imperio*, 4, 2004, pp. 207 – 238.

其是意识形态斗争弱化之后，土耳其才逐渐参与到欧亚事务中来的原因。

冷战的结束在土耳其看来是一个拓展地区影响力的机会。因为此时的土耳其在经历一系列军事政变和政党斗争后，政治环境逐渐趋向稳定，且经济实力经过数十年的经营也有了大幅度的提升。这在当时的一些土耳其政客看来，土耳其作为西方世界的传统盟友和“反苏桥头堡”，不论是国际支持方面抑或是地理位置方面，“东进”似乎都是对土耳其有百利而无一害的决策。鉴于苏联解体所留下的权力真空，长期以来在西方滋养下韬光养晦的土耳其对新成立的中亚国家表现出了浓厚的兴趣，并坚信其与中亚各国之间“语言文化的渊源”是土耳其参与该地区事务的巨大优势。此外，在经济建设领域，经过马歇尔计划的扶持，土耳其的经济发展相对于新成立的各独联体国家，经济实力占据绝对优势。在这种情况下，土耳其政府希望展开“金元外交”，以经济援助的方式换取各突厥语国家的支持，巩固所谓的“语言文化纽带”，并扩大其在突厥国家的影响力，迅速填补苏联解体后所留下的权力空白（见表Ⅲ－5－1）。

表Ⅲ－5－1　1990—1999 年土耳其与部分独联体国家 GDP 对比　（单位：亿美元）

	土耳其	哈萨克斯坦	乌兹别克斯坦	吉尔吉斯斯坦	塔吉克斯坦	阿塞拜疆
1990 年	1507	269	134	27	26	89
1991 年	1510	249	138	26	25	88
1992 年	1591	249	130	23	19	50
1993 年	1804	234	131	20	16	40
1994 年	1307	213	129	17	13	33
1995 年	1695	204	134	17	12	31
1996 年	1815	210	140	18	10	32
1997 年	1898	222	147	18	9	40
1998 年	2758	221	150	16	13	44
1999 年	2559	169	171	12	11	46
平均	1837	224	140	19	15	49

资料来源：世界银行，所列数据因四舍五入，或许存在误差。

不难看出，作为上海合作组织的创始成员国，哈萨克斯坦、乌兹别克斯坦、吉尔吉斯斯坦和塔吉克斯坦四国十年来 GDP 总额的平均值仅为土耳其十年 GDP 总额平均值的约 22%。经济实力的悬殊，某种程度上令土耳其出现了战略上的误判，加之此时土耳其国内愈演愈烈的“民族观念运动”（伊斯兰政党运动），民族主义和泛伊斯兰化倾向愈发强烈，沉寂已久的“泛突厥主义”也再次抬头，不切实际地认为当下的土耳其已经是突厥语国家的领导者，并且在土耳其国内大肆鼓吹，培养了大量忠实信徒。受“泛突厥主义”流毒的影响，恰逢伊斯兰运动的返青，“从亚得里亚海到长城之间都是广大的突厥世界”这一观念被广泛接受。因此，当时土耳其在构建所谓的“欧亚主义”上投入了巨大的人力物力，并专门成立了带有特殊色彩的“突厥国家合作与协调局”（Türk İşbirliğ i ve Koordinasyon Ajansı Başkanlığ ı，TİKA）。[①] 正如土耳其马尔马拉大学学者埃姆莱·埃尔申（Emre Erşen）所言：

> ……1992 年土耳其成立的政府组织——“突厥国家合作与协调局”尤为引人注目，其职能主要是向地区经济的发展提供援助，输出发展经验，并通过机关刊物《欧亚档案》（Avrasya Dosyası）和《欧亚研究》（Avrasya Etüdleri）在土耳其学术界普及欧亚主义，欧亚主义的研究重点不仅包括中亚和高加索地区，还囊括巴尔干半岛。[②]

突厥国家合作与协调局的创办及其机关刊物所表达出来的价值观，不仅凸显出土耳其对中亚突厥国家的兴趣，还将触角延伸至了高加索地区和巴尔干半岛。如果将这些国家和地区在地图上连接起来便会发现，其总面积与之前奥斯曼帝国的总面积相差无几。虽然当时的土耳其政府非常热衷于推广这项战略，但直到 20 世纪 90 年代末，这一所谓的“渊源”也并未在中亚国家中引起广泛的共鸣。其原因主要归结为三个方面，第一，中亚

---

① 截至目前，突厥国家合作与协调局仍然作为政府的职能部门正常运作。在该部门成立之初，土耳其政府对该部门的定义如今已难以考证，就当前该部门的官方描述，出于民族、文化及语言等多方面的相似性，土耳其“突厥国家合作与协调局”建立的初衷是帮助苏联解体后新成立的突厥国家快速渡过国家困境，并对这些国家予以技术、资金和发展经验等多方位支持。2011 年土耳其政府对该部门进行了改组和重构，目前该组织的活动范围并非局限在中亚及巴尔干半岛，在拉丁美洲、非洲及太平洋岛屿等 150 个国家内均有分布，号召其与土耳其共同发展。

② Emre Ersen, “The Evolution of ‘Eurasia’ as a Geopolitical Concept in Post-Cold War Turkey”, *Geopolitics*, Volume 18, Issue 1, 2013, p. 27.

各苏联加盟共和国虽然各自独立，但实际的外交倾向并未有太大转变，加之土耳其长期以来的反共标签和以领导者自居的态度，很难在短时间内融入。第二，与俄罗斯相比，土耳其无论在政治、军事等方面的实力，都无法与之相比，尤其在经济实力上，即便是新诞生的俄罗斯，土耳其的 GDP 规模也仅为其 GDP 规模的约 29%。第三，这一阶段土耳其的“欧亚主义”具有明显的单边性，难以获得中亚各独联体国家的集体认同。随着土耳其国内经济危机的爆发和俄罗斯在中亚地区影响力的重新崛起，土耳其之前的努力几乎付诸东流。[①] 与此同时，土耳其企图在欧亚大陆建立广大“突厥国”的愿望，也随着与欧盟、以色列、埃及等双边、多边关系的逐渐恶化而土崩瓦解，这一设想也成为真正字面意义上的“想象的共同体”。

综上所述，这一阶段的“欧亚主义”实际上是在新国际环境下“泛突厥主义”的变种，是在地缘权力结构出现真空的情况下，土耳其出于对自身实力的错误估计所出现的畸形产物。2000—2001 年，土耳其国内发生严重经济危机，由经济优势所引发的这一思潮一时间遭到国内外的围追堵截。但是，这一阶段“欧亚主义”的崩溃并不代表着土耳其谋求国际地位的终结。受俄罗斯政治哲学家、被称为普京总统智囊的亚历山大·杜金（Alexander Dugin）——“国际欧亚大陆运动”（International Eurasia Movement）的启发，一种强调世界权力多级分配的新“欧亚主义”呼之欲出。21 世纪初，这种新的“欧亚主义”受到了民族主义者、左翼领袖以及高级军官的吹捧，[②] 他们批评执政党正发党与美国的关系过于密切，而忽视了与俄罗斯、中国、伊朗结盟，[③] 并且认为刚成立的“上海五国”（Şangay Beşlisi）对土耳其来说是一个平衡东西方关系的重要支点。

从政治光谱来看，正发党属于中间偏右的保守党，因此，从当时的观点来看，正发党在短时间内修改现有外交路线的可能性不大。正发党自

---

① Bülent Aras and Hakan Fidan, “Turkey and Eurasia: Frontiers of a New Geographical Imagination”, New Perspectives on Turkey, Volume 40: Special Issue on Turkish Foreign Policy, 2009, pp. 195 – 217.

② Emel Akçalı and Mehmet Perinçek, “Kemalist Eurasianism: An Emerging Geopolitical Discourse in Turkey”, *Geopolitics*, Volume 14, Issue 3, 2009, pp. 550 – 569.

③ 这一群体中的很多人都在 2010 年的世纪大审判中被捕入狱。

2002 年执政以来，其外交政策不断地受到各方批评。[①] 亲西方论者认为正发党的外交政策不应向东方和民族主义倾斜，而民族主义者和左翼政党则对继续与西方结盟提出异议。虽然正发党在执政 16 年来不断调整其外交策略，最终在达武特奥卢时期确立了以“地理纵深”和“历史纵深”为基础的“战略纵深”理论。其实，达武特奥卢早在 2001 年就提出了“战略纵深”理论，并在其担任土耳其外交部部长时正式推行。有关战略纵深理论，其核心架构是建立在土耳其成为中心国家的潜力之上。

“历史纵深”主要是指土耳其所继承的政治遗产和文化遗产，其指向很大程度上就是“语言文化纽带”，即中亚各国、巴尔干半岛等地区。“地理纵深”在强调渐进政策（Kademeli strateji）的同时，还提出了“盆地政策”（Havza Politikaları）。作为“战略纵深”的核心理论之一，“盆地政策”由三个层次的内容组成。第一个层次是“近陆盆地”（Yakın Kara Havzası），政策指向巴尔干半岛、中东地区和高加索地区，以政治和宗教手段对其施加影响。第二个层次是“近海盆地”（Yakın Deniz Havzası），包括黑海、亚得里亚海、地中海、红海、波斯湾、里海地区在内的原苏联加盟共和国均在土耳其的外交影响考虑范围之内。第三个层次是“近洲盆地”（Yakın Kıta Havzası），就范围来说，这一层次包含欧洲、北非、南亚、中亚和东亚地区，政策的重点在于向非洲，尤其是北非地区扩大影响，同时处理好同俄罗斯、德国的传统外交关系，推动土耳其与欧盟的合作。“盆地政策”的三段性某种程度上体现出土耳其谋求“全球行为体”（Global Actor）的雄心，可以称得上是土耳其自建国以来最完善的“欧亚主义”。

通过“历史纵深”和“地理纵深”，不难发现在地理位置上土耳其恰好处于中心位置，而这个中心位置也就是土耳其作为“中心国家”崛起所必需的外交资本，包含经济、军事、政治等多方面内容，是其借助历史、文化和宗教，改变世界格局中土耳其作用的地缘政治概念。[②] 与奥斯曼帝国和所谓“突厥国”不同的是，“战略纵深”所指的是以土耳其为中心所建立的，类似欧盟的国家联合，土耳其借由中心国地位带来的政治影

---

① Heinz Kramer, “AKP’s ‘New’ Foreign Policy between Vision and Pragmatism”, German Institute for International and Security Studies, Working Paper FG2 2010 - 11, June 2010, SWP Berlin.

② Murat Yesiltas and Ali Balci, “A Dictionary of Turkish Foreign Policy in AK Party Era: A Conceptual Map”, *SAM Papers*, No. 7, Ankara, May 2013, p. 9.

响，成为世界力量舞台中的重要一极。因此，“战略纵深”某种程度上就是此前各阶段“欧亚主义”的集成和发展，是土耳其谋求全球影响力的重要一环。因此，这一外交策略也被称为“新奥斯曼主义”。理论上说，达武特奥卢所划定的中心国家概念，与正发党推行的多维度外交策略形成互补，其致力于东西方平衡的外交考量显然超越了冷战时期的零和心态。随着新时期“一超多强”格局的形成，世界力量的重新分配使得欧亚大陆上关键的战略棋手和地缘政治支轴国家的格局逐渐明朗。①

在这一东起符拉迪沃斯托克西至里斯本的“欧亚大棋局”中，土耳其—阿塞拜疆不论对于西方还是东方，都是地缘的前锋地带。在冷战时期便形成的外交上的弹性，则成为土耳其在处理这一地缘关系中的主要突破点。在这五个关键的战略棋手中，中国与俄罗斯又是上海合作组织的关键成员，“一带一路”倡议又恰恰几乎横亘了整个欧亚大陆，原先欧亚大陆上数个关键战略点如今也被“一带一路”所贯通。2017 年，上海合作组织首次扩员，新加入的印度和巴基斯坦在验证上海合作组织多样性的同时，也令欧亚棋局中的三个关键战略棋手走向一致。在整个棋局中，东西方力量的此消彼长，实际上意味着西方并不是土耳其的唯一选择，而土耳其的倾向性则会在某种程度上对该地区尤其是中东地区的势力平衡造成影响。

抛开外部因素，仅就土耳其自身的情况而言，其追求“战略纵深”的“零问题”外交政策有着多方面的原因。在政治光谱偏右的正发党领导下，土耳其改变了以往坚定的、向西方靠拢的世俗化道路，开始重塑其固有的伊斯兰文化特征，以此相伴随的则是大量外部伊斯兰资本的涌入和本国伊斯兰财团的快速发展。此外，近年来土耳其的教育体系出现变革，中小学的历史课本在不断重塑突厥历史辉煌的同时，也在一定程度上认同了其亚洲身份。为了平衡周边国家和国际行为体在该地区的微妙平衡，土耳其一方面以文化、语言和历史拉近与周边突厥国家的关系，另一方面用宗教亲近来安抚周边伊斯兰国家，再以自身世俗化国家的标签与西方各国保持接触。此外，在 21 世纪的第一个十年间，土耳其政局的稳定和经济

---

① 五个关键的战略棋手分别是法国、德国、俄罗斯、中国和印度；五个关键的地缘政治支轴分别是乌克兰、阿塞拜疆、韩国、土耳其和伊朗。［美］兹比格纽·布热津斯基：《大棋局——美国的首要地位及其地缘战略》，中国国际问题研究所译，上海人民出版社 1998 年版，第 55 页。

的快速发展起到了重要作用，其独特的发展模式也逐渐成为中东国家争相效仿的典范。①

然而，继“阿拉伯之春”后，土耳其模式的向心力开始逐渐减弱。另一方面，土耳其自身的发展也频频出现问题，尤其是2013年伽齐公园示威活动之后，土耳其政局持续动荡，政府高层更替频繁，甚至在2016年出现了未遂政变②。政治问题的集中爆发某种程度上凸显了土耳其社会的尖锐矛盾，而经济发展的持续下滑更是激化了社会矛盾，从而反过来影响政局的稳定。达武特奥卢时期，随着“战略纵深”的逐步推进，土耳其不断挑战其“隔离行为体”（Insulator）的地位，向“全球行为体”的目标不断进发。然而，囿于自身实力，特别是在与以色列交恶之后，土耳其非但没有成功转型，反而陷入了外交孤立，“零问题外交”最终变为“零，问题外交”。叙利亚内战以来，土耳其因难民问题与欧盟很难达成一致，加之塞浦路斯等问题的堆叠，土耳其入欧进程可谓举步维艰；另一方面，因为谋求伊斯兰世界领导者的地位，土耳其与周边各国的关系也微妙起来。2016年，随着达武特奥卢辞去总理职务，“战略深度”理论近年来也鲜有被提及。本质上说，“战略深度”并不能作为土耳其外交策略“东向”的标志，最大程度上其也只能算作“东西平衡”的代表。因为在其核心理论“盆地政策”中，其外交重心依旧是伊斯兰世界、欧洲和俄罗斯等传统地缘政治格局。且2015年发生的俄罗斯战机事件，也是达武特奥卢亲手破坏了欧亚盆地政策的平衡性③。

2017年中土贸易总额达到了263.5亿美元，中国是土耳其在亚太地区最大的贸易伙伴，连续三年成为其最大的进口来源地。随着土耳其与俄罗斯双边关系的改善，以及土耳其自身能源策略的导向，俄罗斯以天然气和武器装备输出为抓手同样成为其外交环节的重要组成部分。与此同时，

---

① Gonul Tol, “The Turkish Model in the Middle East”, Middle East Institute, Dec. 14, 2012, http://www.mei.edu/content/%E2%80%9Cturkish-model%E2%80%9D-middle-east-0.

② 近年来，在国家舆论的引导下，政变（darbe）一词越来越被内战（iç savaş）所替换，大量学校、桥梁等被更名为15 Temmuz（7月15日），对于在该事件中丧生的人，土耳其政府追授其为烈士，并在城市显眼位置展出。

③ 俄罗斯作为土耳其“盆地政策”的重要平衡点，2015年战机事件使得两国关系降至冰点。达武特奥卢卸任总理职位两个月后，2016年7月28日，其宣布对土耳其击落俄罗斯战机事件负责。

土耳其与中亚各国依然保持密切联系，积极推进将里海的石油与天然气资源输送到西方市场。此举意在完善土耳其的长远发展战略，强化自身作为中亚与欧洲之间“东西方能源走廊”的地位。①

总的来说，由于土耳其在认同的过程中同时受到了现代主义者、民族主义者和伊斯兰主义者分别要求其面向西方、东方和南方的撕扯，造成了其固有的脆弱性、边缘性和消极性。20 世纪 90 年代，土耳其领导人一般热衷于将本国描述为东西方的桥梁，并不合实际地发展出了类似于“泛突厥主义”的“欧亚主义”。一般来说，这种桥梁的归属应该立足于大量人力物力的建设，而非停留在自然地理环境之上。进入 21 世纪以来，土耳其在正发党的领导下衍生出“中心国家”的论调，意在挑战“隔离行为体”地位，以周边国家的支持为跳板向“全球行为体”迈进。随着纳卡冲突、叙利亚内战、蓝色马尔马拉、俄罗斯战机事件等外交事件的发生，“中心国家论”也如曾经的“欧亚主义”一样日薄西山，但土耳其始终不曾放弃在更大的国际空间发挥作用。在国家经济发展陷入衰退的情况下，正发党领导下的土耳其某种程度上认识到自身的局限性，虽然在一段时期奉行外交冒险主义，但近年来总体上恪守其支轴国家的定位。所以，21 世纪以降的土耳其“欧亚主义”是寻求世界力量多极分配，依靠欧亚国家的相互扶持谋求世界话语权的尝试，这同时也成为其加入上海合作组织的潜在因素。

第二节　上海合作组织中的土耳其：进程与挑战

上海合作组织（简称上合组织）自 2001 年成立至今一直致力于维护地区和平以及政治的稳定，中国、俄罗斯、哈萨克斯坦、吉尔吉斯斯坦、塔吉克斯坦、乌兹别克斯坦把互相尊重、互不干涉作为基本原则，共同打击恐怖势力、极端势力和毒品走私。其中，反恐机制要求成员国引渡恐怖组织和极端组织的成员回国。从某种程度上说，有关引渡条例的遵守力度和深度对土耳其来说将是一个不小的挑战。土耳其著名记者塞米赫·伊迪

① Bülent Aras and Hakan Fidan, “Turkey and Eurasia: Frontiers of a New Geographical Imagination”, *New Perspectives on Turkey*, Volume 40: Special Issue on Turkish Foreign Policy, 2009, p. 203.

兹（Semih İdiz）曾指出，反恐机制难以达成明确共识的关键在于如何定义“恐怖主义”或“极端主义”：

> 安卡拉、莫斯科和北京在认定“恐怖分子”“分裂分子”上的标准存在差异，在叙利亚问题上的分歧就是一个很好的例证。中国和俄罗斯认为，“极端主义”很大程度上等同于“伊斯兰主义”[①]，这一看法也获得了上合组织其他成员国的认同。反观土耳其，在声势浩大的“居伦运动”中，不乏埃尔多安政府的支持者。但是，“居伦运动”在乌兹别克斯坦和俄罗斯的学校不断遭到当地政府的骚扰与禁止，其追随者在中亚国家也受到了严密的监控。因此，这就是埃尔多安主导下的土耳其政府与上合组织成员国之间有关“极端主义”不能达成一致的关键所在。[②]

虽然土耳其与上合组织就反恐机制存在认识上的差异，但上合组织仍然在2013年4月赋予其对话伙伴国的地位。诚然，在伊迪兹做出上述论断的时候也不曾想到，曾经在土耳其盛极一时的“居伦运动”竟然在2016年“未遂政变”之后被宣布为“居伦主义者恐怖组织”（FETÖ），土耳其政府不仅没收了居伦组织在土境内的资产，还将其与伊斯兰国（IS）、库尔德工人党（PKK）一道列入土耳其官方认定的恐怖组织名单。在其后的两年内，土耳其政府通过国内各种媒介，将居伦在土耳其国民心中的形象，由伟大的教育家转变为可憎的窃国者。不仅如此，土耳其通过居伦事件将美国定义为幕后策划者，并且以布雷森牧师事件为导火索，与美国的关系愈加恶化。

虽然这在一定程度上与上合组织的反霸权、反恐原则出现交集，但考虑到土耳其政府先前与居伦组织关系的盘根错节，依然不能忽视其在反恐问题上固有的动摇性，进而有可能在上合组织框架内引起义务上的矛盾。在过去几年中，每当土耳其政府意图引渡恐怖组织嫌疑人回国，就会立刻

---

① 原文为“Extremism” generally means “Islamism”。

② Semih İdiz, “Are Turks being Shanghaied?”, *Al Monitor*, April 30, 2013, http://www.al-monitor.com/pulse/originals/2013/04/turkey-shanghai-cooperation-nato-eu.html.

引发来自国际和国内人权组织的指责。[①] 按照欧盟引渡条款，如果发现嫌疑人在原籍国将面临死亡或虐待威胁，土耳其必须依据国内立法和国际法的规定，限制引渡嫌疑人。如果土耳其未能遵守这些要求，就会受到欧洲人权法庭的处罚。[②] 2013 年，土耳其准予引渡外国人的条件，通过出台新的法律法规得到了进一步规范。[③] 在这种情况下，能否顺利引渡恐怖分子的问题很可能会成为土耳其加入上合组织的一个障碍。因此，对于恐怖组织成员被引渡回国一事，经常会在报端见到土耳其政府对相关国家的批评与指责。当然，在这一问题上也会出现例外，比如在一些关系到土耳其国家利益的议题上，土耳其也会主动引渡一些恐怖组织成员回到原籍国。

此外，影响土耳其加入的另一个障碍就是当前上合组织框架内占主导地位的地缘政治观。在部分西方学者和土耳其学者看来，"上合组织宪章"中树立了假想敌，很明显这个假想敌代表了美国和北约在欧亚大陆的势力。上合组织对于美国在中亚建立空军基地的不满是事实，自然拒绝给予美国以观察员国的地位。[④] 从这一点上来看，土耳其北约成员国的身份在上合组织或许会遭遇地缘尴尬。但是，随着达武特奥卢时期"战略深度"理论的实施，土耳其与其西方盟友的关系似乎也并非如想象中那般美好。作为北约的资深成员国，继 2015 年北约成员国先后从土耳其撤出"爱国者"防空导弹之后，2017 年北约的联合军演，又"误将"土耳其设置为假想敌目标。

北约和欧盟一系列看似不合理的行动背后，某种程度上也暗含了对土耳其"战略深度"的不满。无论是欧盟无限期延长土耳其的入盟申请，

---

① "Mültecilerin Iade Edilmesi Fatih'te Protesto Edildi", Mazlum-der website, March 23, 2012, http://istanbul.mazlumder.org/faaliyetler/detay/basin-aciklamalari/1/multecilerin-iade-edilmesi-fatihte-protesto-edildi-/8764.

② Mamatkulov and Abdurasulovich vs. Turkey Case, Levent Korkut, "Avrupa İnsan Hakları Mahkemesi Kararlarının Devletlerin Sığınmacıları Sınırdışı etmesi Egemen Yetkisine Etkisi: Türkiye Örneği", *Ankara Barosu Dergisi*, Yil: 66, Sayi: 4, Güz 2008, ss. 20 – 35, http://www.ankarabarosu.org.tr/siteler/ankarabarosu/tekmakale/2008 – 4/4.pdf.

③ Article 55 of the "Law on Foreigners and International Protection" (April 4, 2013) state that "foreigners and those who have international protection cannot be sent back to places where they could face death penalty, or be subject to torture, inhumane treatment or humiliating punishment".

④ "Russia, China don't see US in SCO", *Voice of Russia*, November 1, 2011, http://english.ruvr.ru/2011/11/01/59706557/.

还是美国制造土耳其的经济恐慌，都是在无形中挤压了土耳其地缘战略的出口。因此，换一个角度说，正是因为欧美国家“全球行为体”的影响力，一定程度上导致了现阶段土耳其外交上的重重压力。虽然埃尔多安对当今土耳其的内外现状一再表示不满，多次表示“世界将不再受制于五国”，并在 2017 年 11 月 12 日同时以三种语言（土耳其语、阿拉伯语和英语）向世界广播。[①] 随后在 12 月的国会上重申“世界将不再受制于五国，至少应该很快不再受一国主导”。[②] 但是，土耳其经济上对欧盟的依附，也决定了土耳其要短时间内转移外交重心也变得有些不切实际。2017 年，土耳其出口欧盟的商品总额占土耳其全年出口总额的 47.8%，自欧盟进口的商品总额占土耳其全年进口商品总额的 36.5%。土耳其与周边国家 27 个陆地口岸中，运力最大、进出口最繁忙的卡波库莱（Kapıkule）口岸位于土耳其和保加利亚边境，是土耳其陆地进出口贸易的大动脉。

受限于传统的地缘政治观影响，形成于 2001 年的“战略纵深”理论在考察各种国际组织时，将主要精力放在欧盟、北约、经济合作组织[③]、黑海经济合作组织、G20 等传统国际组织和土耳其主导的国际组织之上。2010 年，土耳其和以色列交恶之后，土耳其邀请中国空军参加 10 月举行的安纳托利亚之鹰军事演习。这一原本属于北约和以色列的军事演习，因排除以色列邀请中国空军，而引起了美国的反感。与传统西方没落相伴随的是世界经济重心的东移，上合组织所奉行的不干涉原则和多领域的合作，相比逐渐僵化的北约对土耳其来说更具吸引力。

以“一带一路”倡议为例，“一带一路”倡议的土耳其语翻译大致经历了三个阶段。第一个阶段以新丝绸之路计划（Yeni İpek Yolu Projesi）或现代丝绸之路计划（Modern İpek Yolu Projesi）为主，较为概括；第二阶段也就是在看到“一带一路”受惠国的利好之后，改变了原先较为简略的译法，将之译为 Bir Kuşak Bir Yol Projesi，与英文 One Belt One Road 相对应；

---

① 3 dilde “Dünya 5’ten büyüktür”, *Sabah*, November 12, 2017, https://www.sabah.com.tr/dunya/2017/11/12/3-dilde-dunya-5ten-buyuktur.

② Erdoğan: Dünya 5’ten büyüktür 1'den haydi haydi büyüktür, Evrensel, December 22, 2017, https://www.evrensel.net/haber/341331/erdogan-dunya-5ten-buyuktur-1den-haydi-haydi-buyuktur.

③ 该组织与经济合作与发展组织（OECD）不同，它主要是一个亚洲政府间的合作组织，于 1985 年在土耳其、伊朗和巴基斯坦三国的倡导下成立。

第三个阶段也就是在2015年之后，尤其是埃尔多安访华之后，出于政治、经济和外交的需要，土耳其约在2016年提出了Kuşak ve Yol Girişim的新译法，这种译法在三种译法中更接近“一带一路”的内涵。从译名的不断演进中不难看出，土耳其对“一带一路”倡议的兴趣逐渐浓厚。

有关与“一带一路”的对接，土耳其提出其国内业已存在的“中间走廊”倡议（Orta Koridor Girişimi）与“一带一路”倡议有众多相似性。但提及“中间走廊”，其雏形是一条近乎东北—西南走向的交通、能源建设计划，这一构想已经存在很长时间，但囿于资金不足目前只完成了很少的一部分建设，其中就包括2017年刚刚落成的巴库—第比利斯—卡尔斯铁路（Bakü-Tiflis-Kars Demiryolu）。在“一带一路”倡议提出之后，土耳其希望通过该倡议获得大量投资用于基础设施建设，从而将“中间走廊”变成疏通东西、南北的大工程，进而完成其2023年建国百年目标。

从土耳其的角度看，第三个可能存在的障碍就是上合组织的扩充策略。在2017年6月9日接纳印度和巴基斯坦之前，大多数土耳其学者和西方学者都对上合组织的扩员持怀疑态度。① 根据美国著名智库哈德逊研究所（Hudson Institute）高级研究员理查德·怀兹（Richard Weitz）在2012年所述，自2005年中俄出现分歧之后，上合组织再没有接受任何正式成员国：

> 目前上合组织成员国对诸如中亚地区存在西方军事基地等一系列重大问题提出抗议，认为上合组织各成员国应该在传统安全领域协助另一成员国镇压国内叛乱，从而发挥出应有的积极作用。随着该组织的进一步扩大，该组织成员国之间的分歧也将进一步加剧。并且，如果贸然将观察员国转变为正式成员国，也会因为新成员国缺乏与中国、俄罗斯、哈萨克斯坦、吉尔吉斯斯坦、塔吉克斯坦、乌兹别克斯坦等在军事设施上的统一，从而使上合组织的共同防御策略更加复

① 在印度、巴基斯坦两国做出不将冲突带入上合组织的承诺的前提下，2015年7月10日，在俄罗斯乌法举行的上合组织成员国元首理事会第十五次会议上，正式通过了关于启动接收印度、巴基斯坦加入上合组织程序的决议，上合组织扩员的大门正式打开。

杂。另外，阿富汗、印度、蒙古和巴基斯坦都与华盛顿有着军事和情报联系。①

然而，2015年上合组织成员国元首理事会第十五次会议上通过关于接受印、巴加入上合组织的决议，无异于是一个强有力的回击。原本在土耳其看来，考虑到印巴两国与美国、中国的关系，加之两国间业已存在的矛盾，所以两国同时加入上合组织的可能性并不是很大。但上合组织的包容态度不仅让印、巴两国得偿所愿，同时也给土耳其加入上合组织带来了希望。在印巴两国正式加入之后，上合组织成员国的总面积占欧亚大陆的四分之三，人口数量达31亿，占全球总数的44%，GDP总量超15万亿美元，占全球总量的21%。不仅如此，上合组织中诸如哈萨克斯坦、乌兹别克斯坦、塔吉克斯坦等国同时也是土耳其长期以来争取的目标。

从1952年算起，土耳其加入北约已经过去了68年。在特朗普政府之前，土耳其与美国的关系虽然时有紧张，但奥巴马政府仍将其视为美国在区域和国际事务中重要的合作伙伴。② 但是，自从“未遂政变”以来，土耳其似乎不再愿意选择相信美国，并且其志向“全球行为体”的目标，似乎也与美国对其在欧亚大陆的定位有所偏差。因此，自特朗普上台以来，土耳其与美国之间的关系龃龉不断。面对中国的不断崛起，华盛顿一直在亚太地区寻找美国外交政策的“新支点”，不仅是为了重返亚太，同时也不排除其意图建立以美国为首的“新秩序”用以对抗蒸蒸日上的上合组织。纵观2018年的中美关系，前有贸易摩擦，后有制裁中兴、传唤华为，中美关系走向低谷。8月，美国贸易摩擦的浪潮触及土耳其，引发土耳其里拉的大幅贬值，其贬值幅度为45%，引发土耳其国内的强烈不满。如果在接下来的时间内土耳其再次遭受盟友的类似对待，不排除埃尔多安第三次呼吁加入上合组织的可能性。所以，在这种情况下，德国总理默克尔发声支持土耳其，避免土耳其在实质上倒向东方。一旦土耳其下定

---

① Richard Weitz, “China-Russia's Anti-NATO?”, *The Diplomat*, July 4, 2012, http://thediplomat.com/2012/07/04/is-the-shanghai-cooperation-org-stuck-in-neutral/.

② Barack Obama, “A Partnership that Delivers”, Office of the Press Secretary, the White House, May 16, 2013, https://obamawhitehouse.archives.gov/the-press-office/2013/05/16/op-ed-president-obama-partnership-delivers.

决心，那么土耳其将成为第一个与上合组织对话的北约国家，其后所引发的一系列连锁反应，很有可能将会破坏原有的欧亚棋局。

土耳其在欧亚大陆的战略中心位置毋庸置疑，其外交倾向从某种程度上说也成为大国博弈的重点。从土耳其政府的角度来看，虽然近年来土耳其政局频频出现动荡，且埃尔多安再次成功当选土耳其总统引发了一系列关于“威权”的讨论，但总体而言土耳其的民主化进程依然有序发展，某种程度上依旧是一个世俗化、民主化的伊斯兰国家。在面临地区安全的时候，土耳其虽然有时会出现过激行径，但本质上不太可能会采取单方面的军事冒险主义。比如在阿富汗问题上，土耳其曾在 2011 年倡议发起《阿富汗地区安全合作伊斯坦布尔进程》，[①] 呼吁各国尊重阿富汗的主权和领土完整。如今，该进程包含上合组织的所有成员国，土耳其也在该进程第三次外长会议时成为上合组织对话伙伴国。

2014 年北约从阿富汗撤军之后，上合组织成为该地区解决包括恐怖主义和毒品走私问题在内一系列传统安全及非传统安全的决定性力量，在阿富汗发挥建设性作用。[②] 2018 年 6 月上合组织青岛峰会中，国家主席习近平强调要发挥“上海合作组织—阿富汗联络组”作用，促进阿富汗和平重建进程，引发阿富汗国内的高度关注。

随着美国单极时代的结束，一超多强格局的形成，国际外交领域更多地使用“替代选择”（Alternatives）来诠释当前的时代。[③] 对于土耳其来说，上合组织成员国的身份是其谋求更多地区和国际话语权的砝码，与欧盟成员国身份抑或是北约成员国身份在本质上并无二致，只要能够服务于既定外交目标的达成，满足国家利益的需求，土耳其“舍弃欧盟加入上合组织”也未必就是对不满情绪的宣泄。如果土耳其能够加入上合组织，其倡导的和平进程将会对上合组织解决阿富汗问题大有裨益。同时，土耳其也可以通过上合组织的平台，强化其地区话语权，发挥地区建设作用，为

---

① Turkish Foreign Ministry website, http://www. mfa. gov. tr/istanbul-process-on-regional-security-and-cooperation-for-a-secure-and-stable-afghanistan. en. mfa.

② “China and Russia-led Shanghai bloc eyes Afghan role”, BBC, June 7, 2012, http://www. bbc. co. uk/news/world-asia-china-18349607.

③ Kılıç Buğra Kanat, “Theorizing the Transformation of Turkish Foreign Policy”, *Insight Turkey*, Vol. 16, No. 1, 2014, p. 67.

其实现“全球行为体”打下较为坚实的基础。除此之外，土耳其长期以来经营的与西方国家的关系，也可以充当上合组织与西方国家关系的桥梁。也就是在这个意义上，土耳其才能破除传统地理意义上的桥梁作用，真正成为贯通东西方的纽带。

第三节　土耳其的未来：地缘政治展望

2010 年，中土两国将双边关系提升为战略合作伙伴关系，但就近几年的发展来看，这一战略合作伙伴关系似乎还大量停留在经济领域的贸易及合作，并没有向更深层次迈进。2011 年叙利亚危机爆发时，恰逢中东剧变后不久，当时的土耳其凭借经济、政治、军事上的优势，一改之前交好大马士革的态度，转而支持叙利亚反政府武装，并希望借此取代埃及，成为中东第一大国，迈出“世界行为体”的重要一步。因此，在叙利亚问题上，土耳其在联合国上的立场非但没有因战略合作伙伴关系而向中国靠拢，反而更加背道而驰。①

然而，出于国家利益的考虑，土耳其的这种做法似乎也在情理之中，其原因主要有以下四个方面：第一，土耳其与叙利亚之前因历史遗留问题存在领土纠纷。现哈塔伊省（Hatay）原先在《洛桑条约》的规定中是属于叙利亚的领土，后因法国在第二次世界大战中的绥靖政策使土耳其“合法地”吞并了该地区，直到叙利亚内战前，土叙两国对该地区的争议一直存在，所以当叙利亚内战爆发时，土耳其理所当然地会站在反政府武装一边；第二，土耳其东南部是库尔德人聚居地，直接与叙利亚接壤，土叙边界一直是库尔德工人党的重点活动区域，土耳其希望借此行动打击库尔德工人党武装，推动库尔德问题的解决；第三，在土耳其外交史上，对于陷入政权危机的国家强调人权高于主权的做法屡见不鲜。自 1989 年冷战结束以来，土耳其支持人道主义干涉的做法就曾导致波斯尼亚—黑塞哥维那和科索沃的分裂，同时也为北约在阿富汗和利比亚的军事行动提供支持；第四，土耳其自第二次世界大战以来一贯执行西向策略，直到厄扎尔执政

---

① Talip Kucukcan, “A New Era for Russian-Turkish Relations”, SETA, December 8, 2012, http: //setav. org/en/a-new-era-in-turkish-russian-relations/opinion/4608.

时期才制定出东西平衡的外交策略，因此，在土耳其的外交天平上，西方世界普遍比东方世界多出一些筹码。所以，虽然近年来土耳其外交表现出越来越强的自主性，但在面对西方阵营和上合组织的时候，如果西方拥有足够的利益筹码，土耳其潜意识中依然会选择向西方靠拢。

2013 年，在遭遇一系列政治风波之后，土耳其的经济实力以肉眼可见的速度下降，同时其在外交上也开始难以金断觿决，不停地在东西方之间徘徊，有时甚至会出现鬻矛誉盾的情况，2015 年土耳其在靠近叙利亚边境地区击落俄罗斯战机事件就是一个例证。战机事件发生之后，土耳其态度强硬，即便面临俄罗斯的经济制裁，依然坚持土耳其有权击落侵犯其领空的俄罗斯战机，并要求克里姆林宫道歉。究其原因，主要是土耳其在 2015 年 10 月得到了德国总理默克尔加快其入盟进程的允诺。然而，在欧盟未能如期兑现承诺的时候，埃尔多安主动向俄罗斯总统致道歉信，希望战机事件和平解决。在这一事件中，土耳其表现出“隔离行为体”固有的脆弱性和消极性，在追求“全球行为体”过程中，因其外交政策与自身实力之间存在天然张力，所以在外部就会表现出函矢相攻的情况。

针对土耳其在地缘政治上的矛盾与摇摆不定，外界一般解读为土耳其与西方渐行渐远。但值得注意的是，土耳其虽然一方面不断向中国、俄罗斯靠拢，另一方面却又不停地为加入欧盟而孔席不暖。根据检索关键词，有关土耳其加入上合组织的讨论主要集中在 2013 年和 2016 年，尤其是在英国脱欧公投后，土耳其国内有关加入上合组织的讨论自上而下不绝于耳，但多数政客与学者倾向于讨论加入上合组织的利弊及影响，有时也会出现在电视辩论节目当中。但是根据哈萨克斯坦外长叶尔兰·伊德里索夫在 2016 年 12 月 27 日的回应，土耳其并未正式申请加入上合组织。且就土耳其国内的情况来看，加入上合组织的讨论在 2016 年之后鲜有提及，而有关加入欧盟的讨论却一直在持续。由此可见，当前对于土耳其政府来说，不能排除其同时希望加入欧盟和上合组织的想法，更不能排除其以上合组织作为筹码要挟欧盟的想法。

以时间线索来看，目前土耳其每一次表达加入上合意愿的背景大多建立在入欧进程受阻的情况下，外交信号的解读很大成分上可以归入对特定国家或组织的地缘政治威胁。虽然在当前全球化的背景下，意识形态斗争逐渐偃旗息鼓，但在特定的场合下意识形态依然有其市场。作为欧亚大陆棋局重要的支轴国家，土耳其政府深谙其在未来地缘格局中的地位，借上合组织的影响来试探面临英国脱离的欧盟，几乎可以同时洞彻世界主要大国的态度。加之土耳其国内因叙利亚内战涌入的大量难民，如果欧盟在短时间内态度出现松动，土耳其便可以以此获得更大的利益。不仅如此，土耳其不断向上合组织示好，包括对亚洲基础设施投资银行的支持，也体现出其在执行东西平衡外交策略上的灵活性和前瞻性。这便是土耳其当前外交政策的一个缩影，并且很可能在未来相当一段时期内保持这种东西向平衡的外交策略和地缘策略。

另一个值得注意的细节是，埃尔多安在发表演讲表达加入上合组织意愿的时候，称呼上合组织为“Şangay Beşlisi”（上海五国），而非“Şangay İşbirliğ i Örgütü”（上合组织）。安卡拉不可能不知道自 2001 年起“上海五国”就已经正式更名为“上合组织”，那么其缘何采用旧称就显得比较耐人寻味。

如世界上很多发展中国家一样，土耳其在人权方面也经常被西方所诟病，最近的一次即 2017 年修宪之后，西方多国一致指责新宪法侵犯人权，所以土耳其在人权方面的敏感性造成了其需要向西方靠拢。就其本身来说，库尔德问题的悬而未决给西方世界指责土耳其人权问题提供了诸多口实。早在 20 世纪 90 年代，土耳其经常会因为民族问题及内外政策的不统一而受到指责和非议。正如土耳其前总理达武特奥卢所述：

> 20 世纪 90 年代，虽然土耳其政府未能紧随民主化的改革浪潮而与普世人权失之交臂，但是在过去的十年间，土耳其进行了声势浩大的民主重建工作，完善了在人权方面的许多不足之处……由于完善了国内公民的基本权利，扩大了自由范围，所以土耳其不仅免除了国内之忧，还赢得了邻国和国际社会的信任，对于自己的国际威望也更加自信。但是，如果土耳其不能有效地建立起安全与自由的平衡体系，那么将直接面临在民主转型期的巨大困难，同时也会危及自身的安全。①

① Ahmet Davutoglu, “Principles of Turkish Foreign Policy and Regional Political Structuring”, *Vision Papers*, Center for Strategic Research, No. 3, April, 2012, http://sam.gov.tr/wp-content/uploads/2012/04/vision_paper_TFP2.pdf.

在当时的环境下，达武特奥卢的此番言论固然是为了推行“战略纵深主义”所做的铺垫，然而过于乐观地估计国内问题，也为其外交策略的失败埋下了隐患。但是，达武特奥卢的下台并不代表土耳其追求国际影响力的终结，当前埃尔多安领导下的正发党政府依然寻求在地区问题和世界问题上发挥重大作用。但是，客观地说，土耳其若要向“全球行为体”迈进，当前最切实可行的就是先和平处理好东南部的库尔德问题。从全局角度看，库尔德问题与叙利亚内战、难民问题交织在一起，成为土耳其追求国际影响力过程中必须妥善处理的关键问题，而在这一组问题当中，人权问题处理得妥当与否，也直接会影响到土耳其在本地区的影响力。

“战略纵深主义”的失利从某种程度上说表现出土耳其自身实力的局限性，而其在国家发展良好时期对国家综合实力的高估，仿效美国在全球范围内，尤其是对他国穆斯林群体的误读，也显示出其地缘政治观在西方的影响下与上合组织间的误差。越来越多的迹象表明，随着正发党执政年限越来越长，五年一次的选举令其很难将主要精力用于政党的自我更新，其内部的团结程度也因多次高层“换血”而被质疑，加之众多在野党在某些问题上的诘难，今后土耳其外交政策的倾向是否会被掣肘也未尝可知。

20 世纪 90 年代，在“泛突厥主义”色彩明显的“欧亚主义”的误导下，土耳其政府放任一些组织，支持甚至资助他国境内极端分子的分裂活动，使土耳其与中国、俄罗斯的关系趋于紧张。此后，土耳其接纳流亡分子并予以庇护，使得这些逃亡分子在土耳其本土形成了较为强大的舆论引导力，部分逃亡分子经过多年经营在土耳其已经享有国民身份，具有一定的引导社会舆论、误导政党的能力。埃尔多安受限于时代影响，曾在“七五事件”后发表过不当言论，但随即遣特使前往中国道歉。2015 年埃尔多安访华期间，第一次态度明确地斥责“东伊运”等恐怖主义行径，愿就这方面加强与中国政府的合作。

2017 年 1 月，“东伊运”分子在伊斯坦布尔制造了数起恐怖袭击活动，给土耳其普通民众带来了重大伤亡。自此，土耳其不论从官方层面抑或是民间层面都改变了对该组织的看法。加之土耳其经历未遂政变后，出于对改善自身处境的考量，在叙利亚问题上与俄罗斯的步调日趋一致，土耳其官方对于恐怖组织的定义也开始向上合组织成员国靠拢。2017 年 8

月，土耳其外交部部长梅夫吕特·恰武什奥卢（Mevlüt Çavuşoğlu）访华期间，正式宣布将“东伊运”组织列入土耳其政府监控的恐怖组织名单中。

时至今日，土耳其与上合组织在保证中亚地区的政治稳定这一目标上并没有冲突。并且，在“零问题”外交遭遇失败后，土耳其与中亚国家的频繁接触以确保能源的安全供给为主要目标。当下，正处于“一带一路”倡议继往开来的历史时刻，团结沿线各国共谋经济繁荣的理想与土耳其的建国百年目标深度契合。维护地区的繁荣及稳定从来都不是一国之力所能及，土耳其在经历了一系列的外交撕扯及角力中，也开始逐渐认清自身的定位。厄扎尔时代地缘政治上的失败源自企图进行跨越式的发展，由此导致了经济发展与民主进程的相互不适应，国内的政治撕扯直接影响到政府的外交努力，从而造成了地缘上的窘境。就当下的情况来看，循序渐进的民主化进程是土耳其面前的最优选项。

> 在全球化浪潮的推动下，民主逐渐成为一种普世价值观，世界各地的人们在要求政府高效运作，尊重公民的基本权利方面不谋而合。冷战结束后，苏联退出了历史舞台，各国在建构国家民主的过程中面临着更加严峻的形势，各国政府应该依靠人民的力量来进行管理体制改革，以便更好地反映民意……中亚各国应该携起手来，进一步推动民主化进程，维护国家的稳定与社会的和谐，共同开创美好的未来。[①]

在印度和巴基斯坦加入前，上合组织的主要成员国是中亚国家。联系到此前土耳其充当北约桥头堡时期在中亚地区推行的政策，从土耳其政府的角度来看，上合组织或许会对其以往的做法存在看法。但上合组织是一个开放、包容、多元的，以维护世界和平与安定为目标的国际组织，对于任何奉行独立自主外交政策的国家，都会一视同仁。伴随着土耳其成为世界第十七大经济体，经济实力的提升使得土耳其在外交层面逐步摆脱美国

---

① Ahmet Davutoğlu, "Turkic Republics since Independence: Towards a Common Future", *Vision Papers*, Center for Strategic Research, No. 5, January 2013, p. 8, http://sam.gov.tr/tr/wp-content/uploads/2013/01/vision_paper_ing_05-final.pdf.

的桎梏，奉行自由多元的外交政策。上合组织有理由相信土耳其的地缘政治观正在逐渐靠拢，土耳其不会也不可能煽动中亚国家进行急剧的政治变革。从事实的角度出发，中亚地区的不稳定也不符合土耳其在该地区的经济利益，如果中亚出现地缘变动，土耳其的处境也许会如“阿拉伯之春”中，再次陷入自相矛盾的统治危机一样。

近年来，随着中国经济的崛起，一些国家把中国视为威胁，希望将上合组织变成一个单纯的经济集团。与此同时，上合组织成员国在经济发展中所呈现的 GDP、经济结构等方面也有很大的差异。2011—2017 年，上合组织成员国的平均 GDP 总值为 18171 亿美元，土耳其的平均 GDP 总值为 8808 亿美元，按总量算仅次于中国、俄罗斯和印度（见表Ⅲ－5－2）。2017 年，世界 GDP 总值为 81 万亿美元，上合组织成员国的 GDP 规模约占世界 GDP 总量的 21%。相比之下，欧盟同年 GDP 的规模只比上合组织高出约 0.4%。广义上说，就经济规模而言，上合组织与欧盟之间的差距越来越小。在当前土耳其经济陷入滞胀的情况下，谋求与上合组织的合作对上合组织抑或是土耳其来说，都是一个双赢的选择。

表Ⅲ－5－2　2010—2017 年上合组织成员与土耳其的 GDP 对比　（单位：亿美元）

	2011 年	2012 年	2013 年	2014 年	2015 年	2016 年	2017 年
中国	75730	85610	96070	104800	110600	111900	122400
俄罗斯	20520	22100	22970	20640	13680	12850	15780
哈萨克斯坦	1926	2080	2366	2214	1844	1373	1594
乌兹别克斯坦	459	518	577	631	669	671	487
吉尔吉斯斯坦	62	66	73	75	67	68	76
塔吉克斯坦	65	76	85	92	79	70	71
巴基斯坦	2136	2244	2312	2444	2706	2787	3050
印度	18730	18420	18570	20390	21020	22740	25970
土耳其	8325	8740	9506	9342	8598	8637	8511

资料来源：世界银行，所列数据因四舍五入，或许存在误差。

随着土耳其综合国力的逐渐增强，其对西方盟友待之以隔离带地位愈加不满，其谋求大国地位的愿望与日俱增。鉴于当前美国全球政策的朝令夕改，由美国发起的世界两大经济体之间的贸易摩擦逐渐蔓延到全球，各西方国家急于自保，对土耳其支持的范围有限。加之土耳其几十年来的入欧道路一波三折，虽然其未曾停止入欧的脚步，但其追逐的耐心也在不断失望中被逐渐消耗。如此以往，即便土耳其此前声称加入上合组织是对其传统盟友的威胁，但在世界多极格局嬗变，尤其是“一带一路”倡议深入扩展的前提下，依然不排除其正式向上合组织递交申请的可能性。

对于刚刚赢得总统大选的埃尔多安来说，距离建国百年剩下不到五年时间，其向土耳其民众承诺的百年目标即将成为燃眉之急。在埃尔多安成功当选之后，土耳其立刻开始了新一轮的基础设施建设。然而公共支出庞大、政府负债居高不下成为土耳其经济发展的倒悬之苦。某种程度上说，为了压制反对党和敌对势力，在土耳其百年目标达成之前，经济发展在很大程度上将压倒地缘政治，成为正发党政府工作中的重中之重。

冷战的结束标志着世界两极格局的正式解体，世界格局进入了崭新的发展阶段。在冷战结束前的四十多年间，土耳其的政治、经济结构经历了一次又一次的变革，最终确立起了具有鲜明特色的当代“土耳其模式”的雏形。在整个历史发展阶段中，土耳其的对外政策也经过了第二次世界大战前的独善其身—冷战思维—后冷战勇士—睦邻政策—外交膨胀—区域平衡的转变。土耳其广泛关注欧亚大陆事务，也主要开始于后冷战时期。

由于苏联解体所留下的权力真空，土耳其在介入欧亚大陆事务初期，认为其经济实力已经具备了向外输出的能力，并成立了“突厥国家合作与协调局”，企图以经济援助为基础，以所谓的宗教、文化联系为手段，加强与中亚国家的联系，谋求在突厥语国家中的领导者地位。随着俄罗斯国家元气的恢复，尤其是1996年“上海五国”的成立，中亚突厥语国家的外交天平无疑都开始朝向身为“世界行为体”的中国与俄罗斯倾斜，国家实力的巨大差异令土耳其在该地区的外交努力几乎付诸东流。

一系列外交的挫败令土耳其感受到身为“隔离行为体”所固有的边缘性，初期的“欧亚主义”也在国内各势力的反复撕扯中分崩离析。然而，也正是因为这种边缘性，使得土耳其在东、西方的概念定位上模糊不清，中亚各国虽然锚定了外交倾向，但也并未完全拒绝土耳其。所以，在新“欧亚主义”的驱使下，土耳其在这一地区的努力开始转向经济合作及能源开发领域，希望发挥其连接亚洲和欧洲的桥梁作用。21世纪，世界政治经济格局发生剧烈变动，土耳其为谋得更大的地区和国际话语权，摆脱地缘桥头堡的地位，将自身定位成地缘格局中的“中心国家”，出现了以“战略纵深”为代表的“新奥斯曼主义”。然而，伴随着经济的衰落和外交激进的反噬，土耳其的外交困难重重。

随着中国国际影响力的不断扩大，其倡导的上合组织也在国际事务中发挥越来越大的作用。土耳其适时调整外交策略，展开与中国在安全领域、打击分裂主义和极端主义等方面的合作，并希望以此换取中国对土耳其的全面投资。换句话说，当前的土耳其在参与欧亚事务中较之以往任何一个历史时期都显得更加务实，而不是简单地从意识形态上出发。从经济联系上看，中国和俄罗斯分别是其第一和第三大进口国，其对中国的机电产品、贱金属和化工产品依赖明显。显而易见，因经济上较为稳定的联系，与中国、俄罗斯的关系或许也将成为土耳其在21世纪的外交政策核心之一。

某种程度上说，2018年埃尔多安的再次当选对于上合组织来说或许是一大利好。在执政15年之后，埃尔多安对周边国家和“世界行为体”国家有了更深层次的理解，尤其在反霸权、打击分裂主义和极端主义等方面有了全新的认识。自2015年开始，埃尔多安在穆斯林人权问题、极端主义上的看法开始与中国、俄罗斯出现了交集，频频释放友好信号，并在“东伊运”问题上与中国达成一致。且在对美立场上，一改之前的唯美国马首是瞻，开始遵行独立自主的外交政策，更因为2016年未遂军事政变、居伦组织和布雷森牧师事件等一系列龃龉，似有与美国政府割席分坐的意味。虽然土耳其是北约的成员国，但继2016年威胁退出北约，2017年土耳其国家元首被北约当成假想敌标靶，抑或是2018年8月特朗普批准的《国防授权法案》中对土耳其禁售F－35战斗机，这一系列事件串联在一起，不仅是外部，甚至土耳其国内都猜测土耳其退出北约的时间越来越近。某种程度上说，土耳其北约成员国的身份已经被逐渐边缘化。

此外，自2016年以来，一方面出于大量难民带来的压力，另一方面因修宪问题而招致西方世界对其人权的指责，加之土耳其在叙利亚、阿富汗等问题上与俄罗斯的合作愈加深入，支持人道主义干涉这一外交辞令也越来越少地出现在土耳其政府的官方文件当中。所以，无形当中土耳其的对外态度也开始逐渐符合“上海精神”的基本要求。在所谓美式民主的引导下，土耳其数十年追求的民主与自由，通过数次修宪与选举变成了类似于俄罗斯的总统制模式，民主与自由依然存在，只不过遵循其长期以来的历史渊源，打上了有别于西方的东方烙印。

虽然土耳其目前的状态依然在东西方之间摇摆，但通过其近年来的种种表现，如果其传统盟友不能提供足够的利益砝码，那么最后一根稻草很有可能会出现在天平的东方一端。在这种情况下，土耳其能否加入上合组织的关键在于，上合组织在未来几年中如何为土耳其量身定制其“隔离行为体”的特征。虽然未来几年经济发展将成为土耳其的优先选项，但如何分配“一带一路”框架内的土耳其蛋糕对中国和上合组织而言是一个很大的挑战。此外，土耳其经济获得发展之后，其必定仿效过去再次追求更大的国际舞台。

考虑到土耳其的民族特性，将目光放大到整个中亚、中东地区乃至整个欧亚大陆，上合组织对解决地区冲突能否提供一个具有广泛适用性的方法？它在解决类似阿富汗问题方面能否发挥建设性的作用？它能否借助“一带一路”倡议促进成员国之间的经济一体化？这些问题对于土耳其来说具有足够的吸引力，如果能够循序渐进推进与土耳其的关系，土耳其与上合组织间必然是一种共赢。当然，百年来西方价值观的影响不可能在顷刻间坍塌，其势必将会在一定时间内继续影响土耳其的外交政策。同样的道理，如果上合组织能够令土耳其看到“全球行为体”的曙光，只要埃尔多安或是正发党能够继续领导土耳其，那么土耳其在意识领域重新回到东方或许也只是时间上的问题了。

附　录

附录1　中土关系大事记*

1966年12月　中国国际贸易促进委员会副主任萧方洲率中华人民共和国国际贸易促进委员会贸易代表团访土

1971年8月4日　双方签署《中华人民共和国和土耳其共和国建立外交关系的联合公报》

1972年9月　中国民用航空总局副局长马仁辉率中国政府民航代表团访土

1978年6月　中国外交部部长黄华访问土

1981年5月18日　双方签署《中华人民共和国和土耳其共和国政府贸易议定书》

1981年12月19日　双方签署《中土经济、工业和技术协定》

1981年5月　土耳其商业部部长凯马尔·詹蒂尔克访华

1981年12月　土耳其外长蒂尔克曼访华

1982年12月　土耳其总统埃夫伦访华

1984年3月　中国国家主席李先念访土

1985年7月　土耳其总理厄扎尔访华

1985年10月　土耳其议长卡拉杜曼访华

1986年7月　中国国务院总理赵紫阳访土

1989年3月6日　双方签订《中国和土耳其领事条约》

---

* 资料来源：中华人民共和国驻土耳其共和国大使馆官方网站，http：//tr. china-embassy. org/chn/A/；中华人民共和国驻土耳其共和国大使馆经济商务处网站，http：//tr. mofcom. gov. cn/article/zxhz/；“中国一带一路网”检索词为“土耳其”的报道，https：//www. yidaiyilu. gov. cn；《人民日报》图文数据库，检索词为“土耳其”的报道，http：//data. people. com. cn/rmrb/20210126/1？code =2。

1989 年 11 月 24 日 双方签署《中土互免签证协议》

1990 年 11 月 双方签署《相互投资促进与保护协定》

1991 年 5 月 双方签署《中华人民共和国政府和土耳其共和国政府旅游合作协定》

1992 年 9 月 28 日 双方签署《中国和土耳其关于民事、商事和刑事司法协助的协定》

1993 年 11 月 双方签署《中华人民共和国政府和土耳其共和国政府文化协定》

1995 年 5 月 土耳其总统德米雷尔访华

1995 年 5 月 23 日 双方签署《避免双重征税协定》《对所得税避免双重征税和防止偷税漏税协定》

1996 年 6 月 建设部部长侯捷率中国政府代表团访土

1996 年 7 月 双方签订《中国—土耳其纺织品服装双边协议》

1996 年 8 月 土耳其议长卡莱姆利访华

1996 年 11 月 中华人民共和国第八届全国人大常委会委员长乔石访土

1998 年 2 月 15—20 日 土耳其外交部部长伊斯梅尔·杰姆访华

1998 年 5 月 土耳其总理埃杰维特访华

1999 年 4 月 中华人民共和国第九届全国人大常委会委员长李鹏访土

2000 年 2 月 土耳其议长耶尔德勒姆·阿克布卢特访华

2000 年 2 月 14 日 双方签订《中土打击跨国犯罪的合作协议》

2000 年 4 月 中国国家主席江泽民访土

2000 年 4 月 双方签订《中土能源领域经济技术合作框架协议》

2001 年 1 月 中国外交部部长唐家璇访土

2001 年 4 月 中华人民共和国全国政协主席李瑞环访土

2001 年 12 月 14 日 双方签署《关于中国公民组团赴土耳其旅游实施方案的谅解备忘录》

2002 年 4 月 16 日 双方签署《中土关于在信息技术领域合作谅解备忘录》及《中土关于海关事务的合作互助协定》

2003 年 8 月 中国商务部率领的采购及投资合作考察团在土签署了 3000 万美元的采购合同

2004 年 7 月 中国冶金设备总公司与土耳其埃尔德米尔钢铁公司签订

4800万美元的焦炉、煤气柜及运钢台车出口合同

2002年2月　土耳其议长耶尔德勒姆·阿克布卢特访华

2002年4月　中华人民共和国国务院总理朱镕基访土

2002年6月30日—7月7日　土耳其议长厄曼尔·伊兹齐访华

2003年1月　土耳其正义发展党主席埃尔多安访华

2003年9月　土耳其副总理阿里·沙辛访华

2004年11月　中共中央政治局常委、国务院副总理黄菊访土

2005年2月　土耳其副总理兼外长阿卜杜拉·居尔访华

2005年2月　中钢集团签署中国向土耳其出口最大冶金工程项目合同

2005年4月　土耳其副总理兼国防部部长阿里·沙辛访华

2005年5月　国务委员陈至立访土

2005年7月　中土重新签署《相互投资促进与保护协定》

2005年9月　中国外交部新闻司陆文祥参赞率中国记者代表团访土

2005年10月　中国新闻出版总署副署长邬书林访土

2005年11月　中国商务部亚洲司副司长吴政平率采购团访土

2005年11月　中华全国总工会副主席张俊九访土

2005年12月　中国外交部部长助理吕国增访土

2006年3月　土耳其中国妇女友好文化协会主席汤·阿塔奇访华

2006年4月　中华人民共和国国务委员华建敏访土

2006年6月　中共中央政治局委员、广东省委书记张德江率中共代表团访土

2006年9月　土耳其国务部部长库萨德·图兹曼率领经贸代表团访华

2007年4月　土耳其副总理阿里·沙辛访华

2007年6月　中国银联与土耳其担保银行签订《银联标准卡发卡协议》

2007年6月　双方签署《中国国家汉语国际推广领导小组办公室与土耳其中东技术大学关于合作建设中东技术大学孔子学院的协议》

2008年3月　双方签署《孔子学院总部与土耳其海峡大学关于合作建设海峡大学孔子学院的协议》

2008年3月　土耳其国务部部长迈赫迈特·阿伊登访华

2008年3月　全国青联常务副主席尔肯江·吐拉洪访土

2008年4月　土耳其大国民议会议长托普坦访华

2008 年 5 月 土耳其外交部副次长菲利敦·斯尼尔利奥卢访华

2008 年 8 月 土耳其国务部部长库萨德·图兹曼访华

2008 年 9 月 土耳其正义与发展党副主席努克赫特·赫塔尔·戈克塞尔访华

2008 年 10 月 中国红十字会会长彭珮云访土

2008 年 11 月 中华人民共和国全国政协主席贾庆林访土

2008 年 11 月 土耳其正义与发展党前副主席、议员登吉·伏拉特访华

2008 年 11 月 土耳其总统府秘书长穆斯塔法·伊森访华

2009 年 2 月 25—26 日 中华人民共和国新疆维吾尔自治区外事办公室副主任、新疆人民对外友好协会副会长孔多孜·玉素甫率新疆妇女代表团访土

2009 年 6 月 土耳其担保银行与中国进出口银行签署金融贸易协议

2009 年 6 月 土耳其总统阿卜杜拉·居尔访华

2009 年 8 月 土耳其总理特别代表、国务部部长恰拉扬访华

2009 年 12 月 12—15 日 中国国际问题研究所所长马振岗率团访土

2009 年 12 月 13—15 日 中华人民共和国全国政协副主席、中国人民争取和平与裁军协会副会长厉无畏率团访土

2010 年 1 月 中国外交部部长杨洁篪访土

2010 年 1 月 7—9 日 中国商务部部长陈德铭率中国政府经贸代表团和企业家代表团访土

2010 年 3 月 15 日 中国现代国际关系研究院副院长李绍先率团访土

2010 年 3 月 22—24 日 中国人力资源和社会保障部副部长、外国专家局局长季允石率团访土

2010 年 4 月 14 日 中共中央政治局常委李长春访土

2010 年 6 月 中华人民共和国国务委员戴秉国访土

2010 年 10 月 中华人民共和国国务院总理温家宝访土

2010 年 10 月 双方签署《中华人民共和国政府与土耳其共和国政府铁路合作协定》

2010 年 11 月 土耳其外长达武特奥卢访华

2011 年 6 月 双方签署《宗教事务局合作备忘录》

2012 年 2 月 中国人民银行与土耳其中央银行签署了双边本币互换协议，

互换规模为100亿元人民币/30亿土耳其里拉

2012年2月　中国国家副主席习近平访土

2012年3月21—24日　中华人民共和国团中央第一书记陆昊率中国青年代表团访土

2012年4月　土耳其总理埃尔多安访华，双方签署了《中华人民共和国政府和土耳其共和国政府和平利用核能合作协定》和《中国国家能源局与土耳其共和国能源和自然资源部关于核能领域合作的意向书》

2012年4月　中国外文局与土耳其恰勒克集团签署合作协议

2012年8月　中国南车股份有限公司与土耳其政府签署近4亿美元地铁合同

2012年11月　双方签署《中华人民共和国政府和土耳其共和国政府档案领域合作议定书》

2013年1月　中国天辰工程有限公司与土耳其吉内尔集团签订工程总承包合同

2013年3月18日　中国国家能源局副局长刘琦率中国新能源企业代表团访土

2013年5月　中国国际广播电台与土耳其国家广播电视总台签署谅解备忘录，达成一系列视频合作协议

2013年9月　中国新华社与土耳其世界新闻社签署新闻合作协议

2014年8月5日　中国工程院副院长谢克昌院士率团访土

2014年9月6—9日　中华人民共和国最高人民法院院长周强访土

2014年11月17—19日　中国国家主席习近平特使、中共中央政治局委员、中央政法委书记孟建柱访土

2014年12月9—10日　中国中东问题特使宫小生访土

2015年5月　双方签署《国际公路运输协议草案》

2015年7月　土耳其总统埃尔多安访华并出席在北京举行的中国—土耳其经贸论坛

2015年11月　双方签署《“一带一路”谅解备忘录》

2015年11月14日　中国国家主席习近平访土并出席二十国集团领导人第十次峰会

2016年8月5日　中国外交部副部长张明访土

2016 年 9 月 3 日　土耳其总统埃尔多安访华并出席二十国集团领导人杭州峰会

2016 年 9 月　双方在杭州 G20 集团峰会期间签署了有关可再生能源、使用煤炭资源领域的合作、出口开心果以及农产品四项合作协议

2016 年 11 月 4 日　中华人民共和国国务院副总理汪洋访土

2017 年 4 月 17 日　中华人民共和国国务院副总理刘延东访土

2017 年 4 月　中国建材集团与土耳其 YALIM 集团签订日产 7500 吨熟料水泥生产线联合投标的合作协议

2017 年 5 月　双方签署《中华人民共和国政府和土耳其共和国政府国际道路客货运输协定》

2017 年 5 月　双方签署《中华人民共和国和土耳其共和国引渡条约》

2017 年 5 月　土耳其总统埃尔多安访华并出席"一带一路"国际合作高峰论坛

2017 年 7 月 23—25 日　中国政府叙利亚问题特使解晓岩访土

2017 年 8 月 2—3 日　土耳其外交部部长梅夫吕特·恰武什奥卢访华

2017 年 10 月　中电投电力工程有限公司同中航国际成套设备有限公司组成的联合体与土耳其 EMBA 发电有限公司在上海签订土耳其胡努特鲁 2×660MW 燃煤电厂 EPC 总承包合同

2017 年 11 月　中国电工与土耳其 BEREKET 集团就 ARMAGAN REG 36.05MW 水电、YAGMUR REG 24.65MW 水电、SOKE 2 RUZGAR 104MW 风电和 GEYVE RES 50MW 风电四个 EPC 总承包项目在伊斯坦布尔签署合同

2017 年 11 月　中国计量科学研究院与土耳其国家计量院（TUBITAK UME）在京签署计量合作谅解备忘录

2017 年 12 月 15 日　土耳其副总理希姆谢克访华

2018 年 1 月 24—25 日　中国外交部亚非司副司长冯飚访土

2018 年 6 月 14—15 日　土耳其外交部部长梅夫吕特·恰武什奥卢访华

2018 年 7 月 9 日　中国国家主席习近平特使、文化和旅游部部长雒树刚访土

2018 年 9 月 14 日　中国外交部副部长乐玉成访土

2018 年 10 月　中车株洲电力机车有限公司与土耳其伊斯坦布尔市政府签

订向土方出口 5 亿美元轻轨车辆的合同

2018 年 12 月 3—6 日　土耳其议长比纳利·耶尔德勒姆访华

2019 年 5 月　中国船级社与土耳其船级社签署合作协议

2019 年 7 月 2 日　土耳其总统埃尔多安访华

2019 年 11 月　双方签订《农产品战略合作协议》

2020 年 3 月　土耳其主权财富基金与中国信保签署《全面业务合作谅解备忘录》

2020 年 3 月　中国能建葛洲坝国际公司与土耳其 KAF 公司在安卡拉签署合同金额为 15 亿美元的土耳其埃利迪尔 1GW 抽水蓄能电站项目协议

2020 年 11 月　中国电科与土耳其 Kalyon 集团签署 500MW 光伏产业园二期项目合同

2020 年 11 月　中国建材国际工程集团有限公司与土耳其 DuzceCam 公司就伊斯坦布尔 300t/d 超白压延玻璃项目签署总承包合同

2020 年 12 月　中国海外工程有限责任公司同土耳其楚库罗瓦市签署楚库罗瓦市旧城改造项目合同

2020 年 12 月　中国蜂巢能源与土耳其公共汽车制造商 OTOKAR 正式签订定点协议，将为后者的电动大巴供应动力电池

2021 年 1 月 4 日　中国能建以视频会议的形式签署土耳其菲力兹 2 × 660MW 超超临界燃煤电站项目 EPC 合同

附录2 《中华人民共和国和土耳其共和国关于建立和发展战略合作关系的联合声明》

应土耳其共和国总理埃尔多安的邀请，中华人民共和国国务院总理温家宝于二〇一〇年十月七日至九日对土耳其共和国进行了正式访问。

访问期间，温家宝总理会见了居尔总统，与埃尔多安总理举行了会谈。两国领导人在坦诚、友好和务实的气氛中就进一步拓展和深化中土各领域互利合作及共同关心的地区和国际问题深入交换了意见，并达成广泛共识。双方全面回顾并高度评价双边关系发展历程，对双边关系发展成果表示满意。双方一致认为，中土同为新兴发展中国家，都处在各自发展的重要阶段，在国际形势发生深刻复杂变化的历史背景下，中土友好合作关系规模不断扩大，内涵日益丰富，不仅造福于两国人民，而且有利于地区乃至世界的和平、稳定与发展。

基于进一步提升中土关系水平、全面推进双方各领域友好合作的共同政治意愿，双方达成如下共识：

重申恪守一九七一年八月四日《中华人民共和国和土耳其共和国建立外交关系的联合公报》和二〇〇〇年四月十九日《中华人民共和国与土耳其共和国联合公报》所确定的各项基本原则。

决定建立和发展战略合作关系。

保持高层互访势头，深化政治互信，在事关对方核心利益的问题上相互支持；在互利互惠的基础上，进一步拓展和深化经贸合作，实现共同发展。

扩大两国议会、政党、地方政府间的友好交流，推动投资、能源、教育、文化、体育、旅游、新闻、安全、国防和交通等领域的友好合作。

共同维护地区和平与稳定。

应对各种全球性挑战，推进世界多极化和国际关系民主化，为推动建设持久和平、共同繁荣的和谐世界不懈努力。

于二〇一一年正式启动“两国外交部联合工作组机制”，并将逐步充实机制内涵，扩大机制职能，使之成为当前双方战略对话与磋商的重要渠道。

全力办好二〇一二年在土耳其举办的“中国文化年”和二〇一三年在中国举办的“土耳其文化年”活动。

二〇一〇年十月八日于安卡拉

参考文献

一　中文类

（一）著作

陈延琪、潘志平主编：《泛突厥主义文化透视》，新疆人民出版社 2000 年版。

顾国良等编写：《美国对华政策中的涉疆问题》，社会科学文献出版社 2012 年版。

郭长刚、杨晨、李鑫均、张正楠编著：《列国志·土耳其》，社会科学文献出版社 2015 年版。

郭长刚、刘义主编：《土耳其发展报告（2015 年）》，社会科学文献出版社 2015 年版。

郭永良：《全民反恐的战略构建：以反恐参与权为中心》，中国法制出版社 2016 年版。

金宜久：《伊斯兰与国际政治》，中国社会科学出版社 2013 年版。

蒋新卫：《冷战后中亚地缘政治格局变迁与新疆安全和发展》，社会科学文献出版社 2009 年版。

厉声主编：《中国新疆历史与现状》，新疆人民出版社 2003 年版。

李秉忠：《土耳其民族国家建设和库尔德问题的演进》，社会科学文献出版社 2017 年版。

敏敬：《中东库尔德问题研究》，中央编译出版社 2015 年版。

潘志平、王鸣野、石岚：《"东突"的历史与现状》，民族出版社 2008 年版。

黄维民：《中东国家通史·土耳其卷》，商务印书馆 2002 年版。

彭树智：《文明交往论》，陕西人民出版社 2002 年版。

唐志超：《中东库尔德民族问题透视》，社会科学文献出版社 2013 年版。
汪波：《中东库尔德问题研究》，时事出版社 2014 年版。
王绳祖主编：《国际关系史》（第四卷），世界知识出版社 1995 年版。
王柯：《东突厥斯坦独立运动：1930 年代至 1940 年代》，香港：香港中文大学出版社 2013 年版。
王鸣鸣：《外交政策分析：理论与方法》，中国社会科学出版社 2008 年版。
魏敏：《旅游业发展的政府行为研究——以土耳其为例》，社会科学文献出版社 2013 年版。
肖宪主编：《世纪之交看中东》，时事出版社 1998 年版。
肖宪、伍庆玲、吴磊等：《土耳其与美国关系研究》，时事出版社 2006 年版。
许涛：《中亚地缘政治沿革：历史、现状与未来》，时事出版社 2016 年版。
徐黎丽主编：《突厥人变迁史研究》，民族出版社 2008 年版。
昝涛：《现代国家与民族建构：20 世纪前期土耳其民族主义研究》，生活·读书·新知三联书店 2011 年版。
赵锦元、戴佩丽主编：《世界民族通览》，中央民族大学出版社 2000 年版。
中国史学会主编：《回民起义》第 4 册，上海人民出版社、上海书店出版社 2000 年版。
［塔］拉希德·阿利莫夫：《上海合作组织的创建、发展和前景》，王宪举、胡昊、许涛译，人民出版社 2018 年版。
［德］李峻石：《何故为敌：族群与宗教冲突论纲》，吴秀杰译，社会科学文献出版社 2017 年版。

（二）论文

毕健康：《土耳其国家与宗教——凯末尔世俗主义改革之反思》，《西亚非洲》2009 年第 2 期。
陈东晓：《意象在美国外交决策中的作用——以美国军事干涉科索沃为例》，《现代国际关系》2003 年 8 期。
陈鹏：《近代中国人土耳其观的再认识》，《近代史研究》2018 年第 1 期。

丁工：《中土关系四十年：回顾与展望》，《阿拉伯世界研究》2011 年第 3 期。

董漫远：《中国与土耳其关系的历史与未来》，《阿拉伯世界研究》2010 年第 4 期。

郭长刚：《土耳其“民族观念运动”与伊斯兰政党的发展》，《阿拉伯世界研究》2015 年第 1 期。

黄维民：《中土关系的历史考察及评析》，《西亚非洲》2003 年第 5 期。

李艳枝：《试析土耳其现代化进程中的非穆斯林少数民族》，《世界民族》2014 年第 5 期。

李艳枝：《市民社会视阈下的土耳其“居伦运动”述评》，《阿拉伯世界研究》2019 年第 1 期。

李艳枝：《土耳其的总统制：修宪结果与不确定性未来》，《学术前沿》2018 年第 10 期上。

李明明：《包容与排斥：土耳其加入欧盟的认同问题》，《世界经济与政治》2005 年第 12 期。

李云鹏：《土耳其外交策略新特点及对我“一带一路”倡议的影响》，《和平与发展》2017 年第 6 期。

李秉忠：《土耳其的不确定性及对世界的影响》，《人民论坛 · 学术前沿》2018 年 10 月 30 日。

刘义：《“一带一路”背景下土耳其的宗教风险研究》，《世界宗教文化》2017 年第 4 期。

刘义：《土耳其的政治危机：政治伊斯兰与民粹主义》，《文化纵横》2016 年第 6 期。

刘欣：《土耳其与“一带一路”倡议》，《国际研究参考》2018 年第 7 期。

刘青建、方锦程：《恐怖主义的新发展及对中国的影响》，《国际问题研究》2015 年第 4 期。

刘重庆：《土耳其重视铁路网现代化改造》，《中国铁路》2001 年第 5 期。

苗福光：《土耳其汉学研究与孔子学院发展现状》，《阿拉伯世界研究》2014 年第 2 期。

苗焕德：《浅议维吾尔语中的阿拉伯、波斯语借词问题》，《西北民族研究》1993 年第 1 期。

敏敬：《转型时期的政治与宗教：土耳其——伊斯兰合一论及其影响》，《北方民族大学学报》（哲学社会科学版）2014 年第 1 期。

R. 库塔·卡拉、忻华：《土耳其与中国间的认知分析》，《阿拉伯世界研究》2014 年第 2 期。

沈铭辉、张中元：《“一带一路”背景下的国际产能合作——以中国—印尼合作为例》，《国际经济合作》2017 年第 3 期。

盛睿：《土耳其世俗化发展道路研究》，博士学位论文，上海外国语大学，2014 年。

孙壮志：《上海合作组织反恐安全合作：进程与前景》，《当代世界》2008 年第 11 期。

唐志超：《当前国际恐怖主义演变趋势及中国应对策略》，《中国人民公安大学学报》（社会科学版）2018 年第 1 期。

谭璐：《搭建国际产能合作的金融支撑体系》，《中国经贸导刊》2016 年 6 月上。

田卫疆：《“西域”的概念及内涵》，《西域研究》1998 年第 4 期。

王洪亮、郑东超：《土耳其第 25 届议会选举及其影响》，《当代世界》2015 年第 7 期。

王佳尼：《正义与发展党上台以来的土耳其伊斯兰运动》，载徐以骅主编《宗教与美国社会》（第十七辑），时事出版社 2018 年版。

王韬：《合六国以制俄》，《弢园文录外编》，上海书店出版社 2002 年版。

王勇、［土耳其］希望、罗洋：《“一带一路”倡议下中国与土耳其的战略合作》，《西亚非洲》2015 年第 6 期。

王勇等：《“一带一路”倡议下中国与土耳其的战略合作》，《西亚非洲》2015 年第 6 期。

王淑梅：《泛突厥主义的历史考察》，《世界民族》2000 年 2 期。

汪金国、王桂香：《中亚地区打击恐怖主义的国际合作》，《俄罗斯中东欧研究》2008 年第 5 期。

魏敏：《土耳其对“一带一路”倡议的认知及对策建议》，《国际经济合作》2016 年第 5 期。

魏敏：《“一带一路”背景下中国—土耳其国家产能合作的风险及对策》，《国际经济合作》2017 年第 5 期。

吴福象、段巍：《国际产能合作与重塑中国经济地理》，《中国社会科学》2017 年第 2 期。

肖宪：《构建中国与土耳其新型战略合作关系》，《西亚非洲》2011 年第 9 期。

肖宪、王文章：《中国与土耳其关系的演变、问题与未来》，《外交评论》2007 年第 4 期。

许建英：《“东突”问题的历史与现状述论》，《新疆师范大学学报》（哲学社会科学版）2016 年第 6 期。

许建英：《近代土耳其对中国新疆的渗透及影响》，《西域研究》2010 年第 4 期。

严天钦：《“土耳其化政策”与土耳其的民族认同危机》，《世界民族》2018 年第 2 期。

杨俊杰：《杨增新抵制“双泛”思潮措施述评》，《伊犁师范学院学报》2014 年第 4 期。

杨富学：《大唐西市博物馆藏〈回鹘米副侯墓志〉考释》，《民族研究》2015 年第 2 期。

杨富学：《酒泉文殊山：回鹘佛教文化的最后一方净土》，《河西学院学报》2012 年第 6 期。

叶少钧：《浅谈维吾尔语中的阿拉伯、波斯语借词问题——兼谈语言的融合》，《喀什师范学院学报》1980 年第 2 期。

育韩：《土耳其最近的经济状况》，《东方杂志》1933 年第 6 期。

张学昆：《土耳其的欧洲身份认同与入盟问题》，《欧洲研究》2006 年第 4 期。

张伟鹏：《“一带一路”沿线非传统安全风险应对分析——以中国与中东地区国家反恐合作为例》，《探索》2016 年第 3 期。

张铁伟：《中国和土耳其友好关系小史》，《西亚非洲》1987 年第 6 期。

朱威烈：《中东恐怖主义、全球治理与中国的反恐政策》，《阿拉伯世界研究》2011 年第 2 期。

昝涛：《中土关系及土耳其对中国崛起的看法》，《阿拉伯世界研究》2010 年第 4 期。

昝涛：《“土耳其模式”：历史与现实》，《新疆师范大学学报》（哲学社会科学版)，2012 年第 33 卷第 2 期。
昝涛:《历史视野下的土耳其梦》,《西亚非洲》2016 年第 2 期。
邹志强:《土耳其经济治理的危机与转型》,《阿拉伯世界研究》2018 年第 1 期。
邹志强:《丝绸之路经济带与中土经贸关系》,《回族研究》2014 年第 2 期。
邹志强:《经济失速背景下的"土耳其模式"危机与土欧关系》,《欧洲研究》2017 年第 2 期。
钟飞腾:《"一带一路"产能合作的国际政治经济学》,《山东社会科学》2015 年第 8 期。
钟叔河主编:《走向世界丛书》第 7 册，岳麓书社 2008 年版，第 58 页。

二 英文类

(一) 著作

Abdel Bari Atwan, *Islamic State: The Digital Caliphate*, London: Saqi, 2015.
Adeeb Khalid, *Islam after Communism: Religion and Politics in Central Asia*, Berkeley: University of California Press, 2014.
Ahmet T. Kuru, *Secularism and State Policies toward Religion: The United States, France, and Turkey*, New York: Cambridge University Press, 2009.
Andrew Mango, *Atatürk: The Biography of the Founder of Modern Turkey*, New York: Peter Mayer Publishers, 2002.
Andrew Mango, *Turkey and the War on Terror: For Forty Years We Fought Alone*, London and New York: Routledge, 2005.
Angel Rabasa and Cheryl Benard, *Eurojihad: Patterns of Islamist Radicalization and Terrorism in Europe*, Cambridge: Cambridge University Press, 2015.
Arend Lijphart (ed.), *Parliamentary Versus Presidential Government*, New York: Oxford University Press, 1992.
Arda Can Kumbaracibasi, *Turkish Politics and the Rise of the AKP: Dilemmas of Institutionalization and Leadership Strategy*, London: Routledge, 2009.
Banu Eligür, *The Mobilization of Political Islam in Turkey*, Cambridge: Cambridge University Press, 2010.

Bernard Lewis, *The Middle East: A Brief History of Last 2000 Years*, New York: Scribner, 1995.

Bozdağ lıoğ lu, *Turkish Foreign Policy and Turkish Identity: A Constructivist Approach*, New York: Routlege, 2003.

Christos Kassimeris, *Greece and the American Embrace: Greek Foreign Policy towards Turkey, the US and the Western Alliance*, London: I. B. Tauris Publishers, 2010.

Erık J. Zürcher, *Turkey: A Modern History*, London: I. B. Tauris, 2004.

George J. Andreopoulos, *Genocide: Conceptual and Historical Dimensions*, Philadelphia: University of Pennsylvania Press, 1994.

Hasan Kösebalaban, *Turkish Foreign Policy: Islam, Nationalism and Globalization*, New York: Palgrave Macmillan, 2011.

Henri J. Barkey, and Graham E. Fuller, *Turkey's Kurdish Question*, Maryland: Rowman & Littlefield Pulishers, Inc., 1998.

H. S. Marcussen (ed.), *Improved Natural Resources Management: The Role of Formal Organizations and Informal Networks and Institutions*, Denmark: Roskilde University, 1996.

HuseyinBagci (ed.), *Parameters of Partnership: The U. S. -Turkey-Europe.* Germany: Nomos Verlagsgesslschaft, 1999.

J. A. Cheibub, *Presidentialism, Parliamentarism and Democracy*, Cambridge: Cambridge University Press, 2007.

Jacob M. Landau, *Ataturk and the Modernization of Turkey*, Westview Press, 1984.

Jacob M. Landau, *The Politics of Pan-Islam: Ideology and Organization*, Oxford: Clarendon Press, 1990.

Jacob M. Landau, *Pan-Turkism: From Irredentism to Cooperation*, London: Hurst & Company, 1995.

James A. Millward, *Eurasian Crossroads: A History of Xinjiang*, London: Hurst & Company, 2007.

Juan J. Linz and Arturo Valenzuela (eds.), *The Failure of Presidential Democracy: Comparative Perspectives*, Vol. 1, The Johns Hopkins University

Press, 1994.

Kemal Kirişici and Gareth M. Winrow, *The Kurdish Question and Turkey: An Example of a Trans-state Ethnic Conflict*, London and New York: Routledge, 1998.

Lenore Martin, *New Frontiers in Middle East Security*, New York: Palgrave, 1999.

Louis J. Cantori, Marcia K. Hermansen and David B. Capes (eds.), *Muslim World in Transition: Contributions of the Gülen Movement*, London: Leeds Metropolitan University Press, 2007.

M. Hakan Yavuz, *Toward an Islamic Enlightenment: The Gülen Movement*, New York: Oxford University Press, 2013.

Marlies Casier & Joost Jongerden (eds.), *Nationalisms and Politics in Turkey: Political Islam, Kemalism and the Kurdish Issue*, London and New York: Routledge, 2010.

Martin I. Wayne, *China's War on Terrorism: Counter-insurgency, Politics, and Internal Security*, London and New York: Routledge, 2008.

Meliha Benli Altun ışık and Özlem Tür, *Turkey: Challenges of Continuity and Change*, New York: Routledge, 2005.

Meliha Altunişik and Özlem Tür, *Turkey: Challenges of Continuity and Change*, New York: Routledge, 2005.

Myra Shackley, *Middle East and North Africa: Ancient Empires Atlas of Travel and Tourism Development*, London: Routledge, 2006.

Nicole and Hugh Pope, *Turkey Unveiled – Atatürk and After*, London: John Murray Publishers Ltd., 1997.

Niyazi Berkes, *The Development of Secularism in Turkey*, New York: Routledge, 1998.

Vitaly V. Naumkin, *Radical Islam in Central Asia: Between Pen and Rifle*, Lanham, MD: Rowman & Littlefield, 2005.

Wadie Jwaideh, *The Kurdish National Movement: Its Origins and Development*, Syracuse, NY: Syracuse University Press, 2006.

William Hale, *Turkish Foreign Policy since 1774*, London: Routledge, 2011.

Oliver Roy, *The Failure of Political Islam*, Cambridge, MA: Harvard University Press, 1994.

Patrick Cockburn, *The Rise of Islamic State: ISIS and the New Sunni Revolution*, London and New York: Verso, 2015.

Paul White, *The PKK: Coming Down from the Mountains*, London: Zed Books, 2015.

Petter Nesser, *Islamist Terrorism in Europe: A History*, New York: Oxford University Press, 2015.

Philip H. Gordon and Omer Taspınar, *Winning Turkey: How America, Europe, and Turkey Can Revive a Fading Partnership*, Washington D. C.: Brookings Institution Papers, 2008.

R. Gözen, *Turkey's Foreign Policy*, Ankara: Palme Publications, 2009.

S. Frederick Starr (ed.), *Xinjiang: China's Muslim Borderland*, New York and London: M. E. Sharpe, 2004.

Senem Aslan, *Nation Building in Turkey and Morocco*, Cambridge University Press, 2014.

Shireen Hunter ed., *Islam, Europe's Second Religion*, Westport, CT: Praeger, 2002.

Sibel Bozdoğ an and Reşat Kasaba, *Rethinking Modernity and National Identity in Turkey*, Seattle and London: University of Washington Press, 1997.

Simon Shen (ed.), *China and Antiterrorism*, New York: Nova Science Publishers, 2007.

Speros Vryonis, *The Mechanism of Catastrophe: The Turkish Pogrom of September 6 – 7, 1955, And The Destruction of the Greek Community of Istanbul*, Greekworks Com Inc., 2005.

Yildiz Atasoy, *Islam's Marriage with Neo-Liberalism: State Transformation in Turkey*, New York: Palgrave Macmillan, 2009.

Zeyno Baran, *Torn Country: Turkey between Secularism and Islamism*, Stanford: Hoover Institution Press, 2010.

Zülküf Aydın, *The Political Economy of Turkey*, London: Pluto Press, 2005.

(二) 论文

A. Çarkoglu, "The Nature of Left-Right Ideological Self-Placement in the Turkish Context", *Turkish Studies*, Vol. 8, No. 2, 2007.

A. Stepan and C. Skach, "Constitutional Frameworks and Democratic Consolidation: Parliamentarism versus Presidentialism", *World Politics*, Vol. 46, No. 1, 1993.

Adaüngr, "*Perceptions of China in the Turkish Korean War Narratives*", *Turkish Studies*, Vol. 7, No. 3, 2006.

Ahmet. Davutoğ lu, "Turkey's Foreign Policy Vision: An Assessment of 2007", *Insight Turkey*, Vol. 10, No. 1, 2008.

Ahmet T. Kuru, "Turkey's Failed Policy toward the Arab Spring: Three Levels of Analysis", *Mediterranean Quarterly*, Vol. 26, No. 3, 2015.

Ahmet Yükleyen, GökçeYurdakul, "Islamic Activism and Immigrant Integration: Turkish Organizations in Germany", *Immigrants & Minorities*, Vol. 29, No. 1, 2011.

Alexis Alexandris, "Imbros and Tenedos: A Study of Turkish Attitudes toward Two Ethnic Greek Island Communities since 1923", *Journal of the Hellenic Diaspora*, Vol. VII, No. 1, Spring 1980.

Alfred de Zayas, "The Istanbul Pogrom of 6 – 7 September 1955 in the Light of International Law", *Genocide Studies and Prevention*, Vol. 2, No. 2, August 2007.

Altay Atlı, "A View from Ankara: Turkey's Relations with China in a Changing Middle East", *Mediterranean Quarterly*, Vol. 26, No. 1, 2015.

Arda Can and Kumbarac bas, "An Aggregate Analysis of the AKP Vote and Electoral Continuities in the Turkish Party System", *Turkish Studies*, Vol. 17, No. 2, 2016.

Baum, T., "The Development and Implementation of National Tourism Policies", *Tourism Management*, Vol. 15, No. 3, 1994.

Birol A. Yesilada, "The Future of Erdogan and the AKP", *Turkish Studies*, Vol. 17, No. 1, 2016.

Boulding, Kenneth E., "National Images and International Systems", *The Journal of Conflict Resolution*, Vol. 3, No. 2, 1959.

Bülent Aras and Hakan Fidan, "Turkey and Eurasia: Frontiers of a New Geographical Imagination", *New Perspectives on Turkey*, Volume 40: Special Issue on Turkish Foreign Policy, 2009.

Ceren Ergenc, "Can Two Ends of Asia Meet? An Overview of Contemporary Turkey-China Relations", *East Asia*, No. 32, 2015.

Chien-peng Chung, "China's Uyghur Problem after the 2009 Urumqi Riot: Repression, Recompense, Readiness, Resistance", *Journal of Policing, Intelligence and Counter Terrorism*, Vol. 13, No. 2, 2018.

Çiğ dem Nas, "Cultural Rights and the European Union", *International Relations*, Lusiada, Vol. 3, No. 6, 2007.

E. Fuat Keyman, "Turkish Foreign Policy in the Post-Arab Spring Era: from Proactive to Buffer State", *Third World Quarterly*, Vol. 37, No. 12, 2016.

E. Kalaycoglu, "Attitudinal Orientation to Party Organizations in Turkey in the 2000s", *Turkish Studies*, Vol. 9, No. 2, 2008.

E. Sekercioglu and G. Arkan, "Trends in Party System Indicators for the July 2007, Turkish Elections", *Turkish Studies*, Vol. 9, No. 2, 2008.

Elif Erisen, "The Impact of Party Identification and Socially Supplied Disagreement on Electoral Choices in Turkey", Turkish Studies, Vol. 14, No. 1, 2013.

Emel Akçalı and Mehmet Perinçek, "Kemalist Eurasianism: An Emerging Geopolitical Discourse in Turkey", *Geopolitics*, Volume 14, Issue 3, 2009.

Emre Ersen, "The Evolution of 'Eurasia' as a Geopolitical Concept in Post-Cold War Turkey", *Geopolitics*, Volume 18, Issue 1, 2013.

Ersin Kalaycoglu, "Justice and Development Party at the Helm: Resurgence of Islam or Restitution of the Right-of-Center Predominant Party?" *Turkish Studies*, Vol. 11, No. 1, 2010.

Grahamuller E. Fuller, "Turkey's Strategic Model: Myths and Realities", *The Washington Quarterly*, Vol. 27, No. 3, 2008.

Günter Seufert, "The Return of the Kurdish Question", *Stiftung Wissenschaft und Politik Comments*, August 2015.

H. Bahadir Türk, "A Glance at the Constitutive Elements of the Leader-centered

Perspective in Turkish Politics", *Turkish Studies*, Vol. 18, No. 4, 2017.

H. Salvarli & M. S. Salvarli, "Trends on Energy Policy and Sustainable Development in Turkey", *Energy Sources Part B-Economics Planning and Policy*, Vol. 12, Issue 6, 2017.

İdris Bal, "The Turkish Model and the Turkic Republics", *Perceptions: Journal of International Affairs*, Vol. 3, No. 3, 1998.

John Ross, International Production Capacity Cooperation—A New Stage of China's Globalization, *China Today*, Vol. 65, No. 5, 2016.

Joshua Tschantret, "Repression, Opportunity, and Innovation: The Evolution of Terrorism in Xinjiang, China", *Terrorism and Political Violence*, Vol. 30, No. 4, 2018.

Kılıç Buğ ra Kanat, "War on Terror' as a Diversionary Strategy: Personifying Minorities as Terrorists in the People's Republic of China", *Journal of Muslim Minority Affairs*, Vol. 32, No. 4, 2012.

Kılıç Buğ ra Kanat, "Theorizing the Transformation of Turkish Foreign Policy", *Insight Turkey*, Vol. 16, No. 1, 2014.

Kılıç Buğ ra Kanat, "The Securitization of the Uyghur Question and Its Challenges", *Insight Turkey*, Vol. 18, No. 1, 2016.

Kok B., Benli H., "Energy Diversity and Nuclear Energy for Sustainable Development in Turkey", *Renewable Energy*, Vol. 111, 2017.

Malik Mufti, "Daring and Caution in Turkish Foreign Policy", *Middle East Journal*, Vol. 52, No. 1, 1998.

Marcie J. Patton, "The Economic Policies of Turkey's AKP Government: Rabbits from a Hat?" *Middle East Journal*, Vol. 60, No. 3, 2006.

Michael Rubin, "A Comedy of Errors: American-Turkish Diplomacy and the Iraq War", *Turkish Policy Quarterly*, Vol. 4, No. 1, 2005.

Michael M. Gunter, "Transnational Sources of Support for the Kurdish Insurgency in Turkey", *Conflict Quarterly*, Spring 1991.

Mitchel P. Roth and Murat Sever, "Kurdish Workers Party (PKK) as Criminal Syndicate: Funding Terrorism through Organized Crime—A Case Study", *Studies in Conflict & Terrorism*, Vol. 30, Issue 10, 2007.

Michelangelo Guida, " Negotiating Values in the Islamist Press after 2013 ", *Middle East Critique*, Vol. 27, No. 2, 2018.

Menderes Çınar, "Turkey's 'Western' or 'Muslim' Identity and the AKP's Civilizational Discourse", *Turkish Studies*, Vol. 19, No. 2, 2018.

Nasu Usluh, Metin Toprak, Ibrahim Dalmis and Ertan Aydin, "Turkish Public Opinion Towards the United States: In the Context of Iraqi Question", *The Middle East Review of International Affairs*, Vol. 9, No. 3, 2005.

Nimet Beriker Atiyas, " The Kurdish Conflict in Turkey: Issues, Parties and Prospects", *Security Dialogue*, Vol. 28, No. 4, 1997.

Ödül Celep, "The Moderation of Turkey's Kurdish Left: The Peoples' Democratic Party (HDP)", *Turkish Studies*, Vol. 19, No. 5, 2018.

O. Yüksek, M. I. Komürcu, I. Yüksel, K. Kaygusuz, "The Role of Hydropower in Meeting Turkey's Electric Energy Demand", *Energy Policy*, Vol. 34, Issue 17, 2006.

Orçun Selçuk, " Strong Presidents and Weak Institutions: Populism in Turkey, Venezuela and Ecuador", *Southeast European and Black Sea Studies*, Vol. 16, No. 4, 2016.

P. Ayan, " Authoritarian Party Structures in Turkey: A Comparison of the Republican People's Party and the Justice and Development Party", *Turkish Studies*, Vol. 11, No. 2, 2010.

Paul Kubicek, " The European Union and Grassroots Democratization in Turkey", *Turkish Studies*, Vol. 6, 2005.

Philip Robins, "Confusion at Home, Confusion Abroad: Turkey between Copenhagen and Iraq", *International Affairs*, Vol. 79, No. 3, 2003.

S. Ciddi, "The Republican People's Party and the 2007 General Elections: Politics of Perpetual Decline?", *Turkish Studies*, Vol. 9, No. 3, 2008.

Stephen F. Larrabee, " Turkey's New Geopolitics ", *Survival*, Vol. 52, No. 2, 2010.

Sule Özsoy Boyunsuz, "The AKP'S Proposal for a 'Turkish Type of Presidentialism' in Comparative Context", *Turkish Studies*, Vol. 17, No. 1, 2016.

T. Oğuzlu, "Middle Easternization of Turkey's Foreign Policy: Does Turkey Dissociate from the West?", *Turkish Studies*, Vol. 9, No. 1, 2008.

Thomas Wallace, "China and the Regional Counter-Terrorism Structure: An Organizational Analysis", *Asian Security*, Vol. 10, No. 3, 2014.

Wolcott, P., & Çağ iltay, K., "Telecommunications, liberalization, and the growth of the internet in Turkey", *Information Society*, Vol. 17, No. 2, 2001.

Yaprak Gürsoy, "The Changing Role of the Military in Turkish Politics: Democratization through Coup Plots?" *Democratization*, Vol. 19, No. 4, 2012.

Yilmaz Akyuz and Korkut Boratav, "The Making of the Turkish Financial Crisis", *World Development*, Vol. 31, No. 9, 2003.

Yitzhak Shichor, "Etho-Diplomacy: The Uyghur Hitch in Sino-Turkish Relations", *Policy Studies*, Vol. 53, 2009.

Ziya Öniş, "Turgut Özal and His Economic Legacy: Turkish Neo-Liberalism in Critical Perspective", *Middle Eastern Studies*, Vol. 40, No. 4, July 2004.

三　土耳其文类

Ali Denizli, *Kore Harbinde Türk Tugayları*, Ankara: Genelkurmay Basımevi, 1994.

Atila Sehirli, *Turkiye'de Bölücü Terör Hareketleri (ve Devletin Aldığ ı Tedbirler)*, İstanbul: Burak Yayınevi, 2000, n. p.

D. U. Aribogan (der.), "Çin' in Golgesinde Uzakdogu Asya", Istanbul, Baglam, Yayinlari, 2001.

Kemal Kara, *Tarih* 1, İstanbul, Önde, 1999.

Ahmet Yılmaz, *Tarih 9*, Ankara: Ekoyay, 2015.

Dokuzuncu Kalkınma Planı (2007 - 2013), T. C. Cumhurbaşkanlığ ı Strateji ve Bütçe Başkanlığ ı, s. 1, 07. 2006.

Onunuc Kalkınma Planı (2014 - 2018), T. C. Cumhurbaşkanlığ ı Strateji ve Bütçe Başkanlığ ı, ss. 27 - 28, 07. 2013.

Orta Vadeli Program (2006 - 2008), T. C. Cumhurbaşkanlığ ı Strateji ve Bütçe Başkanlığ ı, s. 2, 12. 2003.

Orta Vadeli Program (2018 - 2020), T. C. Cumhurbaşkanlığ ı Strateji ve Bütçe

Başkanlığ ı, s. 22, 10. 2017.

Yeni Ekonomi Programı, Dengelenme, Disiplin, Değ işim 2019 - 2021, T. C. Cumhurbaşkanlığ ı Strateji ve Bütçe Başkanlığ ı, ss. 5 - 6, 20. 09. 2018.

Yener Lütfü Mer, *Cumhuriyet Döneminde Kapatılan Siyasi Partiler: Kapatma Davaları, Gerekçeleri ve Sonuçları*, Ankara: İlkim, 2008.

"Avrupa Birligi Genel Sekreterligi: Türkiye'nin üyeligi perspektifinden kaynaklanan hususlar", 2004, http://www.mfa.gov.tr/NR/rdonlyres/BC69BCD0-42C9-44FD-8E8E-3238A8E30C07/0/etki_degerlendirme.pdf.

Çağ daş Üngör, "Perceptions of China in the Turkish Korean War Narratives", *Turkish Studies*, Vol. 7, No. 3, 2006.

C. Çandar, "Batı'dan Doğ u'ya doğ ru mu?" *Radikal*, June 12, 2010.

"Çin polisi iki Uyguru öldürdü", *Cumhuriyet*, July 14, 2009.

"Çin Komüñistleri Kanton önünde", *Cumhuriyet*, October 9, 1949.

"Çin Türkistanından 103 kişílik bir kafile gelior", *Milliyet*, Auguest 2, 1952.

Erdoğ an: Dünya 5'ten büyüktür 1'den haydi haydi büyüktür, Evrensel, December 22, 2017, https://www.evrensel.net/haber/341331/erdogan-dunya-5ten-buyuktur-1den-haydi-haydi-buyuktur.

Ergun Özbudun, "2001 Anayasa değ işiklikleri ve siyasal reform önerileri", *Türkiye-Avrupa Birliğ i ilişkileri serisi*, No. 3, 1 Ocak, 2002.

"İngiltere Çinle ticarı müñasebetlerini kesti", *Milliyet*, May 20, 1952.

"İngiltere Kızıl Çini tanımıyor", *Milliyet*, January 1, 1952.

"Kızı Çin Birleşiş Milletlerde istenmiyor", *Milliyet*, May 22, 1953

"Kızıl Çin Baş'bakanının yayınladığ ï mesaj", *Milliyet*, February 6, 1953.

"Kızıl Çin kuvvetleri kuzey Tibet'e girdi", *Cumhuriyet*, November 11, 1950.

"Kızıl Çinde Amerikan emvaline el koydu", *Milliyet*, December 30, 1950.

"Kızıl Çinden kaçan papazlar", *Milliyet*, June 17, 1952.

"Komünist Çin hükumeti kuruldu", *Cumhuriyet*, October 1, 1949.

"Sovyetler-Çin Dostluk ve ittifak muahedesi imzalandı", *Akşam*, August 15, 1945.

"Komüñist Çin, Sovyet Rusyaya medan okuyor", *Cumhuriyet*, January 18, 1950.

"Kömünistlere karşı ilk büyük isyan", *Cumhuriyet*, February 22, 1955.

"KoredeKızı Çin tarruzu ", *Milliyet*, December, 12, 1952.

"Korede mütareke yapmanın sırrı", *Milliyet*, July 11, 1952.

"Medeniyetinmenşeleri", *Cumhuriyet*, January 26, 1930.

Mamatkulov and Abdurasulovich vs. Turkey Case, Levent Korkut, "Avrupa İnsan Hakları Mahkemesi Kararlarının Devletlerin Sığ ınmacıları Sınırdışı etmesi Egemen Yetkisine Etkisi: Türkiye Örneğ i", *Ankara Barosu Dergisi*, Yil: 66, Sayi: 4, Güz 2008.

Mustafa Kütlay, "Derviş'in 2001 bilançosu", *Hürriyet*, December, 2001, http://www.hurriyet.com.tr/ekonomi/dervisin-2001-bilancosu-45594.

Mustafa Yürekli, "Erdoğ an'ın 2053 ve 2071 hedefi var mı?", *Haber* 7, 01. 05. 2011, http://www.haber7.com/yazarlar/mustafa-yurekli/739248-erdoganin-2053-ve-2071-hedefi-var-mi.

Özgür Altuncu, "Erdoğ an'dan kredi kuruluşlarına: Bunlar teşkilat", *Hürriyet*, 01. 09. 2018, http://www.hurriyet.com.tr/gundem/erdogandan-kredi-kuruluslarina-bunlar-teskilat-4094.

"Türkiye: Demokratik Toplum Partisi kapatıldı", *Human Rights Watch*, Aralık 11, 2009, https://www.hrw.org/tr/news/2009/12/11/238453.

"Türkiye'ye 8 ayda 7 milyar dolar yabancı yatırım girdi!", *Sabah*, 12. 10. 2018, https://www.sabah.com.tr/apara/haberler/2018/10/12/turkiyeye-8-ayda-7-milyar-dolar-yabanci-yatirim-girdi.

" '2002' den beri 200 milyar dolarlık doğ rudan yatırım geldi!", *Sabah*, 09. 11. 2018, https://www.sabah.com.tr/apara/haberler/2018/11/09/2002den-beri-200-milyar-dolarlik-dogrudan-yatirim-geldi.

3 dilde 'Dünya 5'ten büyüktür', *Sabah*, November 12, 2017, https://www.sabah.com.tr/dunya/2017/11/12/3-dilde-dunya-5ten-buyuktur.

"33 yılda 11 istikrar programı rafa kalktı", *Hürriyet*, Februry. 19, 2003, http://www.hurriyet.com.tr/ekonomi/33-yilda-11-istikrar-programi-rafa-kalkti-128806.

四 报告类

《土耳其共和国能源概况》，国际能源网络研究机构，https://

www. geni. org/globalenergy/library/national _ energy _ grid/turkey/EnergyOverviewofTurkey. shtml。

《土耳其能源市场报告 2018》，土耳其专业从事跨境并购和国际贸易服务的法律事务所 Paksoy 发布，http：//paksoy. av. tr/Publications。

《土耳其农业和食品产业报告 2018》，土耳其共和国总理府投资支持与促进局，http：//www. invest. gov. tr/zh-CN/sectors/Pages/Agriculture. aspx。

《汽车工业报告 2018》，土耳其共和国总理府投资支持与促进局，http：//www. invest. gov. tr/zh-CN/sectors/Pages/Automotive. aspx。

《对外投资合作国别（地区）指南·土耳其 2017》，中华人民共和国商务部，http：//fec. mofcom. gov. cn/article/gbdqzn/upload/tuerqi. pdf。

《对外投资合作国别（地区）指南·土耳其 2018》，中华人民共和国商务部，http：//fec. mofcom. gov. cn/article/gbdqzn/upload/tuerqi. pdf。

《土耳其能源概况和战略》，土耳其外交部，http：//www. mfa. gov. tr/turkeys-energy-strategy. en. mfa。

《土耳其 Koc 控股集团 2018 年年报》，https：//www. koc. com. tr/en-us/investor-relations/financial-statements-and-statistics/annual-reports。

《金融服务行业报告 2018》，土耳其共和国总理府投资支持与促进局，http：//www. invest. gov. tr/zh-CN/sectors/Pages/FinancialServices. aspx。

《2018 世界城市报告》，https：// www. atkearney. com/documents/20152/1136372/2018 + Global + Cities + Report. pdf/21839da3-223b-8cec-a8d2-408285d4bb7c，2018 – 08 – 10。

Ahmet Davutoglu，"Principles of Turkish Foreign Policy and Regional Political Structuring"，*Vision Papers*，Center for Strategic Research，No. 3，April，2012.

Çiğdem Nas，Emre Ataç，Ahmet Ceran，Sema Çapanoğlu，Çisel İleri，İlge Kivilcim，Gökhan Kilit，Deniz Servantie，Yeliz Şahin，"*IKV Report on Turkey-EU Relations*：*Keeping Together in the Face of Multiple Challenges*"，Economic Development Foundation，Istanbul，June 2017.

Guillermo O'Donnell，"Delegative Democracy?"，*Kellogg Working Papers*，No. 172，The Helen Kellogg Institute for International Studies，Notre Dame University，1992.

Habibe Özdal, Hasan Selim Özertem, Kerim Has, and M. Turgut Demirtepe, *Turkey-Russia Relations in the Post-Cold War Era: Current Dynamics, Future Prospects*, Ankara: International Strategic Research Organization, USAK Report, No: 13 – 06, July 2013.

Heinz Kramer, "AKP's 'New' Foreign Policy Between Vision and Pragmatism", German Institute for International and Security Studies, Working Paper FG2 2010 – 11, June 2010, SWP Berlin.

Mesut Yeğ en, *The Kurdish Peace Process in Turkey: Genesis, Evolution and Prospects*, Global Turkey in Europe, Working Paper, May 2015.

Murat Yesiltas and Ali Balci, "A Dictionary of Turkish Foreign Policy in AK Party Era: A Conceptual Map", *SAM Papers*, No. 7, Ankara, May 2013.

Sübidey Togan, "The EU-Turkey Customs Union: A Model for Future Euro-Med Integration", *MEDPRO Technical Report*, No. 9, March 2012.

UNWTO Annual Report 2017, World Tourism Organization (2018), UNWTO, Madrid.

五 网站类

世界银行指标数据库，https://data.worldbank.org/indicator。

联合国贸易商品统计库数据，https://comtrade.un.org/data/。

国际会议协会（ICCA）官方网站，https://www.iccaworld.org/npps/。

欧洲—伊斯兰信息网，http://www.euro-islam.info/。

中国—土耳其经贸合作网，http://www.ctc.mofcom.gov.cn/。

中华人民共和国驻土耳其共和国大使馆经济商务处，http://tr.mofcom.gov.cn/index.shtml。

土耳其总统府，*Presidency of the Republic of Turkey*，https://www.tccb.gov.tr/。

土耳其大国民议会，https://www.tbmm.gov.tr/develop/owa/tbmm_internet.anasayfa。

土耳其正义与发展党，http://www.akparti.org.tr/english/。

土耳其外交部，http://www.mfa.gov.tr/default.en.mfa。

土耳其财政部，https://en.hmb.gov.tr/。

土耳其贸易部，https：//www. trade. gov. tr/。

土耳其文化旅游部，https：//www. ktb. gov. tr/。

土耳其能源和自然资源部，https：//enerji. gov. tr/homepage。

土耳其投资促进局，ttps：//www. invest. gov. tr/en/pages/home-page. aspx。

土耳其国家铁路总局，https：//www. tcdd. gov. tr/。

土耳其统计研究所，https：//www. tuik. gov. tr/Home/Index。

土耳其出口商协会，https：//tim. org. tr/en/default。

土耳其 TRT 电视台，https：//www. trtworld. com/。